Jessica Sänger

Mediale Verwertung von Sportveranstaltungen

Zivilrechtliche Grundlagen der Verwertung und kartellrechtliche Analyse der Einkaufsgemeinschaft der EBU

PL ACADEMIC RESEARCH

Bibliografische Information der Deutschen Nationalbibliothek
Die Deutsche Nationalbibliothek verzeichnet diese Publikation in der Deutschen Nationalbibliografie; detaillierte bibliografische Daten sind im Internet über http://dnb.d-nb.de abrufbar.

Zugl.: Mainz, Univ., Diss., 2014

D 77
ISSN 1438-4981
ISBN 978-3-631-66270-0 (Print)
E-ISBN 978-3-653-05434-7 (E-Book)
DOI 10.3726/978-3-653-05434-7

PL Academic Research ist ein Imprint der Peter Lang GmbH.

Peter Lang – Frankfurt am Main · Bern · Bruxelles ·
New York · Oxford · Warszawa · Wien

Diese Publikation wurde begutachtet.

www.peterlang.com

Meinen Eltern

Vorwort des Herausgebers

Schon seit langem nimmt die Kommerzialisierung des Sports immer mehr zu. Dies hat dazu geführt, dass die Übertragung von Sportereignissen im Fernsehen, aber auch in den neuen Medien immer wichtiger wird. Daher hat die Frage, wie und auf welcher Grundlage Sportveranstaltungen medial verwertet werden können, eine zentrale Bedeutung. Gerade aktuelle Entwicklungen in der nationalen Rechtsprechung, aber auch wichtige Entscheidungen des EuG und des EuGH bieten Anlass, diese Probleme und die damit zusammenhängenden Fragestellungen – auch unter Einbeziehung anderer Rechtsordnungen, etwa des englischen Rechts – eingehend zu analysieren und aktuell zu bewerten. Auch sind viele kartellrechtliche Fragen, die mit dem gemeinsamen Einkauf von „Sportrechten" durch EBU-Mitglieder zusammenhängen, nie abschließend geklärt worden. Es fehlte eine umfassende Untersuchung aus heutiger Sicht im Hinblick auf die Konformität mit dem Kartellverbot sowie im Hinblick auf das Verbot des Missbrauchs einer marktbeherrschenden Stellung. Die Dissertation von Jessica Sänger schließt diese Lücke und stellt im besten Sinne ein grundlegendes Werk dar.

Die Verfasserin hat zur Bewältigung der umfassenden Thematik ihre Arbeit in vier Teile gegliedert. Nach einer anschaulichen Einleitung mit der Problemstellung ist der zweite Teil den zivilrechtlichen Grundlagen medialer Verwertung von Sportveranstaltungen gewidmet. Teil III hat die audiovisuellen Rechte an Sportveranstaltungen und das System der EBU im Rahmen einer kartellrechtlichen Analyse zum Gegenstand. Der letzte Teil fasst die Ergebnisse der Arbeit zusammen und bietet einen Ausblick.

Jessica Sänger hat eine auf neue und originelle Erkenntnisse aufgebaute, in jeder Hinsicht überzeugende Dissertation vorgelegt, die darüber hinaus ein bestechender Blick für Systemzusammenhänge und Grundlagenfragen auszeichnet. Sie hat den Problemen, die sich im Zusammenhang mit der medialen Verwertung von Sportveranstaltungen und der Einkaufsgemeinschaft der EBU stellen, mit brillanten Analysen und Schlussfolgerungen bis in die Einzelheiten und Verästelungen nachgespürt. Damit ist ihr ein großer Wurf gelungen, der die künftige Diskussion beleben wird.

Mainz, im Februar 2015 Dieter Dörr

Vorwort der Autorin

Die vorliegende Arbeit wurde im Sommersemester 2014 vom Fachbereich Rechts- und Wirtschaftswissenschaften der Johannes Gutenberg-Universität Mainz als Dissertation angenommen. Das Manuskript berücksichtigt den Stand von Literatur und Rechtsprechung sowie die Gesetzeslage vom August 2014.

Mein besonderer und aufrichtiger Dank gilt meinem Doktorvater Professor Dr. Dieter Dörr, der mir als Mitarbeiterin am Mainzer Medieninstitut die Promotion ermöglicht und mich über viele Jahre gefördert hat. Herzlich danken möchte ich auch Professor Dr. Jürgen Oechsler für die überaus zügige Erstellung des Zweitgutachtens.

Mein herzlicher Dank gilt auch Birgit Harz, Nicole Zorn und Marion Tron für eine wunderbare Zeit am Mainzer Medieninstitut.

Ich danke Herbert Ungerer, Stefan Wilbert und Christina Pilsl für die wertvollen Erfahrungen und Einblicke, die ich in der Generaldirektion Wettbewerb der Europäischen Kommission gewinnen konnte. Sie haben mir den Anstoß gegeben, mich mit der Thematik dieser Arbeit vertieft auseinanderzusetzen.

Meinem Vorgesetzten, Prof. Dr. Christian Sprang, möchte ich herzlich für die dauerhafte und stets ermunternde Unterstützung meines Promotionsvorhabens danken, die maßgeblich zu dessen Gelingen beigetragen hat.

Wesentlichen Anteil am erfolgreichen Abschluss dieser Arbeit hatten auch Nicola Nowak, ohne deren Hilfe ich an der Formatierung verzweifelt wäre und Martin Scherbaum, der meine vielen formalen Fehler entdeckt hat. Ich danke ihnen sehr herzlich für ihre Unterstützung. Für ihren festen Glauben an das Gelingen dieses Projekts danke ich ganz besonders Anu Aurich, die mich stets optimistisch und ermutigend begleitet hat. Ohne die liebevolle, humorvolle und in jeder Hinsicht unerschütterliche Unterstützung meines Ehemannes Uwe Pfeiffer wäre diese Arbeit sicherlich nicht fertiggestellt worden. Ihm danke ich von ganzem Herzen.

Mehr als nur Dank gebührt meinen Eltern, die mir von Anfang an im Leben die besten möglichen Voraussetzungen geboten haben und immer für mich da sind. Ihnen ist diese Arbeit gewidmet.

Frankfurt am Main, im Dezember 2014 — Britta Jessica Sänger

Inhaltsübersicht

Inhaltsverzeichnis

Abkürzungsverzeichnis

A.C.	Appeals Cases
a.F.	alte Fassung
aaO	am angegebenen Ort
AEUV	Vertrag über die Arbeitsweise der Europäischen Union
AfP	Archiv für Presserecht
AG	Die Aktiengesellschaft
AG	Amtsgericht
All ER	All England Law Reports
Anm.	Anmerkung
ARD	Arbeitsgemeinschaft der öffentlich-rechtlichen Rundfunkanstalten der Bundesrepublik Deutschland
Aufl.	Auflage
BB	Betriebs-Berater
BBC	British Broadcasting Corporation
Bd.	Band
Bearb.	Bearbeiter
Begr.	Begründer
Beschl.	Beschluss
BGB	Bürgerliches Gesetzbuch
BGH	Bundesgerichtshof
BGHZ	Entscheidungen des Bundesgerichtshofs in Zivilsachen
BKartA	Bundeskartellamt
Boston Coll. Int. & Comparative L. Rev.	Boston College International & Comparative Law Review
BVerfG	Bundesverfassungsgericht
C't	C't Magazin für Computer-Technik
CaS	Causa Sport
CESifo	CESifo GmbH – Center for Economic Studies / Ifo Institut
Ch.	Law Reports, Chancery Division
CHF	Schweizer Franken
CLR	Commonwealth Law Reports
CMLR	Common Market Law Review
CPR	Canadian Patent Reporter

CR	Computer und Recht
DB	Der Betrieb
DFB	Deutscher Fußballbund
DFL	Deutsche Fußball Liga GmbH
Diss.	Dissertation
DMB	Digital Multimedia Broadcasting
DÖV	Die Öffentliche Verwaltung
Drs.	Drucksache
DSB	Deutscher Sportbund
DVB-H	Digital Video Broadcasting – Handheld
DZWir	Deutsche Zeitschrift für Wirtschaftsrecht (später: Deutsche Zeitschrift für Wirtschafts- und Insolvenzrecht)
E.L. Rev.	European Law Review
EBU	European Broadcasting Union
ECHR	European Charter of Human Rights
ECJ	European Court of Justice
ECLR	European Competition Law Review
ed.	Edition
(ed.) / (eds.)	Editor/s
EEJ	Eastern Economic Journal
EG	Europäische Gemeinschaft(en)
EGMR	Europäischer Gerichtshof für Menschenrechte
EGV	Vertrag zur Gründung der Europäischen Gemeinschaft
EIPR	European Intellectual Property Review
EL	Ergänzungslieferung
EM	Europameisterschaft
EMLR	Entertainment and Media Law Reports
EMR	Institute of European Media Law e.V.
Ent. L.	Entertainment Law
Ent. L.R.	Entertainment Law Review
EP	Europäisches Parlament
EPL	European Public Law
EU	Europäische Union
EuG	Gericht, Teil des Gerichtshofs der Europäischen Union; vormals Gericht erster Instanz
EuGH	Gerichtshof der Europäischen Union
EuR	Europarecht (Zeitschrift)
EUV	Vertrag über die Europäische Union

EuZ	Zeitschrift für Europarecht
EuZW	Europäische Zeitschrift für Wirtschaftsrecht
EWCA	England and Wales Court of Appeal Decisions
EWG	Europäische Wirtschaftsgemeinschaft
EWHC	England and Wales High Court Decisions
EWiR	Entscheidungen zum Wirtschaftsrecht
EWS	Europäisches Wirtschafts- und Steuerrecht
F. Supp.	Federal Supplement
FA	Football Association
FAPL	Football Association Premier League
FAZ	Frankfurter Allgemeine Zeitung
Fed. Comm. L.J.	Federal Communications Law Journal
FIA	Féderation Internationale de l'Automobile
FIFA	Fédération Internationale de Football Association
FIM	Fédération Internationale de Motocyclisme
FK	Funkkorrespondenz
Fordham Int'l L. J.	Fordham International Law Journal
FR	Frankfurter Rundschau
FS	Festschrift
FSR	Fleet Street Reports
FTD	Financial Times Deutschland
GewA	Gewerbe-Archiv
GMT	Greenwich Mean Time
GPR	Zeitschrift für das Privatrecht der Europäischen Union
GPRS	General Package Radio Service
GRUR	Gewerblicher Rechtsschutz und Urheberrecht
GRUR Int	Gewerblicher Rechtsschutz und Urheberrecht Internationaler Teil
GRUR-Prax	Gewerblicher Rechtsschutz und Urheberrecht – Praxis im Immaterialgüter- und Wettbewerbsrecht
GSM	Global System for Mobile Communication
GWB	Gesetz gegen Wettbewerbsbeschränkungen
GWPLE	German Working Papers in Law and Economics
Hrsg.	Herausgeber
HDTV	High Definition Television
i.d.Rs.	in der Rechtssache
i.S.	in Sachen

i.S.d.	im Sinne des/der
i.S.v.	im Sinne von
IAAF	International Amateur Athletic Federation
IfM	Institut für Medien- und Kommunikationspolitik
IIC	International Review of Intellectual Property and Competition Law
IJEB	International Journal of the Economics of Business
IML	International Media Law
IOC	International Olympic Committee
IP	Internet Protocol
IPR	Intellectual Property Reports
IPRB	Der IP-Rechts-Berater
ISLJ	International Sports Law Journal
ITC	Independent Television Commission
ITU	International Telecommunication Union
iVm	in Verbindung mit
J	Der Buchstabe J hinter dem Namen bedeutet in England und Wales, dass der Genannte den Titel „Justice“ (Richter) trägt.
JCLE	Journal of Competition Law and Economics
JEEA	Journal of the European Economic Association
JEP	Journal of Economic Perspectives
JICT	Journal of Industry, Competition and Trade
JLE	Journal of Law and Economics (Chicago)
JML	Journal of Media Law
JR	Juristische Rundschau
jurisPK-BGB	Juris Praxiskommentar BGB
jurisPR-ITR	Juris Praxis-Report IT-Recht
jurisPR-WettbR	Juris Praxis-Report Wettbewerbs- und Immaterialgüterrecht
JuS	Juristische Schulung
JZ	Juristenzeitung
K&R	Zeitschrift Kommunikation & Recht
K.B.	Law Reports, King's Bench
KG	Kammergericht
KNVB	Koninklijke Nederlandse Voetbal Bond (Niederländischer Fußballbund)
KSzW	Kölner Schrift zum Wirtschaftsrecht
KunstUrhG	Gesetz betreffend das Urheberrecht an Werken der bildenden Künste und der Photographie

L.J.	Lord Justice
Lfg.	Lieferung
LG	Landgericht
LIDC	Ligue Internationale du Droit de la Concurrence
LMK	Kommentierte BGH-Rechtsprechung
LQR	Law Quarterly Review
LS Gaz	Law Society Gazette
Ltd.	Limited Company (Gesellschaft nach englischem Recht)
MdP	Mitteilungen der deutschen Patentanwälte
MEZ	Mitteleuropäische Zeit
Mich. L. Rev.	Michigan Law Review
MMR	Multimedia und Recht
MP	Media Perspektiven
MR-Int	Europäische Rundschau zum Medienrecht, IP- & IT-Recht
MuR	Medien und Recht (Österreich)
NBER	National Bureau of Economic Research
NJOZ	Neue Juristische Online-Zeitschrift
NJW	Neue Juristische Wochenschrift
no. / nos.	Number/s
NOS	Nederlandse Omroep Stichting (Niederländische öffentlich-rechtliche Rundfunkanstalt)
nVoD	near-video-on-demand
OFT	Office of Fair Trading
OIRT	Organisation Internationale de Radiodiffusion et de Télévision
OLG	Oberlandesgericht
ÖOGH	Oberster Gerichtshof Österreichs
ORF	Österreichischer Rundfunk
PPV	pay-per-view
Q.B.	Law Reports, Queen's Bench
RabelsZ	Rabels Zeitschrift für ausländisches und internationales Privatrecht
Rev. Int. de la Conc.	Revue Internationale de la Concurrence
RG	Reichsgericht
RGZ	Entscheidungen des Reichsgerichts in Zivilsachen
RIW	Recht der Internationalen Wirtschaft
RJE	RAND Journal of Economics

RPC	Reports of Patent, Design and Trade Mark Cases
RPW	Recht und Politik des Wettbewerbs (Schweiz)
RStV	Rundfunkstaatsvertrag
RTBF	Radio-Télévision Belge de la Communaute Française
RTD	Revue Trimestrielle de Droit Européen
RTÉ	Radio Telefís Éireann
RTVE	Radiotelevisión Española
S.Ct.	Supreme Court Reporter
SpuRt	Zeitschrift für Sport und Recht
STC (SCD)	Simon's Tax cases, Special Commissoner's Decisions
SZ	Süddeutsche Zeitung
TCP/IP	Transmission Control Protocol/Internet Protocol
TEJ	The Economic Journal
TFEU	Treaty on the Functioning of the European Union
TLR	Times Law Reports
U. Chi. L. Rev.	University of Chicago Law Review
UFITA	Archiv für Urheber- und Medienrecht
U. Penns. L. Rev.	University of Pennsylvania Law Review
U.S.	United States Supreme Court Reports
UEFA	Union of European Football Associations
UKCLR	UK Competition Law Reports
UMTS	Universal Mobile Telecommunications System
UrhG	Gesetz über Urheberrecht und verwandte Schutzrechte (Urheberrechtsgesetz)
Urt.	Urteil
UWG	Gesetz gegen unlauteren Wettbewerb
Va. L. Rev.	Virginia Law Review
Verb. Rs.	verbundene Rechtssachen
VerwArch	Verwaltungs-Archiv
VO	Verordnung
VoD	Video-on-demand
Vol.	Volume
VPRT	Verband Privater Rundfunk und Telemedien e.V.
VRT	Vlaamse Radio- en Televisieomroep
WC	World Competition
WCLER	World Competition Law and Economic Review
WFV	Württembergischer Fußballverband

WLR	Weekly Law Reports
WM	Weltmeisterschaft
WM	Wertpapier-Mitteilungen
WRP	Wettbewerb in Recht und Praxis
WuW	Wirtschaft und Wettbewerb
ZDF	Zweites Deutsches Fernsehen
ZEuP	Zeitschrift für europäisches Privatrecht
ZEW	Zentrum für Europäische Wirtschaftsforschung GmbH
ZHR	Zeitschrift für das gesamte Handelsrecht und Wirtschaftsrecht
ZIP	Zeitschrift für Wirtschaftsrecht
zit.	im Text zitiert als
ZUM	Zeitschrift für Urheber- und Medienrecht
ZUM-RD	Zeitschrift für Urheber- und Medienrecht – Rechtsprechungsdienst
ZWeR	Zeitschrift für Wettbewerbsrecht
ZZPInt	Zeitschrift für Zivilprozess International

Teil 1: Einleitung

Seit der ersten Live-Übertragung eines Fußballspiels in Deutschland im Jahr 1952 hat sich viel getan. Eine Vielzahl von Angeboten konkurriert heute um die Aufmerksamkeit der Nutzer. Im Zuge der Digitalisierung der Medienwelt verändert sich das Nutzungsverhalten der Konsumenten von Rundfunk und anderen Medienangeboten. Das Interesse am Sport als Medieninhalt bleibt jedoch nach wie vor besonders groß[1]. Zuweilen wird beim Verhältnis zwischen Sport und den Massenmedien von einer idealen Symbiose gesprochen[2].

Vieles ist zur Veränderung der Rundfunklandschaft seit dem Hinzutreten privater Sendeunternehmen, zur Kommerzialisierung des Sports und zu steigenden Lizenzerlösen bereits gesagt worden. Im Zusammenhang mit der medialen Verwertung von Sportveranstaltungen entwickeln die Fragen ihrer zivilrechtlichen Grundlage jedoch heute vor dem Hintergrund der technischen Entwicklung neue interessante Aspekte. Diese Untersuchung wird sich daher zunächst mit den vielfältigen Fragestellungen rund um die sogenannten „Sportrechte" befassen. Aktuelle Entwicklungen in der nationalen Rechtsprechung zu Fragen des Persönlichkeitsrechts, des Hausrechts, des Lauterkeitsrechts sowie eine wichtige Entscheidung des EuGH von 2011 zur Verwertung von Sportereignissen bieten die Möglichkeit zu vertiefter Analyse und aktueller Bewertung. Dabei ergeben sich interessante Aspekte der grundlegenden Frage nach absoluter oder relativer Wirkung von Rechtspositionen. Auch neue Formen der Verwertung von Sportveranstaltungen werden auf die Frage nach der Erforderlichkeit einer „Lizenzierung" untersucht. Ein Blick auf den Umgang mit der Frage nach der Rechtsgrundlage der Verwertung von Sportveranstaltungen im englischen Recht bietet im Hinblick auf die europarechtlichen Fragen der kartellrechtlichen Untersuchung eine wichtige Horizonterweiterung.

Auch viele kartellrechtliche Fragen wurden im Bereich der medialen Verwertung von Sportveranstaltungen bereits diskutiert. Das betrifft insbesondere die zentrale Vermarktung von „Sportrechten". Die Einkaufsgemeinschaft der EBU beschäftigte eine Zeit lang Europäische Kommission und EuG, bevor sie 2007 von der Agenda der Wettbewerbshüter verschwand. Allerdings wurden viele

---

1 Die Entwicklung seit 1954 beleuchtet Gerhard, MP 9/2006, 465 ff.

2 S. etwa Iosifidis/Smith (2011), S. 3; Lefever/Rompuy [2009] 2 JML 243 (245); Leder, FK 17/2006, 3; Schoenthal, Iris plus 2006/04, S. 2; Berengeno (2001), S. 13. Für die Entwicklung in Großbritannien Boyle/Haynes (2004), S. 16 ff.

Fragen rund um den gemeinsamen Einkauf der EBU-Mitglieder nie abschließend geklärt. Vor diesem Hintergrund soll die Kooperation der EBU-Mitglieder umfassend aus heutiger Sicht auf Konformität mit dem Kartellverbot sowie dem Verbot des Missbrauchs einer marktbeherrschenden Stellung hin untersucht werden. Die kartellrechtliche Bewertung des Eurovisionssystems der EBU ist eine besonders interessante Materie, weil sie Fragen des Spannungsverhältnisses zwischen Kartellrecht und Immaterialgüterrecht sowie die besonderen Bereiche des Sports und des Rundfunks berührt. Die Besonderheiten der jeweiligen Rechtsgebiete werden vor dem Hintergrund des Wandels der europäischen Wettbewerbspolitik hin zu einer stärker wirtschaftlich orientierten Betrachtungsweise untersucht. Ein wiederkehrendes Thema des Immaterialgüterrechts sind dabei Fragen nach den Möglichkeiten des Fortschritts durch Nachahmung im Gegensatz zu Innovationsanreizen, die durch das Verbot von Imitation zugunsten des Fortschritts durch Substitution gesetzt werden. Hinzu kommen Besonderheiten der sich ständig weiter entwickelnden Medienmärkte, die im Kontext exklusiver Lizenzierung zu ganz praktischen Fragen der Abgrenzung einzelner Verwertungsrechte führen. Dabei spielen immer wieder das Verhalten sowie die Präferenzen der Nutzer eine entscheidende Rolle.

Aus kartellrechtlicher Sicht bietet das Eurovisionssystem ein höchst interessantes Zusammenspiel von horizontalen und vertikalen Aspekten, die eine detaillierte Betrachtung wert sind. Dabei wird sich zeigen, dass die Entwicklung der „neuen Medien“ für die Beurteilung eine wichtige Rolle spielt. Bei der erstmaligen Anwendung des wettbewerbsrechtlichen Missbrauchsverbots auf den Fall des Eurovisionssystems treffen Immaterialgüterrecht und Kartellrecht in exemplarischer Weise aufeinander. Dabei treten die wirtschaftlichen Mechanismen der Verwertung von Sportveranstaltungen in „klassischen“ und „neuen“ Medien in den Mittelpunkt der Betrachtung. Grenzen immaterialgüterrechtlicher Rechtspositionen und Reichweite kartellrechtlicher Regelungen werden ermittelt.

Die Untersuchung gliedert sich im Wesentlichen in die Überprüfung der zivilrechtlichen Grundlagen medialer Rechte an Sportveranstaltungen in Deutschland und England (Teil 2) sowie die kartellrechtliche Prüfung des EBU-Systems (Teil 3). Nach Darstellung des rechtlichen Rahmens (1. Abschnitt) beginnt die kartellrechtliche Untersuchung mit einer detaillierten Marktabgrenzung (2. Abschnitt) als Grundlage für die folgende Prüfung des Kartellverbots (3. Abschnitt) und des Verbots des Missbrauchs marktbeherrschender Stellung (4. Abschnitt). In Teil 4 werden die Ergebnisse zusammengefasst.

Teil 2: Zivilrechtliche Grundlagen medialer Verwertung von Sportveranstaltungen

Die vorliegende Untersuchung befasst sich mit der wirtschaftlichen Verwertung sogenannter „Sportübertragungsrechte“. Diese werden je nach Kontext auch als Fernseh- bzw. Hörfunkrechte, Verwertungsrechte, Lizenzrechte, Ausstrahlungsrechte, Nutzungsrechte oder Lizenzen bezeichnet[3]. Worauf diese „Rechte“ zivilrechtlich beruhen und worin sie bestehen, ist in wichtigen Bereichen umstritten und auch heute noch nicht abschließend geklärt. Laut einem obiter dictum des EuGH sind „Sportereignisse ... als solche einzigartig und haben insoweit einen Originalcharakter, der sie möglicherweise zu Gegenständen werden lässt, die einen mit dem Schutz von Werken vergleichbaren Schutz verdienen“[4]. Der EuGH fügt an, diesen Schutz könnten nur die Rechtsordnungen der Mitgliedstaaten vorsehen. Im Folgenden soll ein Überblick über den heutigen Stand der Diskussion zur Frage der zivilrechtlichen Basis für die Verwertung von Sportereignissen gegeben werden.

1. Abschnitt: Nationales Recht

A. Deutschland

Im deutschen Recht gibt es, anders als in Frankreich oder Brasilien, keine sonderrechtliche Verankerung von „Sportübertragungsrechten“. Die französische Regelung[5] definiert den Sportverband beziehungsweise den Veranstalter einer

---

3 Zur Terminologie: *Summerer* in: Fritzweiler/Pfister/Summerer, 4. Teil, Rn. 83, außerdem 47, 77, 86; Frey in: Schwartmann, Kap. 13, Rn. 2; Hoeren, JR 1998, 332 ff.

4 EuGH Urt. v. 4.10.2011 in den verb. Rs. C-403/08, C-429/08 – Karen Murphy, Rn. 100.

5 Code du Sport, L333-1 – L333-4. Die Kodifikation des gesamten Sportrechts in Frankreich im Code du Sport entstand 2006. Zuvor fand sich eine entsprechende Regelung zu den Übertragungsrechten im Sportgesetz vom 16. Juli 1984: Art. 18-1 Loi n 84-610 relative à l'organisation et à la promotion des activités physiques et sportives et portant diverses dispositions relatives à ces activités (Loi AVICE), eingefügt durch Art. 13 Loi n 92-652 vom 13. Juli 1992 (J.O n° 163 vom 16. Juli 1992), geändert durch Art. 4 Loi n 3003-708 vom 1. August 2003 (J.O n° 177 vom 2. August 2003, Seite 13274). Hierzu Kainer (2014), S. 79 ff.; Henning-Bodewig, ZUM 1994, 454 (455 f.). Ferner Krause (2006), S. 41. Dieses Gesetz wurde aufgehoben durch Art. 7 Ordonnance n 2006-596 relative à la partie legislative du code du sport vom 23. Mai

Sportveranstaltung als Inhaber des Rechts zur audiovisuellen Verwertung derselben. Die Veranstaltereigenschaft wird zuvor auf der Grundlage organisatorischer Leistung definiert[6]. In Brasilien wurde ein Leistungsschutzrecht des Veranstalters von Sportereignissen ins Urheberrecht aufgenommen[7].

Teilweise wird eine entsprechende gesetzliche Grundlage für Übertragungsrechte für das deutsche Recht gefordert[8]. Auch gewohnheitsrechtlich[9] ist ein solches Recht nämlich nicht anerkannt, wie die nachfolgende Darstellung zeigen wird. In jüngster Zeit wird vereinzelt argumentiert, es gebe bereits ein „kommerzielles und geistiges Eigentumsrecht in einem funktionalen Sinne des privatrechtlichen Eigentumsbegriffs", das „Veranstaltungen mit Originalcharakter" de lege lata schütze. Es müsse im Sinne eines originären Immaterialgüterrechts als subjektives sonstiges Recht im Wege der richterlichen Rechtsfortbildung im Rahmen des Deliktsrechts entwickelt werden. Wegweisend hierfür sei die Rechtsprechung des EuGH in Sachen „Karen Murphy"[10]. Ob diese Annahme richtig ist, werden die nachfolgenden Untersuchungen zeigen.

Auch in vielen anderen Mitgliedstaaten der Europäischen Union sowie in den USA ist ein solches Recht des Sportveranstalters nicht gesetzlich geregelt. Die Frage nach dem Umgang mit dem wirtschaftlich bedeutsamen Phänomen wird in den Mitgliedstaaten unterschiedlich beantwortet. Sowohl in den

---

2006 (J.O. 121 vom 25. Mai 2006). Weiterführend zur französischen Regelung s. Herr (2008), S. 67 ff.

6 Code du Sport, L331-5; s. dazu Verheyden, 2003/3 ISLJ, 17; ausführlich Hilty/Henning-Bodewig (2007), S. 57 ff.; Osterwalder, S. 86 ff.

7 Direito de Arena: Art. 100 des Urheberrechtsgesetzes Nr. 5988 vom 14.12.1973 (Lei nº 5.988, de 14 de Dezembro de 1973, regula os direitos autorais e dá outras providências); s. auch Kainer (2014), S. 82 f.; Krause (2006), S. 42; Osterwalder, S. 85 f. m.w.N. und Nachweise bei Schack, UrhR, Rn. 748, dort Fn. 79. Vertiefend Hilty/Henning-Bodewig (2007), S. 62 ff.

8 So Hilty/Henning-Bodewig (2007), S. 79 ff. Ferner Röhl, SpuRt 2011, 147 (150); Härting/Strubel, IPRB 2010, 109 (111); Schwarz/Hansen IPRB 2010, 114 (115); Krause (2006), S. 120 ff. Mit Blick auf die Frage der Veranstaltereigenschaft auch Frey, GRUR-Prax 2012, 365 (367).

9 So behauptet jedoch de Oliveira Ascensao, GRUR Int 1991, 20 (24 f.).

10 Fezer, WRP 2012, 1173 (1176); Fezer, WRP 2012, 1321 (1328). Ähnlich Krebs/Becker/Dück, die vorschlagen, die Gerichte sollten in Anerkennung eines legitimen Interesses kurzerhand „im Wege richterlicher Rechtsfortbildung" ein Veranstalterrecht schaffen (Krebs/Becker/Dück, GRUR 2011, 391).

Niederlanden[11] als auch in Österreich[12] oder Italien[13] greift man auf das Hausrecht des Veranstalters zurück. Daneben spielt zumindest in Italien das Wettbewerbsrecht eine Rolle[14]. Aufgrund der unterschiedlichen Rechtsordnungen unterscheiden sich jedoch die rechtlichen Fragestellungen und Bewertungen erheblich voneinander. So wird in Italien etwa die urheberrechtliche Werkeigenschaft des konkreten Verlaufs eines Sportwettkampfs diskutiert, wenn dieser aufgezeichnet wird[15]. In den USA genießt die Leistung eines Sportveranstalters anscheinend einen dem Urheberrecht verwandten[16] sowie einen quasieigentumsrechtlichen[17] Schutz. Im Folgenden soll die Rechtslage in Deutschland untersucht werden.

I. Fernsehen

Die „Fernsehrechte“ waren als erste Gegenstand intensiver rechtlicher Diskussion. Der BGH äußerte sich erstmals in der Entscheidung „Globalvertrag“[18] zu ihrer Rechtsgrundlage. Der DSB und 38 der ihm angeschlossenen Spitzenverbände hatten 1985 mit ARD und ZDF einen Vertrag über die exklusive rundfunkmäßige Erstverwertung von Sportveranstaltungen in Bild und Ton abgeschlossen. 1987 hatte das Bundeskartellamt diesen Globalvertrag wegen unbilliger Beschränkung des Marktes für Sportübertragungsrechte für

---

11 Hoge Raad Urt. v. 23.10.1987 in der Rs. „KNVB/NOS“, GRUR Int 1988, 784. Weiterführend dazu Riegel, ZUM 1988, 527 ff.; Ruijsenaars, GRUR Int 1988, 764 ff. Der Hoge Raad sah die Inhaberschaft der „Rechte“ beim Heimverein (van den Brink, 2000 ECLR 359 [360]).

12 ÖOGH Urt. v. 23.3.1976 in der Rs. Ob 313/76 – Boxkampf-Fernsehberichterstattung; Wiebe (2006), S. 15 f. Weiterführend Walter, MuR 6/95, 206 ff.

13 Pedriali/Pfeifer, ZUM 1994, 461 ff. Zu jüngeren Überlegungen s. auch Ferrari, 2003/3 ISLJ 4 (5).

14 Pedriali/Pfeifer, ZUM 1994, 461 (468).

15 Pedriali/Pfeifer, ZUM 1994, 461 (462).

16 *Baltimore Orioles, Inc. v. Major League Baseball Players Association*, Urteil des CA 7th Circuit v. 29.10.1986, GRUR Int 1988, 791. S. auch Krause (2006), S. 39 ff.; Vertiefend Laier (2007), S. 27 ff.; Ruijsenaars, GRUR Int 1988, 764 ff.

17 S. *Pittsburgh Athletic Co. v. KQV Broadcasting Co*, 24 F. Supp. 490 (492). Weiterführend Laier (2007), S. 37 ff.

18 BGHZ 110, 371, Beschl. v. 14. 3. 1990 in der Rs. KVR 4/88 – Globalvertrag, NJW 1990, 2815.

teilweise unwirksam erklärt[19]. Kammergericht Berlin[20] und BGH bestätigten diese Entscheidung. In einem obiter dictum geht der BGH auf die Rechtsnatur des Fernsehübertragungsrechts des Veranstalters ein. Er nennt als Grundlagen die Abwehransprüche aus § 823 Abs. 1 BGB (Recht am eingerichteten und ausgeübten Gewerbebetrieb), aus § 826 BGB, aus UWG und aus dem Hausrecht gem. §§ 858, 1004 BGB[21]. Daher handle es sich bei der Erlaubnis zur Fernsehübertragung einer Sportveranstaltung nicht um eine Übertragung von Rechten, sondern um eine Einwilligung in Eingriffe, die der Veranstalter aufgrund der genannten Rechtspositionen verbieten könne[22]. Damit wurde ein erster Anhaltspunkt für die rechtliche Basis von Veranstalterrechten gegeben. Weiterhin kam damals bereits die Frage nach der Rolle derer auf, die an im Fernsehen gezeigten Veranstaltungen mitwirken, wie z.B. Orchestermitglieder[23] oder Boxprofis[24].

Es stellt sich daher die Frage nach den rechtlich geschützten Interessen, die sich hinter dem Wirtschaftsgut „Fernsehrechte" verbergen und die den jeweiligen Akteur berechtigen könnten, eine Aufzeichnung für das Fernsehen oder eine Live-Übertragung zu untersagen. Aus Sicht des Veranstalters[25] kommen, wie

---

19 BKartA Beschl. v. 27.8.1987, B6-743500-RV-170/84 – Sportübertragungen, WuW/E BKartA 2273.

20 KG Berlin Beschl. v. 8.7.1988 in der Rs. Kart. 38/87– Sportübertragungen, AfP 1989, 466.

21 BGHZ 110, 371 (383) Beschl. v. 14.3.1990 in der Rs. KVR 4/88 – Globalvertrag, NJW 1990, 2815.

22 BGHZ 110, 371 (384) Beschl. v. 14.3.1990 in der Rs. KVR 4/88 – Globalvertrag, NJW 1990, 2815.

23 S. hierzu BGHZ 33, 20 (28), Urt. v. 31.5.1960 in der Rs. I ZR 64/58 – Figaros Hochzeit.

24 KG Berlin (West) Urt. v. 19.2.1952 in der Rs. 5 U 15/52 – Wochenschauaufnahme eines Boxkampfes.

25 Welcher Akteur im Gefüge der Organisation sportlicher Wettkämpfe Veranstalter und originärer Inhaber der jeweiligen Rechtspositionen ist, ist nicht Gegenstand dieser Untersuchung. S. zum Veranstalterbegriff: BKartA Beschl. v. 12.1.2012 in der Sache B 6-114/10, Rn. 40; *Summerer* in: Fritzweiler/Pfister/Summerer, 4. Teil, Rn. 94 ff.; Duvinage in: Galli e.a., S. 573 f.; Frey in: Schwartmann, Kap. 13, Rn. 12 ff.; Paal, CR 2009, 428 (440 ff.); Strauß (2006), S. 29 ff.; Körber/Zagouras, WuW 2004, 1144 (1147 f.); ausführlich Osterwalder (2004), S. 61 ff. m.w.N.; Elter in: Galli e.a. 1. Aufl., S. 272 f.; Mahler, SpuRt 2001, 8 ff.; Petersen (2001), S. 16 ff.; Stopper, SpuRt 1999, 188 ff.; ausführlich Waldhauser (1999), S. 44 ff.; zum Motorsport Liegl, WRP 1998, 244 ff.; v. Westerholt, ZIP 1996, 264 (265); Entscheidung der Europäischen Kommission v. 23.7.2003 in der Sache COMP/C.2-37.398 – UEFA Champions League, ABl. EU L 291/39 v. 8.11.2003, Rn. 118 ff.; BGHZ 137, 297 (306 f.) Beschl. v. 11.12.1997

vom BGH umrissen, zunächst in Betracht: Deliktische Ansprüche, lauterkeitsrechtliche Ansprüche und das Hausrecht sowie Veranstalterschutz nach UrhG. Aus Sicht des mitwirkenden Sportlers wäre ebenfalls an deliktische und lauterkeitsrechtliche Ansprüche, aber auch an Urheberrecht und Persönlichkeitsrecht zu denken.

1. Urheberrecht und verwandte Schutzrechte

Die §§ 73 ff. UrhG schützen ausübende Künstler u.a. vor ungenehmigten Bild- und Tonaufnahmen sowie deren Vervielfältigung (§ 77 UrhG). Außerdem besteht ein Schutz vor nicht gestatteter Übertragung oder Sendung der Darbietung (§ 78 UrhG). Es handelt sich dabei um ein verwandtes Schutzrecht im Sinne des Urheberrechts. Aber auch der Veranstalter künstlerischer Darbietungen genießt diesen Schutz. § 81 UrhG enthält einen dem Urheberrecht verwandten Leistungsschutz des Veranstalters künstlerischer Darbietungen. Über § 81 UrhG wird der Schutz vor ungenehmigten Bild- und Tonaufnahmen sowie deren Vervielfältigung wie auch vor nicht gestatteter Übertragung oder Sendung der Darbietung auf das veranstaltende Unternehmen ausgedehnt. Damit wird die organisatorisch-wirtschaftliche Leistung des Veranstalters neben der des ausübenden Künstlers selbst geschützt.

Auf den ersten Blick scheinen diese Verbotsrechte[26] des Künstlers und des Veranstalters auch auf den Bereich der Sportübertragungsrechte zu passen. Allerdings ist Voraussetzung für die Anwendbarkeit der §§ 73 ff. UrhG die Darbietung eines urheberrechtlich schutzfähigen Werkes durch einen ausübenden Künstler. Dies ist bei der Aufführung von Werken der Tanzkunst gegeben[27]. Nach ganz

in der Rs. KVR 7/96 – Europapokalheimspiele m.w.N; BGHZ 27, 264 (265) Urt. v. 22.4.1958 in der Rs. I ZR 67/57- Box-Programmheft, GRUR 1958, 549 (551); ferner BGH Urt. v. 18.12.1959 in der Rs. I ZR 61/58 – Auto-Skooter, GRUR 1960, 253; BGH Urt. v. 19.6.1956 in der Rs. 1 ZR 104/54 – Tanzkurse GRUR 1956, 515 (516). Zu Mitveranstaltereigenschaft s. Haas/Reimann, SpuRt 1999, 182 (186 f.) und Mestmäcker in: FS Sandrock, S. 696 ff. Zu europarechtlichen Aspekten s. Scheuer/Strothmann, Iris plus 2004-04, 3 f.

26 Osterwalder (2004), S. 159; Waldhauser (1999), S. 115. Allgemein zu § 81 UrhG s. etwa Hodik, GRUR Int 1984, 421 ff.; Gentz, GRUR 1968, 182 ff.

27 S. dazu Ritter, GRUR-Prax 2012, 572.

überwiegender Ansicht in Literatur[28] und Rechtsprechung[29] handelt es sich bei Sportlern aber nicht um ausübende Künstler i.S.d. § 73 UrhG, da es sich bei einer Sportveranstaltung um die ständige Wiederholung ein und desselben sportlichen Vorgangs[30] nach gleichförmigen, für alle Teilnehmer verbindlichen und vor

28 Kainer (2014), S. 100; *A. Nordemann* in: Fromm/Nordemann, § 2, Rn. 134; *Ohly*/Sosnitza, § 4, Rn. 9/80; *Schaefer* in: Fromm/Nordemann, § 73, Rn. 33 u. § 81, Rn. 10; *Summerer* in: Fritzweiler/Pfister/Summerer, 4. Teil, Rn. 96, 146; *Dreier* in: Dreier/Schulze, UrhR, § 73, Rn. 12; Schack, UrhR, Rn. 748; *Schulze* in: Dreier/Schulze, § 2, Rn. 146; Fezer, WRP 2012, 1173 (1180); Kreile, ZUM 2012, 177 (182); Stopper/Lentze, Kap. 3, Rn. 4; Frey in: Schwartmann, Kap. 13, Rn. 3; Körber/Ess, WRP 2011, 697 (698); Ballasch (2010), S. 106 f.; Härting/Strubel, IPRB 2010, 109; *Loewenheim* in: Schricker/Loewenheim § 2, Rn. 131; *Vogel* in: Schricker/Loewenheim, § 81, Rn. 16; *Bullinger* in: Wandtke/Bullinger, § 2, Rn. 78; Paal, CR 2009, 438; Fietz (2007), S. 35; Rehbinder, UrhR, Rn. 812; Kirschenhofer, ZUM 2006, 15 (15 f.); Strauß (2006), S. 45 ff.; Lochmann (2005), S. 118; Kuczera (2004), S. 72; Osterwalder (2004), S. 159 f.; Weihs (2004), S. 64; Fikentscher, SpuRt 2002, 186; Berengeno (2001), S. 216 f.; Hannamann (2001), S. 158; Tumbrägel (2001), S. 54 f.; Wertenbruch, SpuRt 2001, 185 (186); Haberstumpf, Hdb. UrhR, Rn. 134, 503; Haas/Reimann, SpuRt 1999, 182; Haas/Reimann in: Dierker, S. 33; Heermann, ZHR 1997, 665 (667); Jessen (1997), S. 139 f.; Poll in: Schimke 1996, S. 22; Reichert in: Vieweg 1996, S. 46; Vieweg in: Vieweg 1996, S. 78; v. Westerholt, ZIP 1996, 264; Dieckmann, UFITA 127/1995, S. 45 f.; Hausmann, BB 1994, 1089 (1090); Jarass, AfP 1993, 455 (459); Weiand (1993), S. 109, 116; Lauktien (1992), S. 54; Ladeur GRUR 1989, 885 (886); Lerche/Ulmer (1989), S. 76; Roth AfP 1989, 515 (516); Kraßer/Schricker (1988), S. 75; Krone, AfP 1982, 196 (198); Kübler (1978), S. 43; Fuhr in: FS Armbruster, 117 (134); Schmieder, UFITA 73 (1975), 65 (72); Gentz, GRUR 1968, 182 (185); Schmieder, GRUR 1964, 121 (124).

29 EuGH Urt. v. 4.10.2011 in den verb. Rs. C-403/08, C-429/08 – Karen Murphy, Rn. 98; BGH 110, 371 (383) Beschl. v. 14.3.1990 in der Rs. KVR 4/88 – Globalvertrag, NJW 1990, 2815; BGH Urt. v. 29.4.1970 in der Rs. I ZR 30/68 – Bubi Scholz, NJW 1970, 2060; OLG HH Urt. v. 11.10.2006 in der Rs. 5 U 112/06 – Slowakischer Fußball, GRUR-RR 2007, 181 (184); OLG München Urt. v. 20.3.1997 in der Rs. 29 U 4573/96, NJW-RR 1997, 1405 (1406); KG Berlin Urt. v. 19.2.1952 in der Rs. 5 U 5/52, Schulze KGZ 4; LG HH Urt. v. 26.4.2002 in der Rs. 308 O 415/01, SpuRt 2002, 202 (204); AG Münster Urt. v. 12.11.1993 in der Rs. 50 C 609/93, AfP 1994, 68; zur Rechtslage in USA vgl. U.S. Court of Appeals (7th circuit) Urt. v. 29.19.1986, GRUR Int 1988, 791.

30 *Summerer* in: Fritzweiler/Pfister/Summerer, 4. Teil, Rn. 97; Haas/Reimann, SpuRt 1999, 182; Stopper (1997), S. 75; Hausmann, BB 1994, 1089 (1090).

Beginn des Wettkampfs feststehenden Regeln[31] handelt[32]. Aus demselben Grund ist die sportliche Leistung des Sportlers selbst nicht als geschütztes Werk i.S.d. §§ 1, 2 UrhG zu charakterisieren. Es fehlt sowohl an der Individualität der persönlichen geistigen Schöpfung[33] als auch an geistigem Inhalt und der Zuordnung zum Bereich der Kunst[34]. Vielmehr steht die körperliche Leistung im Sinne von Schnelligkeit, Geschicklichkeit, technischer Perfektion oder Kraft im Vordergrund.

Daher kommt allenfalls eine analoge Anwendung der §§ 73 ff. UrhG in Betracht. Allerdings wird überwiegend angenommen, dass der Gesetzgeber nicht unbeabsichtigt, sondern gerade sehenden Auges eine Schutzlücke für den Bereich der Sportler und Sportveranstalter belassen hat[35]. Dies überzeugt insbesondere, weil die Problematik des fehlenden Leistungsschutzes für Sportler und Veranstalter von Sportveranstaltungen zur Zeit der Entstehung des Urheberrechtsgesetzes von 1965 aus der Rechtsprechung bereits bekannt war[36]. Aus der Begründung zum Regierungsentwurf zu § 1 UrhG von 1965 geht hervor, dass

---

31 EuGH Urt. v. 4.10.2011 in den verb. Rs. C-403/08, C-429/08 – Karen Murphy, Rn. 98; Kuczera (2004), S. 72; Tumbrägel (2001), S. 54; Haas/Reimann, SpuRt 1999, 182. Die Regeln selbst sind auch nicht als Werk zu qualifizieren, s. OLG Ffm Urt. v. 7.2.1995 in der Rs. 11 U 76/94, SpuRt 1999, 110 f.

32 Im Einzelfall wird dies anders beurteilt, wenn der Darbietung ein künstlerisches Element innewohnt, z.B. bei einer Choreographie eines Eiskunstläufers, s. BGH Urt. v. 18.3.1960 – I ZR 121/58 (KG) GRUR 1960, 604 – Eisrevue I; BGH Urt. v. 18.3.1960 – I ZR 75/58 (KG) GRUR 1960, 606 – Eisrevue II; Dittl (2013), S. 39 f.; *Loewenheim* in: Schricker/Loewenheim, § 2, Rn. 130 f.; Lochmann (2005), S. 119; Kuczera (2004), S. 72; Osterwalder (2004), S. 159 f.; Waldhauser (1999), S. 84 ff., 116; Poll in: Schimke 1996, S. 22; Urek (1991), S. 20. Ablehnend wohl *Krüger* in: Schricker/Loewenheim § 73, Rn. 10; Tumbrägel (2001), S. 54; Siegfried (1990), S. 13 f.; Kübler (1978), S. 43.

33 Weihs (2004), S. 64; Berengeno (2001), S. 216; Waldhauser (1999), S. 90; Fuhr, ZUM 1988, 327 (329).

34 *Schulze* in: Dreier/Schulze, § 2, Rn. 146; Dieckmann, UFITA 127/1995, S. 46.

35 *Summerer* in: Fritzweiler/Pfister/Summerer, 4. Teil, Rn. 146; Dittl (2013), S. 41; Fezer, WRP 2012, 1173 (1180); Frey in: Schwartmann, Kap. 13, Rn. 3; Ratjen (2010), S. 49, der auch auf eine abweichende Interessenlage hinweist; Hütt (2008), S. 208; Hilty/Henning-Bodewig (2007), S. 45; Strauß (2006), S. 65 f.; Lochmann (2005), S. 120 ff.; Kuczera (2004), S. 74; Osterwalder (2004), S. 160 ff.; Günther (2003), S. 42; Winter, ZUM 2003, 531 (535); Hannamann (2001), S. 158; Tumbrägel (2001), S. 56; Waldhauser (1999), S. 118, 174; Reichert in: Vieweg 1996, S. 46; v. Westerholt, ZIP 1996, 264; Siegfried (1990), S. 15; Horn, Jura 1989, 17 (18); Kübler (1978), S. 43; a.A. Dieckmann, UFITA 127/1995, S. 47 ff.; Riegel ZUM 1988, 527 (530).

36 S. etwa BGHZ 33, 20 (28), Urt. v. 31.5.1960 in der Rs. I ZR 64/58 – Figaros Hochzeit; BGHZ 27, 264, Urt. v. 22.4.1958 in der Rs. I ZR 67/57; KG Berlin (West) Urt. v.

der Gesetzgeber im Hinblick auf Abgrenzungsprobleme zum Leistungssport den Urheberrechtsschutz auf Werke der Literatur, Wissenschaft und bildenden Kunst beschränken wollte[37]. Es wurde eine Ausuferung des Künstlerschutzes befürchtet. Es fehlt also an einer planwidrigen Regelungslücke, die eine Analogie zuließe. Demnach erfasst der urheberrechtliche Sonderrechtsschutz weder Sportler noch Veranstalter sportlicher Wettkämpfe.

Auch durch die in den letzten Jahren stark zunehmende kommerzielle Bedeutung der Sportübertragungsrechte ist nicht gleichsam im Nachhinein eine planwidrige Regelungslücke entstanden. Zwar mögen sich einige Umstände geändert haben und ein Bedürfnis nach einer entsprechenden Regelung entstanden sein. Das Vorliegen einer *planwidrigen* Regelungslücke ist jedoch nur im historischen Kontext der Entstehung der Norm zu beurteilen[38]. Die Veränderung der wirtschaftlichen oder gesellschaftlichen Situation mag dazu führen, dass ein Gesetz im Laufe der Zeit rechtspolitisch verfehlt erscheint. Eine Korrektur kann jedoch ausschließlich durch den Gesetzgeber vorgenommen werden[39]. In diesem Zusammenhang ist zudem zu bedenken, dass das Urheberrechtsgesetz seit seiner Entstehung mehrfach (zuletzt 2013[40]) geändert worden ist und dabei der Gesetzgeber jeweils davon abgesehen hat, den Sport in den urheberrechtlichen Leistungsschutz einzubeziehen[41]. Eine analoge Anwendung der §§ 73 ff. UrhG ist daher nicht möglich. Die Schlechterstellung des Sportlers im Hinblick auf die Rechte des Veranstalters seines Wettkampfs mag man zwar als unbefriedigend empfinden[42], sie ist aber derzeit durch den Gesetzgeber so gewollt. Bereits 1960 wies der BGH auf diese Problematik hin. Er kam in einem obiter dictum zu dem Schluss, dass der eigenmächtigen Ausnutzung der Tätigkeit von Sportlern zwar keine urheberrechtlichen, wohl aber persönlichkeitsrechtliche und allgemein bürgerlich-rechtliche Grundsätze entgegenstehen könnten[43].

19.2.1952 in der Rs. 5 U 15/52 – Wochenschauaufnahme eines Boxkampfes, UFITA 20 (1955), 199 (207).

37 S. Begründung des RegE, BT-Drs. IV/270, S. 37 (zu § 1) und S. 90 (zu § 83).

38 Larenz/Canaris, S. 194 f.

39 Larenz/Canaris, S. 195.

40 Durch Art. 29 des Gesetzes vom 23.7.2013 (BGBl. I S. 2586).

41 Ballasch (2010), S. 109; Kirschenhofer, ZUM 2006, 15 (16); Kuczera (2004), S. 74; Osterwalder (2004), S. 104; Mailänder, ZUM 2003, 820 (823). Im Ergebnis ebenso Peifer, GRUR-Prax 2011, 181 (183).

42 So z.B. Osterwalder (2004), S. 104; Tumbrägel (2001), S. 59; Poll in: Schimke 1996, S. 29; Dieckmann, UFITA 127/1995, S. 51; Siegfried (1990), S. 27.

43 S. BGHZ 33, 20 (28), Urt. v. 31.5.1960 in der Rs. I ZR 64/58 – Figaros Hochzeit.

2. Persönlichkeitsrechte

Aus Sicht des abgebildeten Sportlers könnten demnach Persönlichkeitsrechte betroffen sein, wenn sein Bild im Fernsehen übertragen wird. In den Einzelsportarten wird der Sportler ohnehin mit Namen genannt und ist erkennbar. Aber auch in den Mannschaftssportarten sind die einzelnen Spieler anhand ihrer Rückennummer oder Feldposition sowie bei Nahaufnahmen, Zeitlupen usw. für die Zuschauer problemlos identifizierbar[44].

a) Bildnisschutz nach §§ 22 f. KunstUrhG

Gem. § 22 Satz 1 KunstUrhG, der eine besondere Ausprägung des allgemeinen Persönlichkeitsrechts aus Art. 2 Abs. 1 GG i.V.m. Art. 1 Abs. 1 GG darstellt[45], dürfen Bildnisse einer Person nur mit Einwilligung[46] des Abgebildeten selbst verbreitet und zur Schau gestellt werden[47]. Unter Verbreitung oder Zurschaustellung ist auch die Wiedergabe eines Bildes im Fernsehen oder anderen Medien zu verstehen[48]. Hieraus könnte sich für den Sportler ein Einwilligungsvorbehalt ergeben, der ihn berechtigt, die Übertragung seiner Mitwirkung an einer Sportveranstaltung im Fernsehen zu verhindern. Diese Rechtsposition ist auch als „sonstiges Recht" im Rahmen des § 823 Abs. 1 BGB anerkannt[49].

Allerdings gilt der Einwilligungsvorbehalt gem. § 23 Abs. 1 KunstUrhG nur eingeschränkt. Ein Bildbericht[50] von einer Sportveranstaltung ist gem. § 23 Abs. 1 Nr. 3 KunstUrhG ohne Einwilligung zulässig, wenn er sich auf die Darstellung des Geschehens beschränkt und einen repräsentativen Eindruck der

---

44 Kuczera (2004), S. 80; Osterwalder (2004), S. 104; Tumbrägel (2001), S. 56; Haas/Reimann, SpuRt 1999, 182 (183); Waldhauser (1999), S. 165; Reichert in: Vieweg 1996, S. 45; Siegfried (1990), S. 7. Dies genügt für eine Erkennbarkeit, s. LG Ffm Urt. v. 19.1.2006 in der Rs. 2/03 O 468/05. Zu den Anforderungen an die Erkennbarkeit MK-*Rixecker*, Anh. zu § 12, Rn. 48.

45 BVerfGE 97, 228, Urt. v. 17.2.1998 in der Rs. 1 BvF 1/91 – Kurzberichterstattung, NJW 1998, 1627 (1632) m.w.N. Enneccerus/Nipperdey, AT, Hb. 1, § 101 II 2 (S. 585).

46 Eingehend zur Einwilligung: Libertus, ZUM 2007, 621 ff.

47 S. etwa BGH Urt. v. 19.12.1995 in der Rs. VI ZR 15/95 – Caroline von Monaco II, NJW 1996, 1128 (1129) m.w.N.

48 MK-*Rixecker*, Anh. zu § 12, Rn. 50; *Götting* in: Schricker/Loewenheim, § 60/§ 22 KUG, Rn. 37; Günther (2003), S. 118.

49 BGHZ 13, 334 Urt. v. 25.8.1954 in der Rs. I ZR 211/53 – Leserbriefe; Staudinger-*Hager* (1999), § 823, Rn. 140.

50 Zu Unterschieden zwischen Bild- und Wortberichterstattung s. BVerfG Urt. v. 14.9.2010 in der Rs. 1 BvR 1842/08, 1 BvR 6/09, 1 BvR 2538/08, NJW 2011, 740; BGH Urt. v. 26.10.2010 in der Rs. VI ZR 230/08, NJW 2011, 744.

Veranstaltung vermittelt[51]. Auch Bildnisse aus dem Bereich der Zeitgeschichte dürfen ohne Einwilligung gezeigt werden (§ 23 Abs. 1 Nr. 1 KunstUrhG). Diese Ausnahme dient einer sachgerechten und umfassenden Information der Allgemeinheit.

Nun stellt sich die Frage, inwiefern Bildnisse von Sportlern während einer Sportveranstaltung dem Bereich der Zeitgeschichte zuzuordnen sind. Bis 2007 teilte die Rechtsprechung ein in sogenannte „absolute Personen der Zeitgeschichte" und „relative Personen der Zeitgeschichte". Die Zustimmung einer „absoluten Person der Zeitgeschichte" zur Verbreitung ihres Bildnisses war nicht erforderlich, unabhängig davon, in welchem Zusammenhang die Person gezeigt wurde. Die Grenze für diese Abbildungsmöglichkeit lag jedoch im Privat- oder Intimbereich der betroffenen Person. Sportler von internationaler oder überregionaler Berühmtheit waren als absolute Personen der Zeitgeschichte einzuordnen[52]. Weniger bekannte Sportler wurden von der überwiegenden Ansicht in den letzten Jahren zunehmend als zumindest „relative[53] Personen der Zeitgeschichte" angesehen[54]. Das bedeutete, dass eine Abbildung ohne Zustimmung möglich war, wenn sie die Person in dem Kontext zeigte, durch den sie Bekanntheit erlangt und das Interesse der Öffentlichkeit erregt hatte. Nach diesem Beurteilungsmaßstab waren sowohl Aufnahmen weltberühmter als auch weniger

---

51 Frey in: Schwartmann, Kap. 13, Rn. 27; *Götting* in: Schricker/Loewenheim, § 60/§ 23 KUG, Rn. 84 m.w.N.

52 *Summerer* in: Fritzweiler/Pfister/Summerer, 4. Teil, Rn. 145 m.w.N.; Schack, UrhR, Rn. 750; MK-*Rixecker*, 5. Aufl., Anh. zu § 12, Rn. 53; Wertenbruch, SpuRt 2001, 185 (186); Stopper (1997), S. 75 f.; Reichert in: Vieweg (1996), S. 45; v. Westerholt, ZIP 1996, 264; Hausmann, BB 1994, 1089 (1090); Roth, AfP 1989, 515 (516); BGH Urt. v. 26.6.1979 in der Rs. VI ZR 108/78, GRUR 1979, 732 (734) – Fußballtor; BGH Urt. v. 6.2.1979 in der Rs. VI ZR 46/77, NJW 1979, 2203 – Wandkalender; BGHZ 49, 288 (292 f.) Urt. v. 20.2.1968 in der Rs. VI ZR 200/66 – Ligaspieler = NJW 1968, 1091; KG Berlin (West) Urt. v. 19.2.1952 in der Rs. 5 U 15/52 – Wochenschauaufnahme eines Boxkampfes, UFITA 20 (1955), 199 (206); RGZ 125, 80 (82) Urt. des 1. Zivilsenats v. 26.6.1929 in der Rs. I 97/29 – Tull Harder; OLG Ffm Urt. v. 21.1.1988 in der Rs. 6 U 153/86, AfP 1988, 62 (63).

53 Zum Begriff MK-*Rixecker*, 5. Aufl., Anh. zu § 12, Rn. 54; differenzierend Nasse, SpuRt 1995, 145 (147); zur Unterscheidung bei Sportlern ausführlich Waldhauser (1999), S. 166 f. Die Unterscheidung ist nicht starr zu sehen, vgl. Herrmann/Lausen, § 25, Rn. 73.

54 *Summerer* in: Fritzweiler/Pfister/Summerer, 4. Teil, Rn. 145; Frey in: Schwartmann, Kap. 13, Rn. 27; Günther (2003), S. 124; v. Westerholt, ZIP 1996, 264; Hausmann, BB 1994, 1089 (1090); Siegfried (1990), S. 8; Horn, Jura 1989, 17 (18); Schwerdtner (1986), S. 108; Kübler (1978), S. 51.

bekannter Profisportler ohne deren Zustimmung möglich, sofern diese sie bei der Ausübung ihres Sports im Rahmen einer Wettkampfveranstaltung zeigten, wie es bei Fernsehübertragungen aus Sportstätten der Fall ist[55].

Die jüngere Rechtsprechung hat jedoch Abstand von der Rechtsfigur der „absoluten Person der Zeitgeschichte" genommen[56]. Damit berücksichtigt sie die Entscheidung des EGMR vom Juni 2004[57], der im Hinblick auf die EMRK den Schutz des Persönlichkeitsrechts gegenüber dem Anspruch der Öffentlichkeit auf Information stärker als bisher das BVerfG[58] gewichtet und die Bundesrepublik wegen einer Menschenrechtsverletzung verurteilt hatte[59]. Seither entfällt bei der Bewertung von Interessen im Spannungsfeld von Persönlichkeitsschutz und Pressefreiheit methodisch die Einordnung in die Kategorien der „absoluten" oder „relativen" Personen der Zeitgeschichte. Stattdessen wird von Anfang an eine einzelfallbezogene Interessenabwägung vorgenommen. Diese Abwägung berücksichtigt heute, insbesondere im Zusammenhang unterhaltender Berichterstattung, die Frage, ob die Berichterstattung einer Angelegenheit von öffentlichem Interesse gewidmet ist oder ob Bilder aus dem Privatleben Prominenter

---

55 Aufnahmen aus dem Privatbereich waren und sind nicht in gleicher Weise zu beurteilen, s. z.B. den Fall der Badefotos von Lukas Podolski: LG Berlin Urt. v. 12.9.2006 in der Rs. 27 O 856/06, SpuRt 2007, 213 (Leits.).

56 BVerfG Beschl. v. 26.2.2008 in der Rs. 1 BvR 1602/07 - Caroline von Hannover (s. dazu auch Anm. Peifer, GRUR 2008, 547 ff); BGH Urt. v. 28.5.2013 in der Rs. VI ZR 125/12 - Eisprinzessin Alexandra; BGH Urt. v. 22.11.2011 in der Rs. VI ZR 26/11, ZUM-RD 2012, 130; BGH Urt. v. 18.10.2011 in der Rs. VI ZR 5/10, ZUM 2012, 140; BGH Urt. v. 10.3.2009 in der Rs. VI ZR 261/07 - Enkel von Fürst Rainier, GRUR 2009, 584 ff.; BGH Urt. v. 17.2.2009 in der Rs. VI ZR 75/08 - Christiansen, ZUM 2009, 560 ff.; BGH Urt. v. 3.7.2007 in der Rs. VI ZR 164/06, ZUM 2007, 858; BGH Urt. v. 19.6.2007 in der Rs. VI ZR 12/06 - Lebensgefährtin von Grönemeyer, ZUM-RD 2007, 397 ff.; BGH Urt. v. 6.3.2007 in der Rs. VI ZR 13/06 - Prinz Ernst August von Hannover, NJW 2007, 1981. Kritisch Staudinger-*Hager* (2014), Eckpfeiler, Abschn. T, Rn. 351; ferner Dietrich, ZUM 2014, 661; Dietrich, AfP 2013, 277.

57 EGMR Urt. v. 24.6.2004 in der Rs. 59320/00 - von Hannover/Deutschland, NJW 2004, 2647.

58 S. BVerfGE 101, 361 Urt. v. 15.12.1999 in der Rs. 1 BvR 653/96 - Caroline, NJW 2000, 1021.

59 S. dazu Dörr/Aernecke in: Dörr/Weaver, S. 120 ff.; Dörr in: Dörr/Fink/Weaver/Keber, S. 43; Dörr in: Württ. Fußballverband, S. 140 ff. Kritisch: Engels/Jürgens, NJW 2007, 2517 ff. Weiterführend zur Position des EGMR zum Spannungsverhältnis Persönlichkeitsrecht und Pressefreiheit s. EGMR Urt. v. 16.11.2004 in der Rs. 53678/00 - Karhuvaara und Iltalehti/Finnland, NJW 2006, 591.

allein zur Befriedigung der Neugier oder Sensationslust des Publikums verbreitet werden[60]. In solchen Fällen sollen auch Bildnisse von Personen mit extrem hohem Bekanntheitsgrad nicht mehr ohne Weiteres ohne deren Zustimmung verbreitet werden können. Es wird also stärker unterschieden zwischen „voyeuristischen" und „seriösen" Beiträgen[61]. Ansonsten sind die Abwägungskriterien des BVerfG und BGH im Wesentlichen unverändert geblieben. Diese Änderung der Rechtsprechung betrifft daher im Ergebnis nicht die Fälle, die hier Gegenstand der Untersuchung sind. Denn bei Fernsehübertragungen von Sportveranstaltungen handelt es sich nicht um Bilder aus dem Privatbereich der Abgebildeten. Deshalb gelten auch heute die Grundsätze, die in der Vergangenheit auf diese Situation angewendet wurden.

Es bleibt daher dabei, dass Bilder von Sportlern internationaler oder überregionaler Berühmtheit ohne Weiteres dem Bereich der Zeitgeschichte zuzuordnen sind. Aber auch Bilder von Sportlern, die weniger bekannt sind, dürfen im Rahmen einer Übertragung von der Veranstaltungsstätte ohne Zustimmung gezeigt werden. Der Zuordnung dieser Bilder zum Bereich der Zeitgeschichte ist insbesondere dann zuzustimmen, wenn die Sportler an einer Veranstaltung teilnehmen, die in der Öffentlichkeit breites Interesse findet und dadurch ins Licht der Öffentlichkeit rücken[62]. In diesem Zusammenhang besteht das Interesse der Öffentlichkeit darin, die Sportler „in Aktion" zu sehen. Bei Veranstaltungen, deren Übertragungsrechte als Wirtschaftsgut gehandelt werden, handelt es sich durchweg um Wettkämpfe, die hohe Zuschauerzahlen erreichen. Daher treten die Sportler spätestens durch ihre Teilnahme am Wettkampf ins Licht der Öffentlichkeit. Anders kann dies lediglich dann zu beurteilen sein, wenn die Veranstaltung nicht auf ein breiteres Publikum ausgerichtet ist. Werden z.B. bei

---

60 Ausführlich zur Änderung in der Rechtsprechung Dörr in: Württ. Fußballverband, S. 146 ff.; Hoffmann-Riem, NJW 2009, 20 ff.; Engels/Jürgens, NJW 2007, 5217 ff.; Klass, ZUM 2007, 818 ff.; Teichmann, NJW 2007, 1917 ff. Kritisch Söder, ZUM 2008, 89 ff.

61 Dörr in: Württ. Fußballverband, S. 142, 147 f.

62 Dittl (2013), S. 95; Fietz (2007), S. 38 f.; Kuczera (2004), S. 80; Tumbrägel (2001), S. 57; Haas/Reimann, SpuRt 1999, 182 (183 f.); Stopper (1997), S. 76; Roth, AfP 1989, 515 (516); Fuhr in: FS Armbruster, 117 (134); Grundgedanke enthalten in BGH Urt. v. 14.11.1995 in der Rs. VI ZR 410/94 – Willy Brandt NJW 1996, 593 (594) und OLG Ffm Urt. v. 21.1.1988 in der Rs. 6 U 153/86 – Boris Becker NJW 1989, 402 (403); im Ansatz auch in BGHZ 49, 288 (293) Urt. v. 20.2.1968 in der Rs. VI ZR 200/66 – Ligaspieler = NJW 1968, 1091; ferner OLG HH Urt. v. 8.12.1994 in der Rs. 3 U 64/94, NJW-RR 1995, 790 (791).

einem Fußballspiel einer unteren Amateurliga Sportler in Aktion gefilmt, kann die Abwägung zugunsten des Persönlichkeitsrechts des Sportlers ausfallen, der demnach ein Abwehrrecht gegen den Aufzeichnenden hätte. Das ist insbesondere dann der Fall, wenn die Aufnahmen keinen Bezug mehr zur Sportveranstaltung an sich aufweisen, sondern der einzelne Sportler zur „Hauptsache" wird[63]. In diesen Fällen sind die Aufnahmen jedoch kaum für die Verwertung der Veranstaltung geeignet.

Das Recht zur Veröffentlichung, das am Informationsinteresse der Öffentlichkeit orientiert ist, findet seine Grenze an § 23 Abs. 2 KunstUrhG. Diese Vorschrift schützt vor einer Verbreitung des Bildnisses, die berechtigten Interessen des Dargestellten zuwiderläuft. Das bedeutet, dass im Zweifelsfall im Rahmen einer weiteren Interessenabwägung entschieden werden muss, ob die Übertragung der jeweiligen Bilder zulässig ist, weil das Interesse der Allgemeinheit an einer sachgemäßen Information überwiegt oder ob das Anonymitäts- bzw. Vergütungsinteresse des Sportlers Vorrang genießt[64]. Wo die Verbreitung des Bildes vom Informationszweck getragen ist, insbesondere im Rahmen der durch Rundfunkstaatsvertrag garantierten nachrichtenmäßigen Kurzberichterstattung[65] von der Veranstaltung, bleibt es bei dem Recht auf Veröffentlichung. Auch Zeitlupenaufnahmen, Ausschnittsvergrößerungen und Wiederholungen von einzelnen Szenen sind von diesem Informationszweck getragen[66]. Wo allerdings wirtschaftliche Zwecke in den Vordergrund treten, z.B. in der Werbung, ist die Einwilligung des abgebildeten Sportlers wiederum in der Regel[67]

63 Körber/Ess, WRP 2011, 697 (698); Ehmann, GRUR Int 2009, 659 (660). Ähnlich Dittl (2013), S. 95.

64 BGH Urt. v. 1.10.1996 in der Rs. VI ZR 206/95 - Bob Dylan NJW 1997, 1152 (1153); BGH Urt. v. 19.12.1995 in der Rs. VI ZR 15/95 - Caroline von Monaco II, NJW 1996, 1128 (1130); BGH Urt. v. 6.2.1979 in der Rs. VI ZR 46/77 - Wandkalender NJW 1979, 2203 (2204) = GRUR 1979, 425 (426) - Fußballspieler; BGH Urt. v. 20.2.1968 in der Rs. VI ZR 200/66 - Sammelalben NJW 1968, 1091; MK-*Rixecker*, Anh. zu § 12, Rn. 61.

65 Zum Recht auf Kurzberichterstattung vgl. unten II. 2. b). Allgemein s. etwa Dörr/ Schwartmann (2012), Rn. 237 ff. Zur Geschichte des Kurzberichterstattungsrechts s. Dittl (2013), S. 21 ff.

66 Haas/Reimann SpuRt 1999, 182 (184).

67 Ausnahmen gelten, wenn Prominente im Zusammenhang mit einer Berichterstattung über sie in der Werbung abgebildet werden und nicht lediglich ein Imagetransfer angestrebt wird, s. BGH Urt. v. 18.11.2010 in der Rs. I ZR 119/08 - Günther Jauch, GRUR 2011, 647; BGH Urt. v. 29.10.2009 in der Rs. I ZR 65/07 - Der strauchelnde Liebling, ZUM 2010, 529; BGH Urt. v. 14.5.2002 in der Rs. VI ZR 220/01, NJW 2002,

zwingend erforderlich[68]. Soweit Sportereignisse übertragen werden, ist davon auszugehen, dass das öffentliche Informationsinteresse im Mittelpunkt steht. Das gilt auch dann, wenn Sportler mittelbar in Werbemaßnahmen einbezogen werden, z.B. im Zusammenhang mit Banden- oder Trikotwerbung[69]. Anders

---

2317 (2319). Auch bei satirischen Beiträgen kann eine Ausnahme gelten, s. BGH Urt. v. 26.10.2006 in der Rs. I ZR 182/04 – Rücktritt des Finanzministers, ZUM 2007, 55. Zur jüngeren Rspr. und der Abwägung mit Art. 5 Abs. 2 GG im Kontext des Sports s. Kitzberger, ZUM 2011, 200; Kitzberger, SpuRt 2009, 228.

68 *Summerer* in: Fritzweiler/Pfister/Summerer, 4. Teil, Rn. 207 ff.; MK-*Rixecker*, Anh. zu § 12, Rn. 75; Kuczera (2004), S. 81; Schmid-Petersen, SpuRt 2004, 248 (249 f.); Günther (2003), S. 145; Hannamann (2001), S. 159; Wertenbruch, SpuRt 2001, 185 (186); Haas/Reimann, SpuRt 1999, 182 (184); Haas/Reimann in: Dierker, S. 38 f. v. Westerholt, ZIP 1996, 264 (265); Nasse, SpuRt 1995, 145 (146); Roth, AfP 1989, 515 (516); BGH Urt. v. 11.3.2009 in der Rs. I ZR 8/07 – Wer wird Millionär?, ZUM-RD 2009, 517 (520); BGH Urt. v. 26.10.2006 in der Rs. I ZR 182/04 – Rücktritt des Finanzministers, ZUM 2007, 55 (57); BGH Urt. v. 1.10.1996 in der Rs. VI ZR 206/95 – Bob Dylan NJW 1997, 1152 (1153); BGH Urt. v. 14.11.1995 in der Rs. VI ZR 410/94 – Willy Brandt NJW 1996, 593 (594); BGH Urt. v. 14.4.1992 in der Rs. VI ZR 285/91, NJW 1992, 2084; BGH Urt. v. 14.10.1986 in der Rs. VI ZR 10/86 – NENA, GRUR 1987, 128; BGH Urt. v. 26.6.1979 in der Rs. VI ZR 108/78 – Fußballtor NJW 1979, 2205 (2206) = GRUR 1979, 732 (734); BGH Urt. v. 6.2.1979 in der Rs. VI ZR 46/77 – Wandkalender NJW 1979, 2203 (2204) = GRUR 1979, 425 (427) – Fußballspieler; BGHZ 49, 288 (293) Urt. v. 20.2.1968 in der Rs. VI ZR 200/66 – Ligaspieler = NJW 1968, 1091; BGH Urt. v. 28.10.1960 in der Rs. I ZR 87/59, NJW 1961, 558; BGHZ 20, 346 (350) Urt. v. 8.5.1956 in der Rs. I ZR 62/54 – Paul Dahlke = NJW 1956, 1554 (1555); OLG Köln Urt. v. 5.11.2013 in der Rs. 15 U 44/13, ZUM 2014, 416; OLG Düsseldorf Urt. v. 23.7.2013 in der Rs. I-20 U 190/12, MMR 2013, 740; OLG HH Urt. v. 13.1.2004 in der Rs. 7 U 41/03 – Oliver Kahn, SpuRt 2004, 210 (212); OLG München Urt. v. 27.6.2003 in der Rs. 21 U 2518/03 – Boris Becker, SpuRt 2004, 24; OLG Ffm Urt. v. 21.1.1988 in der Rs. 6 U 153/86 – Boris Becker NJW 1989, 402 (403); LG HH Urt. v. 25.4.2003 in der Rs. 324 O 381/02 – Oliver Kahn, SpuRt 2004, 26 (28); LG Ffm Urt. v. 12.12.2008 in der Rs. 06 O 249/06 – Konami (s. zu weiteren Aspekten der Entscheidung Heermann, CaS 2009, 166). Zur Höhe eines Entschädigungsanspruchs s. LG Ffm Urt. v. 12.3.2009 in der Rs. 2/3 O 363/08, NJOZ 2009, 2843. Die Einschränkung gilt auch im Hinblick auf das Namensrecht des Sportlers, s. Haas/Reimann in: Dierker, S. 37; Schwerdtner (1986), S. 109.

69 Kuczera (2004), S. 81; Haas/Reimann SpuRt 1999, 182 (184); ausführlich Waldhauser (1999), S. 169 ff.; anders, aber im Ergebnis zustimmend, Wertenbruch, SpuRt 2001, 185 (186). Ferner Fietz (2007), S. 39.

wäre das bei „virtueller Werbung", wenn z.B. anstatt des Spielfeldes eine Werbefläche untergelegt würde[70]. Bei der üblichen Form der (Live-)Übertragung von Sportveranstaltungen ist also eine Einwilligung des Sportlers nicht erforderlich.

b) Allgemeines Persönlichkeitsrecht

Das Recht am eigenen Bild ist im Rahmen des Deliktsrechts auch nach den Grundsätzen des allgemeinen Persönlichkeitsrechts geschützt[71]. Nach ganz herrschender Ansicht stellen die §§ 22 ff. KunstUrhG keine abschließenden leges speciales gegenüber dem allgemeinen Persönlichkeitsrecht dar, die letzteres verdrängen würden[72]. Vielmehr erfüllt Letzteres im Bereich Bildnisschutz neben §§ 22 ff. Kunst UrhG eine Ergänzungsfunktion. Es schützt z.B. den Betroffenen im Vorfeld davor, dass durch Eindringen in die Persönlichkeitssphäre die Möglichkeit zur fremdbestimmten Außendarstellung entsteht, sowie etwa vor dem Entstehen von Überwachungsdruck[73]. Nach heute[74] ganz überwiegender

70 Hannamann (2001), S. 160; Haas/Reimann SpuRt 1999, 182 (184).

71 Palandt-*Sprau*, § 823, Rn. 112a; MK-*Rixecker*, Anh. zu § 12, Rn. 4, 46; kritisch: Medicus, Bürgerliches Recht, Rn. 615. Grundlegend erstmals zum allg. Persönlichkeitsrecht BGHZ 13, 334 Urt. v. 25.8.1954 in der Rs. I ZR 211/53 – Leserbriefe. Zur Verankerung des allgemeinen Persönlichkeitsrechts in den Grundrechten Dörr in: Württ. Fußballverband, S. 136 f. Weiterführend zur wirtschaftlichen Aspekten von Persönlichkeitsrechten Peukert, ZUM 2000, 710 ff.

72 BGH Urt. v. 2.7.1974 in der Rs. VI ZR 121/73 – Nacktaufnahmen, GRUR 1975, 561 (562); OLG Hamm Urt. v. 2.12.1969 in der Rs. 4 U 232/69 – Hochzeitsfotografen, GRUR 1971, 84 (85); LG Oldenburg Urt. v. 22.3.1990 in der Rs. 5 O 3328/89, AfP 1991, 652; Palandt-*Sprau*, § 823, Rn. 112a; MK-*Rixecker*, Anh. zu § 12, Rn. 8; Löffler-*Steffen*, § 6 LPG, Rn. 119; Soergel-*Beater*, § 823 Anh. IV, Rn. 10 m.w.N.; Dasch (1990), S. 24, 26; Hubmann (1967), S. 172. A.A. v. Gamm, UrhG, Einf., Rn. 105.

73 Dasch (1990), S. 26.

74 Der Gesetzgeber verfolgte ursprünglich eine rein urheberrechtliche Konzeption und hatte noch den Umkehrschluss aus dem Wortlaut der §§ 22 ff. KunstUrhG beabsichtigt, dass die unbefugte Bildnisaufnahme grundsätzlich zulässig sei, s. Aktenstücke zu den Verhandlungen des Deutschen Reichstages 1905/1906, S. 1540 (Begründung zum Entwurf eines Gesetzes betreffend das Urheberrecht an Werken der bildenden Künste und der Photographie, amtl. Drs. Nr. 30 in: Stenographische Berichte über die Verhandlungen des Reichstages, Bd. 220, 11. Legislaturperiode – II. Session, erster Sessionsabschnitt 1905/1906, 2. Anlagenbd.).

Auffassung in Rechtsprechung[75] und Literatur[76] verbietet das allgemeine Persönlichkeitsrecht auch die vom Wortlaut der §§ 22 ff. KunstUrhG nicht ausdrücklich erfasste unbefugte Aufzeichnung von Bildern. Darüber hinaus ergänzt und erweitert es die besonderen Persönlichkeitsrechte um die Wertungen des Grundgesetzes betreffend die Persönlichkeit des Einzelnen. Insofern könnten sich Sportler also im Hinblick auf die Verwertung der Veranstaltung im Fernsehen auf ihr allgemeines Persönlichkeitsrecht aus Art. 2 Abs. 1 i.V.m. Art. 1 Abs. 1 GG berufen[77].

Auch das auf den Grundrechten beruhende allgemeine Persönlichkeitsrecht unterliegt jedoch Einschränkungen. Weil es sich bei §§ 22 ff. KunstUrhG um eine besondere Ausprägung des allgemeinen Persönlichkeitsrechts handelt, ist bei einer Abwägung der jeweils betroffenen Interessen auf die gesetzlichen Wertungen des KunstUrhG zurückzugreifen[78]. Das Informationsbedürfnis der Allgemeinheit im Rahmen zulässiger Berichterstattung ist mithin durch Interessenabwägung zu berücksichtigen. Damit kommt auch hier letztlich die Wertung des § 23 KunstUrhG zum Tragen, wonach Sportler als Personen der

75 BGH Urt. v. 25.4.1995 in der Rs. VI ZR 272/94, JZ 1995, 1115 (1116) u. Anm. Helle (1118 f.); BGH Urt. v. 16.9.1966 in der Rs. VI ZR 268/64 (KG) - vor unserer eigenen Tür, NJW 1966, 2353 (2354); OLG Ffm Urt. v. 21.1.1987 in der Rs. 21 U 164/86 - Betrunkener, NJW 1987, 1087 (1088); OLG Ffm Urt. v. 6.11.1980 in der Rs. 16 U 146/80 - Verdacht der Prostitution, MDR 1981, 316 (317); OLG Schleswig Urt. v. 3.10.1979 in der Rs. 1 Ss 313/79, NJW 1980, 352 (353); OLG Hamm Urt. v. 2.12.1969 in der Rs. 4 U 232/69 - Hochzeitsfotografen, GRUR 1971, 84 (85); OLG München Urt. v. 10.11.1960 in der Rs. 6 U 1214/60, Schulze OLGZ 91. Noch eine Erschleichung fordernd: OLG Ffm Urt. v. 9.1.1958 in der Rs. 6 U 77/57 - Verbrecherbraut, GRUR 1958, 508 (509); BGHZ 24, 200 (208) Urt. v. 10.5.1957 in der Rs. I ZR 234/55 - Spätheimkehrer.

76 Palandt-*Sprau*, § 823, Rn. 112a; MK-*Rixecker*, Anh. zu § 12, Rn. 50; *Dreier* in: Dreier/Schulze, vor § 22 KUG, Rn. 3, § 22 KUG, Rn. 12 f.; v. Strobl-Albeg in: Wenzel (2003), Rn. 7.22 m.w.N.; Waldhauser (1999), S. 165; Dasch (1990), S. 24 m.w.N.; Franke, JR 1982, 48 (49); Amelung/Tyrell, NJW 1980, 1560 (1561) m.w.N.; Hubmann (1967), S. 172 f., 298 m.w.N.; Werhahn, UFITA 37 (1964), 22 (25); Reinhardt, JZ 1959, 41 (42 f.).

77 Zweifelnd Waldhauser (1999), S. 177 ff.

78 Soehring/Hoene, § 9, Rn. 5; Fietz (2007), S. 40; Löffler-*Steffen*, § 6 LPG, Rn. 119; Soergel-*Beater*, § 823 Anh. IV, Rn. 10; v. Strobl-Albeg in: Wenzel (2003), Rn. 7.25; Hannamann (2001), S. 161 f.; Waldhauser (1999), S. 173; Siegfried (1990), S. 12; Franke, JR 1982, 48 (50); Reinhardt, JZ 1959, 41 (44); OLG Ffm Urt. v. 25.8.1994 in der Rs. 6 U 296/93 - Filmaufnahmen von Sektenmitgliedern, NJW 1995, 878 (880); OLG HH Urt. v. 13.7.1989 in der Rs. 3 U 30/89, AfP 1991, 437; LG Oldb. Urt. v. 22.3.1990 in der Rs. 5 O 3328/89, AfP 1991, 652.

Zeitgeschichte zu betrachten sind[79]. Damit ist auch im Anwendungsbereich des allgemeinen Persönlichkeitsrechts eine Einwilligung seitens der dargestellten Sportler nicht erforderlich. Letztlich ergibt sich daher aus den Persönlichkeitsrechten keine Grundlage für wirtschaftlich verwertbare „Fernsehrechte" der beteiligten Sportler[80].

Die praktische Tatsache, dass die Sportverbände als Veranstalter in der Regel eine Erklärung der teilnehmenden Athleten einholen, die das Einverständnis mit der Verwendung bildlicher Aufnahmen zusichert[81], ändert nichts daran, dass nach deutschem Recht eine erlaubnisfreie Verwendung grundsätzlich möglich ist. Diese Erklärung dient insbesondere bei internationalen Wettkämpfen der Absicherung der Veranstalter.

3. Ansprüche aus Eigentum und Besitz

a) Beschränkung des Zutritts zum Veranstaltungsort

Der Veranstalter einer Sportveranstaltung hat am Veranstaltungsort, entweder aufgrund rechtmäßigen Besitzes oder aufgrund Eigentums an der Sportstätte, ein zivilrechtliches Hausrecht[82]. Auch auf dieser Grundlage können Abwehrrechte bestehen, die als Grundlage der Erteilung von Sendelizenzen in Frage kommen[83]. Auf die Organisationsleistung des Veranstalters kommt es hierbei nicht an[84]. Das Hausrecht erlaubt es dem Veranstalter gem. §§ 903, 1004 bzw.

---

79 Dittl (2013), S. 99. Anders wohl *Summerer* in: Fritzweiler/Pfister/Summerer, 4. Teil, Rn. 147. In der Praxis wird jedoch auch bei dieser Sichtweise die Einwilligung stets eingeholt sein (so auch *Summerer*, ebd., Rn. 149).

80 Weiter geht wohl aber Papier, AfP 1989, 510 (513).

81 S. etwa für die Olympischen Spiele: Olympic Charter, Bye-law (sic!) to Rule 45, lit. 6.

82 Zur umstrittenen Rechtsnatur des Hausrechts in diesem Zusammenhang s. Waldhauser (1999), S. 68 ff. m.w.N. Zu anderen Grundlagen für ein Hausrecht s. Krause (2006), S. 75 ff.

83 BGHZ 110, 371 (383 f.) Beschl. v. 14.3.1990 in der Rs. KVR 4/88 - Globalvertrag, NJW 1990, 2815; OLG HH Urt. v. 11.10.2006 in der Rs. 5 U 112/06 - Slowakischer Fußball, GRUR-RR 1007, 181; LG Ffm Urt. v. 4.6.1997 in der Rs. 2/6 O 84/97. Ebenso in der Lit. Körber/Ess, WRP 2011, 697 (698); Paal, CR 2009, 438; Feldmann/Höppner, K&R 2008, 421 (423); Kuczera (2004), S. 78; Hannamann (2001), S. 175; Tumbrägel (2001), S. 69 f.; Wertenbruch, SpuRt 2001, S. 185 (187); Mestmäcker in: FS Sandrock, S. 694 f.; Haas/Reimann, SpuRt 1999, 182 (84 f.); Schimke (1996), S. 175; v. Westerholt, ZIP 1996, 264 (266); Hausmann, BB 1994, 1089, 1091; Siegfried (1990), S. 50. Für urheberrechtlich geschützte Darbietungen s. Entwurf UrhG, BT-Drs. IV/270, S. 94. Anders noch Horn, Jura 1989, 17 (19), der die Veranstaltungen selbst als Vermögenswerte dem Schutz des Eigentums gem. Art. 14 GG zuordnet.

84 Tumbrägel (2001), S. 69; Melichar in: FS Nordemann, S. 220; Kübler (1978), S. 63.

§§ 854, 858, 859, 862 BGB, den Zugang zur Sportstätte nach seinen Bedingungen zu regeln[85]. Es knüpft an das vom Eigentum abgeleitete Besitzrecht an. Da es (derzeit) erforderlich ist, die Sportstätte zu betreten und vor Ort technische Geräte aufzustellen, um eine Veranstaltung im Fernsehen übertragen zu können, kann der Veranstalter durch ein Zutrittsverbot die Übertragung verhindern. Der Erwerb einer Eintrittskarte genügt nicht, um eine erlaubte Übertragung rechtlich zu ermöglichen, da in aller Regel die Hausordnung das Anfertigen von Bild- und/oder Tonaufnahmen untersagen wird[86]. Das Hausrecht gilt unproblematisch bei geschlossenen Veranstaltungsorten wie Stadien oder Sporthallen[87].

Ein Kontrahierungszwang des Sportveranstalters etwa aus Art. 5 Abs. 1 Satz 1 oder Satz 2 GG, der ihn gegenüber dem Fernsehsender zur Gewährung des Einlasses verpflichten würde, ist nicht anzunehmen[88]. Damit hat der Veranstalter die rechtliche Möglichkeit, unerwünschte Fernsehübertragungen zu verhindern bzw. die Modalitäten der medialen Verwertung seiner Veranstaltung seinen Bedingungen zu unterwerfen. Zum Zwecke der Fernsehübertragung einer Veranstaltung wird deshalb zwischen Sportveranstalter und Sender ein schuldrechtlicher Gestattungsvertrag geschlossen, der den Veranstalter verpflichtet, die Erlaubnis[89] zum Betreten des Geländes gegen Entgelt zu erteilen[90]. In diesem Vertrag wird auch geregelt, welche räumliche und technische Ausstattung dem Fernsehveranstalter zur Verfügung gestellt wird sowie die Frage, ob andere Fernsehsender ebenfalls zur Veranstaltung zugelassen werden oder ob der Begünstigte Sender exklusiv[91] senden darf. Damit bildet das Hausrecht eine

---

85 S. z.B. zum Stadionverbot Stoll/Lüers, DÖV 2014, 222 (223).

86 Hütt (2008), S. 254; Osterwalder (2004), S. 108. Gewerbliche Aufnahmen sind auch ohne ausdrückliches Verbot nicht gestattet, s. BGH Urt. v. 20.9.1974 in der Rs. I ZR 99/73 – Schloß Tegel, GRUR 1975, 500. Zur Eintrittskarte s. auch Tumbrägel, S. 69, Fn. 314 m.w.N. Nach Papier (AfP 1989, 510 [512]) soll der Veranstalter aufgrund des Hausrechts die Möglichkeit haben zu verhindern, dass der Rundfunkveranstalter sich die Ausstrahlung einer Veranstaltung als Eigenleistung verfügbar macht.

87 Das gilt auch für Pressekonferenzen, s. OLG München Urt. v. 28.1.2010 in der Rs. U (K) 3946/09 FC Bayern im Web-TV, GRUR-RR 2010, 258.

88 Ausführlich Siegfried (1990), S. 40 ff. Ebenso verneinend Tumbrägel (2001), S. 70; Jessen (1997), S. 144; v. Westerholt, ZIP 1996, 264 (266); Badura, ZUM 1989, 317 (323).

89 Zur Einwilligung ausführlich Waldhauser (1999), S. 72 ff.

90 Zur Vertragspraxis s. etwa Coors, AfP 2003, 216 (217 ff.). Ferner Laier (2007), S. 244 ff.

91 Härting/Strubel, IPRB 2010, 109 (119 f.). Zur Exklusivität vgl. unten, Teil 3, 1. Abschnitt, D. I.

Grundlage für die Gestattung der Verwertung einer Sportveranstaltung durch Fernsehveranstalter[92].

b) Veranstaltungen auf öffentlichen Flächen

Umstritten ist, ob der räumlich-gegenständliche Bereich des Hausrechts über das Eigentum oder befriedete Besitztum des Veranstalters hinaus auch beispielsweise Rennstrecken auf abgesperrten Abschnitten öffentlicher Straßen umfasst. Zunächst ist festzustellen, dass bei Veranstaltungen auf Privatgrund auch ohne Einfriedung das Hausrecht greift. Es mag hier schwieriger durchzusetzen sein, der Anspruch hängt aber von einer Einfriedung nicht ab[93]. Aber auch Veranstaltungen wie Radrennen, Marathonläufe, Skirennen o.ä., die nicht auf Privatgrund stattfinden, sind potentiell interessante Objekte der Fernsehübertragung. Wenn etwa ein Radrennen auf einer öffentlichen Straße stattfindet, die weithin einsehbar ist, stellt sich die Frage, wie in einem solchen Fall das Hausrecht als Grundlage für „Übertragungsrechte" dienen können soll.

Teilweise wird im Hinblick auf die Sondernutzungserlaubnis, die der Veranstalter zur Nutzung öffentlichen Grundes eingeholt hat, ein begrenztes Hausrecht gesehen[94]. Dies wird u.a. damit begründet, dass Freiluftveranstaltungen ebenso wie Veranstaltungen in Hallen oder Stadien schutzwürdig seien[95]. Das Bestehen eines Hausrechts allein aus einer Erwägung der Schutzwürdigkeit herzuleiten, überzeugt allerdings nicht. Andere weisen vielmehr im Gegenteil darauf hin, dass die Schutzlosigkeit von Freiluftveranstaltungen gerade zeige, dass es sich bei der Heranziehung des Hausrechts insgesamt um eine Verlegenheitslösung handle[96]. Dagegen ist einzuwenden, dass die Tatsache, dass ein Recht in bestimmten Konstellationen nicht greift, nicht gegen seine Existenz spricht. Es stellt sich also bei Veranstaltungen auf öffentlichen Flächen letztlich die Frage nach der Bedeutung der Sondernutzungserlaubnis. Ein Veranstalter,

---

92 Härting/Strubel, IPRB 2010, 109; Frey, CR 2008, 530; Fietz (2007), S. 51 f.; ausführlich Laier (2007), S. 233 ff.; Kuczera (2004), S. 78 f.; Hannamann (2001); S. 175; Tumbrägel (2001), S. 70; Siegfried (1990), S. 50.

93 S. etwa Laier (2007), S. 239 f.

94 Kainer (2014), S. 150; *Summerer* in: Fritzweiler/Pfister/Summerer, 4. Teil, Rn. 92; Waldhauser (1999), S. 71; wohl auch Osterwalder (2004), S. 108; Jessen (1997), S. 144. Zögerlich Wiebe (2006), S. 6. Anders Härting/Slowioczek, IPRB 2012, 165 (167); Günther, WRP 2005, 703 (704).

95 *Summerer* in: Fritzweiler/Pfister/Summerer, 4. Teil, Rn. 92.

96 Ohly in: FS Schricker, S. 112 f.; Günther (2003), S. 112; Ähnlich Lochmann (2005), S. 20.

der zum Zwecke der Durchführung einer Sportveranstaltung öffentliche Flächen durch öffentlich-rechtliche Sondernutzungserlaubnis vorübergehend zur Nutzung überlassen bekommt, erlangt im Hinblick auf die Fläche nicht nur eine öffentlich-rechtliche Rechtsposition, sondern auch ein Recht sachenrechtlicher Natur[97]. Der Veranstalter wird Mitbesitzer der Fläche gem. § 866 BGB[98]. Im Hinblick auf diese Rechtsposition und auf die im Gegenzug entstehenden Pflichten des Veranstalters erscheint es daher richtig, ihm die hausrechtliche Berechtigung an den Veranstaltungsflächen zuzusprechen[99]. Auch hier hängt das Hausrecht selbst nicht von einer Einfriedung ab. Um einen entsprechenden Besitzschutz in der Praxis aber zu ermöglichen, muss die Sondernutzung der öffentlichen Fläche für Dritte erkennbar sein. Soweit physische Barrieren vorhanden sind, etwa bei einem Skirennen, das auf einer abgezäunten Piste stattfindet, die zu anderen Zeiten der Öffentlichkeit zugänglich ist, dürften diese ausreichen, um die Rennstrecke dem gewissermaßen „verlängerten" Hausrecht des Veranstalters erkennbar zuzuweisen[100].

Problematisch bleibt jedoch die Frage der Einsehbarkeit von Veranstaltungsflächen. Bereits 1952 hat das KG Berlin entschieden, dass der Veranstalter eines Boxkampfs das Filmen dieses Kampfs vom Nachbargrundstück aus nicht auf zivilrechtlichem Wege verhindern konnte[101]. Allerdings erging diese Entscheidung des KG seinerzeit lediglich im Hinblick auf den Schutz des eingerichteten und ausgeübten Gewerbebetriebs des Veranstalters gem. § 823 Abs. 1 BGB. Mit der Frage des Hausrechts war das Gericht nicht befasst. Teilweise wird argumentiert, dass das Hausrecht sich gem. § 1004 BGB auch auf den Luftraum erstreckt. Die Einschränkung für zugelassene Luftfahrzeuge aus § 905 Abs. 2 BGB greife nicht, wenn das Gelände nur zum Zwecke der Übertragung der Veranstaltung überflogen bzw. darüber gekreist werde[102].

---

97 *Grote* in: Kodal/Krämer, Straßenrecht, Kap. 26, Rn. 25. Anders, jedoch ohne Begründung, Laier (2007), S. 241 und Heermann, WRP 2012, 71 (20) unter Bezugnahme auf Laier.

98 BGH Urt. v. 14.7.1956 in der Rs. V ZR 223/54 – Hamburger Parkplatzfall NJW 1956, 1475.

99 Ebenso *Summerer* in: Fritzweiler/Pfister/Summerer, 4. Teil, Rn. 92; Krause (2006), S. 84; Strauß (2006), S. 134; Waldhauser (1999), S. 71. Zweifelnd Hilty/Henning-Bodewig (2007), S. 53.

100 Ebenso Frey in: Schwartmann, Kap. 13, Rn. 7.

101 KG Berlin (West) Urt. v. 19.2.1952 in der Rs. 5 U 15/52 – Wochenschauaufnahme eines Boxkampfes, UFITA 20 (1955), 199.

102 Dittl (2013), S. 70; Strauß (2006), S. 137; Waldhauser (1999), S. 71. Wohl ebenso *Summerer* in: Fritzweiler/Pfister/Summerer, 4. Teil, Rn. 92. Anders mangels Störung

Eine Störung der ungehinderten Nutzung des Eigentums wird in Fällen des Überflugs nach den Umständen des Einzelfalls zu beurteilen sein. Es bleibt jedoch dabei, dass ein Veranstalter sich nicht auf das Hausrecht berufen kann, um sich gegen Fernsehübertragungen zu schützen, die z.B. von einer geographisch günstigen Position aus vorgenommen werden, die etwa einen Streckenabschnitt eines Straßenrennens überschaut. Da das Gelände weder betreten noch überflogen, sondern lediglich überblickt wird, hat er hiergegen schlicht kein Abwehrrecht.

In der Praxis sind solche Konstellationen allerdings auch (bisher) nicht relevant. Dem Fernsehveranstalter wird es in kaum einem Fall genügen, aus größerer Entfernung nur Teile des Geschehens übertragen zu können. Zwar mögen die technischen Möglichkeiten (Teleobjektive etc.) immer bessere Bilder erlauben – der Zuschauer verlangt jedoch heute, möglichst „nah dran" am Geschehen zu sein und nichts zu verpassen. Im Hinblick darauf ist für die Praxis entscheidend, dass auch bei Straßenläufen oder Regatten die Bereiche, in denen Interviews mit den Sportlern oder Trainern stattfinden sowie VIP-Bereiche usw. abgeschirmt und damit durch Hausrecht geschützt sind. Gelegentlich findet sogar der Zieleinlauf eines Straßen-Marathons in einer Halle statt[103]. Ohne die Bilder aus diesen Bereichen wird eine Fernsehübertragung der Veranstaltung wesentlich an Attraktivität einbüßen, wenn sie – im Fall fehlender Bilder vom entscheidenden Zieleinlauf – nicht gar sinnlos wird. Um einen vollständigen Eindruck von der Veranstaltung übermitteln zu können, muss der Fernsehsender mit seinen Kameras also in fast allen Fällen Zutritt zu abgeschirmten Bereichen erlangen. Aus diesen Gründen trägt auch das Argument nicht, Freiluftveranstaltungen seien schutzlos und daher der Rückgriff auf das Hausrecht nicht sinnvoll[104]. Die für das Fernsehen besonders wichtigen Bilder sind realistischerweise nur mit Hilfe durch den Veranstalter gestatteten Zutritts zu den abgeschirmten Räumlichkeiten der jeweiligen Veranstaltung zu erlangen. Insofern wird die beschriebene praktische Grenze des hausrechtlichen Schutzes bei einsehbarem Gelände kaum wirtschaftliche Bedeutung erlangen.

---

der ungestörten Benutzung des Grundstücks Laier (2007), S. 242 f. Zum Überflug durch Drohnen s. Golz, IPRB 2014, 11 (12); Solmecke/Nowak, MMR 2014, 431 (434).

103 So z.B. beim Frankfurt-Marathon.

104 Kuczera (2004), S. 126 f.

c) Verhinderung der Verbreitung ungenehmigter Aufzeichnungen

Im Zusammenhang mit der Heranziehung des Hausrechts als Grundlage für Fernsehübertragungsrechte ist ferner die Frage interessant, ob die Verbreitung und Ausstrahlung bereits (unter Verletzung des Hausrechts) entstandener ungenehmigter Aufzeichnungen der Veranstaltung durch den Veranstalter auf Grundlage des Hausrechts verhindert werden kann. Dies wird kontrovers diskutiert. Überwiegend wird in der Literatur ein Unterlassungsanspruch des Veranstalters auf Grundlage des Hausrechts zur Verhinderung der Verbreitung ungenehmigter Aufzeichnungen aufgrund rechtsdogmatischer Bedenken verneint. Das Hausrecht diene der Ordnung, habe aber in Hinblick auf die Vermarktung keinen Zuweisungsgehalt[105]. Das Hausrecht betreffe lediglich die Herrschaftsgewalt über die Räumlichkeiten und habe eine besitzbezogene Ordnungsfunktion. Es diene nicht dem Schutz des Besitzes im Sinne einer wirtschaftlichen Nutzung des Besitzes durch Vermarktung[106].

Teilweise wird im Hinblick auf die Sozialpflichtigkeit des Eigentums für eine Interessenabwägung zwischen dem Verwertungsinteresse des Veranstalters und Eigentümers der Sportstätte und dem Informationsinteresse der Öffentlichkeit plädiert, ähnlich wie sie den Schrankenregelungen des Urheberrechts zugrunde liegt[107]. Bei einer solchen Interessenabwägung würde dem Recht des Sportveranstalters gegenüber dem kommerziellen Interesse an der Verwertung ungenehmigter Aufnahmen sicherlich der Vorrang eingeräumt werden. Diese Herangehensweise stellt nicht mehr auf das Hausrecht, sondern auf das Sacheigentum an der Sportstätte ab. Ein entsprechender Unterlassungsanspruch aus § 1004 BGB stünde demnach dem Veranstalter zu, wenn er gleichzeitig Eigentümer der Sportstätte wäre. Es stellt sich also die Frage, ob die gewerbliche Verbreitung unter Verletzung des Hausrechts hergestellter Fernsehaufzeichnungen das Eigentum an der Veranstaltungsstätte stört.

---

105 Agudo y Berbel/Engels, WRP 2005, 191 (194); Osterwalder (2004), S. 111; Günther (2003), S. 111; Fikentscher, SpuRt 2002, 186 (187); Waldhauser (1999), S. 83; Kübler, ZUM 1989, 326 (328); Rehbinder, ZUM 1989, 337 (338); Schmieder, GRUR 1964, 121 (124). Ohne weitere Begründung ebenso *Ohly*/Sosnitza, § 4, Rn. 9/80; Ohly, GRUR 2011, 439 (440); Frey, CR 2008, 530 (531); Nemeczek, K&R 2008, 421 (423). Bezogen auf Hörfunk: Günther, WRP 2005, 703 (705).

106 Hütt (2008), S. 131; Hoeren/Schröder, MMR 2008, 553 (554); Fikentscher, SpuRt 2002, 186 (187); Schmieder, GRUR 1964, 121 (124).

107 So Haas/Reimann, SpuRt 1999, 182 (185).

Zur Begründung eines entsprechenden Anspruchs aus § 1004 BGB wird teilweise[108] die Schloss-Tegel-Entscheidung des BGH[109] angeführt. Hier hat der BGH entschieden, dass die Verbreitung von Fotos eines Gebäudes der Erlaubnis des Eigentümers bedarf, wenn zur Anfertigung der Aufnahmen das Betreten des Grundstücks erforderlich war[110], selbst wenn das Fotografieren an sich durch diesen gestattet worden ist. Anders sei dies nur, wenn die Sozialbindung des Eigentums wegen eines überwiegenden öffentlichen Interesses den Eigentümer zur Erlaubnis verpflichte. Diese Rechtsprechung wurde durch die Entscheidungen in Sachen „Preußische Schlösser und Gärten“[111] aus dem Jahr 2010 bestätigt und erfasst neben dem Fotografieren auch das Filmen[112]. Die Entscheidungen beruhen auf der Erwägung, dass dem Eigentümer einer Sache das Recht zustehe, aus dieser durch wirtschaftliche Betätigung gewerblichen Nutzen zu ziehen und andere davon auszuschießen[113]. Zu den dem Eigentümer zustehenden Früchten seines Sacheigentums gehörten auch die Erträge aus der Verwertung von Abbildern des Eigentums[114]. In das Eigentum werde bereits dann eingegriffen, wenn es in einer dem Willen des Eigentümers widersprechenden Weise genutzt wird[115].

---

108 Haas/Reimann, SpuRt 1999, 182 (185). Die Entscheidung des Reichsgerichts in der Sache „Bismarck“ (RGZ Urt. v. 28.12.1899 in der Rs. VI. 259/99, RGZ 45, 170 [173 f.]), in der Fotomaterial aufgrund einer Verletzung des Hausrechts zum Zeitpunkt der Aufnahme herausgegeben werden musste, war offensichtlich eine Notlösung in damaliger Ermangelung eines Rechts am eigenen Bild; so ist dort vom „natürlichen Rechtsgefühl“ die Rede. Für eine strikte Unterscheidung zwischen Privateigentum und dem Gemeingebrauch gewidmeten Grundstücken plädiert Maaßen, GRUR 2010, 880 (883 ff., 886).

109 BGH Urt. v. 20.9.1974 in der Rs. I ZR 99/73 – Schloß Tegel, GRUR 1975, 500. Noch weiter geht OLG München Urt. v. 4.12.1986 in der Rs. 6 U 3911/85.

110 Nicht jedoch, wenn die Aufnahme von einer allgemein zugänglichen Stelle aus erfolgen kann, s. BGH Urt. v. 9.3.1989 in der Rs. I ZR 54/87 – Friesenhaus, NJW 1989, 2251 (2252 f.) = GRUR 1990, 390.

111 BGH Urt. v. 17.12.2010 in der Rs. V ZR 44/10, ZUM 2011, 325 und Urt. v. 17.12.2010 in der Rs. V ZR 45/10, ZUM 2011, 327, bestätigt durch BGH Urt. v. 1.3.2013 in der Rs. V ZR 14/12 – preußische Gärten und Parkanlagen II, GRUR 2013, 623.

112 S. ausdrücklich BGH Urt. v. 17.12.2010 in der Rs. V ZR 46/10 – Preußische Schlösser und Gärten, ZUM 2011, 333.

113 Zustimmend Erman-*Ebbing*, § 1004, Rn. 25; RGRK-*Pickart*, § 1004, Rn. 144.

114 BGH Urt. v. 17.12.2010 in der Rs. V ZR 45/10 – Preußische Schlösser und Gärten, ZUM 2011, 327, Rn. 15.

115 BGH Urt. v. 17.12.2010 in der Rs. V ZR 45/10 – Preußische Schlösser und Gärten, ZUM 2011, 327, Rn. 17.

Auch in der Literatur wird teilweise mit einem funktionalen Eigentumsbegriff[116] argumentiert, der es nicht erfordere, dass die Sachsubstanz durch eine Eigentumsstörung körperlich betroffen sei, sondern vielmehr auch immaterielle und wirtschaftliche Interessen des Eigentümers schütze[117]. Allein dem Eigentümer sei es vorbehalten, über die Art und Weise der Verwendung der Sache und ihrer Vorstellung in der Öffentlichkeit zu entscheiden[118]. Daher bestehe ein Bedürfnis nach Schutz durch § 1004 BGB[119]. Im Hinblick auf dritte Personen, die entsprechende Aufnahmen anderer verwerten, das Sacheigentum ihrerseits jedoch zu keinem Zeitpunkt gestört haben, hält der BGH die Verwertung zwar für eine Beeinträchtigung des Sacheigentums[120], verlangt aber für eine Störereigenschaft mangels Handlungsstörung die Verletzung von Prüfpflichten[121].

Gegen die Betrachtungsweise des BGH bestehen jedoch erhebliche Bedenken. Der BGH legt einerseits Wert darauf, dass das Eigentum sich auf die *Sachherrschaft* über einen *körperlichen* Gegenstand beziehe[122]. Dementsprechend wäre es konsequent, die Eigentumsbeeinträchtigung auch auf eine zumindest irgendwie geartete physische Einwirkung zu stützen. Das wäre beim Fotografieren höchstens dann einmal der Fall, wenn beispielsweise durch Blitzlicht eine Beschädigung eines empfindlichen Gemäldes eintreten könnte. Hier geht es jedoch lediglich um die Ablichtung der Sache, ohne dass diese dabei Schaden nimmt. Statt eine Einwirkung auf die Sache zu fordern, entwickelt der BGH im Gegenteil seit der Schloss-Tegel-Entscheidung (entgegen seiner eigenen Behauptung[123])

---

116 So noch Soergel-*Mühl*, 12. Aufl., § 1004, Rn. 71.

117 So Pfister, JZ 1976, 156 (158), der dafür plädiert, die Rechtswidrigkeit in den Mittelpunkt der Prüfung einer Eigentumsverletzung zu stellen und der aus einer Verletzung des Hausrechts beim Entstehen der Aufnahme mit beachtenswerten Argumenten den Unterlassungsanspruch gegen deren Verbreitung herleitet.

118 Gerauer, GRUR 1988, 672 (673).

119 So noch in der 23. Aufl. Wolf, Rn. 314. Wolf/Wellenhofer (28. Aufl.) jedoch bereits zurückhaltender.

120 BGH Urt. v. 17.12.2010 in der Rs. V ZR 44/10 – Preußische Schlösser und Gärten, ZUM 2011, 325, Rn. 12.

121 BGH Urt. v. 17.12.2010 in der Rs. V ZR 44/10 – Preußische Schlösser und Gärten, ZUM 2011, 325, Rn. 15. Unklar bleibt jedoch, weshalb es bei einer Eigentumsverletzung auf die Person ankommen soll (ebenso Dreier in: FS Pfennig, S. 24; Stieper, ZUM 2011, 331 [333]).

122 BGHZ 44, 288 (293), Urt. v. 13.10.1965 in der Rs. Ib ZR 111/63 – Apfel-Madonna, GRUR 1966, 503 (505). Hervorhebung durch die Verf.

123 S. BGH Urt. v. 17.12.2010 in der Rs. 45/10 – Preußische Schlösser und Gärten, ZUM 2011, 327, Rn. 15.

letztlich ein neues Immaterialgüterrecht, gewissermaßen ein „Recht am Bild der eigenen Sache", das immer dann besteht, wenn zur Abbildung der Sache das Grundstück des Eigentümers betreten werden muss. Das ist insbesondere bedenklich, da dieses „Recht" im Gegensatz zum Urheberrecht beispielsweise des Architekten des betroffenen Gebäudes zeitlich unbegrenzt gälte[124]. Das technisch reproduzierbare Aussehen einer Sache darf aber nicht zum Gegenstand eines absoluten Rechts gemacht und dem Eigentümer dauerhaft zugewiesen werden[125]. Diese Konstruktion entbehrt nämlich schlicht einer gesetzlichen Grundlage. Denn durch die Aufzeichnung selbst kommt es schon zu keiner rechtlichen oder tatsächlichen Herrschaftsverletzung[126]. Die der Aufzeichnung zeitlich nachgelagerte Verbreitung der Bilder kann daher erst recht keine Verletzung des sachenrechtlichen Eigentums darstellen[127].

Auch das Aussehen einer Sache ist nicht vom Zuweisungsgehalt des absoluten Eigentumsrechts erfasst. Vielmehr muss sorgfältig unterschieden werden zwischen Eigentum und Urheberrecht[128], das in bestimmten Fällen Rechte am Aussehen einer Sache vermittelt[129]. Der BGH bezieht sich auf § 99 Abs. 3 BGB, wonach die Früchte des Eigentums dem Eigentümer zustehen. Das Argument ist jedoch

---

124 Staudinger-*Gursky* (2013), § 1004, Rn. 80; Lehment, GRUR 2011, 327; Schack, JZ 2011, 375; Stieper, ZUM 2011, 331 (333); Ratjen (2010), S. 53; Soergel-*Münch*, § 1004, Rn. 62; Schack, ZEuP 2006, 150 (156); Kübler in: FS Baur, S. 61; Kübler (1978), S. 62; Schmieder, NJW 1975, 1164.

125 Stieper, GRUR 2013, 574 (576); Stieper, GRUR 2012, 1083 (1084 f.); Osterwalder (2004), S. 111; Hoeren, JR 1998, 333; Kübler, in: FS Baur, S. 60 f. Ähnlich Ladeur, GRUR 1989, 885 (886); Grüning (1980), S. 71. Ebenso, mit weiteren Bedenken: Baur, JZ 1975, 493. Ferner Ernst, jurisPR-WettbR 9/2010, Anm. 4. Diesen Aspekt übersieht Ahrens (IPRB 2012, 162).

126 Ebenso Stieper, GRUR 2012, 1083 (1084); Lehment, GRUR 2011, 327 (328); Schack, JZ 2011, 375 (376).

127 Staudinger-*Gursky* (2013), § 1004, Rn. 80; Frey in: Schwartmann, Kap. 13, Rn. 6; Winter, ZUM 2003, 531 (538); Waldhauser (1999), S. 79 f.; Löhr, WRP 1975, 523 (524); Schmieder, NJW 1975, 1164. Ferner Kainer (2014), S. 158 f.; Stopper/Lentze, Kap. 3, Rn. 10.

128 Elmenhorst, GRUR 2013, 626 (627, 628); Stieper, ZUM 2013, 574 (576); Dreier in FS Pfennig, S. 22 f.; Schack, JZ 2011, 375; Stieper, ZUM 2011, 331 (333); Maaßen, GRUR 2010, 880 (885); Seiler, K&R 2010, 234 (236) zur Vorinstanz (OLG Brandenburg); Schack (2009), Rn. 205; Lehment (2008), S. 105; Soergel-*Münch*, § 1004, Rn. 61; Ohly in: FS Schricker, S. 113; Ruhwedel, JuS 1975, 242 (243). Ferner Lorenz, jurisPR-ITR 9/2013, Anm. 4. Wohl auch Frömming/Peters, NJW 1996, 958 (961). Ferner Bullinger/Bretzel/Schmalfuß (2010), S. 85.

129 S. hierzu Wanckel, NJW 2011, 1779 (1780 ff.).

ein Zirkelschluss[130]: Gem. § 99 Abs. 3 BGB sind dem Eigentümer die Früchte zugewiesen, die die Sache aufgrund eines Rechtsverhältnisses gewährt[131]. In dieser Weise können jedoch nur solche Erträge Früchte des Eigentums sein, die dem Eigentümer als Inhalt seines Eigentumsrechts überhaupt ausschließlich zugewiesen sind. Gerade der Zuweisungsgehalt des Eigentums steht hier jedoch in Frage. Wäre, wie der BGH vermuten lässt[132], für einen Eingriff in das Eigentum lediglich auf den Willen des Eigentümers abzustellen, wie sein Eigentum verwertet werden darf, leuchtet nicht ein, weshalb das Eigentum bei einer unerwünschten Aufnahme von einer öffentlich zugänglichen Stelle aus nicht beeinträchtigt wäre, die laut BGH aber ausdrücklich zulässig ist. Letztlich führt die Rechtsprechung des BGH auch praktisch betrachtet zu willkürlichen Ergebnissen[133]: Ist ein Gebäude weithin sichtbar, genießt sein Eigentümer einen wesentlich geringeren Schutz gegen seine bildliche Verwertung als wenn es z.B. hinter Bäumen versteckt oder aufgrund landschaftlicher Gegebenheiten nicht einsehbar ist. Dass sich an solchen örtlichen Gegebenheiten die Frage nach einer wichtigen Einnahmequelle aus dem Sacheigentum entscheiden soll, erscheint fragwürdig.

Schließlich bleibt unklar, ob der BGH die Befugnis des Eigentümers zum Fotografierverbot nun am Eigentum an der fotografierten Sache oder am Hausrecht festmacht. Einerseits scheint er seine Entscheidung im Fall „Friesenhaus“[134] aufrecht erhalten zu wollen, in dem er klarstellte, dass das Eigentum an der Sache nicht die Befugnis umfasse, das Fotografieren zu verbieten. Deshalb knüpft der BGH anscheinend am Hausrecht des Grundstückseigentümers an und stellt auf das Betreten des Grundstücks ab. Andererseits würde dies in letzter Konsequenz bedeuten, dass der Grundstückseigentümer (nicht aber der Eigentümer der Sache) auch gegen das Fotografieren von beweglichen Gegenständen, die nicht in seinem Eigentum sind, sich aber auf seinem Grund und Boden befinden, vorgehen könnte, wenn er als Hausrechtsinhaber eine entsprechende Regel zur Bedingung

---

130 Ebenso Elmenhorst, GRUR 2013, 626 (627); Elmenhorst, GRUR-Prax 2013, 94; Stieper, GRUR 2013, 574 (576); Schack, JZ 2011, 375 (376); Stieper, ZUM 2011, 331 (332). Anders (und damit ebenso zirkulär) aufgrund § 903 BGB: Flöter/Königs, ZUM 2012, 383 (385 f.).

131 Staudinger-*Jickeli/Stieper* (2012), § 99, Rn. 18; MK-*Stresemann*, § 99, Rn. 6; Soergel-*Marly*, § 99, Rn. 14.

132 BGH Urt. v. 17.12.2010 in der Rs. V ZR 45/10 – Preußische Schlösser und Gärten, ZUM 2011, 325, Rn. 17.

133 Ebenso Wanckel, NJW 2013, 1812 (1813); Wanckel, NJW 2011, 1779 (1780).

134 BGH Urt. v. 9.3.1989 in der Rs. I ZR 54/87 – Friesenhaus, NJW 1989, 2251 (2252 f.) = GRUR 1990, 390.

für das Betreten seines Geländes gemacht hätte[135]. Dies erscheint für sich bereits in der Wertung widersprüchlich. Vor allem passt dieses Ergebnis jedoch nicht mit der Argumentation des BGH zusammen, die Verwertungsbefugnis gehöre zu den Früchten des Eigentums – welche mit der Entscheidung „Friesenhaus" gerade nicht zu vereinbaren ist. Hier zeigen sich deutlich die Widersprüche innerhalb der Rechtsprechung. Im Hinblick auf die Sportveranstaltung selbst kann von vornherein keine Eigentumsverletzung vorliegen, da das Eigentum an der Sportstätte nicht die Veranstaltung erfasst, die auf seinem Substrat stattfindet[136].

Nach hier vertretener Auffassung bietet das Eigentum an der Sportstätte aus den genannten Gründen keine Grundlage für ein Verbot der Verbreitung unter Missachtung des Hausrechts entstandener Fernsehbilder. Die für die Praxis allein maßgebliche Rechtsprechung ist jedoch anderer Ansicht. Ob diese Grundsätze auch für rechtmäßige Besitzer einer Sportstätte gelten sollen, ist bislang nicht entschieden, wäre jedoch bei Abstellen auf das Recht zur Ziehung von Früchten denkbar[137]. Diese umstrittene Frage hat in der Praxis heute zwar wenig Bedeutung, da qualitativ hochwertige – also „fernsehtaugliche" – unerlaubte Aufzeichnungen von Sportereignissen mangels technischer Möglichkeiten faktisch kaum zustande kommen[138]. Aus demselben Grund werden illegale Streaming- oder Peer-to-Peer-Nutzungen auf Basis solcher Bilder derzeit als unproblematisch erachtet[139]. Das IOC hegt zwar im Hinblick auf die Verbreitung durch Zuschauer selbst erstellte Aufzeichnungen, die in Social Media-Diensten zugänglich gemacht werden, bereits die Befürchtung, diese könnten zu einer Entwertung exklusiver Verwertungsvereinbarungen mit Sendeunternehmen führen[140]. Nach derzeitigem Stand erscheint eine solche Gefahr kaum gegeben. Die Beurteilung dieses Fragenkomplexes könnte sich jedoch in der Zukunft ändern, falls technische Möglichkeiten es eines Tages erlauben, auch ohne großen Aufwand qualitativ hochwertige Mitschnitte von Sportveranstaltungen durch den Veranstalter unbemerkt herzustellen und live – etwa direkt über eine App ins Internet – zu übertragen. Die Entwicklung hin zu immer kleineren und leistungsstärkeren Aufnahmegeräten mit immer besserer Bildqualität und immer schnellerer Internetverbindung scheint jedenfalls stetig voranzuschreiten.

---

135 Ebenso Dreier in: FS Pfennig, S. 26; Lehment, GRUR 2011, 327 (328).

136 Kainer (2014), S. 157; Waldhauser (1999), S. 80; de Oliveira Ascensao, GRUR Int 1991, 20 (23); Ladeur, GRUR 1989, 885 (886); Rehbinder, ZUM 1989, 337 (339). Ferner Hütt (2008), S. 134 f.

137 Schabenberger/Nemeczek, GRUR-Prax 2011, 139 (141 f.).

138 Osterwalder (2004), S. 109; Waldhauser (1999), S. 75.

139 Heermann, WRP 2012, 17 (21).

140 Werkers/Lefever/Valcke, 2008/3-4 ISLJ 42 (44).

d) Ergebnis

Als Zwischenergebnis kann festgehalten werden, dass das Hausrecht dem Veranstalter eines Sportwettkampfs die Möglichkeit einräumt, die Herstellung qualitativ hochwertiger und vermarktbarer Fernsehbilder der Veranstaltung von seiner Gestattung abhängig zu machen. Dies kann man mit Laier als „komfortable Verhandlungsposition“ bezeichnen[141]. Eine absolute Rechtsposition, die in Form von „Rechten“ übertragen werden könnte, vermittelt das Hausrecht jedoch nicht.

4. Lauterkeitsrecht

Ob lauterkeitsrechtliche Abwehransprüche eine Grundlage für „Fernsehübertragungsrechte“ darstellen, ist umstritten. Zu einem Teilbereich dieser Frage hat sich der BGH in seiner Entscheidung „Hartplatzhelden“[142] aus dem Jahr 2010 geäußert. Die Fragestellung berührt wesentliche ungeklärte Bereiche des lauterkeitsrechtlichen Leistungsschutzes und lohnt daher einen genaueren Blick. Dabei sind auch die jüngsten Änderungen des UWG zu beachten. Zunächst müsste jedoch das Lauterkeitsrecht überhaupt anwendbar sein.

a) Anwendbarkeit des Lauterkeitsrechts

Der Leistungsschutz des Lauterkeitsrechts ist nach traditioneller Sichtweise dem sondergesetzlichen Leistungsschutz durch das Urheberrecht systematisch nachgeordnet[143] und wird deshalb vielfach auch als „ergänzender“ Leistungsschutz bezeichnet[144]. Wo sondergesetzlicher Schutz greift oder solcher Schutz nicht mehr besteht, soll demnach nicht auf das Lauterkeitsrecht zurückgegriffen werden können. Insofern wäre bereits fraglich, ob das UWG hier überhaupt zur Anwendung kommen kann. Wie oben (unter 1.) dargestellt, sind sportliche Darbietungen nicht durch das Urheberrecht geschützt. Hätte sich hierin eine

141 Laier (2007), S. 235.

142 BGH Urt. v. 29.10.2010 in der Rs. I ZR 60/09 - Hartplatzhelden, NJW 2011, 1811, GRUR 2011, 436.

143 *A. Nordemann* in: Fromm/Nordemann, §§ 23/24, Rn. 99; *Ohly*/Sosnitza, Einf D, Rn. 78 ff.; *Nordemann* in: Götting/Nordemann, § 4 Nr. 9, Rn. 9.3; Beater, Unlauterer Wettbewerb, § 22, Rn. 1965; *Schricker/Loewenheim* in: Schricker/Loewenheim Einl., Rn. 52 f. m.w.N.; *Bullinger* in: Wandtke/Bullinger, § 2, Rn. 160; Körner in: FS Ullmann, S. 701 ff.; Reimer in: FS Wendel, S. 101. Anders: Fezer, MarkenR, § 2, Rn. 43; Müller-Laube, ZHR 156 (1992), 480 (494 ff.); Kritisch aus anderer Sicht *Köhler* in: Köhler/Bornkamm, UWG § 4, Rn. 9.6a; Stieper, WRP 2006, 291 (292 f.). Ferner Schreiber, GRUR 2009, 113 (115).

144 Diese Bezeichnung wird teilweise kritisiert, s. *Köhler* in: Köhler/Bornkamm, UWG § 4, Rn. 9.4; Köhler, GRUR 2007, 548 (549); Münker in: FS Ullmann, S. 793.

bewusste Entscheidung des Gesetzgebers gegen den Schutz sportlicher Leistungen niedergeschlagen, wäre die Anwendung des UWG als subsidiärer Regelung möglicherweise ausgeschlossen. Allerdings ist der Gesetzesbegründung des UrhG zu entnehmen, dass der Bereich des Sports zwar bewusst vom Anwendungsbereich des Urheberrechts ausgenommen wurde. Damit ist aber gerade nicht die Wertung verbunden, dass er generell nicht schutzwürdig sei[145] oder etwa die erforderliche Schöpfungshöhe nicht erreiche[146]. Vielmehr liegen Sportveranstaltungen von vornherein außerhalb des Anwendungsfelds des Urheberrechts, weshalb der Anwendung des Lauterkeitsrechts nichts entgegensteht.

Nach der neueren Rechtsprechung des BGH können zudem lauterkeitsrechtliche Ansprüche auf Leistungsschutz sogar neben urheberrechtlichen Ansprüchen stehen, wenn besondere Begleitumstände vorliegen, die außerhalb des sondergesetzlichen Tatbestandes liegen[147]. Daher spricht nichts von vornherein gegen die Anwendung des Lauterkeitsrechts und damit auch des ergänzenden lauterkeitsrechtlichen Leistungsschutzes auf Sportveranstaltungen.

b) Reformen

Das UWG hat in der jüngeren Vergangenheit große Veränderungen erfahren. Das UWG von 1909[148] wurde im Jahr 2004 umfassend reformiert[149]. Es wurden

---

145 S. Begründung des RegE, BT-Drs. IV/270, S. 37 (zu § 1) und S. 90 (zu § 83). Ebenso Ohly, GRUR 2010, 487 (493); Kuczera (2004), S. 77; Melichar in: FS Nordemann, S. 226 m.w.N.; Tumbrägel (2001), S. 61; Haas/Reimann in: Dierker, S. 44; Waldhauser (1999), S. 123 f.; Reimer in: FS Wendel, S. 104. Ausführlich zum Verhältnis zwischen Sonderrechtsschutz und Lauterkeitsrecht Lochmann (2005), S. 226 ff.

146 Zum Spezialitätsverhältnis Beater, Unlauterer Wettbewerb, § 22, Rn. 1967; Köhler, WRP 1999, 1075 (1078).

147 BGH Urt. v. 12.5.2011 in der Rs. I ZR 53/10 – Seilzirkus, GRUR 2012, 58, Rn. 41; BGH Urt. v. 1.12.2010 in der Rs. I ZR 12/08 – Perlentaucher, GRUR 2011, 134, Rn. 65; BGH Urt. v. 28.5.2009 in der Rs. I ZR 124/06 – LIKEaBIKE, GRUR 2010, 80, Rn. 18; BGH Urt. v. 17.7.2003 in der Rs. I ZR 259/00 – Paperboy, GRUR 2003, 958 (962); BGH Urt. v. 25.2.1999 in der Rs. I ZR 118/96 – Kopienversanddienst, GRUR 1999, 707 (711); BGH Urt. v. 10.12.1998 in der Rs. I ZR 100/96 – Elektronische Pressearchive, GRUR 1999, 325 (326); BGH Urt. v. 16.1.1997 in der Rs. I ZR 9/95 – CB-infobank I, GRUR 1997, 459 (464). Für einen allgemeinen Gleichrang; *Köhler* in: Köhler/Bornkamm, UWG § 4, Rn. 9.6a.

148 Gesetz gegen den unlauteren Wettbewerb vom 7. Juni 1909, im Folgenden: „UWG 1909".

149 Hierzu allgemein etwa Engels/Salomon, WRP 2004, 32; Henning-Bodewig, GRUR 2004, 713 ff.; Köhler, NJW 2004, 2121 ff.; Lettl, WRP 2004, 1079; Lettl, GRUR 2004, 449; Köhler/Lettl, WRP 2003, 1019, Sosnitza, GRUR 2003, 739.

die im Laufe der Jahre durch Rechtsprechung und Literatur erarbeiteten Fallgruppen kodifiziert und systematisiert[150]. Das zentrale Merkmal der Sittenwidrigkeit nach § 1 UWG 1909 wurde durch das Erfordernis der Unlauterkeit im UWG 2004 ersetzt[151]. Mit der Reform war eine inhaltliche Liberalisierung des Rechts des unlauteren Wettbewerbs verbunden. Dabei wurde das Lauterkeitsrecht zugleich grundlegend modernisiert und europäisiert[152] sowie an den mittlerweile veränderten Schutzzweck angepasst. 2008 folgte bereits eine wichtige Novelle des UWG 2004[153]. Durch sie wurde die Europäische Richtlinie über unlautere Geschäftspraktiken[154] umgesetzt, die auf eine Angleichung unterschiedlicher Verbraucherschutzniveaus im Binnenmarkt zielt. Das novellierte UWG[155] trat in der Bundesrepublik am 30.12.2008 in Kraft und brachte wichtige Änderungen[156]. Die Richtlinie betrifft zwar nur das Verhältnis zwischen Unternehmen und Verbrauchern[157], ihre Umsetzung führte jedoch zu Änderungen, sowohl an der Generalklausel als auch an zentralen Definitionen und Begriffen des UWG[158]. Das UWG muss nun außerdem, soweit es die europäische Richtlinie umsetzt, richtlinienkonform ausgelegt werden. Die Umsetzung der Richtlinie hat auch zur Folge, dass die bisherige Rechtsprechung nur noch insoweit zur Auslegung der Normen herangezogen werden kann, wie sie ebenfalls richtlinienkonform ist oder verstanden werden kann[159].

---

150 BT-Drs. 15/1487, S. 18 („zu Nummer 9").

151 Emmerich, Unlauterer Wettbewerb, § 5, Rn. 2 ff.; Boesche, Rn. 15; Ekey-*Kotthoff*, § 4, Rn. 388.

152 S. dazu Ohly, WRP 2008, 177.

153 Gesetz gegen den unlauteren Wettbewerb vom 3. Juli 2004, BGBl. I 2004, 1414 (v. 7. Juli 2004).

154 Richtlinie 2005/29/EG des Europäischen Parlaments und des Rates vom 11. Mai 2005 über unlautere Geschäftspraktiken im binnenmarktinternen Geschäftsverkehr zwischen Unternehmen und Verbrauchern und zur Änderung der Richtlinie 84/450/EWG des Rates, der Richtlinien 97/7/EG, 98/27/EG und 2002/65/EG des Europäischen Parlaments und des Rates sowie der Verordnung (EG) Nr. 2006/2004 des Europäischen Parlaments und des Rates (Richtlinie über unlautere Geschäftspraktiken), ABl. EU L 149/22 v. 11.6.2005 („UGP-Richtlinie").

155 Gesetz gegen den unlauteren Wettbewerb vom 3. Juli 2004 (BGBl. I 2004, 1414), zuletzt geändert durch Artikel 1 des Gesetzes vom 22. Dezember 2008 (BGBl. I 2008, 2949).

156 Allgemein zur Novelle s. Köhler, WRP 2009, 109 ff.; Hoeren, BB 2008, 1182 ff.

157 Hoeren, BB 2008, 1182 (1183).

158 Köhler, WRP 2009, 109 (110 ff.).

159 Köhler, WRP 2009, 109 (110).

Es stellt sich, sowohl nach der erwähnten Entscheidung des BGH als auch im Hinblick auf diese jüngeren Änderungen des UWG, die Frage, ob es einen lauterkeitsrechtlichen Schutz für Sportveranstaltungen geben kann und ggf. nach welchen Kriterien. Hieraus könnte dem Sportveranstalter gem. § 8 UWG ein Abwehranspruch erwachsen. Ein die Interessen von Verbrauchern betreffender Sachverhalt liegt hier erkennbar nicht vor, weshalb das Verbot unlauterer geschäftlicher Handlungen anhand von § 3 Abs. 1 UWG zu prüfen ist.

c) Verbot der unlauteren Nachahmung gem. § 3 Abs. 1 iVm § 4 Nr. 9 UWG

Der Leistungsschutz des Lauterkeitsrechts ist zunächst in § 3 Abs. 1 iVm § 4 Nr. 9 UWG geregelt. § 3 Abs. 1 UWG setzt eine geschäftliche Handlung voraus, die unlauter ist und geeignet, die Interessen von Mitbewerbern spürbar zu beeinträchtigen. Das Tatbestandsmerkmal der Unlauterkeit wird durch § 4 Nr. 9 UWG näher definiert.

aa) Geschäftliche Handlung

Voraussetzung der Anwendbarkeit der Tatbestände des UWG ist eine geschäftliche Handlung gem. § 2 Abs. 1 Nr. 1 UWG. Im Hinblick auf die Fernsehübertragung[160] einer Sportveranstaltung wurde in der Vergangenheit das für die Anwendbarkeit der Generalklausel des UWG 1909 erforderliche „Handeln im geschäftlichen Verkehr zu Zwecken des Wettbewerbs“ bejaht und die Anwendung des UWG durch die Literatur und auf Grundlage der Rechtsprechung als unproblematisch angesehen[161]. Heute ist zur Auslegung von § 2 Abs. 1 Nr. 1 UWG auf den Begriff der „Geschäftspraktiken“ der UGP-Richtlinie zurückzugreifen, der dort definiert wird als „jede Handlung, Unterlassung, Verhaltensweise oder Erklärung, kommerzielle Mitteilung einschließlich Werbung und Marketing eines Gewerbetreibenden, die unmittelbar mit der Absatzförderung, dem Verkauf oder der Lieferung eines Produkts an Verbraucher zusammenhängt“[162]. Es muss

160 Auch durch öffentlich-rechtliche Rundfunkanstalten, die hier privatrechtlich tätig werden. S. BVerfGE 12, 205 (243 f.) Urt. v. 28.2.1961 in der Rs. 2 BvG 1, 2/60; BVerfGE 7, 99 (104) Beschl. v. 3.9.1957 in der Rs. 2 BvR 7/57; BGHZ 66, 229 (233) Beschl. v. 22.3.1976 in der Rs. GSZ 1/75 und BGHZ 67, 81 (86 f.) Beschl. v. 22.3.1976 in der Rs. 2/75.

161 Tumbrägel (2001), S. 61; Waldhauser (1999), S. 124; Roth, AfP 1989, 515 (517) m.w.N.; BGH Urt. v. 25.2.1977 in der Rs. I ZR 165/75 – Der 7. Sinn GRUR 1977, 543 (545); BGHZ 39, 352 (356) Urt. v. 24.5.1963 in der Rs. Ib ZR 62/62 – Vortragsabend, GRUR 1963, 575 (576).

162 Art. 2 lit. d) Richtlinie 2005/29/EG, ABl. EU L 149/26 v. 11.6.2005.

dafür also eine marktbezogene Handlung vorliegen. Es darf umgekehrt somit kein rein privater, rein betriebsinterner oder rein hoheitlicher Zweck verfolgt werden[163]. Durch die Novelle von 2008 wurde ausdrücklich klargestellt, dass es hierfür nur auf objektive Kriterien ankommt[164]; eine irgendwie geartete Absicht des handelnden Unternehmens oder eine subjektive Ausrichtung des Verhaltens sind nicht erforderlich. Der Anwendungsbereich wird durch Verwendung des Begriffs „Verhalten" nun auch ausdrücklich erweitert um Unterlassungen, und neu ist, dass auch Wettbewerbshandlungen nach Vertragsschluss erfasst sind[165]. Die Voraussetzungen für eine Anwendung des UWG auf Handlungen von Unternehmen wurde durch die Reform in keiner Weise verengt[166], die Fernsehübertragungen von Sportveranstaltungen betreffen könnte. Auch die bisherige Rechtsprechung zum Begriff der „Wettbewerbshandlung" nach UWG 2004 hat bis auf die genannten Änderungen weiterhin Gültigkeit[167].

Betrachtet man nun die Übertragung eines Sportereignisses im Fernsehen, ist festzustellen, dass hier eine Handlung eines Sendeunternehmens stattfindet, die Bezug zur unternehmerischen Tätigkeit hat und im objektiven Zusammenhang mit dessen Markttätigkeit bei Bezug und Absatz steht (Marktbezug)[168]. Somit handelt es sich bei der Übertragung von Sportveranstaltungen im Fernsehen um geschäftliche Handlungen im Sinne von § 2 Abs. 1 Nr. 1 UWG. An dieser Stelle ist

163 Ohly/*Sosnitza*, § 2, Rn. 14; *Ernst* in: Ullmann, UWG, § 2, Rn. 8 ff.; *Götting* in: Götting/Nordemann, § 2, Rn. 17 ff.; *Keller* in: Harte-Bavendamm/Henning-Bodewig, § 2, Rn. 48 ff. Zum früheren Begriff der Wettbewerbshandlung, jedoch weiterhin zutreffend (*Götting* in: Götting/Nordemann, § 2, Rn. 5) s. BGHZ 19, 299 (303) Urt. v. 20.12.1955 in der Rs. I ZR 24/54 m.w.N.; ferner BGH Urt. v. 28.11.69 in der Rs. I ZR 139/67 – Sportkommission, NJW 1970, 378 (380); BGH Urt. v. 19.12.1961 in der Rs. I ZR 117/60 – Fußball-Programmheft, GRUR 1962, 254 (55).

164 *Köhler* in: Köhler/Bornkamm, UWG § 2, Rn. 6; Ohly/*Sosnitza*, § 2, Rn. 27; *Götting* in: Götting/Nordemann, § 2, Rn. 13; *Keller* in: Harte-Bavendamm/Henning-Bodewig, § 2, Rn. 1, 6, 57.

165 Ohly/*Sosnitza*, § 2, Rn. 23; *Götting* in: Götting/Nordemann, § 2, Rn. 4; *Keller* in: Harte-Bavendamm/Henning-Bodewig, § 2, Rn. 1, 6.

166 BGH Urt. v. 14.4.2011 in der Rs. I ZR 133/09 – Werbung mit Garantie, GRUR 2011, 638, Rn. 17; BGH Urt. v. 12.5.2010 in der Rs. I ZR 214/07 – Rote Briefkästen, GRUR 2011, 166, Rn. 12; BGH Urt. v. 29.4.2010 in der Rs. I ZR 66/08 – Holzhocker, GRUR 2010, 1142, Rn. 11; BGH Urt. v. 15.4.2010 in der Rs. I ZR 145/08 – Femur-Teil, GRUR 2010, 1125, Rn. 17; BGH Urt. v. 15.1.2009 in der Rs. I ZR 141/06 – Überregionaler Krankentransport, GRUR 2009, 881, Rn. 11; *Köhler* in: Köhler/Bornkamm, UWG § 2, Rn. 6; *Keller* in: Harte-Bavendamm/Henning-Bodewig, § 2, Rn. 6.

167 *Götting* in: Götting/Nordemann, § 2, Rn. 5.

168 Ebenso Kainer (2014), S. 180.

gegenüber der Kurzberichterstattung abzugrenzen: Sofern ein Kurzbericht von der Veranstaltung allein zu Informationszwecken gesendet wird, fehlt es mangels Marktbezug an der geschäftlichen Handlung[169]. Der objektive Zusammenhang mit einer Absatz- oder Bezugsförderung fehlt hier, da die Tätigkeit der Medien im durch Art. 5 Abs. 1 GG geschützten Bereich zu Zwecken der Information der Allgemeinheit nicht einem Wettbewerbszweck dient[170].

bb) Mitbewerberbezug

Weiterhin verlangt § 3 Abs. 1 iVm § 4 Nr. 9 UWG einen Bezug der geschäftlichen Handlung zu einem Mitbewerber des handelnden Unternehmens. Daher muss der Fernsehveranstalter, der die Übertragung der Sportveranstaltung sendet, zum Schöpfer des Originals in einem konkreten, aktuellen oder zumindest potentiellen[171] Wettbewerbsverhältnis stehen (Mitbewerberbezug). Dies ergibt sich heute aus dem Wortlaut des § 4 Nr. 9 UWG, der von „Waren oder Dienstleistungen eines Mitbewerbers" spricht, in Verbindung mit der Definition des Mitbewerbers in § 2 Abs. 1 Nr. 3 UWG[172]. Hier stellt sich bereits die Frage, wer als „Schöpfer" einer Sportveranstaltung zu betrachten ist. Nach nahezu[173] einhelliger Ansicht ist hier der Sportler selbst nicht gemeint, da die Erwerbschancen des einzelnen Sportlers durch die Fernsehübertragung nicht unmittelbar berührt werden[174]. Vielmehr ist nach dem Wettbewerbsverhältnis zwischen

169 So bereits zu UWG 1909 Lerche/Ulmer (1989), S. 81. Anders Dittl (2013), S. 44.

170 *Götting* in: Götting/Nordemann, § 2, Rn. 20.

171 *Köhler* in: Köhler/Bornkamm, UWG § 2, Rn. 96 f.; *Götting* in: Götting/Nordemann, § 2, Rn. 39.

172 Dasselbe galt bereits vor der Novelle von 2008. S. zum UWG 2004 etwa Hefermehl/Köhler/Bornkamm-*Köhler*, WettbewerbsR, 25. Aufl., § 4, Rn. 9.19. Anders damals Osterwalder (2004), S. 140 f., der wegen der Begründung des Regierungsentwurfs für das UWG 2004 (BT-Drs. 15/1487, S. 16, zu § 2 Abs. 1 Nr. 1) zu Unrecht (s. Köhler, NJW 2004, 2121 [2122]; Henning-Bodewig, GRUR 2004, 713 [714]) davon ausging, dass das Erfordernis eines Wettbewerbsverhältnisses des UWG 1909 im UWG 2004 gänzlich abgeschafft werden solle.

173 Anders Hannamann (2001), S. 163 und Waldhauser (1999), S. 179 ff., 183, die bereits aufgrund der Möglichkeit einer entgeltlichen Nutzungsgestattung ein Wettbewerbsverhältnis bejahen.

174 Frey in: Schwartmann, Kap. 13, Rn. 30; Petersen (2010), S. 199; Frey in: Fietz (2007), S. 45 f.; Kuczera (2004), S. 83; Osterwalder (2004), S. 138; Winter, ZUM 2003, 531 (536); Tumbrägel (2001), S. 57 f.; Haas/Reimann, SpuRt 1999, 182 (183); v. Westerholt, ZIP 1996, 264 (265); Hausmann, BB 1994, 1089 (1090); ausführlich Siegfried (1990), S. 17 f.

dem Veranstalter des Sportereignisses und dem Sendeunternehmen zu fragen. An dieses Wettbewerbsverhältnis sind nach wie vor keine hohen Anforderungen zu stellen[175]. Typischerweise besteht Absatzwettbewerb, wenn im Rahmen einer Wechselbeziehung, in der der eigene Wettbewerb zum Nachteil des fremden gefördert werden kann, gleichartige oder gegeneinander austauschbare Waren oder Dienstleistungen innerhalb desselben Abnehmerkreises abgesetzt werden sollen[176]. Branchenverschiedenheit hindert ein Wettbewerbsverhältnis nicht[177] – in solchen Fällen muss eine Substitution aus Sicht der Verkehrskreise aber nach Ansicht des BGH zumindest in Betracht kommen[178]. Nun ist es sicherlich ein Unterschied, ob der Zuschauer einer Sportveranstaltung unmittelbar im Stadion beiwohnt oder sie auf dem Bildschirm verfolgt. Allerdings ist nicht von der Hand zu weisen, dass das Sendeunternehmen dem größtenteils gleichen Interessentenkreis ebenso wie der Veranstalter des Sportereignisses die visuelle Wahrnehmung des Geschehens ermöglicht. Zudem ist kaum auszuschließen, dass das Angebot einer Fernsehübertragung zumindest potentiell einen Einfluss auf den Verkauf von Eintrittskarten haben kann. Diese Faktoren könnten bereits für ein konkretes Wettbewerbsverhältnis sprechen.

Der neueren Rechtsprechung genügt für die Bejahung eines Wettbewerbsverhältnisses bereits, dass sich das Unternehmen in irgendeiner Weise in Wettbewerb zu dem Betroffenen stellt und dabei den gleichen Abnehmerkreis anspricht[179].

---

175 *Köhler* in: Köhler/Bornkamm, UWG § 2, Rn. 95; Ohly/*Sosnitza*, § 2, Rn. 59; *Keller* in: Harte-Bavendamm/Henning-Bodewig, § 2, Rn. 125; *Erdmann* in: Gloy/Loschelder/Erdmann, § 33, Rn. 14. Zum UWG a.F.: *Gloy* in; Gloy/Loschelder (3. Aufl.), § 10, Rn. 5 f.; BGH Urt. v. 24.6.2004 in der Rs. I ZR 26/02 – Werbeblocker GRUR 2004, 877 (878).

176 BGH Urt. v. 16.12.1982 in der Rs. I ZR 163/80 – Spendenbitte NJW 1983, 1737 (1738); BGHZ 56, 327 (331) Urt. v. 21.6.1971 in der Rs. KZR 8/70; BGHZ 19, 299 (303) Urt. v. 20.12.1955 in der Rs. I ZR 24/54; RGZ 118, 133 (136) Urt. v. 27.9.1927 in der Rs. II 57/27 m.w.N.; *Köhler* in: Köhler/Bornkamm, UWG § 2, Rn. 97 ff.; Ohly/*Sosnitza*, § 2, Rn. 58.

177 BGH Urt. v. 29.11.1984 in der Rs. 158/82 – Dimple, NJW 1986, 379 (379 f.); BGH Urt. v. 21.4.1983 in der Rs. I ZR 15/81 – Tonbandgerät, NJW 1983, 2505 (2506); BGH Urt. v. 9.12.1982 in der Rs. I ZR 133/80 – Rolls Royce, NJW 1983, 1431 (1432 f.); BGH Urt. v. 12.1.1972 in der Rs. I ZR 60/70 – Statt Blumen ONKO-Kaffee, GRUR 1972, 553; BGH Urt. v. 9.10.1959 in der Rs. I ZR 78/58 – Bambi, NJW 1960, 37.

178 BGH Urt. v. 17.1.2002 in der Rs. I ZR 215/99 – Lottoschein, WRP 2002, 973 (975).

179 BGH Urt. v. 3.5.2007 in der Rs. I ZR 19/05 – Rechtsberatung durch Haftpflichtversicherer, GRUR 2007, 978, Rn 17; BGH Urt. v. 29.3.2007 in der Rs. I ZR 122/04 – Bundesdruckerei, GRUR 2007, 1097, Rn. 22; BGH Urt. v. 24.6.2004 in der Rs. I ZR

Für das Verhältnis zwischen Sportveranstalter und Betreiber einer Internetplattform für gefilmte Spielszenen hat der BGH ein konkretes Wettbewerbsverhältnis nicht ausdrücklich bejaht, aber wohl stillschweigend angenommen[180]. Auch in der Literatur gibt es Bestrebungen, das Erfordernis des konkreten Wettbewerbsverhältnisses sehr weit zu interpretieren[181]. Dies überzeugt hier insbesondere, da man bei einem engeren Verständnis ein Wettbewerbsverhältnis zwischen Sportveranstalter und Fernsehsender immer dann verneinen müsste, wenn die Veranstaltung ausverkauft wäre, was kaum ein sinnvolles Kriterium sein kann. Abgrenzungsschwierigkeiten würden auch entstehen, wenn die Fernsehübertragung zeitversetzt stattfände, je nachdem wie viel Zeit seit der Veranstaltung verstrichen wäre. Bei strenger Anwendung des Substitutionsgedankens müsste ein Wettbewerbsverhältnis auch bezüglich der Zuschauer verneint werden, für die ein Besuch der Veranstaltung etwa wegen räumlicher Entfernung nicht in Betracht kommt[182]. Eine solche Auslegung erscheint jedoch nicht sinnvoll. Da es bei der Frage nach einem Wettbewerbsverhältnis in diesem Kontext nicht etwa um eine Substitution der Sportveranstaltung, sondern vielmehr im Wesentlichen um die wirtschaftlichen Auswertungsmöglichkeiten der Veranstaltung geht[183], muss nämlich berücksichtigt werden, dass Sportveranstalter ihre Einnahmen keineswegs ausschließlich aus Eintrittsgeldern erwirtschaften. (Eintrittsgelder können

---

26/02 – Werbeblocker, GRUR 2004, 877 (878); BGH Urt. v. 7.12.1989 in der Rs. I ZR 3/88 – Steuersparmodell, GRUR 1990, 375 (377); BGH Urt. v. 29.11.1984 in der Rs. 158/82 – Dimple, NJW 1986, 379 (380); BGH Urt. v. 12.1.1972 in der Rs. I ZR 60/70 – Statt Blumen ONKO-Kaffee, GRUR 1972, 553; OLG München Urt. v. 20.3.1997 in der Rs. 29 U 4573/96, ZUM-RD 1997, 290 (292).

180 BGH Urt. v. 29.10.2010 in der Rs. I ZR 60/09 – Hartplatzhelden, NJW 2011, 1811. Ebenso verstehen die Entscheidung Körber/Ess, WRP 2011, 697 (699). Die Argumentation in Rn. 29 des Urteils zielt auf die Umstände der Unlauterkeit, nicht auf das Bestehen eines Mitbewerberbezugs.

181 *Keller* in: Harte-Bavendamm/Henning-Bodewig, § 2, Rn. 128 ff.; Günther (2003), S. 46; Schmid-Petersen, SpuRt 2003, 234 (236); Stopper, SpuRt 1999, 188 (190); Roth, AfP 1989, 515 (517). Differenzierend *Köhler* in: Köhler/Bornkamm, UWG § 2, Rn. 100 ff. Teilweise wurde vor der Reform von 2004 sogar dafür plädiert, es fallen zu lassen (s. Osterwalder [2004], S. 140 f.; Waldhauser [1999], S. 129; Schricker GRUR Int 1996, 473 [478]; wohl auch Gloy in: Beier e.a., S. 883; ausführlich Federer [1990], insbes. S. 314).

182 Osterwalder (2004), S. 139 f.

183 So schon BGH Urt. v. 29.4.1970 in der Rs. I ZR 30/68 – Bubi Scholz, NJW 1970, 2060. Ebenso *Summerer* in: Fritzweiler/Pfister/Summerer, 4. Teil, Rn. 91 f.; Röhl (2012), S. 238; Osterwalder (2004), S. 141; Stopper, SpuRt 1999, 188 (190); Roth AfP 1989, 515 (517).

auch nicht bei jeder Veranstaltung erhoben werden, man denke etwa an Läufe oder Rennen auf öffentlichen Straßen.) Vielmehr findet diese wirtschaftliche Auswertung durch Dritte statt, die ihre Werbung auf Banden, Trikots, Fahrzeugen und vielen anderen Flächen am Veranstaltungsort platzieren. Der Sportveranstalter und der Fernsehsender, der auch Werbespots im Umfeld der Übertragung unterbringen wird, konkurrieren daher letztlich nicht nur um Zuschauer, sondern in erster Linie um Werbekunden[184]. Sofern die Übertragung im zeitlichen Umfeld der Veranstaltung stattfindet[185] und die gesamte Veranstaltung oder zumindest wesentliche Teile davon[186] erfasst, besteht zwischen dem Fernsehveranstalter und dem Veranstalter des gezeigten Sportereignisses somit ein Wettbewerbsverhältnis[187]. An dieser Stelle kann allerdings eine Abgrenzung zum unterklassigen Amateurbereich vorgenommen werden. Wo der Veranstalter weder Eintrittserlöse noch Werbeeinnahmen erzielt, noch in anderer Form am Marktgeschehen teilnimmt oder dies konkret plant, wird es an einem Wettbewerbsverhältnis fehlen[188]. Eine subjektive Wettbewerbsabsicht ist hingegen spätestens seit der Reform von 2004 nicht mehr erforderlich[189] und seit 2008 ausdrücklich nicht relevant. Auch im Fall, dass eine Verwertung durch den Veranstalter selbst noch gar nicht aufgenommen wurde, wird bei entsprechender Intention im Profibereich von einem potentiellen Wettbewerbsverhältnis auszugehen sein[190]. Der Mitbewerberbezug der Fernsehübertragung einer Sportveranstaltung ist daher in der Regel zu bejahen.

---

184 Ähnlich Waldhauser (1999), S. 129.

185 Bei einer Übertragung nach einigen Jahren nicht: BGH Urt. v. 29.4.1970 in der Rs. I ZR 30/68 – Bubi Scholz, NJW 1970, 2060. S. auch Waldhauser (1999), S. 129.

186 Der BGH lässt in „Hartplatzhelden" (BGH Urt. v. 29.10.2010 in der Rs. I ZR 60/09 – Hartplatzhelden) wohl auch die Verwendung kurzer Spielszenen für ein Wettbewerbsverhältnis genügen.

187 Im Ergebnis ebenso Kainer (2014), S. 182; Kuczera (2004), S. 76; Hannamann (2001), S. 176; Tumbrägel (2001), S. 63 f.; Haas/Reimann, SpuRt 1999, 182 (186); Stopper, SpuRt 1999, 188 (190); Waldhauser (1999), S. 130 f.; v. Westerholt, ZIP 1996, 264 (265); Hausmann, BB 1994, 1089 (1091); Siegfried (1990), S. 31; Roth, AfP 1989, 515 (517); ausführlich Waldhauser (1999), S. 124 ff., 131; BGH Urt. v. 29.4.1970 in der Rs. I ZR 30/68 – Bubi Scholz, NJW 1970, 2060. Für den Fall der künstlerischen Darbietung: BGHZ 39, 352 (356) Urt. v. 24.5.1963 in der Rs. Ib ZR 62/62 – Vortragsabend, GRUR 1963, 575 (576). Zu Ausnahmefällen: Siegfried (1990), S. 31.

188 Ähnlich Dittl (2013), S. 47 f. und Frey, CR 2008, 530 (531).

189 Ohly/*Sosnitza*, § 2, Rn. 27. Im Übrigen gelten die früheren Grunsätze fort (s. *Keller* in: Harte-Bavendamm/Henning-Bodewig, UWG § 2, Rn. 114.

190 Ebenso Körber/Ess WRP 2011, 697 (699).

cc) Wettbewerbliche Eigenart

Um lauterkeitsrechtlichen Leistungsschutz zu genießen, muss zudem die Veranstaltung wettbewerbliche Eigenart aufweisen. Diese liegt für die Zwecke der hier relevanten § 4 Nr. 9 lit. a) und b) UWG vor, wenn die konkrete Ausgestaltung oder bestimmte Merkmale des Erzeugnisses geeignet sind, die angesprochenen Verkehrskreise auf seine betriebliche Herkunft hinzuweisen[191]. Dieses ungeschriebene Tatbestandsmerkmal dient durch Hinweis auf die Besonderheiten eines Erzeugnisses außerdem der Begrenzung des Leistungsschutzes auf schutzwürdige Leistungsergebnisse in Abgrenzung von „Allerweltserzeugnissen“ oder „Dutzendware“[192]. Die wettbewerbliche Eigenart ist kein gesetzliches Tatbestandsmerkmal, sondern wurde schon vom Reichsgericht eingeführt[193] und beschreibt einerseits die Qualität des „Originals“, andererseits die erkennbare Herkunft des Originals im Sinne einer Verkehrsgeltung[194]. Sie hat für jede Fallgruppe eine andere Bedeutung, je nachdem um welche Art von Leistungsschutz es geht[195].

Die erkennbare Ausrichtung der jeweiligen Sportveranstaltung durch einen bestimmten Verein oder Verband sowie die Einzigartigkeit jedes Wettkampfes genügen, um hier die wettbewerbliche Eigenart in beiderlei Hinsicht bejahen zu können[196]. Der Zuschauer verbindet regelmäßig mit der Veranstaltung eines Wettkampfs durch den jeweiligen Veranstalter eine gewisse Vorstellung von der Qualität und dem Niveau der sportlichen Leistungen. So ist etwa jedem Zuschauer klar, dass er bei Spielen eines Grand-Slam-Tennisturniers oder der Fußball-Bundesliga eine höhere sportliche Qualität geboten bekommt als bei Veranstaltungen eines kleinen Tennisclubs oder etwa der Fußball-Kreisliga. Bestimmte Turniere oder andere wiederkehrende Ausscheidungswettkämpfe

---

191 *Köhler* in: Köhler/Bornkamm, UWG § 4, Rn. 9.24 m.w.N. zur st. Rspr.; *Ohly*/Sosnitza, § 4, Rn. 9/32.

192 Piper/*Ohly*/Sosnitza, § 4, Rn. 9/32. BGH Urt. v. 6.2.1986 in der Rs. I ZR 243/83 – Beschlagprogramm, GRUR 1986, 673 (675) m.w.N.; OLG Köln Urt. v. 27.6.2003 in der Rs. 6 U 16/03 – Küchen-Seiher, GRUR-RR 2004, 21 (22). Ablehnend Peukert, WRP 2010, 316 (319).

193 RG Urt. v. 30.10.1926 in der Sache I 55/26 – Puppenjunge, RGZ 115, 180 (185).

194 Ebenso Weihrauch (2001) S. 52 ff.; Sack, ZHR 160 (1996), 493 (499 f.).

195 Ebenso *Köhler* in: Köhler/Bornkamm, UWG § 4, Rn. 9.2a.

196 Eingehend Lochmann (2005), S. 158 f. Obiter auch EuGH Urt. v. 4.10.2011 in den verb. Rs. C-403/08, C-429/08 – Karen Murphy, Rn. 100. Zu Recht weist Röhl darauf hin, dass für die wettbewerbliche Eigenart an die Sportveranstaltung selbst anzuknüpfen ist (Röhl, SpuRt 2011, 147 [149]).

haben sogar einen sehr hohen Bekanntheitsgrad; sie sind regelrechte „Marken“[197] wie z.B. die Tour de France, die UEFA Champions League oder „Wimbledon“. Dasselbe gilt für Amateurwettkämpfe auf hohem Niveau, etwa im Rahmen von Leichtathletikmeisterschaften oder der Olympischen Spiele. Auch die dort jeweils verliehenen Preise bzw. Trophäen sind dem Verkehr bekannt und haben einen festen Bezug zum Veranstalter. Hier wird der enge Zusammenhang zwischen „Herkunft“ der Veranstaltung und deren Qualität besonders deutlich. Die grundsätzliche wettbewerbliche Eigenart von organisierten Sportveranstaltungen steht damit außer Frage. Unter Umständen kann dies im unterklassigen Amateurbereich anders zu beurteilen sein, wo verschiedene Verbände nebeneinander qualitativ ganz ähnliche Veranstaltungen ausrichten[198]. Lediglich für ganz unbedeutende Ereignisse wie Wettkämpfe im Rahmen von Sportfesten o.ä. ist das Vorliegen einer wettbewerblichen Eigenart von vornherein ausgeschlossen.

dd) Nachahmung

§ 3 Abs. 1 iVm § 4 Nr. 9 UWG schützt gegen Nachahmungen von Waren oder Dienstleistungen durch Mitbewerber in bestimmten Fällen. Fraglich ist nun, ob die Übertragung einer Sportveranstaltung im Fernsehen als Nachahmung anzusehen ist. Diese Frage wirft zugleich wichtige Fragen der Systematik der Tatbestände des UWG sowie des Verhältnisses zwischen lauterkeitsrechtlichem Leistungsschutz und sondergesetzlichen Regelungen auf. Rund um den Begriff der Nachahmung und das gesamte Konzept des lauterkeitsrechtlichen Leistungsschutzes sind viele Fragen offen. Um jeden Aspekt des Fragenkomplexes ranken sich mangels höchstrichterlicher Klärung intensive Diskussionen in der Literatur, die durch die jüngsten Änderungen am UWG um weitere Aspekte ergänzt werden. Auf diese kann im Folgenden nur insoweit eingegangen werden, als sie für den Untersuchungsgegenstand relevant sind. Gerade an der Frage des lauterkeitsrechtlichen Schutzes von Sportveranstaltungen zeigen sich jedoch die interessantesten Aspekte der Debatte.

Beim Schutz von Leistungen ist eine ganz wesentliche begriffliche Unterscheidung diejenige zwischen mittelbarem und unmittelbarem Leistungsschutz. Mit mittelbarem Leistungsschutz ist der Fall gemeint, in dem der Schutz der Leistung

197 Teilweise besteht hier tatsächlich Markenschutz. Kennzeichenrechtliche Fragestellungen sind jedoch nicht Teil dieser Untersuchung.

198 Nemeczek, IPRB 2010, 163 (167). Maume (MMR 2008, 797 [801]) verlangt für die wettbewerbliche Eigenart sogar die einheitliche Vermarktung des gesamten Ligabetriebs.

lediglich mittelbar daher rührt, dass der Erbringer der Leistung vor einer unlauteren Handlung des Mitbewerbers in Bezug auf seine Leistung geschützt wird. Hier schützt das Lauterkeitsrecht gegen die unlautere Handlung. Die Leistung selbst und deren Eigenschaften sind nicht entscheidend, sie wird aber mittelbar geschützt, indem die unlautere Nachahmung verboten wird. Solche Handlungen sind in § 4 Nr. 9 UWG beschrieben. Der unmittelbare Leistungsschutz hingegen schützt nach hier vertretener Sichtweise die Leistung selbst aufgrund ihrer Merkmale vor Nachahmung[199]. Ob das Lauterkeitsrecht einen solchen unmittelbaren Leistungsschutz überhaupt gewährt, ist bereits höchst umstritten[200]. Dies ist ein wichtiger Aspekt der im Folgenden dargestellten Diskussion. Es stellt sich nämlich die Frage, wie die Übertragung einer Sportveranstaltung im Fernsehen einzuordnen ist und ob es dabei um mittelbaren oder unmittelbaren Leistungsschutz geht.

(i) Rechtsprechung zur unmittelbaren Leistungsübernahme

Die höchstrichterliche Rechtsprechung hat über Jahre im Kontext der Generalklausel des § 1 UWG 1909 drei Formen der Nachahmung herausgearbeitet. Eine davon wurde als „unmittelbare Leistungsübernahme" bezeichnet[201]. Im Fall der unerlaubten Sportübertragung ist an einen Fall der unmittelbaren Leistungsübernahme zu denken, da die Veranstaltung an sich nicht imitiert wird, sondern das Ergebnis der Organisationsleistung des Veranstalters, also die visuelle Wahrnehmung der Veranstaltung selbst durch das Publikum, durch das Sendeunternehmen übernommen und für die eigene Gewinnerzielung verwendet wird.

Diese Fallgruppe war in der Rechtsprechung des Reichsgerichts dadurch gekennzeichnet, dass das Arbeitsergebnis eines anderen, etwa durch technische Verfahren, mit minimalem Aufwand an eigenen Kosten und Mühen übernommen und dem Erbringer der Leistung dadurch Schaden zugefügt wurde. Der Leistungserbringer wurde so in sittenwidriger Weise um die Früchte seiner Arbeit gebracht[202]. Das Kriterium des mühelosen Aneignens der Früchte der

199 S. zur Unterscheidung Sack in: FS Erdmann, S. 711; Sack, ZHR 160 (1996), 493, 494; Sack in: FS Voyame, S. 228 ff.

200 Ausführlich zur Frage Schröer (2010); Weihrauch (2001).

201 Die anderen beiden sind die fast identische Leistungsübernahme und nachschaffende Leistungsübernahme. Die Fallgruppen haben fließende Grenzen (Ekey-*Kotthoff*, § 4, Rn. 386). Näher hierzu: Hefermehl/Köhler/Bornkamm-*Köhler*, WettbewerbsR, 25. Aufl., § 4, Rn. 9.34 ff.

202 RG Urt. v. 7.4.1910 i.S. VI.344/09 – Schallplatten, RGZ 73, 294 (298); ähnlich RG Urt. v. 14.1.1928 i.S. I 60/27 – Elfenreigen, RGZ 119, 408 (415).

Arbeit anderer wurde auch durch den BGH immer wieder als Basis eines Verbotes der „Übernahme" fremder Leistungen angewendet. Ob damit mittelbarer oder unmittelbarer Leistungsschutz gewährt wurde, ist streitig. Es wird darüber diskutiert, ob der BGH tatsächlich nur die Umstände der Nachahmung als unlauter einstufte[203], wie er selbst betonte[204], oder ob er nicht in Wirklichkeit die Leistung als solche unmittelbar geschützt hat[205]. Die Rechtsprechung wird in diesem Punkt vielfach als unklar, inkonsequent oder ergebnisorientiert kritisiert[206]. In der Tat wird aus den verschiedenen Entscheidungen des BGH zu dieser Thematik nicht immer ohne Weiteres deutlich, worin neben der Nachahmung selbst die unlauterkeitsbegründenden Merkmale liegen. Es ist eine gewisse Entwicklung in der Entscheidungspraxis[207] zu erkennen, die hier nur grob umrissen werden soll.

In der Entscheidung „Figaros Hochzeit" von 1960 stufte der BGH die „unmittelbare Ausnutzung einer Leistung in unveränderter Form" nicht als Nachahmung ein, sondern hielt sie ohne weitere unlauterkeitsbegründende Umstände als Fallgruppe für per se sittenwidrig[208]. In der Entscheidung „AKI" von 1962 bezeichnete er die „unmittelbare Benutzung" von Fernsehbildern durch einen Kinobetreiber als „Schmarotzen" an fremder Leistung, das unlauter sei. Dabei unterschied der BGH zwischen der Nachahmung und Fällen des „Schmarotzens", in denen das Leistungsergebnis durch einfache technische

203 So wohl Sack, ZHR 160 (1996), 493 (496), der etwas kryptisch von Tatumständen spricht, die ihrerseits „unmittelbar leistungsschützender Natur sind". Ähnlich *Sambuc* in: Harte-Bavendamm/Henning-Bodewig, § 4 Nr. 9, Rn. 64; Körber/Ess, WRP 2011, 697 (700).

204 S. z.B. BGH Urt. v. 31.5.1960 in der Rs. I ZR 87/58 – Rundfunkmusik in Gaststätten, GRUR 1960, 627 (630); BGH Urt. v. 21.11.1958 in der Rs. I ZR 61/57 – Nelkenstecklinge, GRUR 1959, 240 (243).

205 So kritisch z.B. Beater, Unlauterer Wettbewerb, § 22, Rn. 1935 ff.; Ruess/Slopek, WRP 2011, 834 (841); Ohly, GRUR 2010, 487 (488, 489); Ohly in: FS Ullmann, S. 806; Wiebe in: FS Schricker, S. 775 f.; Ohly, ZEuP 2004, 296 (304); Sambuc, GRUR 2002, 1044; Müller-Laube, ZHR 156 (1996), 480 (490); Sambuc (1996), Rn. 35 ff.

206 Beater, Unlauterer Wettbewerb, § 22, Rn. 1946, 1957; Ruess/Slopek, WRP 2011, 834 (841); Ohly, ZEuP 2004, 296 (304); Hubmann, GRUR 1975, 230. Kritisch gegenüber dem Konzept der zusätzlichen Unlauterkeitskriterien Köhler, WRP 1999, 1075 (1078 f.).

207 S. hierzu vertiefend Ruess/Slopek, WRP 2011, 834 (835 ff.) oder auch Sack ZHR 160 (1996), 493 (496 ff.).

208 BGH Urt. v. 31.5.1960 in der Rs. I ZR 64/58 – Figaros Hochzeit, GRUR 1960, 614 (617).

Mittel problemlos übernommen werden konnte[209]. Dass er dieses auch ohne besondere unlauterkeitsbegründende Umstände als sittenwidrig ansah, stellte der BGH in der Entscheidung „Vortragsabend“ klar[210]. Der BGH betonte, dass der Vorgang des Schmarotzens an sich bereits eine unlautere Art und Weise der Ausnutzung einer Leistung darstelle und durch diese Fallgruppe nicht die Leistung selbst geschützt werde[211]. Es wird hier aber nicht ganz klar, welche Umstände beim „Schmarotzen“ neben der Nachahmung bzw. Leistungsübernahme selbst hinzutreten, die eine Unlauterkeit begründen. Der Umstand, dass technische Mittel die Übernahme mühelos ermöglichen, ist keiner, der die Art und Weise der Übernahme beschreibt, sondern vielmehr ein externer. Deshalb erscheint es etwas verwunderlich, dass der BGH selbst von der Art und Weise der Ausnutzung spricht[212], als beträfen die besonderen Umstände der Unlauterkeit die Nachahmungshandlung selbst. Zu dieser Zeit sprach der BGH auch von der wettbewerbsrechtlich schützenswerten Leistung[213] und legte daher den Gedanken nahe, er gewähre mit seinem per-se-Verbot der unmittelbaren Leistungsübernahme (die teilweise auch als „sklavische Nachahmung“ bezeichnet wurde) für diese Fallgruppe eine Form unmittelbaren Leistungsschutzes[214].

Ein wichtiger Meilenstein ist die Entscheidung „Reprint“ aus dem Jahr 1968[215]. Seither fordert der BGH in aller Deutlichkeit neben der Nachahmung das Hinzutreten besonderer Umstände, die die Unlauterkeit begründen[216]. Ob damit

---

209 BGH Beschl. v. 27.2.1962 in der Rs. I ZR 118/60 - AKI, GRUR 1962, 470 (475).

210 BGH Urt. v. 24.5.1963 in der Rs. Ib ZR 62/62 - Vortragsabend, GRUR 1963, 575 (576).

211 So etwa in BGH Urt. v. 21.11.1958 in der Rs. I ZR 61/57 - Nelkenstecklinge, GRUR 1959, 240 (243).

212 Eine weitere solche Entscheidung ist BGH Urt. v. 13.10.1965 in der Rs. Ib ZR 111/63 - Apfel-Madonna, GRUR 1966 503 (507).

213 BGH Urt. v. 24.6.1966 in der Rs. Ib ZR 32/64 - Saxophon, GRUR 1966, 617 (620).

214 In der Literatur wird die Rechtspechung so interpretiert durch Beater, Unlauterer Wettbewerb, § 22, Rn. 1946; Sack in: FS Erdmann, S. 712; Haß, GRUR 1979, 362 (363); Luchterhandt, GRUR 1969, 581 (588).

215 BGH Urt. v. 30.10.1968 in der Rs. I ZR 52/66 - Reprint, NJW 1969, 46.

216 BGH Urt. v. 30.10.1968 in der Rs. I ZR 52/66 - Reprint, NJW 1969, 46 (47). Bestätigt durch st. Rspr.: BGH Urt. v. 15.7.2004 in der Rs. I ZR 142/01, GRUR 2004, 941 (942); BGH Urt. v. 7.11.2002 in der Rs. I ZR 64/00 Präzisionsmessgeräte, GRUR 2003, 356 (357); BGH Urt. v. 7.2.2002 in der Rs. I ZR 289/99 - Bremszangen, GRUR 2002, 820 (821); BGH 12.7.2001 in der Rs. I ZR 40/99 - Laubhefter, GRUR 2002, 86 (89); BGH Urt. v. 15.6.2000 in der Rs. I ZR 90/98 - Messerkennzeichnung, GRUR 2001, 251 (253) m.w.N; BGH Urt. v. 8.12.1999 in der Rs. I ZR 191/97 - Modulgerüst, GRUR

ein Bruch mit der früheren Rechtsprechung vollzogen wurde[217] oder nur eine Klarstellung unter Beibehaltung der ständigen Rechtsprechung vorliegt[218], kann letztlich dahin stehen. Im Zuge der Novelle von 2004, die den lauterkeitsrechtlichen Leistungsschutz in § 4 Nr. 9 UWG aufgenommen hat, hat der Gesetzgeber nämlich ausdrücklich klargestellt, dass das Nachahmen nur unter besonderen, die Unlauterkeit der Handlung begründenden Umständen als unlauter anzusehen ist[219]. Das gilt für alle Fallgruppen gleichermaßen.

Der BGH hat in seiner Entscheidungspraxis seit der Sache „Reprint" zudem ein System von Kriterien entwickelt, die in Wechselwirkung zueinander stehen, auch bezeichnet als „Je-desto-Kriterien"[220]. Für die unmittelbare Leistungsübernahme sind die folgenden beiden Wechselwirkungen die wichtigsten: Je höher der Aufwand für ein Leistungsergebnis (also je ausgeprägter die wettbewerbliche Eigenart im Sinne der Qualität des Leistungsergebnisses), desto eher ist seine Übernahme zu missbilligen. Je weniger Mühe und Eigenleistung in der Übernahme liegt, desto eher muss lauterkeitsrechtlicher Leistungsschutz gewährt werden[221]. Die unmittelbare Leistungsübernahme gilt in diesem System

---

2000, 521 (528); BGH Urt. v. 17.6.1999 in der Rs. I ZR 213/96 – Rollstuhlnachbau, GRUR 1999, 1106 (1108); BGH Urt. v. 14.1.1999 in der Rs. I ZR 203/96 – Güllepumpen, GRUR 1999, 751 (752); BGH Urt. v. 5.3.1998 in der Rs. I ZR 13/96 – Les Paul-Gitarren, GRUR 1998, 830 (833); BGH Urt. v. 14.12.1995 in der Rs. I ZR 240/93 – Vakuumpumpen, GRUR 1996, 210; BGH Urt. v. 21.11.1991 in der Rs. 190/89 – Leitsätze, GRUR 1992, 383 (383); BGH Urt. v. 19.1.1973 in der Rs. I ZR 39/71 – Modeneuheit, GRUR 1973, 478 (479).

217 So etwa Haß, GRUR 1979, 362 (363); Luchterhandt, GRUR 1969, 581 (588).

218 Das behauptet der BGH selbst (s. BGH Urt. v. 30.10.1968 in der Rs. I ZR 52/66 – Reprint, NJW 1969, 46 [47]). Zu einer ähnlichen Sicht tendieren Ruess/Slopek, WRP 2011, 834 (837).

219 BT-Drs. 15/1487, S. 18 („zu Nummer 9"). S. zu alternativen Lösungvorschlägen vor der Reform Fezer, WRP 2001, 989 (1004 ff.); Schricker/Henning-Bodewig, WRP 2001, 1367 (1381 ff.).

220 Ausführlich Sack, ZHR 160 (1996), 493 (497 f.).

221 S. BGH Urt. v. 11.1.2007 in der Rs. 189/04 – Handtaschen, GRUR 2007, 795, Rn. 22; BGH Urt. v. 15.7.2004 in der Rs. I ZR 142/01 – Metallbett, GRUR 2004, 941 (942 f.); BGH Urt. v. 7.2.2002 in der Rs. I ZR 289/99 – Bremszangen, GRUR 2002, 820 (822); BGH Urt. v. 7.1.2002 in der Rs. I ZR 64/00 – Präzisionsmessgeräte, GRUR 2003, 356 (357); BGH 12.7.2001 in der Rs. I ZR 40/99 – Laubhefter, GRUR 2002, 86 (89); BGH Urt. v. 15.6.2000 in der Rs. I ZR 90/98 – Messerkennzeichnung, GRUR 2001, 251 (253); BGH Urt. v. 8.12.1999 in der Rs. I ZR 191/97 – Modulgerüst, GRUR 2000, 521 (528); BGH Urt. v. 14.1.1999 in der Rs. I ZR 203/96 – Güllepumpen, GRUR 1999, 751 (752); BGH Urt. v. 17.6.1999 in der Rs. I ZR 213/96 – Rollstuhlnachbau, GRUR

letztlich als eine besonders intensive Form der „Nachahmung", es wird also die frühere strenge Unterscheidung zwischen Leistungsübernahme und Nachahmung nicht mehr aufrechterhalten. Im System der Wechselwirkungen des BGH gilt es auch eine Situation zu vermeiden, in der ohne Leistungsschutz der Anreiz für die Erbringung der Leistung entfällt[222]. Dieses Kriterium wurde bereits in der „Saxophon"-Entscheidung genannt[223] und deutet darauf hin, dass der BGH mit dem ergänzenden lauterkeitsrechtlichen Leistungsschutz den Schutzzweck Innovationsförderung verbindet.

Insgesamt lässt sich anhand dieser Rechtsprechung auch feststellen, dass zwischen mittelbarem und unmittelbarem Leistungsschutz in der Praxis fließende Übergänge bestehen. Eine strenge dogmatische Unterteilung wird durch den BGH nicht vorgenommen, vielmehr eine Gesamtbetrachtung der Umstände des jeweiligen Falles[224] unter Berücksichtigung des Schutzzwecks bevorzugt. Dabei wird immer wieder deutlich, dass der BGH vom Grundsatz der Nachahmungsfreiheit im Wettbewerbsrecht ausgeht[225]. Gerade deshalb fordert er stets in irgendeiner Form besondere Umstände oder zumindest besondere Fallgruppen, die eine Nachahmung erst unlauter erscheinen lassen. Dieser Grundsatz, dass im Wettbewerb außerhalb sonderrechtlich geschützter Bereiche die Nachahmung grundsätzlich erlaubt ist, hat seinerseits ebenfalls das Prinzip der Förderung von Innovation zum Hintergrund. An der Grenze zwischen grundsätzlicher Nachahmungsfreiheit und ergänzendem Leistungsschutz zeigt sich, wie Fortschritt einerseits durch Imitation in Form des Aufbauens auf den Erkenntnissen anderer in Form z.B. des technischen Fortschritts gefördert wird, und wie andererseits in bestimmten Konstellationen ohne Anreiz für weitere Entwicklungen durch den Schutz von Leistungsergebnissen zukünftige Innovation gefährdet

---

1999, 1106 (1108); BGH Urt. v. 5.3.1998 in der Rs. I ZR 13/96 – Les Paul-Gitarren, GRUR 1998, 830 (833); BGH Urt. v. 17.10.1996 in der Rs. I ZR 153/94 – Wärme fürs Leben, GRUR 1997, 308 (310 f.); BGH Urt. v. 14.12.1995 in der Rs. I ZR 240/93 – Vakuumpumpen, GRUR 1996, 210 (211); BGH Urt. v. 2.7.1969 I ZR 118/67 – Kunststoffzähne, GRUR 1969, 618 (620).

222 BGH Urt. v. 2.7.1969 I ZR 118/67 – Kunststoffzähne, GRUR 1969, 618 (620).

223 BGH Urt. v. 24.6.1966 in der Rs. Ib ZR 32/64 – Saxophon, GRUR 1966, 617 (620).

224 So ausdrücklich in BGH Urt. v. 2.12.2004 in der Rs. I ZR 30/02 – Klemmbausteine III, GRUR 2005, 349 (353).

225 Statt aller s. Urt. v. 13.10.1965 in der Rs. Ib ZR 111/63 – Apfel-Madonna, GRUR 1966, 503 (506) m.w.N.; BGH Urt. v. 22.1.1952 in der Rs. I ZR 68/51 – Hummel-Figuren, GRUR 1952, 516 (520). Bestätigt auch in jüngerer Zeit, z.B. durch BGH Urt. v. 26.6.2008 in der Rs. I ZR 170/05 – ICON, Rn. 32.

wäre[226]. Der lauterkeitsrechtliche Leistungsschutz hat die schwierige Aufgabe hier im Einzelfall die richtige Grenzziehung zu erreichen.

(ii) Die Einordnung der Übertragung von Sportveranstaltungen in der Literatur vor 2010

Das Tatbestandsmerkmal Ware bzw. Dienstleistung des § 4 Nr. 9 UWG ist nach allgemeiner Ansicht weit auszulegen und kann Leistungsergebnisse aller Art erfassen, auch Sportveranstaltungen[227]. In der Literatur wurde bereits zu § 1 UWG 1909 vertreten, dass die durch den Veranstalter[228] eines Sportwettkampfs nicht genehmigte Übertragung einer Sportveranstaltung im Fernsehen ein Verstoß gegen das Verbot unlauteren Wettbewerbs darstelle. Es handle sich dabei um einen Fall der unmittelbaren Leistungsübernahme, bei der der Erbringer der Leistung in sittenwidriger Weise um die Früchte seiner Arbeit gebracht werde[229].

Seit 2004 verbietet das UWG durch § 4 Nr. 9 die Nachahmung von Waren oder Dienstleistungen eines Mitbewerbers unter Ausnutzung der Wertschätzung der nachgeahmten Ware oder Dienstleistung. Man könnte nun eine solche Nachahmung in der Ausprägung der unmittelbaren Leistungsübernahme darin sehen, dass der Fernsehsender eine attraktive Sportveranstaltung ohne eigene Beteiligung an ihrer Ausrichtung unerlaubt dem Fernsehpublikum präsentiert. Dies könnte überzeugen, wenn man die Fernsehübertragung der Veranstaltung als im Wesentlichen identisch mit der Veranstaltung selbst betrachtet. Dies wird indes teilweise bezweifelt, da bereits der typischerweise vorhandene Fernsehkommentar sowie Elemente wie Zeitlupen oder Wiederholungen von Bildern dazu führten, dass ein gänzlich anderes Produkt entstehe, als am Veranstaltungsort selbst angeboten werde[230]. Ein gewisser Unterschied ist natürlich nicht gänzlich von der Hand zu weisen. Trotzdem könnte man hier eine Nachahmung mit dem Argument annehmen, dass eine Fernsehübertragung nicht notwendigerweise

---

226 Fezer in: FS GRUR, S. 939 (Rn. 1). S. zur Debatte Wichering, WRP 2013, 700. Grundlegend Besen/Raskind, JEP 1991, 3.

227 *Köhler* in: Köhler/Bornkamm, UWG § 4, Rn. 9.21 f.; *Nordemann* in: Götting/Nordemann, § 4 Nr. 9, Rn. 9.4.

228 Zum Veranstalterbegriff in diesem Zusammenhang Haas/Reimann SpuRt 1999, 182 (186 f.) m.w.N.

229 So ohne weitere Begründung Stopper (1997), S. 77. Ausführlich Waldhauser (1999), S. 137 ff. Erstaunlicherweise plädiert auch im Jahr 2010 Ballasch noch für die „Sittenwidrigkeit“ der ungenehmigten Übertragung eines Fußballspiels, da der Veranstalter um die legitimen Früchte seiner Arbeit gebracht werde (s. Ballasch [2010], S. 119).

230 So Hütt (2008), S. 223.

Zeitlupen und ähnliche Elemente enthält. Auch ein Kommentar sei nicht unbedingt vorhanden (oder sei häufig durch lange Pausen unterbrochen) und hat bei Fernsehübertragungen in der Regel lediglich ergänzende Funktion[231]. In erster Linie gehe es bei der Fernsehübertragung einer Sportveranstaltung um die visuelle Wahrnehmung der sportlichen Leistungen, die einem Publikum präsentiert werde, und eben diese Leistung werde durch die Fernsehübertragung übernommen[232].

Weiterhin müssten besondere Umstände hinzukommen, die die Nachahmung als unlauter erscheinen lassen. Für die Fallgruppe der unmittelbaren Leistungsübernahme liegen die besonderen Umstände im Allgemeinen darin, dass Organisationsarbeit und Investitionen bzw. Risikotragung des Veranstalters ohne wesentlichen eigenen Einsatz ausgenutzt werden. Ein Indiz (jedoch kein hinreichendes Kriterium[233]) für die Unlauterkeit ist es dabei, wenn sich Leistungen, die erfahrungsgemäß nur gegen eine angemessene Vergütung zur Verfügung gestellt werden, ohne Erlaubnis des Berechtigten angeeignet und kostenlos zur Förderung des eigenen Gewinnstrebens ausgenutzt werden[234]. Wenn nun ein Fernsehveranstalter eine Sportveranstaltung zeitnah oder live in voller Länge ohne Erlaubnis des Veranstalters überträgt, ist er damit in der Lage, seinem Publikum (und ggf. seinen Werbekunden) ein attraktives Produkt anzubieten. Die Kosten und Risiken des Veranstalters sinken nicht, während die Übertragung für den Fernsehveranstalter vergleichsweise enorm kostengünstig ist. Es ist heute auch üblich für die Gestattung der Übertragung, zumindest der attraktiven Sportarten im Profibereich, ein nicht unbeträchtliches Entgelt zu zahlen. Aus diesen Gründen könnte man die unerlaubte Übertragung einer Sportveranstaltung im Fernsehen als Verstoß gegen das Verbot unlauteren Wettbewerbs durch unmittelbare Leistungsübernahme betrachten[235]. In dieser Weise haben große Teile der Literatur die unerlaubte Fernsehübertragung einer Sportveranstaltung nach UWG 2004 und UWG 1909 als unlauter eingeordnet. Einen

---

231 Ebenso Mailänder ZUM 2003, 829 (822); Waldhauser (1999), S. 146.

232 Ebenso Krause (2006), S. 33; Kuczera (2004), S. 76; Fikentscher, SpuRt 2002, 186 (187).

233 BGH Urt. v. 29.10.2010 in der Rs. I ZR 60/09 – Hartplatzhelden, NJW 2011, 1811, GRUR 2011, 436, Rn. 27.

234 Emmerich, Unlauterer Wettbewerb, § 11, Rn. 36 m.w.N.

235 So *Summerer* in: Fritzweiler/Pfister/Summerer, 4. Teil, Rn. 91; Fietz (2007), S. 50; Kuczera (2004), S. 76; Hannamann (2001), S. 177 f.; Mahler, SpuRt 2001, 8 (9); Jessen (1997), S. 142 f.; v. Westerholt, ZIP 1996, 264 (265); Hausmann, BB 1994, 1089 (1091); Siegfried (1990), S. 32; Roth, AfP 1989, 515 (517 f.). Im Ergebnis ebenso Waldhauser (1999), S. 140.

investitionsbezogenen, den speziellen Leistungsschutzrechten ähnlichen lauterkeitsrechtlichen Schutz für Sportveranstaltungen auf Basis der Generalklausel des § 3 Abs. 1 UWG vertritt Lochmann[236].

Teilweise wird für die Unlauterkeit zusätzlich ein Erschleichen des Zugangs zur Veranstaltungsstätte gefordert[237]. Andere sehen im Hinblick auf die Schutzwürdigkeit[238] des Veranstalters keinen Grund, weshalb diese besonders verwerfliche Art und Weise der Leistungsübernahme eine Voraussetzung für die Unlauterkeit darstellen sollte[239]. An dieser unterschiedlichen Bewertung zeigt sich, wie im Rahmen des lauterkeitsrechtlichen Leistungsschutzes unterschiedliche Anforderungen an die unlauterkeitsbegründenden Merkmale der Nachahmung zu gegensätzlichen praktischen Ergebnissen führen können. Ob allerdings ausgerechnet der Umstand der „Erschleichung" des Zugangs zum Veranstaltungsort das richtige Kriterium für die Beurteilung der Frage ist, ob für Sportveranstaltungen der Grundsatz der Nachahmungsfreiheit zugunsten des Fernsehveranstalters durchgreifen oder doch ergänzender Leistungsschutz gewährt werden sollte, erscheint zweifelhaft. Genauso wenig überzeugt als Kriterium aber die schlichte angebliche „Schutzwürdigkeit" des Sportveranstalters. Die Frage nach den richtigen Kriterien für einen Leistungsschutz zugunsten von Sportveranstaltungen lohnt daher eine eingehendere Untersuchung, für die eine Analyse der aktuellen Entscheidung des BGH in Sachen „Hartplatzhelden" erforderlich ist.

(iii) Hartplatzhelden-Entscheidung des BGH

Im Jahr 2010 befasste sich erstmals der BGH mit der lauterkeitsrechtlichen Seite der Verwertung von Sportveranstaltungen[240]. Der Sachverhalt betraf eine Verwertung im Internet. Gleichwohl hat der BGH mit dieser Entscheidung auch für Fragen der „Fernsehrechte" wichtige Aussagen getroffen (zur Verwertung im Internet vgl. unten III.). In der Sache ging es um ein Internetportal, das auf der Website www.hartplatzhelden.de betrieben wird. Hier konnten Besucher von Fußballspielen der Amateurligen Ausschnitte selbst gemachter Filmaufnahmen

236 Lochmann (2005), S. 263.

237 Haas/Reimann SpuRt 1999, 182 (186).

238 Die Schutzwürdigkeit wird teilweise als entscheidendes Kriterium angesehen, s. Hannamann (2001), S. 177 und Waldhauser (1999), S. 134 ff., 138, beide m.w.N. Ferner Ohly in: FS Schricker, S. 113.

239 Lochmann (2005), S. 242 f.; Hannamann (2001), S. 176.

240 BGH Urt. v. 29.10.2010 in der Rs. I ZR 60/09 - Hartplatzhelden, NJW 2011, 1811, GRUR 2011, 436.

einzelner Szenen der Spiele einstellen, damit sie von jedem Internetbenutzer kostenlos angesehen werden konnten. Der Württembergische Fußballverband als Organisator des Amateur-Spielbetriebs klagte gegen den Betreiber der Webseite und obsiegte in den ersten beiden Instanzen beim LG Stuttgart[241] und OLG Stuttgart[242].

Anders als die Vorinstanzen entschied der BGH gegen einen lauterkeitsrechtlichen Leistungsschutz im konkreten Fall. LG und OLG Stuttgart hatten ohne weitere Begründung angenommen, dem Veranstalter eines Sportwettkampfs stehe die exklusive wirtschaftliche Verwertung seiner Veranstaltung zu. Der BGH hingegen sah im Betrieb der Plattform weder eine Nachahmung gem. § 4 Nr. 9 UWG noch hielt er die dort geforderten weiteren unlauterkeitsbegründenden Umstände für gegeben[243]. Es finde bereits keine Nachahmung der Leistungen des ausrichtenden Verbandes oder der am Spiel beteiligten Akteure statt[244]. Im Hinblick auf einen unmittelbaren Leistungsschutz auf Basis von § 3 Abs. 1 UWG ließ der BGH offen, ob und unter welchen Voraussetzungen dieser für Sportveranstaltungen bestehen könne, da er im vorliegenden Fall mangels Erforderlichkeit des Schutzes nicht zur Anwendung komme. Er verwies den Amateurfußballverband letztlich darauf, sein Hausrecht (vgl. dazu oben, 3.) geltend zu machen, um sein Ziel der ausschließlichen Verwertung zu erreichen. Der BGH konnte nicht erkennen, dass ein mit erheblichen Investitionen erreichtes Leistungsergebnis des Verbandes ohne unmittelbaren lauterkeitsrechtlichen Leistungsschutz ernstlich in Gefahr geriete. Erstens werde die Durchführung des Spielbetriebs nicht beeinträchtigt, und weiterhin spiele die audiovisuelle Verwertung der Spiele, anders als im Profibereich, für den Amateurverband keine maßgebliche wirtschaftliche Rolle[245]. Aus denselben Gründen handle es sich nicht um eine Aneignung von Leistungen Dritter, die erfahrungsgemäß nur gegen angemessene Vergütung

241 LG Stuttgart Urt. v. 8.5.2008 in der Rs. 41 O 3/08 – „hartplatzhelden.de“, K&R 2008, 385. S. dazu etwa Ernst, CaS 2008, 289; Feldmann/Höppner, K&R 2008, 421 und Anm. Frey, CR 2008, 528.

242 OLG Stuttgart Urt. v. 19.3.2009 in der Rs. 2 U 47/08, MMR 2009, 395.

243 BGH Urt. v. 29.10.2010 in der Rs. I ZR 60/09 – Hartplatzhelden, NJW 2011, 1811, GRUR 2011, 436, Rn. 17 f. Damit stellte der BGH implizit aber eindeutig klar, dass ein irgendwie geartetes gewohnheitsrechtliches „Veranstalterrecht“ (auf das die Entscheidungen der Vorinstanzen evtl. hätten schließen lassen können) zur exklusiven Vermarktung in Deutschland keineswegs existiert.

244 BGH Urt. v. 29.10.2010 in der Rs. I ZR 60/09 – Hartplatzhelden, NJW 2011, 1811, GRUR 2011, 436, Rn. 16.

245 BGH Urt. v. 29.10.2010 in der Rs. I ZR 60/09 – Hartplatzhelden, NJW 2011, 1811, GRUR 2011, 436, Rn. 26.

zur Verfügung gestellt würden[246]. Für eine gezielte Behinderung gem. § 4 Nr. 10 UWG oder etwa eine Herkunftstäuschung vermochte der BGH keine Anhaltspunkte zu erkennen[247].

Die Entscheidung „Hartplatzhelden“ ist im Zusammenhang mit wichtigen, seit vielen Jahren offenen Fragen zu Bedeutung und Reichweite lauterkeitsrechtlichen Leistungsschutzes mit Spannung erwartet worden. Sie beantwortet viele dieser Fragen jedoch nicht. Teilweise wird dies als verpasste Chance gesehen, in Fragen des Leistungsschutzes für Klarheit zu sorgen[248]. Für den Untersuchungsgegenstand stellt sich auch nach der Entscheidung weiterhin die Frage, ob nach heutiger Rechtslage ein lauterkeitsrechtlicher Schutz von Sportveranstaltungen anzuerkennen ist und welche Kriterien ggf. hierfür gelten.

Man könnte die Aussage, die Fußballspiele des klagenden Sportverbandes würden durch die Verwertung von Filmaufnahmen nicht im Sinne von § 4 Nr. 9 UWG nachgeahmt, so verstehen, dass ein lauterkeitsrechtlicher Leistungsschutz für Sportveranstaltungen für den BGH per se nicht mehr in Frage kommt. Allerdings ist der Entscheidung eine solcherart generelle Aussage nicht zu entnehmen. Vielmehr stellt der BGH an dieser Stelle entscheidend darauf ab, welche Leistung des Verbandes betroffen ist und ob eben diese im konkreten Fall nachgeahmt wird. Er kommt zu dem Ergebnis, dass die organisatorische Leistung des Sportverbandes in Form des Fußballspiels durch die audiovisuelle Aufzeichnung kurzer Ausschnitte des Spiels nicht nachgeahmt werde, sondern dass diese Aufzeichnung und deren Verwertung eigenständige Leistungen anderen Inhalts sind[249]. Über die Übertragung ganzer Fußballspiele (ggf. live) im Fernsehen ist damit noch nichts gesagt. Wichtiger ist aber an dieser Stelle, dass der BGH wieder, wie in seinen frühen Entscheidungen „Figaros Hochzeit“ oder „AKI“, ausdrücklich zwischen Nachahmung und unmittelbarer Leistungsübernahme unterscheidet. Dabei hält er für die Übernahme des Leistungsergebnisses Fußballspiel durch Filmaufzeichnungen allenfalls die Fallgruppe der unmittelbaren Leistungsübernahme für einschlägig. Diese Fallgruppe sei aber nicht

246 BGH Urt. v. 29.10.2010 in der Rs. I ZR 60/09 – Hartplatzhelden, NJW 2011, 1811, GRUR 2011, 436, Rn. 27.

247 BGH Urt. v. 29.10.2010 in der Rs. I ZR 60/09 – Hartplatzhelden, NJW 2011, 1811, GRUR 2011, 436, Rn. 33. Auch Ansprüche aus Deliktsrecht lehnte der BGH in diesem Fall ab.

248 Ruess/Slopek, WRP 2011, 834 (840).

249 BGH Urt. v. 29.10.2010 in der Rs. I ZR 60/09 – Hartplatzhelden, NJW 2011, 1811, GRUR 2011, 436, Rn. 16 f.

Gegenstand des wettbewerbsrechtlichen Schutzes nach § 4 Nr. 9 UWG[250]. Überdies seien vorliegend die besonderen Umstände des § 4 Nr. 9 UWG ohnehin nicht gegeben, die eine Unlauterkeit begründen könnten[251]. Ob neben § 3 Abs. 1 iVm § 4 Nr. 9 UWG ein Leistungsschutz nach der Generalklausel des § 3 Abs. 1 UWG in Frage komme, könne dahin stehen, da ein solcher im vorliegenden Fall mangels Erforderlichkeit eines solchen Schutzes ebenfalls nicht gewährt werden könne[252].

Somit scheidet für den BGH der ergänzende Leistungsschutz des § 3 Abs. 1 iVm § 4 Nr. 9 UWG für die unerlaubte Verwertung von Sportveranstaltungen im Fernsehen aus. Daher ist nun zu fragen, wie in Zukunft mit Fällen der unmittelbaren Leistungsübernahme umzugehen ist. Die Aussage des BGH lässt nur den Schluss zu, dass die Fallgruppe entweder obsolet geworden ist oder im Rahmen der Generalklausel des § 3 Abs. 1 UWG zur Anwendung kommen könnte. Als eine besonders schwerwiegende Form der Nachahmung[253] ist sie lt. BGH nicht mehr einzuordnen[254]. Die alternative Möglichkeit eines ergänzenden Leistungsschutzes nach der Generalklausel lässt der BGH aber gerade offen. Der BGH äußert sich ferner auch nicht zur Frage, ob neben den in § 4 Nr. 9 UWG genannten besonderen Umständen auch andere Umstände die Unlauterkeit im Rahmen des ergänzenden lauterkeitsrechtlichen Leistungsschutzes begründen können. Die Frage, ob und ggf. in welchen Fällen es unmittelbaren Leistungsschutz geben kann, bleibt ebenfalls offen.

(iv) Diskussion und Stellungnahme

Im Rahmen der Untersuchung eines Leistungsschutzes für Sportveranstaltungen nach § 3 Abs. 1 iVm § 4 Nr. 9 UWG sollen nun die Aussagen des BGH in der Hartplatzhelden-Entscheidung zu dieser Frage eingeordnet sowie die Möglichkeiten eines solchen Schutzes auch vor dem Hintergrund der Diskussion in der Literatur bewertet werden.

---

250 BGH Urt. v. 29.10.2010 in der Rs. I ZR 60/09 - Hartplatzhelden, NJW 2011, 1811, GRUR 2011, 436, Rn. 17.

251 BGH Urt. v. 29.10.2010 in der Rs. I ZR 60/09 - Hartplatzhelden, NJW 2011, 1811, GRUR 2011, 436, Rn. 18.

252 BGH Urt. v. 29.10.2010 in der Rs. I ZR 60/09 - Hartplatzhelden, NJW 2011, 1811, GRUR 2011, 436, Rn. 19 ff.

253 So noch Emmerich, unlauterer Wettbewerb (8. Aufl.), § 11, Rn. 36.

254 Emmerich, unlauterer Wettbewerb, § 11, Rn. 38; anders nur Röhl (2012), S. 240.

(1) Anknüpfungspunkt für die Nachahmung

Der BGH unterscheidet streng zwischen der Organisationsleistung des Verbandes bzw. der Leistung der am Fußballspiel beteiligten Akteure und der Leistung des filmenden Zuschauers sowie des Betreibers der Plattform, auf der die Filmausschnitte gezeigt werden. Diese Leistungen betrachtet er sämtlich als unterschiedlich und selbständig, so dass eine eigenständige Leistung in dem Angebot der Filmaufzeichnungen liege, die lediglich an die Leistung des Verbandes anknüpfe[255]. Damit wird deutlich, dass der BGH bei der Nachahmung der damit einhergehenden Eigenleistung des Nachahmenden Bedeutung beimisst. Er sieht im Fall Hartplatzhelden eine Situation, in der die Auswahl und Darstellung der Spielszenen anhand der Kriterien des Internetportals eine eigene Leistung darstellen, die nicht als Nachahmung der Veranstaltung selbst anzusehen ist. Wenn der BGH konstatiert, im Fußballspiel selbst sei noch kein wirtschaftlicher Wert verkörpert[256], ist dies so zu verstehen, dass erst die Verwertung der Veranstaltung wirtschaftlich bedeutsam wird. Diese Aussage bedeutet nicht, dass an die Leistung Fußballspiel für eine Übernahme nicht angeknüpft werden könnte[257].

Es bleibt offen, ob das vollständige Abfilmen in Verbindung mit der (Live-) Übertragung einer Sportveranstaltung nach Ansicht des BGH ebenfalls als selbständige Eigenleistung anzusehen wäre. Im Fall, dass ein Fernsehsender im Rahmen einer aufwändigen Regiearbeit aus den übertragenen Spielszenen eine Eigenproduktion herstellt, könnte man möglicherweise ebenfalls von einer eigenständigen Leistung des Senders sprechen, die eine Nachahmung ausschließen würde[258]. In Fällen des einfachen Streamings der Bilder ohne weitere Kamera- oder Regiearbeit wäre eine entsprechende Eigenleistung jedoch kaum anzunehmen. Zudem ändert die Eigenleistung des Senders bei Fernsehübertragungen nicht den Charakter des Endprodukts[259]. Es scheint durchaus vertretbar, darin eine (identische) Nachahmung der Veranstaltung zu sehen. Damit verbunden ist allerdings die Frage nach der Abgrenzung zwischen Nachahmung und Übernahme eines Leistungsergebnisses, zu der sich der BGH ebenfalls geäußert hat.

---

255 BGH Urt. v. 29.10.2010 in der Rs. I ZR 60/09 – Hartplatzhelden, NJW 2011, 1811, GRUR 2011, 436, Rn. 16.

256 BGH Urt. v. 29.10.2010 in der Rs. I ZR 60/09 – Hartplatzhelden, NJW 2011, 1811, GRUR 2011, 436, Rn. 22.

257 Insofern unklar Dreier in: FS Pfennig, S. 18.

258 Ebenso Härting/Strubel, IPRB 2010, 109 (110).

259 Ebenso Maume, MMR 2008, 797 (799).

(2) Dogmatische Einordnung der unmittelbaren Leistungsübernahme

Mit der beschriebenen Unterscheidung zwischen den verschiedenen relevanten Handlungen trennt der BGH auch dogmatisch zwischen einer Nachahmung und den Fällen der unmittelbaren Übernahme eines Leistungsergebnisses. Die strenge Unterscheidung bereits in der frühen Rechtsprechung des BGH zwischen (identischer) Nachahmung und unmittelbarer Leistungsübernahme, die mit der Hartplatzhelden-Entscheidung wieder aufgegriffen wird, erscheint nicht ohne Weiteres einleuchtend. So ist nicht klar, wo der sachliche Unterschied zwischen einer identischen Nachahmung und einer unmittelbaren Leistungsübernahme liegen soll[260]. Die Fixierung einer Veranstaltung auf Bild- bzw. Datenträger ist bei Darbietungen urheberrechtlich geschützter Werke als Vervielfältigung anzusehen[261]. Aus diesem Blickwinkel könnte eine solche Aufzeichnung bzw. Übertragung im Lauterkeitsrecht durchaus als Nachahmung eingestuft werden[262].

Auch im Hinblick auf die Wechselwirkungslehre schien die Anerkennung der unmittelbaren Übernahme eines Leistungsergebnisses als Form der Nachahmung sinnvoll. Die Einbindung der Fallgruppe der unmittelbaren Leistungsübernahme in das System der Wechselwirkungen zwischen unterschiedlich intensiven Formen der Nachahmung und entsprechend ausfallenden Anforderungen an die unlauterkeitsbegründenden Merkmale der Nachahmungshandlung bot eine praktikable Möglichkeit der sinnvollen Einzelfallabwägung, die den Bedürfnissen der Grenzziehung zwischen Nachahmungsfreiheit und Leistungsschutz gerecht zu werden vermochte. Ein Grund für die Abkehr von der Wechselwirkungslehre im Fall der unmittelbaren Leistungsübernahme ist nicht erkennbar.

Mit diesem Sinneswandel des BGH ist jedoch eine weitere Frage verbunden, die die potentiell weitreichenden Folgen dieser Unterscheidung aufzeigt. Denn seit der Reform von 2004 ist nicht mehr ohne Weiteres klar, ob eine Einordnung der Fallgruppe in den Anwendungsbereich des § 4 Nr. 9 UWG[263] überhaupt noch möglich ist. Dort sind nämlich in lit. a) bis c) nur die Fallgruppen der vermeid-

260 Ähnlich Ohly, GRUR 2011, 439; ebenso Nemeczek, IPRB 2010, 163. Mit anderer Schlussfolgerung auch Stieper, WRP 2006, 291 (295).

261 BGH Urt. v. 19.1.2006 in der Rs. I ZR 5/03 – Alpensinfonie, GRUR 206, 319, Rn. 25.

262 Ebenso Ohly, GRUR 2011, 439; Ohly, GRUR 2010, 487 (489). Mit zweifelhaften Argumenten lehnt die Nachahmung ab Frey, CR 2008, 530 (531).

263 Die Novelle von 2008 hat keine weitere Änderung am Wortlaut gebracht. Die UGP-Richtlinie berührt die Regelung zum Leistungsschutz nicht (s. Gesetzesbegründung, BT-Drs. 16/10145, S. 17).

baren Herkunftstäuschung, der Rufausbeutung sowie der unlauteren Erlangung von Kenntnissen oder Unterlagen kodifiziert worden. Alle drei setzen das Vorliegen einer Nachahmung voraus. Zudem passt die ungenehmigte Übertragung von Sportveranstaltungen im Fernsehen selbst dann kaum in eine dieser Fallgruppen, wenn man sie als Nachahmung ansieht.

(3) Herkunftstäuschung oder Rufausbeutung

Sieht man die unmittelbare Übernahme eines Leistungsergebnisses weiterhin als Fallgruppe der Nachahmung an, stellt sich weiterhin die Frage, ob eine der Varianten des § 4 Nr. 9 UWG einschlägig ist. Möglicherweise handelt es sich um einen Fall, in dem der gute Ruf des Veranstalters durch das Sendeunternehmen ausgebeutet oder eine vermeidbare Herkunftstäuschung erzeugt wird.

Im Fall der Herkunftstäuschung werden die Abnehmer eines Erzeugnisses über dessen betriebliche Herkunft getäuscht. Eine solche Täuschung läge bei der ungenehmigten Übertragung eines Sportereignisses dann vor, wenn den Zuschauern letztlich zu Unrecht vorgespiegelt würde, der Sportveranstalter biete ihnen auch die Fernsehübertragung an. Davon ist jedoch nicht auszugehen[264]. Die Sendeunternehmen geben sich gerade bei attraktiven Sendungen ihren Zuschauern (und Werbekunden) gegenüber stets gerne zu erkennen. Bei klarer Kennzeichnung des Anbieters scheidet jedoch eine Herkunftstäuschung aus. Gleichzeitig erwarten die Zuschauer üblicherweise nicht, dass der Sportveranstalter selbst auch das Fernsehprogramm (seien es auch die Bilder seiner Veranstaltung) verantwortet. Ein Fall des § 4 Nr. 9 lit. a) UWG liegt daher nicht vor.

Für die Rufausbeutung, also die unangemessene Ausnutzung der Wertschätzung der nachgeahmten Dienstleistung gem. § 4 Nr. 9 lit. b) UWG, muss die Vorstellung von Güte oder Qualität, die das Originalerzeugnis im Verkehr auslöst, im Sinne eines Imagetransfers auf die Nachahmung übertragen werden[265]. Für die Fallkonstellation im Fall „Hartplatzhelden“ hat der BGH dies mit Hinweis

264 Ebenso implizit für Sportübertragungen *Ohly*/Sosnitza, § 4, Rn. 9/80.

265 BGH Urt. v. 19.5.2010 in der Rs. I ZR 158/08 – Markenheftchen, GRUR 2011, 79; BGH Urt. v. 1.10.2009 in der Rs. I ZR 134/07 – Gib mal Zeitung, GRUR 2010, 161, Rn. 33; BGH Urt. v. 22.1.2009 in der Rs. 30/07 – Beta Layout, GRUR 2009, 500, Rn. 22; BGH Urt. v. 2.12.2004 in der Rs. I ZR 30/02 – Klemmbausteine III, GRUR 2005, 349 (353). *Köhler* in: Köhler/Bornkamm, UWG § 4, Rn. 9.53; *Ohly*/Sosnitza, § 4, Rn. 9/67; *Nordemann* in: Götting/Nordemann, § 4 Nr. 9, Rn. 9.69; *Sambuc* in: Harte-Bavendamm/Henning-Bodewig, § 4 Nr. 9, Rn. 153; *Ullmann* in: Ullmann, UWG, § 4 Nr. 9, Rn. 133.

auf den fehlenden Imagetransfer verneint[266]. Man könnte nun allerdings im Hinblick auf die besonders ausgeprägte wettbewerbliche Eigenart massentattraktiver Ereignisse des Profisports oder auch der Olympischen Spiele – im Gegensatz zu Fußballspielen der Kreisliga – an einen Transfer dieser besonders hohen Wertschätzung auf das übertragende Sendeunternehmen denken. Gleichwohl bedeutet auch eine besonders hohe Wertschätzung nicht gleichsam automatisch deren Übertragung auf den Nachahmer[267]. Genauso wie der Zuschauer sich darüber im Klaren ist, wer die Übertragung vornimmt, erkennt er auch, dass das Image der Veranstaltung ihr selbst anhaftet und überträgt diese Wertschätzung nicht auf ein Medienunternehmen, das die Veranstaltung überträgt. Ein Missverständnis wäre es, die Rufausbeutung am Merkmal der „Exklusivität“ festzumachen, die Sportübertragungsrechten im Allgemeinen anhafte[268]. Zum einen wäre es ein Zirkelschluss, ohne sondergesetzlichen Schutz die Unlauterkeit einer Nachahmung anzunehmen, weil dem Erzeugnis der Ruf anhafte, nicht nachgeahmt werden zu dürfen. Zum anderen ist mit der „Exklusivität“ des Originals, aufgrund derer eine Rufbeeinträchtigung durch massenhaften Vertrieb einer Nachahmung u.U. entstehen kann[269], nicht eine „Exklusivität“ im Sinne eines Ausschließlichkeitsrechts gemeint, sondern ein gewisser Prestigewert einer Marke für Luxusgüter, der sich im Verkehr herausgebildet hat.

Im Fall der ungenehmigten Übertragung von Sportveranstaltungen ist daher kaum einmal von einem Fall der Unlauterkeit gem. § 4 Nr. 9 lit. a) oder b) UWG auszugehen. Ein Fall der unredlichen Kenntniserlangung gem. lit. c) liegt ersichtlich ebenfalls nicht vor. Die Unlauterkeit kann daher selbst bei Annahme eines Falls der Nachahmung nicht aus den in § 4 Nr. 9 UWG aufgezählten Fallgruppen hergeleitet werden. Hier zeigt sich deutlich, dass § 4 Nr. 9 UWG tatsächlich nur noch Fälle des mittelbaren Leistungsschutzes kodifiziert. Selbst wenn man den Begriff der Nachahmung weit fassen und die unmittelbare Leistungsübernahme darunter fassen wollte, kommt der Tatbestand nicht ohne die ausdrücklich erforderlichen besonderen unlauterkeitsbegründenden Merkmale wie Herkunftstäuschung oder Rufausbeutung aus. Andere Fälle als die Regelbeispiele in lit. a)

266 BGH Urt. v. 29.10.2010 in der Rs. I ZR 60/09 – Hartplatzhelden, NJW 2011, 1811, GRUR 2011, 436, Rn. 18. Zustimmend Körber/Ess, WRP 2011, 697 (701). A.A. (zur Vorinstanz) Koch/Krämer, SpuRt 2009, 224 (227).

267 Ebenso Ohly, GRUR 2011, 439 (440).

268 So jedoch Härting/Strubel, IPRB 2010, 109 (110).

269 BGH Urt. v. 8.11.1984 in der Rs. 128/82 – Tchibo/Rolex I, GRUR 1985, 876 (878). *Köhler* in: Köhler/Bornkamm, UWG § 4, Rn. 9.59.

bis c) können nicht unter § 4 Nr. 9 UWG gefasst werden[270]. Eine Anwendung der „Wechselwirkungslehre" dahin gehend, dass bei der unmittelbaren Leistungsübernahme auf solche zusätzlichen Merkmale verzichtet und somit ein unmittelbarer Leistungsschutz gewährt werden könnte, ist daher zumindest im Rahmen des § 4 Nr. 9 UWG nicht möglich.

d) Gezielte Behinderung gem. § 3 Abs. 1 iVm § 4 Nr. 10 UWG

Der BGH hat für den Fall „Hartplatzhelden" das Vorliegen einer gezielten Behinderung gem. § 4 Nr. 10 UWG verneint[271]. Der Tatbestand der gezielten Behinderung erfordert ebenfalls eine geschäftliche Handlung sowie einen Mitbewerberbezug. Die Unlauterkeit ergibt sich in dieser Fallgruppe daraus, dass die wettbewerblichen Entfaltungsmöglichkeiten des Mitbewerbers beeinträchtigt werden. Selbst wenn der Wortlaut der Vorschrift auf eine Schädigungsabsicht des Handelnden hinzudeuten scheint[272], steht diese nicht im Vordergrund. Vielmehr ist objektiv zu beurteilen, ob sich die Auswirkungen des Handelns auf den Wettbewerb nach einer Interessenabwägung als so schwerwiegend darstellen, dass sie vom Betroffenen nicht hingenommen werden müssen[273]. Entscheidend ist dabei, dass bei objektiver Betrachtung besondere Umstände die Behinderung als unlauter erscheinen lassen müssen. Die Behinderung muss in erster Linie nicht auf die Förderung der eigenen wettbewerblichen Entfaltung, sondern auf die Beeinträchtigung der Entfaltung des Mitbewerbers gerichtet sein[274]. Deshalb überzeugt es nicht, Fälle der „planmäßigen Nachahmung" unter § 4 Nr. 10 UWG fassen zu wollen[275]. In solchen Fällen dient die Nachahmungshandlung nämlich gerade in erster Linie dem Erlangen eines eigenen Vorteils und der Aufnahme

---

270 BGH Urt. v. 11.1.2007 in der Rs. I ZR 198/04 – Handtaschen, GRUR 200, 795, Rn. 51.

271 BGH Urt. v. 29.10.2010 in der Rs. I ZR 60/09 – Hartplatzhelden, NJW 2011, 1811, GRUR 2011, 436, Rn. 33.

272 Den Wortlaut daher als „unglücklich" bezeichnet *Ohly*/Sosnitza, § 4, Rn. 10/9. Ähnlich Emmerich, Unlauterer Wettbewerb, § 6, Rn. 5.

273 *Ohly*/Sosnitza, § 4, Rn. 10/9; *Müller-Bidinger/Seichter* in: Ullmann, UWG, § 4 Nr. 10, Rn. 28; *Omsels* in: Harte-Bavendamm/Henning-Bodewig, § 4 Nr. 10, Rn. 13; Emmerich, Unlauterer Wettbewerb, § 6, Rn. 5; *Hasselblatt* in: Gloy/Loschelder/Erdmann, § 57, Rn. 10; Stärker die Absicht betonend *Wirtz* in: Götting/Nordemann, § 4, Rn. 10/6.

274 *Köhler* in: Köhler/Bornkamm, UWG § 4, Rn. 10.7; *Hasselblatt* in: Gloy/Loschelder/Erdmann, § 57, Rn. 9.

275 So aber *Nordemann* in: Götting/Nordemann, § 4, Rn. 9.86; Köhler, GRUR 2007, 548 (553).

des Wettbewerbs mit dem betroffenen Leistungserbringer. Unvermeidbare Behinderungen von Wettbewerbern durch wettbewerbliches Konkurrenzverhalten, wie es im Wettbewerbssystem gerade erwünscht ist, können aber für sich genommen nicht gem. § 4 Nr. 10 UWG als unlauter angesehen werden[276]. Im Fall „Hartplatzhelden" fehlt es nach Beurteilung des BGH gerade an diesen besonderen Umständen.

Bei der ungenehmigten Übertragung von Sportveranstaltungen ist nicht zu erkennen, dass die Aktivitäten des Medienunternehmens nicht in erster Linie auf die Verbesserung der eigenen Position im Wettbewerb gerichtet wären[277]. Eine Behinderung des Sportveranstalters ergibt sich dabei höchstens aus einer Konkurrenzsituation, die grundsätzlich hinzunehmen ist. In einigen Fällen wird es zu einer Beeinträchtigung der Wettbewerbsposition des Veranstalters gar nicht kommen: Sofern die Veranstaltung durch eine (sei es auch ungenehmigte) Ausstrahlung im Fernsehen mehr Aufmerksamkeit erreicht, kann von einer gezielten Behinderung überhaupt keine Rede sein. Damit sind Fälle der gezielten Behinderung gem. § 4 Nr. 10 UWG nicht zu erwarten.

e) Verbot der unlauteren Handlung gem. § 3 Abs. 1 UWG

aa) Anwendbarkeit der Generalklausel

Nachdem also ein Abwehrrecht des Sportveranstalters im Rahmen der gesetzlich geregelten unlauteren Nachahmung kaum einmal bestehen wird, stellt sich die grundsätzliche Frage, ob die in § 4 Nr. 9 UWG kodifizierten Fallgruppen des mittelbaren Leistungsschutzes eine abschließende Regelung darstellen oder ob auch andere Fallkonstellationen aus dem Bereich des Leistungsschutzes als unlauter eingestuft werden können. Die Frage ist also, ob für lauterkeitsrechtlichen Leistungsschutz ein Rückgriff auf die Generalklausel des Verbots unlauterer geschäftlicher Handlungen gem. § 3 Abs. 1 UWG möglich ist.

Da § 4 UWG ausdrücklich nur Beispielsfälle für unlautere Handlungen auflistet, könnte für andere Fallkonstellationen die Generalklausel als Auffangtatbestand greifen. Für Fälle des lauterkeitsrechtlichen Leistungsschutzes ist dies jedoch höchst umstritten. An dieser Frage entzündet sich zudem eine breite Diskussion über die Grundfragen des Verhältnisses von Lauterkeitsrecht zum Immaterialgüterrecht sowie über die Berechtigung eines unmittelbaren Leistungsschutzes im Lauterkeitsrecht. Im Kern geht es dabei darum, ob ein Grundsatz der Nachahmungsfreiheit anzuerkennen ist und welchen Stellenwert er

276 So auch die Gesetzesbegründung, BT-Drs. 15/1487, S. 19 („zu Nr. 10").

277 Ebenso Kainer (2014), S. 192.

ggf. hat. Da sich viele Sichtweisen überlappen und jeweils an unterschiedlichen Punkten ansetzen, ist der Meinungsstand unübersichtlich[278]. Hier sollen die widerstreitenden Positionen nur im Hinblick auf die konkreten Fragen des Untersuchungsgegenstandes skizziert werden.

Teilweise wird die Regelung des lauterkeitsrechtlichen Leistungsschutzes, die im Zuge der Reform von 2004 erstmals in Gestalt von § 4 Nr. 9 UWG in den Gesetzestext aufgenommen wurde, als abschließend angesehen[279]. Zwar handle es sich innerhalb des § 4 Nr. 9 UWG in lit. a) bis c) nur um eine beispielhafte Aufzählung, so dass auch andere Fälle der Nachahmung unter § 4 Nr. 9 UWG fallen könnten[280]. Über § 4 Nr. 9 UWG hinaus dürfe die Generalklausel beim Leistungsschutz aber nicht zur Anwendung kommen. Damit verbunden ist das Argument, der Gesetzgeber habe keinen unmittelbaren Leistungsschutz in das Lauterkeitsrecht aufnehmen wollen und es dürften mit Hilfe der Generalklausel keine weiteren Immaterialgüterrechte geschaffen werden[281]. Der BGH lässt in seiner „Hartplatzhelden"-Entscheidung ausdrücklich offen, ob für die Frage nach einem Abwehrrecht des Sportveranstalters auf § 3 Abs. 1 UWG zurückgegriffen werden kann[282]. Auch er bezeichnet einen Leistungsschutz auf Basis der Generalklausel als unmittelbaren Leistungsschutz. Diese Gleichsetzung des Rückgriffs auf die Generalklausel mit der Gewährung unmittelbaren Leistungsschutzes überzeugt aber nicht, wenn nach der hier vertretenen Unterscheidung mit „unmittelbar" in diesem Zusammenhang die Gewährung eines Schutzes der Leistung an sich, ohne Hinzutreten besonderer unlauterkeitsbegründender Umstände gemeint ist. Auch im Rahmen der Generalklausel können nämlich Fälle behandelt werden, in denen gerade die Umstände der Handlung des Mitbewerbers unlauter sind und der Schutz der Leistung auf dieser Grundlage lediglich

---

278 Eine Systematisierung versucht z.B. Ohly, GRUR 2010, 487 (491 ff.).

279 *Nordemann* in: Götting/Nordemann, § 4, Rn. 9.3, 9.75.; *Ullmann* in: Ullmann, UWG, § 4 Nr. 9, Rn. 32. Hierfür wird auch die Entscheidung „Zweckbetrieb" angeführt (s. Köhler, GRUR 2010, 657 [658]), was jedoch nicht überzeugt. Dort schloss der BGH lediglich die Anwendung der Generalklausel zur Einbeziehung außerwettbewerblicher Normen aus (BGH Urt. v. 2.12.2009 in der Rs. I ZR 152/07 – Zweckbetrieb, GRUR 2010, 654, Rn. 25).

280 *Köhler* in: Köhler/Bornkamm, UWG § 4, Rn. 9.4a. *Nordemann* in: Götting/Nordemann, § 4, Rn. 9.75 meint, dass andere Fallgruppen von § 4 Nr. 10 UWG abgedeckt wären.

281 *Köhler* in: Köhler/Bornkamm, UWG § 4, Rn. 9.5c; Emmerich, Unlauterer Wettbewerb, § 11, Rn. 8.

282 BGH Urt. v. 29.10.2010 in der Rs. I ZR 60/09 – Hartplatzhelden, NJW 2011, 1811, GRUR 2011, 436, Rn. 19.

ein Reflex des Verbots einer solchen Handlung ist[283]. Der Begriff des „unmittelbaren Leistungsschutzes“ wird jedoch häufig auf alle Fälle angewendet, die nicht von § 4 Nr. 9 UWG erfasst sind. Eine präzisere Verwendung des Begriffs des unmittelbaren Leistungsschutzes erscheint an dieser Stelle wünschenswert.

Wenn der BGH auch offen lässt, ob die Generalklausel neben § 4 Nr. 9 UWG zum Zuge kommen kann, so scheint er doch im Rahmen seiner weiteren Ausführungen zum Fall „Hartplatzhelden“ gewisse Leitlinien für eben diese Prüfung der Voraussetzungen einer Unlauterkeit zu entwickeln[284], da er detailliert erläutert, weshalb er vorliegend einen solchen Leistungsschutz ablehnt[285]. Man könnte daraus schließen, dass er der Zulässigkeit eines Rückgriffs auf die Generalklausel zugeneigt ist[286]. Auch im Fall „Handtaschen“ schien der BGH bereits von der Anwendbarkeit der Generalklausel auszugehen[287]. Die Entscheidung „Klemmbausteine III“ zeigt deutlicher, dass der BGH neben den kodifizierten Fallgruppen auch einen Leistungsschutz auf Basis der Generalklausel zulässt[288]. Dort spricht er in diesem Zusammenhang vom „Schutz der Leistung als solcher“ und grenzt diese explizit gegen die kodifizierten Fallgruppen ab[289]. Aufgrund der ausführlichen Erwägungen zu den Kriterien für einen Leistungsschutz nach § 3 Abs. 1 UWG in „Hartplatzhelden“ ist in dem ausdrücklichen Offenlassen der Frage der Anwendbarkeit der Generalklausel auch keine Abkehr[290] von diesen früheren Entscheidungen zu sehen.

Für die Möglichkeit des Rückgriffs auf die Generalklausel spricht entscheidend der Gesetzeswortlaut, wonach die in § 4 UWG aufgelisteten Fälle solche sind, in denen eine Unlauterkeit „insbesondere“ vorliegt. Gesetzessystematisch ist ein solcher Wortlaut stets so zu verstehen, dass es neben diesen Regelbeispielen auch andere Fälle geben kann, auf die die jeweilige Beurteilung – hier die Unlauterkeit – zutrifft. Zudem war mit der Reform 2004 eine grundlegende

---

283 Solche Konstellationen beschreiben z.B. Peifer, GRUR-Prax 2011, 181 (184) und Peukert, WRP 2010, 316 (320).

284 Ebenso Ohly, GRUR 2011, 439 (440); Peifer, K&R 2011, 242 (244).

285 BGH Urt. v. 29.10.2010 in der Rs. I ZR 60/09 – Hartplatzhelden, NJW 2011, 1811, GRUR 2011, 436, Rn. 23 ff.

286 So ebenfalls Peifer, K&R 2011, 342 (344).

287 BGH Urt. v. 11.1.2007 in der Rs. I ZR 198/04 – Handtaschen, GRUR 2007, 795, 2. LS, Rn. 51.

288 Ebenso Ruess/Slopek, WRP 2011, 834 (839).

289 BGH Urt. v. 2.12.2004 in der Rs. I ZR 30/02 – Klemmbausteine III, GRUR 2005, 349 (352).

290 Eine solche vermutet *Sambuc* in: Harte-Bavendamm/Henning-Bodewig, § 4 Nr. 9, Rn. 55.

materielle Änderung im Hinblick auf den Tatbestand der Leistungsübernahme nicht verbunden[291]. Auch die Novelle von 2008 hat keine Veränderung dieser Art gebracht[292]. Daher ist davon auszugehen, dass die hier relevante Rechtsprechung vergangener Jahrzehnte im Wesentlichen weiterhin zur Anwendung kommen kann, die neben den in § 4 Nr. 9 UWG kodifizierten Fallgruppen auch andere Konstellationen als unlauter beurteilte. Auch die Gesetzesbegründung geht ausdrücklich von der Anwendungsmöglichkeit der Generalklausel aus und nennt die Fallgruppe der „allgemeinen Marktbehinderung" als Beilspielsfall[293]. Es spricht damit innerhalb der Systematik des Lauterkeitsrechts nichts gegen die Prüfung eines Abwehranspruches des Sportveranstalters nach § 8 UWG auf Grundlage des § 3 Abs. 1 UWG im Sinne einer lückenfüllenden Funktion bei Beachtung der Wertungen des Beispielkatalogs des § 4 UWG[294].

bb) Unlautere geschäftliche Handlung

Gem. § 3 Abs. 1 UWG sind „unlautere" geschäftliche Handlungen verboten, wenn sie die wettbewerblichen Interessen von Marktteilnehmern spürbar beeinträchtigen können. Der unbestimmte Rechtsbegriff der Unlauterkeit muss zum Zwecke der Einzelfallprüfung im Hinblick auf den Schutzzweck des UWG konkretisiert werden. Dazu muss eine Güter- und Interessenabwägung stattfinden, bei der zunächst die Schutzwürdigkeit der jeweiligen Interessen aus Sicht des

---

291 BGH Urt. v. 15.4.2010 in der Rs. I ZR 145/08 – Femur-Teil, GRUR 2010, 1125, Rn. 18; BGH Urt. v. 28.5.2009 in der Rs. I ZR 124/06 – LIKEaBIKE, GRUR 2010, 80, Rn. 20; BGH Urt. v. 9.10.2008 in der Rs. I ZR 126/07 – Gebäckpresse, GRUR 2009, 79, Rn. 25; BGH Urt. v. 11.1.2007 in der Rs. I ZR 198/04 – Handtaschen, GRUR 2007, 795, Rn. 19; BGH Urt. v. 28.10.2004 in der Rs. I ZR 326/01 – Puppenausstattungen, GRUR 1005, 166 (167). *Köhler* in: Köhler/Bornkamm, UWG § 4, Rn. 9.1; Ohly, GRUR 2010, 787 (492); Lochmann (2005), S. 158 m.w.N.; Henning-Bodewig, GRUR 2004, 713 (717). Ferner Krause (2006), S. 56. Zweifelnd nur Hilty/Henning-Bodewig (2007), S. 51.

292 Im Rahmen der richtlinienkonformen Auslegung des UWG ist zu beachten, dass die UGP-Richtlinie auf den Verbraucherschutz abzielt, mit dem die hier gegenständlichen Fragen nicht in Berührung kommen.

293 BT-Drs. 15/1487, S. 19 („zu Nr. 10").

294 Ebenso Fezer, WRP 2012, 1321 (1324); Heermann, CaS 2011, 165 f.; Peifer, GRUR-Prax 2011, 181 (183); *Eck* in: Gloy/Loschelder/Erdmann, § 56, Rn. 43 f.; Ohly, GRUR 2010, 487 (490, 492); Henning-Bodewig, GRUR 2004, 713 (717); Ohly, GRUR 2004, 889 (897). Ausführlich Schröer (2010), S. 333 ff.; Fock (2008), Rn. 229 ff.; Laier (2007), S. 193. A.A. Röhl, der stattdessen § 4 Nr. 9 UWG analog anwendet (s. Röhl [2012], S. 87, 247).

Lauterkeitsrechts zu beurteilen ist[295]. Es ist höchst umstritten, was dieses allgemeine Verbot unlauterer geschäftlicher Handlungen für die Fälle bedeutet, in denen es um den Schutz eines Leistungsergebnisses gegen dessen Ausbeutung durch einen Wettbewerber geht.

(i) Betroffene Interessen

Werden Sportveranstaltungen ohne Erlaubnis in Bild und Ton im Fernsehen übertragen, sind die Interessen des betroffenen Sportveranstalters an der Verwertung der Veranstaltung zur Erzielung von Erlösen berührt. Der Sportveranstalter möchte die von ihm organisierte und gestaltete Veranstaltung medial verwerten können. Das Fernsehunternehmen möchte seinerseits die Veranstaltung in sein Programm einbinden, um es attraktiver zu machen. Hintergrund ist, dass die Gewinne aus Werbung, Abonnements oder kostenpflichtigen Sendungen umso höher sind, je attraktiver das Programm für die Zuschauer ist.

Wie bereits festgestellt[296], findet das Lauterkeitsrecht keine Anwendung auf Konstellationen, in denen der Rundfunkveranstalter lediglich im Rahmen seines Rechts auf Kurzberichterstattung von der Veranstaltung berichtet. Das Interesse des Fernsehunternehmens an der Ausfüllung seiner Aufgaben im Interesse der Information der Allgemeinheit spielt daher bei der Abwägung keine Rolle. Es geht vielmehr um Fälle, in denen der Umfang der Übertragung deutlich über das im Rahmen des Kurzberichterstattungsrechts gem. § 5 RStV zulässige Maß hinausgeht[297].

---

295 BGH Urt. v. 12.7.2007 in der Rs. I ZR 18/04 – Jugendgefährdende Medien bei eBay, GRUR 2007, 890, Rn. 38; BGH Urt. v. 4.3.2004 in der Rs. I ZR 221/01 – Direktansprache am Arbeitsplatz, GRUR 2004, 696 (697); BGH Urt. v. 17.5.2001 in der Rs. I ZR 216/99 – Mitwohnzentrale, GRUR 2001, 1061 (1062); BGH Urt. v. 25.1.2001 in der Rs. I ZR 53/99 – Telefonwerbung für Blindenwaren, GRUR 2001, 1181 (1182); BGH Urt. v. 14.10.1993 in der Rs. I ZR 40/93 – PS-Werbung II, GRUR 1994, 220 (222); BGH Urt. v. 30.10.1981 in der Rs. I ZR 156/79 – Kippdeckeldose GRUR 1982, 118 (120). *Köhler* in: Köhler/Bornkamm, UWG § 3, Rn. 102; *Podszun* in: Harte-Bavendamm/Henning-Bodewig, § 3 I, Rn. 111; Beater, Unlauterer Wettbewerb, § 13, Rn. 976 ff.; Sack, WRP 2005, 531 (533); Schünemann, WRP 2004, 925 (931); Ohly, (1997), S. 225 ff.; Schricker (1970), S. 235 ff.; Kraft (1963), S. 118 ff.

296 S. oben, c) aa).

297 Dittl differenziert im Kontext des Kurzberichterstattungsrechts anhand der „Je-desto-Kriterien" im Lichte der Rundfunkfreiheit nach primär unterhaltenden und schwerpunktmäßig informativen Sendungen (Dittl [2013], S. 64).

(ii) Schutzwürdigkeit der Interessen nach dem UWG

Für die Frage nach der Schutzwürdigkeit der jeweiligen Interessen ist zunächst die grundlegende Weichenstellung zu beachten, dass im Lauterkeitsrecht der Grundsatz der Nachahmungsfreiheit gilt. Wie oben bereits beschrieben, ist die Rechtsprechung stets von diesem Grundsatz ausgegangen. Vielfach wird er daraus hergeleitet, dass imitatorischer Wettbewerb ein wesentlicher Teil des durch das UWG geschützten unverfälschten Wettbewerbs sei. Die Basis für Fortschritt sei das Aufbauen auf den Ergebnissen der Leistungen anderer[298]. Teilweise wurde der gemeinhin als Leistungsschutz des UWG bezeichnete Aspekt des Schutzes vor unlauteren geschäftlichen Handlungen auch als „Nachahmungsschutz" bezeichnet, um den Grundsatz hervorzuheben[299]. In Teilen der Literatur wird hingegen bezweifelt, dass dem UWG überhaupt ein Grundsatz inne wohne, der die Nachahmung der Produkte anderer grundsätzlich gestatte[300]. Es wird dabei betont, dass erst der Schutz vor uneingeschränkter Nachahmung Wettbewerb durch Innovation ermögliche[301]. Im Allgemeinen gilt aber heute § 4 Nr. 9 UWG mit seinen besonderen Regelbeispielen, in denen die Nachahmung als unlauter anzusehen ist, als Kodifikation des Grundsatzes der Nachahmungsfreiheit[302]. Der Gesetzgeber ist tatsächlich bei der Reform von 2004 vom Grundsatz der Nachahmungsfreiheit ausgegangen[303]. Das spricht entscheidend für die Existenz dieses Grundsatzes. Zudem lassen auch die Befürworter der grundsätzlichen Nachahmungsfreiheit nicht außer Acht, dass Imitationswettbewerb seine Grenzen dort findet, wo Innovation mangels Anreiz nicht mehr stattfindet. Es geht ihnen nämlich lediglich um einen Grundsatz, von dem es selbstverständlich auch Ausnahmen geben kann. Mit dem Regel-Ausnahme-Verhältnis ist jedoch eine wichtige Weichenstellung für die Interessenabwägung verbunden. Dabei handelt es sich keineswegs um eine „hypertrophe Verklärung der

---

298 BGH Urt. v. 4.1.1966 in der Rs. Ib ZR 77/65 – skai-cubana, GRUR 1967, 315 (317); *Nordemann* in: Götting/Nordemann, § 4, Rn. 9.1.

299 *Köhler* in: Köhler/Bornkamm, UWG § 4, Rn. 9.2.

300 *Köhler* in: Köhler/Bornkamm, UWG § 4, Rn. 9.3; Köhler, GRUR 2007, 548 (549); Glöckner (2006), S. 594 f.; Lubberger in: FS Ullmann, S. 737 f.; Köhler, WRP 1999, 1075 (1077 f.); Fritze, GRUR 1982, 520. Fezer (WRP 2001, 989 [1005 f.]) erkennt diesen Grundsatz nur eingeschränkt an. Skeptisch auch Kur, GRUR Int 1998, 771 (775); Kur, GRUR 1990, 1 (2).

301 Lubberger in: FS Ullmann, S. 742; Köhler, WRP 1999, 1075 (1078).

302 Körber/Ess, WRP 2011, 697 (699); Ohly, GRUR 2010, 487 (489); Feldmann/Höppner, K&R 2008, 421 (424).

303 Gesetzesbegründung, BT-Drs. 15/1487, S. 18 („zu Nr. 9").

Nachahmungsfreiheit"[304], sondern um die schlichte Respektierung der systematischen Vorgaben und der Schutzzwecke des Lauterkeitsrechts in Übereinstimmung mit dem ausdrücklichen Willen des Gesetzgebers. Die Schutzrichtung des UWG ist damit stärker auf den Schutz des (auch imitatorischen) Wettbewerbs gerichtet als auf den Schutz einer Leistung, für den in erster Linie das Immaterialgüterrecht als Sonderrechtsschutz „zuständig" ist.

Für die Interessen des Fernsehunternehmens bedeutet dieses Regel-Ausnahme-Verhältnis, dass sein Interesse an der Verwendung der Sportveranstaltung für sein Programm im Sinne eines imitatorischen Wettbewerbs grundsätzlich schutzwürdig ist. Aus Sicht des Sportveranstalters ist festzustellen, dass sein Interesse an einer Einschränkung im Sinne eines Schutzes seiner Leistung ebenfalls im System des Lauterkeitsrechts Berücksichtigung finden kann, soweit eine Ausnahme greift, die einen Schutz vor uneingeschränkter Nachahmung erlaubt.

(iii) Güter- und Interessenabwägung

Da die Interessen beider Seiten prinzipiell lauterkeitsrechtlich schutzwürdig sind und sie zu einander im Gegensatz stehen, ist nun eine Güter- und Interessenabwägung vorzunehmen. Aufgrund der mit dem Grundsatz der Nachahmungsfreiheit verbundenen Wertung des UWG können für einen Ausnahmefall in erster Linie besondere Umstände sprechen, die die Handlung des Fernsehunternehmens als unlauter erscheinen lassen. Erst in zweiter Linie ist nach der Möglichkeit unmittelbaren Leistungsschutzes zu fragen, der die Leistung als solche unter bestimmten Umständen vor Ausbeutung schützt.

(1) Allgemeine Marktstörung

Die Fallgruppe der allgemeinen Marktstörung, die bestimmte Verhaltensweisen unter besonderen Umständen im Rahmen der Abwägung nach der Generalklausel als unlauter einordnet, wurde zum UWG 1909 entwickelt. Sie dient dem Schutz des auf der unternehmerischen Leistung beruhenden Wettbewerbs vor erheblichen Einschränkungen[305]. Der Schutzzweck ist hier nicht die Leistung, sondern der Wettbewerb selbst, der unter bestimmten Umständen in Gefahr geraten kann. Die Fallgruppe, die in erster Linie zur Erfassung von Verhaltensweisen mit spezieller individueller Verdrängungsabsicht entwickelt wurde[306],

304 So Fezer, WRP 2012, 1321 (1322).

305 *Köhler* in: Köhler/Bornkamm, UWG § 4, Rn. 12.3; *Ohly*/Sosnitza, § 4, Rn. 10/95; *Schwipps* in: Götting/Nordemann, § 4, Rn. 12.1.

306 Schricker, AfP 2001, 101.

kommt heute dank spezialgesetzlicher Regelungen kaum noch zur Anwendung und wird teilweise insgesamt kritisch gesehen, da der mit einer Marktstrukturkontrolle letztlich verfolgte Schutzzweck nicht dem Lauterkeitsrecht, sondern dem Kartellrecht zuzuordnen ist[307]. Im Zusammenhang mit der ungenehmigten Übertragung von Sportereignissen entstehen keine derartigen Verwerfungen im Markt, die den Wettbewerb als solchen gefährden könnten. Die Anwendung der Fallgruppe der allgemeinen Marktstörung kommt damit nicht in Betracht[308].

(2) Leistungsschutz für Sportveranstaltungen?

Im Rahmen der Interessenabwägung stellt sich nun die Kernfrage der Abwägung, nämlich wessen Interesse, das Verwertungsinteresse des Sportveranstalters oder das Übernahmeinteresse des Fernsehunternehmens, letztlich aus Sicht des Lauterkeitsrechts im Ergebnis überwiegt. Damit ist die Frage nach der Möglichkeit eines Leistungsschutzes der Sportveranstaltung gestellt. Diese Frage wird häufig im Rahmen der Frage nach der Möglichkeit der Gewährung unmittelbaren lauterkeitsrechtlichen Leistungsschutzes diskutiert.

Die Frage, ob das Lauterkeitsrecht unmittelbaren Leistungsschutz, also Schutz einer Leistung um ihrer selbst willen und ohne das Erfordernis einer unlauteren Handlung gewähren darf, führt unmittelbar zur Frage nach dem Wesen des Lauterkeitsrechts an sich. Betrachtet man die Verbote des Lauterkeitsrechts streng dogmatisch als reine Marktverhaltensregelungen[309], so ist für einen solchen unmittelbaren Leistungsschutz kein Raum. Das Lauterkeitsrecht ist nach dieser Sichtweise gegenüber dem Immaterialgüterrecht wesensverschieden und kann nur subsidiär dort eingreifen, wo sonderrechtlicher Leistungsschutz einen Tatbestand nicht erfasst. Die Gegner des ergänzenden wettbewerbsrechtlichen Leistungsschutzes halten ihn für prinzipiell den Zielen des Lauterkeitsrechts fremd[310]. Durch einen Leistungsschutz im Wettbewerbsrecht würden unzulässigerweise

---

307 *Ohly*/Sosnitza, § 4, Rn. 10/97; *Schwipps* in: Götting/Nordemann, § 4, Rn. 12.11; Schricker, AfP 2001, 101 (106).

308 Anders wohl Peifer, GRUR-Prax 2011, 181 (183), der die Fallgruppe für die Konstellation der ungenehmigten Sportübertragung anwenden will.

309 Dem Lauterkeitsrecht obliegt die Marktverhaltenskontrolle, während das Kartellrecht eine Marktstrukturkontrolle ausübt.

310 *Nordemann* in: Götting/Nordemann, § 4 Nr. 9, Rn. 9.3; Nemeczek, WRP 2010, 1204; Stieper, WRP 2010, 624; Nirk/Rörig in: FS Mailänder, S. 173; Schrader, WRP 2005, 562 (563 f.). Ähnlich Paal, CR 2009, 438 (442), der jedoch auf die Notwendigkeit der Verhinderung eines Marktversagens de lege ferenda hinweist.

zusätzliche Immaterialgüterrechte geschaffen[311]. Der Leistungsträger stehe zudem mit einem Schutz über § 3 Abs. 1 UWG besser als im Fall des Vorliegens der Voraussetzungen von § 4 Nr. 9 UWG, was nicht gewollt sein könne[312]. Schließlich wird eingewandt, die Reform von 2004 habe die Anforderungen verschärft und verbiete letztlich für Fälle des Leistungsschutzes den Rückgriff auf die Generalklausel[313]. Es ist von einer nicht lediglich gesetzessystematischen, sondern von einer axiologischen Subsidiarität der Generalklausel des UWG im Sinne eines materiellen Zurücktretens des Norminhaltes des § 3 Abs. UWG die Rede[314]. Die Gegner eines (ergänzenden) Leistungsschutzes verweisen zuweilen auch darauf, dass das Lauterkeitsrecht in der Vergangenheit die Funktion der Lückenschließung im Immaterialgüterrecht gehabt habe. Diese „Schrittmacherfunktion" sei nun aber überholt, da sie nicht mehr erforderlich sei und der Gesetzgeber von 2004 ihr mit Einführung des § 4 Nr. 9 UWG ein Ende habe machen wollen[315].

Andere Stimmen in der Literatur halten hingegen einen Schutz der Leistung unter bestimmten Voraussetzungen auch im Rahmen der lauterkeitsrechtlichen Generalklausel für gegeben. Dabei wird teilweise ebenfalls angenommen, dass der Grundsatz der Nachahmungsfreiheit durch die Reform von 2004 gestärkt wurde[316]. Wiederum andere halten dagegen in Verbindung mit einer Ablehnung des Grundsatzes der Nachahmungsfreiheit auch die These von der Subsidiarität des Lauterkeitsrechts für verfehlt[317]. Teilweise wird auch für die generelle Legitimität wettbewerbsrechtlichen Leistungsschutzes plädiert, da der Schutz der unternehmerischen Leistung eine originäre Aufgabe des Lauterkeitsrechts sei[318].

---

311 *Köhler* in: Köhler/Bornkamm, UWG § 4, Rn. 5c; Nemeczek, GRUR 2011, 292; Nemeczek, WRP 2010, 1204 (1211).

312 Nemeczek, GRUR 2011, 292.

313 Nemeczek, WRP 2010, 1204 (1210); Wiebe in: FS Schricker, S. 778 f., 780; Schünemann, WRP 2004, 925 (928).

314 Schünemann, JZ 2005, 271 (278).

315 Nemeczek, IPRB 2010, 163 (167); Wiebe in: FS Schricker, S. 781 f. Die Schrittmacherfunktion lehnt ganz ab *Köhler* in: Köhler/Bornkamm, UWG § 4, Rn. 9.5c.

316 Peifer, GRUR-Prax 2011, 181 (182); Ohly, GRUR 2010, 487 (489); Peukert, WRP 2010, 316 (319); Fezer, MarkenR, § 2, Rn. 43; Hilty/Henning-Bodewig (2007), S. 51 f.; Henning-Bodewig, GRUR 2004, 713 (716); Ohly, GRUR 2004, 889 (896 f.). Eine Tendenzwende verneint hingegen Sack, WRP 2005, 531 (532).

317 Fezer, WRP 2012, 1321 (1323); Lubberger in: FS Ullmann, S. 737 ff.; Müller-Laube, ZHR 156 (1992), 480 (494 ff.).

318 Fezer, WRP 2001, 989 (1005); Müller-Laube, ZHR 156 (1992), 480 (494 ff.); Fezer in: FS GRUR, S. 969 (Rn. 83).

Das heute zentrale Argument für die Möglichkeit eines Leistungsschutzes im Rahmen der Generalklausel ist aber nicht etwa die Schutzwürdigkeit der Leistung an sich, die tatsächlich im Rahmen der Interessenabwägung des § 3 Abs. 1 UWG wegen des anzuerkennenden Grundsatzes der Nachahmungsfreiheit ein relativ geringes Gewicht hat. Vielmehr wird zunehmend befürwortet, Leistungsschutz in gewissem Umfang aufgrund des Allgemeininteresses am unverfälschten Wettbewerb zu gewähren. Der Ansatz lässt sich als Anerkennung des Kriteriums des Marktversagens beschreiben. Danach überwiegt das Interesse des Leistenden dann, wenn keine Wertung des Immaterialgüterrechts gegen den Schutz der Leistung spricht und wenn ohne den Schutz der Leistung ein Marktversagen drohen würde, da Investitionen mangels Gewinnaussichten unterblieben und eine Unterversorgung entstehen würde. Teilweise wird zunächst eine planwidrige Regelungslücke im Immaterialgüterrecht gefordert[319]. Da das Immaterialgüterrecht aber nicht den Anspruch hat, eine lückenlose Abdeckung aller schutzwürdigen Leistungen zu garantieren[320], erscheint es terminologisch präziser, danach abzugrenzen, dass die jeweilige Leistung nicht in den Anwendungsbereich eines Sonderrechtsschutzes fällt. Gemeint ist jedoch letztlich dasselbe, nämlich die Berücksichtigung der Wertungen des Immaterialgüterrechts, von der bereits eingangs[321] die Rede war. Ein Marktversagen droht bei fehlendem Schutz für die Leistung dann, wenn eine wesentliche Investition in das Leistungsergebnis nicht mehr amortisiert werden kann, weil etwa eine Vervielfältigung mit Hilfe technischer Mittel unter minimalem Kostenaufwand möglich geworden ist und dem Leistenden kein anderweitiger Schutz geboten wird[322]. Teilweise wird eine gewisse „Leistungshöhe", also ein innovativer Charakter der Leistung verlangt, der die restriktive Wirkung des Nachahmungsverbotes rechtfertigt[323]. Im Rahmen der Interessenabwägung sind neben dem Marktversagen auch andere Allgemeininteressen einzubeziehen, wie z.B. das Informationsinteresse der Allgemeinheit. Auch der BGH greift in seiner Entscheidung zum Fall „Hartplatzhelden" letztlich das Kriterium des Marktversagens auf, indem er zentrale Erwägungen dieses Ansatzes auf

319 Ohly, GRUR 2010, 487 (492); Ohly, CaS 2009, 148 (150 f.).

320 Wie *Köhler* (in: Köhler/Bornkamm, UWG § 4, Rn. 9.5c) richtigerweise einwendet.

321 Vgl. oben 4. a).

322 Ohly, GRUR 2011, 439 (440); Ruess/Slopek, WRP 2011, 834 (841 f.); Ohly, GRUR 2010, 487 (493); Peukert, WRP 2010, 316 (320); Maume, MMR 2008, 797 (800); Hilty/Henning-Bodewig (2007), S. 82; Hilty in: FS Ullmann, S. 660 f. Ähnlich bereits Lochmann (2005), S. 263; Hannamann (2001), S. 177 ff.; Waldhauser (1999), S. 152.

323 Beater, Unlauterer Wettbewerb, § 22, Rn. 1975.

den Fall anwendet. Der BGH geht recht ausführlich darauf ein, weshalb beim veranstaltenden Verband auch ohne lauterkeitsrechtlichen Schutz der Veranstalterleistung keine Gefahr für die Weiterführung des Spielbetriebs entstehe. Es spreche nichts dafür, dass die Investitionen des Verbandes in Zukunft nicht mehr getätigt werden könnten. Der Verband habe aufgrund seines Hausrechts andere Möglichkeiten, sich gegen unerwünschte Verwertungen zu schützen[324]. Daraus lässt sich entnehmen, dass der BGH diese Argumente und Kriterien für relevant hält, was wiederum auf die Anerkennung des Kriteriums des Marktversagens hindeutet[325].

Es überzeugt, im Rahmen der Interessenabwägung für § 3 Abs. 1 UWG auch Aspekte des Innovationsschutzes zu berücksichtigen. Dafür spricht, dass der unverfälschte Wettbewerb, dem das UWG gem. § 1 Satz 2 UWG im Sinne eines Allgemeininteresses verpflichtet ist, verschiedene Facetten hat. Unverfälschter Wettbewerb manifestiert sich nicht nur im Imitationswettbewerb, sondern auch im Wettbewerb durch Innovation[326]. Sind Innovationen, die mit Investitionen verbunden sind, nicht lohnend, ist ein wichtiges Element des Wettbewerbs in Gefahr. Durch die Entwicklung sinnvoller Kriterien die richtige Balance zwischen den beiden Triebfedern Nachahmung und Innovationsschutz zu finden, ist Aufgabe des Lauterkeitsrechts, wenn es tatsächlich dem Schutzgut des unverfälschten Wettbewerbs dienen können soll. Damit ist nicht etwa eine dem Lauterkeitsrecht fremde Eigentumslogik[327] verbunden, noch wird einer „verbreiteten Intuition"[328] nachgegeben, Leistungen anderer dürften nicht abgekupfert werden. Denn es wird hier eben nicht die Leistung oder die Investition als solche und das Individualinteresse des Leistenden geschützt, wie es z.B. das Urheberrecht tut. Der Schutz ist vielmehr ein Element des Schutzes des unverfälschten Wettbewerbs[329]. Das bedeutet auch, dass derjenige, der eine Leistung erbringt, nicht unbedingt auch an allen späteren Auswertungsarten seiner Leistung beteiligt werden muss, wie auch der BGH in „Hartplatzhelden" betont[330]. Daran zeigt sich

---

324 BGH Urt. v. 29.10.2010 in der Rs. I ZR 60/09 – Hartplatzhelden, NJW 2011, 1811, GRUR 2011, 436, Rn. 26 f.

325 Weiter geht Peifer, AfP 2011, 540 (541); Peifer, K&R 2011, 342 (343 f.).

326 Weihrauch (2001), S. 187 f. Ferner *Köhler* in: Köhler/Bornkamm, UWG § 4, Rn. 9.3.

327 Diese beschreibt Peukert, WRP 2010, 316 (317).

328 Diese Intuition beschreibt z.B. Ohly, GRUR 2011, 439 (440).

329 *Sambuc* in: Harte-Bavendamm/Henning-Bodewig, § 4 Nr. 9, Rn. 59; Peukert (2008), S. 396.

330 BGH Urt. v. 29.10.2010 in der Rs. I ZR 60/09 – Hartplatzhelden, NJW 2011, 1811, GRUR 2011, 436, Rn. 28; ebenso bereits BGH Beschl. v. 27.2.1962 in der Rs. I ZR 118/60 – AKI GRUR 1962, 470 (475). Ferner Glimski (2010), S. 120.

auch, dass mit der Anwendung des Kriteriums des Marktversagens nicht etwa ein „Ersatz"-Ausschließlichkeitsrecht[331] auf Grundlage des Lauterkeitsrechts geschaffen wird. Wäre dies der Fall, würde jeder Eingriff in das „Schutzrecht" Abwehransprüche auslösen. Hier wird jedoch im Rahmen einer umfassenden Abwägung[332] geprüft, ob der unverfälschte Wettbewerb im Einzelfall in Gefahr ist. Nur Eingriffe von einem gewissen Gewicht und mit bestimmten Folgen können so abgewehrt werden. Das Kriterium des Marktversagens und seine Voraussetzungen überzeugen dabei, da sie gerade die Fälle identifizieren, in denen der Aspekt des Innovationsschutzes ohne Einschränkung des Grundsatzes der Nachahmungsfreiheit in Gefahr geriete. Dabei ist im Sinne einer umfassenden Abwägung auch der Folgen der Entscheidung z.B. der Grad der Innovation im Hinblick auf die Intensität der Auswirkungen eines Nachahmungsverbots zu berücksichtigen. In diesem Zusammenhang ist auch zu erwägen, welche zeitliche Schutzdauer zur Erhaltung des Innovationsanreizes erforderlich ist[333]. Dabei kann selbstverständlich keine unfehlbare langfristige Prognose erwartet werden, die auch mit Hilfe ökonomischer Theorien nicht erreichbar wäre[334]. Vielmehr müssen im konkreten Fall erkennbare Faktoren für einen überschaubaren Zeitraum bewertet werden. In Zweifelsfällen gibt der Grundsatz der Nachahmungsfreiheit Orientierung.

Dass in der Anwendung und Entwicklung des Lauterkeitsrechts immer wieder Fallgruppen entstehen, die später sondergesetzlich geregelt werden[335], zeigt,

---

331 Zur Unzulässigkeit s. BGH Urt. v. 4.1.1966 in der Rs. Ib ZR 77/65 – skai-cubana, GRUR 1967, 315 (317); BGH Urt. v. 21.11.1958 in der Rs. I ZR 61/57 – Nelkenstecklinge, GRUR 1959, 240 (243).

332 Zur Gesamtbetrachtung einer „Kombination von belastenden Faktoren" anschaulich Sambuc (1996), Rn. 70.

333 Beater, Unlauterer Wettbewerb, § 22, Rn. 1976 f.; Erdmann in: FS Vieregge, S. 197 (210). Zur Gefahr der Aushebelung der begrenzten Schutzdauer s. etwa Wiebe in: FS Schricker, S. 776. Zur zeitlichen Begrenzung: BGH Urt. v. 2.12.2004 in der Rs. I ZR 30/02 – Klemmbausteine III, GRUR 2005, 349; BGH Urt. v. 6.2.1986 in der Rs. I ZR 98/84 – Notenstichbilder, GRUR 1986, 895; zum Saisonschutz BGH Urt. v. 10.11.1983 in der Rs. I ZR 158/81 – Hemdblusenkleid; BGH Urt. v. 19.1.1973 in der Rs. I ZR 39/71 – Modeneuheit.

334 Nemeczeck, WRP 2010, 1204 (1212); Wiebe in: FS Schricker, S. 777. S. zur Rolle ökonomischer Theorien im europäischen Wettbewerbsrecht unten Teil 3, 1. Abschnitt, C.

335 Beispiele sind die Vorwegnahme des Schutzes des Sendeunternehmens gem. § 87 UrhG durch die Entscheidung des BGH in Sachen „AKI", des Schutzes der ausübenden Künstler gem. §§ 73 ff. UrhG in der Entscheidung „Figaros Hochzeit",

wie Leistungsschutzrecht und Wettbewerbsschutz ineinandergreifen. Stellt sich eine bestimmte Konstellation im Wettbewerbsrecht als besonders anfällig für ein Marktversagen heraus, kann der Gesetzgeber dies aufgreifen und neue Ausschließlichkeitsrechte oder andere Schutzmechanismen schaffen, wenn er dies für erstrebenswert hält. Nicht das Lauterkeitsrecht schafft den Immaterialgüterschutz, sondern die sondergesetzliche Schutznorm. Das Lauterkeitsrecht dient bis zu dieser Normierung als Schutz gegen Verfälschungen des Wettbewerbs. Diese „Schrittmacherfunktion" des Lauterkeitsrechts kann auch heute noch zu sinnvollen Neuerungen führen[336]. Es spricht nichts dafür, dass die technische Entwicklung nun abgeschlossen wäre, so dass kein Bedarf mehr für eine Fortentwicklung des Immaterialgüterrechts bestünde. Im Gegenteil, gerade anhand des Beispiels der audiovisuellen Übertragung von Sportveranstaltungen zeigt sich, dass hier die Entwicklung noch nicht abgeschlossen ist.

Ist im Rahmen der Interessenabwägung Leistungsschutz zur Verhinderung eines Marktversagens zu bejahen, liegt mit der Leistungsübernahme eine unlautere geschäftliche Handlung gem. § 3 Abs. 1 UWG vor. Das Erfordernis der Spürbarkeit in § 3 Abs. 1 UWG ist Teil des Urteils der Unlauterkeit[337] und dient lediglich dazu, gegen Bagatellfälle abzugrenzen[338], die im Fall des Marktversagens bereits ausgeschlossen sind.

(3) Kriterien für den Schutz von Sportveranstaltungen

Betrachtet man nun die unerlaubte Fernsehübertragung von Sportveranstaltungen im Rahmen der Interessenabwägung nach § 3 Abs. 1 UWG im Hinblick auf ein mögliches Marktversagen, lassen sich einige Abgrenzungen vornehmen. Zunächst wird deutlich, dass nur solche Veranstaltungen überhaupt durch einen Abwehranspruch gem. §§ 8, 3 Abs. 1 UWG geschützt sind, die eine ausreichende wettbewerbliche Eigenart aufweisen. Weiterhin zeigt sich, dass auch

---

des Schutzes des Veranstalters von Darbietungen ausübender Künstler gem. § 81 UrhG in der Entscheidung „Vortragsabend" und des Schutzes des Tonträgerherstellers gem. §§ 85 f. UrhG in der Entscheidung des Reichsgerichts in Sachen „Schallplatten".

336 Die Funktion halten (mit unterschiedlichen Schutzrichtungen) ebenfalls weiterhin für gegeben Fezer, WRP 2012, 1321 (1323 f.); Peifer, GRUR-Prax 2011, 181; Ruess/Slopek, WRP 2011, 834 (842); Ohly, GRUR 2010, 487 (494); Ehmann, GRUR Int 2009, 659 (661); Fezer, MarkenR, § 2, Rn. 43; Ohly in: FS Ullmann, S. 666 f.; Kur, GRUR Int 1998, 771 (775); Nirk, GRUR 1992, 247 (251 f.).

337 Beater, Unlauterer Wettbewerb, § 13, Rn. 969.

338 Gesetzesbegründung BT-Drs. 15/1487, S. 17.

hier wieder ein System der Wechselwirkungen entsteht. Teilweise wird nach der „Hartplatzhelden"-Entscheidung des BGH ein Leistungsschutz für Sportveranstaltungen im Allgemeinen skeptisch gesehen[339]. Es lohnt sich aber, losgelöst von dem dieser Entscheidung zugrunde liegenden Sachverhalt, die Kriterien für ein Marktversagen anhand des Untersuchungsgegenstandes näher zu beleuchten. Ein Blick auf die einzelnen Voraussetzungen des Leistungsschutzes nach § 3 Abs. 1 UWG macht deutlich, welche Veranstaltungen in der Praxis einen entsprechenden Schutz für sich in Anspruch nehmen können.

(α) Investition

Ein Schutz wird nur möglich sein, wenn seitens des Veranstalters eine substantielle Investition in das Leistungsergebnis Sportveranstaltung stattgefunden hat. Dabei muss gerade die Veranstaltung und deren Attraktivität für ein großes Publikum sowie deren mediale Vermarktbarkeit auch Ziel und Resultat der Investitionen sein und nicht nur ein Nebenprodukt darstellen. Bei massenattraktiven Großveranstaltungen, die sich an ein Millionenpublikum richten, wird davon in aller Regel auszugehen sein. So fließen bei der Fußball-Bundesliga, einem Paradebeispiel für eine auf das Fernsehen ausgerichtete Veranstaltung, wesentliche Investitionen gerade in die Veranstaltung der Fußballspiele selbst und in deren attraktive Gestaltung. Diese Investitionen werden gerade im Hinblick auf eine Vermarktung der Veranstaltung vorgenommen. Beim Amateursport - sofern er nicht für ein großes Publikum interessant ist wie etwa im Rahmen der Olympischen Spiele oder anderer großer Wettkämpfe - wird hingegen genauer zu prüfen sein, ob die Investitionen der Veranstalter nicht in erster Linie anderen Zwecken, wie der Aufrechterhaltung des allgemeinen Ligabetriebs[340], dem Breitensport oder der Nachwuchsförderung, dienen. Steht die Veranstaltung von Wettkämpfen für ein breites Publikum nicht im Fokus der Investitionen, spricht dieser Umstand eher gegen einen Fall des Marktversagens. In Kombination mit einer geringen wettbewerblichen Eigenart der Veranstaltung kann es hier im Ergebnis zur Verneinung des Leistungsschutzes kommen, wie im Fall „Hartplatzhelden".

(β) Übernahme mit geringem Aufwand

Die Übernahme gerade des Leistungsergebnisses des Veranstalters muss mit relativ geringem Aufwand möglich sein und mit ausreichender Intensität

---

339 Hullen, jurisPR-ITR 10/2011 Anm. 3; Ohly, GRUR 2011, 439 (440); Peifer, AfP 2011, 540 (541).

340 Maume, MMR 2008, 797 (800 f.).

stattfinden. Hier spielt auf der anderen Seite die Intensität der eigenen Leistung des Fernsehunternehmens eine Rolle. So wird im Rahmen der Interessenabwägung zu beachten sein, dass je höher der Anteil der Eigenleistung des Fernsehunternehmens an der hergestellten Sendung und je weniger intensiv dabei die Übernahme des Leistungsergebnisses des Sportveranstalters ist, desto unwahrscheinlicher die Begründetheit eines Abwehranspruchs. Faktoren der Intensität der Leistungsübernahme sind hier einerseits die Frage, ob nur kleine Teile oder gesamte Veranstaltungen übertragen werden und andererseits der zeitliche Abstand zur Veranstaltung. Die Live-Übertragung eines gesamten Wettkampfs ist dabei die intensivste Form der Übernahme. Eine eigene Regieleistung des Senders wird in diesen Fällen kaum noch ins Gewicht fallen[341], während bei der späteren Sendung einzelner Ausschnitte eine weitaus geringere Intensität der Übernahme vorliegt. Werden bei der Verwendung kurzer Sequenzen einzelne Situationen solcherart dem Gesamtkontext der Veranstaltung entrissen, dass ihnen der veranstaltungsbezogene Mehrwert nicht mehr anhaftet, kann es an einer Übernahme des Leistungsergebnisses fehlen[342]. Eine ausgeprägte wettbewerbliche Eigenart der Veranstaltung kann wiederum auf der anderen Seite der Waagschale ins Gewicht fallen und u.U. auch kürzeste Ausschnitte erkennbar einer Liga oder einem Wettkampf zuordnen.

Weiterhin ist zu beachten, dass die technische Entwicklung hier zu Veränderungen führen wird. Sind derzeit gute Fernsehbilder in der Regel nur mit professioneller Ausrüstung in Form von großen Kameras zu erreichen, könnten hierfür in der Zukunft bereits kleine mobile Geräte ausreichen, die man in der Hosentasche tragen kann. (Zumindest soweit es für die Aufnahme nicht auf eine besondere Position ankommt.) Im Zusammenhang mit einer Verbindung solcher Geräte mit dem Internet ist auch zu beachten, dass eine zeitgleiche Weitergabe entsprechenden Ton- und Bildmaterials voraussichtlich immer leichter zu erreichen sein wird[343]. Das Lauterkeitsrecht wird diese Faktoren in Zukunft an dieser Stelle im Rahmen der Abwägung berücksichtigen können.

(γ) Kein sonstiger Schutz

Der Sportveranstalter dürfte sich nicht in einer anderen Weise schützen können. Unterlässt er dies, kann der lauterkeitsrechtliche Leistungsschutz nicht zum Zuge kommen[344], da ein Marktversagen in anderer Weise verhindert werden könnte

---

341 Ähnlich Kainer (2014), S. 277.

342 Paal, CR 2009, 438 (439).

343 Darauf weisen zutreffend auch Körber/Ess hin (WRP 2011, 697 [702]).

344 Ebenso Körber/Ess, WRP 2011, 697 (703).

und daher nicht aufgrund der Versagung des Leistungsschutzes droht. Hier ist das oben unter 3. diskutierte Hausrecht zu beachten. Zwar erlaubt das Hausrecht gewisse Vereinbarungen über die Bedingungen des Zutritts zu einem Veranstaltungsort. In Fällen, in denen Veranstaltungen unter freiem Himmel bzw. im öffentlichen Raum abgehalten werden, bietet es jedoch nur eingeschränkt Schutz. Das Hausrecht hilft nicht weiter, wenn einsehbare Veranstaltungsflächen von außen gefilmt werden können. Für solche Veranstaltungen, wie etwa Straßenrennen, kann das Lauterkeitsrecht eine wichtige Schutzlücke schließen. Auch für Amateurveranstaltungen, die ausnahmsweise die anderen Anforderungen an einen Schutz erfüllen, kann das Lauterkeitsrecht helfen, wenn der jeweilige Veranstaltungsort zwar dem Hausrecht unterliegt, aber zur Verhinderung unerlaubter Filmaufnahmen typischerweise nicht ausreichend abgeschirmt ist[345]. Ein weiterer Fall, in dem das Hausrecht versagt, ist nach hier vertretener Auffassung der Schutz vor der Verwertung unter Verletzung des Hausrechts hergestellter Aufzeichnungen. Hier ist im Rahmen der lauterkeitsrechtlichen Abwägung Raum für den Schutz des Veranstalters unter den weiteren Voraussetzungen. Er ist mithin nicht vor jeder Verwertung eines unerlaubt aufgenommenen Videos geschützt. Stellt es jedoch auch im Hinblick auf Qualität und Umfang der Aufnahme eine hinreichend intensive Übernahme des Leistungsergebnisses dar, ist ein Schutz unter den beschriebenen Umständen möglich.

(δ) Marktversagen

Liegen die oben genannten Voraussetzungen vor, ist davon auszugehen, dass die Amortisation der Investitionen durch eine ungehinderte Übernahme gefährdet ist. Sollte dies im Einzelfall einmal nicht so sein, wäre im Rahmen der Abwägung ein Leistungsschutz abzulehnen. In der Praxis ist jedoch eher davon auszugehen, dass bei vielen Veranstaltungen tatsächlich eine Amortisation aus anderen Quellen, z.B. über Eintrittsgelder, nicht möglich sein wird. Das wird insbesondere dort der Fall sein, wo die Veranstaltung u.a. gerade zu dem Zweck der Verbreitung im Fernsehen organisiert wird und z.B. für die medienwirksame Teilnahme hochkarätiger Sportler entsprechende Kosten entstehen. Bei fehlender Amortisationsmöglichkeit ist nicht mehr mit signifikanten Investitionen in das medial vermarktungsfähige Produkt der Sportveranstaltung zu rechnen. Damit droht eine Verknappung des Angebots. Schließlich ist zu beachten, dass ein Fernsehunternehmen nicht seinerseits an Stelle des Sportveranstalters dergestalt in den Wettbewerb eintreten kann, dass es selbst die (nachgeahmte) Veranstaltung

345 Armah, GRUR-Prax 2011, 175.

anböte. Hier zeigt sich plastisch der Unterschied zwischen der Nachahmung, die den Imitationswettbewerb befördert, und Fällen der Leistungsübernahme, in denen stattdessen ein Marktversagen droht.

(ε) Zeitliche Dimension des Schutzes

Der Leistungsschutz nach § 3 Abs. 1 UWG darf in zeitlicher Hinsicht nur so intensiv ausgestaltet sein, wie er für die Erreichung des Zwecks, nämlich des Innovationsanreizes, erforderlich ist. So kann verhindert werden, dass der Leistende durch das subsidiäre Lauterkeitsrecht systemwidrig bessergestellt würde als er es durch sonderrechtlichen Schutz wäre. Bei der Übertragung von Sportveranstaltungen kommt es für die Attraktivität der Sendung entscheidend auf eine zeitnahe Wiedergabe des Geschehens an. Die wesentlichen wirtschaftlichen Auswertungsmöglichkeiten liegen in der Live-Übertragung sowie in der Berichterstattung innerhalb relativ kurzer Zeit nach dem Ereignis. Die Amortisation der Veranstaltung wird, wenn überhaupt, dann in aller Regel nur durch einen Schutz zeitnaher Übertragungen möglich sein. Deshalb ist nur eine relativ kurze „Schutzfrist" erforderlich.

f) Ergebnis

Zusammenfassend lässt sich also festhalten, dass die Übertragung eines Sportereignisses im Fernsehen aus Gründen des Lauterkeitsrechts in einigen Fällen der Erlaubnis des Veranstalters bedarf. Dies betrifft in erster Linie Veranstaltungen des Profisports, die mit Hilfe substantieller Investitionen für ein Massenpublikum gestaltet werden. Der Veranstalter hat hier einen Abwehranspruch, mit dessen Hilfe er die Übertragung verhindern könnte. Damit bildet auch das UWG in einem gewissen Rahmen eine Grundlage für „Sportübertragungsrechte" im Fernsehen[346]. Aufgrund der Anforderungen an den Nachweis eines drohenden Marktversagens sind die Hürden für einen solchen Anspruch jedoch recht hoch.

5. Deliktische Ansprüche

Möglicherweise bietet auch das Deliktsrecht Ansatzpunkte für das Verbot der durch den Veranstalter nicht gestatteten Fernsehübertragung einer Sportveranstaltung. Dies hatte auch der BGH in seinem obiter dictum in der Sache „Globalvertrag" bereits angedeutet[347].

---

346 So bereits angedeutet in BGHZ 137, 297 (307) Beschl. v. 11.12.1997 in der Rs. KVR 7/96 – Europapokalheimspiele.

347 BGH Beschl. v. 14. 3. 1990 in der Rs. KVR 4/88 – Globalvertrag, BGHZ 110, 371 (383).

a) § 823 Abs. 1 BGB

aa) Recht am eingerichteten und ausgeübten Gewerbebetrieb

Die Übertragung könnte einen Eingriff in das Recht am eingerichteten und ausgeübten Gewerbebetrieb[348] darstellen, das als „sonstiges Recht"[349] auch gem. § 823 Abs. 1 BGB geschützt ist. Im Hinblick auf den einzelnen Sportler käme eine Verletzung des Rechts am eingerichteten und ausgeübten Gewerbebetrieb nur gegenüber selbständigen, nicht aber gegenüber im Angestelltenverhältnis stehenden Sportlern in Frage. Hier wird es jedoch häufig an dem Merkmal des „eingerichteten" Gewerbebetriebs fehlen[350]. In den Mannschaftssportarten sind die Sportler jedoch in der Regel Angestellte der Vereine[351] und scheiden somit von vornherein aus dem Anwendungsbereich des Rechts am eingerichteten und ausgeübten Gewerbebetrieb aus. Aber auch Sportlern der Einzelsportarten fehlt es an einer dem Einzelnen zuzuordnenden verdinglichten Einheit materieller und immaterieller Betriebsmittel[352], die der deliktische Unternehmensschutz voraussetzt[353]. Was Sportveranstalter angeht, käme eine Verletzung von § 823 BGB i.V.m. dem Recht am eingerichteten und ausgeübten Gewerbebetrieb durch eine unerlaubte Übertragung in Frage, wenn man die wirtschaftliche Auswertung der Veranstaltungen als zum geschützten Gewerbebetrieb des Veranstalters gehörend betrachtet[354] und der Eingriff auch betriebsbezogen

348 Allgemein zu diesem Recht: Schildt, WM 1996, 2261 ff.; Schmidt, JuS 1993, 985 ff.

349 RG Urt. v. 7.4.1910 i.S. VI.344/09 – Schallplatten, RGZ 73, 294; RGZ 100, 213 (214) Urt. v. 15.11.1920 in der Rs. VI 372/20; RGZ 135, 243 (247) Urt. v. 18.2.1932 in der Rs. VIII 537/31; BGHZ 2, 387 (393) Urt. v. 15.6.1951 in der Rs. I ZR 59/50; BGHZ 3, 270 (279) Urt. v. 26.10.1951 in der Rs. I ZR 8/51; BGHZ 8, 142 (144) Urt. v. 28.11.1952 in der Rs. I ZR 21/52; BGHZ 36, 18 (23) Urt. v. 3.10.1961 in der Rs. VI ZR 242/60; Soergel-*Beater*, § 823 Anh. V, Rn. 1.

350 Haas/Reimann in: Dierker, S. 35 f.

351 Kuczera (2004), S. 83; zu Fußballspielern s. Imping (1995), S. 47 ff., 60 m.w.N.

352 Haas/Reimann, SpuRt 1999, 182 (183); Haas/Prokop, JR 1998, 45 (47 f.).

353 Lt. h.M. ist sie Voraussetzung, da nicht die Berufstätigkeit schlechthin geschützt ist, s. BGH Urt. v. 18.1.1983 in der Rs. 270/80, NJW 1983, 812 (813); Erman-*Schiemann*, § 823, Rn. 60; Heß, ZZPInt 1996, 371 (387, Fn. 98); ferner Schmidt, JuS 1993, 985 (987). Zum Schutz einer Organisationsstruktur: BGH Urt. v. 24.4.1990 in der Rs. VI ZR 358/89, VersR 1990, 1283 m. Anm. Lorenz.

354 Dies befürworten Frey in: Schwartmann, Kap. 13, Rn. 10; Haas/Reimann, SpuRt 1999, 182 (187); Waldhauser (1999), S. 155; Roth, AfP 1989, 515 (517); Horn, Jura 1989, 17 (19); Ulmer in: Schulze, KGZ 4. Ebenso BGH Urt. v. 29.4.1970 in der Rs. I ZR 30/68 – Bubi Scholz, NJW 1970, 2060. A.A. wohl Hartstein/Ring/Kreile/Dörr/Stettner/Cole/Wagner, § 5 RStV, Rn. 28.

ist[355]. Allerdings ist dieses Recht am eingerichteten und ausgeübten Gewerbebetrieb gegenüber dem lauterkeitsrechtlichen Leistungsschutz und anderen spezialgesetzlichen Regelungen subsidiär[356]. Es schließt also lediglich Lücken im gesetzlichen Unternehmensschutz, wo andere Tatbestände nicht zur Anwendung kommen. Sind die Tatbestandvoraussetzungen einer grundsätzlich anwendbaren Anspruchsnorm nicht erfüllt, so besteht auch kein Anspruch aufgrund des Rechts am eingerichteten und ausgeübten Gewerbebetrieb[357]. Sollte sich in Fällen der unerlaubten Übertragung von Sportveranstaltungen einmal ein Anwendungsfall ergeben, wäre die für einen Anspruch aus Deliktsrecht erforderliche Rechtswidrigkeit des Eingriffs aus demselben Grund letztlich nach den gleichen Kriterien[358] zu bewerten wie die Unlauterkeit der Nachahmung[359]. Das Recht am eingerichteten und ausgeübten Gewerbebetrieb dient nämlich nicht dazu, andere Regelungen zu unterlaufen[360]. Eine umfassende „lückenfüllende" Funktion kommt dem Deliktsrecht daher nicht zu.

Aufgrund der Subsidiarität dieses deliktsrechtlichen Anspruchs greift er demnach bei der unerlaubten Übertragung von Sportveranstaltungen nur dann, wenn es sich um Kurzberichterstattung handelt. In diesen Fällen ist nämlich die Übertragung mangels geschäftlicher Handlung gar nicht vom Lauterkeitsrecht erfasst. In diesen Fällen fehlt es jedoch an der Rechtswidrigkeit des Eingriffs

---

355 Hierfür wird vorgebracht, dass Einnahmen für die Erlaubnis zur Fernsehübertragung typische Nebengeschäfte eines Sportveranstalters seien und mittlerweile häufig die Haupteinnahmequelle darstellten (s. Tumbrägel [2001], S. 67 f. m.w.N.; Waldhauser [1999], S. 155 f.; Jessen [1997], S. 146; Siegfried [1990], S. 37). Zweifelnd wohl Mestmäcker in: FS Sandrock, S. 694 und v. Westerholt, ZIP 1996, 264 (265). Ablehnend Paal, CR 2009, 438 (440); Lochmann (2005), S. 265 f.

356 Grundlegend BGH Urt. v. 22.12.1961 in der Rs. I ZR 152/59 - Gründerbildnis, GRUR 1962, 310; BGHZ 38, 200 (204) Urt. v. 5.11.1962 in der Rs. I ZR 39/61 - Kindernähmaschinen. Ständige Rspr. in der Folge: BGH Urt. v. 21.6.1966 in der Rs. VI ZR 261/64 - Höllenfeuer, NJW 1966, 1617 (1618); BGHZ 55, 153 (158 f.) Urt. v. 21.12.1970 in der Rs. II ZR 133/68; BGHZ 105, 346 (350) Urt. v. 25.10.1988 in der Rs. VI ZR 344/87; BGH Urt. v. 21.4.1998 in der Rs. VI ZR 196/97, JZ 1998, 1120 (1121). Erman-*Schiemann*, § 823, Rn. 61; Palandt-*Sprau*, § 823, Rn. 126; Soergel-*Beater*, § 823 Anh. V, Rn. 15.

357 BGH Urt. v. 23.10.1978 in der Rs. VI ZR 230/77, NJW 1980, 881 (882).

358 Zu den Kriterien vgl. oben 4. e) bb) (iii) (3).

359 LG HH Urt. v. 26.04.2002 in der Rs. 308 O 415/01 SpuRt 2002, 202 (205); Ebenso Hannamann (2001), S. 178 f.; Waldhauser (1999), S. 156 f.

360 BGH Urt. v. 22.12.1961 in der Rs. I ZR 152/59 - Gründerbildnis, GRUR 1962, 310 (314). Trotz Kritik am Subsidiaritätsdogma hält dies für selbstverständlich Larenz/Canaris (SchuldR II/2), § 81 I 4.

bereits aus dem Grund, dass dem Fernsehveranstalter ein verfassungsmäßig verbürgtes Recht auf Kurzberichterstattung auf der Grundlage von Art. 5 Abs. 1 Satz 2 GG, § 5 RStV zusteht[361].

bb) Schutz der Veranstaltung mit Originalcharakter?

Wie bereits eingangs erwähnt, wird in der jüngeren Literatur vereinzelt vertreten, dass Veranstaltungen mit Originalcharakter durch ein Immaterialgüterrecht geschützt seien[362]. Dieses habe den Charakter eines originären „sonstigen Rechts" gem. § 823 Abs. 1 BGB[363]. Im Wege richterlicher Rechtsfortbildung solle dieses bereits existierende Recht durch die Gerichte nun entwickelt werden[364]. Im Deliktsrecht sind als „sonstige Rechte" gem. § 823 Abs. 1 BGB nur „eigentumsähnliche" Rechtspositionen geschützt und nicht jedes rechtlich geschützte Interesse. Diese Einschränkung geht auf die Entscheidung des historischen Gesetzgebers gegen eine deliktsrechtliche Generalklausel[365] zurück. Mit „eigentumsähnlich" sind keineswegs nur Rechte gemeint, die an das Eigentum selbst anknüpfen, sondern auch andere absolute Rechtspositionen wie z.B. das Persönlichkeitsrecht. Es muss sich jedoch um eine Rechtsposition handeln, die im Hinblick auf ihren Zuweisungsgehalt und ihre Ausschlussfunktion mit den in § 823 Abs. 1 BGB genannten Rechtsgütern vergleichbar ist, also eine Rechtsposition gegen jedermann vermittelt[366]. Wie bereits ausführlich dargelegt, steht dem Veranstalter eines Sportereignisses gerade eine solche absolute Rechtsposition nicht zu[367]. Daher kann sie auch nicht über das Deliktsrecht „eingeführt" werden. Hier wird

---

361 Im Ergebnis ähnlich Dittl (2013), S. 68 f.; Zum Kurzberichterstattungsrecht vgl. unten, Teil 3, 1. Abschnitt, F. II.

362 Fezer, WRP 2012, 1173 und WRP 2012, 1321.

363 Fezer, WRP 2012, 1321 (1327); ähnlich Waldhauser (1999), S. 231.

364 Fezer, WRP 2012, 1321 (1328). Ähnlich wohl Krebs/Becker/Dück, GRUR 2011, 391.

365 RG Urt. v. 29.2.1904 i.S. Rep. VI. 311/03, RGZ 57, 353 (356 f.). Larenz/Canaris (SchuldR II/2), § 75 I 3 a). Ferner Canaris in: FS Larenz, S. 1 ff. Eine weitergehende Untersuchung der Entstehungsgeschichte des BGB, zu der Fezer eigene Positionen vertritt (s. Larenz/Canaris aaO), würde den Rahmen der vorliegenden Untersuchung sprengen.

366 Grundlegend RG Urt. v. 29.2.1904 i.S. Rep. VI. 311/03, RGZ 57, 353 (356). Erman-*Schiemann*, § 823, Rn. 35 ff.; MK-*Wagner*, § 823, Rn. 205; Soergel-*Spickhoff*, § 823, Rn. 86; Staudinger-*Hager* (1999), § 823, Rn. B 124 m.w.N.

367 A.A. Waldhauser, der einen Zuweisungsgehalt bejaht und eine Vergleichbarkeit annimmt (Waldhauser [1999], S. 231).

erneut deutlich, wie das Deliktsrecht die Wertungen des Lauterkeitsrechts und der übrigen Zivilrechtsordnung nicht unterläuft.

Die Einordnung des Schutzes einer „Veranstaltung mit Originalcharakter" als sonstiges Recht im Sinne des § 823 Abs. 1 BGB beruht im Wesentlichen auf der postulierten Schutzwürdigkeit der Veranstaltung. Dabei stützt diese Sichtweise sich hauptsächlich auf die Aussagen des EuGH. Tatsächlich spricht dieser in dem eingangs zitierten obiter dictum in der Sache „Karen Murphy" von dem „Originalcharakter" von Sportveranstaltungen. Er hat es dabei aber auch den Mitgliedstaaten überlassen, ob und ggf. wie sie diesen einen immaterialgüterrechtlichen Schutz zuzusprechen wollen. Insgesamt überrascht dieser Ansatz aus der Literatur, der letztendlich aufgrund der Wahrnehmung eines Bedürfnisses nach einem Veranstalterschutz zu dem Ergebnis kommt, dass es einen solchen bereits gebe. Hier liegt die Vermutung eines Zirkelschlusses greifbar nahe. Ein obiter dictum des EuGH kann jedenfalls nicht dazu führen, dass in einem Mitgliedstaat unabhängig vom gesetzlichen Rahmen eine eigentumsähnliche Rechtsposition „originär" entsteht, die dann von den nationalen Gerichten aufzugreifen und zu entwickeln wäre. Das ist schon aufgrund Art. 345 AEUV nicht möglich, wonach (umgekehrt) das Europarecht die Eigentumsordnung in den Mitgliedstaaten unberührt lässt und ihnen hier gerade keine Vorgaben machen kann. Gerade das hierfür angeführte obiter dictum gibt darüber hinaus auch inhaltlich keine solche Wertung her[368]. So sieht der EuGH nur „möglicherweise" eine Schutzwürdigkeit im Sinne eines verwandten Schutzrechts[369] und lässt offen, ob entsprechende nationale Regelungen überhaupt das Ziel hätten, Sportereignisse zu schützen[370]. Auf nationaler Ebene spricht auch nichts dafür, dass der BGH ein solches Schutzrecht wie gewünscht „im Wege richterlicher Rechtsfortbildung zu entwickeln" geneigt ist. In den Entscheidungen „Globalvertrag" und „Hörfunkrechte" betrachtete er die Verwertungsmöglichkeit einer Sportveranstaltung ausdrücklich nicht als verwandtes Schutzrecht im Sinne des Urheberrechts, sondern als eine relativ wirkende Abwehrposition[371]. In der Sache „WM-Marken" bemerkte der BGH zudem in einem obiter dictum, es gebe

368 S. ausführlich Heermann, GRUR 2012, 791 (793 f.).

369 EuGH Urt. v. 4.10.2011 in den verb. Rs. C-403/08, C-429/08 – Karen Murphy, Rn. 100.

370 EuGH Urt. v. 4.10.2011 in den verb. Rs. C-403/08, C-429/08 – Karen Murphy, Rn. 104.

371 BGHZ 110, 371 (383 f.) Beschl. v. 14.3.1990 in der Rs. KVR 4/88 – Globalvertrag, NJW 1990, 2815; BGH Urt. v. 8.11.2005 in der Rs. KZR 37/03 – Hörfunkrechte, NJW 2006, 377 (380).

gerade keinen Schutz für jede wirtschaftliche Nutzung, die auf ein Sportereignis Bezug nimmt[372]. Ein Schutz von Veranstaltungen über die Anerkennung eines neuen „sonstigen Rechts", das durch § 823 Abs. 1 BGB zu schützen wäre, scheidet damit aus.

b) § 826 BGB

Auch die vorsätzliche sittenwidrige Schädigung gem. § 826 BGB kann im Einzelfall einmal die Grundlage eines Abwehranspruchs des Sportveranstalters sein[373]. Nicht jede gem. § 3 Abs. 1 UWG unlautere Verhaltensweise fällt auch unter das Verbot des § 826 BGB[374]. Diese erfordert vielmehr eine entsprechende vorsätzliche Schädigung in der Übernahme der Veranstalterleistung, was im Allgemeinen nicht der Fall ist.

c) Zwischenergebnis

Ansprüche aus Verletzung eines „sonstigen Rechts" gem. § 823 Abs. 1 BGB oder wegen vorsätzlicher sittenwidriger Schädigung gem. § 826 BGB bestehen somit nicht. Es zeigt sich hier, dass das Deliktsrecht nicht geeignet ist, die Wertungen der übrigen zivilrechtlichen Rechtsordnung zu umgehen oder zu unterlaufen. Ein dem Lauterkeitsrecht zuwiderlaufender Anspruch wird durch §§ 823 ff. BGB nicht begründet.

6. Ergebnis

Im Ergebnis ist also festzuhalten, dass die Rechtsfigur der „Fernsehübertragungsrechte" für den Bereich der Sportveranstaltungen auf einem Bündel von Abwehrrechten beruht, die es dem Veranstalter erlauben, die Aufzeichnung und/oder Verbreitung von Fernsehbildern seiner Veranstaltung zu verhindern. Im Einzelnen handelt es sich um das Hausrecht des Veranstalters aus §§ 903, 1004 bzw. §§ 854, 858, 859, 862 BGB sowie um lauterkeitsrechtlichen Leistungsschutz gem. § 3 Abs. 1 UWG. Abwehrrechte der einzelnen Sportler spielen in der Praxis hier keine Rolle, da sie lediglich in Fällen auftreten, die sich nicht für die Vermarktung eignen.

---

372 EuGH Urt. v. 12.11.2009 in der Rs. I ZR 183/07 – WM-Marken, GRUR 2010, 642, Rn. 60.

373 Kuczera (2004), S. 77; Tumbrägel (2001), S. 65.

374 Palandt-*Sprau*, § 826, Rn. 59; ferner MK-*Wagner*, § 826, Rn. 15. Zur einheitlichen Bewertung der Sittenwidrigkeit im Hinblick auf § 1 UWG a.F. s. Sack NJW 1975, 1303 (1304 f.).

II. Hörfunk

Auch für „Hörfunkrechte" an Sportveranstaltungen besteht bis heute, trotz der mittlerweile großen kommerziellen Bedeutung[375] von Live-Übertragungen im Radio, keine eigene gesetzliche Regelung. Heute werden gegen Lizenzgebühr neben Fußball auch die Formel 1, Tennis und Boxsport live im Radio übertragen[376]. Die Frage nach der Existenz solcher Hörfunkrechte stellte sich in Deutschland erstmals in der Fußball-Bundesligasaison 2001/02, als die Kommerzialisierung Einzug hielt und zum ersten Mal durch Bundesligavereine gegenüber den Hörfunksendern ein Entgelt für die Berichterstattung aus dem Stadion erhoben wurde. Bis zur Saison 1999/2000 war die Berichterstattung aus den Stadien stets unentgeltlich ermöglicht worden. Während der Spielzeit 2000/01 kam es zu ersten Auseinandersetzungen zwischen den Vereinen und den Hörfunkveranstaltern. Die Erhebung des Entgelts stieß auf den Widerstand der im VPRT zusammengeschlossenen privaten Hörfunkveranstalter. In einem Musterprozess begehrte Radio Hamburg daraufhin gegenüber den Fußballvereinen HSV und FC St. Pauli sowie dem Ligaverband und der Deutschen Fußball-Liga (DFL) im Wesentlichen die zivilgerichtliche Feststellung, dass den Beklagten keine „Hörfunkrechte" zustehen, bzw. dass für die Berichterstattung allenfalls ein angemessener Aufwendungsersatz zu zahlen sei. Die Klage blieb in allen Instanzen[377] erfolglos. Der BGH entschied in der sogenannten „Hörfunkrechte"-Entscheidung[378], dass die Veranstalter der Fußballspiele den Zutritt zum Stadion auch gegenüber Hörfunkveranstaltern von der Zahlung eines Entgelts abhängig machen können[379]. Damit hat der BGH eine grundlegende Entscheidung nicht nur zur Zukunft der Radioberichterstattung, sondern auch zur Rechtsgrundlage der sogenannten Hörfunkrechte getroffen. Demnach beruhen auch sie, wie die Fernsehrechte, auf Abwehrpositionen des Veranstalters.

---

375 Es werden derzeit für das Recht zur Live-Berichterstattung ca. € 30.000 pro Spielzeit durch die Sender gezahlt (s. Hütt [2008], S. 375; v. Coelln, AfP Sonderheft 2007, 55 [57]). Zahlen auch bei Summerer/Wichert, SpuRt 2006, 55 (55, 59) und Winter, ZUM 2003, 531 (534 f.). S. bereits 2001 Dörr/Zorn, NJW 2001, 2837 (2854). Nur Live-Übertragungen sind kommerziell interessant.

376 Frey in: Schwartmann, Kap. 13, Rn. 43.

377 Tatsacheninstanzen: LG HH Urt. v. 26.04.2002 in der Rs. 308 O 415/01, SpuRt 2002, 202; OLG HH Urt. v. 12.6.2003 in der Rs. 5 U 67/02, NJW-RR 2003, 1485.

378 BGH Urt. v. 8.11.2005 in der Rs. KZR 37/03 – Hörfunkrechte, NJW 2006, 377.

379 BGH Urt. v. 8.11.2005 in der Rs. KZR 37/03 – Hörfunkrechte, Rn. 16.

Dabei kommt aus den bereits genannten Gründen[380] ein Leistungsschutzrecht aus Urheberrecht oder verwandten Schutzrechten im Zusammenhang mit einer Sportveranstaltung nicht in Betracht. Es ist wie beim Fernsehen auf die sportliche Leistung abzustellen, nicht etwa auf den Kommentar des Radioreporters[381]. Im Rahmen der Persönlichkeitsrechte käme bei einer Radioübertragung nur das allgemeine Persönlichkeitsrecht der Sportler in Frage[382]. Da aber, anders als etwa bei einer Opernaufführung, keine lautlichen Äußerungen der Sportler übertragen werden, kommt das allgemeine Persönlichkeitsrecht nicht zur Anwendung[383]. Sollten im Einzelfall beispielsweise vereinzelt Rufe der Sportler im Hintergrund zu hören sein, kann dies vernachlässigt werden. Sie bilden allenfalls einen ganz unwesentlichen Teil der Hörfunkübertragung und sind ohnehin dem einzelnen Sportler kaum zuzuordnen, geschweige denn, dass sie Schöpfungshöhe erreichten. Der Hörer am Radio hört lediglich den Reporter und evtl. zusätzlich die Zuschauerkulisse, in aller Regel aber nicht die Sportler selbst.

Ein weiterer wichtiger Unterschied zwischen Fernsehrechten und Hörfunkrechten wird bei der Frage nach einer wettbewerbsrechtlichen Grundlage deutlich. Wie bereits oben unter I. 4. festgestellt, bedarf die Ausstrahlung von Fernsehbildern einer Sportveranstaltung gem. § 3 Abs. 1 UWG in bestimmten Fallkonstellationen der Erlaubnis des Veranstalters, da das Fernsehbild die Veranstaltung als Leistungsergebnis übernimmt, das Ereignis also gewissermaßen transportiert. Dies ist bei der Hörfunkberichterstattung von Sportveranstaltungen[384] anders zu beurteilen[385]. Wie der Begriff schon sagt, wird im Hörfunk durch

---

380 Vgl. oben, I. 1. Ebenso mit Bezug auf den Hörfunk Hütt (2008), S. 204.

381 Kuczera (2004), S. 117. Auch dem Kommentar als Verlaufsschilderung haftet keine Werkqualität an (s. Brinkmann, ZUM 2006, 802 [803], anders aber v. Coelln, SpuRt 2006, 134 [135]).

382 BGHZ 33, 20 (23), Urt. v. 31.5.1960 in der Rs. I ZR 64/58 – Figaros Hochzeit.

383 Krause (2006), S. 35, 55; Strauß (2006), S. 174; Zagouras, WuW 2006, 376 (378); Kuczera (2004), S. 117; Winter, ZUM 2003, 531 (539); Wertenbruch, SpuRt 2001, 185 (186); Kübler (1978), S. 43.

384 Nicht aber bei der Übertragung eines Konzerts durch den Hörfunk. S. v. Coelln, AfP-Sonderheft 2007, 55 (58) m.w.N.; Krause (2006), S. 35; Winter ZUM 2003, 531 (536). A.A. Melichar in: FS Nordemann, S. 217.

385 So auch die überwiegende Ansicht in der Literatur, s. Dittl (2013), S. 83; *Michel/Brinkmann* in: Hahn/Vesting, § 5, Rn. 16; Hütt (2008), S. 226 ff.; v. Coelln, AfP Sonderheft 2007, 55 (58); Brinkmann, ZUM 2006, 802 (804); v. Coelln, SpuRt 2006, 134 (135); Krause (2006), S. 63, 64; Strauß (2006), S. 91 ff.; Strauß, ZUM 2006, 141 (142); Agudo y Berbel/Engels, WRP 2005, 191 (192), die zudem bereits das Vorliegen eines Wettbewerbsverhältnisses ablehnen; Günther, WRP 2005, 703 (706);

einen bei der Veranstaltung anwesenden Reporter über sie berichtet. Allein der Kommentar des Reporters bringt dem Hörer die Veranstaltung nahe. Wird die Zuschauerkulisse eingeblendet, dient dies lediglich der Untermalung des Kommentars[386]. Für sich genommen wären die Hintergrundgeräusche hingegen lediglich Lärm[387], der keine Information über den Verlauf der Veranstaltung beinhaltete. Im Fall des Hörfunks tritt also eine substanzielle eigene Leistung der Medien hinzu. Eine Übernahme der Leistung des Veranstalters im Sinne des UWG findet damit nicht statt.

Teilweise wurde dies vor der Entscheidung „Hartplatzhelden" des BGH jedoch anders gesehen. Im Hinblick darauf, dass die Eigenleistung des Radioreporters bei der Live-Übertragung einer Sportveranstaltung in hohem Maße von der Veranstaltung selbst abhängig sei, könne die Hörfunkberichterstattung eine unlautere Nachahmung der Veranstalterleistung darstellen[388]. Ein Radiokommentator sei immer bestrebt, die Veranstaltung möglichst realitätsnah zu schildern. Dabei hänge die Qualität, also die Spannung, die erzeugt werde, in erster Linie vom Verlauf der Veranstaltung selbst ab, weniger von seiner eigenen Leistung[389]. Auch sei er dabei von Leistungen des Veranstalters abhängig, um z.B. Sendeeinrichtungen und eine Kabine zu erhalten. Im Rahmen der Abwägung der betroffenen Interessen komme man zu dem Ergebnis, dass es sich bei der Live-Berichterstattung im Radio um eine unlautere Nachahmung der Veranstalterleistung handele[390]. Im Hinblick auf die Entscheidung des BGH im Fall „Figaros Hochzeit"[391] wurde die Radioübertragung auch für eine unmittelbare Leistungsübernahme gehalten: Genauso wenig wie das Anhören einer Fußballübertragung im Radio den Stadionbesuch ersetzen könne, ersetze die Radioübertragung einer Opernaufführung

---

Kuczera (2004), S. 117; Mailänder, ZUM 2003, 820 (824); Meister, AfP 2003, 307 (308); Fikentscher, SpuRt 2002, 186 (187); Wertenbruch, SpuRt 2001, 185 (187); Brinkmann, MP 2000, 491 (494); Waldhauser (1999), S. 146; Friccius in: Steiner (1990), S. 18; Ladeur, GRUR 1989, 885 (886). Außerdem AG Münster Urt. v. 12.11.1993 in der Rs. 50 C-609/93, AfP 1994, 68. M. Einschr. Winter ZUM 2003, 531 (536). A.A. Summerer/Wichert, SpuRt 2006, 55 (57); Melichar in: FS Nordemann, S. 217; wohl auch Schmid-Petersen, SpuRt 2003, 234 (237). Ausführlich: Krause (2006), S. 59 ff. Einen alternativen Ansatz bietet Günther, WRP 2005, 703 ff.

386 v. Coelln, SpuRt 2006, 185 (188); Krause (2006), S. 34 f.; Dörr/Mailänder (2003), S. 23.

387 So treffend Ory, AfP 2002, 195 (196). Ähnlich Krause (2006), S. 36.

388 Krause (2006), S. 108 ff.; Schmid-Petersen, SpuRt 2003, 234 (237).

389 Schmid-Petersen, SpuRt 2003, 234 (237).

390 Schmid-Petersen, SpuRt 2003, 234 (237). Wohl ebenso Papier, AfP 1989, 510 (514).

391 S. BGHZ 33, 20, Urt. v. 31.5.1960 in der Rs. I ZR 64/58 – Figaros Hochzeit.

den Besuch der Oper. Da die Opernaufführung auch bei Übertragung im Radio durch das UWG geschützt sei, müsse dies auch für ein Fußballspiel gelten. Die Leistungsübernahme sei unlauter, weil dem Sportveranstalter eine Vermarktungsmöglichkeit seiner eigenen Leistung genommen werde[392].

Zwar mag es zunächst einleuchten, dass der Radiokommentar wesentlich von der ihm zugrunde liegenden Veranstaltung abhängt – ohne Veranstaltung keine Eigenleistung des Reporters[393]. Allerdings lebt die Radioübertragung im Hinblick auf Qualität und Attraktivität ausschließlich von der Leistung des Kommentators. Anders als behauptet bestimmt gerade seine sprachliche Leistung die Qualität der Übertragung, nicht das Geschehen selbst. Auch Spannung kann im Radio in erster Linie nur durch Worte vermittelt werden[394]. Die Veranstaltung dient dem Reporter zwar als Grundlage, der im Radio übertragene Bericht ist jedoch eine neue, eigene Leistung, die durch die Geräuschkulisse lediglich untermalt wird[395]. Die entscheidende Rolle des Kommentars wird besonders dann deutlich, wenn man z.B. an den Bericht von einem Pferderennen denkt, bei dem Hintergrundgeräusche, anders als vielleicht die Zuschauerkulisse im Fußballstadion, eine ganz untergeordnete Rolle spielen. Deshalb überzeugt die Einordnung der Hörfunkübertragung als Nachahmung der Veranstalterleistung nicht. Schließlich handelt es sich auch nicht um eine unmittelbare Leistungsübernahme. Der vorgebrachte Vergleich mit der Opernaufführung geht fehl. Es ist zwar richtig, dass der Opernbesucher im Gegensatz zum Hörer am Radio auch die szenische Aufführung geboten bekommt, die dem Hörer gänzlich verborgen bleibt. Trotzdem wird ein Teil der Veranstaltung, nämlich die Musik, vollständig,

---

392 Melichar in: FS Nordemann, S. 217.

393 Summerer/Wichert, SpuRt 2006, 55 (58); Kuczera (2004), S. 123.

394 Man denke an den Fall des Bildausfalls während des Spiels Deutschland – Türkei während der Fußball-EM 2008: Der Fernsehkommentator war mit der Beschreibung des Geschehens völlig überfordert. Die Geräuschkulisse konnte in dieser Situation keine Spannung vermitteln, da man sie keinem Spielgeschehen zuordnen konnte. Seine (Fehl-)Leistung war entscheidend für die (mangelnde) Qualität der Übertragung. Die Qualität der Veranstaltung kam nicht zum Tragen.

395 Inzwischen gibt es ein ähnliches Angebot sogar im Fernsehen. Champions League-Spiele, die exklusiv im Pay-TV gezeigt werden, können im frei empfangbaren Fernsehen gewissermaßen „indirekt“ verfolgt werden. Der Sender Sport 1 zeigt ein Fernsehstudio mit Kommentatoren und Publikum, die das Spiel live auf Sky verfolgen. Der Sport 1-Zuschauer sieht das Spiel nicht, wichtige Szenen werden ihm aber im Nachhinein beschrieben, und gelegentlich sind Bilder der Fankulisse im Stadion zu sehen. Allerdings reicht die Qualität des Kommentars nicht an einen Radiokommentar heran, es handelt sich eher um eine Talk-Runde.

ohne Beeinträchtigung und ohne weitere Vermittlungsleistung übertragen. Dass dieser Teilaspekt der Opernaufführung als eigenständige, geldwerte Leistung betrachtet werden kann, zeigt sich schon daran, dass Opernaufnahmen häufig auch auf Tonträgern verkauft werden. Im Übrigen handelt es sich dabei um die Darbietung eines urheberrechtlich geschützten Werks. Darin liegen entscheidende Unterschiede zur Sportveranstaltung. Nach hier vertretener Ansicht bleibt es daher dabei, dass das UWG auf Hörfunkübertragungen von Sportveranstaltungen keine Anwendung findet.

Ein anderer wettbewerbsrechtlicher Ansatz betrachtet die Hörfunkreportage als eine Sammlung von Informationen über eine Sportveranstaltung, die in ihrer Aktualität und Kurzlebigkeit eine besonders ausgeprägte wettbewerbliche Eigenart aufweisen. Die zeitnahe Weitergabe dieser Informationen über das Radio vernichte die Amortisationsfrist des Sportveranstalters, weshalb der Informationszugriff unlauter sei[396]. Im Hinblick auf die oben unter I. 4. dargelegten Anforderungen an den lauterkeitsrechtlichen Leistungsschutz vermag allerdings diese Verbindung aus Schutzwürdigkeit einer Leistung und möglichen Problemen bei der Amortisation nichts daran zu ändern, dass die Übernahme der Leistung selbst eine wesentliche Voraussetzung für den lauterkeitsrechtlichen Ausbeutungstatbestand ist, die bei der Hörfunkberichterstattung fehlt.

Auch aus dem subsidiär anzuwendenden Deliktsrecht lässt sich deshalb keine Grundlage für Hörfunkrechte ableiten[397]. Ein Eingriff in den eingerichteten und ausgeübten Gewerbebetrieb gem. § 823 Abs. 1 BGB scheidet ebenso aus wie ein Abwehranspruch aus § 826 BGB. Ist die Übertragung nämlich wettbewerbsrechtlich erlaubt, so kann sie, wie dargestellt, auch durch Deliktsrecht nicht verboten sein. Der Tatbestand des Eingriffs in den eingerichteten und ausgeübten Gewerbebetrieb soll als Auffangtatbestand lediglich Lücken im gesetzlichen Unternehmensschutz schließen[398].

---

396 Krause (2006), S. 116 f.

397 Hütt (2008), S. 234 ff.; v. Coelln, SpuRt 2006, 134 (135); Krause (2006), S. 65 ff.; Strauß (2006), S. 109 ff.; Agudo y Berbel/Engels, WRP 2005, 191 (193), die zudem die Betriebsbezogenheit des Eingriffs verneinen; Mailänder, ZUM 2003, 820 (824); Meister, ZUM 2003, 307 (308); Winter, ZUM 2003, 531 (537); Fikentscher, SpuRt 2002, 186 (187); Wertenbruch, SpuRt 2001, 185 (187); Ladeur, GRUR 1989, 885 (886); LG HH Urt. v. 26.04.2002 in der Rs. 308 O 415/01, SpuRt 2002, 202 (205); AG Münster Urt. v. 12.11.1993 in der Rs. 50 C 609/93, AfP 1994, 68. Konsequent a.A. Melichar in: FS Nordemann, S. 218 f.

398 BGHZ 38, 200 (204), Urt. v. 5.11.1962 in der Rs. I ZR 39/61 m.w.N.; BGH Urt. v. 21.6.1966 in der Rs. VI ZR 261/64 – Höllenfeuer, NJW 1966, 1617 (1618); BGHZ

1. Die Entscheidung des BGH

Somit bleibt als mögliche Grundlage für Hörfunkrechte das Hausrecht übrig[399]. Tatsächlich hat der BGH in seiner o.g. „Hörfunkrechte"-Entscheidung im Jahre 2005 entschieden, dass das Hausrecht das Recht des Veranstalters zur Verwertung einer Sportveranstaltung im Hörfunk sichert. Deshalb könne der Veranstalter auch den Zutritt zum Veranstaltungsort gegenüber den Hörfunkveranstaltern von der Zahlung eines Entgelts abhängig machen[400]. Darüber hinaus nutzten Hörfunkveranstalter die Sportstätte intensiver als normale Zuschauer, da sie zusätzlich Zugang zu Presseplätzen, Pressekonferenzen, Mixed-Zonen, Arbeitsplätzen und technischen Dienstleistungen benötigten. Diese Infrastruktur stelle einen wirtschaftlichen Wert dar, für den ein Entgelt verlangt werden könne[401]. Damit behandelt der BGH die Hörfunkübertragung eines Sportwettkampfs aus der Veranstaltungsstätte im Wesentlichen genauso wie die Fernsehübertragung[402].

Eine von der klagenden Rundfunkanstalt behauptete Verwirkung der Rechte der Veranstalter lehnte der BGH ab. Für eine Verwirkung wäre ein Vertrauen der Klägerin darauf, dass sie auch in Zukunft unentgeltlich aus dem Stadion würde berichten dürfen, erforderlich gewesen. Der BGH weist aber darauf hin, dass ein solches Vertrauen nicht entstehen konnte, weil der DFB bereits 1987 auf den Standpunkt der Veranstalter hingewiesen hatte. Die DFL hat offenbar bereits seit 1982 mehrfach versucht, gegenüber der ARD entgeltpflichtige Hörfunkrechte durchzusetzen[403]. Unter diesen Umständen durften die Sender nicht darauf vertrauen, gewissermaßen einen gewohnheitsrechtlichen Anspruch auf entgeltfreie Berichterstattung zu haben[404]. Letztlich ist dies aber eine Sachfrage des Einzelfalls, die keinen Einfluss auf die zugrunde liegenden Rechtsfragen hat.

55, 153 (158 f.) Urt. v. 21.12.1970 in der Rs. II ZR 133/68; BGHZ 105, 346 (350) Urt. v. 25.10.1988 in der Rs. VI ZR 344/87; BGH Urt. v. 21.4.1998 in der Rs. VI ZR 196/97 JZ 1998, 1120 (1121); Erman-*Schiemann*, § 823, Rn. 61; Palandt-*Sprau*, § 823, Rn. 126; Soergel-*Beater*, § 823 Anh. V, Rn. 15.

399 Wegen des numerus clausus der Immaterialgüterrechte scheidet ein besonderes Immaterialgüterrecht aus, s. hierzu ausführlich Hütt (2008), S. 242 ff.

400 BGH Urt. v. 8.11.2005 in der Rs. KZR 37/03 – Hörfunkrechte, Rn. 25, 33.

401 BGH Urt. v. 8.11.2005 in der Rs. KZR 37/03 – Hörfunkrechte, Rn. 28.

402 BGH Urt. v. 8.11.2005 in der Rs. KZR 37/03 – Hörfunkrechte, Rn. 34.

403 Winter, ZUM 2003, 531 (533); Agudo y Berbel/Engels, WRP 2005, 191 (196).

404 Winter, ZUM 2003, 531 (539). A.A. Agudo y Berbel/Engels, WRP 2005, 191 (195 ff.); Mailänder, ZUM 2003, 820 (827 f.).

2. Kritik an der Entscheidung

Diese Entscheidung des BGH ist höchst umstritten. Die Klägerin hat auch Verfassungsbeschwerde eingelegt, die jedoch nicht zur Entscheidung angenommen wurde.

a) Hausrecht als taugliche Grundlage?

Kritiker der Entscheidung halten unter anderem das Hausrecht nicht für eine taugliche Grundlage für Hörfunkrechte. Zunächst wird eingewandt, dass viele Veranstaltungen, wie z.B. Straßenrennen, nicht durch ein Hausrecht geschützt sind, weil es an einer räumlichen Abgrenzung fehlt[405]. Diese Argumentation übersieht jedoch, dass es auch bei Veranstaltungen, die ohne Zutrittserlaubnis beobachtet werden können, stets Bereiche geben wird, die der Veranstalter räumlich abschirmt und die daher durch Hausrecht geschützt sind. Gerade diese Bereiche sind, genauso wie beim Fernsehen, auch für die Hörfunkberichterstattung interessant[406]. Das Hausrecht taugt daher durchaus als Grundlage für Übertragungsrechte, soweit die Übertragung aus VIP-Bereichen, Mixed-Zonen oder von Tribünen aus erfolgt, was regelmäßig der Fall sein wird[407].

Aber auch bei Veranstaltungen in geschlossenen Räumen, an denen unstreitig ein Hausrecht besteht, wird dieses Recht teilweise lediglich als ein Recht des Veranstalters gesehen, die äußere Ordnung zu wahren, Gefahren abzuwehren und Störer zu entfernen[408], nicht aber als ein Recht, über den Zutritt Dritter generell frei zu entscheiden. Das Hausrecht als Rahmenrecht schütze lediglich ein anderes Recht, das bereits bestehe und müsse aus Gründen der Subsidiarität hinter das Wettbewerbsrecht zurücktreten[409]. Daher könne es nicht selbst Grundlage von Hörfunkrechten sein. Werde das Hausrecht zum vermarktungsfähigen Gestattungsrecht aufgewertet, widerspreche dies seiner eigentlichen Natur als reinem Abwehrrecht[410].

---

405 Günther, WRP 2005, 703 (704) zur Frage eines Hausrechts bei Veranstaltungen auf öffentlichen Flächen.

406 Vgl. oben, I. 3.

407 Kuczera (2004), S. 126.

408 v. Coelln, AfP Sonderheft 2007, 55 (58); Brinkmann, ZUM 2006, 802 (805); Krause (2006), S. 93 ff.; Brinkmann, MP 2000, 491 (494). Wohl auch Horn, Jura 1989, 17 (18).

409 v. Coelln, AfP Sonderheft 2007, 55 (63); Mailänder, ZUM 2003, 820 (825); Fikentscher, SpuRt 2002, 186 (187); Tettinger, ZUM 1986, 497 (506).

410 *Michel/Brinkmann* in: Hahn/Vesting, § 5, Rn. 14, 17; v. Coelln, AfP Sonderheft 2007, 55 (59).

Diese Argumente führen jedoch nicht daran vorbei, dass das Hausrecht es dem Veranstalter in der Tat erlaubt, frei – und nicht lediglich nach Ordnungsgesichtspunkten oder im Interesse der Sicherheit – darüber zu entscheiden, wer zur Veranstaltung zugelassen wird und wer nicht. Das Hausrecht mit seinem Anknüpfungspunkt in der dinglichen Rechtslage steht unabhängig neben anderen, etwa wettbewerbsrechtlichen oder immaterialgüterrechtlichen Rechtspositionen, wird aber nicht durch diese verdrängt[411]. Weder Wortlaut noch Systematik der §§ 859, 862 iVm 858 BGB noch der §§ 1004 iVm 903 Satz 1 BGB sprechen für eine Beschränkung des Hausrechts auf Ordnungsaspekte. Tatsächlich spricht alles dafür, das Hausrecht insoweit als ein eigenständiges Recht anzusehen, als es um die freie Entscheidung über den Zutritt geht[412]. Auch die Bestimmung des Zwecks des Zutritts ist Teil des Hausrechts in seiner Eigenschaft als Ausprägung des Art. 13 GG, wie das BVerfG in seinem Urteil zur Kurzberichterstattung feststellte[413]. Der Hausrechtsinhaber bestimmt die Regeln für den Zutritt und damit auch, zu welchen Zwecken und mit welchen Gegenständen die Sportstätte betreten werden darf[414]. Ein Reporter, der Live-Hörfunkberichterstattung aus der Veranstaltungsstätte heraus betreibt, ist nicht lediglich Zuschauer, sondern Sondernutzer, der einen eigenen wirtschaftlichen Zweck verfolgt[415]. Dies gilt insbesondere dann, wenn er Bereiche wie Presseplätze, Mixed-Zonen und technische Dienstleistungen innerhalb der Sportstätte nutzt.

Auch wenn eine Veranstaltung für die Öffentlichkeit – bei Kauf einer Eintrittskarte – geöffnet wird, bedeutet das keinen generellen Verzicht des Berechtigten auf sein Hausrecht[416]. Es ist nach hier vertretener Ansicht richtig, dass das Hausrecht nicht zu einem eigenständigen Immaterialgüterrecht erweitert

---

411 Heermann, WRP 2012, 17 (22); Laier (2007), S. 238 f.

412 BGH Urt. v. 20.1.2006 in der Rs. V ZR 134/05 – Abschiebeprotest; BGHZ 110, 371 (383 f.) Beschl. v. 14.3.1990 in der Rs. KVR 4/88 – Globalvertrag, NJW 1990, 2815; Heermann, WRP 2012, 17 (21); Stieper (2009), S. 414; Lange, BGH EWiR § 19 GWB 1/06, 399 (400); Strauß (2006), S. 155 f.; Strauß, ZUM 2006, 141 (142); Wertenbruch, LMK 2006, 175921; Kuczera (2004), S. 126; Melichar in: FS Nordemann, S. 220 f.; Meister, AfP 2003, 307 (309); Schmid-Petersen, SpuRt 2003, 234 (236); Winter, ZUM 2003, 531 (538); Wertenbruch, SpuRt 2001, 185 (187); Waldhauser (1999), S. 290. So wohl auch bereits Kübler, ZUM 1989, 326 (328 f.).

413 BVerfGE 97, 228, Urt. v. 17.2.1998 in der Rs. 1 BvF 1/91 – Kurzberichterstattung, NJW 1998, 1627 (1631).

414 Ebenso Staudinger-*Gursky* (2013), § 1004, Rn. 80; Laier (2007), S. 235.

415 Doepner/Spieth, AfP 1989, 420 (425).

416 S. etwa Strauß (2006), S. 162 ff.

werden darf[417], doch ist das eine andere Frage[418]. Was den Zugang zur Sportstätte angeht, hat der Veranstalter durch sein Hausrecht eine Abwehrposition, auf deren Durchsetzung er gegen Entgelt verzichten kann[419]. Diese Möglichkeit ist Ausfluss seiner Privatautonomie und unabhängig von der Schutzrichtung der zugrunde liegenden Rechtspositionen. Deshalb vermittelt es dem Hausrecht auch keine irgendwie geartete immaterialgüterrechtliche Dimension[420]. Es macht dabei keinen Unterschied, ob Fernsehsender oder Radioreporter Zugang zur Veranstaltungsstätte begehren[421]. Diese Abwehrposition ist die rechtliche Grundlage der Entgeltpflichtigkeit der Berichterstattung von der Veranstaltung.

b) Rolle der Rundfunk- und Informationsfreiheit

Im Hinblick auf die Rundfunk- und Informationsfreiheit der Hörfunksender wird jedoch teilweise gefordert, der Ausnutzung des Hausrechts durch die Sportveranstalter entgegenzuwirken. Dabei werden unterschiedliche Bereiche angesprochen. Einerseits könnte man Schlüsse aus der Regelung eines Kurzberichterstattungsrechts des Fernsehens in § 5 RStV ziehen, andererseits wird gefordert, das Hausrecht im Lichte der Rundfunk- und Informationsfreiheit auszulegen und einen aus den Grundrechten erwachsenden Anspruch der Hörfunkveranstalter auf Zutritt zur Sportstätte anzuerkennen. Es steht dabei außer Frage, dass die Berichterstattung von Sportveranstaltungen an sich der Rundfunkfreiheit des Art. 5 Abs. 1, Satz 2 GG unterfällt[422].

---

417 Vgl. oben, 3. c).

418 Ebenso Strauß (2006), S. 153, 167 ff.

419 Ebenso Petersen (2010), S. 202 f.; Strauß (2006), S. 170 f. Wie Winter, ZUM 2003, 531 (537) zu Recht anmerkt, hindert aufgrund der Friedensfunktion der Besitzrechte nur die tatsächlich vorliegende Einwilligung des Hausrechtsinhabers im Zeitpunkt des Betretens die Widerrechtlichkeit des Betretens (ebenso Strauß [2006], S. 155; Waldhauser [1999], S. 290; Tettinger, ZUM 1986, 497 [506]). In dem Sachverhalt, den das AG Münster unter dem Az. 50 C 609/93 zu verhandeln hatte (Urt. v. 12.11.1993), ging es um nachträgliche Geltendmachung einer Lizenzgebühr. Hier hatte der Veranstalter von seinem Hausrecht keinen Gebrauch gemacht und konnte daher im Nachhinein nichts mehr verlangen.

420 Ähnlich Strauß, SpuRt 2007, 6 (7).

421 Meister, AfP 2003, 307 (309); Wertenbruch, SpuRt 2001, 185 (187). So auch die amtliche Begründung zum RStV, abgedruckt bei Hartstein/Ring/Kreile/Dörr/Stettner/Cole/Wagner, § 5 RStV, S. 3.

422 z.B. Krause (2006); S. 139 ff.; Meister, AfP 2003, 307 (310). Zum Schutzbereich Dörr/Schwartmann, Rn. 58 ff.; Schüller-Keber in: Schiwy/Schütz/Dörr, S. 492.

aa) Die Kurzberichterstattung

Zunächst zur Frage der Kurzberichterstattung. Bei der hier behandelten Frage nach der Existenz von Übertragungsrechten für die Live-Übertragung von Sportveranstaltungen im Hörfunk geht es gerade nicht um Kurzberichterstattung. Es ist ein entscheidender Unterschied, ob beispielsweise ein Fußballspiel live, eventuell in voller Länge, übertragen und kommentiert wird, oder ob im Nachhinein lediglich vom Ergebnis, dem wesentlichen Spielverlauf, den Torschützen und anderen Ereignissen des Spiels berichtet wird[423]. Bei anderen Sportarten, z.B. Autorennen, Eishockey oder Boxen, gilt das Gleiche: Solange das Ergebnis bzw. der Sieger eines Wettkampfs nicht feststeht, hat die Berichterstattung im Hinblick auf die Art des Konsums der Übertragung eine wesentlich andere Qualität als nach Ende des Wettkampfs. Dieser Unterschied liegt in der Ungewissheit über den Ausgang begründet und macht den besonderen Wert von Live-Übertragungsrechten aus. Die Kurzberichterstattung ist gem. § 5 Abs. 4 RStV auf den nachrichtenmäßigen Informationsgehalt der Veranstaltung beschränkt. Auf diesen Unterschied hat auch das BVerfG in seiner Entscheidung zur Kurzberichterstattung hingewiesen[424]. Die Frage der Kurzberichterstattung darf mit der Frage nach der Existenz von (Live-)Übertragungsrechten nicht vermengt werden[425].

Nun ist für den Hörfunk kein gesetzliches Kurzberichterstattungsrecht normiert, wie es im Staatsvertrag für Rundfunk und Telemedien (RStV) für das Fernsehen garantiert wird. Aus dieser Lücke wird teilweise geschlossen, die Vertragsparteien seien von der ohnehin freien, unentgeltlichen (Live-)Berichterstattung durch den Hörfunk ausgegangen und hätten deshalb keine Regelung für notwendig gehalten[426]. Die Begründung des RStV lasse immerhin darauf schließen, dass man die zeitlich enge Begrenzung des Kurzberichterstattungsrechts im Fall des Hörfunks nicht für angemessen gehalten habe. Deshalb könne es, anders als für das Fernsehen, keine Beschränkung des Zugangs zu Sportstätten für den Hörfunk geben[427].

---

423 Hartstein/Ring/Kreile/Dörr/Stettner/Cole/Wagner, § 5 RStV, Rn. 29; Kuczera (2004), S. 122; Melichar in: FS Nordemann, S. 223; Wertenbruch, SpuRt 2001, 185 (187). Ferner Brinkmann, ZUM 2006, 802 (809).

424 BVerfGE 97, 228, Urt. v. 17.2.1998 in der Rs. 1 BvF 1/91 – Kurzberichterstattung, NJW 1998, 1627 (1630).

425 Für ein Live-Kurzberichterstattungsrecht: Krause (2006), S. 157 ff.

426 Ory, AfP 2002, 195 (196); Brinkmann, MP 1998, 98 (103).

427 v. Coelln, AfP Sonderheft 2007, 55 (59); v. Coelln, SpuRt 2006, 134 (137). Ferner Kainer (2014), S. 166.

Die Tatsache, dass ein Kurzberichterstattungsrecht für den Hörfunk gesetzlich nicht geregelt ist, wird teilweise bemängelt[428]. Aus dem Fehlen einer solchen Regelung allein lässt sich jedoch nicht auf ein Recht der Radiosender schließen, unentgeltlich auch Live-Übertragungen vorzunehmen. Was die zeitliche Begrenzung eines Kurzberichterstattungsrechts angeht, ist der amtlichen Begründung des RStV tatsächlich zu entnehmen, dass man die zeitlichen Grenzen der Fernsehkurzberichterstattung im Hörfunkbereich für zu eng hielt:

> „Die Vorschrift regelt nur die unentgeltliche Kurzberichterstattung im Fernsehen und nicht auch die Hörfunkberichterstattung. Ist die Befugnis zum Zugang zu öffentlichen Veranstaltungen und Ereignissen bei Hörfunk und Fernsehen zwar noch gleich zu beurteilen, so weichen doch die weiteren Einzelheiten der Hörfunkberichterstattung erheblich von den Modalitäten der Kurzberichterstattung im Fernsehen ab. So wird beispielsweise die für die Berichterstattung im Fernsehen vorgesehene, zeitlich grundsätzlich sehr begrenzte Dauer der Kurzberichterstattung der besonderen Situation im Hörfunk nicht gerecht. Anders als beim Fernsehen geht es beim Hörfunk nicht um die Übermittlung von Bildern, sondern um die Vermittlung eines Geschehens, die wesentlich durch die persönliche Leistung des Hörfunkreporters gekennzeichnet ist. In dieser Beziehung ähnelt die Berichterstattung im Hörfunk der Presseberichterstattung.“[429]

Allerdings fährt die Begründung dann fort: „Dies muss sich auch in der Dauer einer unentgeltlichen Kurzberichterstattung ausdrücken.“ Dieser letzte Satz des Abschnitts lässt erkennen, dass die Vertragsparteien auch beim Hörfunk davon ausgehen, dass eine Regelung des Kurzberichterstattungsrechts erforderlich wäre, weil eben grundsätzlich kein Recht zur unentgeltlichen Berichterstattung besteht. Denn nur dann kann überhaupt die Rede von der angemessenen Dauer einer unentgeltlichen Kurzberichterstattung sein[430]. Der Grund dafür, dass das Recht zur Kurzberichterstattung für den Hörfunk bei Einführung der Regelung in § 5 RStV nicht geregelt wurde, liegt darin, dass die Problematik zu diesem Zeitpunkt in der Praxis noch nicht zutage getreten war. Die Länder erachteten Hörfunkrechte als unproblematisch[431]. Es zeigt sich also, dass weder das Fehlen

---

428 Winter, SpuRt 2004, 98 ff.

429 Aus der amtlichen Begründung, abgedruckt bei Hartstein/Ring/Kreile/Dörr/Stettner/Cole/Wagner, § 5 RStV, S. 3.

430 Ebenso Melichar in: FS Nordemann, S. 222. Ähnlich *Michel/Brinkmann* in: Hahn/Vesting, § 5, Rn. 9 f.; Krause (2006) S. 73 f., 159; Kuczera (2004), S. 132.

431 Winter, SpuRt 2004, 98 (100); Dörr/Mailänder (2003), S. 70 f., 166 f.; Waldhauser (1999), S. 290; Brinkmann, MP 1998, 98 (103). Der Referentenentwurf ist abgedruckt bei Friccius in: Steiner (1990), S. 16 f.

eines Kurzberichterstattungsrechts für den Hörfunk noch die Begründung zum RStV ein Argument gegen die Existenz von Hörfunkrechten darstellt.

bb) Anspruch auf Berichterstattung aus Rundfunkfreiheit

Eine andere Frage ist, ob Art. 5 GG dieser Form der Ausübung des Hausrechts durch die Sportveranstalter entgegensteht. Dies ist der Fall, wenn die Sendeanstalt aufgrund der Rundfunkfreiheit einen Anspruch auf Berichterstattung hat und daher das Hausrecht im Hinblick auf Grundrechte der Hörfunkveranstalter einschränkend auszulegen ist, ein Kontrahierungszwang besteht oder in der Lizenzpflichtigkeit der Hörfunkberichterstattung eine unangemessene Benachteiligung der Rundfunkveranstalter liegt[432]. Die Rundfunkfreiheit als „dienende Freiheit"[433] verpflichtet die Grundrechtsträger zu einer ausreichenden Information der Öffentlichkeit[434]. Ist die Möglichkeit zur Erfüllung dieser Pflicht eingeschränkt, ist die Rundfunkfreiheit in besonderem Maße betroffen[435]. Da sich mit Sportveranstalter und Rundfunkanstalt zwei Private gegenüber stehen, sind die Grundrechtspositionen beider Seiten gegeneinander abzuwägen. Auf Seiten der Veranstalter sind deren Berufsfreiheit aus Art. 12 GG[436], die Unverletzlichkeit der Geschäftsräume gem. Art. 13 GG[437] sowie möglicherweise[438] auch deren

---

432 Welcher dieser Fälle evtl. gegeben ist, bedarf hier keiner Entscheidung, da in jedem Fall eine umfassende Abwägung der widerstreitenden Interessen und der betroffenen Grundrechte notwendig ist.

433 S. dazu Holznagel/Dörr/Hildebrand (2008), S. 179; ausführlich Dörr, VerwArch 2001, 149 (153 ff.); Dörr in: Sicherung der Meinungsvielfalt, S. 338 ff. Zum Unterschied zur Auslegung von Art. 10 EMRK s. Dörr, ZUM 1995, 264 (265 f.).

434 Ständ. Rspr. BVerfG, s. z.B. BVerfGE 87, 181 (197) Beschl. v. 6.10.1992 in den Rs. 1 BvR 1586/89 und 487/92 – 7. Rundfunkentscheidung, NJW 1992, 3285.

435 BVerfGE 97, 228 (257), Urt. v. 17.2.1998 in der Rs. 1 BvF 1/91 – Kurzberichterstattung, NJW 1998, 1627 (1629).

436 v. Coelln, AfP Sonderheft 2007, 55 (60); Hilty/Henning-Bodewig (2007), S. 42 f.; v. Coelln, SpuRt 2006, 185 (186); Krause (2006), S. 156; Strauß (2006), S. 297 ff.; Strauß, ZUM 2006, 141 (143); Summerer/Wichert, SpuRt 2006, 55 (58); Wetzel/Wichert, SpuRt 2001, 228 (229); Bröcker/Neun, ZUM 1998, 766 (778); Tettinger, SpuRt 1998, 107 (111); Doepner/Spieth, AfP 1989, 420 (427); Papier, AfP 1989, 510 (512); Tettinger, ZUM 1986, 497 (505). Dies verkennt Hütt (2008), S. 345 f.

437 v. Coelln, AfP Sonderheft 2007, 55 (61); v. Coelln, SpuRt 2006, 185 (186); Strauß (2006), S. 308 ff.; Summerer/Wichert, SpuRt 2006, 55 (58).

438 Bisher wurde diese Frage ausdrücklich offen gelassen (BVerfGE 97, 228, Urt. v. 17.2.1998 in der Rs. 1 BvF 1/91 – Kurzberichterstattung, NJW 1998, 1627 [1631]). Für einen Schutz durch Art. 14 GG: BK-*Degenhart*, Art. 5 Abs. 1 u. 2, Rn. 320 f.; *Wieland* in: Dreier, GG, Art. 14, Rn. 202; v. Mangoldt/Klein-*Depenheuer*, Art. 14,

Eigentumsrecht aus Art. 14 GG zu berücksichtigen. Diese Rechte sind im Hinblick auf die Verwertungsmöglichkeiten attraktiver Sportveranstaltungen dann besonders stark betroffen, wenn die Berichterstattung dazu geeignet ist, den Unterhaltungswert des Ereignisses zu vermitteln[439].

Gerade im Hinblick auf den Hörfunk fordern einige Stimmen eine einschränkende Auslegung des Hausrechts der Sportveranstalter[440]. Es dürfe nicht ausschließlich auf die Möglichkeit der Zugangskontrolle durch den Veranstalter abgestellt werden, da man sonst Gefahr laufe, dass die durch Art. 5 Abs. 1, Satz 1 GG garantierte Informationsfreiheit durch Hausrechtsinhaber faktisch ausgehebelt werden könne. Diese könnten im Ergebnis über die Anwendbarkeit des Grundrechts entscheiden, was dogmatisch fehlerhaft sei[441]. Gestehe man dem Veranstalter ein über eine Ordnungsfunktion hinausgehendes Hausrecht zu, bestehe auch die Gefahr der Einflussnahme auf die Inhalte der Berichterstattung[442]. Jede Information, die von privatem Grund aus verbreitet werden solle, sei durch die derzeitige Rechtsprechung in Gefahr[443].

Diese Sichtweise verkennt, dass auch der Grundsatz offenen Informationszugangs für die Medien insofern begrenzt ist, als die Informationsfreiheit nur Zugriff auf allgemein zugängliche Informationsquellen garantiert[444]. Die allgemeine

---

Rn. 139; Summerer/Wichert, SpuRt 2006, 55 (58); Lenz, NJW 1999, 757 (759); Papier, AfP 1989, 510 (512); einschränkend v. Coelln, SpuRt 2006, 185 (186); Strauß (2006), S. 35 ff.; ferner Friauf/Höfling-*Sieckmann*, GG I, Art. 14, Rn. 99. Zweifelnd v. Coelln, AfP Sonderheft 2007, 55 (61). Ablehnend: Krause (2006), S. 157; Jarass, AfP 1993, 455 (458 f.).

439 BVerfGE 97, 228 (260 f.), Urt. v. 17.2.1998 in der Rs. 1 BvF 1/91 – Kurzberichterstattung, NJW 1998, 1627 (1630).

440 *Michel/Brinkmann* in: Hahn/Vesting, § 5, Rn. 17; v. Coelln, AfP Sonderheft 2007, 55 ff.; v. Coelln, SpuRt 2006, 185; v. Coelln, JurisPR-ITR 1/2006 Anm. 5; Brinkmann, ZUM 2006, 802 ff.; Agudo y Berbel/Engels, WRP 2005, 191 (199 ff.); Dörr/Mailänder (2003), S. 165 ff.; Mailänder, ZUM 2003, 820 ff.; Fikentscher, SpuRt 2002, 186 ff.; Ory, AfP 2002, 195 ff.; Brinkmann, MP 2000, 491 ff. Für Kontrahierungszwang aufgr. § 20 Abs. 1 GWB: Hütt (2008), S. 273 ff.

441 v. Coelln, AfP Sonderheft 2007, 55 (58, 60); v. Coelln, SpuRt 2006, 185 (186).

442 v. Coelln, JurisPR-ITR 1/2006 Anm. 5; Brinkmann „Scheckbuchjournalismus", ZUM 2006, 802 (809).

443 v. Coelln, AfP Sonderheft 2007, 55 (64).

444 BVerfGE 90, 27 (32) Beschl. v. 9.2.1994 in der Rs. 1 BvR 1687/92 – Parabolantenne; BVerfGE 27, 71 (83) Beschl. v. 3.10.1969 in der Rs. 1 BvR 46/65 – Leipziger Volkszeitung; Sachs-*Bethge*, Art. 5, Rn. 55.

Zugänglichkeit richtet sich dabei nach rein tatsächlichen Kriterien[445] und insbesondere nach der privatrechtlichen Rechtslage[446]. Sobald der Inhaber des Hausrechts sich also entscheidet, die (Rundfunk-)Öffentlichkeit auszuschließen, ist ihm das möglich[447]. Ein Auskunftsanspruch der Medien gegenüber Privaten, vor dem private Rechte wie das Hausrecht zurückweichen müssten, lässt sich unmittelbar aus der Rundfunkfreiheit nicht ableiten[448]. Auch im Wege der mittelbaren Drittwirkung der Grundrechte gegenüber Privaten lässt sich ein Zugangsrecht der Rundfunkveranstalter zu Sportstätten zu Zwecken der Übertragung einer Veranstaltung nicht begründen[449]. Dies bestätigt auch § 5 Abs. 5 Satz 4 RStV, in dem es heißt: „Unberührt bleibt im Übrigen das Recht des Veranstalters, die Übertragung oder die Aufzeichnung der Veranstaltung insgesamt auszuschließen." Offenbar geht der RStV (wie übrigens auch die Rechtsprechung[450]) davon aus, dass das Hausrecht des Veranstalters ihn durchaus dazu berechtigt, darüber zu entscheiden, ob es sich um eine öffentliche oder nichtöffentliche Veranstaltung handelt. Diese Klarstellung im RStV bestätigt das hier vertretene Verständnis des Hausrechts[451].

Aus der Informationsfreiheit geht auch kein Leistungsanspruch gegenüber dem Staat auf Schaffung allgemeinzugänglicher Informationsquellen hervor[452]. Die Gefahr von den Pluralismus gefährdenden Informationsmonopolen[453], die vereinzelt gesehen wird[454], könnte höchstens dann bestehen, wenn Sportveranstalter aufgrund ihres Hausrechts auch eine nachrichtenmäßige (Kurz-)

---

445 BVerfGE 90, 27 (32) Beschl. v. 9.2.1994 in der Rs. 1 BvR 1687/92 – Parabolantenne; BVerfGE 33, 52 (65) Beschl. v. 25.4.1972 in der Rs. 1 BvL 13/67 – Zensur; BVerfGE 27, 71 (84) Beschl. v. 3.10.1969 in der Rs. 1 BvR 46/65 – Leipziger Volkszeitung.

446 Badura, ZUM 1989, 317 (322); Papier, AfP 1989, 510 ff.

447 BK-*Degenhart*, Art. 5 Abs. 1 u. 2, Rn. 320; Strauß (2006), S. 239 f.; Dörr/Mailänder (2003), S. 161; Badura, ZUM 1989, 317 (322); Doepner/Spieth, AfP 1989, 420 (422).

448 Krause (2006), S. 133 ff.; Badura, ZUM 1989, 317 (322). S. zur Ausrichtung des Art. 5 GG als Anspruch gegen den Staat auch BVerfGE 66, 116 (135), Beschl. v. 25.1.1984 in der Rs. 1 BvR 272/81 – Wallraff.

449 Ausführlich z.B. Papier, AfP 1989, 510 ff.

450 OLG Köln Beschl. v. 7.3.2000 in der Rs. 16 W 8/00, NJW-RR 2001, 1051 (1052).

451 Ebenso Melichar in: FS Nordemann, S. 224 f.

452 Maunz/Dürig-*Grabenwarter*, Art. 5, Abs. I u. II, Rn. 100 ff.; ausführlich Strauß (2006), S. 236 ff.; ebenso Badura, ZUM 1989, 317 (322); Papier, AfP 1989, 510 (511 f.).

453 Vor denen Art. 5 GG schützt, s. BVerfGE 97, 228 Urt. v. 17.2.1998 in der Rs. 1 BvF 1/91 – Kurzberichterstattung, NJW 1998, 1627 (1628 f.).

454 v. Coelln, AfP Sonderheft 2007, 55 (61); v. Coelln, SpuRt 2006, 185 (187).

Berichterstattung durch den Hörfunk vollständig untersagen dürften[455]. Derzeit ist ein Informationsmonopol im Hinblick auf die Vielzahl der berichterstattenden Hörfunksender nicht zu befürchten; offenbar stellt die Entgeltpflichtigkeit kein faktisches Hindernis der Berichterstattung dar[456]. Auch ist die Grundversorgung durch die öffentlich-rechtlichen Anstalten nicht in Gefahr[457]. Insoweit mag es aber durchaus richtig sein, das Hausrecht im Hinblick auf die Zugänglichkeit von Informationen einschränkend auszulegen[458] beziehungsweise eine gesetzliche Regelung für ein Kurzberichterstattungsrecht des Hörfunks zu fordern[459]. Diese Frage ist jedoch nicht Gegenstand dieser Betrachtung, da es hier gerade nicht um Kurzberichterstattung geht.

Schließlich besteht bei rechtmäßiger Ausübung des Hausrechts durch die Veranstalter auch keine Gefahr, dass unliebsame Berichterstattung unterbunden wird. Es ist selbstverständlich, dass sie Journalisten den Zutritt nicht wegen kritischer Beiträge verwehren dürfen[460]. Ein unmittelbarer oder mittelbarer verfassungsrechtlicher Anspruch gegenüber Sportveranstaltern aus Art. 5 Abs. 1 GG auf freie Berichterstattung von privaten Veranstaltungen steht den Rundfunkveranstaltern dagegen nicht zu[461]. Gerade im Bereich der Live-Berichterstattung

---

455 Wobei jedoch zurecht die Frage aufgeworfen wird, weshalb gerade ein bestimmtes Medium, also das Radio, unbedingt die Informationsquelle der Öffentlichkeit sein muss, wenn doch Informationen mit Sicherheit auch durch Presse und andere Anbieter verbreitet werden (s. Summerer/Wichert, SpuRt 2006, 55 [56 f.]).

456 Summerer/Wichert, SpuRt 2006, 55 (57).

457 Meister, AfP 2003, 307 (311); Wertenbruch, SpuRt 2001, 185 (187); Doepner/Spieth, AfP 1989, 420 (424). Zur Frage eines Anspruchs aus dem Grundversorgungsauftrag: Strauß (2006), S. 247 ff.

458 So z.B. Krause (2006), S. 153 ff.; Strauß (2006), S. 295, 322 ff.; Strauß, ZUM 2006, 141 (143); Wertenbruch, LMK 2006, 175921; Zagouras, WuW 2006, 376 (380); Mailänder, ZUM 2003, 826 f.; Meister, AfP 2003, 307 (310 f.); Dörr/Mailänder (2003), S. 166; Waldhauser (1999), S. 290.

459 Wie etwa Krause (2006), S. 120 ff., 170; Winter, SpuRt 2004, 98 ff.; Dörr/Mailänder (2003), S. 82 ff.; Waldhauser (1999), S. 290. Kuczera hält eine analoge Anwendung des § 5 Abs. 1 Satz 1 RStV auf den Hörfunk für sinnvoll (Kuczera [2004], S. 129 ff.).

460 OLG Köln Beschluss v. 7.3.2000 in der Rs. 16 W 8/00, NJW-RR 2001, 1051 (1052); LG Münster Urt. v. 24.6.1977 in der Rs. 10 O 154/77, AfP 1978, 106; LG Dortmund Urt. v. 7.1.1965 in der Rs. 6 Q 22/64, AfP 1966, 602; v. Coelln, SpuRt 2006, 134 (136); Krause (2006), S. 89 ff.; Summerer/Wichert, SpuRt 2006, 55 (58); Waldhauser (1999), S. 289; Tettinger, ZUM 1986, 497 (507); Stober, AfP 1981, 389 (395); Kübler (1978), S. 86.

461 Ebenso Strauß (2006), S. 172, 236 ff.; Meister, AfP 2003, 307 (310 f.); Badura, ZUM 1989, 317 (322); Doepner/Spieth, AfP 1989, 420 (424, 429); Papier, AfP 1989, 510 ff.

von Sportveranstaltungen steht vielmehr das kommerzielle Interesse der Sender an spannender Unterhaltung im Vordergrund. Dies wird bei der Argumentation im Interesse der Hörfunkveranstalter oft übergangen.

Die kommerzielle Vermarktung der Veranstaltungen steht damit nicht etwa aufgrund der Rundfunkfreiheit den Sendern zu, sondern ist vielmehr aus Sicht der Veranstalter grundrechtlich geschützt. Im Rahmen einer Abwägung der widerstreitenden Grundrechtspositionen müssen nämlich auch die Grundrechte der Sportveranstalter in eine Gesamtbetrachtung einbezogen werden[462]. Aus den in den Art. 12, 13 und 14 GG verankerten Grundrechten, insbesondere aus der Berufsfreiheit, ergibt sich für den Sportveranstalter das Recht zur umfassenden wirtschaftlichen Verwertung der Veranstaltungen, die er durch Organisationsarbeit und den Einsatz finanzieller Mittel und Eingehung unternehmerischen Risikos erst ermöglicht. Die generelle Tendenz zur Kommerzialisierung des Sports ist rechtlich gesehen nicht an sich problematisch[463].

cc) Vergleich des Hörfunks mit der Presse

Schließlich wird als Argument für ein dem Hausrecht entgegenstehendes Recht der Hörfunksender häufig angeführt, die Radioreportage habe weit größere Ähnlichkeit mit einer Zeitungsreportage als mit einer Fernsehübertragung[464]. Dies ergebe sich aus der Wesentlichkeit der Leistung des Reporters, der das Geschehen ja erst durch seine Beschreibung desselben erfahrbar mache. Es müsse zwischen der *Über*mittlung einer Veranstaltung durch das Fernsehen und der *Ver*mittlung des Gesehenen durch einen Radioreporter unterschieden werden[465]. Die Frage, ob die Live-Übertragung und Kommentierung einer Sportveranstaltung im Radio eher mit einem Zeitungsbericht oder eher mit einer Fernsehübertragung vergleichbar ist, stellt sich vor dem Hintergrund, dass die Presse seit jeher kostenfreien

---

462 Zur Güterabwägung ausführlich Strauß (2006), S. 253 ff. oder auch Meister, AfP 2003, 307 (310); Doepner/Spieth, AfP 1989, 420 ff.

463 S. auch Gröning, jurisPR-WettbR 7/2006 Anm. 5. Auch Brinkmann (ZUM 2006, 802 [809]), der eine „Schieflage im Wertverständnis“ sieht, übt letztlich gesellschaftspolitische Kritik. Papier, AfP 1989, 510 (514) sieht hingegen keinen Anlass für eine „publizistische Sozialisierung“ von Leistungen im Interesse von Unterhaltung.

464 Soehring/Hoene, § 6, Rn. 43; Hütt (2008), S. 328; v. Coelln, AfP Sonderheft 2007, 55 (63); v. Coelln, JurisPR-ITR 1/2006 Anm. 5; Agudo y Berbel/Engels, WRP 2005, 191 (198 f.); Mailänder, ZUM 2003, 820 (821 f.); Fikentscher, SpuRt 2002, 186 (188); Ory, AfP 2002, 195 (196 f.); Brinkmann, MP 2000, 491, 493 f.; ohne Begründung Friccius in: Steiner (1990), S. 18.

465 v. Coelln, AfP Sonderheft 2007, 55 (63); v. Coelln, SpuRt 2006, 185 (188).

Zutritt zu den Veranstaltungen erhält[466] und auf der anderen Seite die Fernsehsender durch die Veranstalter unstreitig für das Recht zur Übertragung zur Kasse gebeten werden dürfen. Es wird argumentiert, die Rundfunkfreiheit stehe einer durchgehenden Kommerzialisierung der Sportberichterstattung entgegen und gebiete daher eine Gleichbehandlung des Hörfunks mit der Presse[467].

Auch die Vertragsparteien sprechen in ihrer Begründung zum RStV von einer Ähnlichkeit zwischen Hörfunkberichterstattung und Presse. Allerdings geht es dort darum, dass der Hörfunk keine Bilder übermittelt, sondern durch einen Reporter vom Spiel berichtet und deshalb die kurze Dauer der Fernsehkurzberichterstattung nicht auf den Hörfunk übertragbar ist. Insofern besteht tatsächlich eine Parallele zur Presseberichterstattung: Ohne den Kommentar oder zumindest die Vermittlung eines Berichterstatters kommen beide Medien nicht aus. Für die Kurzberichterstattung im Radio nach Ende der Veranstaltung mag auch im Hinblick auf den Konsumenten eine Vergleichbarkeit zur Presse einleuchten. Der Unterschied liegt im Wesentlichen nur darin, dass die Nachricht gehört und im anderen Fall gelesen wird.

Andererseits darf dieser Vergleich aber nicht überstrapaziert werden. Wenn es nämlich um die Live-Übertragung der Veranstaltung geht, hat die Radioberichterstattung mit der Presse nahezu nichts mehr gemein. Der Unterschied zwischen Radio-Kurzberichterstattung und einer Live-Übertragung im Rundfunk wurde soeben dargestellt. Die Live-Übertragung bietet dem Hörer durch ihre Aktualität[468] gerade die Spannung und Unterhaltung, die auch im Fernsehen vermittelt wird. Insofern ist diese Form der Hörfunkberichterstattung wesentlich näher am Fernsehen als an der Presse zu verorten[469]. Sie setzt weniger auf Nachrichten und Information als auf Spannung und Unterhaltung. Der Konsument schaltet zu anderen Zwecken die Live-Übertragung im Radio ein, als er am nächsten

466 Wobei auch dies nicht gesetzlich geregelt ist und einiges dafür spricht, dass ein Anspruch auf freien Zutritt nicht ohne Weiteres aus Art. 5 Abs. I GG abzuleiten ist (LG Frankfurt Urt. v. 3.3.1988 in der Rs. 2/3 O 46/88, AfP 1989, 572; Summerer/Wichert, SpuRt 2006, 55 [57]). Aus dieser Tatsache folgert wiederum v. Coelln (AfP Sonderheft 2007, 55 [62]), dass auch Hörfunksender freien Zutritt zu Sportstätten haben müssten. Zu Tendenzen zur Kommerzialisierung auch der Wortberichterstattung, s. Winter, ZUM 2003, 531 (532, Fn. 15).

467 Darauf stellt auch ab v. Coelln, AfP Sonderheft 2007, 55 (61).

468 Das verkennt letztlich auch v. Coelln nicht (SpuRt 2006, 185 [188]).

469 Dittl (2013), S. 85; Krause (2006), S. 37; Strauß, ZUM 2006, 141 (143); Summerer/Wichert, SpuRt 2006, 55 (57); Wertenbruch, LMK 2006, 175921; Melichar in: FS Nordemann, S. 223; Tettinger, ZUM 1986, 497 (505).

Tag den Sportteil der Zeitung aufschlägt. Wenn als Abgrenzungskriterium zum Fernsehen immer wieder auf die maßgebliche Eigenleistung des Radioreporters verwiesen wird, wird zudem übersehen, dass auch Fernsehbilder nicht vollständig ohne Leistung des Sendeunternehmens auskommen. Sie vermitteln insbesondere dann einen verständlichen, interessanten und spannenden Eindruck von einer Veranstaltung, wenn sie durch eine Bildregie sinnvoll und effektvoll zusammengestellt werden[470]. Diese Umstände sind auch im Rahmen des Vergleichs zu beachten. Das Radio nimmt demnach eine eigene Position unter den Medien ein, die in unterschiedlicher Weise Sportveranstaltungen vermitteln oder von ihnen berichten.

dd) Ergebnis

Es zeigt sich also, dass das Hausrecht die rechtliche Grundlage für die Gestattung von Hörfunkübertragungen durch Sportveranstalter bildet. Die Sportler selbst haben auch im Bereich des Hörfunks keine eigenständigen Rechte zur Vermarktung ihrer Leistung. Es handelt sich bei der Rechtsposition auf Grundlage des Hausrechts nicht um ein absolut wirkendes Schutzrecht, sondern um eine Abwehrposition, die eine wirtschaftliche Verwertung der Sportveranstaltung durch entsprechende vertragliche Gestaltung praktisch umsetzbar macht[471]. Zwar bleibt die Reichweite der Rundfunkfreiheit in dieser Frage streitig. Doch existiert bereits heute eine etablierte Praxis, die in ihrer zivilrechtlichen Grundlage höchstrichterlich abgesegnet ist. Die Gerichte haben sowohl die aufgrund organisatorischen und finanziellen Aufwands der Veranstalter entstandenen Werte als schützenswert eingestuft als auch deren Vermarktungsinteresse als legitim anerkannt.

Auch in anderen Staaten werden Hörfunkrechte gegen Vergütung lizenziert. In den Niederlanden wurde durch den Hoge Raad bereits 1987 geklärt, dass eine Lizenzpflicht besteht[472]. Neben Frankreich, wo das Übertragungsrecht wie beschrieben kodifiziert ist, ist auch in Spanien, Italien, Irland, Polen, Slowenien und den USA eine Honorierung von Radio-Übertragungsrechten, z.B. an Fußballspielen, aber auch im Bereich Formel 1, Boxen und Tennis üblich[473]. Zur rechtlichen Situation in Großbritannien vgl. die Ausführungen unten, unter B.

---

470 Darauf verweisen zutreffend Summerer/Wichert, SpuRt 2006, 55 (57).

471 Hilty/Henning-Bodewig (2007), S. 55.

472 Hoge Raad Urt. v. 23.10.1987 in der Rs. „KNVB/NOS“, GRUR Int 1988, 784. Eingehend zum Urt. im Hinblick auf Fernsehrechte: Waldhauser (1999), S. 312 ff. Ferner Krause (2006), S. 52.

473 *Summerer* in: Fritzweiler/Pfister/Summerer, 4. Teil, Rn. 89; Frey in: Schwartmann, Kap. 13, Rn. 43; Summerer/Wichert, SpuRt 2006, 55 (59).

3. Hörfunkübertragungsrechte auf Grundlage der Vertragsfreiheit?

In der neueren Literatur zur Frage der Existenz von Hörfunkrechten wird ein weiterer, neuer Ansatz vertreten. Hütt kommt nach Verneinung der Existenz von Hörfunkrechten auf Grundlage des Hausrechts oder anderer Abwehr- oder Immaterialgüterrechte zu dem Ergebnis, dass sich aus der Vertragsfreiheit selbst ein Recht des Veranstalters zur Einforderung des Unterlassens der Berichterstattung von der jeweiligen Veranstaltung ergibt[474]. Rundfunkveranstalter dürfen und können nach dieser Ansicht von Veranstaltungen immer dann frei berichten, wenn der Veranstalter keine Rechte am Veranstaltungsort hat. Problematisch sei dies jedoch, sobald zur Berichterstattung zunächst Eigentums- oder Besitzrechte des Veranstalters überwunden werden müssten[475]. In solchen Fällen sei eine Berichterstattung nur möglich, wenn ein Vertrag zwischen Rundfunkunternehmen und Sportveranstalter geschlossen werde, durch den ersterem der Zutritt zum Veranstaltungsort gestattet werde. Anderenfalls könne nämlich der Veranstalter das Betreten des Geländes untersagen[476]. Ein Verzicht auf das Hausrecht sei jedoch nicht Gegenstand dieses Vertrages, da nicht auf Abwehransprüche verzichtet werde, sondern vielmehr Nutzungsrechte eingeräumt würden[477]. Deshalb sei das Hausrecht eben nicht Gegenstand des Vertrages, wohl aber ein Motiv für den Abschluss desselben[478]. Der Vertrag umfasse inhaltlich weit mehr, als durch den Verzicht auf das Hausrecht bewirkt werden könne.

In dieser Argumentation scheint fraglich, weshalb das Hausrecht als Gegenstand des Vertrags zwischen Rundfunkunternehmen und Sportveranstalter kategorisch ausgeschlossen wird. Wohl mag es gute Argumente dafür geben, dass das Hausrecht selbst kein Immaterialgut im Sinne einer wirtschaftlichen Verwertung umfasst. Diese Argumente wurden oben ausführlich diskutiert. Auch wird in den Verträgen über die Verwertung einer Sportveranstaltung im Rundfunk häufig mehr vereinbart als die bloße Gestattung des Zutritts zur Veranstaltungsstätte zu Zwecken der Berichterstattung. Trotzdem erscheint es zweifelhaft, den Verzicht auf die hausrechtlich begründete mögliche Zutrittsverweigerung

474 Nur Hütt (2008), S. 254. Zwar scheinen Verow/Lawrence/McCormick auf den ersten Blick ebenfalls den Ursprung des Übertragungsrechts in „contract“ zu sehen (s. ebd., S. 325 und 327), liest man diese Aussagen jedoch im Zusammenhang, wird deutlich, dass sie die faktische Basis für diese Verträge im Hausrecht des Veranstalters sehen, s. ebd., S. 325 ff., 328.

475 Hütt (2008), S. 252.

476 Hütt (2008), S. 253.

477 Hütt (2008), S. 98 f., 253.

478 Hütt (2008), S. 253.

als Vertragsinhalt auszuschließen. Wird ein Vertrag geschlossen, der die Berichterstattung eines Radioreporters aus einem Stadion oder einer Sporthalle ermöglicht, ist die Gestattung des Zutritts nun einmal ein wesentliches Element der Vereinbarung und darüber hinaus faktische Voraussetzung für die sinnvolle Gestaltung aller weiteren Vertragsinhalte wie z.B. der Nutzung technischer Infrastruktur am Veranstaltungsort. Das Rundfunkunternehmen wäre schlecht beraten, nicht auf einem Verzicht auf die aus dem Hausrecht sich ergebende mögliche Zutrittsverweigerung zu bestehen. Hütt selbst beschreibt, wie oben dargestellt, „Eigentum und Besitz" des Sportveranstalters als eine Hürde für den Zugang des Berichterstatters, die durch den Vertrag überwunden werde[479]. Unter Bezugnahme auf Eigentum und Besitz beschreibt sie hier genau die Konstellation, in der man, wenn es nämlich um den Zutritt zu Privatgrund geht, gerade vom „Hausrecht" als Ausprägung dieser Rechte spricht. Erwägungen, dass der Rundfunkreporter sich vermutlich nicht unerlaubten Zutritt zum Veranstaltungsort verschaffen will[480] und dass es auch seine Absicht nicht ist, das Eigentum des Sportveranstalters bei der Berichterstattung zu beeinträchtigen[481], spielen hier für die der Vereinbarung zugrunde liegenden Rechtspositionen keine Rolle. Das Hausrecht zum Schutze von Privatgrund besteht unabhängig von den guten oder schlechten Absichten potentieller Besucher des jeweiligen Geländes.

Eine weitere Schwierigkeit dieses Ansatzes liegt in der Verortung eines Rechts, über das ein Vertrag geschlossen wird, in der Vertragsfreiheit selbst. Nach Hütt soll sich aus der Vertragsfreiheit der Parteien das Recht des Sportveranstalters ergeben, die Hörfunkberichterstattung zu untersagen[482]. Demnach soll die allgemeine Vertragsfreiheit als Ausprägung des Grundsatzes der Privatautonomie und Ausfluss von Art. 2 Abs. 1 GG Grundlage für ein Recht sein, über das dann per Vertrag disponiert wird. Dies erscheint jedoch zweifelhaft. Die Privatautonomie ist ein verfassungsrechtlich verankerter Grundsatz[483], definiert als das Prinzip der Selbstgestaltung der Rechtsverhältnisse durch den Einzelnen nach eigenem Willen[484]. Die wichtigste Ausprägung dieses Grundsatzes ist die

479 Hütt (2008), S. 252 f.

480 So Hütt (2008), S. 98, 256.

481 So Hütt (2008), S. 98 f.

482 Hütt (2008), S. 254.

483 S. statt vieler Palandt-*Ellenberger*, vor § 104, Rn. 1. Vertiefend Flume in: Hundert Jahre deutsches Rechtsleben, S. 136 ff.

484 Brox, JZ 1966, 761; Flume in: Hundert Jahre deutsches Rechtsleben, S. 136.

Vertragsfreiheit[485], die im BGB zwar nicht normiert ist, auf der das System des Zivilrechts jedoch beruht[486]. Die Vertragsfreiheit umfasst u.a. die Abschlussfreiheit und die Gestaltungsfreiheit. Den Parteien steht es also grundsätzlich frei, ob sie einen Vertrag schließen wollen und welchen Inhalt dieser Vertrag haben soll. Grenzen der Vertragsfreiheit liegen in Kontrahierungszwängen[487] sowie dem Verbot des Verstoßes gegen zwingendes Recht und gegen die guten Sitten in §§ 134, 138 BGB[488].

Diese Grundsätze haben, wie die Begriffe (Privat-)Autonomie und (Vertrags-) Freiheit schon deutlich machen, die Einräumung eines Freiraums für den Einzelnen zum Inhalt. Sie erlauben eine grundsätzliche Wahlfreiheit als Fundament des Systems Zivilrecht. Damit gestatten sie dem Einzelnen, über Rechte, die ihm zustehen, prinzipiell nach Belieben zu verfügen und Vertragsbeziehungen nach eigenem Gutdünken zu gestalten. Vertragsbedingungen dürfen zwischen den Parteien ausgehandelt werden. Der Grundsatz der Vertragsfreiheit an sich begründet jedoch nicht weitere Rechte, über die wiederum per Vertrag disponiert werden kann. Vielmehr muss eine Rechtsposition demjenigen, der über sie verfügen will, bereits aufgrund anderweitiger zivilrechtlicher Zuordnung zustehen. Erst dann kann die Vertragsfreiheit ihm sinnvoller Weise gestatten, damit nach Gutdünken zu verfahren. Inhalt und Grenzen der Privatautonomie werden durch die Rechtsordnung bestimmt[489]. Die Vertragsfreiheit erfordert schon begrifflich die Rechtsordnung als Bezugsrahmen[490]. Aus der Gewährleistung der Vertragsfreiheit lassen sich aber keine konkreten Schlüsse auf den Inhalt der Privatrechtsordnung selbst ziehen[491].

Deshalb kann sich aus der Vertragsfreiheit des Rundfunkunternehmens und des Sportveranstalters nicht das Recht des Letzteren ergeben, vom Ersteren die Unterlassung einer Hörfunkberichterstattung zu verlangen. Vielmehr kann sich ein solches nur aus der Privatrechtsordnung selbst ergeben. Die Vertragsfreiheit räumt lediglich die Möglichkeit ein, über ein solches Recht nach eigenem Ermessen zu verfügen oder dies zu unterlassen. Auch der Inhalt von Vertragsbedingungen ergibt sich im Einzelfall aus den jeweiligen Verhandlungspositionen,

---

485 MK-*Busche*, vor §§ 145, Rn. 2; Larenz, S. 41.

486 Palandt-*Ellenberger*, vor § 104, Rn. 1; *Lapp* in: jurisPK-BGB, 6. Aufl. 2012, § 311 BGB, Rn. 3 (zuletzt aufgerufen am 11.8.2014).

487 S. dazu etwa MK-*Busche*, vor §§ 145, Rn. 12 ff.

488 S. etwa MK-*Busche*, vor §§ 145, Rn. 25.

489 Flume in: Hundert Jahre deutsches Rechtsleben, S. 136.

490 Brox, JZ 1966, 761; Flume in: Hundert Jahre deutsches Rechtsleben, S. 137.

491 Flume in: Hundert Jahre deutsches Rechtsleben, S. 138.

also aus den bestehenden Rechten der Parteien, nicht jedoch aus der Freiheit, die Vertragsbedingungen aushandeln zu dürfen. Es existiert ein fundamentaler Unterschied zwischen dem Gegenstand eines Vertrages und der Freiheit, diesen Vertrag zu schließen.

Aus diesen grundsätzlichen Erwägungen heraus ist die Lösung von Hütt abzulehnen. Hütt zeigt wie beschrieben vielmehr selbst auf, dass das Hausrecht des Veranstalters die Grundlage dafür schafft, dass zwischen ihm und den Rundfunkunternehmen ein Vertrag geschlossen wird, der unter anderem gerade einen Verzicht auf die im Hausrecht begründete Ausschlussmöglichkeit vom Zutritt zur Veranstaltung beinhaltet. Die weiteren Bedingungen, die die Parteien miteinander aushandeln, z.B. das Entgelt und/oder die Nutzungsmöglichkeiten von Infrastruktur, sind letztlich Verhandlungssache. Sie sind Ausfluss der Privatautonomie und in ihrer Ausgestaltung unabhängig von der zugrunde liegenden Rechtsposition. Ohne diese Rechtsposition als Grundlage der Verhandlungen kommt das Rechtsgeschäft jedoch nicht aus. Der Verzicht des Hausrechtsinhabers auf seine Möglichkeit, dem Vertragspartner den Zutritt zu verweigern, und die Verknüpfung dieses Verzichts mit bestimmten Bedingungen sind die wesentlichen Inhalte des Vertrages. Hätte der Veranstalter diese Möglichkeit der Zutrittsverweigerung nicht, käme es zu keiner Vertragsverhandlung, da das Sendeunternehmen keinen Anlass zu irgendwelchen Vereinbarungen hätte. Einschränkungen können sich, wie oben beschrieben, aus grundrechtlichen Erwägungen ergeben. Diese ändern jedoch nichts an der zugrunde liegenden rechtlichen Konstellation.

4. Ergebnis

Insgesamt ist daher festzustellen, dass die Gestattung der Übertragung von Sportereignissen im Hörfunk, soweit sie über die nachrichtenmäßige Kurzberichterstattung hinausgeht, ihre Grundlage im Hausrecht findet. Eine wettbewerbsrechtliche Grundlage ist aufgrund der wesentlichen Eigenleistung des Reporters zu verneinen. Daher kann auch durch den Veranstalter nicht verhindert werden, dass etwa jemand eine Veranstaltung im Fernsehen verfolgt und darüber für den Hörfunk (auch live) berichtet[492]. Diese Form der Umgehung des „Erwerbs von Hörfunkrechten" dürfte in der Praxis jedoch für professionelle Radioreporter nicht in Frage kommen, da die Beschränkung auf das Fernsehbild und die von der Regie gewählten Blickwinkel neben einer Einschränkung der

492 Dies erwähnt zutreffend Ehmann, GRUR Int 2009, 659 (660).

Beurteilungsfähigkeit des Berichterstatters auch bedeutet, dass keine Interviews mit Sportlern oder anderen Beteiligten möglich wären.

III. IPTV, Internetfernsehen und Web-TV

1. Internetbasierte Übertragung

Im Vergleich zum klassischen Fernsehen und zum Hörfunk relativ neu ist die digitale Verbreitung von Inhalten mit Hilfe des Internet-Protokolls (IP)[493]. Die Digitalisierung[494] ermöglicht u.a. eine weitaus effizientere Nutzung von Übertragungskapazitäten[495]. Die Begriffe wie IPTV, Internetfernsehen und Web-TV, die diese Technologien beschreiben, werden nicht einheitlich verwendet[496]. Hier soll jedoch ein Überblick über die verschiedenen Modelle gegeben und für den Zweck dieser Untersuchung sinnvolle Begrifflichkeiten festgelegt werden.

Beim Empfang von Inhalten über IP am Fernsehgerät ist in der Regel von „IPTV" die Rede. Werden die Inhalte am Rechner empfangen, spricht man häufig von „Internetfernsehen" oder „Web-TV". Teilweise wird jedoch auch hier von IPTV gesprochen[497]. Zum Zwecke der Unterscheidung soll im Folgenden mit IPTV jedoch nur der Empfang am Fernsehgerät gemeint sein. Für den Abruf im Internet über den PC sollen hier die Begriffe Internetfernsehen und Web-TV verwendet werden. Dabei ist mit Internetfernsehen für die Zwecke dieser Untersuchung der Empfang des zeitgleich laufenden Fernsehprogramms am PC, das sogenannte „Live Streaming"[498], gemeint. Unter Web-TV sollen hier Angebote

---

493 Auch bezeichnet als TCP/IP (Transmission Control Protocol/Internet Protocol). Zu technischen Standards s. etwa Flatau, ZUM 2007, 1 (4).

494 Zur Entwicklung in Deutschland s. etwa Janik in: Schwartmann, Kap. 8, Rn. 3 ff.; Spoerr/Luczak, ZUM 2010, 553. Zu den politischen Zielen der EU in diesem Zusammenhang s. etwa Herbert Ungerer, Rede vom 20.9.2004, Università di Napoli, abrufbar unter: http://ec.europa.eu/competition/speeches/text/sp2004_013_en.pdf (zuletzt aufgerufen am 11.8.2014).

495 Janik in: Schwartmann, Kap. 8, Rn. 6, 7; Engel/Lüdemann, ZUM 2008, 904 f.

496 Heintschel v. Heinegg, AfP 2008, 452; Kleinke, AfP 2008, 460; Hoeren, MMR 2008, 139, 143.

497 Kleinke, AfP 2008, 460. Beispielhaft s. Langhoff, ZUM 2007, 447. Zur Definition durch die ITU s. Dokument Nr. FG IPTV-ID-0025 der Focus Group IPTV, von der 1. Sitzung der FG IPTV in Genf, 10.-14. Juli 2006, abrufbar unter: http://www.itu.int/ITU-T/IPTV/events/072006/docs/ID/FGIPTV-ID-0025e.doc (zuletzt aufgerufen am 11.8.2014), das jedoch sehr vage bleibt.

498 Janik in: Schwartmann, Kap. 8, Rn. 40. Kleinke, AfP 2008, 460 (461) bezeichnet dies als „Simulcasting". Mit diesem Begriff wurde jedoch idR die gleichzeitige analoge und digitale Ausstrahlung desselben Programms durch Rundfunkanstalter

verstanden werden, die von ihrer Konzeption her für die Nutzung am PC gedacht sind und die zeitsouverän vom Nutzer abgerufen werden können, auch „Webcasting“[499] genannt. Beide Dienste werden im Internet verbreitet.

Allen genannten Erscheinungsformen der internetbasierten Übertragung ist gemeinsam, dass Bild und/oder Ton auf Basis des Internetprotokollstandards übermittelt werden[500]. Die Übermittlung erfolgt zumeist über das Internet oder mit Hilfe von DSL-Technik über das Telefonkabel[501]. Eine Übertragung ist technisch aber ebenfalls über alle rückkanalfähigen breitbandigen Leitungen wie das Fernsehkabel oder auch über Satellit, Terrestrik oder Mobilfunknetze möglich[502]. Die Darstellung der Ton- oder Bildaufnahmen findet stets in Form von „Streaming“ statt[503]. Dabei werden die Daten gleichzeitig heruntergeladen und wiedergegeben. Dies kann entweder (fast)[504] in Echtzeit oder wie beschrieben zu einem vom Nutzer gewählten Zeitpunkt kostenlos oder kostenpflichtig geschehen[505]. Die Qualität der Bild- und Tonwahrnehmung steht der des herkömmlichen Rundfunks heute aufgrund der breitbandigen Verbindungen nicht nach, sie kann sogar besser sein[506].

Beim IPTV wird das Signal über geschlossene Datennetze angeboten, um seitens des Netzbetreibers die erforderliche Übertragungskapazität jederzeit sicherstellen zu können[507]. Dies erfolgt innerhalb geographisch begrenzter

---

bezeichnet (s. Spoerr/Luczak, ZUM 2010, 553; Janik in: Schwartmann, 1. Aufl., 1.5, Rn. 16).

499 Kleinke, AfP 2008, 460 (461).

500 Dörr/Kreile/Cole, Kap. D, Rn. 21; Janik in: Schwartmann, Kap. 8, Rn. 39 f.; Büchner, CR 2007, 473 (476); Eingehend zum technischen Hintergrund z.B.: Breunig, MP 2007, 478 ff.; Flatau, ZUM 2007, 1 ff. S. ferner Eberle, ZUM 2007, 439 ff.; Langhoff, ZUM 2007, 447. Zu regulatorischen Fragen s. etwa Eilers, SpuRt 2006, 221 (224 ff.), ferner Janik in: Schwartmann, Kap. 8, Rn. 30 ff. Zur TK-Regulierung s. Weisser/Bauer, MMR 2003, 709; Zur Gebührenpflicht s. Tschentscher, AfP 2001, 93.

501 Hier ist teilweise von DSL-TV die Rede, s. etwa Langhoff, ZUM 2007, 447. In Deutschland wurde zuerst das Telefonkabel mit dem V-DSL-Hochgeschwindigkeitsnetz der DTAG für IPTV ausgebaut (s. Büchner, CR 2007, 473 [476]).

502 Janik in: Schwartmann, Kap. 8, Rn. 39; Büchner, CR 2007, 473 (475); Flatau, ZUM 2007, 1 (2).

503 Kleinke, AfP 2008, 460 (461).

504 Zu Details s. Kleinke, AfP 2008, 460 (461).

505 Sasse/Waldhausen, ZUM 2000, 837 (839).

506 Eilers, SpuRt 2006, 221 (222).

507 Büchner, CR 2007, 473 (476); Langhoff, ZUM 2007, 447. Ferner Stopper/Lentze, Kap. 3, Rn. 85 f.

entsprechend ausgebauter Netzwerke, die zumeist die Grenzen eines Mitgliedstaats der EU nicht überschreiten[508]. Der Empfang am Fernsehgerät ist mittels einer Set-Top-Box möglich[509]. Vom klassischen Fernsehen unterscheidet sich IPTV technisch durch den ständig bereitgestellten Rückkanal per Telefonleitung. Beispielsweise findet das Umschalten der Programme (für den Zuschauer unbemerkt) nicht am Fernsehgerät selbst, sondern im Server des Anbieters statt[510]. Der Anbieter ist nicht die Sendeanstalt, sondern ein Internet-Provider[511] oder Kabelnetzbetreiber[512].

2. Sportangebote über IP

Im IPTV sind die Fernsehprogramme der Sendeanstalten empfangbar und damit auch alle Programminhalte des „herkömmlichen" Fernsehens, einschließlich Sportübertragungen, ob als Pay-TV kostenpflichtig oder frei empfangbar. IPTV ermöglicht außerdem über einen Rückkanal interaktive Dienste und Abrufdienste wie „Video-on-Demand"[513] und „near-Video-on-Demand"[514] sowie Online-Spiele, Wettangebote, Teleshopping und Ähnliches. Beispielsweise kann sich der Zuschauer seine eigene Bundesliga-Konferenz zusammenstellen oder während einer entsprechenden Sendung über die Fernbedienung Sportwetten abschließen[515].

Im offenen Internet finden sich neben Sportinformationsdiensten[516] verschiedene Formen der Übertragung von Sportveranstaltungen. Neben der Live-Übertragung der Veranstaltung in Bild und Ton (Live-Streaming)[517] werden

---

508 Kleinke, AfP 2008, 460 (461); Eberle, ZUM 2007, 439 (440); Langhoff, ZUM 2007, 447.

509 Näher zu Empfangstechnik und Bereitstellung des Programms s. etwa Flatau, ZUM 2007, 1 (2 f.).

510 Kleinke, AfP 2008, 460 (461); Flatau, ZUM 2007, 1 (3).

511 Langhoff, ZUM 2007, 447; Hoeren, MMR 2008, 139.

512 S. *Summerer* in: Fritzweiler/Pfister/Summerer, 4. Teil, Rn. 9.

513 Hoeren, MMR 2008, 139; Breunig, MP 2007, 478 (478 f.). Weiterführend Eberle, ZUM 2007, 439 (440).

514 Hierbei kann der Zuschauer den Zeitpunkt des Abrufs einer Sendung (meist: Spielfilme) nicht ganz frei wählen, kann aber in festen Intervallen auf den Stream zugreifen, der jeweils neu gestartet wird, s. Kleinke, AfP 2008, 460 (461).

515 Büchner, CR 2007, 473 (76).

516 Beispielsweise bei www.sport1.de, www.bundesliga.de oder www.sport.de.

517 Ein Beispiel für einen Anbieter aus dem Sportbereich ist z.B. DEL-T, wo Spiele der deutschen Eishockey-Liga übertragen werden. Weitere Bsp. bei Breunig, MP 2007, 478 (484); Ring/Gummer, ZUM 2007, 433 (435).

auch Live-Audio-Übertragungen[518] von Sportveranstaltungen oder Audio-on-Demand-Dienste angeboten. Erstmals gab es Videoclips von der Fußball-Weltmeisterschaft 2002 auf der Website der FIFA zu sehen[519]. Mittlerweile sind nach Spielschluss Fußball-Clips sowie Spielzusammenfassungen teilweise kostenpflichtig abrufbar[520]. Im offenen Internet werden außerdem sowohl die frei empfangbaren Radio- und Fernsehsender der Rundfunkanstalten übertragen als auch Pay-TV (Live Stream / Internetfernsehen)[521]. Schließlich bietet auch das Internet VoD und nVoD-Dienste. Die eigenen Programmangebote der Netzbetreiber spielen bislang gegenüber den etablierten Sendeanstalten noch keine sehr große Rolle, nehmen aber zu[522]. Web-TV und IPTV entwickeln sich im Bereich der Sportangebote aber zusehends zu einer Konkurrenz für das „herkömmliche" Fernsehen[523].

3. Mediale Verwertungsrechte für IP-Übertragungen

Im Hinblick auf die Rechtsgrundlage der Übertragung ergeben sich für die Verbreitung im Streaming über IP keine Unterschiede gegenüber den Fernseh- bzw. Hörfunkrechten[524]. Um die entsprechenden Bilder und/oder Töne übertragen zu können, ist genauso wie bei herkömmlichem Fernsehen und

---

518 So z.B. unter www.bundesliga.de für die Spiele der Fußball-Bundesliga („Liga-Radio").

519 Dreesen in: Schierl (2007), S. 87.

520 Angebot des Axel Springer-Verlags auf www.bild.de, s. FR v. 18.4.2012, S. 3.

521 Beispiele sind: HR-Fernsehen und HR-Radiosender über www.hr-online.de, BR-Radio über www.br-online.de; Inforadio rbb über www.inforadio.de; DW-Radio über www.dwelle.de

522 *Summerer* in: Fritzweiler/Pfister/Summerer, Teil 4, Rn. 10; Hoeren, MMR 2008, 139.

523 Voss, INSIGHT 2006/10, 14 (15); Das ist auch in den USA der Fall, s. Wintermantel (2008), S. 148. Zu Bedeutung und Wachstum von IPTV s. z.B. Martin Fabel, A.T. Kearney-Analyse „IP-TV – The end of TV as we know it?", abrufbar unter: http://www1.medientage.de/db_media/mediathek/vortrag/500491/Fabel_Martin.pdf (zuletzt aufgerufen am 11.8.2014). Zu urheberrechtlichen Fragen im Zusammenhang mit dieser Technologie s. Hoeren, MMR 2008, 139; Ory, K&R 2006, 303. Zur regulatorischen Einordnung s. etwa Büchner, CR 2007, 473 (477 f.); Potthast, ZUM 2007, 443; Ring/Gummer, ZUM 2007, 433. Zum europarechtlichen Rahmen s. etwa Heintschel v. Heinegg, AfP 2008, 452.

524 Nemeczek, IPRB 2010, 163 (164); Eilers, SpuRt 2006, 221 (224); Kuczera (2004), S. 136 f.; Mailänder, ZUM 2003, 820 (822). Auch in der Praxis werden die Rechte gleich behandelt, s. Mitteilung Gemeinsame Vermarktung der Medienrechte an der UEFA Champions League auf Ausschließlichkeitsgrundlage, ABl. EG C 196/3 v. 17.8.2002, Rn. 21.

Hörfunk ein Vertrag über das Aufstellen technischer Einrichtungen am Veranstaltungsort bzw. die Nutzung solcher Einrichtungen erforderlich. Bei Einspeisung von bestehenden Fernsehprogrammen in IPTV-Angebote und Streaming über das Internet wird ohnehin dieselbe Quelle des Bild- oder Tonmaterials genutzt. Die „Lizenzierung" durch den Veranstalter erfolgt daher auch bei „Internet-Rechten" auf Grundlage der oben unter I., II. dargestellten Rechtspositionen[525].

Im Hinblick auf lauterkeitsrechtliche Abwehransprüche ist hier darauf zu achten, inwieweit durch internettypische Formen der Verwendung von Aufnahmen von einer Übernahme der Leistung auszugehen ist. Werden nur kurze Spielsequenzen übernommen, liegt ein Abwehranspruch deutlich ferner als beim Live-Stream des gesamten Wettkampfs. Eine typische Nutzungsform im „Web 2.0" ist das sogenannte „User Generated Content", bei dem der Internetnutzer auf hierfür bereitgestellten Plattformen eigene Bilder oder Videos öffentlich zugänglich macht. Für den Bereich der Sportveranstaltungen sind dies z.B. durch Privatpersonen zugänglich gemachte kurze Mitschnitte, wie im Fall „Hartplatzhelden". Hier liegt eine geringere Intensität der Leistungsübernahme als bei der Verwertung ganzer Veranstaltungen in hoher Bildqualität vor, weshalb es entscheidend auf die wettbewerbliche Eigenart der Veranstaltung sowie auf die Gefährdung des Investitionsanreizes des Veranstalters ankommen wird. Es stellt sich auch die Frage, ob mit entsprechenden Aufnahmen tatsächlich noch die Leistung „Sportveranstaltung" selbst abgeschöpft wird oder ob nicht durch die Auswahl eines eigenen Blickwinkels und einer konkreten, dem Gesamtkontext entzogenen Wettkampfsituation schlicht ein Geschehen aufgezeichnet wird, dem ein veranstaltungsbezogener Mehrwert nicht anhaftet[526]. Dabei ist auch zu berücksichtigen, dass solche Formen der Verbreitung durchaus positive Auswirkungen auf Attraktivität und Bekanntheitsgrad der Veranstaltung selbst haben können. Vor allem verfolgen diese Nutzungen keinen kommerziellen Zweck, sondern dienen dem Informationsaustausch. Daher wird einerseits kaum von einer Gefahr des Marktversagens auszugehen sein, während andererseits zusätzlich Grundrechtspositionen der Internetnutzer aus Art. 5 Abs. 1 zu berücksichtigen sind. Aus diesen Gründen wird beim „User Generated Content" ein lauterkeitsrechtlicher Abwehranspruch des

525 Zu Unterschieden bezüglich der urheberrechtlichen Einordnung der Nutzung des Basissignals s. Büchner, CR 2007, 473 (478 ff.), ferner Janik in: Schwartmann, Kap. 8, Rn. 38.

526 Ebenso Paal, CR 2009, 438 (439).

Veranstalters mangels plausibler Darlegung eines drohenden Marktversagens häufig scheitern[527].

Im Einzelfall kann bei Web 2.0-typischen Nutzungen an Abwehrrechte der einzelnen Sportler aus ihrem Recht am eigenen Bild zu denken sein. Sollen Videosequenzen verwendet werden, bei denen ein unbekannter Amateursportler bei einer Veranstaltung ohne Eignung zur medialen Verwertung zur „Hauptsache" der Szene wird, kann das Persönlichkeitsrecht des Sportlers wie oben unter I. 1. beschrieben gegenüber dem Informationsinteresse der Allgemeinheit überwiegen, so dass eine Verwendung ohne Erlaubnis gem. § 22 KunstUrhG verboten wäre. Ähnlich wie beim Fernsehen werden solche Videosequenzen allerdings kaum für eine Vermarktung geeignet sein, so dass § 22 KunstUrhG in der Praxis nicht zur Grundlage eines „Verwertungsrechts" des Sportlers wird.

IV. Dritte Generation Mobilfunk

1. Übertragung auf mobile Endgeräte

Die dritte Generation des Mobilfunks (durch die Europäische Kommission häufig bezeichnet als „3G Mobile") erlaubt über Standards wie DVB-H und DMB[528] die terrestrische Übertragung audiovisueller Inhalte auf mobile Endgeräte. Auch über den sogenannten UMTS-Standard, der eine wesentlich höhere Datenübertragungsrate als noch die zweite Generation des Mobilfunks (GPRS-Technologie, basierend auf dem GSM-Standard) ermöglicht[529], können entsprechende Dienste angeboten werden[530]. Die Versteigerung der UMTS-Lizenzen in Deutschland erregte im Jahr 2000 große mediale Aufmerksamkeit. Über die verschiedenen technischen Standards lassen sich multimediale Dienste und interaktives mobiles Fernsehen für tragbare Geräte realisieren[531]. Anders als beim klassischen Rundfunk findet hier keine Punkt-zu-Multipunkt-Übertragung statt,

---

527 Ebenso Maume, MMR 2008, 797 (802).

528 S. zu den Standards etwa Janik in: Schwartmann, Kap. 8, Rn. 44 ff.; Büchner, CR 2007, 473 (476 f.).

529 Zur technischen Entwicklung hin zu UMTS s. Blessing (2003), S. 74.

530 Allerdings können hier Frequenzknappheiten auftreten, s. Janik in: Schwartmann, Kap. 8, Rn. 44. Zum technischen Hintergrund s. etwa Ory, ZUM 2007, 7 (9); Breunig, MP 2006, 550 ff.; Blessing (2003), S. 74 f.; ferner Eilers, SpuRt 2006, 221 (226).

531 Zu den Möglichkeiten von UMTS s. etwa Blessing (2003), S. 76 ff. Zu urheberrechtlichen Fragen im Zusammenhang mit dieser Technologie s. Hoeren, MMR 2008, 139 ff. Zur regulatorischen Einordnung s. etwa Bauer/v. Einem, MMR 2007, 423 (424 ff.); Potthast, ZUM 2007, 443 ff.; Ring/Gummer, ZUM 2007, 433 ff.; Eilers, SpuRt 2006, 221 (226 f.); Reinemann, ZUM 2006, 523 (528 f.).

sondern wird ein Dienst Punkt-zu-Punkt übertragen. Neben dem Handy gibt es verschiedene kleine, mobile Empfangsgeräte, auf deren Displays und über deren Lautsprecher entsprechende Sendungen konsumiert werden können. Aufgrund der Übertragungstechnik basieren die Angebote für Smartphones und andere mobile Endgeräte auf dem Prinzip „always on" bzw. „always connected"[532]. Das Gerät ist dauerhaft im Standby-Betrieb, und Dienste wie einige I-Phone-Apps aktualisieren sich, ohne dass der Nutzer dies aktiv anfordern muss.

2. Mobile Angebote von Sportinhalten

Erstmals wurden 2001 in einem Test für den finnischen Markt Torszenen der Eishockey Weltmeisterschaft für mobile Endgeräte produziert[533]. In Japan waren die Videoclips der FIFA von der Fußball-WM 2002 bereits mobil zu empfangen[534]. Seit der Spielzeit 2003/2004 vergibt die UEFA Rechte an der Champions League für UMTS-Geräte[535], und 2003 kam die Bundesliga erstmals als MMS auf das Handy[536]. Das IOC gestattete erstmals zu den Sommerspielen in Athen 2004 eine Verwertung im Mobilfunk (und im Internet), und erst vier Jahre später wurden die Sommerspiele von Peking weltweit in den „Neuen Medien" verwertet[537]. Bislang spielt das „mobile Fernsehen" über Geräte der dritten Mobilfunkgeneration in Deutschland noch keine sehr große Rolle[538]. In Korea oder Japan hat die Entwicklung jedoch wesentlich früher begonnen und ist deutlich weiter fortgeschritten. Auch hierzulande wird aber für die Zukunft mit einer wachsenden Rolle dieser Nutzungsart gerechnet, wenn auch die Prognosen seit Beginn der Diskussion vorsichtiger geworden sind[539]. Zwar ist die unveränderte Übertragung der Sendungen des Fernsehens auf mobile Endgeräte möglich, doch wird der Schwerpunkt der Entwicklung voraussichtlich auf speziell zugeschnittenen

---

532 Eilers, SpuRt 2006, 221 (226); Blessing (2003), S. 74; Elter (2003), S. 29.

533 Dreesen in: Schierl (2007), S. 87.

534 Dreesen in: Schierl (2007), S. 87.

535 Boyle/Haynes (2004), S. 113.

536 Dreesen in: Schierl (2007), S. 87.

537 Werkers/Lefever/Valcke, 2008/3-4 ISLJ 42 (42 f.).

538 Stopper/Lentze, Kap. 3, Rn. 1. Zur Entwicklung der Technologie und der Diskussion um den bevorzugten technischen Standard s. z.B. Eberle, ZUM 2007, 439 (441 f.); Ory, ZUM 2007, 7 ff.; Breunig, MP 2006, 550 (551 f.); Schmitz, epd medien 2006 Nr. 46, S. 3.

539 Hoeren, MMR 2008, 139 (144); Bauer/v. Einem, MMR 2007, 423; Ring/Gummer, ZUM 2007, 433 (436); Breunig, MP 2006, 550 (550, 559). Die Ergebnisse einer Studie präsentieren Kaumanns/Siegenheim, MP 2006, 498 ff.

Punkt-zu-Punkt-Angeboten für mobile Nutzer liegen[540], wobei der Sport unter den attraktiven Inhalten eine besondere Rolle spielt[541].

3. Mediale Rechte für mobile Empfangsgeräte

Was die Grundlage der zu diesem Zweck geschlossenen „Lizenzverträge" angeht, kann ebenfalls auf die Ausführungen zu Fernsehen und Hörfunk verwiesen werden[542]. Grundlage der audiovisuellen Sendungen ist nämlich das für das Fernsehen produzierte Bildmaterial[543]. Auch im Falle besonderer „Handy-TV"-Angebote wird auf dieses oder in gleicher Weise hergestelltes Material zurückgegriffen, so dass für die Rechtsgrundlage der Übertragungsrechte nichts anderes gelten kann als für Fernseh- oder Hörfunkrechte[544].

V. Public Viewing

Seit der Fußball-WM 2006 in Deutschland ist der neudeutsche Begriff „Public Viewing" verbreitet. Gemeint sind Veranstaltungen, bei denen die Öffentlichkeit eingeladen wird, die Spiele live über einen großen Bildschirm oder auf einer Leinwand mitzuverfolgen. Gezeigt wird die jeweilige Fernsehübertragung. Häufig geschieht dies im Freien, teilweise auf öffentlichen Plätzen oder in Biergärten; Public Viewing kann aber auch in einer Gaststätte oder einem anderen Raum angeboten werden[545]. Im Hinblick auf die Fußball-Weltmeisterschaften hat z.B. 2010 die FIFA ein Regelwerk aufgestellt, wonach Veranstaltungen dieser

---

540 Breunig, MP 2006, 550 (561). Ein Beispiel ist die „Tagesschau in 100 Sekunden", die speziell für Handy-TV und Internet entwickelt wurde (s. z.B. epd medien 2007 Nr. 56, S. 12, epd medien 2007 Nr. 49, S. 13 f.). Zu anderen Angeboten: epd medien 2007 Nr. 12, S. 14.; FAZ v. 15.11.2006 „Wir wollen einen leichten Schauer erzeugen"; epd medien 2006 Nr. 83, S. 16. Zu Angeboten von Vodafone s. ferner Eilers, SpuRt 2006, 221 (226, Fn. 74).

541 Repräsentative Studie der ARD/ZDF Medienkommission „Mobiles Fernsehen: Interessen, potenzielle Nutzungskontexte und Einstellungen der Bevölkerung" in: MP 2007, 11 ff. (13, 14, 16).

542 Eilers, SpuRt 2006, 221 (226); Kuczera (2004), S. 137; Mailänder, ZUM 2003, 820 (822).

543 Mitteilung Gemeinsame Vermarktung der Medienrechte an der UEFA Champions League auf Ausschließlichkeitsgrundlage, ABl. EG C 196/03 v. 17.8.2002, Rn. 19.

544 Zu Unterschieden bezüglich der urheberrechtlichen Einordnung der Nutzung des Basissignals s. auch hierzu Büchner, CR 2007, 473 (478 ff.).

545 Seit der Fußball-WM 2006 ist diese Form des Konsums von Sportveranstaltungen sehr beliebt geworden, s. Geese/Zeughardt/Gerhard, MP 9/2006, 454 (456 ff.); Gerhard, MP 9/2006, 465 (472).

Art genehmigungspflichtig und in einigen Fällen auch lizenzgebührenpflichtig sind[546]. Nichtgewerbliche Veranstaltungen sollen demnach gebührenfrei sein, „gewerbliche" hingegen kostenpflichtig. Als gewerblich gilt nach diesem Reglement eine Veranstaltung, für die entweder Eintrittsgeld zu entrichten ist, die gesponsert wird oder durch die ihr Veranstalter einen anderen geschäftlichen Vorteil erlangt. Ähnliche Regeln hat bereits zur WM 2006 die Rechteagentur Infront veröffentlicht[547]. Daher stellt sich die Frage, auf welcher Rechtsgrundlage dies geschieht und ob der FIFA als Veranstalter der Fußball-WM „Public Viewing-Rechte" an der Veranstaltung zustehen, die sie ggf. auf eine Vermarktungsagentur wie Infront übertragen kann.

1. Die Public-Viewing-Regeln

Das FIFA-Reglement zu Public-Viewing-Veranstaltungen legt fest, dass es Bestandteil eines jeden „Lizenzvertrages" ist, der zwischen einem Public-Viewing-Veranstalter und der FIFA geschlossen wird. Außerhalb einer solchen vertraglichen Vereinbarung hat es jedoch keine Geltung. Das Reglement als solches kann daher nicht die Grundlage eines Verwertungsrechts an Public-Viewing-Veranstaltungen bilden. Dasselbe muss für die vergleichbaren Bestimmungen von Infront oder anderen Rechteverwertern gelten. Genauso wenig wie die Vertragsfreiheit die Inhalte von Verträgen bestimmt, kann die Regelung eines privaten Unternehmens Geltung erlangen, ohne dass sie Bestandteil einer vertraglichen Vereinbarung wird.

2. § 87 UrhG

Möglicherweise ergibt sich eine Lizenzpflicht für Public-Viewing-Veranstaltungen aus dem Leistungsschutz des Sendeunternehmens. § 87 Abs. 1 Nr. 3 UrhG verleiht ein ausschließliches Recht, eine Funksendung[548] der Öffentlichkeit gegen

---

546 FIFA-Reglement für Public-Viewing-Veranstaltungen, Anhang A betrifft „gewerbliche" und Anhang B „nicht gewerbliche" Veranstaltungen. Die Dokumente sind abrufbar unter: (Anhang A) http://de.fifa.com/mm/document/tournament/loc/01/12/91/88/2010fwc_fifareglementf%C3%BCrgewerblichepublicviewingveranstaltungen_de.pdf und (Anhang B) http://de.fifa.com/mm/document/tournament/loc/ 01/12/91/96/2010fwc_fifareglementf%C3%BCrnichtgewerblichepublicviewingveranstaltungen_de.pdf (beide zuletzt aufgerufen am 11.8.2014).

547 S. etwa Pressemeldung der FIFA v. 20.1.2005 „Grünes Licht für WM-Feste in allen Städten", abrufbar unter: http://de.fifa.com/tournaments/archive/worldcup/germany2006/news/newsid=36491/index.html (zuletzt aufgerufen am 11.8.2014).

548 Die Funksendung muss den Begriff des Senderechts gem. §§ 20, 20a UrhG erfüllen (*Ehrhardt* in: Wandtke/Bullinger, § 87, Rn. 14).

Zahlung eines Eintrittsgeldes zugänglich zu machen[549]. Bei der Live-Übertragung eines Fußballspiels im Fernsehen handelt es sich um eine Funksendung iSd § 20 UrhG. Allerdings steht dieses Recht dem Sendeunternehmen zu. Sendeunternehmen iSd UrhG[550] ist nicht der Veranstalter des Sportwettkampfs, sondern das Unternehmen, das im Rahmen einer auf Dauer angelegten Sendetätigkeit eine Funksendung durchführt, die zum unmittelbaren und zeitgleichen Empfang durch die Öffentlichkeit bestimmt ist[551]. Entscheidend für die Eigenschaft als Sendeunternehmen ist neben technischen Aspekten die Programmverantwortung des Senders. Sendeunternehmen wird damit in aller Regel der Fernsehanbieter sein, der die Rechte an der Live-Übertragung vom Veranstalter erworben hat. Damit steht dem Sportveranstalter kein eigenes Recht aus § 87 Abs. 1 Nr. 3 UrhG zu.

3. Rechtsposition aus abgetretenem Recht

Denkbar wäre, dass sich die Sportveranstalter beim Abschluss der „Lizenzverträge" mit Sendeunternehmen deren Recht aus § 87 Abs. 1 Nr. 3 UrhG vertraglich einräumen ließen. Das Recht ist in der Tat gem. § 87 Abs. 2 UrhG übertragbar. Hier könnte eine Grundlage für die behauptete Rechtsposition von Sportveranstaltern bzw. Vermarktern liegen.

Das Recht des Sendeunternehmens aus § 87 Abs. 1 Nr. 3 UrhG knüpft an die Erhebung eines Eintrittsgeldes an. Wird demnach für eine Public-Viewing-Veranstaltung ein Eintrittsgeld erhoben, hat das Sendeunternehmen oder derjenige, an den es dieses das Recht übertragen hat, das Recht, über die Gestattung einer solchen Veranstaltung, ggf. gegen Lizenzentgelt, zu entscheiden. Abzugrenzen sind Fälle, in denen ein Gelände, wie etwa ein Freizeitpark, ohnehin nur gegen Eintrittsgeld betreten werden darf und dort (ohne Erhöhung des Eintrittspreises) lediglich zusätzlich zum üblichen Vergnügungsangebot auch eine Sportveranstaltung gezeigt wird. Im Einzelfall wird es hier auf den Schwerpunkt des Unterhaltungsangebots sowie auf dessen Bewerbung ankommen[552].

Fraglich bleibt jedoch, auf welcher Grundlage eine Lizenzpflicht für die übrigen Fälle existieren könnte, die in den betreffenden Reglements als „gewerblich"

---

549 S. allgemein dazu Kreile in: Dörr/Kreile/Cole, Kap. K, Rn. 73.

550 Es handelt sich hierbei um einen urheberrechtlichen Begriff, unabhängig von den rundfunkrechtlichen Staatsverträgen (*v. Ungern-Sternberg* in: Schricker/Loewenheim § 87, Rn. 12; *Ehrhardt* in: Wandtke/Bullinger, § 87, Rn. 8).

551 S. *Dreier* in: Dreier/Schulze, UrhR, § 87, Rn. 5; *v. Ungern-Sternberg* in: Schricker/Loewenheim, § 87, Rn. 12 ff.; *Ehrhardt* in: Wandtke/Bullinger, § 87, Rn. 8.

552 Reinholz, K&R 2010, 364 (366).

eingestuft werden. Dabei handelt es sich um Fälle, in denen ein indirektes Eintrittsgeld erhoben wird, die Veranstaltung gesponsert wird oder der Ausrichter einen geschäftlichen Vorteil erzielt. Ein indirektes bzw. verdecktes Eintrittsgeld wird dann erhoben, wenn mit dem Zutritt zum Veranstaltungsort z.B. eine Mindestverzehrverpflichtung verbunden ist. Ähnliche Fälle sind die spürbare Erhöhung von Getränke- und Essenspreisen während des Public Viewing oder etwa die verpflichtende Abnahme eines Programmhefts. Auch das verdeckte Eintrittsgeld ist als Eintrittsgeld iSd § 87 Abs. 1 Nr. 3 UrhG anzusehen, da es keinen Unterschied macht, in welcher Form ein Eintrittsgeld erhoben wird. Auch hier greift somit das Recht des Sendeunternehmens[553].

Von den Fällen des indirekten Eintrittsgelds abzugrenzen sind Fälle, in denen durch das Angebot des Public Viewings ein geschäftlicher Vorteil in Form der Ankurbelung des allgemeinen Geschäfts, etwa einer Gaststätte, entsteht. Werden lediglich mehr Gäste angelockt oder Kunden an ein Unternehmen gebunden, besteht kein Leistungsschutzrecht des Sendeunternehmens[554]. Diese Unterscheidung ist dem Gesetzeswortlaut zu entnehmen und geht auf den ausdrücklichen Willen des Gesetzgebers zurück, der diese Regelung im Zuge der Einführung des 1966 in Kraft getretenen UrhG als Reaktion auf die Entscheidung des BGH in der Sache AKI[555] schuf. In der Sache AKI hatte der BGH im Jahr 1962 im Hinblick auf ungenehmigte Kino-Vorführungen von Fernsehsendungen, die gegen Entgelt zugänglich waren, auf das Wettbewerbsrecht zurückgegriffen und diese als Schmarotzen an fremder Leistung für unrechtmäßig erklärt. Der Gesetzesbegründung zum UrhG ist eindeutig zu entnehmen, dass das Schutzrecht zugunsten der Sendeunternehmen auf das unbedingt Erforderliche beschränkt sein und Fernsehwiedergaben in Gaststätten, die ohne Eintrittsgeld zugänglich sind, nicht erfassen soll[556]. In Anbetracht der damals weitaus geringeren Verbreitung von

553 Ebenso *Melichar* in: Schricker/Loewenheim, § 52, Rn. 17; Reinholz, K&R 2010, 364 (366); Diesbach/Bormann/Volrath, ZUM 2006, 265 (267); Gaertner/Raab/Gierschmann/Freytag, K&R 2006, 1 (5); Hamacher/Efing, SpuRt 2006, 15 (17); Krekel, SpuRt 2006, 59 (60); Wittneben/Soldner, WRP 2006, 675 (678); *Hillig* in: Möhring/Nicolini, § 87, Rn. 40. Ferner Stopper/Lentze, Kap. 3, Rn. 95. Zweifelnd wohl Kreile, ZUM 2012, 177 (184).

554 Ebenso Reinholz, K&R 2010, 364 (366); Schwarz/Hansen, IPRB 2010, 114 (116); *Ehrhardt* in: Wandtke/Bullinger, § 87, Rn. 23; Diesbach/Bormann/Volrath, ZUM 2006, 265 (267); Reinholz, WRP 2005, 1485 (1487). Dieser Regelung gegenüber kritisch Götting, ZUM 2005, 185.

555 BGH Beschl. v. 27.2.1962 in der Rs. I ZR 118/60 – AKI, GRUR 1962, 470.

556 BT-Drs. 4/270, S. 97.

Fernsehgeräten in den Haushalten war dem Gesetzgeber die große Attraktivität dieser Art von Veranstaltungen bewusst. Daher ist eine gegenteilige Auslegung der Norm nicht zulässig. Somit ist klar, dass in den Fällen, in denen ein geschäftlicher Vorteil des Ausrichters des Public Viewings entsteht, der nicht aus einem direkten oder indirekten Eintrittsgeld herrührt, keine Lizenzpflicht besteht. Diese wird seitens FIFA bzw. Infront lediglich behauptet.

Interessant ist, dass die Reglements den Fall des Sponsorings der Public-Viewing-Veranstaltung herausheben und ebenfalls als Grundlage für eine Lizenzpflicht ansehen. Es stellt sich damit die Frage, ob Sponsoring genauso zu beurteilen sein könnte wie der Fall der Erhebung eines Eintrittsgeldes. Der Wortlaut der Regelung des § 87 Abs. 1 Nr. 3 UrhG spricht klar gegen die Erfassung des Sponsorings[557]. Die Wortwahl „Eintrittsgeld“ im Gegensatz zu „Erwerbszweck“ etwa in § 52 Abs. 1 UrhG spricht in systematischer Hinsicht ebenso deutlich gegen die Erfassung weiterer Erwerbszwecke durch die Regelung. Die Schlussfolgerung, die Hamacher/Efing aus §§ 85, 94 UrhG ziehen[558], ist aus demselben Grund unzutreffend. Gerade der Unterschied zwischen den Regelungen des Leistungsschutzes für Sendeunternehmen und den Verwertungsrechten von Tonträger- und Filmherstellern zeigt, dass hier aus systematischer Sicht eine Ausweitung des § 87 UrhG auf Fälle ohne Eintrittsgeld (die auch dem Wortlaut widerspräche) nicht möglich ist. Vielmehr hat der Gesetzgeber bewusst eine Unterscheidung vorgenommen[559], was sich aus der bereits erwähnten Gesetzesbegründung[560] auch ergibt, die Hamacher/Efing jedoch übersehen[561]. Zudem ist es beim Sponsoring ein Dritter, der die Veranstaltung finanziert, nicht der Besucher des Public Viewings, während § 87 Abs. 1 Nr. 3 UrhG eindeutig auf ein Zwei-Personen-Verhältnis abstellt[562]. Es ist auch nicht ersichtlich, inwiefern das Sponsoring aus Sicht des Leistungsschutzrechts anders zu bewerten sein sollte als Konstellationen, in denen Gaststätten bei kostenlosem Zutritt von einem erhöhten Besucheraufkommen profitieren. Das Argument, die Sponsoring-Gelder

557 Ebenso Reinholz, K&R 2010, 354 (366); Schwarz/Hansen, IPRB 2010, 114 (116); Diesbach/Bormann/Volrath, ZUM 2006, 265 (268); Krekel, SpuRt 2006, 59 (60); etwas zögerlich ebenfalls Gaertner/Raab/Gierschmann/Freytag, K&R 2006, 1 (6). Anders *Ehrhardt* in: Wandtke/Bullinger, § 87, Rn. 23; Hamacher/Efing, SpuRt 2006, 15 (17 f.).

558 SpuRt 2006, 15 (18).

559 Ebenso Krekel, SpuRt 2006, 59 (61); Wittneben/Soldner, WRP 2006, 675 (679).

560 BT-Drs. 4/270, S. 97.

561 Ebenso Krekel, SpuRt 2006, 59 (60).

562 Krekel, SpuRt 2006, 59 (60).

würden maßgeblich durch die Kommerzialisierung der Ware Fußball erzielt und stellten daher eine Ausnutzung der Leistung eines Dritten dar[563], kann am Wortlaut der Schutznorm nichts ändern und gehört allenfalls in eine Prüfung ergänzenden lauterkeitsrechtlichen Leistungsschutzes. Damit ist auch die Behauptung, bei Sponsoring müsste Public Viewing lizenziert werden, derzeit ohne rechtliche Grundlage.

4. Lauterkeitsrecht

Möglicherweise besteht aber ein lauterkeitsrechtlicher Schutz der Sportveranstaltung, der die Fälle des Public Viewings ohne direkte oder indirekte Eintrittsgelder erfasst. Mit dem Anbieten einer Public Viewing-Veranstaltung liegt unproblematisch eine geschäftliche Handlung vor. Fraglich ist jedoch bereits, ob ein Mitbewerberbezug gegenüber dem Sportveranstalter gegeben ist. Eine Konkurrenzsituation im engeren Sinne gibt es zwischen dem Zeigen eines Fußballspiels, etwa im Biergarten, und der Veranstaltung des Wettbewerbs selbst nicht. Gleichwohl ist nach dem hier bevorzugten weiten Verständnis des Mitbewerberbezugs[564] davon auszugehen, dass beide Unternehmen bezwecken, Zuschauer mit der Sportveranstaltung zu unterhalten. Daher kann auch der Mitbewerberbezug wohl noch bejaht werden[565].

Fraglich ist jedoch, ob eine unlautere geschäftliche Handlung vorliegt. Hierbei ist zu beachten, dass eine Entscheidung, unter welchen Voraussetzungen eine urheberrechtlich geschützte Fernsehsendung Gästen einer eigenen Veranstaltung lizenzfrei gezeigt werden darf, bereits durch § 87 Abs. 1 Nr. 3 UrhG getroffen wurde. Demnach kommt es auf die Erhebung eines indirekten oder unmittelbaren Eintrittsgeldes an. Diese gesetzliche Wertung ist bei der Auslegung des Lauterkeitsrechts zu beachten. Die Veranstaltung kostenfreien Public Viewings müsste daher in besonderer Weise unlauter sein, um einen ergänzenden Leistungsschutz des Veranstalters auszulösen. Beispiele für unlautere Handlungen finden sich in § 4 UWG.

Vorliegend kommt ein Fall der unlauteren Nachahmung gem. § 4 Nr. 9 UWG in Frage. Dabei scheidet eine Herkunftstäuschung aus. Jedem Besucher einer Gaststätte, in der Fußballspiele gezeigt werden, ist sich darüber im Klaren, dass

---

563 Hamacher/Efing, SpuRt 2006, 15 (17).

564 Vgl. oben I. 4. c) bb).

565 Ebenso Reinholz, K&R 2010, 364 (367).Verneinend dagegen Diesbach/Bormann/Vollrath, ZUM 2006, 265 (272).

das gezeigte Spiel nicht die Veranstaltung des Gastronomiebetreibers ist[566]. Der Charakter des Public Viewings ist für jeden erkennbar durch eigenständige Leistungen des Public Viewing-Veranstalters wie den Veranstaltungsort, das Speisen- und Getränkeangebot sowie die Größe der Leinwand usw. geprägt, nicht etwa durch eine Leistung des Sportveranstalters. Auch bei der Einbindung von Sponsoren ist klar, dass diese lediglich die Public Viewing-Veranstaltung unterstützen und nicht die Sendung selbst anbieten.

Es könnte in der lizenzfreien Public Viewing-Veranstaltung jedoch eine Rufausbeutung oder -beeinträchtigung gem. § 4 Nr. 9 lit. b) UWG liegen. Bei der Vorführung der jeweiligen Sendungen vor Publikum geht es dem Veranstalter des Public Viewing aber nicht darum, den guten Ruf des Veranstalters, Vermarkters oder auch des Sendeunternehmens auszunutzen und dadurch attraktiv zu werden. Die Attraktivität des Public Viewings liegt vielmehr in der Wahrnehmbarmachung der Sportveranstaltung selbst in angenehmer Atmosphäre[567]. Das Bezwecken einer Rufschädigung liegt gänzlich fern. Auch handelt es sich bei Public Viewing nicht um ein zwangsläufiges Nebengeschäft des Sportveranstalters, Public Viewing zu veranstalten, in das sich der Gastwirt etwa hineindrängte[568].

Die Einbeziehung etwaiger Sponsoren ändert an dieser Sichtweise nichts, da auch die Sponsorengelder nicht etwa „maßgeblich aus der Kommerzialisierung der Ware Fußball erwirtschaftet“[569], sondern ebenfalls auf Grundlage des Gesamtangebots des Gastwirts bzw. Veranstalters an die Zuschauer eingenommen werden[570]. Gerade bei Fußball-Welt- und Europameisterschaften, anlässlich derer zumeist Public Viewing angeboten wird, sind die Zuschauer nicht auf solche Veranstaltungen angewiesen, um die Spiele sehen zu können. Sie wählen eine bestimmte Veranstaltung vielmehr gerade aufgrund von Kriterien wie Größe der Leinwand, Zuschauerzahl, Stimmung, Rahmenprogramm sowie Speisen- und Getränkeangebot des jeweiligen Gastwirts oder Veranstalters aus.

Schließlich wäre noch an eine unlautere Behinderung des Sportveranstalters oder Vermarkters gem. § 4 Nr. 10 UWG durch kostenloses und ggf. gesponsertes Public Viewing zu denken. Dazu müssten jedoch deren Absatzbemühungen

566 Ebenso Reinholz, K&R 2010, 364 (368); Diesbach/Bormann/Volrath, ZUM 2006, 265 (272).

567 Ebenso Reinholz, K&R 2010, 364 (368), Diesbach/Bormann/Volrath, ZUM 2006, 265 (272).

568 S. zur Unlauterkeit in einem solchen Fall BGHZ 27, 264 Urt. v. 22.4.1958 in der Rs. I ZR 67/57 – Box-Programmheft, GRUR 1958, 549.

569 Hamacher/Efing, SpuRt 2006, 15 (17).

570 Ebenso Krekel, SpuRt 2006, 59 (61).

durch Public Viewing-Veranstalter gezielt behindert werden. Daran könnte zu denken sein, wenn die Werbung rund um die Sportveranstaltung nicht mit ausgestrahlt würde[571]. Eine solche Praxis ist jedoch im Allgemeinen nicht gegeben. Eine gezielte Behinderungsabsicht ist zudem fernliegend[572].

Damit spricht nichts für eine Unlauterkeit des Angebots von kostenfreiem Public Viewing ohne Lizenz. Auch aus dem ergänzenden Leistungsschutz kann der Sportveranstalter (oder der Vermarkter) keine Grundlage für eine Lizenzpflichtigkeit solcher Veranstaltungen ziehen.

5. Ergebnis

Soweit Public Viewing gegen direktes oder indirektes Eintrittsgeld angeboten wird, ist die Veranstaltung gegenüber dem Sendeunternehmen gem. § 87 Abs. 1 Nr. 3 UrhG lizenzpflichtig. Dieses Recht kann etwa an den Sportveranstalter oder einen Vermarkter übertragen werden, was diesen zur Entscheidung über die Erteilung einer Lizenz berechtigen würde. In Fällen von kostenfrei zugänglichen Public Viewing-Veranstaltungen bleiben Regelungen über eine Lizenzpflichtigkeit ohne rechtliche Grundlage im Urheber- oder Wettbewerbsrecht. Ein betriebsbezogener Eingriff gem. §§ 823, 858, 1004 BGB ist ebenfalls nicht erkennbar. Hier zeigen sich damit deutlich die Grenzen der Rechtsposition eines Sportveranstalters. Ein eigenes „Public Viewing-Recht" hat er nicht - selbst wenn ein solches zuweilen behauptet wird.

VI. Computeranimationen

Eine jüngere Entwicklung ist das Angebot von Computeranimationen im Fernsehen oder auf Webseiten, bei denen bestimmte Situationen aus Sportveranstaltungen, insbesondere von Fußballspielen, in Form computeranimierter Bilder nachgestellt werden. Hierdurch können dem Zuschauer zusätzlich andere Blickwinkel auf das Geschehen angeboten werden als bei den Fernsehbildern, die an den jeweiligen Kamerastandort gebunden sind. Die Bilder ähneln denen eines Videospiels oder eines Animationsfilms. Mit Hilfe interaktiver Funktionen des digitalen Fernsehens oder im Internet kann der Zuschauer seinen Blickwinkel innerhalb der Animation auch selbst wählen[573]. Zusätzlich können bei der Computeranimation vielfältige graphische Mittel zum Einsatz kommen. Beispielsweise

---

571 BGH Urt. v. 24.6.2004 in der Rs. I ZR 26/02 - Werbeblocker; *Köhler* in: Köhler/Bornkamm, UWG § 4, Rn. 10.71.

572 Ebenso Diesbach/Bormann/Volrath, ZUM 2006, 265 (273).

573 Ausführlich zu den Möglichkeiten Bullinger/Jani, ZUM 2008, 897 (898).

können Markierungen vorgenommen oder Bewegungen des Balls oder von Spielern als Linien dargestellt werden. Diese computergestützten Animationen des Geschehens werden häufig für Analysen der Taktik, des Spielverhaltens oder einer Schiedsrichterentscheidung eingesetzt. Aber auch z.B. beim Tennis werden computeranimierte Bilder verwendet, etwa wenn der Aufprall eines Balls auf oder knapp neben der Linie aus nächster Nähe gezeigt wird.

Hier stellt sich nun ebenfalls die Frage, ob es „Rechte" an der Sportveranstaltung gibt, die dieser Form der Verwertung des Geschehens zugrunde liegen. Auch hier wäre zunächst an das Urheberrecht zu denken. Wie oben unter I. 1. jedoch bereits festgestellt, gibt es kein Urheberrecht am Verlauf eines Fußballspiels. Wird ein Spieler in der Animation so charakteristisch dargestellt, dass er klar erkennbar ist, könnte auch hier an das Recht am eigenen Bild einen Anspruch begründen. Allerdings gilt im Hinblick auf die Persönlichkeitsrechte für die Computeranimation nichts anderes als für Fernsehbilder, weshalb auch hier von einer erlaubnisfreien Nutzung ausgegangen werden kann. Entscheidend ist bei der Computeranimation vielmehr, wie sie entsteht. Um eine dreidimensionale digitale Nachbildung des Geschehens auf dem Platz erstellen zu können, muss auf die Aufnahmen für das Fernsehen zurückgegriffen werden. Aus den Bildern derselben Situation aus verschiedenen Kamerawinkeln kann mit Hilfe einer speziellen Software ein 3-D-Modell errechnet werden, das der graphisch aufbereiteten Animation zugrunde liegt. Damit wird deutlich, dass Grundlage der Erstellung einer Computeranimation nicht das natürliche Spielgeschehen selbst ist, sondern erst die Bilder der Veranstaltung, die durch die Fernsehkameras eingefangen werden. Damit handelt es sich bei der 3-D-Animation letztlich um eine weitere Verwertungsform im Rahmen der „Fernsehrechte". Ein eigenes „Recht" des Sportveranstalters besteht nicht. Vielmehr wird sich ein eventueller Anbieter von Animationen, der nicht zugleich auch die Fernsehbilder verwertet, mit dem Ersteller des Basissignals für die Fernsehbilder über die erforderlichen Nutzungsrechte am Bildmaterial einig werden müssen[574]. Die Rechte am Fernsehsignal oder eventuelle durch Bildregie und die Verwendung von Grafiken entstehende Rechte sind jedoch nicht Gegenstand dieser Untersuchung[575], sondern lediglich die Frage nach „Rechten", die sich aus der Ausrichtung der Veranstaltung selbst ergeben.

---

574 Die Tatsache, dass einige Sportveranstalter heute in der Praxis zugleich das Fernsehsignal erstellen, ändert nichts daran, dass diese Nutzungsrechte ausschließlich an die Produktion der Bilder anknüpfen und nicht an der Veranstaltung des jeweiligen Wettkampfs.

575 S. dazu Bullinger/Jani, ZUM 2008, 897. Ferner Kreile, ZUM 2012, 177 (182).

VII. Rechte in Bezug auf Informationen über eine Sportveranstaltung?

Neben den oben untersuchten Rechten an Übertragungen im Rundfunk, über Internet oder auf Endgeräte der dritten Generation des Mobilfunks können auch bestimmte Informationen im Zusammenhang mit massenattraktiven Sportveranstaltungen viel Geld wert sein. Wettanbieter beispielsweise benötigen genaue und zuverlässige Informationen über Zeitpunkt und Teilnehmer von Veranstaltungen, um ihr Geschäft betreiben zu können. Weitere Fälle sind Wettangebote, die auf den Verlauf einer Sportveranstaltung bezogen sind, sowie Live-Ticker, die in Textform zeitnah vom Spielgeschehen berichten oder „digitale Schachbretter".

1. Spielpläne und Veranstaltungsankündigungen

Grundlage für Planung und Durchführung des Wettgeschäfts sind zunächst einmal die Informationen, die Sportveranstaltungen ankündigen. Dazu gehören die wesentlichen Informationen über Zeitpunkt, Austragungsort, Teilnehmer, ggf. Handicaps und andere Parameter, die eine Wette auf den Ausgang einer Veranstaltung ermöglichen. Auch die aktuelle Tabelle einer Liga hat hier eine wichtige Funktion.

Wenn auch die DFL aus naheliegenden Gründen der Ansicht ist, ein Spielplan[576] stelle ein urheberrechtlich geschütztes Werk dar[577], genügt eine Auflistung von Spielpaarungen in Verbindung mit Orts- und Zeitangaben mangels Schöpfungshöhe nicht den Anforderungen an ein Werk im Sinne von § 2 UrhG. Es fehlt bei der Zusammenstellung der Liste an einer persönlichen geistigen Schöpfung gem. § 2 Abs. 2 UrhG[578]. Interessanter ist es, eventuelle Schutzmöglichkeiten als Datenbank oder durch das Lauterkeitsrecht zu untersuchen.

a) Schutz gem. Datenbankrichtlinie

Die Frage, ob Sport- bzw. Ligaveranstalter gegenüber Wettanbietern auf Basis des Datenbankherstellerrechts aus Art. 7 der Datenbankrichtlinie[579] einen Anspruch auf Vergütung für die Nutzung der durch sie erstellten Spielpläne haben,

---

576 Zur Erstellung durch die DFL mit Hilfe eines Rechners: „Dem Zufall keine Chance – Ein Schlauberger namens I_Log entwirft den Spielplan der Fußball-Bundesliga", FR v. 21.6.2013, S. 28.

577 Janka/v. Duisburg, Sponsors, Heft 8/2011, S. 28.

578 Ebenso Kainer (2014), S. 108.

579 Richtlinie 96/9/EG des Europäischen Parlaments und des Rates vom 11. März 1996 über den rechtlichen Schutz von Datenbanken, ABl. EG L 77/20 v. 27.3.1996 (im Folgenden: „EU-Datenbankrichtlinie"), in der BRD umgesetzt u.a. durch §§ 87a ff. UrhG. Zur zuvor bestehenden Rechtslage s. Heinrich, WRP 1997, 275 ff.; OLG

war Gegenstand der „Fixtures Marketing"-Fälle[580] und des „British Horseracing Board"-Falls[581], die den Europäischen Gerichtshof im Jahr 2004 beschäftigten und über die er gemeinsam entschied. Später befasste sich der EuGH in der Sache „Dataco"[582] mit der Frage, ob Spielplänen der englischen und schottischen Fußballprofiligen als Datenbankwerke ein Schutz gem. Art. 3 Abs. 1 der Richtlinie zukommt.

aa) Schutz von Spielplänen durch Schutzrecht sui generis gem. Art. 7 Abs. 1 Datenbankrichtlinie?

Den Verfahren aus dem Jahr 2004 lagen Vorlagefragen aus Finnland, Schweden, Griechenland und Großbritannien zugrunde, die sich auf die richtige Auslegung der EU-Datenbankrichtlinie bezogen. Diese Richtlinie wurde in der Bundesrepublik im Jahr 1997 umgesetzt[583]. Als systematisch geordnete Zusammenstellungen von einzeln zugänglichen Informationen können Spielpläne u.ä. grundsätzlich Datenbanken im Sinne der Richtlinie darstellen[584]. Die Vorlagefragen zielten letztlich alle darauf ab, ob Spielpläne von Fußballligen oder aber Vorab-Informationen zu Pferderennen (betreffend Zeitpunkt, Austragungsort, Distanz, teilnehmende Pferde und Reiter, Handicaps usw.), also Sammlungen von Informationen über Sportveranstaltungen, durch den Investitionsschutz der EU-Datenbankrichtline erfasst sind und dem Hersteller auf Grundlage der Erstellung dieser Spielpläne die Rechte gem. Art. 7 Abs. 1 Datenbankrichtlinie zustehen[585]. In allen Ausgangsverfahren waren diese Informationen, die durch den jeweiligen Veranstalter der Sportwettkämpfe im Rahmen der Planung der Liga bzw. des Rennbetriebs erstellt worden waren, zugleich die Grundlage des Geschäfts von Wettanbietern. Die Kläger sahen in der Nutzung dieser Daten

---

Karlsruhe Urt. v. 25.9.1996 in der Rs. 6 U 46/96, WRP 1997, 55 ff.; Kritisch zur Umsetzung im Rahmen des Urheberrechts Ehmann, GRUR 2008, 474 ff.

580 EuGH Urt. v. 9.11.2004 in den Rs. C-46/02, C-338/02 und C-444/02 – Fixtures Marketing.

581 EuGH Urt. v. 9.11.2004 in der Rs. C-203/02 – British Horseracing Board.

582 EuGH Urt. v. 1.3.2012 in der Rs. C-604/10 – Football Dataco.

583 Durch Gesetz vom 22.7.1997 (BGBl. I 1997, 1870) in Kraft getreten am 1.8.1997 und (Änd. UrhG) 1.1.1998. Die hier relevanten Regelungen finden sich in §§ 4 Abs. 2, 87a ff. UrhG.

584 *Thum* in: Wandtke/Bullinger, § 87a UrhG, Rn. 73.

585 In den vorliegenden Fällen herrschte Einigkeit darüber, dass es an einem urheberrechtlichen Schutz für die Spielpläne selbst mangels Schöpfungshöhe fehlte.

durch die jeweiligen Beklagten ohne Lizenz unberechtigte Entnahmen[586] eines wesentlichen Inhalts einer Datenbank.

Das Recht, das die EU-Datenbankrichtlinie in Art. 7 Abs. 1 einführt, gestattet dem Hersteller einer Datenbank, die Entnahme oder Verwendung ihres Inhalts unter bestimmten Umständen zu untersagen. Die Richtlinie bezweckt mit diesem Schutzrecht sui generis den Schutz der Datenbank, ohne jedoch die dort verarbeiteten Informationen selbst zu schützen[587]. Sie zielt vielmehr auf einen Schutz der Investition, die hinter der Erstellung einer Datenbank steht[588]. Deshalb ist Voraussetzung für diesen Schutz, dass für die Beschaffung, die Überprüfung oder die Darstellung des Inhalts der jeweiligen Datenbank eine in qualitativer oder quantitativer Hinsicht wesentliche Investition erforderlich war[589].

Die Generalanwältin Stix-Hackl befürwortete in ihren Schlussanträgen zu diesen Verfahren[590] eine weite Auslegung des Begriffs Datenbank iSd Art. 7 RL 96/9. Spielpläne und Vorabinformationen zu Pferderennen seien als Datenbanken im Sinne der Vorschrift einzuordnen, da die Investitionen, die für die Organisation des Liga- bzw. des Rennbetriebs eingesetzt worden waren, als Investitionen in die Beschaffung der für die Datenbank erforderlichen Daten zu betrachten seien. Es komme nicht darauf an, dass die betreffenden Spielpläne bzw. Vorabinformationen möglicherweise lediglich ein Nebenprodukt dieser organisatorischen Tätigkeiten seien. Auf den Zweck der Herstellung einer Datenbank komme es für ihre Schutzwürdigkeit nämlich nicht an. Deshalb liege in der Organisation der Veranstaltungen eine Investition, die die Kriterien von Art. 7 Abs. 1 der Richtlinie erfülle und die der Herstellung der Spielpläne und Vorabinformationen diene. Somit handle es sich bei den streitgegenständlichen Informationen über Sportveranstaltungen um durch die EU-Datenbankrichtlinie

---

586 Weiterführend zum Begriff der Entnahme s. etwa EuGH Urt. v. 5.3.2009 in der Rs. C-545/07, K&R 2009, 320 ff.; EuGH Urt. v. 9.10.2008 in der Rs. C-304/07 – Directmedia, GRUR 2008, 1077 ff.; BGH Urt. v. 21.11.1991 in der Rs. I ZR 190/89 – Leitsätze, GRUR 1992, 382 (384); OLG München Urt. v. 10.5.2007 in der Rs. 29 U 1638/06 – Subito, K&R 2007, 418, Rn. 149. S. zur Frage der Intensität der Nutzung einer Datenbank durch Wettanbieter ferner Heermann/John, K&R 2011, 753 (754, 756 ff.).

587 Näher zum Datenbankrecht z.B.: Sendrowski, GRUR 2005, 369 ff.; Raue/Bensinger, MMR 1998, 507 ff. Ferner Herrmann/Dehißelles, K&R 2009, 23 ff.

588 S. u.a. Begründungserwägungen 7 und 39 der EU-Datenbankrichtlinie.

589 Art. 7 Abs. 1 EU-Datenbankrichtlinie (s. § 87a Abs. 1 Satz 1 UrhG).

590 Schlussanträge der Generalanwältin Christine Stix-Hackl v. 8.6.2004 in den Rs. C-46/02, C-203/02, C-338/02 und C-444/02.

geschützte Datenbanken, deren Hersteller sich auf Art. 7 der Richtlinie berufen könne.

Der Gerichtshof folgte dieser Sichtweise jedoch nicht. Er entschied, dass weder für die Erstellung von Spielplänen für Fußballligen noch für die Zusammenstellung von Vorabinformationen zu Pferderennen eine wesentliche Investition erforderlich ist, die den Schutz des durch die Richtlinie eingeführten Schutzrechts sui generis rechtfertigen kann. Der Gerichtshof unterscheidet nämlich zwischen Investitionen, die für die Erzeugung der Daten selbst erforderlich sind und den Investitionen, die für die Zusammenstellung dieser Daten in einer Datenbank benötigt werden[591]. Deshalb können bei der Frage nach wesentlichen Investitionen in die Spielpläne bzw. Vorabinformationen die Kosten für die Organisation der Veranstaltungen selbst nicht berücksichtigt werden. Vielmehr erfordert die spätere Auflistung der Informationen über die bereits organisierte Veranstaltung keinen nennenswerten zusätzlichen Aufwand. Damit erfüllen Spielpläne als Datenbanken nicht die Voraussetzungen für den Schutz durch das Schutzrecht sui generis aus Art. 7 RL 96/9[592]. Der Gerichtshof begründet diese Unterscheidung mit dem Zweck der EU-Datenbankrichtlinie. Dieser sei erkennbar darauf gerichtet, einen Anreiz für die Einrichtung von Systemen für die Speicherung und die Verarbeitung vorhandener Informationen zu geben und nicht für das Erzeugen von Elementen, die später in einer Datenbank zusammengestellt werden könnten[593].

Im Hinblick auf den Hintergrund und die erklärte Zielrichtung der EU-Datenbankrichtlinie erscheint die Unterscheidung, die der EuGH vornimmt, überzeugend. Ein Blick in die 39. Begründungserwägung der Richtlinie macht deutlich, dass der intendierte Schutz der Investition des Datenbankherstellers Investitionen „in die Beschaffung und Sammlung des Inhalts" der Datenbank erfassen soll. Wie auch die Generalanwältin darlegt, ist mit „Beschaffung" von Daten gerade nicht deren Erschaffung gemeint, sondern wird Bezug auf bestehende Daten genommen[594]. Auch die anderen Sprachfassungen der Richtlinie stützen nach ihrer Ansicht diese Auslegung[595]. Ein weiteres starkes Argument für

---

591 EuGH Urt. v. 9.11.2004 in der Rs. C-203/02 – British Horseracing Board, Rn. 34.

592 S. z.B. EuGH Urt. v. 9.11.2004 in der Rs. C-46/02, Rn. 44.

593 S. z.B. EuGH Urt. v. 9.11.2004 in der Rs. C-46/02, Rn. 34.

594 Schlussanträge der Generalanwältin Christine Stix-Hackl v. 8.6.2004 in den Rs. C-46/02, Rn. 62.

595 Schlussanträge der Generalanwältin Christine Stix-Hackl v. 8.6.2004 in den Rs. C-46/02, Rn. 62-66.

die Unterscheidung bezüglich der berücksichtigten Investitionen liefert die 19. Begründungserwägung der Richtlinie, die wie folgt lautet:

> „Normalerweise fällt die Zusammenstellung mehrerer Aufzeichnungen musikalischer Darbietungen auf einer CD nicht in den Anwendungsbereich dieser Richtlinie, da sie als Zusammenstellung weder die Voraussetzungen für einen urheberrechtlichen Schutz erfüllt, noch eine Investition im Sinne eines Schutzrechts sui generis darstellt, die ausreichend erheblich wäre, um in den Genuss eines Rechts sui generis zu kommen."

Hier wird deutlich, dass offenbar nicht die Investition in die Aufnahmen der jeweiligen Musikstücke relevant ist, sondern lediglich eine eventuelle Investition in die Zusammenstellung auf einer neuen CD. Bezogen auf die Informationen zu Sportveranstaltungen kommt es daher nach dem Zweck der Richtlinie gerade nicht auf die Investitionen an, die für die Organisation der Sportveranstaltungen selbst erforderlich sind[596]. Somit kann sich nach überzeugender Rechtsprechung des EuGH[597]der Ersteller z.B. eines Spielplans für eine Fußball-Liga nicht ohne Weiteres auf das Datenbankherstellerrecht aus Art. 7 der Richtlinie stützen, um die Verwendung des Spielplans durch Dritte zu verhindern.

Gegen eine Übertragung dieser Auslegung des Begriffs der wesentlichen Investition in § 87a Abs. 1 Satz 1 UrhG durch den EuGH auf die Spielpläne der DFL wird vorgebracht, dass die DFL einen erheblichen finanziellen Aufwand mit der Lizenzierung der Proficlubs betreibt, die für den Erhalt der Spielberechtigung in der Liga erforderlich ist. Zudem stehe hinter der Zusammenstellung der Spielpaarungen ein ausgeklügeltes System. Bei der Entwicklung dieses Systems und den Kosten für die Lizenzierung handle es sich um unerlässliche Herstellungskosten, die die Erzeugung sinnvoller Daten überhaupt erst ermöglichten. Deshalb seien diese Investitionen urheberrechtsrelevant[598]. Allerdings sind auch diese Tätigkeiten Teil des Ligabetriebs. Sie dienen gerade nicht der Erlangung, Zusammenstellung und Systematisierung bereits vorhandener Daten, sondern sind erforderlich, um den sinnvollen Betrieb der Liga selbst zu gewährleisten. Die Entscheidung des EuGH in den Fixtures Marketing- und British Horseracing

---

596 S. auch z.B. EuGH Urt. v. 9.11.2004 in der Rs. C-46/02, Rn. 36. Ebenso *Vogel* in: Schricker/Loewenheim, § 87a, Rn. 30 f.; *Thum* in: Wandtke/Bullinger, § 87a UrhG, Rn. 73 ff.; Davison/Hugenholtz, EIPR 2005, 113 ff.; Kraus, SpuRt 2005, 66 (67); Hugenholtz (2003), S. 5 ff.; Raue/Bensinger, MMR 1998, 507 (509). Weiterführend zur Diskussion s. Derclaye [2004] EIPR 402 ff.; Bygrave (2012).

597 Zustimmend ebenfalls Röhl (2012), S. 179; Grützmacher, CR 2006, 14 (15); Leistner, JZ 2005, 408 (409 f.); Benecke, CR 2004, 608 (610); Koch (2003), § 10, Rn. 105. Weiterführende Analyse dieser Entscheidung: Sendrowski, GRUR 2005, 369 (372).

598 Cherkeh/Urdze, CaS 2009, 127 (128 f.); Summerer/Blask, SpuRt 2005, 50 f.

Board-Fällen ist auch auf diese Konstellation sinnvoll anwendbar. In ihrer Argumentation sprechen Summerer/ Blask als Befürworter der Anwendung des Schutzrechts sui generis selbst von Herstellungskosten für die Erzeugung sinnvoller Daten. Gerade zwischen Herstellungskosten für die Daten selbst und solchen für die Herstellung der Datenbank iSd Art. 7 der Richtlinie muss aber, wie dargestellt, unterschieden werden[599]. Summerer/Blask liefern keine neuen Argumente gegen die Anwendung der Rechtsprechung des EuGH auf den Fall der Spielpläne der DFL, auf den sie inhaltlich problemlos passt.

Nach alledem sind Spielpläne der DFL im Normalfall nicht durch § 87b UrhG bzw. Art. 7 Datenbankrichtlinie geschützt. Das gilt genauso für Spielpläne oder Vorabinformationen anderer Sportveranstalter oder Sportverbände. Die Liga-Tabelle ist ebenfalls ein „Nebenprodukt", deren Aufbereitung keine eigenständige Investition erfordert.

bb) Schutz von Spielplänen durch Art. 3 Abs. 1 Datenbankrichtlinie?

Im Jahr 2011 erklärte die DFL unmittelbar nach Bekanntgabe der neuen Bundesliga-Spielpläne, diese seien urheberrechtlich geschützt und dürften nicht ohne vorherige Genehmigung kommerziell genutzt werden[600]. Sie berief sich dabei auf die schöpferische Leistung, die hinter der Erstellung der Spielpläne stehe. Damit stellt sich die Frage nach dem Schutz von Spielplänen als Datenbankwerke gem. § 4 Abs. 2 UrhG bzw. Art. 3 Abs. 1 Datenbankrichtlinie. U.a. durch den Justiziar der DFL wurde auch in der Literatur vertreten, ein solcher Schutz als Datenbankwerk bestehe[601].

Aufgrund einer Vorlagefrage aus England (*Court of Appeal*[602]) hat sich der EuGH im folgenden Jahr auch zu Fragen des Art. 3 Abs. 1 Datenbankrichtlinie

599 Ebenso *Football Dataco Ltd. & Ors v Stan James & Ors*, [2013] EWCA Civ 27; *Football Dataco and others. v Sportradar and Stan James*, [2012] EWHC 1185 (Ch); *Football Dataco Ltd. e.a. v Brittens Pools Ltd. e.a.* [2010] EWHC 841 (Ch), para. 92; BGH Urt. v. 21.7.2005 in der Rs. I ZR 290/02 – HIT BILANZ, Rn. 22; BGH Urt. v. 21.4.2005 in der Rs. I ZR 1/02 – Marktstudien, Rn. 20. Ohne überzeugende Argumente a.A. Cherkeh/Urdze, CaS 2009, 127 (130).

600 S. Pressemeldung der DFL v. 22.6.2011, abrufbar unter: http://www.bundesliga.de/de/dfl/mediencenter/pressemitteilungen/2010/kommerzielle-nutzung-von-spielplaenen-kuenftig-nur-mit-zustimmung-der-dfl-moeglich-_0000186548.php (zuletzt aufgerufen am 11.8.2014).

601 Summerer/Blask, SpuRt 2005, 50 (51).

602 *Football Dataco Ltd. & Ors. v Yahoo! UK Ltd. & Ors.* [2010] EWCA Civ 1380.

im Zusammenhang mit Fußball-Spielplänen geäußert[603]. In der Tat bietet die Datenbankrichtlinie zwei voneinander unabhängige Schutzmöglichkeiten; einerseits einen urheberrechtlichen Schutz gem. Art. 3 Abs. 1 und andererseits ein Schutzrecht sui generis in Art. 7 Abs. 1[604]. Durch die Entscheidung in Sachen Fixtures Marketing war demnach über einen urheberrechtlichen Schutz von Spielplänen noch nicht entschieden. Gleichwohl wunderte sich Generalanwalt Mengozzi erstaunlich offen darüber, dass man auf die Idee kommen könne, Fußballspielpläne als urheberrechtlich geschützte Werke einzustufen[605].

Der EuGH entschied, dass einer Datenbank nur dann urheberrechtlicher Schutz zukomme, wenn ihrer Erstellung aus vorhandenen Daten[606] eine schöpferische Leistung ihres Urhebers zugrunde liege. Hierfür bedürfe es einer gewissen Originalität[607]. Arbeitsaufwand und Sachkunde sowie geistige Leistung ohne Kreativität reichten hierfür jedoch nicht aus. Diese Kriterien sind nach Interpretation des EuGH in allen Mitgliedstaaten anzuwenden, da Zweck der Richtlinie eine Harmonisierung dieser Kriterien im Interesse des Funktionierens des Binnenmarktes ist[608].

Im Hinblick auf die gemäß Datenbankrichtlinie erforderliche Schöpfungshöhe ist in der Tat nicht davon auszugehen, dass im Normalfall eine Auflistung von Paarungen einer Liga-Saison gem. Art. 4 Abs. 2 UrhG schutzfähig ist. Zwar stellt § 4 Abs. 2 UrhG, der diesen Aspekt der Richtlinie umsetzt, nicht dieselben Anforderungen an die Werkeigenschaft wie § 2 Abs. 2 UrhG. Trotzdem ist erforderlich, dass der Ersteller der Datenbank die Beiträge nach einem gewissen Leitgedanken sammelt und sichtet oder ordnet und aufeinander abstimmt. Der Sammlung muss ein individuelles Ordnungsprinzip zugrunde liegen, das sie von anderen Sammlungen unterscheidet[609]. Insofern ist die Datenbank als Unterfall eines Sammelwerks gem. § 4 Abs. 1 UrhG nach denselben Kriterien zu beurteilen. Der Schöpfer eines Datenbankwerkes muss auch einen Gestaltungsspielraum

603 EuGH Urt. v. 1.3.2012 in der Rs. C-604/10 – Football Dataco. Kritisch zur Entscheidung Röhl, SpuRt 2012, 90 (92).

604 EuGH Urt. v. 1.3.2012 in der Rs. C-604/10 – Football Dataco, Rn. 28.

605 Schlussanträge des Generalanwalts Paolo Mengozzi v. 15.12.2011 in der Rs. C-604/10, Rn. 20. Auch Herrmann/Dehißelles, K&R 2009, 23 stufen die erforderliche Schöpfungshöhe als fernliegend ein.

606 Also der Auswahl oder Anordnung der Daten, nicht der Erstellung der Daten selbst, s. EuGH Urt. v. 1.3.2012 in der Rs. C-604/10, Rn. 33.

607 EuGH Urt. v. 1.3.2012 in der Rs. C-604/10, Rn. 37 ff.

608 EuGH Urt. v. 1.3.2012 in der Rs. C-604/10, Rn. 48 ff.

609 *Ahlberg* in: Möhring/Nicolini, § 4, Rn. 22.

haben, der eine persönliche geistige Schöpfung überhaupt ermöglicht[610]. Um Werkcharakter zu erlangen, bedarf ein Text mehr als einer handwerklichen Leistung, die mit Fachkunde oder Sachverstand erbracht wird[611].

Auch hier ist zu unterscheiden zwischen der Festlegung der Spielpaarungen und der Zusammenstellung der zeitlichen Abfolge der Begegnungen, die sich aus den vorausgegangenen Entscheidungen ergibt. Lediglich Letztere kommt als Sammlung von Daten im Sinne von § 4 Abs. 2 UrhG bzw. Art. 3 Abs. 1 Datenbankrichtlinie in Frage. Mangels persönlicher geistiger Schöpfung ist diese Auflistung jedoch kaum als urheberrechtlich geschütztes Sammelwerk zu betrachten. Zu sehr hängen die getroffenen Entscheidungen von äußeren Vorgaben wie feststehender Anzahl der Begegnungen, terminlicher Grenzen, europäischem Spielkalender, Kapazitäten der Austragungsorte und Sicherheitsfragen ab, als dass ein schöpferischer Prozess möglich wäre, der über Organisationsaufgaben hinaus ginge[612]. Die Entscheidung erscheint demnach richtig und dürfte in der Praxis dazu führen, dass Sportspielpläne im Allgemeinen nicht als Datenbankwerke anzusehen sind. Dasselbe gilt für die Ergebnistabelle einer Liga. Hier ist offensichtlich, dass ein gestalterischer Spielraum vollständig ausgeschlossen ist, da sich die Platzierung der Vereine ausschließlich aus der mathematischen Wertung der Punkte und Torverhältnisse bzw. dem direkten Vergleich ergibt.

---

610 BGH Teilurt. v. 24.5.2007 in der Rs. I ZR 130/04 – Gedichttitelliste I, Rn. 19; BGH Urt. v. 12.3.1987 in der Rs. I ZR 71/85 – Warenzeichenlexika, GRUR 1987, 704 (706); OLG HH Urt. v. 6.5.1999 in der Rs. 3 U 246/98 – Börsendaten, GRUR 2000, 319 (320). Ebenso Laier (2007), S. 264.

611 BGH Urt. v. 10.10.1991 in der Rs. I ZR 147/89 – Bedienungsanweisung, GRUR 1993, 34 (36).

612 Ebenso (ausführlich) Heermann/John, K&R 2011, 753 (755 f.); Reinholz, GRUR-Prax 2011, 438 (440). Im Ergebnis auch Reinholz in: K&R 2012, 335 (339). Ferner für das finnische Urheberrecht ebenso Berufungsgericht Helsinski Urt. v. 9.4.1998 in der Rs. S 96/1304, MMR 1999, 93 (95 f.); interessant auch für das israelische Recht Supreme Court of Israel Urt. v. 25.1.2010 in der Berufungssache 8485/08, Rn. 51, abrufbar in nichtamtlicher Übersetzung unter: http://www.tglaw.co.il/en/files/wordocs/Translation_of_judgment.pdf (zuletzt aufgerufen am 11.8.2014). Anders hingegen *Summerer* in: Fritzweiler/Pfister/Summerer, 4. Teil, Rn. 69. Auch das High Court of Justice hielt in der Vorinstanz zur Vorlageentscheidung des Court of Appeal den Gestaltungsspielraum für ausreichend: *Football Dataco Ltd. e.a. v Brittens Pools Ltd. e.a.* [2010] EWHC 841 (Ch), para. 43 (Interessant ist, dass das High Court sich [inhaltlich zweifelhaft] auf das OLG Ffm in der IMS Health-Entscheidung beruft, s. Rn. 90.).

b) Lauterkeitsrecht

Auch im Hinblick auf Informationen über eine Sportveranstaltung ist an lauterkeitsrechtlichen Schutz für den Veranstalter zu denken. Es kämen eine unlautere Nachahmung gem. § 4 Nr. 9 lit. b) UWG oder eine Leistungsübernahme gem. § 3 Abs. 1 UWG in Betracht. Wie oben unter I. 4. dargestellt, ist das Lauterkeitsrecht dem Urheberrecht systematisch nachgeordnet. Der Schutz der Datenbank ergibt sich aus §§ 87a ff. UrhG. Im Hinblick auf die soeben besprochenen Entscheidungen des EuGH zur Auslegung der EU-Datenbankrichtlinie ist zu erwägen, ob mit dieser Richtlinie und deren Umsetzung eine gesetzgeberische Entscheidung getroffen wurde, die grundsätzlich gegen die Schutzwürdigkeit von Informationen der betreffenden Art spricht und deshalb zum Ausschluss der Anwendbarkeit der Vorschriften des UWG führt.

Die Datenbankrichtlinie selbst lässt das Wettbewerbsrecht grundsätzlich ausdrücklich unberührt (vgl. Art. 13 der Richtlinie). Dies bedeutet jedoch nicht, dass die entsprechenden Vorschriften außerhalb der Systematik des Gesetzes zu lesen wären. Es stellt sich vielmehr auch hier die Frage nach der erschöpfenden und abschließenden Behandlung eines Regelungsgegenstandes durch den Gesetzgeber[613]. Es ist daher zunächst die systematische Einordnung der Vorschriften zum Schutz von Datenbanken zu untersuchen. Das Recht sui generis, das durch die Datenbankrichtlinie eingeführt wurde, ist, wie die Bezeichnung schon sagt, ein Recht eigener Art und daher kein Urheberrecht im eigentlichen Sinne[614]. Es ist zwar ein klassisches Ausschließlichkeitsrecht und ähnelt damit einem Urheberrecht[615]. Es wurde durch den Gesetzgeber auch im UrhG verortet, trägt aber gleichzeitig deutliche Züge eines lauterkeitsrechtlichen Leistungsschutzrechts[616]. Zudem ist es vollständig übertragbar, was einen wesentlichen Unterschied zum Urheberrecht ausmacht[617]. Dieses Recht sui generis dient erklärtermaßen dem Schutz von Investitionen und soll Anreize schaffen, in die Schaffung von Datenbanken zu investieren. Letztlich ist es ein Leistungsschutzrecht, das systematisch zu den Rechten der Veranstalter, Filmhersteller, Tonträgerhersteller und Sendeunternehmen im zweiten Teil des UrhG passt, die ebenfalls dem Investitionsschutz dienen[618].

---

613 Heermann, CaS 2010, 227 (232 ff.); Kur, GRUR Int 1998, 771 (773 f.).
614 *Decker* in: Möhring/Nicolini, vor § 87a, Rn. 10.
615 *Decker* in: Möhring/Nicolini, vor § 87a, Rn. 5.
616 Kur, GRUR Int 1998, 771 (773, 780).
617 *Decker* in: Möhring/Nicolini, vor § 87a, Rn. 7.
618 *Thum* in: Wandtke/Bullinger, vor § 87a, Rn. 10.

Dieser Sonderschutz enthält bereits Wertungen und Grenzziehungen im Hinblick auf das intendierte Schutzniveau von Datenbanken[619]. Dasselbe gilt für den urheberrechtlichen Schutz gem. Art. 3 Abs. 1 Datenbankrichtlinie. Auch Abwägungen zwischen Schutz der Investitionsleistung und Interessen von Nutzern und Mitbewerbern liegen den Regelungen der Datenbankrichtlinie zugrunde[620]. Da die Regelung zum Schutz von Datenbanken sich in ihrem Charakter deutlich dem Wettbewerbsrecht annähert, ist davon auszugehen, dass die Entscheidung des Gesetzgebers gegen den Schutz von Datenbanken, denen keine ausreichend substanzielle Investition oder schöpferische Leistung zugrunde liegt, bereits das Ergebnis einer Abwägung zwischen den unterschiedlichen Interessen darstellt. Dies gilt insbesondere im Hinblick darauf, dass in der Richtlinie bewusst auf das Instrument der Zwangslizenz verzichtet und deshalb der Schutzbereich entsprechend enger gefasst wurde[621]. Deshalb ist hier von einer abschließenden Entscheidung des Gesetzgebers auszugehen, die grundsätzlich nicht durch die Anwendung des allgemeinen Wettbewerbsrechts unterlaufen werden darf[622].

Dieses kommt daher nur dann zur Anwendung, wenn tatsächlich zusätzliche Umstände hinzutreten, die die Unlauterkeit eines Verhaltens begründen und die in der Datenbankrichtlinie auch nicht in typisierter Form berücksichtigt worden sind. Zudem gilt, wie bereits oben unter I. 4. dargestellt, im Lauterkeitsrecht außerhalb des Anwendungsbereichs von Sonderschutzrechten der Grundsatz der Nachahmungsfreiheit. Deshalb müsste ein auf Nachahmung einer Datenbank mit Informationen über Sportveranstaltungen gründender lauterkeitsrechtlicher Anspruch durch besondere Unlauterkeitsmerkmale begründet werden, die eine Unbilligkeit oder Sittenwidrigkeit der Nutzung im konkreten Fall offenbaren. Zwar wird vorgetragen, bei der Verwendung von Spielplänen und Tabellen der DFL durch Wettanbieter handele es sich um eine unmittelbare Leistungsübernahme, die unter den Aspekten der Behinderung und der Rufausbeutung als unlauter anzusehen sei[623]. Doch ist äußerst zweifelhaft, ob die Argumente, die diese Sichtweise stützen, tatsächlich geeignet sind, die erforderlichen besonderen

619 *Vogel* in: Schricker/Loewenheim, vor §§ 87a ff., Rn. 28 ff.

620 *Dreier* in: Dreier/Schulze, vor §§ 87a ff., Rn. 9.

621 Ebenso Kur, GRUR Int 1998, 771 (780).

622 Ebenso Heermann, SpuRt 2013, 56 (58).

623 *Summerer* in: Fritzweiler/Pfister/Summerer, 4. Teil, Rn. 70; Summerer/Blask, SpuRt 2005, 50 (51 ff.). Diese Untersuchung basiert auf dem UWG 2004, die dort diskutierten Grundsätze haben aber auch unter dem aktuellen UWG Gültigkeit, da die Reform von 2008, wie oben unter I. 4. dargestellt, keine hier relevanten Änderungen gebracht hat. Soweit die Argumente des Beitrags sich auf Finanzprodukte

Umstände zu belegen, die die Verwendung einer durch die Datenbankrichtlinie nicht geschützten Datenbank im konkreten Fall als unlauter erscheinen ließen.

Zunächst handelt es sich bei einer Verwendung vollständiger[624] Spielpläne und Tabellen um eine Wiedergabe der dort enthaltenen Daten und somit um einen Fall der Nachahmung. Diese Verwendung der Informationen zu Spielen der Fußball-Bundesliga wird teilweise als unmittelbare Ausnutzung der Leistung eines Mitbewerbers und als unentgeltliche Übernahme gewertet, die die DFL in unlauterer Weise systematisch um die Früchte ihrer Arbeit bringe und diese im Wettbewerb behindere. Der Kern der Leistung der DFL werde durch die Wettanbieter planmäßig übernommen und diese dadurch an der wirtschaftlichen Nutzung ihres Arbeitsergebnisses gehindert[625]. Hier ist bereits zweifelhaft, ob die Verwendung von Spieltagsdaten zum Zweck des Angebots eines ganz anderen Produkts als Nachahmung im Sinne des § 4 Nr. 9 lit. b) UWG angesehen werden kann[626]. Insbesondere bleibt hier aber fraglich, ob der für diese Abwägung relevante „Kern" der Tätigkeit der DFL tatsächlich darin liegt, Spielpläne zu erstellen und Tabellen zu generieren. Hier geht es nämlich um genau die Frage, die der EuGH in der Auslegung der Datenbankrichtlinie bereits behandelt hat. Insofern ist die Wertung des Gesetzgebers bei der Regelung des Schutzes von Datenbanken gegenüber dem allgemeinen Wettbewerbsrecht vorrangig. Der Normgeber hat demnach nach verbindlicher Auslegung des EuGH bereits entschieden, dass Spielpläne und Tabellen „spin off"-Produkte des Ligabetriebs sind. Investitionen in den Ligabetrieb selbst sind bei der Bewertung einer Übernahme der „spin off"-Produkte gerade nicht zu berücksichtigen[627]. Damit kann auch im Rahmen des § 3 Abs. 1 UWG dieser Aspekt nicht berücksichtigt werden. Anhaltspunkte für ein drohendes Marktversagen durch die Übernahme der Informationen sind hier ebenfalls nicht zu erkennen, da die Erstellung von Spielplänen nicht

---

beziehen, finden sie hier keine Berücksichtigung. Röhl sieht einen Fall der unlauteren Nachahmung gem. § 4 Nr. 9 lit. b) UWG (s. Röhl [2012], S. 205).

624 Heermann (SpuRt 2012, 56 [58], ebenso Heermann/John, K&R 2011, 753 [760]) weist darauf hin, dass durch Wettanbieter in der Praxis zumeist nur kleine Teile eines Ligaspielplans verwendet werden. In solchen Fällen ist in der Tat bereits das Vorliegen einer Nachahmung zweifelhaft.

625 Summerer/Blask, SpuRt 2005, 50 (52).

626 Ebenso Heermann, SpuRt 2013, 56 (58).

627 Vielmehr wird zur Ermöglichung des Schutzes von Spielplänen in Europa ein Tätigwerden der Europäischen Union als notwendig erachtet, s. Arnaut: Independent European Sport Review 2006, Rn. 5.78 f. (Kritisch zur Einseitigkeit des Dokuments im Interesse der UEFA: Orth, SpuRt 2007, 49 [49 f.]).

zukünftig unrentabel zu werden droht. Auch hier zeigt sich, dass es darauf ankommt, ob die jeweilige Investition gerade im Hinblick auf die übernommene Leistung getätigt wurde oder ob diese nicht vielmehr ein Nebenprodukt ist.

Weiterhin wird vorgebracht, die DFL werde unter dem Aspekt der negativen Werbewirkung behindert, wenn Wettanbieter die Informationen zu ihren Veranstaltungen verwendeten, um Wettprodukte darauf aufzubauen. Es entstehe der Eindruck, zwischen Wettanbietern und Ligaverband bestehe ein besonderes Näheverhältnis[628]. Zudem werde gem. § 4 Nr. 9 lit. b) UWG der gute Ruf des Produkts Fußball-Bundesliga durch kommerzielle Instrumentalisierung für eigene Zwecke unzulässig ausgebeutet[629]. Dabei scheint jedoch nicht einleuchtend, dass die Bezugnahme durch Wettanbieter auf die Spiele der Bundesliga bei Dritten der Eindruck einer Kooperation zwischen DFL und den Wettbüros erwecken sollte. Zunächst handelt es sich bei dem Anbieten von Sportwetten um einen völlig anderen Wirtschaftszweig. Es ist auch allgemein bekannt, dass Wetten in ein und demselben Wettbüro auf alle möglichen Sportveranstaltungen abgegeben werden können. Dabei ist den Beteiligten jederzeit klar, dass die Wetten nicht durch die Ligaveranstalter selbst angeboten werden. Dass ein beliebiges Wettbüro die Spiele der Bundesliga im „Angebot" hat, würde ein durchschnittlicher Konsument schon deshalb erwarten, weil diese Spiele zu den beliebtesten und meistbeachteten Wettkämpfen des sportlichen Geschehens in Deutschland gehören. Ein Rückschluss auf die Qualität des Wettangebots ist damit noch nicht verbunden. Auch die Werbung der Wettanbieter scheint deshalb nicht geeignet, den „Goodwill" der Bundesliga zu beeinträchtigen. Aus denselben Gründen ist die Gefahr der Ausnutzung einer Gütevorstellung im Sinne einer Rufausbeutung durch die Wettanbieter kaum begründbar. Das Produkt Bundesliga bürgt bei vielen sicherlich für guten Fußball und beste Unterhaltung – nicht aber für besondere Wettangebote. Das Verfolgen einer Liga (evtl. als Fan eines Clubs) hat mit dem Abschließen von Wetten auf den Ausgang von Sportveranstaltungen zunächst wenig gemein. Zwar überschneiden sich die Adressatenkreise der Ligaspiele und der Wettangebote in Teilen. Trotzdem werden Ligaveranstalter und Wettanbieter als fundamental unterschiedliche Akteure wahrgenommen[630]. Die öffentlich stark beachtete Diskussion der Frage der Legalität staatlicher Wettmonopole in der Folge der Gambelli-Entscheidung des EuGH[631] wird ihr Übriges

628 Summerer/Blask, SpuRt 2005, 50 (53).

629 Röhl (2012), S. 205; Summerer/Blask, SpuRt 2005, 50 (53 f.).

630 S. z.B. Arnaut: Independent European Sport Review 2006, Rn. 5.74.

631 EuGH Urt. v. 6.11.2003 in der Rs. C-243/01 – Gambelli. Die Entscheidung wurde inhaltlich übernommen vom BVerfG: BVerfG Urt. v. 28.3.2006 in der Rs. 1BvR

dazu beigetragen haben, die Thematik in der Öffentlichkeit bekannt zu machen. Eine Gefahr der Beschädigung des Rufes der Liga durch Wettanbieter scheint deshalb nicht gegeben.

c) Ergebnis

Weder aus dem Datenbankrecht im UrhG noch aus dem allgemeinen Lauterkeitsrecht können damit Rechte an Informationen über Zeitpunkt, Austragungsort, Beteiligte und andere Rahmenbedingungen einer Sportveranstaltung hergeleitet werden. Ebenso wenig kann aus der Verwendung von Spielplänen und Tabellen der Liga durch Wettanbieter ein Anspruch aus Eingriff in das Recht am eingerichteten und ausgeübten Gewerbebetrieb gem. § 823 Abs. 1 BGB[632] hergeleitet werden. Es fehlt aus den bereits genannten Gründen an der Betriebsbezogenheit des Eingriffs.

2. Informationen über den Verlauf einer Veranstaltung

Jede Sportveranstaltung generiert während ihres Verlaufs weitere Daten wie z.B. Zwischenstände oder Informationen über Verhalten, Erfolge oder Misserfolge der Akteure oder Entscheidungen von Kampfrichtern bzw. Schiedsrichtern. Diese Informationen können die Grundlage von Wettgeschäften sein oder aber in Form eines sogenannten „Live Tickers“ oder anderer Dienste[633] bereitgestellt werden. Der „Live Ticker“ informiert in knapper Textform leicht zeitversetzt, aber möglichst detailliert, aktuell und spannend (im Einzelfall auch satirisch[634]) über den Verlauf einer Veranstaltung[635].

Sowohl hier als auch bei der Verwendung von Informationen für Wettangebote zeigt sich, dass Daten über den Verlauf einer Sportveranstaltung, die gewissermaßen durch die Veranstaltung selbst generiert werden, wiederum die Grundlage von Geschäftsmodellen Dritter sein können. Es stellt sich somit die Frage, ob den Veranstaltern der Sportereignisse, deren Verlauf per „Live-Ticker“

1054/01 – Oddset, GRUR 2006, 688 ff.; s. dazu Postel, EuR 2007, 317 ff.; Hambach/Schöttle, MR-Int 2006, 3 ff.; Holznagel/Ricke, MMR 2006, 303 f.; Pischel, GRUR 2006, 630 ff.; Vallone/Dubberke, GewA 2006, 240 ff. und weiterführend zu Fragen der Sportwette etwa Raitz von Frenz/Masch, ZUM 2006, 189 (194 ff.); Janz, NJW 2003, 1694 ff.

632 So aber Summerer/Blask, SpuRt 2005, 50 (54).

633 S. zum US-amerikanischen Fall eines elektronischen „Beepers“ mit Informationen über Spiele der NBA Laier (2007), S. 56 ff.

634 S. Ticker der Zeitschrift 11 Freunde.

635 Stopper/Lentze, Kap. 3, Rn. 13; Frey in: Schwartmann, Kap. 13, Rn. 47; v. Coelln, SpuRt 2006, 185 (188).

oder aber an Wettanbieter kommuniziert wird, eine Rechtsgrundlage für die kostenpflichtige Lizenzierung dieser Daten zur Verfügung steht[636]. Dabei ist zu bedenken, dass als Grundlage für Ticker-Berichterstattung oder Wettangebote ebenso gut der Besuch des Veranstaltungsorts wie auch ggf. das Verfolgen einer Live-Übertragung der Veranstaltung im Fernsehen[637] dienen kann. Gleichzeitig sind die Informationen über den Spielverlauf an sich gemeinfrei, da sie schlichte, ein reales Geschehen betreffende Fakten darstellen.

a) Schutzrecht sui generis für Spielstatistiken?

Zum Geschäft der Anbieter von Sportwetten gehört es heute neben der traditionellen Wette auf den Sieger eines Rennens oder einer Mannschaftsbegegnung auch, während einer Veranstaltung Wetten anzunehmen, die auf dem aktuellen Kenntnisstand vom Verlauf der Veranstaltung beruhen und den Eintritt bestimmter Ereignisse im weiteren Verlauf der Veranstaltung zum Gegenstand haben. Beispielsweise kann zu jedem Zeitpunkt während eines Fußballspiels eine Wette darauf abgegeben werden, welche Mannschaft oder sogar welcher Spieler das nächste Tor schießt. Es kann darauf getippt werden, wie viele gelbe oder rote Karten während des Spiels gegeben werden, welche Seite den nächsten Eckball schießt usw. Bei anderen Sportarten könnten dies z.B. Zwischenstände, gewonnene Sätze oder Aufschlagspiele sein. Der Phantasie der Wettanbieter sind kaum Grenzen gesetzt, wenn es darum geht, die Unsicherheit nicht nur über das Ergebnis, sondern auch über den Verlauf einer Sportveranstaltung in Wettangebote umzusetzen. Dabei kann der Wettkunde anhand fester, zuvor bekannt gegebener Quoten den möglichen Gewinn vorab errechnen („Oddset-Wette“[638]). Selbstverständlich kann dieses Geschäft nur funktionieren, wenn alle Beteiligten zeitgleich und aktuell über den Verlauf der Veranstaltung informiert sind.

Hier zeigt sich die Bedeutung äußerst zeitnaher und präziser Informationen zum Verlauf der Veranstaltung. Spezialisierte Unternehmen sammeln mit Hilfe von Personen, die ein Spiel live verfolgen, statistische Daten über den Verlauf von Fußballspielen. Die Informationen werden Wettanbietern für ihre

---

636 Zur Frage nach der Lizenzpflichtigkeit von „Live-Tickern“ in den USA s. Lentze/Wise, SpuRt 1998, 11 ff.

637 Zur Frage nach eventuellen Rechten des Fernsehsenders, die nicht Gegenstand dieser Untersuchung sind, s. Frey in: Schwartmann, Kap. 13, Rn. 48; Strauß, SpuRt 2007, 6 (8 f.).

638 Zur Definition s. etwa Jantz, NJW 2003, 1694 (1695). Der Begriff ist nicht zu verwechseln mit der Marke „Oddset“, unter der einige Lottogesellschaften derzeit ihr Wettgeschäft anbieten.

Onlineangebote sowie deren Kunden in „Echtzeit" zur Verfügung gestellt. Über die Frage, ob die Erhebung und Sammlung von Daten zum Verlauf einer Sportveranstaltung einem Datenbankschutz gem. Art. 7 Datenbankrichtlinie unterliegen, hatte der EuGH bisher nicht zu entscheiden. Das *High Court of Justice* in London[639] hatte diese Frage für den betreffenden Fall bereits bejaht, als das *Court of Appeal* in zweiter Instanz dem EuGH[640] im selben Zusammenhang zwei weitergehende Fragen zur Verletzungshandlung gem. Art. 7 Datenbankrichtlinie vorlegte. Das *Court of Appeal* folgte in seiner jüngsten Entscheidung[641] dem *High Court* in dieser Frage.

Die Entscheidungen von *High Court of Justice* und *Court of Appeal* lohnen einen genaueren Blick. Beide Instanzen folgen dem EuGH im Hinblick auf die zu berücksichtigenden Investitionen in seiner Unterscheidung zwischen solchen, die für die Erzeugung von Daten und solchen, die für die Sammlung und Strukturierung von Daten erforderlich sind[642]. Es geht beiden Gerichten daher im Kern um die Frage, ob die Daten über das Spielgeschehen bereits existieren und durch das die „Football Live"-Datenbank betreibende Unternehmen lediglich gesammelt und verarbeitet werden oder ob das Unternehmen die Daten eigentlich erst erzeugt. Der hier vorliegende Sachverhalt erfordert eine vertiefte Auseinandersetzung mit der Bedeutung dieser Unterscheidung. Floyd J nähert sich bei seinen Überlegungen deshalb auch der geradezu philosophischen Frage, ob Fakten dokumentiert werden müssen, um zu existieren. So argumentieren Davison/Hugenholtz in der Tat, Wissenschaftler, die natürliche Phänomene aufzeichneten, erzeugten erst die Daten, die diese beschrieben. Die natürlichen Phänomene selbst könnten sie nicht „einfangen"[643]. Floyd J hingegen ist der Ansicht, dass Daten über Ereignisse, die sich der Kontrolle des Dokumentierenden entziehen, durch diesen lediglich gesammelt und nicht erzeugt werden[644]. Da sich die Tatsache, dass ein Tor gefallen sei und – entscheidender – durch den Schiedsrichter als solches gewertet werde, durch den Beobachter nicht ändern lasse, selbst wenn dieser der Meinung sei, es habe sich um eine Abseitssituation

---

639 *Football Dataco and others v Sportradar and Stan James*, [2012] EWHC 1185 (Ch). Diese Entscheidung wird falsch eingeordnet durch Schönbohm (Meldung im Bundesliga-Magazin, Heft 8/2011, S. 19).

640 EuGH Urt. v. 18.10.2012 in der Rs. C-173/11. S. dazu Reinholz, K&R 2013, 171.

641 *Football Dataco Ltd. & Ors v Stan James & Ors*, [2013] EWCA Civ 27.

642 Vgl. oben, 1. a).

643 Davison/Hugenholtz, EIPR 2005, 113, 6. Abschnitt.

644 *Football Dataco and others v Sportradar and Stan James*, [2012] EWHC 1185 (Ch), para. 59 f. Ähnlich Derclaye [2004] EIPR 402 (408).

gehandelt, stehe außer Frage, dass es sich bei der Dokumentation um eine Datensammlung handle, nicht um die Erzeugung von Daten[645]. Als selbst erzeugte Daten identifiziert er lediglich Bewertungen durch das Unternehmen, wie z.B. „schlechtester Spieler der Begegnung“[646]. Floyd J betrachtet auch die Investition, die für diese Datensammlung erforderlich ist, als hinreichend im Sinne von Art. 7 Datenbankrichtlinie. Er kommt so zur Bejahung des Schutzrechts sui generis für die Datenbank mit Informationen zum Spielgeschehen.

Mit derselben Fragestellung beschäftigte sich in der nächsthöheren Instanz beim *Court of Appeal* auch der Berichterstatter Sir Robin Jacob. Mit der erkenntnistheoretischen Frage nach der unabhängigen Existenz von „Fakten“ geht er unnachahmlich pragmatisch um:

> „Nur ein Metaphysiker würde behaupten, ein Tor falle nicht, bis nicht der Spielbeobachter dem Datenbankadministrator mitgeteilt hat, dass es gefallen ist. Derselbe Metaphysiker würde möglicherweise auch bestreiten, dass eine Temperatur existiert, sofern und solange sie nicht gemessen wird. Aber im türkischen Bad wäre ihm auch ohne Thermometer recht warm.“[647]

Auf dieser Grundlage beschäftigt sich Sir Jacob dann mit dem Regelungszweck der Richtlinie und kommt wenig überraschend zu dem Ergebnis, dass sich die Richtlinie weder mit den Tiefen der Erkenntnistheorie noch mit der Frage nach der wissenschaftlich korrekten Definition eines Datums befasse, sondern ein wirtschaftlich sinnvolles Schutzrecht habe schaffen wollen, das die Entwicklung wertvoller Datenbanken fördere[648]. Die „Football Live“-Datenbank hält er in Übereinstimmung mit Floyd J für ein Beispiel einer solchen Datenbank, bei der eine nennenswerte Investition in die Aggregierung und Strukturierung von Daten fließe.

Die gesamte Fragestellung rund um die Unterscheidung zwischen Erzeugung und Sammlung von Daten ist überaus interessant. Das Beispiel der Dokumentation natürlicher Phänomene verdeutlicht, dass bei der Unterscheidung nicht über die Erzeugung von „Daten“ debattiert werden sollte, da jede Aufzeichnung an sich wieder ein „Datum“ sein wird und damit stets eine Datenerzeugung vorliegt. Wollte man eine wissenschaftlich oder gar philosophisch korrekte

---

645 *Football Dataco and others v Sportradar and Stan James*, [2012] EWHC 1185 (Ch), para. 62 f.

646 *Football Dataco and others v Sportradar and Stan James*, [2012] EWHC 1185 (Ch), para. 62.

647 *Football Dataco Ltd. & Ors v Stan James & Ors*, [2013] EWCA Civ 27, para. 39 (Übersetzung durch d. Verf.).

648 *Football Dataco Ltd. & Ors v Stan James & Ors*, [2013] EWCA Civ 27, para. 60.

Definition des Begriffs Datum zugrunde legen, wäre man überdies wieder in die nächste Diskussion verstrickt. Vielmehr sollte man das in einer Datenbank dokumentierte Phänomen, sei es nun eine Temperatur oder ein verwandelter Elfmeter, als externes Element oder Faktum begreifen, über das Informationen vorliegen. „Extern" meint hier ein Faktum oder Geschehen, auf dessen Entstehung der Ersteller der Datenbank keinen Einfluss hat. Dieses Kriterium für die Sammlung bereits existierender Daten hat Floyd J absolut treffend herausgearbeitet. Die über das Faktum vorliegenden Informationen (oder Daten) werden in der Datenbank strukturiert und verarbeitet. Für die Zwecke der Auslegung der Datenbankrichtlinie ist damit kein erkenntnistheoretischer oder wissenschaftstheoretischer Diskurs vonnöten. Gleichwohl ermöglicht diese Sichtweise eine Unterscheidung zwischen Informationen über ein externes Geschehen und Informationen, die unter der Kontrolle des Datenbankerstellers durch ihn selbst generiert werden. Diese Unterscheidung ist deshalb wichtig, weil es – wie Sir Jacob betont – im Kontext der Datenbankrichtlinie um deren praktische Auswirkungen im Hinblick auf das Regelungsziel geht.

Die Unterscheidung, die der EuGH zwischen Erzeugung und Sammlung von Daten vorgenommen hat, dient, wie Floyd J richtig aufzeigt, dem Schutz der Investition in eine Datenbank bei gleichzeitiger Vermeidung eines Monopols des Datenbankherstellers auf Informationen, die letztlich gemeinfrei sind oder bleiben müssen[649]. Handelt es sich bei den geschützten Daten um Informationen über externes Geschehen, so besteht keine Gefahr der Monopolisierung der Information, da neben dem Datenbankersteller auch jede andere Person in der Lage wäre, dieselben Daten zu sammeln[650]. Ist jedoch ein Unternehmen in dem Sinne Herr des Geschehens, dass es die Informationen, wie eben die Spielpaarungen in den Fixtures Marketing-Fällen, selbst generiert, so könnte ein Datenbankschutz zu einer Monopolisierung von Informationen führen, die durch die Datenbankrichtlinie nicht bezweckt ist. Aus diesen Gründen überzeugen die Argumente von *High Court* und *Court of Appeal.* Wird in eine Datenbank mit Informationen über den Verlauf einer Sportveranstaltung eine entsprechende Investition getätigt, kommt ihr der Schutz gem. Art. 7 Datenbankrichtlinie zu.

Damit ist festzustellen, dass eine Datensammlung über den Verlauf einer Sportveranstaltung gem. Art. 7 Abs. 1 Datenbankrichtlinie geschützt sein kann, was zur Folge hat, dass der Datenbankhersteller – nicht jedoch der Veranstalter – das

649 *Football Dataco and others v Sportradar and Stan James*, [2012] EWHC 1185 (Ch), para. 19.

650 Offenbar anders, jedoch ohne Begründung, Reinholz GRUR-Prax 2012, 561.

Recht hat, Entnahme und Weiterverwendung wesentlicher Teile u.a. für das Wettgeschäft per Lizenz zu kontrollieren. Will sich der Sportveranstalter auf dieser Grundlage ein Schutzrecht sichern, so muss er selbst eine entsprechende Datenbank anbieten. Wie sich oben gezeigt hat, hat er auf Basis der Datenbankrichtlinie jedoch gerade kein exklusives „Recht auf die Informationen" seiner Veranstaltung.

b) Lauterkeitsrecht

Aus Sicht des Sportveranstalters stellt sich nun die Frage, ob er auf Grundlage des Lauterkeitsrechts einen Anspruch auf Schutz des Informationsaspektes seiner Veranstaltung hat. Sowohl im Hinblick auf das Wettgeschäft als auch für den Fall eines Live-Tickers ist denkbar, dass ein Anspruch des Sportveranstalters auf wettbewerbsrechtlichen Leistungsschutz nach UWG bestehen könnte.

aa) Live-Ticker: Eine Form der „Übertragung"?

In der Ticker-Berichterstattung könne eine Form der Nachahmung liegen, die die Veranstaltung schmarotzerisch ausnutzt und den Sportveranstalter in unlauterer Weise um die Früchte seiner Arbeit bringt und damit seine Möglichkeiten der wirtschaftlichen Verwertung der Veranstaltung beeinträchtigt. Immerhin ermöglicht der „Live-Ticker" ein „Miterleben" einer Veranstaltung durch den Nutzer, einschließlich aller Spannung, die mit dem Verlauf und Ausgang einer Sportveranstaltung einhergehen kann. Anders als bei einer Fernsehübertragung (vgl. oben, I. 4.), bei der die Veranstaltung selbst in Bild und Ton gewissermaßen transportiert wird, findet bei der Ticker-Berichterstattung aber eine Umsetzung und Weitergabe ausgewählter Informationen zur Veranstaltung in Textform statt. Der Nutzer ruft diese Informationen über Internet oder auf einem Mobilgerät auf dem Bildschirm ab. Meist wird der „Live Ticker" dann genutzt, wenn die jeweilige Veranstaltung nicht live im Fernsehen oder Radio verfolgt werden kann, der Nutzer aber ein Bedürfnis nach möglichst aktueller Verfolgung des Verlaufs hat.

Ganz ähnlich wie die Ticker-Berichterstattung informiert das „digitale Schachbrett" im Internet aktuell vom Verlauf einer Partie. Die Spielzüge werden mit geringer Zeitverzögerung grafisch dargestellt, so dass der Verlauf der Begegnung „beobachtet" werden kann. Hier entwickeln sich zur Zeit verschiedene Erscheinungsformen. Gemeint sind an dieser Stelle Dienste, die die Spielzüge einer laufenden Partie nach manueller Eingabe im Internet darstellen und u.U. den Verlauf der Partie speichern.

Aus wettbewerbsrechtlicher Sicht liegt hier, ähnlich wie bei der Radio-Berichterstattung, ein wesentlicher Arbeitsschritt des Berichterstatters zwischen der Sportveranstaltung und dem Arbeitsergebnis „Live-Ticker“, nämlich die Formulierung einer kurzen Zusammenfassung des Geschehens in eigenen Worten[651] bzw. die manuelle Eingabe des Spielzugs. Der Nutzer eines Fußball-Tickers bekommt daher nur eine sehr eingeschränkt authentische „Version“ des Geschehens geboten. Auch die zwar geringe, aber u.U. durchaus relevante (man denke etwa an die Situation eines Elfmeterschießens im Fußball) Zeitverzögerung spricht gegen den Charakter des Tickers als einer „Übernahme“ der Leistung. Von einer Leistungsübernahme kann deshalb nicht gesprochen werden. Zudem wird die Möglichkeit der Verwertung der Veranstaltung durch den Sportveranstalter selbst durch das Ticker-Angebot nicht wesentlich beeinträchtigt. Ein „Live-Ticker“ ersetzt dem Nutzer keinesfalls den Stadionbesuch oder die Fernsehübertragung[652]. Vielmehr wird auf diese Angebotsform wegen des vergleichsweise geringen Unterhaltungswerts wohl nur zurückgegriffen werden, wenn der Nutzer gerade keine Möglichkeit hat, auf anderem Wege an Informationen über die Veranstaltung zu gelangen. Insgesamt ergibt eine Abwägung zwischen den beteiligten Interessen im Hinblick auf den geringen Grad der Übernahme des Leistungsergebnisses und die vergleichsweise geringen Folgen für die Vermarktungsmöglichkeiten des Veranstalters, dass eine unlautere Leistungsübernahme in dieser Konstellation ausscheidet[653]. Der Sportveranstalter kann somit auf Grundlage des Wettbewerbsrechts keine Lizenzgebühr von Anbietern von „Live-Tickern“ verlangen.

Beim digitalen Schachbrett ist der Nutzer des Dienstes möglicherweise „näher“ am Geschehen als bei der Verfolgung eines Fußballspiels am Ticker, da die Sportart bewegungsarm ist und das digitale Schachbrett somit die Veranstaltung in höherem Maße „erlebbar“ macht als dies beim Fußball-Ticker der Fall ist[654]. Dies könne wettbewerbsrechtlich zu einer abweichenden Beurteilung führen. Gleichwohl ist die „Erlebbarkeit“ der Veranstaltung eine Gradfrage, die sehr subjektiv ist und individuell unterschiedlich beurteilt werden kann. Ihre Beantwortung ändert nichts daran, dass der Dienst im Kern lediglich durch eigene manuelle Intervention vermittelte Informationen über den Verlauf einer Sportveranstaltung im Internet bereitstellt. Damit handelt es sich bei der Darstellung der Züge einer Schachpartie auf einer Website nicht um eine unlautere

651 Dies hebt auch hervor Frey in: Schwartmann, Kap. 8, Rn. 48.

652 Ebenso Strauß, SpuRt 2007, 6 (8).

653 Ebenso Röhl (2012), S. 298; Strauß, SpuRt 2007, 8 (8). Ähnlich Holzer/Matzneller/Rock, AfP 2012, 532 (538 f.).

654 So zutreffend Röhl, SpuRt 2011, 147 (148 f.).

Übernahme gem. § 4 Nr. 9 lit. b) UWG[655]. Auch ein Fall des „Schmarotzens" an fremder Leistung gem. § 3 Abs. 1 UWG ist mangels drohenden Marktversagens nicht gegeben[656]. Diese Angebote sind damit wettbewerbsrechtlich genauso zu behandeln wie Live-Ticker[657].

bb) Wettangebote

Das Verarbeiten der Informationen über den Verlauf der Veranstaltung für die Durchführung eines Wettgeschäfts könnte ebenfalls unlauter sein. Aktuelle Informationen über den Verlauf und den Ausgang eines Sportereignisses entscheiden im Kontext von Sportwetten über den Ausgang der angebotenen Glücksspiele[658] und dienen neuen Spielangeboten der Wettanbieter wiederum als Grundlage. Hier wird ein Geschäftsmodell auf der Grundlage der Sportveranstaltung aufgebaut, das ohne diese gänzlich unmöglich wäre. Dieses Angebot lebt in hohem Maße von der Spannung, die durch die Sportveranstaltung selbst erzeugt wird. Gerade diese Spannung regt mit dazu an, kurzfristig Geldbeträge auf Ereignisse wie Zwischenstände, den nächsten Punktgewinn, den nächsten Eckball oder die nächste gelbe Karte zu setzen. Deshalb könnte es sich hier um eine unlautere Übernahme der Leistung des Sportveranstalters durch den Sportwettenanbieter handeln.

Allerdings ist hier fraglich, inwieweit die Leistung überhaupt übernommen wird. Für die Wettangebote werden aktuelle Informationen verarbeitet. Anders als Berichterstatter „übernehmen" Wettanbieter Informationen über den Verlauf einer Sportveranstaltung nicht in dem Sinne, dass sie sie lediglich an ihre Kunden weitergeben würden. Die Weitergabe der Informationen geschieht vielmehr nebenbei, da die Informationen selbst im System des Wettgeschäfts sofort ausgewertet und in Form von Meldungen über eventuelle Gewinne weitergegeben werden. Das Angebot der Wettanbieter besteht nämlich in erster Linie darin, ein Glücksspiel anzubieten. Dabei bietet der Verlauf eines Fußballspiels oder eines Autorennens lediglich den Wettgegenstand. Der Wettanbieter bringt als eigene Leistung z.B. die Berechnung von Quoten für die Oddset-Wette sowie die Infrastruktur für die Erfassung der jeweiligen Einsätze und möglichen Ausschüttungen ein. Dabei überwiegt seine eigene Leistung deutlich gegenüber dem Element der Übernahme der Leistung des Sportveranstalters. Die Verwertung

655 LG Berlin Urt. v. 29.3.2011 in der Rs. 16 O 270/10, SpuRt 2011, 166 (167).

656 LG Berlin Urt. v. 29.3.2011 in der Rs. 16 O 270/10, SpuRt 2011, 166 (168).

657 Ebenso Röhl, SpuRt 2011, 147 (149).

658 Bei Sportwetten handelt es sich um Glücksspiel, s. Raitz v. Frentz/Masch, ZUM 2006, 189 (189 f.).

der Sportveranstaltung wird durch das Wettgeschäft auch nicht beeinträchtigt. Das Wettgeschäft selbst besteht aus einem anderen, zusätzlichen Angebot, das teilweise einen anderen Kundenkreis anspricht und nicht mit der Sportveranstaltung selbst konkurriert. In vielen Fällen verfolgen die Nutzer der Wettangebote ohnehin parallel die Übertragung der Veranstaltung im Fernsehen. Dabei ist auch keineswegs ausgeschlossen, dass einige Zuschauer einer Sportveranstaltung an diese erst durch das parallele Wettangebot herangeführt werden. Insofern ergänzt und fördert die Sportwette die mediale Verwertung der Veranstaltungen eher, als dass sie diese untergraben würde. Die Interessenabwägung ergibt somit, dass in der Verwendung von Informationen über den Verlauf von Sportveranstaltungen durch Wettanbieter keine unlautere Leistungsübernahme im Sinne des UWG zu sehen ist.

c) Hausrecht

Das Hausrecht könnte dem Sportveranstalter als Grundlage für eine Lizenzgebühr dienen, wenn die Ticker-Berichterstattung direkt vom Veranstaltungsort aus erfolgt. Dieselbe Frage stellt sich im Fall des Wettanbieters, wenn die Informationen direkt aus dem Stadion übermittelt werden. In beiden Fällen hat der Veranstalter und Inhaber des Hausrechts an der jeweiligen Veranstaltungsstätte die Befugnis, jeder beliebigen Person den Zutritt zum Veranstaltungsort zu verwehren (vgl. oben, I. 3. und II.). Auch die Ticker-Berichterstattung oder die Informationsübermittlung an Wettbüros kann der Veranstalter also auf Grundlage seines Hausrechts untersagen[659]. Das LG Berlin hat den Veranstalter auch im Hinblick auf digitale Schachbretter ebenfalls auf diese Möglichkeit verwiesen[660]. Der Veranstalter hat die Möglichkeit, diese Form der Informationsweitergabe von seinem Gelände aus nur gegen Gebühr zu gestatten. Insofern findet sich im Hausrecht in Verbindung mit der Privatautonomie des Sportveranstalters wiederum eine Grundlage für eine Lizenzgebühr der jeweiligen Berichterstatter. Schon deshalb ist anzunehmen, dass insbesondere Wettanbieter oder Schach-Dienste die Informationen für ihr Geschäft eher aus Live-Übertragungen der jeweiligen Veranstaltungen im Fernsehen gewinnen werden. Wie oben unter II. 4. dargestellt, ist dies lizenzfrei möglich. Trotzdem lohnt auch hier ein Blick auf die Grenzen der hausrechtlichen Befugnisse des Sportveranstalters. Das Recht des Veranstalters zum Ausschluss der berichterstattenden Personen findet

659 Frey in: Schwartmann, Kap. 13, Rn. 48; Strauß, SpuRt 2007, 6 (7).
660 LG Berlin Urt. v. 29.3.2011 in der Rs. 16 O 120/10, SpuRt 2011, 166 (168).

seine Grenze in einer willkürlichen Handhabung oder in einem diesen eventuell zustehenden Zugangsanspruch.

aa) Willkürgrenze

Ein willkürlicher Ausschluss, der nicht von sachlichen Gründen getragen wäre, stünde ggf. im Widerspruch dazu, dass der Veranstalter das Ereignis grundsätzlich für die Öffentlichkeit zugänglich gemacht hat[661]. Ein sachlicher Grund für die Verweigerung des Zutritts einer Person, die vom Veranstaltungsort aus zu Zwecken der Berichterstattung oder des Betriebs eines Wettgeschäfts Informationen über den Verlauf der Veranstaltung versenden möchte, liegt jedoch darin, dass dieser Zweck über die Nutzung der Veranstaltung im Normalfall deutlich hinausgeht[662]. Ein Fall der willkürlichen Ausübung des Hausrechts läge hier damit nicht vor. Der Sportveranstalter könnte also kraft seines Hausrechts für diese Form des Besuchs der Veranstaltung eine besondere Gebühr verlangen.

bb) Anspruch auf Berichterstattung

Für die Berichterstattung im Live-Ticker kommt darüber hinaus aber auch ein Anspruch auf Gestattung der Berichterstattung auf Grundlage der Rundfunkfreiheit aus Art. 5 GG in Betracht. Werden Informationen durch Mitarbeiter eines Wettanbieters an diesen weitergegeben, handelt es sich schon deshalb nicht um rundfunkmäßige Berichterstattung, weil die Information nicht an die Öffentlichkeit gerichtet ist[663]. Auf das Angebot eines Live-Tickers ist dagegen grundsätzlich die Rundfunkfreiheit anwendbar[664]. Der Sportveranstalter kann sich seinerseits, wie oben unter II. dargestellt, ebenfalls auf Grundrechte berufen. Im Rahmen der verfassungsrechtlichen Abwägung ist auch hier zu beachten, dass die kommerzielle Auswertung der Veranstaltung dem Veranstalter vorbehalten ist. Andererseits darf kein Informationsmonopol entstehen, weshalb die Presseberichterstattung von der Veranstaltungsstätte seit jeher ohne Einschränkung gestattet ist. Die Ticker-Berichterstattung wird teilweise als Form der Presseberichterstattung gesehen[665]. Aufgrund der Umsetzung des Geschehens in Worte

---

661 Ausführlich Strauß (2006), S. 162 ff.

662 Strauß, SpuRt 2007, 6 (7). Vgl. auch oben, I. 3., II. Einschränkend Frey in: Schwartmann, Kap. 13, Rn. 48.

663 Zur Definition des Rundfunks s. statt vieler Dörr/Schwartmann (2012), Rn. 137.

664 BVerfGE 74, 297 (350 f.), Urt. v. 24.3.1987 in der Rs. 1 BvR 147/86, 487/86 – 5. Rundfunkentscheidung, NJW 1987, 2987 (2993); Strauß, SpuRt 2007, 6 (7); implizit auch v. Coelln, SpuRt 2006, 185 (188) und Mailänder, ZUM 2003, 820 (822).

665 So v. Coelln, SpuRt 2006, 185 (188); Mailänder, ZUM 2003, 820 (822).

und der Tatsache, dass der Nutzer des Tickers die Informationen in Textform erhält, spricht einiges für eine Einordnung als Presseberichterstattung[666]. Andererseits bietet der „Live-Ticker", wie der Name schon sagt, Informationen von einer Aktualität wie sie die traditionelle Presse als Printmedium nie erreichen kann. Der Sinn und die Attraktivität des Tickers liegen gerade in der geringfügigen Zeitverzögerung bei der Übermittlung der Informationen. Den Text eines Tickers wird, anders als einen Pressebericht, niemand am Tag nach dem Ereignis als Ganzes lesen. Der Ticker wird vielmehr typischerweise unmittelbar während (oder allenfalls kurz nach) der Veranstaltung verfolgt. Die Text-„Häppchen" sind auch nicht dafür konzipiert, in ihrer Summe einen Gesamttext zu ergeben, sondern bieten in Kurzform knappe Zusammenfassungen des laufenden Spielgeschehens. Natürlich können, je nach Konzeption des „Tickers", die Grenzen fließend sein. Der klassische „Live-Ticker" ist für den Nutzer aber in erster Linie aufgrund seiner Aktualität attraktiv und lebt damit im Wesentlichen von der Spannung über Verlauf und Ausgang eines Wettkampfs oder Spiels. Er bindet, wie auch eine Fernseh- oder Hörfunkübertragung, den Nutzer für die Dauer der Veranstaltung an das Empfangsmedium[667]. Das sportinteressierte Publikum unterrichtet sich mit Hilfe des „Tickers" über Stand und Verlauf einer Veranstaltung, worin der entscheidende Unterschied zur Presse liegt, die das Sportereignis im Nachhinein kommentiert und analysiert. Der Ticker vermittelt in hohem Maße den Unterhaltungswert der Veranstaltung, was gleichzeitig das Vermarktungsinteresse des Sportveranstalters besonders stark beeinträchtigt. Eine umfassende Information der Öffentlichkeit ist auch – oder sogar besser – durch die traditionelle Presse oder die Kurzberichterstattung im Rundfunk möglich. Im Rahmen der Abwägung zwischen den betroffenen Grundrechtspositionen ist daher festzustellen, dass ein Anspruch auf lizenzfreie Berichterstattung in Form eines „Live-Tickers" gegenüber dem Veranstalter eines Sportereignisses nicht gegeben ist. Die Weitergabe von Informationen über den Spielverlauf nach Abschluss oder auch von Zwischenständen in einer Pause während der Veranstaltung dagegen, die nicht in erster Linie auf spannende Unterhaltung, sondern auf sachliche Information der Öffentlichkeit zielen, bleibt lizenzfrei möglich. Denn durch diese Form der Information werden die Verwertungsmöglichkeiten des Veranstalters auch wesentlich geringfügiger beeinträchtigt[668].

666 Das unterscheidet an dieser Stelle den Ticker vom digitalen Schachbrett, das lediglich eine grafische Darstellung bietet.

667 Strauß, SpuRt 2007, 6 (9).

668 Ähnlich Strauß, SpuRt 2007, 6 (10).

cc) Ergebnis
Sofern also Wettanbieter oder Berichterstatter Informationen über Details des Verlaufs einer Sportveranstaltung von der Veranstaltungsstätte aus hochaktuell übermitteln wollen (weil etwa keine Fernsehübertragung stattfindet), kann ihnen dies durch den Veranstalter auf Grundlage seines Hausrechts untersagt werden. Im Rahmen seiner Privatautonomie kann der Veranstalter demnach ein Entgelt für die Gestattung derartiger Berichterstattung oder Informationsweitergabe verlangen.

VIII. Ergebnis

Abschließend lässt sich also feststellen, dass Grundlage der wirtschaftlichen Verwertung attraktiver Sportveranstaltungen in Deutschland eine je nach Konstellation unterschiedliche Kombination aus Abwehrpositionen wettbewerbsrechtlichen oder hausrechtlichen Ursprungs ist. Auch ein irgendwie gearteter „Originalcharakter“ einer Sportveranstaltung verleiht ihr keinen besonderen Schutz. Diese Situation wird teilweise als unbefriedigend empfunden[669]. Insbesondere der Nachweis eines drohenden Marktversagens im Lauterkeitsrecht wird häufig schwierig zu führen sein und den Gerichten eine intensive Auseinandersetzung mit den jeweiligen wirtschaftlichen Gegebenheiten abverlangen[670]. Allein die Tatsache, dass – wie dargestellt – viele wichtige Punkte noch offen oder doch zumindest sehr strittig sind, ist im Hinblick auf die wirtschaftliche Bedeutung dieser Fragen in der Praxis tatsächlich bemerkenswert. Auffällig ist in diesem Zusammenhang, dass die Vertragspraxis die beschriebenen Rechtspositionen wie ein fest umrissenes „Veranstalterrecht“ behandelt. Auch der allgemeine Sprachgebrauch behandelt eine Veranstaltung wie ein vermarktbares Wirtschaftsgut, als sei es durch absolute Rechte geschützt[671]. In dieser Hinsicht klaffen Praxis und rechtlicher Rahmen deutlich auseinander. Einerseits könnte man daher die Notwendigkeit eines fest umrissenen Leistungsschutzrechts für

---

669 Fezer, WRP 2012, 1173 (1179); Poll, SpuRt 2012, 5 (6); Körber/Ess, WRP 2011, 697 (702); Krebs/Becker/Dück, GRUR 2011, 391; Kuhn/Lentze, SpuRt 2011, 222 (226); Paal, CR 2009, 438 (443); Hilty/Henning-Bodewig (2007), S. 55 f., 85; Krause (2006), S. 120 ff.; Lochmann (2005), S. 305; Lochmann (2005), S. 141 f.; Ohly in: FS Schricker, S. 112 f.; Günther (2003), S. 111 f.; Hannamann (2001), S. 152; Mailänder in: FS Geiß, S. 615; Stopper, SpuRt 1999, 188 (190); de Oliveira Ascensao, GRUR Int 1991, 20 (23). A.A.: Heermann, GRUR 2012, 791; Heermann, WRP 2012, 17; Heermann, WRP 2012, 132.

670 Nemeczek, WRP 2010, 1204 (1212).

671 Dies beschreiben auch Hilty/Henning-Bodewig (2007), S. 86.

Sportveranstalter konstatieren. Aufgrund der gut funktionierenden Praxis auf Basis des Hausrechts wird andererseits darauf hingewiesen, dass ein solches Recht offensichtlich nicht erforderlich sei[672]. Ob dieser Status Quo in Anbetracht der technischen Entwicklung, die einerseits das Erstellen qualitativ hochwertiger Bild- und Tonaufzeichnungen und andererseits deren Weitergabe zunehmend erleichtert, Bestand haben wird, ist jedoch fraglich. Gerade im Hinblick auf illegale Streaming-Angebote und Peer-to-Peer-Nutzungen wird auf eine wachsende Gefahr hingewiesen, die eine stärkere Rechtsposition der Veranstalter erforderlich mache[673].

Die verbleibenden Unsicherheiten mögen mit ein Grund dafür sein, dass Sportverbände in jüngerer Zeit teilweise dazu übergehen, das audiovisuelle Basissignal für die Übertragung einer Sportveranstaltung in Eigenproduktion herzustellen und damit ihre Rechtsposition zu stärken[674]. Das Basissignal für das Fernsehen besteht aus aufgezeichneten Bild- und Tonfolgen, die als Laufbilder zumindest[675] gem. § 95 UrhG Schutz genießen. Auch erlaubt die eigene Produktion der Bilder einen besseren Schutz gegen die Verbreitung illegal erstellter Bildaufzeichnungen von Veranstaltungen, z.B. über das Internet[676]. Damit ist freilich nicht von einer Grundlage für „Sportübertragungsrechte" auszugehen[677]. Vielmehr sind bestimmte Akteure aufgrund der Aufnahme weiterer Aktivitäten in neue Rollen geschlüpft, mit denen andere Rechtspositionen einhergehen. Aufgrund der rechtlich unübersichtlichen, in der Praxis aber erstaunlich stabilen Situation in Deutschland ist eine Betrachtung des Umgangs mit den entsprechenden Fragen in anderen Staaten von besonderer Bedeutung.

---

672 So Heermann, WRP 2012, 17 (20).

673 S. Ratjen (2010), S. 15 ff.

674 Ein solches Vorgehen kündigte etwa die DFL erstmals 2006 an (Frey in: Schwartmann Kap. 13, Rn. 21); s. auch Bullinger/Jani, ZUM 2008, 897.

675 Bei entsprechender Schöpfungshöhe durch den Einsatz von Regiearbeit ist auch ein Schutz als Filmwerk gem. § 2 Abs. 1 Nr. 6 UrhG, einschließlich Schutz des Filmherstellers gem. § 94 Abs. 1 UrhG denkbar. Weiterführend zu dieser Thematik Heermann, WRP 2012, 133 ff.; Baumann (2010); Ratjen (2010); ferner Holzer/Matzneller/Rock, AfP 2013, 532 (533 f.). Ähnlich im österreichischen Recht, s. ÖOGH Entsch. v. 17.12.2013 in der Rs. 4 Ob 184/13g, GRUR Int 2014, 697 und im italienischen Recht, s. Pedriali/Pfeifer, ZUM 1994, 461 (463 ff.).

676 Wie oben unter I. 3. c) gesehen, bietet das Hausrecht hierfür keine hinreichende Grundlage.

677 Ebenso Heermann, WRP 2012, 132 (135). So könnte man allerdings Baumann verstehen (s. Baumann [2010], S. 57 ff.), der jedoch davon spricht, die Konstruktion sei (durch Veränderungen der Praxis) überholt.

B. England und Wales

Bei der Suche nach Rechtsgrundlagen für Sportübertragungsrechte lohnt daher auch ein Blick auf die Rechtsordnungen des *Common Law.* Die erste Live-Übertragung eines Fußballspiels überhaupt fand 1937 in England statt, 15 Jahre eher als in Deutschland[678]. Auch in Großbritannien werden Geschäfte mit Sportrechten gemacht, wobei die Summen, die für die Fernsehübertragungsrechte an den Spielen der englischen Premier League im Fußball bezahlt werden, noch einmal um einiges höher liegen als bei der Fußball-Bundesliga[679]. Wie auch in Deutschland gibt es in England und Wales keine gesetzliche Grundlage für Sportübertragungsrechte etwa nach französischem Vorbild. Worauf also beruhen Übertragungsrechte an Sportveranstaltungen im englischen[680] Recht? Da im *Common Law* keine grundlegenden Unterscheidungen zwischen den Plattformen gemacht werden, erübrigt sich hier eine Aufgliederung in Fernsehrechte, Radiorechte usw. Interessanter ist in einem System, das im wesentlichen auf Rechtsprechung beruht[681], zu untersuchen, wie mit einem Wirtschaftsgut umgegangen wird, das so stark von der schnell voranschreitenden technischen Entwicklung auf dem Sektor abhängt.

I. Urheberrecht

Das englische Urheberrecht ist im *Copyright, Designs and Patents Act 1988 (CDPA)*[682] kodifiziert. Urheberrechtlich geschützt sind, wie auch nach deutschem Urheberrecht, gem. § 1 Abs. 1 CDPA Werke aller Art. Die Werkarten werden in den §§ 3-8 CDPA näher definiert. Werke im Sinne des Gesetzes sind gem. § 3 Abs. 1 CDPA auch dramatische Werke, die z.B. Werke der Tanzkunst sein können. Wie auch im deutschen Recht können hier im Einzelfall auch sportliche Leistungen, etwa des Eiskunstlaufs, erfasst sein. Gem. § 20 CDPA

678 Körber (2008), S. 188.

679 Zum Vergleich: 1,3 Mrd. Euro jährlich in der Premier League und 2,5 Mrd. Euro für vier Spielzeiten der Bundesliga. Vgl. dazu unten Teil 3, 1. Abschnitt, unter E.

680 Das englische Recht gilt in England und Wales, aber nicht im gesamten Königreich Großbritannien und Nordirland. Näher hierzu z.B. Lyall, Introduction to British law, S. 19, oder Smith, Bailey & Gunn, S. 4. Im Bereich der richterlichen Rechtsfortbildung wirken sich jedoch auch Urteile aus anderen *Common Law* Staaten auf die Rechtsentwicklung aus, wie sich im Folgenden zeigen wird.

681 Zur Rolle der Rechtsprechung im Common Law System s. in deutscher Sprache z.B. v. Bernstorff, S. 9 ff. oder Blumenwitz, S. 11 ff. Weiterführend Smith, Bailey & Gunn, S. 474 ff.

682 Vom 15. November 1988.

ist die Übertragung einer entsprechenden Aufführung durch Urheberrecht geschützt. Der Veranstalter genießt gem. § 187 Abs. 1 CDPA Schutz seines Rechts an der Aufführung vor unerlaubter Übertragung. Es stellt sich also auch hier die Frage, ob Sportveranstaltungen unter einen weit verstandenen Werkbegriff fallen können.

Im Allgemeinen fällt sportliche Betätigung auch in England nicht unter den Schutz des Urheberrechts, da es sich beim Sport nicht um die Aufführung eines dramatischen Werkes im Sinne des Urheberrechts handelt[683]. Zwar kann an einem Film über ein Sportereignis ein Urheberrecht bestehen, sofern die Herstellung mit redaktioneller Tätigkeit, Schnitt, Kommentar o.ä. verbunden ist oder künstlerische Elemente enthält[684]. Aber dem Veranstalter eines sportlichen Wettkampfs steht mangels Aufführung eines dramatischen Werkes kein Recht an dieser „Aufführung" gem. § 187 Abs. 1 CDPA[685] zu.

Es kann im Einzelfall auf die Abgrenzung zwischen Sport und künstlerischer Darbietung ankommen. Insbesondere in den Bereichen Gymnastik, Tanz oder Eiskunstlauf ist an eine Einstufung als Aufführung von Werken der Tanzkunst zu denken[686]. Aber sogar in einigen Mannschaftssportarten könnte ein urheberrechtlicher Schutz plausibel erscheinen, wenn man bedenkt, dass immer häufiger ganze Spielabschnitte regelrecht choreographiert werden – man denke etwa an die sogenannten Standardsituationen wie Eckbälle im Fußball oder einstudierte Abläufe beim American Football. Auch über einen Schutz im Ausnahmefall für besondere, für einen Fußballspieler typische Gebärden beim Torjubel im Sinne eines „Markenzeichens" als mimische Darbietung wurde bereits nachgedacht[687]. Ein Urheberrecht des jeweiligen Trainers oder Spielers auf einen bestimmten Spielzug kann in England nicht kategorisch ausgeschlossen werden. Hier wird es entscheidend auf die Aufführbarkeit im Sinne der Darbietung eines

---

683 *FWS Joint Sports Claimants v Copyright Board* (1991) 36 CPR 3d 483; *Tate v Fullbrook* [1908] 1 K.B. 821 (823); für USA: *Seltzer v Sunbrook*, 22 F. Supp. 621, Rn. 16. Verow/Lawrence/McCormick, S. 328; Copinger and Skone James on Copyright, Part I, Ch. 3, Rn. 3-41 (ferner zum Werk Rn. 3-30 bis 3-32); Laddie/Prescott/Vitoria, S. 16 f.

684 Copinger and Skone James on Copyright, Part I, Ch. 3, Rn. 3-35, 3-37. Die reine Aufzeichnung der Veranstaltung ist jedoch nicht als Werk geschützt, *Australian Olympic Committee v Big Fights Inc.* (1999) 46 IPR 53, § 42; *Canadian Admiral Corporation Ltd. v Rediffusion Inc.*, (1954) CPR 3d (section II: case law) 75 (93 f.).

685 Der Schutz künstlerischer Darbietungen ähnelt heute sehr stark einem Urheberrechtsschutz, s. Stone (1990), S. 10.

686 Flint/Fitzpatrick/Thorne, Rn. 12.02; Dworkin/Taylor, S. 128.

687 Flint/Fitzpatrick/Thorne, Rn. 12.02.

vorherbestimmten Ablaufs ankommen. Sobald eine gegnerische Mannschaft die Möglichkeit (und das Ziel) hat, den geplanten Ablauf bei der ausführenden Mannschaft zu stören, handelt es sich nicht mehr um eine Aufführung mit vorherbestimmtem Ausgang, sondern um ein ergebnisoffenes Ereignis, in dem die Mannschaften ihre Kräfte messen. Der offene Ausgang ist für Sportwettkämpfe charakteristisch und sorgt gerade für die Spannung, die die Live-Übertragung der Wettkämpfe und deren Vermarktung erst so attraktiv macht. Wie es ein kanadischer Richter treffend formulierte: „Niemand wird Wetten auf den Ausgang einer Aufführung von 'Schwanensee' abschließen“[688]. Trotz des hohen Anteils akribisch geplanter Spielzüge in manchen Sportarten werden dagegen in Wettbüros auf den Ausgang dieser Spiele sogar hohe Summen gesetzt. Aufgrund dieser fundamentalen Unterschiede zwischen Sportwettkampf und Aufführung von Werken kann auch im Common Law nicht von einer urheberrechtlichen Schutzmöglichkeit der Sportveranstaltungen ausgegangen werden.

Dagegen ist in England nicht völlig ausgeschlossen, dass der jeweilige Trainer oder Spieler sich einen bestimmten, besonders ausgearbeiteten Spielzug, der ohne gegnerische Einwirkung ausgeführt werden kann, in Zukunft einmal schützen lassen könnte. Da die Rechtsprechung mit einem solchen Fall jedoch noch nicht befasst war, gibt es kein entsprechendes Judikat, und man wird diese Frage einstweilen offen lassen müssen. Sie ist aber insofern für diese Untersuchung auch nicht relevant, als bei den meisten Sportveranstaltungen keine derartige „Choreographie“ zu sehen sein wird. Selbst in den Fällen, in denen eventuell ein kurzer Abschnitt eines Spiels wie beschrieben als Werk eingestuft werden könnte, wäre jedoch keinesfalls das gesamte Spiel geschützt, da die Interaktion mit der gegnerischen Mannschaft im Wettkampf zwangsläufig zu einem in großen Teilen ungewissen Ablauf des Spiels führt. Daher kann auch im englischen Recht nicht von einer urheberrechtlichen Grundlage der Sportübertragungsrechte ausgegangen werden.

II. Persönlichkeitsrecht

Im englischen Recht gibt es kein dem Allgemeinen Persönlichkeitsrecht aus Art. 2 Abs. 1 i.V.m. Art. 1 Abs. 1 GG entsprechendes Schutzrecht. Auch existiert kein Recht am eigenen Bild[689], wie es die deutsche Rechtsordnung aus § 22 KunstUrhG kennt. Zwar gilt auch in Großbritannien die EMRK mitsamt

---

688 *FWS Joint Sports Claimants v Copyright Board* (1991) 36 CPR 3d 483 (490).
689 Encyclopaedia of Forms and Precedents, Vol. 39(2) 2004, Rn. 156.

ihrem Art. 8, der das Privatleben schützt[690]. Hieraus ergibt sich jedoch (bislang) genauso wenig ein originäres Recht am eigenen Bild wie ein allgemeiner Persönlichkeitsschutz[691].

Diese Situation hat in England zunehmend zu praktischen Problemen geführt, insbesondere im Bereich des Profisports. So sehen sich beispielsweise Fußballspieler bei den englischen Proficlubs benachteiligt, wenn sie Ihren Namen und ihre Persönlichkeit nicht in derselben Weise vermarkten können, wie dies in anderen europäischen Ländern möglich ist[692]. Englische Clubs, die Bilder und Namen ihrer Stars auf Merchandising-Artikeln vermarkten wollen, müssen diesen nun Verträge über *image rights* anbieten[693], die im internationalen Vergleich mithalten können, obwohl es diese Bildnisrechte im englischen Recht eigentlich nicht gibt[694]. Daraus ergeben sich Schwierigkeiten bei der Vertragsgestaltung, aber auch z.B. steuerlicher Art[695]. Ein weiterer Bereich, in dem die englische Rechtslage der Anpassung an die Marktsituation bedarf, ist die Werbung. Profisportler verdienen häufig im Jahr mehr aus Werbeverträgen als im Wettkampf. Das Geschäft der Spieler mit ihrem Bild in der Werbung ist lukrativ und bedarf eines entsprechenden Schutzes.

Man hat in der Vergangenheit auf unterschiedliche Rechtsinstitute zurückgegriffen, um Sportlern den notwendigen Schutz zuzugestehen. So wurde z.B.

---

690 Die EMRK wurde durch Großbritannien 1951 ratifiziert und trat dort 1953 in Kraft.

691 S. zur Diskussion um die Einführung einer solchen Regelung House of Commons Culture, Media and Sport Committee: Press standards, privacy and libel, Second Report of Session 2009-10, Volume I: Report, together with formal minutes, abrufbar unter: http://www.publications.parliament.uk/pa/cm200910/cmselect/ cmcumeds/362/362i.pdf (zuletzt aufgerufen am 11.8.2014), S. 19 ff.

692 S. etwa Stephen Ward, The Times, 28.10.2003. Z.B. zu den Bildnisrechten von Spielern bei niederländischen Fußballclubs s. Rechtbank Amsterdam Urt. v. 25.2.2004 in der Rs. Voetballers v Voetbalclubs oder Urt. v. 12.5.2004 in der Rs. KNVB v Being There B.V.

693 S. Beispiel bei Cox/Schuster/Costello, S. 325. Mustervertrag z.B. in: Encyclopaedia of Forms and Precedents, vol. 39(2) 2004, Rn. 545 ff.

694 Cox/Schuster/Costello, S. 305, 327; Encyclopaedia of Forms and Precedents, vol. 39(2) 2004, Rn. 155. Eingehend Harrington, Sports Law Administration & Practice 7/2002, 11.

695 So kam es beispielsweise 2001 zum Rechtsstreit zwischen der englischen Finanzbehörde und Spielern des Clubs FC Arsenal über die Frage, ob Einkünfte aus Verträgen über Bildnisrechte der Körperschaftssteuer oder der Einkommenssteuer unterlägen; s. auch Gautam Malkani, Financial Times UK, 24.4.2002. S. auch *Sports Club plc v Inspector of Taxes* [2000] STC (SCD) 443.

die Rechtsprechung im Bereich Beleidigung und Verleumdung erweitert. Weiterhin gibt es auch verschiedene Richtlinien für die Werbebranche[696] und private Rundfunkveranstalter[697], die die unerlaubte Verwendung des Namens oder des Bildnisses einer Persönlichkeit aus dem Sportbereich untersagen. Allerdings haben diese Instrumente keine Gesetzeskraft und bieten dem Betroffenen auch keinen Anspruch auf Unterlassung oder Schadensersatz, sind daher in der Praxis nur unzureichende Schutzinstrumente. Auch das Urheberrecht schützt nicht das Bild der eigenen Person oder den Namen[698]. In der Vergangenheit haben Sportler sich zu helfen versucht, indem sie ihren Namen als Marke eintragen ließen, so Ryan Giggs und Eric Cantona. Damon Hill ließ sich das Abbild seiner Augen hinter dem Visier seines Helms schützen. Paul Gascoigne ließ seinen Spitznamen[699] „Gazza“ als Marke eintragen. Allerdings wurde Markenschutz für den Namen in einigen Fällen aufgrund mangelnder Unterscheidungskraft versagt. Ähnlich wie auch im deutschen Urheberrecht muss die einzutragende Marke in der Lage sein, Waren und Dienstleistungen eines Unternehmens von denen anderer Unternehmen zu unterscheiden[700]. Doch auch die Eintragung als Marke schützt nicht unbedingt vor unlizenzierter Verwendung des Namens oder Bildnisses in der Werbung. Wird nämlich der Name oder das Bildnis eines Sportlers lediglich in Verbindung mit einem Produkt verwendet, nicht aber als Hinweis auf den Ursprung des Produkts, so liegt keine Verletzung des Markenrechts vor. Wird also das Foto eines bekannten Sportlers auf der Verpackung eines Produkts

---

696 The British Code of Advertising, Sales Promotion and Direct Marketing, 11th edition (2003); Control of Misleading Advertisements Regulations 1988 (Statutory Instrument 1988 No. 915), zuletzt geändert durch The Control of Misleading Advertisements (Amendment) Regulations 2003 (Statutory Instrument 2003 No. 3183).

697 The ITC Code of Programme Sponsorship (Autumn 2000), abrufbar unter: http://www.google.de/url?sa=t&rct=j&q=&esrc=s&frm=1&source=web&cd=1&ved=0CCAQFjAA&url=http%3A%2F%2Fwww.ofcom.org.uk%2Fstatic%2Farchive%2Fitc%2Fuploads%2FITC_Programme_Code_of_Sponsorship.doc&ei=VePoU9quFqjE4gSG_YDgAg&usg=AFQjCNEA913lrkySvjfyADuBdoS0lMOIyQ&sig2=VOqQXI3ALd20ElBoPwaMCA (zuletzt aufgerufen am 11.8.2014). S. dazu auch Bodewig, GRUR Int 2004, 543 (548).

698 *Merchandising Corpn of America Inc and Others v Harpbond Inc and Others* [1983] FSR 32; *Exxon Corpn v Exxon Insurance Constultants International Ltd.* [1981] 3 All ER 241, CA.

699 Zum Schutz des Spitznamens eines Sportlers im deutschen Recht: LG München Urt. v. 8.3.2007 in der Rs. 4 HK O 12806/06 – „Schweini“, SpuRt 2007, 211.

700 § 1 Abs. 1 Trade Marks Act 1994.

abgedruckt, kauft der Verbraucher das Produkt, weil er dieses mit dem guten Namen des Sportlers assoziiert, nicht aber, weil er glauben könnte, dass der Sportler der Hersteller des Produkts sei. Insofern bietet auch das Markenrecht keinen Schutz.

In diesem Zusammenhang wurde auch das Rechtsinstitut des *tort of passing off* ins Feld geführt. Diese Regel des Deliktsrechts untersagt es, eigene Waren oder Dienstleistungen als Waren oder Dienstleistungen eines anderen auszugeben[701]. Der gute Name eines Unternehmers darf also auf dem Markt nicht durch einen anderen Unternehmer missbraucht werden. Noch 1947 entschied das *High Court (Chancery Division)*, dass ein berühmter Radiosprecher nicht verhindern konnte, dass ein Hersteller von Frühstücks-Zerealien seinen gängigen Spitznamen und sein Bild ohne seine Zustimmung zu Werbezwecken auf seinen Verpackungen abdruckte[702]. Das Gericht entschied, dass der Radiosprecher nur dann den Schutz des *tort of passing off* genießen könne, wenn er im Rahmen seiner Berufstätigkeit abgebildet würde. Da es aber jedem klar sei, dass der Kläger keine Zerealien herstelle, sondern eben Radiosprecher sei, könne die Anspruchsgrundlage in diesem Fall nicht greifen. Es fehlte an einem gemeinsamen Betätigungsfeld der Parteien, gewissermaßen also an einem Wettbewerbsverhältnis zwischen dem Betroffenen und dem Verwender des Namens oder Bildes. Diese Rechtsprechung hatte Bestand, und so war es über viele Jahre in England möglich, prominente Persönlichkeiten in der Werbung ohne ihre Zustimmung abzubilden.

Diese Rechtslage änderte sich in England erst 2002, als der Formel 1-Rennfahrer Eddie Irvine sich erfolgreich gegen einen Radioveranstalter zur Wehr setzte, der ein Foto von Irvine ohne dessen Zustimmung zu Werbezwecken so manipuliert hatte, dass es so aussah, als höre der Rennfahrer die Sendung des Veranstalters[703]. Hier entschied der *Court of Appeal* unter expliziter Anerkennung der kommerziellen Entwicklung hin zu Werbeverträgen zwischen Herstellern von Konsumgütern und Prominenten, dass jeder, der eine

701 *Reddaway v Banham* (1896) A.C. 199. S. auch Clerk & Lindsell, Rn. 26-01 ff. Ausführlich in deutscher Sprache nur v. Westerholt (1976).

702 The Uncle Mac case, *McCulloch v Lewis A May (Produce Distributors) Ltd.* [1947] 2 All ER 845 (846, 851).

703 *Irvine and others v Talksport Ltd.* [2002] All ER 414 – v. 13.3.2002: Feststellung der Haftung; *Irvine and others v Talksport Ltd.* [2002] All ER (D) 460 – v. 25.3.2002: Festsetzung der Höhe des Schadensersatzes auf £ 2000; *Irvine and others v Talksport Ltd.* [2003] 2 All ER (Comm) 141 – v. 1.4.2003: Änderung der Höhe des Schadensersatzes auf £ 25 000.

wertvolle Reputation oder entsprechenden *goodwill* erlangt hat, durch den *tort of passing off* vor dessen unlizenziertem Gebrauch durch Dritte geschützt ist. Es bedarf hierfür nunmehr keines gemeinsamen Betätigungsfeldes mehr. Insofern hat der Fall Irvine die Rechtsprechung in der Frage des *false endorsement* (unwahre Behauptung der Befürwortung eines Produkts durch den Betroffenen) reformiert. Ein Vorläufer dieser Entscheidung war *Mirage Studios v Counter Feat Clothing*[704], wo bereits anerkannt wurde, dass das implizite Vortäuschen einer Lizenzvereinbarung *passing off* darstellen kann[705]. In einem ähnlichen Fall, der den ehemaligen Fußballspieler Eric Cantona betraf, einigte man sich noch außergerichtlich[706]. In Australien war bereits die Entscheidung *Talamax Pty. v Telstra*[707] von 1996 wegweisend, die einem Schwimmer Schadensersatz wegen der irreführenden Verwendung seines Bildnisses zusprach.

Die Irvine-Entscheidung hat in England dazu geführt, dass in der Praxis keine unlizenzierten Bilder von Prominenten mehr in der Werbung auftauchen[708]. Das Urteil betrifft allerdings nur diese Fälle des *false endorsement*, es ist nicht generell auf Fälle übertragbar, in denen z.B. das Bild eines Sportlers ohne deren Zustimmung verbreitet wird. Die jeweilige Werbung muss den Anschein erwecken, der Betroffene heiße das beworbene Produkt gut und empfehle es zum Kauf[709]. Auch muss der Nachweis geführt werden, dass es eine Falschdarstellung im Geschäftsverkehr gegeben und dass diese zu einer Beschädigung des *goodwill* des Sportlers geführt hat. Voraussetzung ist, dass der Betroffene einen entsprechenden Ruf erworben hat und selbst seinen guten Namen bzw. sein Bildnis kommerziell verwertet bzw. verwerten könnte[710]. Ein generelles Verbot der Verwendung von Bildnissen ohne Erweckung des falschen Anscheins der Produktempfehlung im Sinne des Schutzes von *character marketing* ist mit der Entscheidung nicht verbunden[711].

---

704 [1991] FSR 145.

705 Diese Entscheidung gilt für das Geschäft „character marketing“ in England als wichtiger Schritt nach vorne. S. dazu kritisch Elmslie/Lewis, [1992] 8 EIPR 270 sowie Burley, [1991] 7 EIPR 227; Chong/Maniatis, [1991] 7 EIPR 253.

706 Cox/Schuster/Costello, S. 331.

707 Unveröffentlicht, zit. in: Cox/Schuster/Costello, S. 329.

708 S. zu den Fällen Ian Botham und David Bedford etwa Haynes, in: Sport and the Media, S. 107 f. oder Stephen Ward, The Times, 28.10.2003.

709 S. Nachweise bei Cox/Schuster/Costello, S. 329.

710 Harrington, Sports Law Administration & Practice 7/2002, 11 (12).

711 Zu dieser Unterscheidung ebenso *Elvis Presley Enterprises v Sid Shaw, Elvisly Yours* [1999] RPC 567. S. dazu Bond, [2004] Ent. L.R. 51; Cordery/Watts, [1999] Ent. L.R. 155; Porter, [1999] Ent. L.R. 180; Lyons, [1997] 10 EIPR 613.

Schließlich wäre noch denkbar, dass die unerlaubte Verwendung des Namens oder Bildnisses eines Sportlers in der Werbung gegen die Regeln gegen irreführende Handlungen der Consumer Protection from Unfair Trading Regulations 2008[712] verstoßen könnte. Hierzu müsste der Hersteller des jeweiligen Produkts jedoch den Anschein erwecken, die Ware sei in irgendeiner Weise prämiert oder ausgezeichnet worden. Diese Konstellation wird in den seltensten Fällen auf Sportler passen.

Obwohl die Menschenrechte der EMRK in die englische Rechtsordnung nicht ein allgemeines Persönlichkeitsrecht oder das Recht am eigenen Bild einführen, ist dennoch zu erwarten, dass die EMRK in Zukunft in diesem Bereich eine wichtige Rolle spielen wird, und zwar durch die Rechtsprechung des EGMR. Ein Beispiel ist der Fall Mosley, in dem der EGMR entschied, dass ein britischer Bürger durch die Berichterstattung englischer Medien über sein Privatleben in seinen Persönlichkeitsrechten verletzt wurde[713]. Das Gericht erkannte in Art. 8 EMRK zudem eine positive Verpflichtung des Staates, die Privatsphäre effektiv zu schützen[714]. Insbesondere das Recht auf Privatsphäre des Art. 8 EMRK[715] könnte durch die Rechtsprechung so ausgeformt werden, dass im Ergebnis auch in England das Recht am eigenen Bild geschützt sein wird. Gem. § 8 Abs. 1 *Human Rights Act 1998* müssen die englischen Gerichte dem Betroffenen bei Verletzung eines durch die EMRK geschützten Menschenrechts für angemessene Abhilfe sorgen[716]. Damit werden die Konventionsrechte auch vor den Zivilgerichten im Verhältnis zu Dritten unter Umständen durchsetzbar. Es hat bereits einige Urteile des EGMR gegeben, auf die sich englische Kläger berufen könnten, um Bildnisschutz einzufordern[717]. Aber auch der Schutz des Eigentums nach

712 Diese ersetzten in weiten Teilen den *Trade Descriptions Act 1968* vom 1. September 1986, in der Fassung der Act XXVIII of 1994 und XIX of 2000 und des Legal Notice 424 of 2007.

713 EGMR Urt. v. 10.5.2011 in der Rs. 48009/08 – Mosley/Vereinigtes Königreich, NJW 2012, 747. S. dazu Frenzel, AfP 2011, 335.

714 EGMR Urt. v. 10.5.2011 in der Rs. 48009/08 – Mosley/Vereinigtes Königreich, Rn. 118.

715 S. EGMR Urt. v. 16.12.1992 in der Rs. 13710/88 – Niemietz/Deutschland, EuGRZ 1993, 65.

716 Zu den Neuerungen durch den *Human Rights Act 1998* s. z.B. Smith, Bailey & Gunn, S. 523 f. S. zur Diskussion um die richtige Umsetzung von Entscheidungen des EGMR etwa Mantouvalou/Collins [2009] 38 Industrial Law Journal 133.

717 Z.B. EGMR Urt. v. 28.1.2003 in der Rs. 44647/98 *Peck v United Kingdom* [2003] EMLR 15; *Douglas v Hello! Ltd.* [2004] EMLR 2; *Beckham and another v MGN Ltd.* [2001] All ER (D) 307.

Art. 1 Abs. 1 des Ersten Protokolls zur EMRK könnte den guten Namen von Sportlern schützen. So umfasst dieser Eigentumsschutz laut EGMR nämlich auch den durch Leistung erworbenen kommerziell nutzbaren *goodwill* des Einzelnen[718]. Würde dieser ohne Zustimmung ausgenutzt, könnte unter Umständen vor englischen Gerichten mit der Verletzung des Eigentumsrechts der EMRK argumentiert werden. Allerdings zeigt der Fall *Kaye v Robertson*[719], in dem ein verunfallter Schauspieler im Krankenhaus noch im Delirium von Reportern interviewt wurde, auf besonders drastische Weise, dass die Gerichte bislang keine Möglichkeit für die unmittelbare Anwendung der Vorschriften der EMRK zur Privatsphäre sehen. Der ungewöhnliche Appell von Glidewell L.J. in einem obiter dictum dieses Urteils, das Parlament möge eine Regelung zum Schutz der individuellen Privatsphäre erwägen[720], hat bislang nicht zu einer Gesetzesänderung geführt. Die Entscheidung des *Court of Appeal* in *Douglas v Hello!*[721], die zehn Jahre später erging, zeigt dementsprechend eine große Zurückhaltung der Gerichte in dieser Frage. Auch in *Irvine v Talksport* spricht die beibehaltene Unterscheidung zwischen *false endorsement* und *character marketing* gegen die Annahme einer Anerkennung eines Persönlichkeitsrechts auf Basis der EMRK im Zivilrecht. Insgesamt ist das Bild hier noch uneinheitlich[722].

Diese verschiedenen Ansätze in der Entwicklung eines Bildnisschutzes in England zeugen von der Anpassungsfähigkeit des Common Law-Systems an die aktuellen Gegebenheiten. Sie bilden jedoch heute noch keine Grundlage für den rechtlichen Schutz von Sportübertragungen.

III. Lauterkeitsrecht?

Möglicherweise ergibt sich jedoch auch im englischen Recht ein Schutz der Leistung des Veranstalters, ähnlich wie es im deutschen Wettbewerbsrecht nach hier vertretener Auffassung der Fall sein kann. In England gibt es allerdings keine mit § 3 Abs. 1 UWG vergleichbare allgemeine Regel, die unlauteren Wettbewerb

---

718 EGMR Urt. v. 26.7.1986 in den Rs. 8543/79, 8674/79, 8675/79 und 8685/79 – van Marle u.a./Niederlande EuGRZ 1988, 35.

719 [1991] FSR 62.

720 *Kaye v Robertson* [1991] FSR 62 (66).

721 [2001] 2 All E.R. 289.

722 S. etwa *Wainwright v Home Office*, [2003] 3 WLR 1137 im Gegensatz zu *Campbell v Mirror Group Newspapers*, House of Lords Urt. v. 6.5.2004, zit. bei: Cox/Schuster/Costello, S. 333. Zum Bildnisschutz zugunsten von Kindern s. *AAA v Associated Newspapers Ltd.* [2013] EWCA Civ 554. Dazu auch: Märten, ZUM 2014, 111.

grundsätzlich verböte[723] oder gar einen Schutz vor Nachahmung statuierte[724]. Der *Competition Act 1998* sowie der *Enterprise Act 2002* regeln Fragen des Missbrauchs marktbeherrschender Stellung und der Wettbewerbsverzerrung, nicht aber des Lauterkeitsrechts. Die Umsetzung der UGP-Richtlinie[725] betraf lediglich bestimmte Vorschriften zum Schutz der Verbraucher. Auch Art. 10bis PVÜ[726] ist bislang nicht in innerstaatliches Recht umgesetzt worden und bleibt damit ohne Wirkung[727]. Es gibt also grundsätzlich kein eigenständiges Lauterkeitsrecht in England. Vielmehr werden lauterkeitsrechtliche Grundsätze im Rahmen etablierter Deliktstatbestände berücksichtigt[728]. Dies ist im Wesentlichen darauf zurückzuführen, dass das *Common Law* seit vielen Jahrhunderten gewachsen ist und sich im Allgemeinen nur langsam an neue Gegebenheiten anpasst. Als im Zuge der Industrialisierung im 19. Jahrhundert das Bedürfnis nach Schutz vor unlauteren Geschäftspraktiken entstand, wollte man nicht mit Hilfe von Gesetzen eingreifen, sondern setzte auf die Selbstheilungskräfte des Marktes und auf die Gerichte[729]. So blieb es den Richtern überlassen, die Prinzipien des *Common Law* auf neue Interessenlagen anzuwenden. Das *Common Law* hat sich dadurch

723 S. dazu in deutscher Sprache *Köhler* in: Köhler/Bornkamm, UWG Einl., Rn. 4.9; *Bodewig* in: Harte-Bavendamm/Henning-Bodewig, Kap. F, Rn. 229 ff.; Bodewig, GRUR Int 2004, 543.

724 *Bodewig* in: Harte-Bavendamm/Henning-Bodewig, Kap. F, Rn. 260.

725 Richtlinie 2005/29/EG des Europäischen Parlaments und des Rates vom 11. Mai 2005 über unlautere Geschäftspraktiken im binnenmarktinternen Geschäftsverkehr zwischen Unternehmen und Verbrauchern und zur Änderung der Richtlinie 84/450/EWG des Rates, der Richtlinien 97/7/EG, 98/27/EG und 2002/65/EG des Europäischen Parlaments und des Rates sowie der Verordnung (EG) Nr. 2006/2004 des Europäischen Parlaments und des Rates (Richtlinie über unlautere Geschäftspraktiken), umgesetzt durch Statutory Instrument 2008 No. 1277 – The Consumer Protection from Unfair Trading Regulations 2008 vom 8. Mai 2008 (in Kraft seit 26. Mai 2008).

726 Pariser Übereinkunft zum Schutz des gewerblichen Eigentums vom 20.3.1883, revidiert in Stockholm am 14.7.1967 in der Fassung vom 22.7.2004. Die Ratifikation der relevanten Vorschriften durch Großbritannien erfolgte am 19.5.1970.

727 Die Englische Sicht auf das Völkerrecht ist vom Dualismus geprägt; s. z.B. Bradley/ Ewing, S. 310 f. oder Le Sueur/Sunkin, S. 159.

728 Daher handelt es sich streng genommen hier um Deliktsrecht. Da jedoch in diesem Abschnitt gerade dieselben Wertungen zum Tragen kommen wie im deutschen Lauterkeitsrecht, verweist die Überschrift dieses Abschnitts zur Erleichterung der Bezugnahme auf dieses Rechtsgebiet.

729 Zum historischen Hintergrund in deutscher Sprache s. Cornish, GRUR Int 1973, 679 ff.

im Laufe der Jahre mit den unterschiedlichsten Zusammenhängen des Wettbewerbs auseinandergesetzt und jeweils Lösungen in den bekannten Rechtsinstituten gesucht. Eine allgemeine lauterkeitsrechtliche Grundregel zum Schutze des Wettbewerbs konnte auf diese Weise jedoch nicht entstehen. Gewerbetreibenden stehen gegen Wettbewerber vielmehr die Rechtsinstitute und Klagemöglichkeiten des *Common Law* in Verbindung mit den Grundsätzen der *equity*[730] zur Verfügung[731].

Aus dem Blickwinkel des Wettbewerbs gesehen stellt sich im Zusammenhang mit Sportübertragungsrechten zuerst die Frage, ob das *Common Law* die Früchte eigener Leistung auch dann schützt, wenn sie nicht materieller Natur sind. Für den Bereich des speziell geregelten Urheberrechts ist das unproblematisch zu bejahen. Die Frage ist, ob es ein grundlegenderes Prinzip des *Common Law* gibt, das auch andere Arbeitsergebnisse als Werke im Sinne des CDPA als Immaterialgüterrechte schützt. Die zweite Frage ist, welches Schutzinstrument im Interesse des Veranstalters die gewünschte Rechtsfolge bietet.

Im Falle der unerlaubten Übertragung einer Sportveranstaltung käme das Delikt[732] *tort of passing off* in Betracht. Diese Regel bietet in erster Linie Verwechslungsschutz im gewerblichen Bereich[733]. Sie wurde im Fall *Reddaway v Banham*[734] zum ersten Mal durch ein Gericht ausdrücklich[735] formuliert. Der ursprüngliche Tatbestand hat drei Voraussetzungen: Beim Kläger müsste *goodwill* vorhanden sein, der Beklagte müsste irreführende Angaben[736] über die Herkunft eines Produkts gemacht haben, und schließlich müsste dadurch beim Kläger ein Schaden entstanden sein[737]. Ob dieses Rechtsinstitut auf Sportübertragungsrechte passt,

---

730 Zum Konzept der *Equity* in deutscher Sprache z.B. v. Bernstorff, S. 6 ff. oder Blumenwitz, S. 18 ff. In englischer Sprache s. z.B. Smith, Bailey & Gunn, S. 6-8.

731 Zum englischen Wettbewerbsrecht in deutscher Sprache umfassend v. Westerholt (1981). Überblick in deutscher Sprache z.B. bei Ohly (1997), S. 19 ff.

732 Der Begriff „*tort*“ lässt sich mit „deliktischem Handeln“ übersetzen. Zur Vergleichbarkeit mit der unerlaubten Handlung i.S.d. BGB s. v. Bernstorff, S. 91 f.

733 Weiterführend in deutscher Sprache Ohly (1997), S. 24 ff.; Kroher, GRUR Int 1982, 92 ff. In englischer Sprache: Clerk & Lindsell, Rn. 26-01 ff.

734 (1896) A.C. 199.

735 Bereits in *Huntley and Palmer v The Reading Biscuit Company, Ltd.* [1893] 10 RPC 277 wurde der Missbrauch des Rufs eines Unternehmers unter dem Stichwort “passing off” als unlauterer Wettbewerb eingeordnet.

736 Zur Irreführung s. etwa *Dr. Barnardo's Homes v Barnardo Amalgamated Industries Ltd.* (1949) 66 RPC 103; *British Legion v British Legion Club (Street) Ltd.* (1931) 48 RPC 555.

737 S. auch v. Westerholt (1981), S. 171 f.

ist von englischen Gerichten bisher nicht ausdrücklich entschieden worden. Allerdings ist die Entwicklung des *tort of passing off* ein Beleg für die zunehmende Anerkennung von Immaterialgüterrechten im Deliktsrecht durch die englischen Gerichte[738]. So wurde in *A.G. Spalding & Bros. v A.W. Gamage Ltd.* erstmals das eigentliche Ausgeben eigener Ware als die eines anderen nicht mehr für erforderlich gehalten. Es genügte das Vorliegen einer Beeinträchtigung des *goodwill* eines Wettbewerbers[739].

Anders als im deutschen Lauterkeitsrecht genügte in England vor Umsetzung der UGP-Richtlinie im Jahr 2008 jedoch die Irreführung von Verbrauchern durch die Bewerbung eines Produkts oder einer Dienstleistung nicht für einen Unterlassungsanspruch. Dies zeigt sich im Fall *BBC v Talksport Ltd.*, in dem der Radiosender Talksport eine Radioreportage über den Verlauf von Spielen der Euro 2000 als „live" bezeichnete, obwohl der Kommentator nicht im Stadion, sondern vor einem Fernsehschirm saß und die Geräuschkulisse vom Band kam[740]. Die BBC als Inhaberin der exklusiven Live-Hörfunkrechte scheiterte mit einem Antrag auf einstweilige Verfügung, diese Aktivitäten zu untersagen. Zwar befand Blackburne J, die Sendung von Talksport könne nicht als Live-Sendung angesehen werden und es liege daher in der Werbung von Talksport eine falsche Aussage über die Eigenschaften der Dienstleistung vor. Die BBC habe aber kein Argument dafür vorgetragen, dass ihr spezifisches *goodwill* durch die Aktivität von Talksport Schaden nehme. Auch heute ist lediglich ein Schutz des Verbrauchers vor Irreführung möglich, jedoch kein Schutz des Veranstalters vor Nachahmung.

Die Grundsätze aus *Spalding v Gamage* wurden später auch auf den *goodwill* bei der Vermarktung von Produkten ausgedehnt[741]. Im Fall *Henderson v Radio Corporation Pty. Ltd.*[742] waren die Kläger professionelle Standard-Tänzer. Als Paar traten sie gemeinsam auf. Der Beklagte war Hersteller von Grammophonplatten. Dieser brachte eine Schallplatte für Tanzschulen auf den Markt, auf deren Hülle die Kläger ohne ihr Einverständnis abgebildet waren. Obwohl die Parteien in keiner Weise zueinander im Wettbewerb standen, befand das Gericht, dass der Beklagte sich den *goodwill* der Kläger zu Unrecht angeeignet

738 Libling, LQR Bd. 94 [1978], 103 (110).

739 *A.G. Spalding & Bros. v A.W. Gamage Ltd.* [1915] All ER 147 (150).

740 *British Broadcasting Corporation v Talksport Ltd.* [2001] FSR 53. S. zur Entscheidung auch Laier (2007), S. 210 ff.

741 *Sales Affiliates Ltd. v Le Jean Ltd.* [1947] Ch. 295 und *Vokes Ltd. v Evans* (1931) 49 RPC 140.

742 [1969] RPC 218.

hatte und gab der *passing off*-Klage statt. Seither ist ein Wettbewerbsverhältnis zwischen den Parteien nicht mehr erforderlich. Mit dem *Henderson*-Fall wurde klargestellt, dass durch *passing off* nicht mehr nur der *goodwill* eines Unternehmens geschützt ist, sondern jede wirtschaftlich wertvolle Einheit oder Position in der Hand ihres Schöpfers, unabhängig davon, ob dieser vor hat, sie wirtschaftlich zu verwerten oder nicht.

Möglicherweise wäre damit auch ein irgendwie geartetes Immaterialgut an einer durch Kosten und Mühen des Veranstalters entstandenen Sportveranstaltung geschützt. Dafür spräche das Urteil des *United States Supreme Court*[743] im Fall *International News Service v Associated Press*[744]. Hier war die Klägerin (*Associated Press*) eine Kooperative von Zeitungsherausgebern, die für ihre Mitglieder Nachrichten sammelte. Der Beklagte war Unternehmer und sammelte Nachrichten, die er wiederum an seine Abonnenten verkaufte. Der Beklagte hatte Nachrichten aus den Zeitungen der Mitglieder der Klägerin, die an der amerikanischen Ostküste erschienen waren, kopiert und diese an seine eigenen Vertriebsstellen an der Westküste übermittelt, damit sie dort an die Abonnenten verkauft werden konnten. Er wurde vom *Supreme Court* zur Unterlassung dieser Praxis verurteilt. Dieses Urteil beruhte nicht auf Gesichtspunkten des Wettbewerbsschutzes, da die Klägerin kein Unternehmen betrieb und zwischen den Parteien kein Wettbewerbsverhältnis bestand. Vielmehr hielt das Gericht das Arbeitsergebnis der Klägerin, das diese durch Einsatz von Arbeit, Fachwissen und Geldmitteln geschaffen hatte und das der Beklagte gegen Geld verkaufen konnte, für eine Form von Eigentum[745]. Die Formulierung, dass der Beklagte „ernten wollte, wo andere gesät hatten", zeigt den zugrunde liegenden Gedanken sowie die Wertentscheidung auf, die auf die Entwicklung eines Leistungsschutzes hin deuten.

Im Fall unerlaubter Übertragungen von Sportveranstaltungen handelt es sich eigentlich nicht um eine Situation, in der der *goodwill* eines anderen durch falsche Angaben ausgenutzt oder sich rechtswidrig angeeignet wird. Vielmehr wird

---

743 Auch die Gerichte anderer *Common Law*-Länder haben Einfluss auf die Entwicklung des *Common Law*. Deren Urteile gelten deshalb genauso als Belege für die Existenz von Regeln oder Rechtsinstituten des *Common Law*; s. in deutscher Sprache z.B. v. Bernstorff, S. 9 ff. oder Blumenwitz, S. 11 ff. Weiterführend Smith, Bailey & Gunn, S. 474 ff.

744 248 U.S. 215, 39 S.Ct. 68.

745 *International News Service v Associated Press*, 248 U.S. 215 (239 ff.). Der Begriff Eigentum (*property*) ist im *Common Law* weiter und flexibler zu verstehen als im deutschen Recht, er meint vor allem ein Vermögensrecht (s. v. Bernstorff, S. 101). So kann z.B. auch *property* an einem Urheberrecht bestehen.

ja das Ergebnis der Arbeit des anderen Gewerbetreibenden ausgebeutet. Ähnlich wie bei der Übernahme des Leistungsergebnisses eines anderen will der Nachahmer sich die Arbeitsergebnisse seines Mitbewerbers zunutze machen und sich die eigene Entwicklung der Arbeitsergebnisse ersparen. Einem solchen Verhalten haben englische Gerichte in der Vergangenheit einen Riegel vorgeschoben[746]. Insofern könnte man die Grundsätze des *Associated Press*-Falles in Verbindung mit den Prinzipien des *tort of passing off* auf die unerlaubte Übertragung von Sportveranstaltungen anwenden.

Dieser Sichtweise stehen allerdings möglicherweise zwei Urteile entgegen, die sich mit Veranstalterrechten auseinandersetzen. In *Sports and General Press Agency Ltd. v „Our Dogs" Publishing Co. Ltd.*[747] ging es um das exklusive Recht, auf einer Hundeschau zu fotografieren. Dieses war durch den Veranstalter an einen Fotografen übertragen worden, der es wiederum an die Klägerin lizenziert hatte. Nach der Veranstaltung veröffentlichte die Beklagte in ihrem Magazin Fotos von der Veranstaltung, die in ihrem Auftrag durch einen Dritten aufgenommen worden waren. Die Klägerin unterlag mit ihrem Antrag auf Unterlassung. Das *Court of Appeal* befand in einem bemerkenswert kurzen Urteil, dass dem Eigentumsrecht am Veranstaltungsort kein exklusives Recht auf Fotografie der Veranstaltung inne wohne, das per Lizenz auf andere übertragen werden könne und andere dann am Fotografieren hindere. Vielmehr müsse der Veranstalter diese Frage durch Vertrag regeln. Das könne er, indem er den Zutritt zur Veranstaltung von der Bedingung abhängig mache, nicht zu fotografieren. Dies habe der Veranstalter hier jedoch versäumt[748].

Dieses Urteil besagt zwar eigentlich nur, dass sich das Eigentum an der Sportstätte nicht in der Form auf Immaterialgüter erstreckt, dass der Eigentümer, der mehrere Personen einlässt, *aufgrund seines Eigentums am Grundstück* einem Einzelnen ein (aus dem Eigentumsrecht erwachsendes) exklusives Recht zur Fotografie übertragen kann. Trotzdem wurde sie 1937 zur Grundlage der *Victoria Park*-Entscheidung[749] des *High Court of Australia*[750], die sich als erste mit der Frage nach der Existenz von Übertragungsrechten an Sportveranstaltungen auseinandersetzte.

746 Z.B. in *Kelly v Morris* (1866) 1 Eq. 697.

747 [1917] 2 K.B. 125 (C.A.).

748 [1917] 2 K.B. 125 (C.A.), S. 128.

749 *Victoria Park Racing and Recreation Grounds Company Limited v Taylor and Others*, (1937) 58 CLR 479.

750 S. Fn. 743.

Im Fall *Victoria Park* von 1937 betrieb der Kläger eine Anlage für Pferderennen. Seine Haupteinnahmequelle waren die Eintrittsgelder, die die Besucher der dort veranstalteten Rennen entrichteten. Beklagte waren der Eigentümer eines Nachbargrundstücks sowie ein Radiosender und ein Radioreporter. Der Nachbar Taylor hatte auf seinem Grundstück eine erhöhte Plattform gebaut, der es ihm erlaubte, die gesamte Anlage des Klägers einschließlich der Anzeigetafeln usw. zu überblicken. Der Radiosender kaufte von Taylor eine Lizenz, um die Plattform nutzen zu dürfen und bezahlte wiederum den Radioreporter Angles dafür, die Pferderennen von dort aus live zu kommentieren. Diese Kommentare wurden im Radio auf der Frequenz des beklagten Senders ausgestrahlt. In der Folge hatte der Kläger Einbußen bei den Einnahmen aus Eintrittsgeldern zu verzeichnen. Er klagte auf Grundlage des Delikts *tort of nuisance*[751] auf Unterlassung.

Das Gericht befand in einer 3:2-Entscheidung[752] im Wesentlichen, dass jeder auf seinem Grundstück im Rahmen der geltenden baurechtlichen Vorgaben bauen dürfe, was er wolle. Jeder, der ein solches Gebäude betrete, dürfe auch hinschauen wo er wolle und einer unbegrenzten Anzahl von Zuhörern beschreiben, was er sehe. *Tort of nuisance* schütze nicht dagegen, dass auf das jeweilige Grundstück geschaut werde, selbst wenn dies das Wohlbefinden des Nachbarn einschränke. Gegen eine Verbreitung des Berichts über das Gesehene im Radio sei nichts einzuwenden. Es stehe dem Kläger wiederum frei, einen höheren Zaun zu bauen oder andere Maßnahmen zu treffen, um die Einsehbarkeit seines Grundstücks zu beschränken oder aufzuheben. Wenn durch die Aktivitäten des Nachbarn der Wert eines Grundstücks sinke, genüge dieser Schaden allein nicht, um auf ein Delikt zu schließen.

Die Richter bezogen sich in ihrer Argumentation auf die *Our Dogs*-Entscheidung, obwohl die dort entschiedene Frage nach einem aus dem Grundstückseigentum erwachsenden Immaterialgüterrecht nicht auf die vorliegende Konstellation passte. Bereits diese Verknüpfung erscheint zweifelhaft. Trotzdem besteht kein Zweifel daran, dass die *Victoria Park*-Entscheidung derzeit den Stand der englischen Rechtsprechung zur Frage nach Sportübertragungsrechten darstellt. Der Richter Dixon J stellte die englische Position dabei bewusst anders als die amerikanische dar. Er

---

751 *Tort of nuisance:* Deliktische Anspruchsgrundlage beruhend auf Beeinträchtigung der ungehinderten Nutzung eines Grundstücks. S. dazu: in deutscher Sprache v. Bernstorff, S. 99 f.; in englischer Sprache: Clerk & Lindsell, Rn. 19-01 ff.; Brazier, insbes. S. 351 ff.

752 Die Entscheidung wird bei Mailänder in Dörr/Mailänder (2003) auf S. 134 inhaltlich unzutreffend wiedergegeben. Dort wird vielmehr die Kritik an der Entscheidung zitiert, die Libling äußert.

bezog sich auf den *Associated Press*-Fall[753] aus den USA und befand, dass in England die Früchte der Organisation, Arbeit und Investition des Klägers außerhalb des Urheber- und Markenrechts keinen Schutz genössen. Möglicherweise war diese Einschätzung jedoch fehlerhaft.

Zunächst erscheint bemerkenswert, dass Dixon J sich in diesem Zusammenhang auf das Minderheitsvotum von Brandeis J im *Associated Press*-Fall beruft, der die englische Position vertrete. Brandeis J war der Ansicht, dass aus dem Einsatz von Arbeit und Investition allein kein Eigentumsrecht an dem Resultat dieses Einsatzes erwachsen könne. Um diese Sichtweise zu untermauern, zitiert Brandeis J wiederum drei Entscheidungen. Merkwürdigerweise stützen diese Entscheidungen seine Sicht jedoch nicht. So wurde in *Exchange Telegraph Co. Ltd. v Gregory & Co.* durch die Richter gerade einhellig anerkannt, dass Informationen, die der Kläger zusammengetragen hatte und die er an seine Abonnenten verkaufte, aufgrund der Tatsache, dass in der Geschäftswelt hierfür Geld gezahlt wurde, als Eigentum des Klägers anzusehen waren[754]. Auch *Exchange Telegraph Co. (Ltd.) v Howard and Manchester Press Agency Ltd.*[755] ist eine Entscheidung, in der in einem ähnlich gelagerten Fall ein entsprechendes Eigentumsrecht anerkannt und durchgesetzt wird. Schließlich geht aus der Entscheidung im Fall *Exchange Telegraph Co. v Central News Ltd.* hervor, dass die Informationen, an denen aufgrund ihrer Zusammenstellung ein Eigentumsrecht bestehen kann, nicht vertraulich oder geheim sein müssen[756]. Da Brandeis J sich in seinem Minderheitsvotum auf Entscheidungen beruft, die inhaltlich nicht geeignet sind, seine Argumentation zu untermauern, fehlt auch der Entscheidung von Dixon J und der Mehrheit im Fall *Victoria Park*, die sich wiederum auf Brandeis J stützt, die belastbare Grundlage. Dies spricht dagegen, diese Entscheidung als gefestigte Rechtsprechung anzusehen[757].

Die beiden Minderheitsvoten von Rich J und Evatt J im *Victoria Park*-Fall legen im Einzelnen dar, weshalb bei der Beurteilung der Frage, ob ein *tort of nuisance* vorliegt, sämtliche Umstände des Einzelfalls einbezogen werden müssen. Dies überzeugt insofern, als eine abschließende Definition dieses Delikts von den englischen Gerichten nie formuliert wurde. Man wollte die Flexibilität der Rechtsprechung erhalten, sich der jeweiligen Sachlage anpassen zu können und sah sich zugleich nie imstande, alle denkbaren Eventualitäten innerhalb einer

753 S. Fn. 744.
754 [1896] 1 Q.B. 147 (155 f.).
755 (1906) 22 TLR 375.
756 [1897] 2 Ch. 48 (53).
757 Libling, LQR Bd. 94 [1978] 103 (110).

Definition richtig vorherzusagen. So bewertete Rich J in seinem Minderheitsvotum die Nutzung seines Grundstücks durch den beklagten Nachbarn der Rennbahn als „unnatürliche Verwendung" des Grundstücks (*unnatural use of land*), da es sich nicht mehr um einfaches Schauen über den Zaun handelte und die Auswirkungen auf den Kläger (wirtschaftlicher Verlust) auch in eine Gesamtbetrachtung einzubeziehen seien. Deshalb sah er den Deliktstatbestand als erfüllt an. Tatsächlich gibt es gefestigte Rechtsprechung, die besagt, dass die Belagerung und systematische Beobachtung von Grundstücken (*watching and besetting*) unter Umständen als *tort of nuisance* untersagt werden können[758]. Auch ist anerkannt, dass es schon bei der Feststellung des Tatbestands des *tort of nuisance* um einen Ausgleich der beiderseitigen Interessen geht[759]. Auch Evatt J beruft sich auf die Rechtsprechung zu *watching and besetting* und bezieht in seiner Gesamtbetrachtung die Kosten und Mühen, die der Kläger in die Veranstaltung der Pferderennen investiert hat, in seine Beurteilung des Verhaltens des Beklagten mit ein. Seiner Ansicht nach sind die Prinzipien, die in der amerikanischen *Associated Press*-Entscheidung benannt wurden, dem englischen Recht keineswegs fremd. Vielmehr legt er dar, weshalb es nach seiner Ansicht ein Prinzip englischen Rechts ist, dass zwar jeder grundsätzlich auf Nachbars Grundstück schauen darf, wenn und soweit er kann, dass dies aber nicht im Umkehrschluss bedeutet, dass systematisches Beobachten unter keinen Umständen zivilrechtlich verboten sein kann. Dies gehe auch aus der *Our Dogs*-Entscheidung nicht hervor. Er entnimmt der Rechtsprechung[760] das Prinzip, dass außerdem jemand, der Vorrichtungen verwendet oder herstellt, die es der Allgemeinheit ermöglichen, das Grundstück eines anderen systematisch zu beobachten, sich eines *tort of nuisance* schuldig macht, sofern beim Betroffenen dadurch Schaden, Belästigung oder Störung verursacht wird.

---

758 *J. Lyons & Sons v Wilkins* (1899) 1 Ch. 255; *Ward, Lock, & Co. v the Operative Printers' Assistants' Society* (1906) 22 TLR 327; *Thomas v National Union of Mineworkers* [1986] Ch. 20.

759 Clerk & Lindsell, Rn. 19-01; *Thomas v National Union of Mineworkers* [1986] Ch. 20 (64).

760 *Detroit Base Ball Club v Deppert* 61 Mich. 63. Dieser Fall wurde zwar der Mehrheit von 2:1 Richtern zu Ungunsten des klagenden Vereins entschieden, jedoch mit knapper Begründung. Evatt J. sieht seine Position durch die umfangreicheren Aussagen von Campbell C.J. in diesem Urteil untermauert, der sie allerdings im Rahmen seiner „dissenting opinion" machte. A.A. daher Hershovitz, S. 1157 f.; Bitman, S. 388.

Obwohl im Fall Victoria Park drei von fünf Richtern der Ansicht waren, dass ein höherer Zaun den einzig wirksamen Schutz gegen die unerlaubte Übertragung der Rennereignisse darstellen würde, gibt es also viele Argumente für ein anderes Verständnis des *Common Law*. Zwar gibt es bis heute keine allgemeine Regel, die die Privatheit eines Grundstücks schützt[761]. Hätte man auf das Delikt *nuisance* aber im Rahmen der angezeigten Gesamtbetrachtung die Grundsätze der Rechtsprechung zu *passing off* aus *Spalding v Gamage*[762] angewandt, wäre man unter Berücksichtigung eines Schutzes der Investition und des *goodwill* des Unternehmers zu einem anderen Ergebnis gelangt, ähnlich wie das amerikanische *Supreme Court* in der *Associated Press*-Entscheidung[763]. Im Hinblick auf das spätere Urteil im Fall *Henderson*[764], das neben dem *goodwill* auch und gerade die Bedeutung der geldwerten Position in der Hand des Schöpfers herausstellt, würde heute möglicherweise anders entschieden. Dafür spricht, dass selbst McTiernan J, der in *Victoria Park* der Mehrheit angehörte, es für erwiesen hielt, dass die Radioübertragungen der Rennen den *goodwill* der Rennbahn beeinträchtigten[765], da die Einnahmen aus Eintrittsgeldern zurückgingen. Seit *Henderson* müsste eine solche Einbuße nicht einmal mehr nachgewiesen werden.

Da die englische Rechtsprechung zum Deliktsrecht wie dargestellt keine zufriedenstellende Lösung im Hinblick auf den Versuch der Verortung der Sportübertragungsrechte bereithält, bleibt die Frage, worauf solche Rechte gründen könnten, weiter offen. Der Tatbestand des *tort of passing off* bietet auch für die Zukunft voraussichtlich keine Grundlage, denn im Hinblick darauf, dass die englischen Gerichte nicht geneigt sind, gewissermaßen durch die Hintertür ein Verbot unlauteren Wettbewerbs nach kontinentaleuropäischem Muster einzuführen[766], kann man davon ausgehen, dass die durch den Veranstalter nicht erlaubte Übertragung von Sportereignissen auch in Zukunft nicht ohne Weiteres

761 Clerk & Lindsell, Rn. 19-104.

762 S. Fn. 739.

763 Ein Teil der Lit. hält dies für die einzig richtige Lösung, s. Libling LQR Bd. 94 [1978], 103 (106).

764 S. Fn. 742. Dieses Urteil übersieht Jessen, s. Jessen (1997), S. 154.

765 Dies genügte McTiernan J nicht: Er hielt für das Vorliegen eines *tort of nuisance* eine Verletzung des Grundstücks selbst für erforderlich. Dies wiederum überzeugt nicht, da nuisance gerade die Störung nicht des Eigentums selbst meint, sondern die Beeinträchtigung eines Rechts, das das Eigentum gewissermaßen mit sich bringt, s. Street, S. 211; Clerk & Lindsell, Rn. 19-06 ff.

766 Anschaulich Harman J in *Swedac Ltd. v Magnet & Southerns Plc.* [1989] FSR 243 (249). S. auch Kroher, GRUR Int 1982, 92 (102).

als ein Fall des verbotenen Hervorrufens einer Verwechslungsgefahr eingestuft werden wird. Auch die Entwicklung eines besonderen Leistungsschutzrechts durch die Rechtsprechung ist nicht zu erwarten. Die Tendenz geht eher dahin, den Aspekt der Investition von Kosten und Mühen im Rahmen der wertenden Auslegung anderer Tatbestände wie *tort of nuisance* einzubeziehen.

IV. Hausrecht

Auch im englischen Recht hat der Veranstalter ein Hausrecht an der Sportstätte. Dies geht schon aus der *Our Dogs*-Entscheidung[767] deutlich hervor. Dieses Hausrecht ermöglicht es ihm, den Zutritt zum Gelände vertraglich zu regeln, sofern es sich um ein abgeschlossenes Gelände handelt. Wie auch bereits in *Our Dogs* festgestellt wurde, kann Inhalt einer solchen Vereinbarung über die Bedingungen des Eintritts sein, dass es grundsätzlich untersagt ist, auf dem Gelände Aufnahmen jeglicher Art anzufertigen. Würden dennoch Aufnahmen durch jemanden angefertigt, der das Gelände unter dieser Bedingung betreten hätte, würde es sich dabei um ein Delikt der Kategorie *trespass* (Vergleichbar mit Hausfriedensbruch) handeln[768]. Schon in *Hillen v I.C.I.*[769] wurde das Prinzip formuliert, dass jemand, der Privatgelände mit Einverständnis des Berechtigten betritt, nur insoweit rechtmäßig handelt, als er sich nicht nur an räumliche Begrenzungen der Zustimmung hält, sondern auch den Zweck seiner Anwesenheit aus Sicht des Berechtigten beachtet. Sobald er auf dem Gelände Zwecke verfolgt, die nicht von der Erlaubnis des Berechtigten erfasst sind, begeht er Hausfriedensbruch. Die aktive Kenntnis der Bedingung ist dafür keine Voraussetzung; es kommt vielmehr darauf an, ob die Bedingung gekannt werden konnte bzw. musste[770]. Damit kann der Hausrechtsinhaber einen Nichtberechtigten rechtlich an der Anfertigung von unerlaubten Aufnahmen hindern[771]. Ein Schaden muss für *trespass* nicht nachgewiesen werden, es genügt die Eigentumsstörung an sich. Damit findet sich im Hausrecht des Veranstalters die Grundlage für die vertragliche Gestattung der Übertragung[772].

---

767 [1917] 2 K.B. 125 (C.A.).

768 Auch hier wird das Recht durch deliktische Ansprüche geschützt. Zu tort of trespass weiterführend Clerk & Lindsell, Rn. 18-01 ff.

769 *Hillen and Pettigrew v I.C.I. (Alkali) Ltd.* [1936] A.C. 65 (69).

770 Clerk & Lindsell, Rn. 18-06.

771 Verow/Lawrence/McCormick, S. 325 ff.

772 Beloff/Kerr/Demetriou/Beloff, Rn. 6.32 f.; Verow/Lawrence/McCormick, S. 328; Cox/Schuster/Costello, S. 304 f., 363 f. (in Bezug auf Irland).

Im Hinblick auf heimlich hergestellte Aufzeichnungen besteht ein wichtiger Unterschied zur Rechtslage in Deutschland. In dem Fall, dass unerlaubte Aufzeichnungen unter Missachtung der Zutrittsbedingungen entstanden sind, kann auch nach Verlassen des Geländes durch den Aufzeichnenden die Übertragung oder Weitergabe dieser Aufnahmen verhindert werden, da es sich bei den Aufnahmen in der Regel um durch *duty of confidence* geschützte Informationen handeln wird. Im englischen Recht ist das Prinzip anerkannt, dass eine Pflicht zur vertraulichen Behandlung von Informationen (*duty of confidence*) besteht, wenn jemandem solche vertraulichen Informationen bekannt werden und er Kenntnis davon hat, dass diese vertraulicher Natur sind. Wird diese Pflicht missachtet, handelt es sich um das Delikt *breach of confidence*[773]. Interessant ist ein Fall, in dem das Hausrecht verletzt wurde, um Filmaufnahmen zu machen. Aufgrund des Prinzips, dass der Missetäter nicht die Frucht seiner Verfehlung genießen dürfe, wurde hier eine einstweilige Verfügung gegen die Ausstrahlung des Materials ausgesprochen[774]. Auch hier wäre die Grundlage eines Ausstrahlungsverbots *breach of confidence*[775].

Die Pflicht zur Vertraulichkeit findet ihre Grenze dort, wo ein überwiegendes öffentliches Interesse an der Weitergabe der vertraulichen Informationen besteht. Ein solches Interesse ist im Fall unerlaubter Ton- oder Bildaufzeichnungen, die zu kommerziellen Zwecken hergestellt wurden, nicht zu erkennen. Ob ein Schaden oder Nachteil beim Kläger Voraussetzung für die Haftung ist, ist offen[776]. Die Rechtsprechung hat hierzu bisher nicht eindeutig Stellung bezogen. Im Falle der Vermarktung von Fernsehbildern in Konkurrenz zum Veranstalter wäre ein solcher Schaden oder Nachteil aber unproblematisch zu bejahen.

C. Ergebnis

Der vergleichende Blick auf das englische Recht zeigt auf, dass auch hier die Bewertung und der Schutz der Veranstaltung als durch Kosten und Mühen geschaffene geldwerte Position Fragen sind, die sich erst mit der Zeit entwickeln. Während in Deutschland vieles dafür spricht, dass unerlaubte Fernsehübertragungen von Sportveranstaltungen in einigen Fällen einen Verstoß gegen

---

773 Hierzu weiterführend Clerk & Lindsell, Rn. 27-01 ff. In deutscher Sprache: Viskorf, insbes. S. 25 ff.

774 *Savoy Hotel Plc. v BBC* (1982) I IML 56.

775 Townley, (1985) IV IML 99 (100).

776 Vgl. zur Entwicklung des Konzepts: Law Commission Report no. 110 (Oct. 1981), Rn. 6.11. Kritisch Coleman [1982] 3 EIPR 73.

Lauterkeitsrecht darstellen können, entwickelt sich in England, wo kein Lauterkeitsrecht als solches existiert, möglicherweise ein ähnlicher Schutz über das Deliktsrecht. Unstreitig ist in beiden Rechtsordnungen nur, dass der Veranstalter, der den Zutritt zu einem abgeschlossenen Gebäude oder Gelände kontrollieren kann, oftmals die Möglichkeit zur vertraglichen Gestattung von Aufzeichnungen oder Übertragungen hat. Diese Verhandlungsposition scheint in der Praxis zu genügen, um das Geschäft mit „Sportübertragungsrechten" zu ermöglichen und diese damit zu einem begehrten und hochwertigen Wirtschaftsgut werden zu lassen.

Wird im deutschen Recht bemängelt, dass Theorie und Praxis der audiovisuellen Vermarktung von Sportveranstaltungen noch weit auseinander fallen und der Schutz über das Hausrecht eine Verlegenheitslösung darstelle[777], die den komplexen, der Vermarktung zugrunde liegenden Strukturen nicht gerecht werde[778], so ist man in England weniger mit der Theorie beschäftigt als mit den praktischen Ergebnissen – die die Gerichte immer wieder mit Hilfe der Auslegung der Prinzipien des *Common Law* zu erreichen bestrebt sind. Auch der Umgang mit „Sportübertragungsrechten" wird durch das Restrictive Practices Court ohne Weiteres als Dienstleistung qualifiziert, die die Gewährung des Zutritts zur Veranstaltung sowie das Recht zur Aufzeichnung und Übertragung der Veranstaltung beinhaltet[779].

2. Abschnitt: Europarecht

Aus Sicht des Europarechts stellt sich die Frage nach der Rechtsnatur oder der Inhaberschaft der Sportübertragungsrechte nicht unmittelbar. Gemäß Art. 345 AEUV knüpft das europäische Recht nämlich an die Eigentumsordnung in den Mitgliedstaaten an. Der Bestand gewerblicher und kommerzieller Schutzrechte in den mitgliedstaatlichen Rechtsordnungen bleibt unberührt. Diese Garantie beinhaltet keine inhaltlichen Vorgaben für die Ausgestaltung der Rechtsbeziehungen, die beim Handel mit und der Verwertung von Sportübertragungsrechten entstehen. Maßgeblich für die Anwendung des europäischen Kartellrechts ist, wem die Übertragungsrechte nach dem Recht des jeweiligen Mitgliedstaats

---

777 Ohly in: FS Schricker, S. 112. Ähnlich Holzer/Matzneller/Rock, AfP 2012, 532 (535); Ballasch (2010), S. 69; Petersen (2010), S. 200. Zum Amateurbereich s. Orth, KSzW 2013, 211 (214).

778 Hilty/Henning-Bodewig (2007), S. 55 f. Konkrete Überlegungen im Hinblick auf ein Sportveranstalterrecht de lege ferenda stellt Kainer an (Kainer [2014], S. 338 ff.).

779 *re The Football Association Premier League Limited and others* [1999] UKCLR 258.

zugeordnet sind[780]. Deshalb hat der EuGH[781], wie eingangs erwähnt, hierfür auch auf die Mitgliedstaaten verwiesen.

Das bedeutet jedoch nicht, dass keine Berührungspunkte zwischen den hier in Rede stehenden Rechtspositionen und dem Unionsrecht bestünden. Das Unionsrecht nimmt auf gewerbliche und kommerzielle Schutzrechte durchaus in einzelnen Punkten Einfluss. Zunächst enthält auch die Europäische Grundrechtscharta[782] die Grundrechte, auf denen die sogenannten „Sportübertragungsrechte“ und die ihnen zugrunde liegenden Rechtspositionen aufbauen. Dort sind etwa Berufsfreiheit (Art. 15), Gewerbefreiheit (Art. 16), Schutz des Eigentums (Art. 17) und Schutz der Wohnung und des Gewerbebetriebs (Art. 7) garantiert. Auf der anderen Seite setzen die Grundfreiheiten des Unionsrechts den Rechten am geistigen Eigentum unter Umständen Grenzen. So gilt z.B. im Hinblick auf die Warenverkehrsfreiheit nach ständiger Rechtsprechung des Gerichtshofs der Erschöpfungsgrundsatz[783], nach dem eine geschützte (körperliche) Ware, die einmal in einem Mitgliedstaat mit Zustimmung des Schutzrechtsinhabers in Verkehr gebracht wurde, frei innerhalb der EU zirkulieren kann. Das Ausschließlichkeitsrecht ist also mit Erteilung der Lizenz für die Herstellung der Ware in einem Mitgliedstaat für das gesamte Gebiet der Europäischen Union verbraucht. Ein anders gelagertes Beispiel, in dem der EuGH über Zusammenhänge zwischen Unionsrecht und Rechten an geistigem Eigentum zu

---

780 Europäische Kommission, Vorläufige Leitlinien zur Anwendung der Wettbewerbsvorschriften im Bereich des Sports, Rn. 44; Entscheidung der Europäischen Kommission v. 23.7.2003 in der Sache COMP/C.2-37.398 - UEFA Champions League, ABl. EU L 291/39 v. 8.11.2003, Rn. 122; Mitteilung an die Kommission v. 15.2.1999, Karel van Miert im Einvernehmen mit den Kommissionsmitgliedern Oreja und Flynn (zit. in: Heermann, SpuRt 2003, 89 [90]); hierzu Pressemitteilung der Europäischen Kommission IP/99/133 v. 24.2.1999.

781 EuGH Urt. v. 4.10.2011 in den verb. Rs. C-403/08, C-429/08 - Karen Murphy, Rn. 100.

782 Charta der Grundrechte der Europäischen Union, ABl. EG C 364/1 v. 18.12.2000.

783 EuGH Urt. v. 22.9.1998 in der Rs. C-61/97- FDV, Rn. 13; EuGH Urt. v. 28.4.1998 in der Rs. C-200/96 - Metronome Musik, Rn. 14; EuGH Urt. v. 17.10.1990, in der Rs. C-10/89 - CNL-SUCAL, Rn. 12; EuGH Urt. v. 9.7.1985 in der Rs. 19/84 - Pharmon, Rn. 22; EuGH Urt. v. 22.1.1981 in der Rs. 58/80 - Dansk Supermarked, Rn. 11; EuGH Urt. v. 20.1.1981 in den Rs. 55/80, 57/80 - Musik Vertrieb Membran u. K-Tel, Rn. 10, 15; EuGH Urt. v. 22.6.1976 in der Rs. 119/75 - Terrapin, Rn. 6; EuGH Urt. v. 31.10.1974 in der Rs. 16/74 - Centrafarm, Rn. 9-11; EuGH Urt. v. 28.6.1971 in der Rs. 78/70 - Deutsche Grammophon Gesellschaft, Rn. 6.

entscheiden hatte, ist das Urteil im Fall Coditel I[784], aus dem hervor geht, dass die Dienstleistungsfreiheit einer auf dem (hier nicht einschlägigen) Urheberrecht fußenden räumlichen Beschränkung einer Lizenz zur Ausstrahlung eines Films nicht entgegen steht. Diese Rechtsprechung dehnt den Erschöpfungsgrundsatz, der für den Warenverkehr gilt, also nicht auf gewerbliche und kommerzielle Nutzungen bei Dienstleistungen aus. Auch das Sekundärrecht hat beispielsweise zunächst mit der Richtlinie 92/100 EWG[785], die einige Bereiche des Urheberrechts harmonisierte, Einfluss auf nationale Schutzrechte genommen. Allerdings war erklärtes Ziel dieser Richtlinie lediglich eine punktuelle Anpassung, keine umfassende Harmonisierung des Urheberrechts[786]. Eine weiter gehende Harmonisierung nationaler Regelungen fand mit der „Urheberrechtsrichtlinie" aus dem Jahr 2001[787] statt. Auch die Datenbankrichtlinie (s.oben, 1. Abschnitt, A. VII.) hat Veränderungen nur im Bereich des Investitionsschutzes für Datenbankhersteller gebracht.

Bei allen Berührungspunkten zwischen gewerblichen Schutzrechten und dem Unionsrecht bleibt demnach festzuhalten, dass für Inhalt und Reichweite dieser Rechte stets an das nationale Recht anzuknüpfen ist. Dies hat auch der EuGH wiederholt bestätigt[788]. Demnach ergibt sich aus dem europäischen Recht keine Grundlage für „Sportübertragungsrechte". Wie sich das europäische Recht auf die Verwertung von Sportveranstaltungen auswirkt, wird in den folgenden Kapiteln untersucht.

---

784 EuGH Urt. v. 18.3.1980 in der Rs. 62/79 – Coditel, Slg. 1980, 881.

785 Richtlinie 92/100 EWG des Rates vom 19. November 1992 zum Vermietrecht und Verleihrecht sowie zu bestimmten dem Urheberrecht verwandten Schutzrechten im Bereich des geistigen Eigentums, ABl. EG L 346/61 v. 27.11.1992.

786 Bericht der Kommission an den Rat, das Europäische Parlament und den Wirtschafts- und Sozialausschuss über die Frage der Urheberschaft von Filmwerken oder audiovisuellen Werken in der Gemeinschaft vom 6.12.2002, KOM(2002) 691 endgültig, S. 7; zu harmonisierten Bereichen s. Lenz/Borchardt, Art. 30, Rn. 20. Eingehend Müßig/Scheuer, Iris plus 2003-4, 2.

787 Richtlinie 2001/29/EG des Europäischen Parlaments und des Rates vom 22. Mai 2001 zur Harmonisierung bestimmter Aspekte des Urheberrechts und der verwandten Schutzrechte in der Informationsgesellschaft, ABl. EG L 167/10 v. 22.6.2001.

788 EuGH Urt. v. 22.9.1998 in der Rs. C-61/97 – FDV, Rn. 16; EuGH Urt. v. 17.10.1990, in der Rs. C-10/89 – CNL-SUCAL, Rn. 20; EuGH Urt. v. 17.5.1988 in der Rs. C-158/86 – Warner Bros. u. Metronome Video, Rn. 18.

Teil 3: Audiovisuelle Rechte an Sportveranstaltungen und das System der EBU - kartellrechtliche Analyse

Nachdem in Teil 2 deutlich geworden ist, welch vielfältige Rechtspositionen sich hinter den verschiedenen sogenannten „Rechten" an Sportveranstaltungen verbergen, wird es in diesem Teil der Untersuchung um kartellrechtliche Fragen im Zusammenhang mit der wirtschaftlichen Verwertung dieser Rechtspositionen gehen. Es ist bereits mehrfach erwähnt worden, dass über die verschiedenen Rechtspositionen zu Zwecken der wirtschaftlichen Nutzung von Sportveranstaltungen Verträge geschlossen werden. In der Praxis hat es sich eingebürgert, von „Rechten" an Sportveranstaltungen zu sprechen, als handle es sich um fest umrissene Immaterialgüterrechte. Häufig ist gar vom „Kauf" bzw. „Verkauf" der „Rechte" die Rede[789], wobei die Terminologie der immaterialgüterrechtlichen Lizenzverträge aufgrund des Charakters der Rechtspositionen passender ist. Die Sportveranstaltung wird in der Vermarktungspraxis auf nationaler Ebene letztlich als verkehrsfähige „Ware" gehandelt[790].

Dass diese dem Kaufrecht bzw. dem Immaterialgüterrecht entlehnte Terminologie der Komplexität der hinter diesen Vorgängen steckenden rechtlichen Konstruktionen nicht vollumfänglich gerecht wird, zeigen die obigen Untersuchungen deutlich. Allerdings sind die Einzelheiten dieser vertraglichen Vereinbarungen[791] auch nicht Gegenstand dieser Untersuchung. Ebenfalls nicht Gegenstand der Untersuchung sind urheberrechtliche Fragen im Hinblick auf die Nutzung des Ton- und Bildmaterials. Vielmehr soll hier das Augenmerk auf kartellrechtliche Probleme gerichtet werden, die sich in der weiteren

---

789 Frey in: Schwartmann, Kap. 13, Rn. 2.; Hoeren, JR 1998, 332 (333). Kritisch Mailänder, FS Geiß, S. 605 (608 ff.).

790 Hilty/Henning-Bodewig (2007), S. 87 f.

791 Zur Rechtsnatur der Überlassung der „Übertragungsrechte" s. z.B. *Summerer* in: Fritzweiler/Pfister/Summerer, 4. Teil, Rn. 159 ff.; Herr (2008), S. 54 ff.; Elter in: Galli e.a. 1. Aufl., S. 258; Hoeren, JR 1998, 332 (333 ff.). Eingehend Waldhauser (1999), S. 230 ff.; ferner Hannamann (2001), S. 213 ff. Zur Vertragspraxis z.B. Duvinage in: Galli e.a., S. 579 ff.; Elter in: Galli e.a. 1. Aufl., S. 257, 260 f. Zur Einordnung für die Zwecke der Bilanzierung s. Rodewald, BB 1995, 2103, (2104 f.).

Wertschöpfungskette[792] ergeben. Deshalb wird die Terminologie sich hier auch nach den in der Praxis üblichen Gepflogenheiten richten. In der Tat kommt es für den Bereich des Kartellrechts in vielen Fällen auf eine wirtschaftliche Betrachtungsweise an, nach der, wie sich im Verlauf der Untersuchung zeigen wird, die oben beschriebenen „Rechte“ an Sportveranstaltungen einerseits als ein warenähnliches Gut betrachtet, andererseits wie klassische Immaterialgüterrechte behandelt werden.

Diese Untersuchung soll sich auf audiovisuelle Verwertungsrechte konzentrieren. Zwar beschäftigt sich die EBU auch mit Hörfunk, die kartellrechtlich interessanten Fragen betreffen jedoch den Bereich der audiovisuellen Verwertung von Sportveranstaltungen. Im Folgenden wird es daher nicht mehr um Übertragung oder Berichterstattung im Radio gehen. Die kartellrechtliche Prüfung wird zunächst die Abgrenzung der relevanten Märkte in den Blick nehmen (2. Abschnitt), um dann die Praxis der Lizenzierung medialer Rechte an Sportveranstaltungen im Kontext des Eurovisionssystems zunächst auf horizontale und dann auf vertikale Wettbewerbsbeschränkungen und eventuelle Kartellverstöße gem. Art. 101 AEUV zu prüfen (3. Abschnitt). Im Anschluss soll überprüft werden, ob gem. Art. 102 AEUV mit der Praxis ein Missbrauch marktbeherrschender Stellung verbunden ist (4. Abschnitt).

1. Abschnitt: Rechtlicher und wirtschaftlicher Rahmen

Bevor die eigentliche kartellrechtliche Untersuchung des Eurovisionssystems beginnen kann, ist zunächst der rechtliche und tatsächliche Rahmen zu untersuchen, innerhalb dessen die hier gegenständlichen kartellrechtlichen Fragen auftreten. Hierzu gehört die systematische rechtliche Einordnung der Thematik, ein Blick auf wichtige Fragen der Reform des Wettbewerbsrechts, die sie berühren, sowie wesentliche wirtschaftliche Rahmenbedingungen, die für das hier gegenständliche Geschäft mit Sportveranstaltungen bestimmend sind. Dabei wird sich zeigen, dass der Untersuchungsgegenstand mit dem Immaterialgüterrecht und dem Sport zwei Bereiche berührt, in denen das Kartellrecht mit anderen Regelungsmaterien in ein besonderes Verhältnis tritt.

---

792 Einen Überblick über die Wertschöpfungskette in der Praxis bietet z.B. Elter in: Galli e.a. 1. Aufl., S. 272 ff. Zur besonderen Rolle und Funktion der Sportagenturen auf diesem Markt s. Enderle in: Schierl (2007), S. 231 f.; Coors, AfP 2006, 216 ff.; Elter (2003), S. 310 ff.; Elter in: Galli e.a. 1. Aufl., S. 273 ff., 279 ff.; Schellhaaß in: Schellhaaß (2000), S. 63 ff.

A. Kartellrecht und Immaterialgüterrecht

I. Allgemeines

Wie bereits angedeutet, wird die audiovisuelle Verwertung von Sportveranstaltungen wie das Geschäft mit immaterialgüterrechtlichen Lizenzen behandelt. Hierauf wird im Folgenden noch detailliert einzugehen sein (vgl. unten II. und D.). Gegenstand der kartellrechtlichen Prüfung sind die entsprechenden Rechtseinräumungen und die mit ihnen verbundenen Bedingungen. Zwischen dem Immaterialgüterrecht und dem Kartellrecht liegt ein Spannungsfeld, innerhalb dessen ein Ausgleich zwischen den Zielen der Wettbewerbspolitik und den Bedürfnissen der Rechteinhaber gefunden werden muss[793]. Hintergrund ist die Eigenschaft immaterialgüterrechtlicher Schutzrechte, dem Inhaber Ausschließlichkeitsrechte einzuräumen, die ihm erlauben, sich allein die wirtschaftliche Nutzung des immateriellen Guts vorzubehalten und sie u.U. an bestimmte Dritte zu lizenzieren. Die Natur der Immaterialgüterrechte ist darauf gerichtet, potentielle Mitbewerber von der Mitbenutzung bzw. Nachahmung auszuschließen. Hierdurch werden (zeitlich befristete) Monopole geschaffen, die in einem natürlichen Spannungsverhältnis zum Wettbewerbsrecht stehen. Gleichzeitig zeigt Art. 17 Abs. 2 EU-Grundrechtscharta, welch hoher Stellenwert dem Immaterialgüterrecht innerhalb der europäischen Rechtsordnung zukommt. Insbesondere im Zusammenhang mit dem Patentrecht und mit der Frage nach Zwangslizenzen im Zusammenhang mit Art. 102 AEUV[794] hat sich eine intensive Diskussion und Fallpraxis um die richtigen Wertungen innerhalb dieses Spannungsverhältnisses entwickelt. Detailliert auf die allgemeinen Diskussionen um den richtigen Umgang mit den Anforderungen der beiden Regelungsbereiche einzugehen würde den hier gewählten Rahmen sprengen. Auch die Debatte um Konflikt- und Harmoniethese[795] soll hier nicht geführt werden. Vielmehr sollen relevante Fragen aus diesem Komplex jeweils im unmittelbaren Zusammenhang mit den konkreten Fragestellungen dieser Arbeit an entsprechender Stelle aufgegriffen werden.

Ganz allgemein soll an dieser Stelle festgehalten werden, dass das europäische Wettbewerbsrecht grundsätzlich auch die Existenz und Berechtigung im nationalen Recht verankerter immaterialgüterrechtlicher Schutzrechte anerkennt.

---

793 S. dazu etwa *Klawitter* in: Wiedemann, Hdb. KartR, § 13, Rn. 3 f.; Sack, WRP 1999, 592 (593 ff.); passim.

794 S. insbes. EuGH Urt. v. 6.4.1995 in den verb. Rs. C-241/91 P und C-242/91 P – Magill; EuGH Urt. v. 26.11.1998 in der Rs. C-7/97 – Bronner und EuGH Urt. v. 29.4.2004 in der Rs. C-418/01 – IMS Health.

795 S. hierzu etwa Kirchner in: Ott/Schäfer, S. 157 ff.

Während bei kurzfristiger Betrachtung zwar ein Konflikt zwischen dem Kartellrecht und den Beschränkungen durch ein Ausschließlichkeitsrecht erkennbar ist, ergibt sich bei langfristiger (dynamischer) Betrachtung ein anderes Bild[796]. Es zeigt sich, dass Immaterialgüterrechte durch die Förderung der Innovation zum Wettbewerb beitragen, da auch Innovationswettbewerb durch die Steigerung dynamischer Effizienz zum Produktwettbewerb beiträgt[797]. Die Grundlage dieser Funktion von Immaterialgüterrechten wird deutlich, wenn man sich den Unterschied zwischen Sacheigentum und geistigem Eigentum klarmacht. Während die „Nachahmung" eines Wettbewerbers im Hinblick auf sein physisches Eigentum hohe Kosten für den Erwerb der entsprechenden physischen Ressource bedeutet, ist das Kopieren der Erzeugnisse geistigen Eigentums in der Regel im Vergleich zur zugrunde liegenden Investition sehr kostengünstig. Deshalb wird geistiges Eigentum durch das Verbot des Wettbewerbs durch Imitation geschützt, während die Möglichkeit des Wettbewerbs durch Substitution bestehen bleibt. Diese Form des Wettbewerbs erhöht durch Innovationsanreize dynamische Effizienz.

Die wichtige Rolle der Innovation im Wettbewerb wird auch von der Europäischen Kommission ausdrücklich anerkannt, wie etwa aus den Leitlinien zu Technologietransfer-Vereinbarungen deutlich wird[798]. Immaterialgüterrechte haben damit ihren festen Platz im System des Unionsrechts. Im Einklang mit der heute verbreiteten Theorie der Komplementarität[799] gehen die europäischen Institutionen davon aus, dass Immaterialgüter- und Wettbewerbsrecht gemeinsam die Ziele der Förderung von Innovation und des Verbraucherwohls verfolgen.

Die kartellrechtliche Beurteilung immaterialgüterrechtlicher Sachverhalte beruht daher jeweils auf einer Untersuchung der vertraglichen Regelungen zur Lizenzierung ausschließlicher Verwertungsrechte, die zwischen dem *Bestand* (dem sogenannten „spezifischen Gegenstand"[800] oder „wesentlichen Inhalt"[801]) des Schutzrechts und über diesen hinausgehende Klauseln zu dessen *Ausübung* unterscheidet[802]. Dabei soll das Schutzrecht in seinem Bestand nicht angetastet

796 Schwarze, ZUM 2003, 15 f.; Heinemann 2002, S. 25 f.

797 Schumpeter, S. 143 ff.

798 Leitlinien zur Anwendung von Art. 81 EG-Vertrag [heute Art. 101 AEUV] auf Technologietransfer-Vereinbarungen, ABl. EU C 101/2 v. 27.4.2004, Rn. 7.

799 S. dazu etwa Heinemann (2002), S. 25 ff.

800 Kritisch zum Begriff *Ullrich/Heinemann* in: Immenga/Mestmäcker EU/2, GRUR B, Rn. 14.

801 EuGH Urt. v. 18.3.1980 in der Rs. 62/79 – Coditel I, Rn. 14 ff.

802 S. dazu die umfangreiche Rspr. des EuGH: EuGH Urt. v. 29.4.2004 in der Rs. C-418/01 – IMS Health, Rn. 34 ff.; EuGH Urt. v. 6.4.1995 in den verb. Rs. C-241/91 P

werden, die Modalitäten seiner Ausübung werden jedoch auf ihre kartellrechtliche Zulässigkeit hin überprüft. Teilweise wird auch vom „spezifischen Schutzgehalt" von Immaterialgüterrechten gesprochen[803], der vom Kartellrecht unberührt bleiben soll. Bereits die Anknüpfung des Unionsrechts an die Eigentumsordnung der Mitgliedstaaten gem. Art. 345 AEUV gebietet die Anerkennung der Existenz des jeweiligen Schutzrechts sowie seiner wesentlichen Wirkungen[804]. Es muss demnach im Einzelfall unter Berücksichtigung der wirtschaftlichen Gegebenheiten des jeweiligen Marktes ermittelt werden, ob Klauseln, wie etwa Bedingungen und Beschränkungen einer Lizenz, die über die Sicherung der Lizenz an sich hinausgehen, eine Wettbewerbsbeschränkung darstellen und ob diese gem. Art. 101 oder 102 AEUV verboten ist[805]. Die Untersuchung weiter gehender Fragen zum Wert oder der praktischen Anwendung der Theorie des „spezifischen Gegenstands"[806] würde an dieser Stelle zu weit führen.

II. Spezifischer Gegenstand der „Sportübertragungsrechte"

Worin liegt aber nun der spezifische Gegenstand im Fall der Verwertung von Sportveranstaltungen? Hierfür knüpft das Europarecht gem. Art. 36 und 345 AEUV an die Rechtsordnungen der Mitgliedstaaten an.

1. Anknüpfungspunkte in den Rechtsordnungen der Mitgliedstaaten

Wenn nun im Kontext des europäischen Kartellrechts vom „spezifischen Gegenstand" des Schutzrechts die Rede ist, muss sich zeigen, welche Wirkungen die in Teil 2 ermittelten Rechtspositionen tatsächlich haben. Dabei wird noch einmal deutlich, dass die hier behandelten „Sportübertragungsrechte", wie dargelegt, keineswegs überall in Europa absolute Rechtspositionen darstellen. Weshalb

---

und C-242/91 P – Magill, Rn. 49 f.; EuGH Urt. v. 22.6.1994 in der Rs. C-9/93, Rn. 59; EuGH Urt. v. 30.9.1993 in der Rs. C-317/91 – Audi Quattro, Rn. 21 ff.; EuGH Urt. v. 17.10.1990 in der Rs. C-10/89 – Hag II, Rn. 12; EuGH Urt. v. 5.10.1988 in der Rs. 238/87 – Volvo, Rn. 7 ff.; EuGH Urt. v. 5.10.1988 in der Rs. 53/87 – Renault, Rn. 10 ff.; EuGH Urt. v. 17.5.1988 in der Rs. 158/86 – Warner Brothers, Rn. 18; EuGH Urt. v. 6.10.1982 in der Rs. 262/81 – Coditel II, Rn. 13 f.; EuGH Urt. v. 14.9.1982 in der Rs. 144/81 – Keurkoop, Rn. 19; EuGH Urt. v. 3.7.1974 in der Rs. 192/73 – Hag I, Rn. 7/10; EuGH Urt. v. 28.6.1971 in der Rs. 78/79 – Deutsche Grammophon, Rn. 11; EuGH Urt. v. 11.2.1971 in der Rs. 40/70 – Sirena, Rn. 9.

803 S. etwa Peifer, ZUM 2006, 1 (7).

804 EuGH Urt. v. 5.10.1988 in der Rs. 53/87 – Renault, Rn. 11.

805 Sack, WRP 1999, 592 (597).

806 S. dazu Heinemann (2002), S. 294 ff., 425.

ein solches „originäres Immaterialgüterrecht", das dem Veranstalter neben dem negativen Verbietungsrecht auch ein positives Verwertungsrecht zusprechen würde[807], in Deutschland nach hier vertretener Auffassung nicht existiert, wurde oben[808] bereits erläutert. Im deutschen und auch im englischen Recht sind es vielmehr nur relativ wirkende Abwehrpositionen, die praktisch zu einer Vermarktbarkeit der jeweiligen Veranstaltung führen. Über sie können auf nationaler Ebene lediglich schuldrechtliche[809] Vereinbarungen getroffen werden. Wird gegen diese Vereinbarungen verstoßen, entstehen lediglich vertragsrechtliche Ansprüche. Gegen Dritte besteht hingegen, anders als z.B. bei urheberrechtlichen Rechtspositionen, keine Abwehrmöglichkeit. Ähnlich scheint es in Österreich, den Niederlanden oder in Italien zu liegen. Lediglich in Frankreich ist ein fest umrissenes Recht des Sportveranstalters zur Verwertung seiner Veranstaltung definiert, das aufgrund der Organisationsleistung eine absolute Rechtsposition gewährt[810]. Wenn die europäische Wettbewerbsordnung nun im Fall der „Sportübertragungsrechte" unter Berücksichtigung des „spezifischen Gegenstands" dieser Rechte an die nationalen Rechtsordnungen anknüpfen will, muss sie den gemeinsamen Kern dieser im Detail in den Mitgliedstaaten unterschiedlich ausgestalteten Rechtspositionen erkennen und zu praktischer Bedeutung verhelfen.

Das Hausrecht in Deutschland schützt das Sacheigentum bzw. den Besitz, kann aber nach hier vertretener Auffassung nicht wie ein Immaterialgüterrecht die Verbreitung von Aufnahmen verhindern, die unter Verletzung des Hausrechts entstanden sind[811]. Selbst nach Ansicht des BGH soll durch seine weitergehende Rechtsprechung kein „Recht am Bild der eigenen Sache" entstehen, das wie ein Immaterialgüterrecht wirken würde[812]. In England und Wales gibt es ebenfalls kein „eigentumsähnliches" oder anders geartetes absolut wirkendes Recht an einer Sportveranstaltung – insofern unterscheidet sich die englische Rechtsprechung von der Rechtslage in den USA, wo in *Pittsburgh Athletic Co. v. KQV Broadcasting*[813] ein solches Recht anerkannt wurde.

---

807 Fezer, WRP 2012, 1321 (1328).

808 Teil 2, 1. Abschnitt, A. I. 5. a) bb).

809 S. OLG HH Urt. v. 11.10.2006 in der Rs. 5 U 112/06 – Slowakischer Fußball, GRUR-RR 2007, 181; Mestmäcker in: Vieweg (2000), S. 63; Hoeren, JR 1998, 332 (334).

810 S. Herr (2008), S. 78.

811 Vgl. oben Teil 2, 1. Abschnitt, A. I. 3. c).

812 BGH Urt. v. 17.12.2010 in der Rs. 45/10 – Preußische Schlösser und Gärten, ZUM 2011, 327, Rn. 15.

813 24 F. Supp. 490 (492).

Im Rahmen der Diskussion um den lauterkeitsrechtlichen Leistungsschutz in Deutschland ist neben vielen anderen Fragen auch offen, wie ein Leistungsschutz auf Grundlage der Generalklausel des § 3 Abs. 1 UWG im Rahmen der Fallgruppe des Marktversagens einzuordnen ist. Erkennt man nach hier vertretener Auffassung einen solchen Leistungsschutz für bestimmte Fallkonstellationen an, stellt sich nämlich die Frage, ob es sich dabei letztlich um ein „Immaterialgüterrecht" auf Basis des Lauterkeitsrechts handelt. Teilweise wird die Gewährung von Leistungsschutz auf Basis des § 3 Abs. 1 UWG kategorisch so verstanden, dass die Leistung als solche geschützt werde und damit ein absolutes Recht entstehe[814]. Damit wäre jeder Eingriff in dieses Recht unzulässig. Nach dieser Betrachtungsweise würde es sich bei der Gestattung der audiovisuellen Auswertung einer Sportveranstaltung um eine Rechteübertragung im eigentlichen Sinne und damit tatsächlich um eine Lizenz handeln. Das Rechtsgut des Sportveranstalters hätte nicht nur die negative Ausschlusswirkung eines Abwehrrechts, sondern zudem positiven Zuweisungsgehalt. Gegen diese Betrachtungsweise spricht, wie oben (Teil 2, 1. Abschnitt, A. 4.) bereits erwähnt, jedoch, dass der Leistungsschutz des UWG nach hier vertretener Auffassung gerade nicht in jedem Fall aufgrund der Qualität oder anderer Merkmale der Leistung gewährt wird, sondern lediglich das Ergebnis einer Abwägung im Einzelfall sein kann. Das geschützte Rechtsgut ist im Rahmen der Abwägung nach § 3 Abs. 1 UWG gerade nicht die Leistung selbst, sondern der unverfälschte Wettbewerb. Ergibt sich daraus ein Schutz der Leistung, ist dies genauso ein Reflex aus dem Schutz des Wettbewerbs wie das in den Fallkonstellationen des § 4 Nr. 9 UWG der Fall ist. Aus diesem Grund kann auch nicht jeder Eingriff in das Leistungsergebnis des Veranstalters etwa abgewehrt werden[815]. Im Gegenteil: Wie oben (Teil 2, 1. Abschnitt, A. 4.) ausführlich dargestellt, können nur solche Eingriffe, die eben den unverfälschten Wettbewerb gefährden, unter den hierfür geltenden Voraussetzungen als unzulässig gewertet werden. Damit handelt es sich bei Ansprüchen des Sportveranstalters aus § 3 Abs. 1 UWG gegebenenfalls auch nur um Abwehrrechte. Eine absolute Rechtsposition wird hier nicht vermittelt – dies wäre auch mit den Zielen des UWG nicht vereinbar.

Der Auffassung, es müsse sich beim Leistungsschutz auf Grundlage des § 3 Abs. 1 UWG um ein (unzulässig herausgebildetes) Immaterialgüterrecht handeln, liegt ein binäres Verständnis zugrunde: Danach kann es zur Erfüllung des Tatbestandes entweder nur auf die Unlauterkeit der Handlung des

814 Nemeczek, GRUR 2011, 292.

815 Und die Kritik, der Leistende stehe bei Anerkennung eines Leistungsschutzes auf Grundlage der Generalklausel besser als in den Fällen des § 4 Nr. 9 UWG (s. etwa Nemeczeck, GRUR 2011, 292 [295]), geht fehl.

Übernehmenden oder aber auf die Schutzwürdigkeit der Leistung an sich ankommen[816]. Dementsprechend wird unterschieden zwischen „mittelbarem" und „unmittelbarem" Leistungsschutz. Es ist jedoch nicht einzusehen, weshalb es nur zwei einander gegenseitig ausschließende Anknüpfungspunkte für die Unlauterkeit einer Handlung geben sollte. Wie der Fall der Sportveranstaltungen gerade zeigt, kann auch eine Konstellation entstehen, in der es neben der wettbewerblichen Eigenart der Leistung und der Intensität der Übernahme entscheidend auf die zu erwartende Marktsituation ankommt. Deshalb erscheint die übliche Bezeichnung dieser Form des Leistungsschutzes als „unmittelbarer" Leistungsschutz für diese Fälle auch nicht treffend, da diese tatsächlich die Gewährung einer absoluten Rechtsposition suggeriert. Daher bleibt es dabei, dass bei der Gestattung einer audiovisuellen Verwertung nach deutschem Recht lediglich auf die Ausübung von Abwehrrechten verzichtet und kein Recht übertragen wird[817].

Im deutschen Recht findet sich somit kein Anknüpfungspunkt für einen spezifischen Gegenstand im Sinne eines absolut wirkenden Immaterialgüterrechts. Es genügt ein Blick auf das französische Recht, das ein absolut wirkendes Sportveranstalterrecht kennt, um festzustellen, dass die Rechtslage in den Mitgliedstaaten in diesem Punkt nicht einheitlich ist.

2. Europäische Kommission und Europäisches Parlament

Es wurde bereits erwähnt, dass in der Praxis der Vermarktung von Sportveranstaltungen ganz selbstverständlich vom Geschäft mit „Rechten" an diesen Veranstaltungen die Rede ist. Die Annahme, dem Inhaber eines „Rechts" an einer Sportveranstaltung stehe eine absolute Rechtsposition zu, ist in Äußerungen der Europäischen Kommission immer wieder anzutreffen und zieht sich durch ihre Entscheidungspraxis hindurch. Es sei nur auf die wegweisende Entscheidung „UEFA Champions League" verwiesen, in der die Kommission vom „Eigentümer der Rechte" an einer Sportveranstaltung sprach[818]. Aber auch in ihren vielfältigen Äußerungen zur Verwertung von Sportveranstaltungen ist diese Sichtweise stets wiederholt worden[819]. Die Europäische Kommission als Europäische

---

816 Nemeczek, WRP 2010, 1315 (1318).

817 Ebenso Schröer (2010), S 293 f.; Hoeren, JR 1998, 332 (334). Ferner Duvinage in: Galli e.a., S. 572. A.A. Lochmann (2005), S. 262. Eine andere Praxis unterstellt Fock (Fock [2008], Rn. 689 ff.) entgegen seiner eigenen Aussage dem BGH.

818 Entscheidung der Europäischen Kommission v. 23.7.2003 in der Sache COMP/C.2-37.398 – UEFA Champions League, ABl. EU L 291/39 v. 8.11.2003, Rn. 122 f.

819 Grundlegend bereits Wachtmeister, Europäische Kommission, Competition Policy Newsletter Nr. 2 aus Juni 1998, S. 18 (23), die Parallelen zieht zwischen dem

Wettbewerbsbehörde behandelt „Sportübertragungsrechte“ demnach wie Immaterialrechtsgüter mit absoluter Wirkung.

Interessant ist, dass das Europäische Parlament in Anbetracht des Fehlens entsprechender Regelungen in einigen Mitgliedstaaten diese ausdrücklich auffordert „die Rechte des geistigen Eigentums an Sportinhalten zu schützen“[820]. Es spricht auch von der grundlegenden Bedeutung der kommerziellen Nutzung von Sportveranstaltungen „auf ... exklusiver und territorialer Grundlage“[821]. Das EP empfiehlt zudem, „Sportwettkämpfe vor jeglicher nicht genehmigter kommerzieller Nutzung zu schützen, insbesondere durch Anerkennung der Rechte von Sportveranstaltern an den von ihnen ausgerichteten Wettkämpfen“[822]. Die Rechte von Sportveranstaltern werden demnach durch das EP als existent betrachtet, lediglich ihre Anerkennung lasse zu wünschen übrig.

Es hat damit den Anschein, dass die europarechtliche Betrachtungsweise von der deutschen und englischen Behandlung von Sportveranstaltungen abweicht. Für den Fortgang dieser Untersuchung kommt es entscheidend auf die Praxis des EuGH an, da dieser in der Praxis die Weichenstellungen für die kartellrechtliche Behandlung der audiovisuellen Verwertung von Sportveranstaltungen vornimmt.

3. Rechtsprechung

In seinen beiden Entscheidungen zum Eurovisionssystem aus den Jahren 1996 und 2002[823] (vgl. zu diesen Entscheidungen Details unten, Teil 3, 1. Abschnitt, G.) hat das EuG sich nicht ausdrücklich zur Rechtsnatur von Sportübertragungsrechten geäußert. Es hat sie jedoch stillschweigend (wie auch die Europäische Kommission in den zugrunde liegenden Verfahren) analog dem Urheberrecht

---

Aufführungsrecht und Rechten, die auf der Zugangsgewährung zu einer Veranstaltung beruhen. Ähnlich z.B. Herbert Ungerer, Rede vom 14.1.2003 in Brüssel, S. 10 f., abrufbar unter: http://ec.europa.eu/competition/speeches/text/sp2003_001_en.pdf (zuletzt aufgerufen am 11.8.2014).

820 Entschließung des Europäischen Parlaments vom 2. Februar 2012 zu der europäischen Dimension des Sports (2011/2087[INI]), Zf. 54.

821 Entschließung des Europäischen Parlaments vom 2. Februar 2012 zu der europäischen Dimension des Sports (2011/2087[INI]), Zf. 51.

822 Entschließung des Europäischen Parlaments vom 15. November 2011 zu Online-Glücksspielen im Binnenmarkt (2011/2084[INI]).

823 EuG Urt. v. 8.10.2002 in den verb. Rs. T-185/00, T-216/00, T-299/00 und T-300/00 – EBU/Métropole II und EuG Urt. v. 11.7.1996 in den verb. Rs. T-528/93, T-542/93, T-543/93 und T-546/93 – EBU.

behandelt[824]. In seiner Entscheidung zum Recht der Kurzberichterstattung von 2013 bezeichnet der EuGH exklusive Übertragungsrechte für das Fernsehen als „vermögenswerte Rechte“[825], was er lediglich mit ihrer Einräumung gegen Entgelt und der Exklusivität erklärt. In seiner Entscheidung in Sachen „Karen Murphy“ hat sich der EuGH erstmals zur Grundlage von Lizenzen zur Verwertung von Sportveranstaltungen geäußert. Dort stellt er zunächst fest, dass sie nicht im Rahmen des Urheberrechts geschützt sind[826]. Da es an dieser Stelle der Entscheidung um die Möglichkeit der Rechtfertigung eines Eingriffs in eine Grundfreiheit durch Erwägungen des geistigen Eigentums als zwingendem Gemeinwohlinteresse ging, hätte die Prüfung aufgrund der Ablehnung des urheberrechtlichen Schutzes eigentlich beendet sein müssen. Der EuGH fährt jedoch fort, Sportereignisse seien möglicherweise vergleichbar mit Werken, weshalb sie evtl. einen entsprechenden Schutz auf nationaler Ebene verdienten[827]. In einem obiter dictum führt der EuGH sodann aus, neben dieser Möglichkeit der Schaffung einer absoluten Rechtsposition durch die Mitgliedstaaten gebe es auch die Möglichkeit der Anerkennung der Verträge zwischen den Beteiligten[828]. Insoweit verweist der EuGH auf die Mitgliedstaaten. Im nächsten Atemzug spricht der EuGH jedoch bezüglich des Streitgegenstands, also der Übertragung von Sportveranstaltungen, vom spezifischen Gegenstand des geistigen Eigentums und wendet die dafür entwickelten Grundsätze auf den Fall der Übertragung von Sportveranstaltungen im Fernsehen an[829]. Dabei erwähnt er auch die besondere Rolle des Sports gem. Art. 165 Abs. 1 Uabs. 2 AEUV, ohne daraus jedoch besondere Schlüsse zu ziehen.

In diesen entscheidenden Passagen des Urteils wird nicht eindeutig klar, weshalb der EuGH die Grundsätze der Immaterialgüterrechte auf Sportveranstaltungen anwendet. Teilweise wird wohl vermutet, er habe aufgrund der Einbeziehung von urheberrechtlich geschützten Elementen wie der Liga-Hymne und verschiedenen

---

824 S. EuG Urt. v. 8.10.2002 in den verb. Rs. T-185/00, T-216/00, T-299/00 und T-300/00 – EBU/Métropole II, Rn. 64, wo das Gericht unmittelbar auf die Sache Coditel II verweist, in der es um urheberrechtlich geschützte Inhalte ging.

825 EuGH Urt. v. 22.1.2013 in der Rs. C-283/11 – Sky Österreich/ORF, Rn. 35.

826 EuGH Urt. v. 4.10.2011 in den verb. Rs. C-403/08, C-429/08 – Karen Murphy, Rn. 99. Hier weist der EuGH zudem noch einmal darauf hin, dass im Unionsrecht kein anderweitiger Schutz für Sportveranstaltungen normiert ist.

827 EuGH Urt. v. 4.10.2011 in den verb. Rs. C-403/08, C-429/08 – Karen Murphy, Rn. 100.

828 EuGH Urt. v. 4.10.2011 in den verb. Rs. C-403/08, C-429/08 – Karen Murphy, Rn. 102.

829 EuGH Urt. v. 4.10.2011 in den verb. Rs. C-403/08, C-429/08 – Karen Murphy, Rn. 106 ff.

Logos und Grafiken im Ergebnis die betreffende Sendung als urheberrechtlich geschützt angesehen[830] und nur deshalb die Prüfung nicht nach Verneinung des urheberrechtlichen Schutzes für Sportveranstaltungen abgebrochen. Andererseits geht der EuGH in diesem Zusammenhang mit keinem Wort auf solche Elemente ein. Betrachtet man dann die restliche Entscheidung, fällt auf, dass der EuGH in seinen späteren Ausführungen zu Fragen der Nutzungen der Sendungen nach ihrem Empfang dann ausdrücklich die urheberrechtlich geschützte Position der FA Premier League feststellt und dabei auch auf die hierfür relevanten Elemente eingeht[831]. Damit ist anzunehmen, dass der EuGH erst für diese Phase der Nutzung die urheberrechtlich geschützten Teile der Sendung für relevant hält. Demnach ist die Behandlung der Sportübertragungsrechte wie Rechte des geistigen Eigentums nur durch die Aussage des EuGH zu erklären, Sportveranstaltungen hätten aufgrund ihrer Einzigartigkeit einen „Originalcharakter"[832]. Diese Aussage trifft der EuGH separat von der darauf folgenden Überlegung, wie die Mitgliedstaaten aufgrund dieses Originalcharakters einen Schutz auf nationaler Ebene ausgestalten könnten. Aus dieser Anknüpfung an den „Originalcharakter" und die folgende Behandlung von Sportübertragungen als Immaterialgut lässt sich schließen, dass der EuGH einen europarechtlichen spezifischen Gegenstand für Sportübertragungsrechte anerkennt, der im Wesentlichen mit einem Immaterialgüterrecht übereinstimmt. Damit ist dem Inhaber dieser Rechtsposition aus Sicht des EuGH grundsätzlich die Möglichkeit gegeben, Lizenzen gegen angemessene[833] Vergütung an Dritte zu vergeben und über Lizenzvergaben zu entscheiden[834].

830 So wohl Leistner, JZ 2011, 1140. Hiervon scheint auch auszugehen Poll, SpuRt 2012, 5 (6, 8). Ähnlich Peifer, AfP 2011, 540.

831 EuGH Urt. v. 4.10.2011 in den verb. Rs. C-403/08, C-429/08 – Karen Murphy, Rn. 149, 152.

832 EuGH Urt. v. 4.10.2011 in den verb. Rs. C-403/08, C-429/08 – Karen Murphy, Rn. 100.

833 Interessant ist, dass der EuGH bezüglich der Vergütung der Ansicht ist, dass nicht stets die höchstmögliche Vergütung im Rahmen des spezifischen Gegenstands geschützt ist, s. EuGH Urt. v. 4.10.2011 in den verb. Rs. C-403/08, C-429/08 – Karen Murphy, Rn. 108. Was jedoch als angemessen zu betrachten ist, wird im Einzelfall schwer feststellbar sein.

834 EuGH Urt. v. 29.4.2004 in der Rs. C-418/01 – IMS Health, Rn. 34; EuGH Urt. v. 6.4.1995 in den verb. Rs. C-241/91 P und C-242/91 P – Magill, Rn. 49; EuGH Urt. v. 18.2.1992 in der Rs. C-30/90, Rn. 21; EuGH Urt. v. 5.10.1988 in der Rs. C-238/87 – Volvo, Rn. 8; EuGH Urt. v. 3.3.1988 in der Rs. 434/85 – Allen & Hanburys, Rn. 11; EuGH Urt. v. 9.7.1985 in der Rs. 19/84 – Pharmon, Rn. 25 ff.; EuG Urt. v. 12.6.1997 in der Rs. T-504/93 – Tiercé Ladbroke, Rn. 147, 151.

Es ist bedauerlich, dass der EuGH sich an dieser Stelle nicht klarer zur Bedeutung dieser Einordnung geäußert hat. Im weiteren Verlauf dieser Untersuchung wird sich zeigen, dass die hier offengelassenen Fragen für wichtige Weichenstellungen entscheidend sind.

4. Ergebnis

Betrachtet man die Behandlung von Sportübertragungsrechten durch den EuGH als Immaterialrechtsgut im Kontext der Entscheidungspraxis der Europäischen Kommission, zeigt sich deutlich, dass die europäischen Institutionen letztlich von der Existenz von „Sportrechten" ausgehen. Auch im Sekundärrecht wird ein entsprechendes Recht angenommen. So ist in Erwägungsgrund 21 der Fernsehrichtlinie[835] davon die Rede, dass Veranstalter kraft Gesetzes dazu befugt seien, die „Rechte" an ihren Sportveranstaltungen „zu veräußern", worauf der EuGH in der dargestellten Entscheidung hinweist[836]. Ihr „spezifischer Gegenstand" kann für die Zwecke der kartellrechtlichen Betrachtung wie ein Immaterialgüterrecht behandelt werden.

Damit gewährt das Europarecht dem Inhaber von Sportrechten im Ergebnis mehr als die deutsche oder englische Rechtsordnung hergeben. Der europarechtliche „spezifische Gegenstand" dieses Schutzrechts reicht weiter und nähert sich inhaltlich eher der französischen Lösung an. Mag auch die „Veranstaltung mit Originalcharakter", wie oben[837] dargestellt, im nationalen Recht keine Bedeutung haben, so ist sie für den EuGH das entscheidende Kriterium für die Behandlung als Immaterialgüterrecht. Die folgende Untersuchung wird daher Sportübertragungsrechte wie Immaterialgüterrechte behandeln. Deshalb wird in den folgenden Ausführungen zuweilen untechnisch von Kauf und Verkauf von Verwertungsrechten die Rede sein. Gemeint sind Geschäfte zur Lizenzierung der Sportübertragungsrechte. Ist im Folgenden vom „Veranstalter" die Rede, ist damit unabhängig von der Form der Vermarktung[838] der jeweilige originäre Rechteinhaber gemeint.

---

835 Richtlinie 97/36/EG des Europäischen Parlaments und des Rates vom 30. Juni 1997 zur Änderung der Richtlinie 89/552/EWG des Rates zur Koordinierung bestimmter Rechts- und Verwaltungsvorschriften der Mitgliedstaaten über die Ausübung der Fernsehtätigkeit, ABl. EG L 202/60 v. 30.7.1997 – „EU-Fernsehrichtlinie".

836 EuGH Urt. v. 4.10.2011 in den verb. Rs. C-403/08, C-429/08 – Karen Murphy, Rn. 103.

837 Teil 2, 1. Abschnitt, A. I. 5. a) bb).

838 Um die damit verbundenen Rechtsfragen im Zusammenhang mit der Zentralvermarktung soll es in dieser Untersuchung nicht gehen. Zu relevanten Aspekten der Zentralvermarktung vgl. unten, Teil 3, 1. Abschnitt, E.

Gemäß der Lehre vom spezifischen Gegenstand können die Bedingungen, die im Einzelfall mit der Lizenzierung dieser Rechte verbunden werden, im Rahmen der kartellrechtlichen (und sonstigen europarechtlichen) Untersuchung überprüft werden[839]. Um die kartellrechtlichen Grenzen solcher Vereinbarungen wird es im Folgenden gehen.

B. Kartellrecht und Sport

I. Europarecht

Die kartellrechtliche Untersuchung der audiovisuellen Verwertung von Sportereignissen wirft nicht nur Fragen des Kartellrechts auf, sondern berührt auch einen besonderen Regelungsgegenstand, nämlich den Sport[840]. Für diesen Bereich wurde und wird insbesondere von Seiten der Sportverbände immer wieder eine Sonderbehandlung gefordert. So wurde lange unter Hinweis auf die Verbandsautonomie und die Kulturhoheit der Mitgliedstaaten eine generelle Bereichsausnahme vom europäischen Unionsrecht für den Sport konstatiert[841].

Tatsächlich ist in der Europäischen Union für den Bereich des Sports eine gewisse Sonderstellung politisch gewollt. Zwar besitzt die Union keine unmittelbare Kompetenz für Regelungen im Bereich des Sports[842]. Sie hat sich jedoch vielfach auf höchster politischer Ebene zu diesem Thema geäußert. Dies steht auch im Einklang mit der Rechtsprechung des EuGH, der spätestens seit dem Urteil in der Sache „Bosman“[843] aus dem Jahre 1995 in gefestigter Rechtsprechung von der Anwendbarkeit der Wettbewerbsregeln auf den Sportsektor ausgeht. Im Folgenden soll ein kurzer Blick auf die politische Einordnung des Sports in der EU sowie auf die Praxis der Kommission und die Rechtsprechung zu dieser Frage geworfen werden.

---

839 Entscheidung der Europäischen Kommission v. 8.10.2002 in der Sache COMP/C2/38.014 - IFPI „Simulcasting“, Rn. 66.

840 Zur besonderen Rolle des Sports in der Berichterstattung s. Dörr in: DSB, S. 17.

841 S. u.a. Stellungnahme der UEFA im Bosman-Verfahren, EuGH Slg. 1995, I-4921, Rn. 71 - Bosman; Stellungnahme der deutschen Bundesregierung im Bosman-Verfahren, ebd., Rn. 72; Scholz/Aulehner, SpuRt 1996, 44 ff.; Palme JZ 1996, 238 (239 f.); Kahlenberg, EWS 1994, 423 (424, 427); Malatos, S. 16; Schweitzer in: Reuter, S. 87.

842 S. dazu etwa Hellwig (2009), Rn. 8, 10; Hilty/Henning-Bodewig (2007), S. 14 f. Zur Förderkompetenz aufgrund Art. 165 AEUV s. Eichel (2013), S. 137 ff.

843 EuGH Slg. 1995, I-4921 - Bosman; zum Meinungsstand vor der Bosman-Entscheidung: Kahlenberg EWS 1994, 423 (427); Palme/Hepp-Schwab/Wilske, JZ 1994, 343 ff.

1. Die politische Einordnung des Sports

Auf der politischen Ebene kommt dem Sport in Europa unbestritten eine Sonderrolle zu. Erstmals wurde der Sport 1985 im Adonnino-Bericht des Europäischen Rats ausdrücklich erwähnt[844]. Er wurde damals als wichtiges Element eines „Europas der Bürger“ bezeichnet. Ein Bericht des Ausschusses für Kultur, Jugend, Bildung und Medien des Europäischen Parlaments mit dem Titel „Die Europäische Gemeinschaft und der Sport“ wurde am 6. Mai 1994 durch das EP angenommen. Darin forderte das EP die Aufnahme des Sports als eigenständigen Politikbereich in die Verträge[845]. Dazu kam es zwar nie, in der Schlussakte des Vertrages von Amsterdam[846] aus dem Jahre 1997 wurde jedoch die gesellschaftliche Bedeutung des Sports auch durch die Staats- und Regierungschefs hervorgehoben[847]. Es erging gleichzeitig ein Appell an die Gremien der EU, bei wichtigen, den Sport betreffenden Fragen die Sportverbände anzuhören. Im Anschluss an diese Erklärung ersuchte der Europäische Rat von Wien 1998 die Europäische Kommission, dem Europäischen Rat in Helsinki einen Bericht vorzulegen, in dem sie die Möglichkeiten der Erhaltung der derzeitigen Sportstrukturen und der Wahrung der sozialen Funktion des Sports im Gemeinschaftsrahmen[848] untersuchte[849]. Dieses Ersuchen war damals insbesondere von der Sorge über eine Häufung der Fälle des Dopings getragen.

Der „Helsinki Bericht zum Sport“[850], den die Kommission ein Jahr später vorlegte, hebt die erzieherische und soziale Funktion des Sports hervor und geht auf neue Gefahren für das europäische Sportkonzept ein. In diesem

---

844 Der Ausschuss für das „Europa der Bürger“ (Adonnino-Ausschuss), Bericht an den Europäischen Rat (Mailand, 28. und 29. Juni 1985), Punkt 5.9.

845 S. Protokoll der Sitzung, ABl. EG C 205/453 v. 25.7.1994, dort S. 486 ff., Rn. 32 des Berichts. S. zu einem weiteren Entschließungsantrag des EP aus dem Jahr 2007 zum Thema Fußball Orth, SpuRt 2007, 49.

846 ABl. EG C 340/1 v. 10.11.1997.

847 ABl. EG C 340/136 v. 10.11.1997, (Erklärung Nr. 29 – zum Sport).

848 Seit Inkrafttreten des Vertrages von Lissabon am 1.12.2009 existiert die Europäische Gemeinschaft nicht mehr. Hier und im Folgenden wird der Begriff der Gemeinschaft im historischen Kontext verwendet.

849 Schlussfolgerungen des Vorsitzes des Europäischen Rates (Wien): 11. und 12.12.1998, Rn. 95; abrufbar unter: http://www.consilium.europa.eu/ueDocs/cms_Data/docs/pressData/de/ec/00300-R1.D8.htm (zuletzt aufgerufen am 11.8.2014).

850 Bericht der Kommission an den Europäischen Rat im Hinblick auf die Erhaltung der derzeitigen Sportstrukturen und die Wahrung der sozialen Funktion des Sports im Gemeinschaftsrahmen – Helsinki Bericht zum Sport – vom 10.12.1999, KOM(1999)644 endgültig.

Zusammenhang nennt die Kommission unter anderem Gefahren durch Doping. Darüber hinaus warnt sie jedoch auch explizit vor der voranschreitenden Kommerzialisierung des Sports und sieht in der rasanten Verteuerung der Übertragungsrechte eine Gefahrenquelle[851]. Sie befürchtet, es könnten in Zukunft beispielsweise häufiger rein gewinnorientierte Veranstaltungen stattfinden[852]. Sie sieht auch die Gefahr, dass Sportveranstalter und Clubs geneigt sein könnten, aus den Verbänden auszusteigen und damit unter anderem das Prinzip der finanziellen Solidarität zwischen Profi- und Amateursport in Frage zu stellen. Die Sonderrolle des Sports wird besonders deutlich, wenn die Kommission, der u.a. die Rolle als Hüterin des Wettbewerbs in Europa zukommt, die Kommerzialisierung des Sektors und das drohende Ende von Umverteilungsmechanismen als Gefahren ansieht. In diesem Zusammenhang wird auch sichtbar, wie sehr wirtschaftliche und gesellschaftliche bzw. soziale Aspekte im Bereich des Sports miteinander verzahnt sind. Die Kommission betont aber bei ihrer Beurteilung der Situation des Sports stets, dass jedes gemeinsame Vorgehen zur Bekämpfung der genannten Gefahren mit dem Gemeinschaftsrecht vereinbar sein müsse[853]. Dies gelte insbesondere dort, wo die wirtschaftliche Dimension des Sports im Vordergrund steht. In diesem Bereich sei der Sportsektor zu behandeln wie jeder andere Wirtschaftszweig[854].

In diesem Abschnitt des Berichts geht die Kommission erstmals ins Detail. Auf der Suche nach einem rechtlichen Rahmen, der den Besonderheiten des Sports gerecht wird, unterscheidet sie drei Gruppen von Praktiken der Sportorganisationen. Zuerst nennt sie Praktiken, die nicht den Wettbewerbsregeln der Union unterliegen. Dies sind die Regelungen, ohne die der Sport nicht möglich wäre oder die zur inneren Organisation beziehungsweise der Veranstaltung von Wettkämpfen erforderlich sind und deren Ziel nicht die Verfälschung des Wettbewerbs ist. Hierzu rechnet die Kommission in erster Linie die „Spielregeln" selbst[855]. Als Zweites führt sie Praktiken auf, die grundsätzlich durch die Wettbewerbsregeln untersagt sind. Es handelt sich dabei um restriktive Praktiken im Bereich der wirtschaftlichen Betätigung der Sportorganisationen. Als Beispiele werden unter anderem marktabschottende Sponsoringvereinbarungen oder willkürliche Ablösesummen genannt[856]. Von größerem Interesse ist die dritte

851 KOM(1999) 644 endgültig, Zf. 2, dritter Spiegelstrich.
852 KOM(1999) 644 endgültig, Zf. 2, 5. Absatz.
853 KOM(1999) 644 endgültig, Zf. 4, 2. Absatz.
854 KOM(1999) 644 endgültig, Zf. 4.2.1.
855 KOM(1999) 644 endgültig, Zf. 4.2.1.1.
856 KOM(1999) 644 endgültig, Zf. 4.2.1.2.

Gruppe, in der die Kommission auf Praktiken eingeht, die ihrer Ansicht nach von den Wettbewerbsregeln ausgenommen werden können. Hier ist die Rede von besonderen Zielen im Bereich des Sports, die als legitim anerkannt werden können, um Wettbewerbsbeschränkungen zu rechtfertigen[857]. Als Beispiel wird zuweilen die Umverteilung von Geldern zugunsten des Amateursports genannt[858]. Weiterhin werden Kriterien für die Erlaubnis bestimmter Praktiken aufgestellt[859]. Diese differenzierende Behandlung der Praxis im Sportbereich zeigt aber deutlich, dass die Materie auch in den Augen der Kommission einer besonderen Behandlung bedarf.

Im Jahr 2000 befasste sich dann der Europäische Rat in Nizza mit dem Thema des Sports. In seinen Schlussfolgerungen[860] geht er auf die Besonderheiten des Sports im wirtschaftlichen Umfeld ein. Hier betont er die Notwendigkeit der Kontrolle der Eigentumsverhältnisse an miteinander im Wettbewerb stehenden Clubs und spricht sich im Zusammenhang mit den Erlösen aus dem Verkauf von Fernsehübertragungsrechten für ein System der Solidarität zwischen allen Bereichen des Sports aus[861]. In einer Erklärung aus dem Jahre 2003[862] betont schließlich der Rat der EU, dass es gelte, eine übermäßige Entwicklung der wirtschaftlichen Seite des Sports zu vermeiden[863]. Der nie ratifizierte Vertrag über eine Verfassung für Europa hätte den Sport erstmals ausdrücklich in einen

857 KOM(1999) 644 endgültig, Zf. 4.2.1.3., 1. u. 3. Absatz.

858 Mario Monti, Rede vom 17.4.2000 in Brüssel, abrufbar unter: http://europa.eu/rapid/press-release_SPEECH-00-152_en.htm?locale=en (zuletzt aufgerufen am 11.8.2014), S. 3.

859 KOM(1999) 644 endgültig, Zf. 4.2.1.3.

860 Schlussfolgerungen des Vorsitzes des Europäischen Rates (Nizza): 7., 8. und 9. Dezember 2000; abrufbar unter: http://www.consilium.europa.eu/ueDocs/cms_Data/docs/pressData/de/ec/00400.%20ann.d0.htm (zuletzt aufgerufen am 11.8.2014).

861 Schlussfolgerungen des Vorsitzes des Europäischen Rates (Nizza): 7., 8. und 9. Dezember 2000, Anlage IV – Erklärung über die im Rahmen gemeinsamer Politiken zu berücksichtigenden besonderen Merkmale des Sports und seine gesellschaftliche Funktion in Europa, Rn. 14 f.; abrufbar unter: http://www.consilium.europa.eu/ueDocs/cms_Data/docs/pressData/de/ec/00400.%20ann.d0.htm (zuletzt aufgerufen am 11.8.2014).

862 Erklärung des Rates und der im Rat vereinigten Vertreter der Regierungen der Mitgliedstaaten vom 5. Mai 2003 „Der soziale Wert des Sports für Jugendliche", ABl. EU C 134/5 v. 7.6.2003.

863 Erklärung des Rates und der im Rat vereinigten Vertreter der Regierungen der Mitgliedstaaten vom 5. Mai 2003 „Der soziale Wert des Sports für Jugendliche", ABl. EU C 134/5 v. 7.6.2003, Rn. 9.

Vertrag der Union aufgenommen[864]. Mit dem Vertrag von Lissabon[865] wurde 2007 schließlich die Förderung des Sports in Art. 165 Abs. 1 S. 2 AEUV aufgenommen. Dabei werden die soziale und pädagogische Funktion hervorgehoben sowie die Berücksichtigung besonderer Merkmale und Strukturen vorgesehen.

Im Juli 2007 legte die Kommission ihr „Weißbuch Sport" vor, in dem sie sich erstmals umfassend mit dem Thema Sport befasste[866]. Sie stellt darin die Rolle des Sports innerhalb der Union dar und strebt nach eigener Aussage eine Illustration der Anwendung des EU-Rechts auf den Sportbereich an. Unter Anerkennung der Vielfalt und Komplexität der Organisation des Sports in Europa räumt die Kommission den Sportorganisationen und Ligen aufgrund ihrer Autonomie breite Gestaltungsspielräume ein[867]. Für einige Bereiche sieht sie jedoch noch Herausforderungen und strebt eine Vermittlerrolle an bzw. stellt „Maßnahmen" in Aussicht. Einer dieser Bereiche ist die Vermarktung des Sports in den Medien, auf die die Wettbewerbsvorschriften Anwendung finden, wie die Kommission feststellt[868]. Dabei würden bestimmte besondere Merkmale des Sports berücksichtigt. Insbesondere erkennt die Kommission die Bedeutung einer gerechten Einnahmenumverteilung zwischen den Vereinen und zwischen Amateur- und Profisport an und empfiehlt den Sportorganisationen die Beibehaltung wirksamer Solidaritätsmechanismen[869]. Unter Bezugnahme auf das Weißbuch entschloss sich der Rat 2011 zu einem Arbeitsplan der EU für den Sport, der bis 2014 laufen soll[870]. In Expertengruppen werden demnach u.a. die Themen Kampf gegen Doping, berufliche Bildung im Sport und nachhaltige Finanzierung des Sports bearbeitet. Auch das Europäische Parlament hat in seiner Entschließung

---

864 S. BT-Drs. 15/4900, S. 5 ff., dort Art. I-17, lit. e) und Art. III-282, lit. g). S. dazu Parrish, 2003/3 ISLJ 2.

865 Vertrag von Lissabon zur Änderung des Vertrags über die Europäische Union und des Vertrags zur Gründung der Europäischen Gemeinschaft, unterzeichnet in Lissabon am 13. Dezember 2007, ABl. EU C 306/1 v. 17.12.2007, in Kraft getreten am 1.12.2009.

866 Weißbuch Sport vom 11.7.2007, KOM(2007) 391 final.

867 KOM(2007) 391 final, S. 13 f.

868 KOM(2007) 391 final, S. 19. S. auch etwa Mario Monti, Rede vom 17.4.2000 in Brüssel, abrufbar unter: http://europa.eu/rapid/pressReleasesAction.do?reference=SPEECH/00/152&format=HTML&aged=0&language=EN&guiLanguage=en (zuletzt aufgerufen am 11.8.2014), S. 2.

869 S. auch Aktionsplan „Pierre de Coubertin" vom 11.7.2007 SEC(2007) 934, Punkt C.6.

870 Entschließung des Rates und der im Rat vereinigten Vertreter der Regierungen der Mitgliedstaaten zu einem Arbeitsplan der Europäischen Union für den Sport (2011-2014), ABl. EU C 162/1 v. 1.6.2011.

zu der europäischen Dimension des Sports vom Februar 2012[871] eine Reihe von Vorschlägen zur Sportpolitik der EU unterbreitet.

Die Sonderrolle des Sports, auch wirtschaftliche Fragen betreffend, wird sicherlich auch in Zukunft Fragen aufwerfen und Gegenstand politischer Erklärungen sein. Eine umfassende und einheitliche europäische Lösung für den Sportsektor wird, wie aus dem Weißbuch deutlich hervorgeht, nicht angestrebt. Vielmehr wird es auch in Zukunft darum gehen, sowohl der besonderen Bedeutung des Sports Rechnung zu tragen als auch die Rechtssicherheit für alle Beteiligten zu erhöhen. Die Kommission strebt einen ganzheitlichen Ansatz an, der den rechtlichen Zusammenhang ebenso berücksichtigt wie die Besonderheiten des Sports[872].

2. Die Entscheidungspraxis der Europäischen Kommission

Die Europäische Kommission hat sich nicht nur im „Helsinki Bericht zum Sport", sondern auch im Rahmen ihrer Funktion als europäische Wettbewerbsbehörde zur besonderen Rolle des Sports geäußert. Dabei tauchte mit der zunehmenden wirtschaftlichen Bedeutung sportlicher Großereignisse immer häufiger die Frage nach dem Verhältnis des Wettbewerbsrechts zum Sport auf. Die Kommission selbst weist auf die Rolle steigender Erlöse aus medialer Verwertung von Sportereignissen für die Notwendigkeit der rechtlichen Erfassung wirtschaftlicher Aspekte des Sports hin[873]. Im Fall „Mouscron" aus dem Jahr 1999 ging es um die Heim- und Auswärtsregel der UEFA[874]. Diese sieht die Kommission als rein sportbezogene Regelung an, auf die die Wettbewerbsvorschriften nicht anzuwenden sind[875]. Auch die UEFA-Regel, wonach Vereine, die ein- und demselben Besitzer gehören, nicht an demselben Wettbewerb teilnehmen dürfen, wird für eine rein sportbezogene Regelung gehalten[876]. In diesem Bereich erkennt die Kommission die Regelungsbefugnis der Sportverbände an.

---

871 Entschließung des Europäischen Parlaments vom 2. Februar 2012 zu der europäischen Dimension des Sports (2011/2087[INI]).

872 SEC(2007) 936, S. 2.

873 Europäische Kommission MEMO/02/127 v. 5.6.2002.

874 Die Regel besagt, dass im UEFA Europa League-Wettbewerb jeder Verein sein Heimspiel im eigenen Stadion auszutragen hat.

875 S. Pressemitteilung der Europäischen Kommission IP/99/965 v. 09.12.1999; ausdrücklich bestätigt durch Wettbewerbskommissar Monti in seiner Antwort auf die Schriftliche Anfrage P-1093/04 am 30.04.2004.

876 S. Entscheidung der Europäischen Kommission v. 25.06.2002 in der Sache COMP/37806 – ENIC/UEFA, Rn. 42; Pressemitteilung der Europäischen Kommission IP/99/965 v. 09.12.1999.

Im Zusammenhang mit den genannten Entscheidungen setzte sich die Kommission jedoch zur Aufgabe, im Interesse der Rechtssicherheit schrittweise eine Abgrenzung zwischen Praktiken der Sportverbände vorzunehmen, die nicht unter die Wettbewerbsvorschriften fallen, jenen, über die im Einzelfall entschieden werden muss, und jenen, die nicht zulässig sind[877]. Eine generelle Bereichsausnahme für den Sport wird demnach durch die Kommission ihrer Entscheidungspraxis keineswegs zugrunde gelegt[878]. In der Folge war die Europäische Kommission mit verschiedensten Fällen befasst, die in der einen oder anderen Weise die Frage nach der Anwendbarkeit von Wettbewerbsregeln auf den Sportsektor zum Gegenstand hatten[879]. Der Entscheidungspraxis ist insgesamt übereinstimmend zu entnehmen, dass dort, wo es sich bei Sportarten um Wirtschaftszweige handelt, das Kartellrecht des AEUV grundsätzlich zur Anwendung kommt.

Bereits im Jahr 1999 entwickelte die Europäische Kommission die sogenannten Vorläufigen Leitlinien zur Anwendung der Wettbewerbsvorschriften im Bereich des Sports[880], die jedoch als vertrauliches Dokument nie offiziell veröffentlicht wurden[881]. In den vorläufigen Leitlinien sind die Erfahrungen aus der

---

877 S. Pressemitteilung der Europäischen Kommission IP/99/965 v. 09.12.1999, S. 2; IP/99/133 v. 24.2.1999, S. 3.

878 S. Entscheidung der Europäischen Kommission v. 25.06.2002 in der Sache COMP/37806 - ENIC/UEFA, Rn. 27 ff. Alexander Schaub, Rede vom 26.2.2002 anlässlich der Jornada Día de la Competencia in Madrid, abrufbar unter: http://ec.europa.eu/competition/speeches/text/sp2002_008_en.pdf (zuletzt aufgerufen am 11.8.2014), S. 3 f.

879 S. etwa Entscheidung der Europäischen Kommission v. 1.8.2002 in der Sache COMP/38158 - Meca-Medina und Majcen/IOC; Entscheidung der Europäischen Kommission v. 23.7.2003 in der Sache COMP/C.2-37.398 - UEFA Champions League, ABl. EU L 291/39 v. 8.11.2003; Entscheidung der Europäischen Kommission v. 22.3.2006 in der Sache COMP/C-2/38.173 - FA Premier League; Entscheidung der Europäischen Kommission v. 19.1.2005 in der Sache COMP/C.2-37.214 - Bundesliga; sowie u.a. Pressemitteilungen der Europäischen Kommission IP/01/314 v. 05.03.2001 (Transferbestimmungen im Fußball); IP/01/583 v. 20.04.2001 (UEFA-Übertragungsregelung); IP/01/1523 v. 30.10.2001 (Formel 1); IP/02/585 v. 18.04.2002 (Spielervermittler im Fußball); IP/02/806 v. 03.06.2002; IP/02/824 v. 05.06.2002; IP/02/942 v. 27.06.2002; IP/03/1491 v. 31.10.2003; IP/03/1748 v. 16.12.2003.

880 Mitteilung an die Kommission vom 15.2.1999, Karel van Miert im Einvernehmen mit den Kommissionsmitgliedern Oreja und Flynn; hierzu Pressemitteilung IP/99/133 v. 24.2.1999.

881 Jedoch teilweise abgedruckt bei Heermann, CaS 2006, 345 (351 f.).

Fallpraxis zusammengefasst, die bis 1999 in diesem Bereich gesammelt wurden, und es werden die Erwägungen genannt, die bei der Bearbeitung zukünftiger Fälle zugrunde zu legen sind. In Rn. 48 heißt es „Die Kommission hat in ihren bisherigen Entscheidungen [...] deutlich gemacht, dass [...] die Wettbewerbsregeln auf Sporterzeugnisse genauso anzuwenden sind wie auf den Vertrieb sonstiger Erzeugnisse“[882].

Über die Anwendbarkeit der Wettbewerbsregeln entscheidet die Kommission je nach Sachverhalt von Fall zu Fall. Teilweise stellten die Sportverbände ihr Regelwerk um, um sich den Verpflichtungen anzupassen. Vielfach wurden in den Entscheidungen Besonderheiten für den Sportbereich entwickelt. Eine generelle Bereichsausnahme lässt sich jedoch aus keiner von ihnen ableiten.

3. Die Rechtsprechung der Europäischen Gerichte

Bereits viele Jahre vor der berühmten „Bosman“-Entscheidung befasste sich der EuGH mit der Frage einer möglichen Bereichsausnahme für den Sport. Sie stellte sich im Zusammenhang mit Regelungen nationaler Sportverbände, die den Besitz einer bestimmten Staatsangehörigkeit zur Voraussetzung für sportliche Betätigung von Profis in bestimmten Wettkämpfen oder Ligen machten. So stellt der EuGH im Fall „Walrave“ aus dem Jahr 1974 klar, dass Sport, sofern er sich als wirtschaftliche Betätigung darstellt, dem Geltungsbereich des Gemeinschaftsrechts zuzurechnen ist. Die Ziele der Gemeinschaft bedingten zwar, dass sportliche Betätigung ansonsten vom Geltungsbereich der Verträge ausgenommen sei. Sofern es sich nicht um wirtschaftliche Betätigung handle und ausschließlich sportliche Belange betroffen seien, gälten die Regelungen des Gemeinschaftsrechts nicht. Als Ausnahme sei diese Beschränkung des Geltungsbereichs der Verträge jedoch eng auszulegen[883].

In seinem Urteil im Fall „Donà“ aus dem Jahre 1976 wiederholt der EuGH die Ansicht, dass die Ausnahme für den nicht wirtschaftlich orientierten Teil des Sportsektors eng auszulegen ist. Weiterhin geht der Gerichtshof auf die notwendigen Voraussetzungen für eine Ausnahme bestimmter Praktiken vom Geltungsbereich des Gemeinschaftsrechts ein. Voraussetzung ist demnach der besondere Charakter sportlicher Begegnungen aus ausschließlich den Sport als solchen betreffenden Gründen[884]. Neunzehn Jahre später bezieht sich der EuGH in der Urteilsbegründung im Fall „Bosman“ dann ausdrücklich auf die genannten

---

882 Zitiert aus: Heermann, CaS 2006, 345 (351).

883 EuGH Urt. v. 12.12.1974 in der Rs. 36/74 – Walrave, Rn. 4/10.

884 EuGH Urt. v. 14.7.1976 in der Rs. 13/76 – Donà, Rn. 14/16.

Entscheidungen und erinnert an die bestehenden Grundsätze[885]. In der Sache „Bosman" ging es um Transferregelungen eines nationalen Fußballverbands für den Profisport[886]. Der Gerichtshof betont in dieser Entscheidung erstmals, dass der Rechtfertigungsgrund des spezifischen Charakters und Rahmens bestimmter sportlicher Begegnungen nicht herangezogen werden kann, um eine sportliche Tätigkeit im Ganzen vom Geltungsbereich des Vertrages auszunehmen[887]. Weiterhin geht das Gericht hier zum ersten Mal auf die besondere Rolle und soziale Bedeutung des Sports ein und erkennt die Notwendigkeit von Regelungen an, die im Interesse eines Gleichgewichts zwischen den Vereinen, der Wahrung einer bestimmten Chancengleichheit und der Ungewissheit der Ergebnisse getroffen werden und die die Einstellung und Ausbildung junger Spieler fördern[888]. Die Ziele der EU im Bereich des Sports werden hier also genauer benannt. Aus diesen Besonderheiten leitet der EuGH jedoch gerade nicht eine generelle Bereichsausnahme her, sondern prüft im Einzelnen, ob eine Regelung vorliegt, die diesen Bedürfnissen gerecht wird. Auch hier wird die Ausnahme vom Geltungsbereich der Verträge also konsequent eng ausgelegt.

Demnach überrascht es nicht, dass der EuGH diese inzwischen – aller Unpopularität der „Bosman"-Entscheidung[889] zum Trotz – gefestigte Rechtsprechung auch in den Jahren 2000 und 2003[890] aufrechterhalten hat. In den Rechtssachen „Deliège" und „Lehtonen" nimmt er auf die genannten Entscheidungen Bezug und bestätigt sie in allen genannten Punkten[891]. Darüber hinaus stellt er die

---

885 EuGH Urt. v. 15.12.1995 in der Rs. C-415/93 – Bosman, Rn. 73 und 127.

886 Allgemein zur Entscheidung: Thöny, SpuRt 1999, 177 ff.; Fikentscher in: FS Fikentscher, 635 (651 f.); Gutmann, SpuRt 1997, 28 ff.; Arens, SpuRt 1996, 39 ff.; Fischer, SpuRt 1996, 34 ff.; Hilf/Pache NJW 1996, 1169 ff.; Hobe/Tietje JuS 1996, 486 ff.; Palme, JZ 1996, 238 ff.; Scholz/Aulehner, SpuRt 1996, 44 ff.; Schroeder, JZ 1996, 254 ff.; Wertenbruch, EuZW 1996, 91 f.; Westermann, DZWir 1996, 82 ff.

887 EuGH Urt. v. 15.12.1995 in der Rs. C-415/93 – Bosman, Rn. 76.

888 EuGH Urt. v. 15.12.1995 in der Rs. C-415/93 – Bosman, Rn. 106.

889 S. die Nachweise bei Hilf/Pache NJW 1996, 1169, Fn. 7, 8; und Hobe/Tietje JuS 1996, 486, Fn. 2-4, 52; ferner Schroeder, JZ 1996, 254.

890 S. EuGH Urt. v. 8.5.2003 in der Rs. 438/00– Kolpak, inzwischen bestätigt durch EuGH Urt. v. 12.4.2005 in der Rs. C-265/03 – Simutenkov, ABl. EU C 132/9 v. 28.5.2005 (s. hierzu Schuilenburg, PPTEL no. 13, 1 ff.). Zur Kolpak-Entscheidung s. Holzke, SpuRt 2004, 1 ff.

891 EuGH Urt. v. 11.4.2000 in den verb. Rs. C-51/96 und C-191/97 – Deliège, Rn. 41, 43; EuGH Urt. v. 13.4.2000 in der Rs. C-176/96 – Lehtonen, Rn. 32, 34. S. allgemein zu den Urteilen: Streinz in: Tettinger 2001, S. 33 ff.; de Kepper in: Vieweg 2000, S. 10 f.; Streinz, SpuRt 2000, 221 ff.

inhaltliche Übereinstimmung dieser Rechtsprechung mit der in der Schlussakte des Vertrages von Amsterdam niedergelegten Erklärung zum Sport[892] (vgl. hierzu oben I. 1.) fest und betont, dass dies insbesondere für die wirtschaftlichen Aspekte sportlicher Betätigung gilt[893]. Die soziale Bedeutung des Sports, die Förderung des Amateurbereichs und die Rolle der Sportverbände stehen demnach also der Erfassung wirtschaftlicher Aktivitäten auf dem Sportsektor durch das Unionsrecht keineswegs entgegen, sondern sind gerade Teil eines einheitlichen Konzepts.

Während es bisher stets um Fragen der Anwendbarkeit von Grundfreiheiten gegangen war, setzte sich das EuG in der Rechtssache „Meca-Medina und Majcen"[894] erstmals mit der Frage auseinander, inwieweit auch die Wettbewerbsregeln des Unionsrechts sich auf Regelwerke von Sportverbänden auswirken. Hier ging es um die Frage nach der Vereinbarkeit bestimmter Vorschriften und Kontrollpraktiken zur Dopingbekämpfung des Internationalen Olympischen Komitees (IOC) und des Internationalen Schwimmverbands (FINA) mit dem Gemeinschaftsrecht, insbesondere den Wettbewerbsregeln, aber auch der Dienstleistungsfreiheit. Zunächst legt das EuG die bisherige Rechtsprechung des EuGH zugrunde[895]. Es beurteilt die Anti-Doping-Regeln als untrennbar mit dem ordnungsgemäßen Ablauf des sportlichen Wettkampfes selbst verbunden und verneint daher eine Beschränkung der Arbeitnehmerfreizügigkeit oder Dienstleistungsfreiheit durch die Regelungen[896]. Es schließt aus dem Charakter als „oberster Regel sportlichen Spiels", dass die Regelung damit aus dem Geltungsbereich des Gemeinschaftsrechtes falle[897]. Gleichzeitig folgert das EuG zudem, dass ein Regelwerk, das rein sportlichen Zwecken diene, nichts mit wirtschaftlicher Betätigung zu tun habe und daher auch nicht in den Geltungsbereich der Art. 101, 102 AEUV falle[898]. Damit liege der Fall auch anders als in der Rechtssache „Wouters"[899], wo es um wirtschaftliche Betätigung gegangen sei.

---

892 ABl. EG C 340/136 v. 10.11.1997, (Erklärung Nr. 29 – zum Sport).

893 EuGH Urt. v. 11.4.2000 in den verb. Rs. C-51/96 und C-191/97 – Deliège, Rn. 42; EuGH Urt. v. 13.4.2000 in der Rs. C-176/96 – Lehtonen, Rn. 33.

894 EuG Urt. v. 30.9.2004 in der Rs. T-313/02 – Meca-Medina und Majcen. Allg. zum Urteil s. etwa Szysczak, (2007) E.L. Rev. 95 ff. Krit. zum Urteil Infantino, SpuRt 2007, 12 ff.

895 EuG Urt. v. 30.9.2004 in der Rs. T-313/02 – Meca-Medina und Majcen, Rn. 41.

896 EuG Urt. v. 30.9.2004 in der Rs. T-313/02 – Meca-Medina und Majcen, Rn. 47.

897 EuG Urt. v. 30.9.2004 in der Rs. T-313/02 – Meca-Medina und Majcen, Rn. 41.

898 EuG Urt. v. 30.9.2004 in der Rs. T-313/02 – Meca-Medina und Majcen, Rn. 42 [damals Art. 81, 82 EG].

899 EuGH Urt. v. 19. 02.2002 in der Rs. C-309/99 – Wouters. Hierzu etwa Szyszczak, (2007) E.L. Rev. 95 (105 ff).

Eine Schlussfolgerung, dass der Geltungsbereich der Wettbewerbsvorschriften von vornherein ausgeschlossen sei und auf eine Prüfung der Tatbestandsvoraussetzungen der Art. 101, 102 AEUV gänzlich verzichtet werden könne, erscheint überaus zweifelhaft. Die Ausführungen, in denen das EuG erläutert, inwiefern rein sportlichen Regelungen durch ihren Zweck Grenzen gesetzt sind[900], ändern daran nichts. Eine schlichte Übertragung einer bereits zweifelhaften[901] Beurteilung im Zusammenhang mit Art. 45, 56 AEUV[902] auf den Bereich der Wettbewerbsvorschriften bleibt in dieser Form nicht nachvollziehbar[903]. So hat auch der EuGH in der Rechtsmittelinstanz einen Rechtsfehler darin gesehen, dass das EuG ein Verbandsregelwerk von vornherein dem Anwendungsbereich der Art. 101, 102 AEUV entzogen hatte, ohne zuvor die Tatbestandsvoraussetzungen zu prüfen[904]. Der EuGH betont zudem, dass Regelungen rein sportlichen Charakters zwar unter besonderen Umständen von der Anwendung des Gemeinschaftsrechts ausgenommen sein können, was jedoch nicht bedeutet, dass der gesamte Sachverhalt außerhalb des Geltungsbereichs der Verträge liegt[905]. Heftig kritisiert[906] wird schließlich auch die Auffassung des EuG, dass Regeln rein sportlichen Charakters auch dann nicht an den Wettbewerbsregeln zu messen sind, wenn sie über ihr Ziel hinausschießen[907]. Eine solche Sichtweise ist mit der oben beschriebenen ständigen Rechtsprechung des EuGH nicht zu vereinbaren[908], an der der EuGH jedoch ausdrücklich festhält[909]. Eine konsequente Anwendung der „Wouters"-Rechtsprechung, die bei der Prüfung eines Wettbewerbsverstoßes auf den Kontext und die Stoßrichtung der fraglichen Regelung abstellt[910], wird dagegen teilweise als plausibleres Fundament für die Beurteilung von Doping-Regeln

900 EuG Urt. v. 30.9.2004 in der Rs. T-313/02 – Meca-Medina und Majcen, Rn. 49.

901 Schroeder, SpuRt 2005, 23; Weatherill, 2005 ECLR 416 (418, 420); insgesamt zweifelnd: CAS 89/200 Schiedsspruch vom 20.08.1999 Rn. 116 – AEK Athens and Slavia Prague v. UEFA.

902 Damals Art. 39, 49 EG.

903 Ebenso Heermann, GPR 2005, 118; kritisch auch Muresan CaS 2006, 243 (254, 255).

904 EuGH Urt. v. 18.7.2006 in der Rs. C-519/04 P – Meca-Medina und Majcen.

905 EuGH Urt. v. 18.7.2006 in der Rs. C-519/04 P – Meca-Medina und Majcen, Rn. 27.

906 Schürnbrand, ZWeR 2005, 396 (400 f.); Weatherill, 2005 ECLR 416 (417).

907 EuG Urt. v. 30.9.2004 in der Rs. T-313/02 – Meca-Medina und Majcen, Rn. 55.

908 Ebenso Heermann, CaS 2006, 345 (349); Heermann, GPR 2005, 118 (119).

909 EuGH Urt. v. 1.7.2009 in der Rs. C-49/07 – MOTOE, Rn. 22; EuG Urt. v. 30.9.2004 in der Rs. T-313/02 – Meca-Medina und Majcen, Rn. 22.

910 EuGH Urt. v. 19. 02.2002 in der Rs. C-309/99 – Wouters.

gesehen[911]. Der EuGH hat die Entscheidung des EuG aufgehoben und in seiner Urteilsbegründung einen Test für die Überprüfung von Verbandsregelwerken entwickelt, der zur Ermittlung des Vorliegens einer Wettbewerbsbeschränkung gem. Art. 101 Abs. 1 AEUV auf Gesamtzusammenhang, Zielsetzung, Notwendigkeit und Verhältnismäßigkeit der Regelung abstellt[912].

In der Vorbereitung des Weißbuchs Sport hat die Kommission auf eine Analyse der Erfahrungen mit der Anwendung des Kartellrechts auf den Sportsektor zurückgegriffen. Dabei misst sie der Entscheidung des EuGH in der Sache „Meca-Medina und Majcen" herausragende Bedeutung bei. Sie entnimmt der Entscheidung Richtlinien für die Methodik der Einordnung von Regelwerken der Sportverbände[913]. Diese Methodik erlaube es, den Regeln des Kartellrechts Rechnung zu tragen, ohne die besonderen Bedürfnisse sportlicher Wettkämpfe wie die gegenseitige Abhängigkeit wettstreitender sportlicher Gegner, die Notwendigkeit eines unsicheren Ausgangs des Wettbewerbs oder die Organisationsstruktur der Sportverbände[914] aus den Augen zu verlieren. In der Rechtssache „Piau"[915] aus dem Jahr 2005 äußert sich das EuG nicht eindeutig zu der Einordnung sportbezogener Tätigkeit. Es scheint jedoch davon auszugehen, dass es bei spezifisch sportlichem Charakter der Betätigung an einem Beschluss einer Unternehmensvereinigung im Sinne des Art. 101 AEUV fehlen würde[916]. Nachdem das Rechtsmittel in diesem Verfahren durch Beschluss des EuGH zurückgewiesen wurde[917], kam es nicht mehr zu einer Auseinandersetzung des EuGH mit dieser Frage.

Wo in der Praxis genau die Grenze zwischen Verbandsautonomie der Sportverbände und dem Anwendungsbereich des Unionsrechts verläuft, ist in vielen Detailfragen auch heute noch offen[918]. Diese Fragen werden auch in Zukunft die europäischen Gerichte beschäftigen. Aus der Rechtsprechung der europäischen

---

911 So Schroeder, SpuRt 2005, 23 (24); Weatherill, 2005 ECLR 416 (418 ff.).

912 EuGH Urt. v. 18.7.2006 in der Rs. C-519/04 P – Meca-Medina und Majcen, Rn. 42.

913 S. SEC(2007) 935, S. 37 ff.

914 SEC(2007) 935, S. 36.

915 EuG Urt. v. 26.01.2005 in der Rs. T-193/02 – Laurent Piau; allgemein hierzu: Muresan, CaS 2006, 243 ff.; weiterführend Branco Martins, 2005/3-4 ISLJ 8 ff.

916 EuG Urt. v. 26.01.2005 in der Rs. T-193/02 – Laurent Piau, Rn. 73; kritisch auch Muresan, CaS 243 (255).

917 EuGH Beschl. v. 23.2.2006 in der Rs. C-171/05; hierzu eingehend Muresan, CaS 2006, 243 (247 ff.).

918 Zu Fragen der Verbandsautonomie im Verhältnis zum europäischen Unionsrecht etwa Heermann, WuW 2009, 394; Heermann, CaS 2006, 345; Schwarze/Hetzel, EuR 2005, 581 (586 ff.); Vieweg/Röthel, ZHR 166 (2002) 6 ff.; Röthel, ZEuP 2002,

Gerichte lässt sich aber insgesamt im Interesse der besonderen Bedürfnisse des Sports auch lediglich eine Rechtfertigungsmöglichkeit für bestimmte Praktiken der Sportverbände unter bestimmten Bedingungen herleiten. Eine generelle Bereichsausnahme für den gesamten Sportsektor wird durch den Gerichtshof aber ausdrücklich abgelehnt. Sofern wirtschaftliche Tätigkeit entfaltet wird, greift das Unionsrecht.

4. Ergebnis

Zusammenfassend lässt sich sagen, dass sich eine klare Trennlinie zwischen Bereichen des Sports, die dem Unionsrecht unterliegen und solchen, die den Sportverbänden zur Regelung vorbehalten sind, nicht ziehen lässt. Eine generelle Bereichsausnahme vom europäischen Unionsrecht für den Sportsektor wird heute aber weder politisch gewollt noch von der europäischen Wettbewerbsbehörde oder der Rechtsprechung in der Praxis angenommen. Soweit auf dem Sportsektor wirtschaftliche Betätigung stattfindet, unterliegt diese grundsätzlich dem Unionsrecht, einschließlich der Wettbewerbsregeln[919]. Einleuchtende Gründe dafür, den Sportsektor, der heute so große wirtschaftliche Bedeutung erlangt hat, gleichsam zur Tabuzone für das Kartellrecht zu erklären, sind nicht ersichtlich[920]. Den Besonderheiten, die sich aus der gesellschaftlichen Bedeutung des Sports ergeben, kann sinnvoll dadurch Rechnung getragen werden, dass die sportspezifischen Praktiken der Verbände im Interesse der Attraktivität der Spiele, der Nachwuchsförderung, des Amateursports und ähnlicher spezifischer Anliegen von den wirtschaftlichen Aspekten weitgehend getrennt werden und als solche vom Unionsrecht nicht betroffen sind[921].

---

58 ff.; Streinz, SpuRt 1998, 1 ff.; Osterwalder, S. 364 m.w.N.; Streinz, SpuRt 2001, 221 (225 ff.); bezogen auf das nationale Recht: Heß in: Heß/Dressler, S. 28f.

919 Zur Ermittlung des Charakters der jeweiligen Regelung s. Budzinski, Markets and Competition Group Papers 2011-0124, S. 6 ff.

920 Ebenso Emmerich, Kartellrecht, § 3, Rn. 34, 53; Wintermantel (2008), S. 194; Muresan CaS 2006, 243 (252); Schwarze/Hetzel, EuR 2005, 581 (603); Schürnbrand, ZWeR 2005, 396 ff.; Zinger (2003), S. 128; Mailänder (1998), S. 23; Heermann, ZHR 161 (1997), 665 (681); Fleischer, WuW 1996, 473 (474); ferner Eichel (2013), S. 103 f. S. auch Entwurf für eine Resolution des Kongresses der LIDC von Montreux 2002 bei Meyenburg, Rev. Int. de la Conc. 198.2 (2002), 4 (23 f.); zustimmend Heermann, SpuRt 2003, 90 (91).

921 Zu den Detailfragen dieser Unterscheidung s. Heermann, CaS 2006, 345 ff.; Schwarze/Hetzel, EuR 2005, 581 (583 ff).; Hannamann, S. 238 ff.; ferner Dietrich CaS 2004, 249 (252).

Soweit der Gegenstand dieser Untersuchung, nämlich die audiovisuelle Verwertung von Sportveranstaltungen, betroffen ist, handelt es sich ersichtlich um wirtschaftliche Betätigung. Im Bereich der Vermarktung von „Übertragungsrechten" kann von einem rein sportspezifischen Charakter der Betätigung der Sportverbände nicht die Rede sein[922]. Es handelt sich weder um Spielregeln, noch stehen die Modalitäten dieser Geschäfte im Zusammenhang mit der Förderung des Amateursports oder des Nachwuchses. Vielmehr handelt es sich beim Geschäft mit der audiovisuellen Verwertung um einen Kernbereich der wirtschaftlichen Aktivität der Unternehmen des Sport- und Mediensektors. Deshalb kommt es für diese Untersuchung auch nicht darauf an, ob es sich bei der Nichtanwendung der Wettbewerbsregeln auf rein sportspezifische Sachverhalte um eine echte Ausnahme vom Geltungsbereich des Unionsrechts handelt oder ob lediglich die Tatbestände der Art. 101, 102 AEUV nicht erfüllt sind[923]. Geschäfte mit „Sportübertragungsrechten" unterliegen dem europäischen Wettbewerbsrecht[924].

II. Nationales Recht

1. Verhältnis des deutschen zum europäischen Kartellrecht

Das nationale Kartellrecht des GWB und das europäische Kartellrecht haben lange als unterschiedliche, jeweils in sich geschlossene Systeme nebeneinander bestanden. Mit Inkrafttreten[925] der VO 1/2003[926], der sogenannten

922 Ebenso *Hoffmann* in: Dauses, H.I. § 1, Rn. 67; Hellwig (2009), Rn. 28; Kienapfel/Stein, Competition Policy Newsletter Nr. 3 aus 2007, S. 6 (10); Hellmann/Bruder, EuZW 2006, 359 (360 f.); Muresan CaS 2006, 243 (252).

923 Hierzu Heermann, CaS 2006, 345 ff.; Hannamann, S. 238 ff.; ferner Dietrich CaS 2004, 249 (252).

924 S. insbesondere Entscheidung der Europäischen Kommission v. 23.7.2003 ABl. EU L 291/25 v. 8.11.2003, Rn. 125 ff. – UEFA Champions League.

925 Am 01.05.2004.

926 Verordnung (EG) Nr. 1/2003 des Rates zur Durchführung der in den Artikeln 81 und 82 des Vertrages niedergelegten Wettbewerbsregeln vom 16. Dezember 2002 (ABl. EG L 1/1 v. 4.1.2003), im Folgenden: „VO 1/2003". Hierzu allgemein z.B. de Bronett, KartellVfR; Weitbrecht, EuZW 2003, 69; Montag/Rosenfeld ZWeR 2003, 107; Hossenfelder/Lutz, WuW 2003, 118; *Schütz* in: Müller-Henneberg/Schwartz/Hootz, Gemeinschaftskommentar zum GWB und eur. KartellR, 5. Aufl., 9. Lfg. 2004, VO-1/2003; Lampert e.a., EG-KartellVO Praxiskommentar; Schwarze/Weitbrecht, Grundzüge des europäischen Kartellverfahrensrechts (2004); Schöler, Reform (2004); Schnelle/Bartosch/Hübner, EU-Kartellverfahrensrecht (2004).

EG-Kartellverordnung[927], wurde im Jahr 2004 zunächst durch deren Art. 3 der grundsätzliche Anwendungsvorrang des Art. 101 AEUV (damals Art. 81 EG) gegenüber den deutschen Regelungen für alle Sachverhalte festgeschrieben, in denen ein zwischenstaatlicher Bezug gegeben war. Abweichendes nationales Recht wurde damit im Bereich „oberhalb" der Zwischenstaatlichkeitsklausel unanwendbar. Dies wirkte sich insbesondere auf dem Gebiet vertikaler Wettbewerbsbeschränkungen aus, wo die Abweichungen zwischen EU-Recht und dem deutschen Kartellrecht am größten waren[928]. Spätestens seit dem Erlass[929] der VO 1/2003 war klar, dass das deutsche GWB grundlegend würde verändert werden müssen[930].

Mit der 7. GWB-Novelle[931], die am 1.7.2005 in Kraft trat, fand dementsprechend eine tiefgreifende Umgestaltung des deutschen Kartellrechts statt. Es erfolgte für das Verbot der Wettbewerbsbeschränkung eine vollständige Angleichung an das europäische Kartellrecht, so dass teilweise von einem „Kartellrecht in Deutschland" statt von einem „deutschen" Kartellrecht gesprochen wird[932]. Im Bereich der horizontalen und vertikalen Wettbewerbsbeschränkungen gibt es kein eigenständiges deutsches Kartellrecht mehr. Die Novelle hob zunächst die grundlegende Unterscheidung zwischen horizontalen und vertikalen Wettbewerbsbeschränkungen auf. Das zuvor in Deutschland bestehende System der Missbrauchsaufsicht im Bereich der vertikalen Beschränkungen wurde noch im Zuge der 6. GWB-Novellierung als überlegen bezeichnet[933]. Im Interesse einer

---

927 VO 1/2003 ersetzte die sogenannte „Verordnung Nr. 17". Soweit daher im Folgenden von „VO Nr. 17" die Rede ist, wird damit die bis 30.4.2004 gültige frühere Kartellverordnung (Verordnung [EWG] Nr. 17 des Rates: Erste Durchführungsverordnung zu den Artikeln 85 und 86 des Vertrages, ABl. EG P 13/204 v. 21.2.1962) Bezug genommen.

928 S. Begründung des RegE, BT-Drs. 15/3649, S. 21; Fuchs WRP 2005, 1384 (1387), Bechtold/Buntscheck NJW 2005, 2966 (2966 f.). Zur Fassung nach der 6. GWB-Novelle 1999 allgemein s. etwa *Bunte* in: Langen/Bunte, Kartellrecht, Bd. 1, § 1 Rn. 5 f., 178 ff.

929 Am 16.12.2002.

930 Begründung des RegE, BT-Drs. 15/3640, S. 21; Entwurf von Eckwerten einer 7. GWB-Novelle des BMWA, WuW 2003, 379-382; Kahlenberg/Haellmigk, BB 2004, 389.

931 S. BGBl I 2005, 1954 (v. 12. Juli 2005); Bekanntmachung der Neufassung des GWB, BGBl I 2005, 2114 (v. 15. Juli 2005). Einen Überblick über das Gesetzgebungsverfahren geben z.B. Fuchs WRP 2005, 1384 (1385 f.) oder Kahlenberg/Haellmigk, BB 2005, 1509.

932 So Bechtold/Buntscheck NJW 2005, 2966.

933 Begründung des RegE, BT-Drs. 13/9720, S. 30, 31.

praktikablen Lösung im Hinblick auf den weitgehenden Anwendungsvorrang der europäischen Regelungen und angesichts der Tendenz zur Angleichung auch in anderen Mitgliedstaaten hat man später jedoch von der Unterscheidung Abstand genommen[934]. Wie Art. 101 Abs. 1 AEUV behandelt § 1 GWB als zentrale Verbotsnorm die beiden Arten von Vereinbarungen nun grundsätzlich gleich[935]. Ausnahmen von diesem Verbot ergeben sich entweder aus der mit Art. 101 Abs. 3 AEUV praktisch gleichlautenden Generalklausel des § 2 Abs. 1 GWB oder aus § 2 Abs. 2 GWB in Verbindung mit EU-Gruppenfreistellungsverordnungen, auf die § 2 Abs. 2 GWB im Wege dynamischer Verweisung zurückgreift[936]. Der Systemwechsel hin zum Prinzip der Legalausnahme[937] fand für Sachverhalte mit zwischenstaatlichem Bezug bereits mit Inkrafttreten der VO 1/2003 statt[938]. Damit fiel das Erfordernis der Anmeldung von Vereinbarungen bei der Kartellbehörde weg. Diese Änderung erlegt den Unternehmen die Verantwortung für die Beurteilung der Frage auf, ob ihr Verhalten kartellrechtlich legal ist.

Mit der Angleichung der Vorschriften des GWB an die Vorgaben des Unionsrechts durch die 7. GWB-Novelle und weitere, kleinere Angleichungsschritte in der 8. Novelle[939] ist nun für die materielle Rechtslage nicht mehr relevant, ob die Zwischenstaatlichkeitsklausel eingreift, was wiederum einen Zuwachs an

---

934 Dies wird zumeist begrüßt, so z.B. Fuchs, WRP 2005, 1384 (1388), Bechtold/Buntscheck NJW 2005, 2966; Kahlenberg/Haellmigk, BB 2004, 389 (390); dies. BB 2005, 1509 (1510). Kritisch aber Möschel, WuW 2003, 571.

935 Lt. Begründung des RegE ergeben sich aus dem Verzicht auf die Erwähnung der Regelbeispiele des Art. 81 Abs. 1 EG keine Konsequenzen für die Auslegung, BT-Drs. 15/3640, S. 23.

936 Durch die umfassende Vertikal-GVO (VO [EG] Nr. 2790/1999 der Kommission vom 22.12.1999 über die Anwendung von Artikel 81 Absatz 3 des Vertrages auf Gruppen von vertikalen Vereinbarungen und aufeinander abgestimmten Verhaltensweisen, ABl. EG L 336/21 v. 29.12.1999) hat sich das europäische Kartellrecht im Ergebnis weitgehend dem vor der 7. GWB-Novelle geltenden deutschen Ansatz angenähert.

937 Besonders in Deutschland wurde diese Veränderung mit viel Kritik aufgenommen, s. z.B. Möschel, FAZ v. 15.11.2003, S. 13; Möschel, JZ 2000, 61 (63 ff.); Monopolkommission, Sondergutachten 28, S. 22 ff., 33 ff.; abwägend Immenga BB Die erste Seite 2005, Heft 33; Überblick bei Klees, eur. KartellverfahrensR § 2, Rn. 4-37.

938 S. deren Art. 1.

939 Achtes Gesetz zur Änderung des Gesetzes gegen Wettbewerbsbeschränkungen vom 26. Juli 2013, BGBl I 2013, 1738 (v. 29.6.2013), in Kraft getreten am 30.6.2013. Angleichung an das EU-Recht fand beispielsweise statt im Bereich der Schwelle für die Vermutung der Einzelmarktbeherrschung in § 18 Abs. 4 GWB und in der Zusammenschlusskontrolle bezüglich des SIEC-Tests, vgl. § 36 Abs. 1 GWB.

Rechtssicherheit bedeutet[940]. Zwar könnte der nationale Gesetzgeber für Vereinbarungen mit lediglich lokalen oder regionalen Auswirkungen strengere innerstaatliche Regelungen vorsehen[941]. Ziel und Zweck der 7. GWB-Novelle waren es jedoch, einen vollständigen Gleichklang des deutschen Kartellrechts mit dem europäischen Recht herzustellen[942], weshalb solche Regelungen keinen Sinn ergeben hätten. Aus dieser ausdrücklich genannten gesetzgeberischen Zielrichtung ergibt sich auch, dass sich die Praxis bei Anwendung des GWB inzwischen verstärkt an der Rechtsprechung der europäischen Gerichte orientiert und als Auslegungshilfe die Bekanntmachungen und Leitlinien der Kommission heranzieht[943]. Auf den Untersuchungsgegenstand hat das deutsche Kartellrecht keine Auswirkungen, da es nicht zur Anwendung kommt, weil alle mit dem EBU-System zusammenhängenden Sachverhalte ihrer Natur nach einen grenzüberschreitenden Bezug haben und damit Art. 101, 102 AEUV vorrangig anwendbar sind, wie sich im Rahmen der Prüfung der Zwischenstaatlichkeitsklausel (vgl. unten, 3. Abschnitt, A. I. 3.) zeigen wird.

2. Behandlung des Sports im deutschen Kartellrecht

Deutschland kennt keine generelle gesetzliche Regelung des Bereichs Sport[944]. Vielmehr gelten für den Sport sowohl die allgemeinen Gesetze als auch die dem Sport eigenen Regelwerke. Dazu gehören für den Bereich wirtschaftlicher Betätigung auch das allgemeine Wirtschaftsrecht sowie das Kartellrecht. Der deutsche Gesetzgeber hat zeitweise versucht, im Rahmen einer sektorspezifischen Sonderregel für die Zentralvermarktung von Rechten an Fernsehübertragungen durch Sportverbände die Besonderheiten des Sportsektors für diesen Tätigkeitsbereich

940 S. Begründung des RegE, der das Zwischenstaatlichkeitskriterium als begrifflich unscharf bezeichnet, BT-Drs. 15/3640, S. 22. Ebenso *J.-B. Nordemann* in; Loewenheim/Meessen/Riesenkampff, Kartellrecht, vor §§ 1-3 GWB Rn. 2; Fuchs WRP 2005, 1384 (1387); Kahlenberg/Haellmigk, BB 2004, 389 (390); dies. BB 2004, 1509 (1510); Monopolkommission, Sondergutachten 41, S. 9. Krit. aber Immenga, BB Die erste Seite 2005, Heft 33. Zur Zwischenstaatlichkeitsklausel: EuGH Slg. 1980, 3775 Rn. 18 - L'Oréal.

941 S. Begründung des RegE, BT-Drs. 15/3640, S. 21.

942 Begründung des RegE, BT-Drs. 15/3640, S. 21.

943 Fuchs WRP 2005, 1384 (1387); Immenga, BB Die erste Seite 2005, Heft 33. Zur Bindungswirkung von Entscheidungen der Europäischen Kommission für nationale Gerichte s. EuGH Urt. v. 14.12.2000 in der Rs. C-344/98 - Masterfoods, GRUR Int 2001, 333.

944 Kritisch dazu Elter in: Galli e.a. 1. Aufl., S. 256.

der Sportverbände zu berücksichtigen[945]. Diese wurde 1997 auf Drängen der Sportverbände, insbesondere des DFB, im Zuge der 6. GWB-Novelle als Reaktion auf die Entscheidung des Bundesgerichtshofs zu den Europapokalheimspielen eingeführt[946]. Damals hatte der Bundesgerichtshof die Zentralvermarktung der Fernsehübertragungsrechte durch den Deutschen Fußball-Bund (DFB) als Kartell beurteilt und ihre Untersagung durch das Kartellamt[947] bestätigt. Allerdings wurde diese in letzter Minute eingeführte Ausnahme als Fremdkörper innerhalb der Novelle[948] sowie als Systembruch im Kartellrecht[949] wahrgenommen und erfuhr viel Kritik[950], nicht zuletzt weil sie mit dem europäischen Gemeinschaftsrecht nicht zu vereinbaren war[951]. Im Zuge der 7. GWB-Novelle und

945 § 31 GWB lautete in der am 1.1.1999 in Kraft getretenen Fassung: „§ 1 findet keine Anwendung auf die zentrale Vermarktung von Rechten an der Fernsehübertragung satzungsgemäß durchgeführter sportlicher Wettbewerbe durch Sportverbände, die in Erfüllung ihrer gesellschaftspolitischen Verantwortung auch der Förderung des Jugend- und Amateursports verpflichtet sind und dieser Verpflichtung durch eine angemessene Teilhabe an den Einnahmen aus der zentralen Vermarktung dieser Fernsehrechte Rechnung tragen."

946 BGHZ 137, 297 (306 f.) Beschl. v. 11.12.1997 in der Rs. KVR 7/96 – Europapokalheimspiele. Weiterführend zu dieser Entscheidung: Heermann, SpuRt 1999, 11 ff.; Jänich, GRUR 1998, 438 ff.; Springer, WRP 1998, 477 ff.; Waldhauser, ZUM 1998, 129 ff.; Pichler, MMR 1998, 309 ff.

947 BKartA Beschl. v. 2.9.1994, B6-747000-A-105/92 – Fußball-Fernsehübertragungsrechte I, WuW/E BKartA 2682; zuvor bereits bestätigt durch das KG Berlin in seinem Beschluss v. 8.11.1995, Kart 21/94 –Fernsehübertragungsrechte, WuW/E OLG 5565; hierzu weiterführend Schmittmann/Lehmann AfP 1996, 255 ff.; Stockmann, ZIP 1996, 411 ff.

948 Deren Zweck es eigentlich war, die Ausnahmebereiche des GWB weitgehend zu eliminieren, s. Hannamann, S. 456; Heermann, SpuRt 1999, 11 (14); Bunte, DB 1998, 1784 (1753).

949 Heermann, RabelsZ 67 (2003), 106 (128); *Bunte* in: Langen/Bunte, Bd. 1, 9. Aufl., § 31, Rn. 29.

950 Petersen (2010), S. 195 m.w.N.; Monopolkommission, Hauptgutachten XII, Rn. 101, 498-502; Emmerich, Kartellrecht, 9. Aufl., S. 327 f.; Hannamann, S. 456 f.; Möschel/Weihs in: Vieweg 2000, S. 32 ff.; Gassner, Grundzüge des Kartellrechts (1999), S. 21; Heermann, SpuRt 1999, 11 (14 f.); Bechtold, NJW 1998, 2769 (2770); Waldhauser (1999), S. 265 f.; Jänich, GRUR 1998, 438 (444); bereits im Vorfeld warnend Springer, WRP 1998, 477 (486).

951 Heinemann, ZEuP 2006, 335 (338 f.); Schroeder SpuRt 2006, 1; Schmittmann, AfP 2004, 514; Emmerich, Kartellrecht, 9. Aufl., S. 328 f.; Mahler, SpuRt 2001, 8; Mailänder in: FS Geiß, 611; Heermann, SpuRt 1999, 11 (14); Deselaers, WuW 1998, 946 (947); Jänich, GRUR 1998, 438 (444).

der damit einhergehenden Rückführung von Ausnahmebereichen wurde die Vorschrift wieder aus dem GWB entfernt[952]. Im Hinblick auf die beschriebene weitgehende Angleichung des nationalen an das europäische Kartellrecht war dies im Interesse der Einheit der Rechtsordnung notwendig[953]. Eine Sonderregelung im deutschen Kartellrecht hätte keinen Sinn mehr ergeben.

III. Ergebnis

Es lässt sich an dieser Stelle festhalten, dass der Untersuchungsgegenstand zwar den Sportsektor betrifft, jedoch keinen Bereich erfasst, der dem Zugriff des Kartellrechts von vornherein entzogen wäre, wie es etwa bei den Spielregeln einer Sportart der Fall wäre. Ob und ggf. wie sich der Bezug zum Sportsektor auf die kartellrechtliche Prüfung auswirkt, wird sich im Rahmen der kartellrechtlichen Beurteilung zeigen. Auch aus dem deutschen Kartellrecht ergeben sich keine Besonderheiten für den Untersuchungsgegenstand.

C. Reformdiskussion um die Wettbewerbspolitik in Europa

Da auf den vorliegenden Untersuchungsgegenstand wie beschrieben das europäische Kartellrecht anzuwenden ist, steht die gesamte Untersuchung im Kontext der aktuellen Entwicklungen dieses Rechtsgebiets. Seit sich 1996 ein Richtungswechsel in der europäischen Wettbewerbspolitik abzuzeichnen begann, hat sich in der Literatur eine intensive Debatte um diesen sogenannten „More Economic Approach“ entsponnen. Da dieser Richtungswechsel sich zumindest potentiell auf alle Bereiche des Kartellrechts auswirkt und viele Wertungs- und Abwägungsfragen betreffen kann, soll an dieser Stelle der „More Economic Approach“ zunächst allgemein beleuchtet werden. Eventuelle Auswirkungen auf die konkreten Fragestellungen dieser Untersuchung werden dann im Rahmen der kartellrechtlichen Prüfung aufgezeigt.

I. Der Richtungswechsel in der europäischen Wettbewerbspolitik

Am 28. April 1999 legte die Europäische Kommission ein Weißbuch mit dem Titel „Über die Modernisierung der Vorschriften zur Anwendung der Artikel 85

952 Was bereits bei Einführung der Vorschrift von vielen erwartet worden war, s. etwa Emmerich, Kartellrecht, 9. Aufl., S. 328 f.; Mailänder in: FS Geiß, 611; Möschel/Weihs in: Vieweg 2000, S. 34; Bunte, DB 1998, 1748 (1754); kritisch hierzu aber Kahlenberg/Haellmigk, BB 2004, 389 (393).

953 Begründung des RegE, BT-Drs. 15/3640, S. 32 f., 50; Monopolkommission, Sondergutachten 41, S. 66; Fuchs, WRP 2005, 1384 (1386).

und 86 EG-Vertrag“[954] [heute Art. 101, 102 AEUV] vor und läutete damit eine grundlegende Reform des europäischen Kartellrechts ein. Zentraler Impuls des Weißbuchs war der Vorschlag zur Abkehr vom Anmelde- und Genehmigungssystem und die Etablierung eines Systems der Legalausnahme[955]. Dieser Paradigmenwechsel wurde schließlich im Jahr 2004 mit Inkrafttreten der VO Nr. 1/2003 vollzogen. Der Richtungswechsel in der Wettbewerbspolitik beschränkte sich jedoch nicht auf diese wesentliche Änderung des Kartellverfahrens. Kommissar Monti betonte im Zuge der Vorstellung der Reformvorschläge, es handle sich um eine fundamentale und umfassende Reform des europäischen Wettbewerbsrechts, die sich sowohl auf das Verfahrensrecht als auch auf das materielle Recht auswirke. Auch die neuen Regeln und Leitlinien der Kommission im materiellrechtlichen Bereich seien deshalb von dem neuen „More Economic Approach“ geprägt[956], der auch Leitgedanke der Umstellung auf das System der Legalausnahme war[957]. Diese Aussage deckt sich mit den Vorschlägen des o.g. Weißbuchs, wo ein Richtungswechsel für die Rechtsanwendung im Einzelfall angekündigt wird: „Bei der Behandlung von Einzelfällen wird die Kommission bei der Anwendung des Artikels 85 Absatz 1 einem stärker wirtschaftlichen Ansatz folgen, wodurch der Anwendungsbereich dieser Vorschrift auf Unternehmen mit einer gewissen Marktmacht beschränkt werden wird“[958]. Was damit, z.B. bei der Beurteilung horizontaler Wettbewerbsbeschränkungen, gemeint war, wurde im Jahresbericht über die Wettbewerbspolitik von 2000 erläutert, wo es heißt:

> „Kennzeichnend für die neuen Vorschriften ist eine Abkehr von dem formalistischen regulativen Ansatz, wie er den jetzigen Vorschriften zugrunde liegt, hin zu einer stärker nach wirtschaftlichen Gesichtspunkten ausgerichteten Beurteilung der Vereinbarungen über horizontale Zusammenarbeit. Das Grundanliegen dieses neuen Ansatzes besteht

---

954 Weißbuch über die Modernisierung der Vorschriften zur Anwendung der Artikel 85 und 86 EG-Vertrag – Arbeitsprogramm der Kommission Nr. 99/027 (1999/C 132/01), ABl. EG C 132 v. 12.5.1999, S. 1-33.

955 *Schuhmacher* in: Grabitz/Hilf/Nettesheim, Art. 101, Rn. 271; *Schmidt* in: Immenga/Mestmäcker, EU/2, Art. 1 VO 1/2003, Rn. 2; Vgl. kritisch Mestmäcker, EuZW 1999, 523.

956 Mario Monti, Rede vom 11.5.2000 auf der UNICE Tagung zur Reform der Wettbewerbspolitik, abrufbar unter: http://ec.europa.eu/competition/speeches/text/sp2000_009_en.html (zuletzt aufgerufen am 11.8.2014).

957 Heinemann, GRUR 2008, 949.

958 Weißbuch über die Modernisierung der Vorschriften zur Anwendung der Artikel 85 und 86 EG-Vertrag ABl. EG C 132 v. 12.5.1999, Rn. 78.

darin, die Zusammenarbeit zwischen Wettbewerbern immer dann zu ermöglichen, wenn es der wirtschaftlichen Wohlfahrt dient, ohne dass der Wettbewerb dadurch gefährdet wird.“[959]

Zentrale Punkte sind hier die Beurteilung der bisherigen Regeln als „formalistisch“ sowie die Betonung des zukünftig stärker wirtschaftlich geprägten Ansatzes im Interesse der „wirtschaftlichen Wohlfahrt“. Der „More Economic Approach“ wird teilweise auch als „Rule of Reason“-Ansatz bezeichnet[960].

Es gibt bis heute keine umfassende und systematische Darstellung des „More Economic Approach“ in der europäischen Wettbewerbspolitik. Es tauchen lediglich verschiedene Erwähnungen des Ansatzes auf. Es bleibt auch unklar, wo genau und in welcher Weise sich die neue Strategie niedergeschlagen hat. Nur punktuell wird die neue Herangehensweise als solche benannt. Das verwundert etwas, da Wettbewerbskommissar Monti es rückblickend als eines seiner zentralen Ziele bezeichnet hat, für eine wirtschaftliche Interpretation der europäischen Wettbewerbsregeln zu sorgen[961]. Es ist aus diesen Gründen auch nicht ganz einfach, die Inhalte des „More Economic Approach“ konkret zu benennen und systematisch auf ihre Auswirkungen hin zu überprüfen. Die Indizien geben jedoch ein ungefähres, wenn auch etwas unscharfes[962] Bild der neuen Strategie ab.

So ist mit der Abkehr von einem „formalistischen regulativen“ Ansatz die Hinwendung zu einer stärker einzelfallbezogenen Beurteilung gemeint, die eine Prognose über das zu erwartende Verhalten[963] sowie über die wirtschaftlichen Auswirkungen[964] eines Verhaltens auf den Markt in die Bewertung einbezieht. In diesem Kontext wird auch von einem „Effects Based Approach“ gesprochen[965]. Dabei sollen bei der Anwendung der Wettbewerbsregeln verstärkt Erkenntnisse

---

959 Kommission der Europäischen Gemeinschaften, XXX. Bericht über die Wettbewerbspolitik 2000, Rn. 23.

960 EAGCP, Bericht Juli 2005, S. 3, abrufbar unter: http://ec.europa.eu/dgs/competition/economist/eagcp_july_21_05.pdf (zuletzt aufgerufen am 11.8.2014). Zur „Rule of Reason“ näher unten, 3. Abschnitt, A. I. 5.

961 Mario Monti, Rede vom 24.10.2003 bei der Fordham Conference in New York, S. 5, abrufbar unter: http://europa.eu/rapid/pressReleasesAction.do?reference=SPEECH/03/489&format=HTML&aged=0&language=EN&guiLanguage=en (zuletzt aufgerufen am 11.8.2014).

962 So Heinemann, GRUR 2008, 949.

963 Nitsche/Thielert, WuW 2004, 250 (258).

964 *Immenga/Mestmäcker* in: Immenga/Mestmäcker, EU/1, Einl. EU D, Rn. 12; Heinemann, GRUR 2008, 949; Albers, WuW 2006, 3.

965 Röller (2005), S. 40.

der Wirtschaftswissenschaften zugrunde gelegt werden[966]. Dies gilt auch für Fragen geistigen Eigentums und anderer Exklusivrechte im Kartellrecht. Der Ansatz betrifft einerseits die wissenschaftlich fundierte Erfassung wettbewerbsrelevanter ökonomischer Sachverhalte, andererseits aber auch die prognostische Beurteilung der Wirkung von Wettbewerbsbeschränkungen mit Mitteln der Wirtschaftswissenschaft[967]. Insgesamt soll ein behördliches Tätigwerden sich auf die wirtschaftlich schwerwiegendsten Wettbewerbsverstöße konzentrieren[968].

Die neue Wettbewerbspolitik wird im Zusammenhang mit der Lissabon-Strategie[969] zur Förderung von Beschäftigung und Wachstum in Europa als wesentliches Instrument ihrer Implementierung genannt[970]. Damit wird die Wettbewerbspolitik in den Dienst einer übergeordneten wirtschaftspolitischen Strategie gestellt und hat somit offenbar auch deren Zielen zu dienen. Als wesentliche Ziele sind immer wieder das Wohl des Verbrauchers sowie Effizienz bei der Ressourcenallokation zu erkennen[971]. Die Sicherung der Handlungsfreiheit der Marktteilnehmer und des Wettbewerbs schlechthin tritt gegenüber der Förderung der Konsumentenwohlfahrt zurück. Das einzige andere Ziel, das weiterhin genannt wird, ist die Marktintegration im Sinne des Binnenmarktes[972]. Der Wettbewerb wird nicht mehr als selbstständiges Ziel der Wettbewerbspolitik verstanden, sondern lediglich als Prozess gesehen, der seinerseits erst Werte für

966 Mario Monti, Rede vom 24.10.2003 bei der Fordham Conference in New York, abrufbar unter: http://europa.eu/rapid/pressReleasesAction.do?reference=SPEECH/03/489&format=HTML&aged=0&language=EN&guiLanguage=en (zuletzt aufgerufen am 11.8.2014) S. 5.

967 *Immenga/Mestmäcker* in: Immenga/Mestmäcker, EU/1, Einl. EU D, Rn. 12.

968 Albers, WuW 2006, 3.

969 Die sogenannte Lissabon-Strategie für Wachstum wurde auf einem Sondergipfel der europäischen Staats- und Regierungschefs in Lissabon im Jahr 2000 als Zehn-Jahres-Programm zur Erhöhung der Wettbewerbsfähigkeit der Europäischen Union verabschiedet. Sie ist der Vorläufer der Strategie „Europa 2020". Sie propagierte das Motto „hin zu einer grünen und innovativen Wirtschaft".

970 Mario Monti, Rede vom 24.10.2003 bei der Fordham Conference in New York, abrufbar unter: http://europa.eu/rapid/pressReleasesAction.do?reference=SPEECH/03/489&format=HTML&aged=0&language=EN&guiLanguage=en (zuletzt aufgerufen am 11.8.2014), S. 2.

971 S. etwa Leitlinien zur Anwendung von Artikel 81 Absatz 3 EG-Vertrag, ABl. EU C 101 v. 27.4.2004, Rn. 13, 33. Ebenso *Köhler* in: Köhler/Bornkamm, UWG Einl., Rn. 1.15a; *Immenga/Mestmäcker* in: Immenga/Mestmäcker, EU/1, Einl. EU D, Rn. 29; Zäch/Künzler, EuZ 2009, 30; Heinemann, GRUR 2008, 949; Albers (Vortrag 2006), S. 1; Röller (2005), S. 40.

972 Leitlinien für vertikale Beschränkungen, ABl. EU C 130 v. 19.5.2010, Rn. 7.

Konsumenten schafft[973]. Der Schutzgegenstand des Wettbewerbsrechts selbst wird damit durch den „More Economic Approach“ verändert. Entscheidender Unterschied zwischen der neuen Wettbewerbspolitik und der traditionellen Wettbewerbskonzeption ist der Begriff der wirtschaftlichen Wohlfahrt. Während wirtschaftliche Wohlfahrt bislang indirekt über die Gewährleistung von Wettbewerbsfreiheit definiert wurde, soll sie nun unmittelbar anhand eines bestimmten ökonomischen Effizienzkriteriums ermittelt werden[974]. Dabei ist nicht die reine allokative Effizienz der Maßstab, sondern die Effizienz aus Sicht der Verbraucher[975]. Freilich schienen die Aussagen der Europäischen Kommission teilweise widersprüchlich, wenn es in den früheren Leitlinien zur Anwendbarkeit von Art. 81 EG-Vertrag [heute Art. 101 AEUV] im Hinblick auf Art. 101 Abs. 3 lit. b) AEUV hieß, der Wettbewerbsprozess an sich sei der eigentliche Schutzgegenstand der Vorschrift[976]. Allerdings ergab sich aus dem Zusammenhang, dass auch hier der Wettbewerbsprozess lediglich als Mittel zum Effizienzziel geschützt werden soll. Die heutigen Leitlinien sprechen dagegen nur noch vom „wirksamen Wettbewerb“, der aufrechterhalten bleiben müsse[977].

Dieser Richtungswechsel hat konkrete Auswirkungen auf die Auslegung der Wettbewerbsregeln. Eine Wettbewerbsbeschränkung muss nun negative Auswirkungen auf Faktoren wie Preise, Produktion, Innovation oder Vielfalt und Qualität von Waren und Dienstleistungen haben, um den Tatbestand des Art. 101 Abs. 1 AEUV zu erfüllen[978]. Bezweckt eine Vereinbarung zwischen Unternehmen keine Wettbewerbsbeschränkung, ist eine gründliche Analyse ihrer Auswirkungen erforderlich, die auf negative Auswirkungen der genannten Art abstellt[979].

---

973 Albers (Vortrag 2006), S. 2.

974 Künzler (2008), S. 277. Ein Beispiel für eine wohlfahrtsorientierte ökonomische Analyse der Vergabe von Sportrechten an frei empfangbares Fernsehen bzw. Pay-TV-Sender bieten Dietl/Hasan (EEJ 33 [2007] 405).

975 Drexl in: Drexl (2008), S. 35.

976 Leitlinien zur Anwendbarkeit von Artikel 81 EG-Vertrag auf Vereinbarungen über horizontale Zusammenarbeit, ABl. EG C 3 v. 6.1.2001, Rn. 105.

977 Leitlinien zur Anwendbarkeit von Artikel 101 des Vertrags über die Arbeitsweise der Europäischen Union auf Vereinbarungen über horizontale Zusammenarbeit, ABl. EU C 11/1 v. 14.1.2011, Rn. 4.

978 Leitlinien zur Anwendbarkeit von Artikel 101 des Vertrags über die Arbeitsweise der Europäischen Union auf Vereinbarungen über horizontale Zusammenarbeit, ABl. EU C 11/1 v. 14.1.2011, Rn. 5; Leitlinien für vertikale Beschränkungen, ABl. EU C 130 v. 19.5.2010, Rn. 97.

979 Leitlinien zur Anwendung von Artikel 81 Absatz 3 EG-Vertrag, ABl. EU C 101 v. 27.4.2004, Rn. 24.

Bei der Anwendung von Art. 101 AEUV wird zudem ein besonderes Augenmerk auf die Marktmacht der betreffenden Akteure gelegt[980].

Auch Fragen der Marktabgrenzung sowie die Bereiche Fusionskontrolle[981] und Missbrauchsaufsicht[982] sind vom „More Economic Approach" erfasst. Neu ist insbesondere die Effizienzeinrede, die Unternehmen im Rahmen der Missbrauchskontrolle eröffnet wird. Die neue Wettbewerbspolitik hat sich zudem über mehrere Jahre hinweg in der Entwicklung neuer Gruppenfreistellungsverordnungen[983], Verordnungen und Leitlinien niedergeschlagen[984]. Ausprägungen

---

980 Mario Monti, Rede vom 24.10.2003 bei der Fordham Conference in New York, abrufbar unter: http://europa.eu/rapid/pressReleasesAction.do?reference=SPEECH/03/489&format=HTML&aged=0&language=EN&guiLanguage=en (zuletzt aufgerufen am 11.8.2014), S. 5.

981 Hier hat sich die neue Wettbewerbspolitik in Erwägungsgrund 29 der Verordnung (EG) Nr. 139/2004 des Rates vom 20. Januar 2004 über die Kontrolle von Unternehmenszusammenschlüssen („EG-Fusionskontrollverordnung"), ABl. EU L 24 v. 29.1.2004, S. 1-22, niedergeschlagen, wo von Effizienzvorteilen und Verbrauchernutzen als Zielvorgaben die Rede ist und ein neuer Ausnahmetatbestand eingeführt wird. Weitere Auswirkungen auf die Fusionskontrolle finden sich in den „Leitlinien zur Bewertung horizontaler Zusammenschlüsse gemäß der Ratsverordnung über die Kontrolle von Unternehmenszusammenschlüssen", ABl. EU C 31 v. 5.2.2004 (s. dort etwa Rn. 8).

982 S. z.B. „Mitteilung der Kommission – Erläuterungen zu den Prioritäten der Kommission bei der Anwendung von Artikel 82 des EG-Vertrags [heute Art. 102 AEUV] auf Fälle von Behinderungsmissbrauch durch marktbeherrschende Unternehmen", ABl. EU C 45 v. 24.2.2009, S. 7-20, insbesondere etwa Rn. 5 ff. im Hinblick auf das Ziel des Verbraucherwohls sowie Rn. 28 ff., wo es um die Effizienzeinrede geht. Dieser Mitteilung ging ein Diskussionspapier voraus (DG Competition Discussion Paper on the Application of Article 82 of the Treaty to Exclusionary Abuses, abrufbar unter: http://ec.europa.eu/competition/antitrust/art82/discpaper2005.pdf [zuletzt aufgerufen am 11.8.2014]), das bereits deutlich vom neuen Ansatz geprägt war (s. dort insbesondere Rn. 84). Kritisch dagegen, mit der Einschätzung, dass der „More Economic Approach" in der Kommissionspraxis zu Art. 102 AEUV noch nicht angekommen sei, O'Donoghue/Padilla (S. 17 f.).

983 Z.B. GFVO-VV (Verordnung [EG] Nr. 2790/1999 der Kommission vom 22. Dezember 1999 über die Anwendung von Artikel 81 Absatz 3 des Vertrages [heute Art. 101 Abs. 3 AEUV] auf Gruppen von vertikalen Vereinbarungen und aufeinander abgestimmten Verhaltensweisen, ABl. EG L 336 v. 29.12.1999, S. 21-25) und GFVO-TT (Verordnung [EG] Nr. 772/2004 der Kommission vom 27. April 2004 über die Anwendung von Artikel 81 Absatz 3 EG-Vertrag [heute Art. 101 Abs. 3 AEUV] auf Gruppen von Technologietransfer-Vereinbarungen, ABl. EU L 123 v. 27.4.2004, S. 11-17).

984 Mario Monti, Rede vom 24.10.2003 bei der Fordham Conference in New York, abrufbar unter: http://europa.eu/rapid/pressReleasesAction.do?reference=SPEECH/

des „More Economic Approach“ sind u.a. die sogenannten „Leitlinien zur horizontalen Zusammenarbeit“[985] von 2011[986], die „Leitlinien für vertikale Beschränkungen“[987] von 2010[988], die „Leitlinien zur Anwendung von Artikel 81 Absatz 3 EG-Vertrag“[989] [heute Art. 101 Abs. 3 AEUV] und die Anwendung einer Tatbestandsrestriktion ähnlich der sogenannten „Rule of Reason“ im Kartellrecht[990] sowie das Prioritätenpapier der Kommission zum Behinderungsmissbrauch durch marktbeherrschende Unternehmen[991]. Die Reform ging außerdem mit der Einrichtung des neuen Amtes des Chefökonomen in der Generaldirektion Wettbewerb der Europäischen Kommission einher[992].

In der europäischen Rechtsprechung hat sich der „More Economic Approach“ erstmals 2002 deutlich ausgewirkt. Bereits in der Entscheidung Gøttrup/Klim aus dem Jahr 1994 hatte der EuGH den Auswirkungen einer Kooperation auf den Markt größeres Gewicht beigemessen als der Einschränkung der Handlungsfreiheit der Beteiligten[993]. Erst 2002 begann sich jedoch eine allgemeine Tendenz abzuzeichnen. So hob das EuG in den Urteilen Airtours[994], Tetra Laval[995] und

---

03/489&format=HTML&aged=0&language=EN&guiLanguage=en (zuletzt aufgerufen am 11.8.2014), S. 5.

985 Leitlinien zur Anwendbarkeit von Artikel 101 des Vertrags über die Arbeitsweise der Europäischen Union auf Vereinbarungen über horizontale Zusammenarbeit, ABl. EU C 11/1 v. 14.1.2011.

986 Das galt bereits für die Vorfassung von 2001, s. Bellamy & Child (5. Aufl.), Rn. 4-106.

987 Leitlinien für vertikale Beschränkungen, ABl. EU C 130 v. 19.5.2010, S. 1-55. Auch die vorherige Fassung von 2000 war bereits Teil des „More Economic Approach“, s. ABl. EG C 291 v. 13.10.2000, dort insbes. Rn. 7.

988 Albers, WuW 2006, 3.

989 ABl. EU C 101 v. 27.4.2004, S. 97-118.

990 Heinemann, GRUR 2008, 949 (950).

991 Mitteilung der Kommission – Erläuterungen zu den Prioritäten der Kommission bei der Anwendung von Artikel 82 des EG-Vertrags [heute Art. 102 AEUV] auf Fälle von Behinderungsmissbrauch durch marktbeherrschende Unternehmen, ABl. EU C 45/7 v. 24.2.2009. S. zum Einfluss des „More Economic Approach“ bereits auf das zugrundeliegende Diskussionspapier Mertikopoulou 2007 ECLR 241.

992 S. dazu Mario Monti, Rede vom 24.10.2003 bei der Fordham Conference in New York, abrufbar unter: http://europa.eu/rapid/pressReleasesAction.do?reference=SPEECH/03/489&format=HTML&aged=0&language=EN&guiLanguage=en (zuletzt aufgerufen am 11.8.2014), S. 8.

993 EuGH Urt. v. 15.12.1994 in der Rs. C-250/92 – Gøttrup-Klim/DLG, Rn. 31 ff.

994 EuG Urt. v. 6.6.2002 in der Rs. T-349/99 – Airtours.

995 EuG Urt. v. 25.10.2002 in der Rs. T-5/02 – Tetra Laval.

Schneider Electric[996] jeweils Entscheidungen der Europäischen Kommission zur Fusionskontrolle nach genauer Prüfung ihrer Beweisführung auf und verlangte eine intensivere Prüfung der jeweils konkreten wirtschaftlichen Situation. Diese Erhöhung der Kontrolldichte[997] ist im Zusammenhang mit dem „More Economic Approach" zu sehen[998]. Diesen Entscheidungen sind weitere[999] gefolgt, die die Anerkennung einer gegenüber früheren Entscheidungen stärker einzelfallbezogenen Prüfungspflicht der Kommission (nicht jedoch des Gerichts[1000]) bestätigen[1001].

Insgesamt ist festzustellen, dass der „More Economic Approach" im europäischen Wettbewerbsrecht einen grundlegend veränderten Ansatz in der Anwendung des Wettbewerbsrechts bedeutet. Die Bewertung von Marktfolgen bei der Beurteilung der Erfüllung des Kartelltatbestands berührt die Grundlagen der Wettbewerbsordnung, da sie u.a. eine Abkehr vom Schutz des Wettbewerbs an sich hin zu einer auf Ergebnisgerechtigkeit gerichteten Wettbewerbspolitik bedeutet[1002]. Stand bisher der Schutz des freien Wettbewerbs im Sinne einer Rahmenordnung zur (indirekten) Gewährleistung von Wohlstand im Mittelpunkt, sollen nun ökonomische Funktionen beurteilt werden, die als Resultate der Aufrechterhaltung des Wettbewerbs erwartet werden[1003]. Gleichzeitig beruht dieser Richtungswechsel nicht auf einer Änderung der zugrunde liegenden Verträge, sondern ausschließlich auf einer neu formulierten Wettbewerbspolitik, die sich auf die Durchsetzung der Wettbewerbsregeln in der Praxis auswirkt[1004].

---

996 EuG Urt. v. 22.10.2002 in der Rs. T-77/02 – Schneider Electric.

997 *Körber* in: Immenga/Mestmäcker, EU/2, Art. 16 FKVO, Rn. 10; *Schütte* in: Wiedemann, Hdb. KartR, § 49, Rn. 264.

998 Dreher, WuW 2008, 23 (27, Fn. 23); Dreher/Adam, ZWeR 2006, 259 (265 f.); Zimmer, WuW 2007, 1198 (1207); Nitsche/Thielert, WuW 2004, 250 (250, 255). Ferner Seehafer, WuW 2009, 728 (728 f.).

999 EuG Urt. v. 13.7.2006 in der Rs. T-464/04 – IMPALA; EuG Urt. v. 28.9.2004 in der Rs. T-310/00 – MCI; EuG Urt. v. 3.4.2003 in der Rs. T-119/02 – Philips; EuG Urt. v. 3.4.2003 in der Rs. T-114/02 – Babyliss.

1000 *Schütte* in: Wiedemann, Hdb. KartR, § 49, Rn. 264.

1001 *Körber* in: Immenga/Mestmäcker, EU/2, Art. 16 FKVO, Rn. 84; Bay/Ruiz Calzado, WC 2005, 433 (440 ff.). Die neue Doktrin wird jedoch erkennbar durch den EuGH nicht in allen materiellen Bereichen des Kartellrechts angewendet (Frenz, WuW 2014, 282 [284]).

1002 Zäch/Künzler, EuZ 2009, 30 (31).

1003 *Immenga/Mestmäcker* in: Immenga/Mestmäcker, EU/1, Einl. EU D, Rn. 12; Zäch/Künzler in: Zäch/Heinemann/Kellerhals, S. 61.

1004 Albers (Vortrag 2006), S. 1.

II. Diskussion des „More Economic Approach" in der Literatur

Die Debatte um den „More Economic Approach" wird in der Literatur seit seiner Ankündigung besonders in Deutschland sehr intensiv geführt. Während hierzulande eine relativ kleine Gruppe von Befürwortern der neuen Herangehensweise auf eine Modernisierung und Flexibilisierung der Kartellpolitik hinweist, kritisieren die Gegner des „More Economic Approach" den Ansatz zumeist ganz fundamental. In mancherlei Hinsicht kann man von der Neuauflage eines Streits sprechen[1005], der in Deutschland bereits in den 60er Jahren des letzten Jahrhunderts um die grundlegenden Wertmaßstäbe der Wettbewerbspolitik geführt wurde[1006]. Die Diskussion um den „More Economic Approach" der Europäischen Kommission berührt damit die grundlegendsten Fragen der Verortung von Wettbewerbspolitik und Kartellrecht in der Rechtsordnung.

1. Befürworter des „More Economic Approach"

Mit dem „More Economic Approach" soll nach dem Willen der Europäischen Kommission die europäische Wettbewerbspolitik modernisiert und methodische Fortschritte im Bereich der Wirtschaftswissenschaft für eine zeitgemäße Verbesserung der Entscheidungspraxis genutzt werden[1007]. Dieser Ansatz wird in Teilen der Literatur begrüßt. Als einer der wichtigsten Vorteile des „More Economic Approach" wird der verstärkte Blick auf die ökonomische Realität der jeweiligen Marktsituation betont[1008]. Die Abwendung von einem eher formalistischen Ansatz wird als Fortschritt gewertet, der die neuen und verbesserten Methoden der Ökonometrie zum Vorteil der Wettbewerbspolitik nutze[1009]. Damit verbunden sei eine Entwicklung hin zu größerer Einzelfallgerechtigkeit durch eine genauere Betrachtung der konkreten ökonomischen Situation[1010]. Die ökonomische Effizienz werde, wie in anderen Teilen der Welt bereits geschehen, nun auch in Europa zum Leitbild der Wettbewerbspolitik erhoben[1011]. Dies sei nur folgerichtig, wenn man Wettbewerb als Spiel betrachte, dessen Ziel die Wertschöpfung

---

1005 So Schmidt (2006), S. 4.

1006 S. dazu Hoppmann, Jahrb. f. Nationalök. u. Stat. 1967, 251; Kantzenbach, Jahrb. f. Nationalök. u. Stat. 1967, 193; Kaufer, Jahrb. f. Nationalök. u. Stat. 1967, 242; Hoppmann, Jahrb. f. Nationalök. u. Stat. 1966, 286 m.w.N.

1007 *Immenga/Mestmäcker* in: Immenga/Mestmäcker, EU/1, Einl. EU D, Rn. 8 ff.; Hildebrand, WuW 2005, 513 f.; Röller (2005), S. 37; Schmidtchen in: Oberender, S. 11.

1008 Schmidtchen, WuW 2006, 707.

1009 Schmidtchen, WuW 2006, 6 (17).

1010 Schmidtchen, WuW 2006, 707.

1011 Schmidtchen, WuW 2006, 6.

sei[1012]. Der Effizienzeinwand solle im Interesse der Verbraucherwohlfahrt generell im Rahmen der Theorie des „second best“ zugelassen werden[1013]. Dadurch könnten kollidierende Schutzzwecke im Sinne einer „Rule of Reason“ sinnvoll zum Ausgleich gebracht werden[1014]. Dies geschehe im Wege einer Verhältnismäßigkeitsprüfung, die auf die zu erwartende Wirkung der jeweiligen Maßnahme schaue und daher zu sachgerechten Ergebnissen komme[1015]. Gleichzeitig würde die Entscheidungspraxis transparenter und verständlicher[1016].

Im Hinblick auf die Verlagerung der Zielrichtung der Wettbewerbspolitik weg vom Schutz der Handlungsfreiheit der Marktteilnehmer hin zur Förderung der Konsumentenwohlfahrt sehen einige Befürworter des „More Economic Approach“ eher eine Akzentverschiebung[1017] als eine grundlegende Wende. Die Erhebung der Effizienz zum Leitbild der Wettbewerbspolitik sei keine Abkehr von akzeptierten Maßstäben. Schließlich würden Effizienzkriterien auch dort angewendet, wo die Freiheit des Wettbewerbs als Ziel der Wettbewerbsordnung gelte[1018]. Wenn nun der Nutzen des Wettbewerbs für den Verbraucher in das Zentrum der Betrachtung gerückt werde, sei dies nur konsequent, da der Schutz des Wettbewerbs an sich ebenfalls nur Mittel zum Zweck sei[1019]. Die gesellschaftliche Wohlfahrt sei stets Ziel auch der traditionellen Wettbewerbspolitik gewesen. Der „More Economic Approach“ bedeute lediglich, dass man dieses Ziel nun explizit benenne und mit Hilfe der verbesserten Methoden der Wirtschaftswissenschaft eine Folgenabwägung vornehme, die der Verbraucherwohlfahrt diene[1020]. Auch im Rahmen der bisherigen Wettbewerbspolitik seien Abwägungen vorgenommen worden, die im Ergebnis dem Wohl der Allgemeinheit dienen sollten[1021]. Nun könne dank verbesserter Methoden noch stärker auf das Marktergebnis geschaut werden, was insgesamt zu ausgewogenen,

1012 Schmidtchen, WuW 2006, 6 (7 f.); Schmidtchen in: Oberender, S. 11.

1013 Schmidtchen, WuW 2006, 6; Schmidtchen in: Oberender, S. 11 f.

1014 Schmidtchen, WuW 2006, 6 (9).

1015 Schmidtchen, WuW 2006, 707.

1016 Röller (2005), S. 37.

1017 Albers bezeichnet sie immerhin als „durchaus bedeutende Akzentverschiebung“ (s. Vortrag 2006, S. 1, außerdem S. 3).

1018 Schmidtchen, WuW 2006, 6 (11 f.).

1019 Albers (Vortrag 2006), S. 2.; Schmidtchen in: Oberender, S. 34.

1020 Schmidtchen in: Oberender, S. 12, 13, 30. Man frage hingegen nicht im Sinne eines radikalen „More Economic Approach“, ob die Wettbewerbspolitik ihr Geld wert sei (Schmidtchen in: Oberender, S. 14, Fn. 4).

1021 Schmidtchen, WuW 2006, 6 (9, 13).

rationalen, theoretisch sauberen und letztlich besseren Ergebnissen führe[1022]. Überdies ginge es in der Praxis nicht um einen inflationären Einsatz der Effizienzeinrede im Rahmen des „Effects Based Approach", sondern um den sparsamen ergänzenden Einsatz des Instruments in bestimmten Fällen, in denen die Verbraucherwohlfahrt bei traditioneller Betrachtungsweise zu kurz zu kommen drohe[1023].

Ein weiterer Vorteil des „More Economic Approach" wird darin gesehen, dass die Gefahr vermieden werde, dass die Wettbewerbspolitik im Ergebnis einzelne Wettbewerber schütze, statt den Wettbewerb selbst[1024]. In der Tat wird zuweilen kritisiert, dass Entscheidungen im Bereich der Missbrauchskontrolle mehr dem Schutz der Wettbewerber als dem Schutz des Wettbewerbs dienten[1025]. Ein Beispielsfall ist die British Airways-Entscheidung des EuG (bestätigt durch den EuGH[1026]), in der das Gericht den Schutz der bestehenden Marktstruktur vor einer Verdrängung von Wettbewerbern durch das marktbeherrschende Unternehmen als Schutzzweck des europäischen Wettbewerbsrechts genannt hat. Hier wird durch das Gericht ausdrücklich erklärt, dass es gerade nicht auf die Auswirkungen auf den Verbraucher ankomme, sondern auf die Möglichkeit der Verdrängung kleinerer Konkurrenten vom Markt[1027]. Verfechter des „More Economic Approach" sehen hier einen Fall, in dem der „More Economic Approach" das bessere Ergebnis erziele, in dem es den Schutz kleinerer Wettbewerber den Interessen des Verbrauchers unterordne.

Im Hinblick auf die Praktikabilität und Rechtssicherheit dieser Vorgehensweise wird durchaus zugestanden, dass der „More Economic Approach" eine Herausforderung im Hinblick auf die intensivere ökonomische Analyse bedeute[1028]. Jedoch blieben die Analyseinstrumente der Behörden und Gerichte gleich, so dass die Verarbeitung der vorhandenen Informationen mit denselben Methoden wie bei der Marktabgrenzung geschehen könne[1029]. Das Kriterium der gesellschaftlichen Wohlfahrt sei mit Hilfe des Konzepts des sozialen Überschusses

---

1022 Albers (Vortrag 2006), S. 3; Schmidtchen, WuW 2006, 6 (7, 11); Hildebrand, WuW 2005, 513 (515); Röller (2005), S. 37, 40, 43; Schmidtchen in: Oberender, S. 27.

1023 Röller (2005), S. 40.

1024 Albers (Vortrag 2006), S. 2 f.

1025 So etwa Hellwig (2007), S. 31.

1026 EuGH Urt. v. 14.3.2007 in der Rs. C-95/04 – British Airways (s. hier Rn. 106 f.).

1027 EuG Urt. v. 17.12.2003 in der Rs. T-219/99 –British Airways, Rn. 297.

1028 Schmidtchen, WuW 2006, 6 (10).

1029 Schmidtchen, WuW 2006, 6 (12 f.); WuW 2006, 707; Hildebrand, WuW 2005, 513 (514); Schmidtchen in: Oberender, S. 13, 22.

messbar[1030] und damit die Zielvorgabe Verbraucherwohlfahrt auch operationalisierbar[1031]. Ein Verlust an Rechtssicherheit sei nicht zu befürchten[1032]. Zwar gebe es stets einen Zielkonflikt zwischen Einzelfallgerechtigkeit und Rechtssicherheit[1033]. Auch hier biete aber der „More Economic Approach" die richtige Balance[1034]. Es gebe klare Regeln, deren Transparenz betroffenen Unternehmen die Selbsteinschätzung erleichtere[1035]. Auch müssten keine übermäßig komplexen Einzelfallanalysen durchgeführt werden[1036]. Nötigenfalls könne die Europäische Kommission entsprechende Instrumente entwickeln, um Herausforderungen angemessen zu lösen[1037]. Im Interesse besserer Ergebnisse seien Nebeneffekte, wie etwa eine gewisse Erschwerung der Beweisführung im Falle privater Schadensersatzklagen, hinzunehmen[1038].

2. Vergleich mit der Wettbewerbspolitik der USA

Im Zusammenhang mit dem „More Economic Approach" in Europa wird häufig der Vergleich mit der Rechtslage in den USA herangezogen. Die Wende in der Wettbewerbspolitik wird oftmals dem Einfluss US-amerikanischen Kartellrechts in Europa zugeschrieben[1039]. In der Tat spielen auch in den USA[1040] die zu erwartenden Folgen des jeweiligen Verhaltens von Unternehmen eine größere Rolle bei der Entscheidung wettbewerbsrechtlicher Fälle als das in Europa zuvor der Fall war. Die traditionelle europäische Wettbewerbspolitik wurde im Vergleich mit der US-amerikanischen insbesondere im Bereich der Missbrauchskontrolle als interventionistisch gesehen[1041]. Der zurückhaltendere Ansatz in den USA gründet

---

1030 Schmidtchen in: Oberender, S. 12, 14.

1031 Albers (Vortrag 2006), S. 3; Schmidtchen, WuW 2006, 6 (13); Schmidtchen in: Oberender, S. 14, 15.

1032 Schmidtchen, WuW 2006, 707. Anders bei Befürwortung des Ansatzes jedoch Drexl, IIC 2004, 788 (807).

1033 Albers (Vortrag 2006), S. 4.

1034 Paul (2008), S. 294.

1035 Albers (Vortrag 2006), S. 3.

1036 Albers (Vortrag 2006), S. 4; Röller (2005), S. 37.

1037 Albers (Vortrag 2006), S. 6.

1038 Albers (Vortrag 2006), S. 6.

1039 S. etwa Christiansen (2006), S. 6; Dreher/Adam, ZWeR 2006, 259; Christiansen, WuW 2005, 285 (293); Mestmäcker in: Monopolkommission, S. 20.

1040 Grundsätzlich zur Frage der richtigen Balance zwischen Wohlfahrtsorientierung und Wettbewerbsschutz im US-amerikanischen Recht s. Hammer, Mich. L. Rev. 98 [2000] 849.

1041 Dreher/Adam, ZWeR 2006, 259 (261).

dabei in den Prinzipien der Chicago School, die eine theoretische Basis für jeden Eingriff von Kartellbehörden verlangen und Behörden grundsätzlich für fehlbar halten. Auch der Effizienzgedanke und die Berücksichtigung von Vorteilen wettbewerbsbeschränkenden Verhaltens gehen auf die Chicago bzw. Post-Chicago School zurück[1042]. Diese Wettbewerbspolitik wird aufgrund ihrer Orientierung am Wohl der Mehrheit auch als utilitaristisch beschrieben[1043]. Teilweise wird vermutet, die Europäische Kommission wolle etwa im Bereich der Fusionskontrolle auf eine größere Kompatibilität ihrer Entscheidungen mit amerikanischem Recht hinarbeiten[1044]. Andere Kommentatoren sehen die Konvergenz mit US-Regeln als positive Nebenfolge, keineswegs jedoch als Ziel des „More Economic Approach"[1045]. Teilweise wird in einem nicht rein effizienzorientierten Ansatz, der vielmehr den Wettbewerb im Interesse der Verbraucher schütze, der spezifisch europäische Charakter des amerikanisch inspirierten Ansatzes gesehen[1046].

Die Veränderungen in der europäischen Wettbewerbspolitik werden auch in den USA mit großem Interesse beobachtet. Im Rahmen bilateraler Zusammenarbeit zwischen dem U.S. Department of Justice und der Europäischen Kommission wurden z.B. im Rahmen einer gemeinsamen Arbeitsgruppe Praxisbeispiele für den Bereich der Fusionskontrolle entwickelt[1047]. Vergleicht man die US-amerikanische Wettbewerbspolitik mit dem „More Economic Approach", sind eindeutige Parallelen erkennbar.

Insbesondere die Zielrichtung ist die gleiche. Wirtschaftliche Wohlfahrt ist auch für das U.S. Department of Justice Ziel und Maßstab des Wettbewerbsrechts[1048]. Dabei kommt der Verbraucherwohlfahrt eine besondere Bedeutung zu[1049]. Die Förderung ökonomischer Effizienz ist das wichtigste Instrument, um diese Ziele zu erreichen[1050]. Hierbei wird ebenfalls auf Prognosen über die Auswirkungen des jeweiligen Verhaltens bzw. der behördlichen Maßnahme zurückgegriffen[1051]. Mit der Zielrichtung einher geht das Argument, es müsse

---

1042 Drexl in: Drexl (2008), S. 35; Immenga, ZWeR 2006, 346 (357); A. Schmidt (2006), S. 4; Schmidt in: FS Bechtold, S. 417; Schmidtchen in: Oberender, S. 30 f., 34.

1043 Mestmäcker in: Monopolkommission, S. 25 f.

1044 Christiansen (2006), S. 6; Christiansen, WuW 2005, 285 (293).

1045 Albers (Vortrag 2006), S. 3.

1046 Drexl in: Drexl (2008), S. 35.

1047 S. Kolasky, Antitrust Bull. Spring/Summer 2004, 29 (29 f.).

1048 Kolasky, Antitrust Bull. Spring/Summer 2004, 29 (35).

1049 Kolasky, Antitrust Bull. Spring/Summer 2004, 29 (31).

1050 Kolasky, Antitrust Bull. Spring/Summer 2004, 29 (35, 36).

1051 Kolasky, Antitrust Bull. Spring/Summer 2004, 29 (39 f.).

der Wettbewerb (freilich im Interesse der Verbraucherwohlfahrt) geschützt werden, nicht aber einzelne Wettbewerber[1052]. Konkret bedeutet dieser Ansatz, dass nach Ansicht der US-Wettbewerbsbehörden gegen Kartelle streng und effektiv durchgegriffen werden muss, da Kartelle per Definition keine Effizienzvorteile bringen, sondern erwiesenermaßen die Wirtschaftsleistung schädigen[1053]. Bei Unternehmenszusammenschlüssen wird den Effizienzen ein hoher Stellenwert beigemessen und daher nur zurückhaltend eingegriffen. Bei der Missbrauchskontrolle gilt in den USA die Maßgabe, dass auch dominante Unternehmen das Recht haben müssen, aggressiv im Wettbewerb aufzutreten, wolle man nicht den Wettbewerb dem Schutz einzelner Mitbewerber des dominanten Unternehmens opfern[1054]. Das bedeutet, dass in den USA das aus Sicht des Wettbewerbsschutzes richtige Ergebnis auch ein Monopol sein kann[1055].

Diese Sichtweise wird mit Beobachtungen der konkreten Marktsituation begründet. So könne selbst ein Monopolist sich auf einem Markt im Wettbewerb befinden, wenn Marktein- und Marktaustritt für potentielle Mitbewerber keine Kosten verursachten. Selbst dort, wo es gewisse Zutrittsbarrieren gebe, existierten Oligopole, in denen starker Wettbewerb stattfinde[1056]. Allgemein sei nicht davon auszugehen, dass Konzentration automatisch den Wettbewerb schädige. Gerade dort, wo mehr Wettbewerb stattfinde, komme es häufig zu einer Konzentration, da ineffiziente Wettbewerber ausschieden[1057].

Im Hinblick auf die praktischen Auswirkungen des US-amerikanischen Ansatzes zeigt sich für den Bereich der Missbrauchskontrolle der vielleicht augenfälligste Kontrast zur traditionellen europäischen Sichtweise, die von einer allgemeinen Skepsis gegenüber dominanten Unternehmen geprägt war[1058]. Wenn sich nun eine Angleichung europäischer Wettbewerbspolitik an die amerikanische vollzieht, mag man erwarten, dass hier seit Einführung des „More Economic Approach“ deutlich erkennbare Veränderungen der Entscheidungspraxis aufgetreten seien. Gleichzeitig betont die Europäische Kommission jedoch, dass durch den „More Economic Approach“ kein Fall, der zuvor entschieden wurde, heute

1052 Kolasky, Antitrust Bull. Spring/Summer 2004, 29 (30, 35).
1053 Kolasky, Antitrust Bull. Spring/Summer 2004, 29 (37).
1054 Kolasky, Antitrust Bull. Spring/Summer 2004, 29 (31, 38, 40 f.).
1055 Kolasky, Antitrust Bull. Spring/Summer 2004, 29 (36).
1056 Kolasky, Antitrust Bull. Spring/Summer 2004, 29 (31).
1057 Kolasky, Antitrust Bull. Spring/Summer 2004, 29 (32 f.).
1058 Dreher/Adam, ZWeR 2006, 259 (261).

anders entschieden werden würde[1059]. Es bleibt also offen, inwieweit tatsächlich eine Angleichung an die US-amerikanische Wettbewerbspolitik stattfindet.

Schließlich sei noch auf einen für die Praxis wichtigen Punkt hingewiesen, in dem sich die neue europäische Wettbewerbspolitik von der US-amerikanischen unterscheidet. In den USA gilt für die Behörden eine Beweiserleichterung in Form einer widerleglichen Vermutung der Illegalität, wenn bestimmte Marktanteilsschwellen überschritten sind[1060], ähnlich einer Oligopolvermutung, wie sie § 19 Abs. 3 Satz 2 GWB im Rahmen der Missbrauchsaufsicht enthält. Die Vermutung beruht auf der These, dass in einem oligopolistischen Umfeld die Wahrscheinlichkeit von Verhaltenskoordinationen zwischen den wenigen Marktteilnehmern größer ist[1061]. Eine entsprechende Regelung fehlt im europäischen System, so dass die gesamte Beweislast bei der Europäischen Kommission liegt.

3. Kritik am „More Economic Approach"

Die Schar der Kritiker des „More Economic Approach" ist in Deutschland[1062] deutlich größer als die der Befürworter. Insbesondere der Austausch des Schutzguts der Wettbewerbspolitik hat viel Kritik ausgelöst. Er wird als grundlegende Richtungsänderung in der Wettbewerbspolitik verstanden, die wesentlich mehr als etwa eine Änderung von Auslegungsmethoden bedeutet[1063].

Die Erhebung des Verbraucherwohls zum Schutzgut der Wettbewerbspolitik wird teilweise schon deswegen für fehlerhaft gehalten, weil nicht klar sei, wie der Begriff der Verbraucherwohlfahrt überhaupt zu definieren sei[1064]. Ohne klare Begriffsbestimmung fehle jedoch ein brauchbarer Maßstab[1065]. Der Blick auf die wirtschaftlichen Folgen des Handelns der Wettbewerbspolitik im Einzelfall sei zudem mit bürgerlichen Freiheitsrechten nicht vereinbar, da der Staat private kommerzielle Aktivitäten nicht durch Eingriffe auf das Wohl einer bestimmten

---

1059 Dreher, WuW 2008, 23 (24); Dreher/Adam, ZWeR 2006, 259 (266).

1060 *United States v. General Dynamics Corp.*, 415 U.S. 486 (1974); *United States v. Philadelphia Nat'l Bank*, 374 U.S. 321 (1963).

1061 *F.T.C. v. H.J. Heinz Co.* 246 Federal Reporter 3d 708, at 715 (2001) DC Circuit; *F.T.C. v. PPG Industries, Inc.* 798 F.2d 1500, at 1503 (1986) DC Circuit.

1062 Das Bundeskartellamt hat die Entwicklung zunächst mit distanziertem Wohlwollen beobachtet. Der damalige Präsident Böge hielt aber eine Anwendung einiger ökonomischer Erkenntnisse mit Augenmaß für völlig ausreichend, s. Böge, WuW 2004, 726 (733).

1063 *Immenga/Mestmäcker* in: Immenga/Mestmäcker, EU/1, Einl. EU D, Rn. 4.

1064 Zäch/Künzler in: Zäch/Heinemann/Kellerhals, S. 81; Zäch, IIC 2009, 623 (625).

1065 Zäch/Künzler, EuZ 2009, 30 (32).

Gruppe hin ausrichten dürfe[1066]. Letztlich könne die Hinwendung zum Verbraucherwohl als Schutzgut des Wettbewerbsrechts zu einer zentral gelenkten Wirtschaft führen[1067]. Dies passe nicht in das Recht der Europäischen Verträge. Zäch vergleicht den „More Economic Approach" schließlich gar mit der Wirtschaftsverfassung der DDR: Ein Freiheitsrecht, das mit einem bestimmten Ziel verbunden sei, sei kein Freiheitsrecht im Sinne der europäischen Demokratien[1068].

Diese Position erscheint in ihrer Pointiertheit extrem. Allerdings wird der Einwand, die Auswechslung des Schutzguts der Wettbewerbspolitik und die Erhebung der Effizienz zu ihrem Leitbild stehe im Widerspruch zum geltenden Europarecht, immer wieder vorgebracht. So sei schlichtweg in den Europäischen Verträgen nirgendwo die Konsumentenwohlfahrt als Ziel der Wettbewerbspolitik verankert. Vielmehr seien die Vorschriften (genannt werden Art. 170, Abs. 2; 119; 120; 127 AEUV) klar auf den Wettbewerb selbst als Schutzgut ausgerichtet[1069]. Lediglich vereinzelt gebe es im System des europäischen Wettbewerbsrechts Raum für die Berücksichtigung von Effizienzüberlegungen und Verbraucherwohl im Hinblick auf Art. 12, 169 AEUV[1070]. Die Wirtschaftsordnung der Europäischen Verträge verlange die Erreichung erwünschter Wirkungen auf indirektem Wege durch die Gewährleistung des Wettbewerbs selbst, nicht durch eine Beurteilung anhand prognostizierter Folgen des Wettbewerbs[1071]. Das Heranziehen erwarteter Auswirkungen zur Beurteilung der Tatbestandsmäßigkeit eines Verhaltens sei überdies weder normbezogen noch handle es sich dabei um Rechtsanwendung[1072]. Dem Argument, der traditionelle Schutz der Handlungsfreiheit der Unternehmen schütze nicht den Wettbewerb, sondern einzelne Wettbewerber, wird entgegengehalten, dass Wettbewerb von Marktteilnehmern ausgehe und nicht von diesen unterschieden werden könne. Die Handlungsfreiheit der Unternehmen

---

1066 Zäch/Künzler in: Zäch/Heinemann/Kellerhals, S. 76 f.; Zäch, IIC 2009, 623 (625).

1067 Zäch, IIC 2009, 623 (624).

1068 Zäch, IIC 2009, 623 (626).

1069 Zäch/Künzler in: Zäch/Heinemann/Kellerhals, S. 67; Zäch, IIC 2009, 623 (624); Zäch/Künzler, EuZ 2009, 30 (33); Immenga, WuW 2006, 463; Immenga, ZWeR 2006, 346 (348, 357); Dreher, WuW 1998, 656 (657).

1070 Zäch/Künzler in: Zäch/Heinemann/Kellerhals, S. 68; Basedow, WuW 2007, 712 (714).

1071 *Immenga/Mestmäcker* in: Immenga/Mestmäcker, EU/1, Einl. EU D, Rn. 2; Zäch/Künzler in: Zäch/Heinemann/Kellerhals, S. 67; Zäch/Künzler, EuZ 2009, 30 (33); Immenga, ZWeR 2006, 346 (358); Möschel in: FS Tilmann, S. 710. Ein Beispiel für die traditionelle Rechtsprechung des EuGH ist EuGH Urt. v. 14.7.1972 in der Rs. 48/69, Rn. 115/119.

1072 Immenga, WuW 2006, 463.

sei für die Wettbewerbsordnung der Europäischen Union erforderlich und könne sich nicht auf den Schutz marktstarker Wettbewerber beschränken[1073].

Außerdem gibt es Kritik am Effizienzziel selbst[1074]. In der Wirtschaftstheorie wird in der Regel das Pareto-Kriterium[1075] der Effizienz angewendet. Als effizient gilt danach ein Marktergebnis, bei dem knappe Güter so verteilt sind, dass kein Beteiligter besser gestellt werden könnte, ohne einen anderen schlechter zu stellen. Das Ziel einer so definierten Effizienz passe aber nicht zum geltenden Wettbewerbsrecht, da dieses auf eine andere Verteilungswirkung abziele. Das Ziel der Wettbewerbspolitik sei kein utilitaristisches Effizienzkriterium, sondern müsse die Wettbewerbsfreiheit selbst bleiben[1076]. Andere bemerken, dass das Effizienzziel in den Verlautbarungen der Europäischen Kommission nicht konsistent durchgehalten werde, sich aber gleichzeitig nicht klar ergebe, inwieweit andere Kriterien für die Entscheidungspraxis eine Rolle spielten[1077]. Schließlich wird eingewandt, das inhaltliche Ziel des Wettbewerbs dürfe nicht vorgegeben werden, wolle man ihn noch im Kontext der Wettbewerbsfreiheit verstehen, sei doch nach Maßstäben der Wissenschaftstheorie die inhaltliche Vorwegbestimmung einer Freiheitsposition gleichbedeutend mit deren Aufgabe[1078].

Als weiteres Argument gegen die Prüfung der Tatbestandsmäßigkeit einer Verhaltensweise gem. Art. 101 Abs. 1 AEUV anhand ihrer wirtschaftlichen Auswirkungen wird die langjährige Entscheidungspraxis des EuGH angeführt, der stets die Folgen eines Verhaltens als unwesentlich angesehen hat, wenn das Ziel einer Vereinbarung die Einschränkung des Wettbewerbs war[1079]. Nach dieser Rechtsprechung sei ausschließlich in Fällen, in denen ein entsprechender Zweck nicht vorliege, auf die zu erwartenden Auswirkungen des Verhaltens zu blicken[1080].

1073 Immenga, ZWeR 2006, 346 (352).

1074 S. etwa Hellwig (2006), S. 233 ff.

1075 S. Schwalbe/Zimmer (2011), S. 4.

1076 Hellwig (2007), S. 30.

1077 Dreher/Adam, ZWeR 2006, 259 (267).

1078 Möschel in: FS Tilmann, S. 715.

1079 S. EuGH Urt. v. 12.7.2001 in den Rs. C-202/98, C-204/98 u. C-207/98 - Tate & Lyle u.a./Kommission, Rn. 73; EuGH Urt. v. 6.4.1995 in der Rs. C-152/89 - ILRO/Kommission, Rn. 32; EuGH Urt. v. 27.1.1987 in der Rs. C-45/85 - Verband der Sachversicherer/Kommission, Rn. 39; EuGH Urt. v. 30.1.1985 in der Rs. C-123/83 - BNIC/Clair, Rn. 22.

1080 Zäch/Künzler in: Zäch/Heinemann/Kellerhals, S. 68. Zweifel an der Kompatibilität des „More Economic Approach“ mit der Rechtsprechung hat auch Mischitz (2008), S. 273.

Der „More Economic Approach" passe daher nicht in die Systematik des europäischen Kartellrechts. Dies gelte aufgrund seines Wortlautes ebenso für Art. 102 AEUV[1081].

Ein weiterer Grund für die Ablehnung der Fokussierung auf die Verbraucherwohlfahrt, der von nahezu allen Kritikern des „More Economic Approach" angeführt wird, ist die Rechtsunsicherheit, die mit dem neuen Ansatz einhergehe. Der Zielkonflikt zwischen Einzelfallgerechtigkeit und Rechtssicherheit sei ein allgemeines Phänomen, das auch aus anderen Rechtsgebieten bekannt sei. Werde, wie beim „More Economic Approach" ausdrücklich vorgesehen, ein verstärktes Gewicht auf die Einzelfallgerechtigkeit gelegt, leide stets die Rechtssicherheit[1082]. Wo zudem entscheidendes Gewicht auf Prognosen über die wirtschaftlichen Auswirkungen einer Handlungsweise im konkreten Marktkontext gelegt werde, wachse die Rechtsunsicherheit weiter[1083]. Die Folgen im Einzelfall beurteilen zu wollen, sei schlichtweg unrealistisch[1084] und damit keine Basis für eine zuverlässige Entscheidungspraxis. Da das Wirtschaftsgeschehen ein komplexes Phänomen sei, das nie vollständig erfasst werden könne, könnten Marktprozesse nur anhand ihrer Voraussetzungen, nicht aber anhand ihrer Ergebnisse beschrieben werden[1085]. Selbst wenn man eine Entscheidung im Sinne der Verbraucherwohlfahrt treffen wollte, erlaubten allein die Fristen, innerhalb derer die Verfahren abgeschlossen werden müssten, keine umfassende Analyse und Prognose, wie sie für eine fundierte Entscheidung erforderlich wäre[1086]. Zudem bliebe die Gewichtung von Wettbewerbsbeschränkung und Konsumentenwohlfahrt im Rahmen von Abwägungen unklar[1087]. Konkret würden die Voraussetzungen von Art. 101 Abs. 1 und Art. 101 Abs. 3 AEUV – trotz anderslautender

---

1081 Zäch/Künzler in: Zäch/Heinemann/Kellerhals, S. 68.

1082 Emmerich, Kartellrecht, § 1, Rn. 36; Heinemann, GRUR 2008, 949; Mischitz (2008), S. 279; Basedow, WuW 2007, 712 (715); Schmidt in: FS Bechtold, S. 410; Schmidt, WuW 2005, 877.

1083 Chistiansen (2006), S. 12; Schmidt, WuW 2005, 877. Ferner Bechtold, GRUR 2012, 107 (111 f.); Immenga, WuW 2006, 463; Christiansen, WuW 2005, 285 (291).

1084 *Köhler* in: Köhler/Bornkamm, UWG Einl., Rn. 1.15a; Zäch/Künzler in: Zäch/Heinemann/Kellerhals, S. 70; Zäch/Künzler, EuZ 2009, 30 (34 f.); Zäch, IIC 2009, 623 (625); Zäch/Künzler, EuZ 2009, 30 (36); Basedow, WuW 2007, 712 (714); Immenga, ZWeR 2006, 346 (363 f.); Immenga in: Monopolkommission, S. 29; Möschel in: FS Tilmann, S. 706.

1085 Zäch/Künzler, EuZ 2009, 30 (36).

1086 Schmidt in: FS Bechtold, S. 410; Schmidt, WuW 2005, 877.

1087 Basedow, WuW 2007, 712 (715).

Aussage der Europäischen Kommission[1088] – miteinander vermischt, wenn Effizienzerwägungen bereits im Rahmen der Tatbestandsmäßigkeit der Wettbewerbsbeschränkung mit berücksichtigt würden[1089]. Für Unternehmen sei damit in keiner Weise mehr vorhersehbar, wie die Kartellbehörde entscheiden werde. Ein solcher Grad an Rechtsunsicherheit sei mit dem Rechtsstaatsprinzip nur schwer vereinbar[1090].

Auch im Hinblick auf die Entwicklung einer dauerhaften und stabilen Entscheidungspraxis gibt es Bedenken. Wo schwierige Prognoseentscheidungen zu treffen seien, müssten zumindest klare Regelwerke die Unsicherheit einschränken und zu einer praktikablen Handhabung führen. Ein solcher Rahmen werde jedoch durch die geltenden Leitlinien nicht geliefert, weshalb die Justitiabilität der neuen Prinzipien in Frage stehe[1091]. Es müsse auch bei dem Wunsch, verstärkt auf die Wirtschaftswissenschaft zu setzen, anerkannt werden, dass normative Vorgaben bestimmte ökonomische Faktoren nun einmal als irrelevant werteten. Solche Regeln seien aber für eine echte Rechtsanwendung erforderlich[1092]. Da der neue Ansatz weder mit dem Europarecht noch mit der eigenen Wettbewerbspolitik der Kommission vereinbar sei[1093], sprechen Kommentatoren davon, dass die Europäische Kommission sich an der praktischen Umsetzung des „More Economic Approach" „die Zähne ausbeißen" werde[1094] bzw. gar polemisch von einem „Suizidversuch der Kommission"[1095].

Schließlich wird befürchtet, der „More Economic Approach" erhöhe die Anzahl fehlerhafter Entscheidungen. Das Effizienzkriterium selbst bringe massive Anwendungsprobleme mit sich, die zu wohlfahrtsschädigenden Entscheidungen

---

1088 S. Bekanntmachung der Kommission – Leitlinien zur Anwendung von Artikel 81 Absatz 3 EG-Vertrag [heute Art. 101 AEUV], ABl. EU C 101 v. 27.4.2004, S. 97 ff., Rn. 11, die Bezug auf die Rechtsprechung des EuG nehmen.

1089 *Beuthien* in: Beuthien/Wolff/Schöpflin, GenG, § 1, Rn. 145; Zäch/Künzler in: Zäch/Heinemann/Kellerhals, S. 68 f.; Basedow, WuW 2007, 712 (713); Mestmäcker in: Monopolkommission, S. 33. Leupold/Weidenbach untersuchen hierzu einige Urteile, WuW 2006, 1003.

1090 Zäch/Künzler, EuZ 2009, 30 (37); Schmidt in: FS Bechtold, S. 411; Möschel in: FS Tilmann, S. 708.

1091 Basedow, WuW 2007, 712 (715). Zweifel an der Justitiabilität haben auch *Köhler* in: Köhler/Bornkamm, UWG Einl., Rn. 1.15a.; Schmidt, WuW 2005, 877.

1092 Möschel in: FS Tilmann, S. 706 f., 710.

1093 Basedow, WuW 2007, 712 (715).

1094 Basedow, WuW 2007, 712 (715).

1095 Schmidt in: FS Bechtold, S. 418.

führen könnten[1096]. Die Beweislast auf Seiten der Europäischen Kommission wiege zudem wesentlich schwerer, wenn sie im Rahmen einer Folgenabwägung belegen müsse, dass Nachteile für die Verbraucherwohlfahrt entstehen würden, um eingreifen zu können[1097]. Es bestehe deshalb eine konkrete Gefahr, dass z.B. aufgrund der veränderten Prüfmaßstäbe Fusionen verstärkt gestattet würden, wodurch in Zukunft eine Gefährdung des Wettbewerbs entstehen werde[1098]. Zudem bestehe bei einer Politik der Zurückhaltung seitens der Kartellbehörde die Gefahr der Verweigerung des Rechtsschutzes für Unternehmen, die durch ausbleibende Entscheidungen gegen andere Marktteilnehmer benachteiligt würden. Deren Recht auf wettbewerbliche Handlungsfreiheit werde in Zukunft eingeschränkt werden[1099].

4. Vermittelnde Stimmen

Schließlich seien auch die vereinzelten Vertreter kurz erwähnt, die in der größtenteils polarisierten Debatte eine vermittelnde Position einnehmen. Teilweise wird ein Mittelweg befürwortet, der einen stärker wirtschaftlich orientierten Ansatz mit ausreichender Rechtssicherheit in Einklang bringen könnte. Zu diesem Zweck sollten einige per se-Regeln beibehalten werden, um die Wettbewerbsregeln justiziabel zu gestalten. Dabei wird allerdings auf zu befürchtende praktische Probleme, insbesondere auf die Beweislastverteilung, hingewiesen[1100]. Teilweise wird eine stärker an der Wirtschaftswissenschaft orientierte Methode innerhalb des traditionellen Ansatzes auch für die Klärung einzelner entscheidungsrelevanter Fragestellungen befürwortet[1101]. Wo der formale Ansatz scheitere, könne auf wirtschaftswissenschaftliche Erkenntnisse zurückgegriffen werden[1102]. Mit Hilfe von Komplexitätsreduktion und der Entwicklung klarer Kriterien für die Entscheidungspraxis wird teilweise die Möglichkeit gesehen, ökonomische Erkenntnisse verstärkt in die Wettbewerbspolitik einfließen zu lassen. Dies sei erforderlich, da ein reiner „Effects Based Approach" aus verschiedenen Gründen nicht funktionieren könne[1103].

1096 Christiansen (2006), S. 15.

1097 Schmidt in: FS Bechtold, S. 412. Ähnlich Immenga, ZWeR 2006, 346 (364).

1098 Christiansen (2006), S. 15; Christiansen/Kerber, JCLE 2006, 215; Schmidt in: FS Bechtold, S. 413; Schmidt, WuW 2005, 877.

1099 Zäch/Künzler, EuZ 2009, 30 (37); Schmidt in: FS Bechtold, S. 415.

1100 Dreher/Adam, ZWeR 2006, 259 (273 ff.).

1101 Christiansen (2006), S. 22; Böge, WuW 2004, 726 (733).

1102 Möschel in: FS Tilmann, S. 711.

1103 Dreher, WuW 2008, 23 (27).

1. Allgemein zum Richtungswechsel in der europäischen Wettbewerbspolitik

Aufgrund der in der Natur der Sache liegenden engen Verbindung zwischen Wettbewerbsrecht und wirtschaftlichen Zusammenhängen ist die Anwendung fundierter ökonomischer Analysemethoden im Rahmen der Anwendung des Wettbewerbsrechts ohne Zweifel notwendig. Dies ist selbst unter Kritikern des „More Economic Approach“ unbestritten[1104]. Es erscheint auch nicht sinnvoll, pauschal bestreiten zu wollen, dass gewisse Prognoseerwägungen eine Rolle beim traditionellen Ansatz der Anwendung der Wettbewerbsregeln spielen. Immerhin sind gewisse Verhaltensweisen deshalb untersagt, weil von ihnen bestimmte Folgen für den Wettbewerb erwartet werden. Insofern könnte man die Diskussion um den „More Economic Approach“ als einen Streit um den Grad der Berücksichtigung und die Intensität der Bewertung ökonomischer Erkenntnisse im Rahmen der Anwendung des Wettbewerbsrechts verstehen. So betrachtet, ginge es letztlich um eine graduelle Frage, bei der anhand bestimmter Wertungskriterien oder Erfahrungswerte die richtige Balance gesucht würde. In der Tat werden „More Economic Approach“ und traditioneller Ansatz der Wettbewerbspolitik teilweise als einander nicht ausschließende Herangehensweisen betrachtet[1105]. Offenbar ist auch die Europäische Kommission dieser Ansicht, wenn sie die Änderung ihrer Strategie lediglich als Akzentverschiebung beschreibt[1106].

Wie die oben wiedergegebene Debatte jedoch deutlich macht, geht der „More Economic Approach“ – trotz seiner Bezeichnung, die auf eine Verschiebung des Schwerpunkts der Bewertung hindeutet – deutlich weiter. Die Ähnlichkeiten des neuen Ansatzes mit der Wettbewerbspolitik der USA zeigen, dass per se-Regeln, die bislang einen wichtigen Kernbereich des Wettbewerbsrechts ausgemacht haben, systematisch durch Folgenbetrachtungen ersetzt werden sollen[1107]. Auch hier mag man eine lediglich graduelle Verschiebung hin zu einer stärkeren Berücksichtigung der Einzelfallgerechtigkeit vermuten. Allerdings zeigt sich hier vielmehr eine tiefgreifende Änderung des Wettbewerbsrechts an sich. Das Ziel des neuen Ansatzes ist, häufiger die für den Einzelfall objektiv richtige Entscheidung

1104 Immenga, WuW 2006, 463; Immenga, ZWeR 2006, 346 (358); Schmidt in: FS Bechtold, S. 417; Möschel in: FS Tilmann, S. 705.

1105 Dreher, WuW 2008, 23 (23 f.); Basedow, WuW 2007, 712.

1106 Albers (Vortrag 2006), S. 3.

1107 Dreher/Adam, ZWeR 2006, 259 (261).

zu treffen und damit die Entscheidungspraxis zu verbessern[1108]. Per se-Regeln werden dabei als zu formalistisch und letztlich realitätsfern angesehen. Dies berücksichtigt jedoch nicht, dass auch der traditionelle Ansatz der Wettbewerbspolitik in zentralen Fragen auf Prognosen über Auswirkungen bestimmter Verhaltensweisen sowie auf wirtschaftswissenschaftliche Erkenntnisse zurückgreift. Allerdings tut er dies in Form allgemeiner Erfahrungssätze im Sinne einer abstrakt-generellen Wertung und ermöglicht damit letztlich echte Rechtsanwendung. Der natürliche Konflikt zwischen Einzelfallgerechtigkeit und Rechtssicherheit darf nicht einseitig zulasten der Rechtssicherheit entschieden werden, will man nicht die Justitiabilität des Wettbewerbsrechts aufgeben. Als Basis für rechtsstaatlich vertretbare Entscheidungsprozesse ist eine normative Pauschalierung auch komplexer Sachverhalte unumgänglich. Letztlich kommt aus diesem Grund kein Rechtsstaat ohne Massenfallrecht aus. Im Kern geht es darum, die ökonomischen Erkenntnisse für die Rechtsanwendung zu nutzen, letztere aber nicht durch Wirtschaftstheorie zu ersetzen. Der „More Economic Approach" droht daher, das Wettbewerbsrecht zum „soft law" zu machen[1109]. Dies passt jedoch weder zu den massiven Eingriffsmöglichkeiten der Europäischen Kommission als Wettbewerbshüterin noch zur Bedeutung des Wettbewerbs[1110] und der Wettbewerbsfreiheit als Ausprägung der Freiheit des Individuums[1111] im europäischen Wertesystem.

Eine weitere wesentliche Veränderung bringt der „More Economic Approach" mit dem oben beschriebenen Austausch des Schutzguts des Wettbewerbsrechts. Hier ist durch einige vermeintlich geringfügige Änderungen der Strategie der Kommission die Wettbewerbsordnung der Europäischen Union in ihrem Kern angetastet worden. Die Neuorientierung der Wettbewerbspolitik geht deutlich über eine Änderung der Auslegung bestehender Regeln hinaus[1112]. Man mag gar daran zweifeln, ob ein rein folgenorientierter Ansatz mit dem Wortlaut von Art. 101 Abs. 1 AEUV („bezwecken *oder* bewirken") noch vereinbar ist[1113]. Auch Art. 101 Abs. 3 lit. b) AEUV schließt die Erhebung der Verbraucherwohlfahrt zum (nahezu) alleinigen Ziel der Wettbewerbspolitik dem Wortlaut nach aus, da hier der Wettbewerb selbst ausdrücklich über Effizienzerwägungen gestellt wird. Mithin handelt es sich beim „More Economic Approach" um mehr als

---

1108 Röller (2005), S. 37. Kritisch: Zäch/Künzler, EuZ 2009, 30 (31, 32).

1109 Ebenso Schmidt in: FS Bechtold, S. 412.

1110 S. hierzu Dreher, WuW 1998, 656 (659 ff.).

1111 S. Di Fabio, ZWeR 2007, 266 (271); Mestmäcker in: Monopolkommission, S. 23 f.

1112 So auch *Immenga/Mestmäcker* in: Immenga/Mestmäcker, EU/1, Einl. EU D, Rn. 4; Immenga, ZWeR 346 (365).

1113 Ähnlich Zäch IIC 2009, 623 (624).

eine neue Auslegungsregel. Mit dem Schutzgut der Wettbewerbsregeln der Europäischen Verträge wurde vielmehr die gesamte Basis für deren Auslegung und Anwendung verändert. Werden die Regeln zukünftig im Lichte anderer Ziele verstanden, verändert das ihre rechtliche und nicht zuletzt ihre praktische Bedeutung fundamental. Der Wechsel des Schutzguts der Wettbewerbsregeln ist damit in seiner Bedeutung keinesfalls zu bagatellisieren. Das eigentliche Problem des „More Economic Approach" zeigt sich aber gerade hier: Eine derart tiefgreifende Reform des europäischen Wettbewerbsrechts darf in einem rechtsstaatlich verfassten System nicht ohne die Entscheidung der zuständigen Gremien stattfinden. Mit anderen Worten: Das Prinzip der Gewaltenteilung gestattet es der Europäischen Kommission schlicht nicht, das Wettbewerbsrecht ohne die Mitwirkung der Mitgliedstaaten und des Europäischen Parlaments gleichsam „per Strategiewechsel" in solch wesentlichen Punkten zu ändern[1114]. Insofern sprechen durchaus schwerwiegende Bedenken gegen den „More Economic Approach".

2. Inhaltliche Bewertung des „More Economic Approach"

Nimmt man nun bei allen Bedenken im Hinblick auf seine formale Legitimität hin, dass der „More Economic Approach" in der Wettbewerbspolitik der Europäischen Union heute Realität ist, bleibt nur noch eine inhaltliche Bewertung. Hier kann man nun trefflich über die oben beschriebenen graduellen Fragen zum Gewicht ökonomischer Analyseergebnisse und deren Bewertung streiten. Besonders nachdenklich macht bei der Betrachtung des rein folgenorientierten Ansatzes der Kommission aber die Frage, welche Folgen für welchen Zeitraum eigentlich in die Bewertung einbezogen werden sollen. Da der Wettbewerb im Wirtschaftssystem der EU nicht als geschlossener Ablauf betrachtet werden kann, sondern ein bereits über Jahrzehnte fortlaufender Prozess mit offenem Ende ist[1115], erscheint bei genauerem Hinsehen unklar, zu welchem Zeitpunkt im Rahmen dieses Prozesses von Ergebnissen eines bestimmten Verhaltens gesprochen werden kann. Letztlich muss der Zeitraum, auf den die Bewertung abstellt – auch um der Praktikabilität des Verfahrens willen – beim „More Economic Approach" mehr oder weniger willkürlich gewählt werden[1116]. Es erscheint zweifelhaft, ob hierbei tatsächlich die objektiv besseren Entscheidungen erzielt

---

1114 Ebenso Zäch/Künzler in: Zäch/Heinemann/Kellerhals, S. 76; Dreher, WuW 2008, 23 (24); Dreher/Adam, ZWeR 2006, 259 (265).

1115 Ebenso Zäch/Künzler in: Zäch/Heinemann/Kellerhals, S. 77; Zäch/Künzler, EuZ 2009, 30 (36).

1116 Zäch/Künzler in: Zäch/Heinemann/Kellerhals, S. 77 f.; Zäch/Künzler, EuZ 2009, 30, 36; Möschel in: FS Tilmann, S. 710.

werden können, die Verfechter des „More Economic Approach" sich erwarten. Insofern steht die Verbesserung der Entscheidungspraxis, die der „More Economic Approach" durch die Einbeziehung moderner ökonomischer Analysemethoden bringen soll, auf der ganz praktischen Ebene in Zweifel.

Ein weiteres praktisches Problem für Unternehmen ist der bereits oben beschriebene Verlust an Rechtssicherheit, der mit dem „More Economic Approach" – entgegen seiner eigenen Zielsetzung[1117] – einher geht. Es wird für Marktteilnehmer schwieriger, die Entscheidungspraxis der Kommission vorherzusehen und sich entsprechend zu verhalten. Aussagen der Wirtschaftswissenschaft sind nämlich in der Realität weder eindeutig, noch können sie unmittelbar in Entscheidungen zum konkreten Sachverhalt umgesetzt werden[1118]. Dies ist jedoch nach rechtsstaatlichen Grundsätzen weit mehr als eine praktische Schwierigkeit. Es ist ein fundamentaler Rechtsgrundsatz, dass der Bürger (wie auch ein Unternehmen) die praktische Möglichkeit haben muss, sich rechtstreu zu verhalten. Voraussetzung dafür ist, dass die Regeln, denen das Rechtssubjekt unterworfen ist, bekannt sind und durch die zuständigen Organe der Exekutive und Judikative befolgt werden. Im Hinblick auf die umfassende ökonomische Folgenabwägung und Prognose, die die Europäische Kommission und der Gerichtshof inzwischen ihren Entscheidungen zugrunde legen, erscheinen hier Zweifel angebracht, ob ein Unternehmen tatsächlich noch in der Lage ist, fundierte strategische Richtungsentscheidungen vorzunehmen. Den Unternehmen, insbesondere kleinen und mittelständischen Unternehmen, fehlt schlicht das Instrumentarium, um eine entsprechende Prognose selbst wagen und entsprechend entscheiden zu können. Die Kommission sieht ihre Rolle auch nicht als ex ante-Beratung für Unternehmen, sondern vielmehr als Behörde, die in einer ex post-Betrachtung entscheidet und gegebenenfalls Bußgelder verhängt. Hier entstehen durch den „More Economic Approach" mehr Probleme als er zu lösen vermag.

Als positiver Anstoß des „More Economic Approach" erscheint die mit ihm einhergehende Änderung der Rechtsanwendung im Bereich Missbrauchsaufsicht. Die Praxis in diesem Bereich ist zu Recht in der Vergangenheit kritisiert worden. Die Rechtsprechung stellte bislang einen Zusammenhang zwischen der Struktur des Marktes und den auf die Unternehmen anzuwendenden Regeln her[1119]. In der

---

1117 S. etwa Pressemitteilung der Europäischen Kommission IP/02/1856 v. 11.12.2002, S. 2 oder Drauz, Journal of Industry, Comp. & Trade 2002, 391 (392).

1118 Ebenso Christiansen, WuW 2005, 285 (289).

1119 Beispiele sind EuGH Urt. v. 14.3.2007 in der Rs. C-95/04 – British Airways (s. Rn. 105 ff.); EuGH Urt. v. 9.11.1983 in der Rs. 322/81 – Michelin und EuGH Urt. v. 13.2.1979 in der Rs. 85/76 – Hoffmann-La Roche (s. insbes. Rn. 122 ff.).

British Airways-Entscheidung des EuG[1120] ist von der „besonderen Verantwortung marktbeherrschender Unternehmen“ die Rede, die dazu führe, dass diese Unternehmen anderen Regeln unterlägen als ihre Wettbewerber[1121]. Dies entspricht letztlich dem ordoliberalistischen Grundsatz, dass wer über Marktmacht verfügt, keinen Anspruch auf privatwirtschaftliche Autonomie hat. Wettbewerb kann nach dieser Sichtweise nur dort stattfinden, wo die Marktteilnehmer frei von Marktmacht sind[1122]. Diese Bewertung basiert letztlich auf der Annahme, dass Marktmacht grundsätzlich nur mit illegitimen Mitteln erreicht und aufrechterhalten werden kann. Das erscheint jedoch in der Sache unrichtig[1123]. Es kann durchaus einen mit legitimen Mitteln geführten Wettbewerb geben, durch den Marktteilnehmer verdrängt werden und der dazu führt, dass ein besonders erfolgreiches Unternehmen Marktmacht erlangt. Der Erfolg im Wettbewerb kann schlicht das Ergebnis guter Leistungen, etwa besonderer Innovation, sein und muss keineswegs auf den Einsatz unlauterer Methoden schließen lassen. Gerade dort, wo ein Unternehmen aufgrund eigener Leistung erfolgreich ist, bedarf vielmehr der behördliche Eingriff besonderer Legitimation[1124]. In diesem Bereich ist der veränderte Ansatz, der mit dem „More Economic Approach“ einhergeht und aus der US-amerikanischen Wettbewerbspolitik kommt, zu begrüßen. In Anbetracht der Probleme, die der rein folgenorientierte Ansatz der Europäischen Kommission jedoch mit sich bringt, kann dieser keine Lösung bieten. Hier müssen Kriterien für eine sinnvolle Bewertung erst noch entwickelt werden.

Schließlich lohnt es, einen Blick auf die ökonomische Stichhaltigkeit des schon seiner Bezeichnung nach stärker wirtschaftlich orientierten Ansatzes zu werfen. Da die wirtschaftliche Effizienz das allgemeine Leitbild des „More Economic Approach“ ist, scheint es interessant, ihn einmal selbst an diesem Maßstab zu messen. Indem im Einzelfall eine Abwägung zwischen Wettbewerb und Effizienz vorgenommen wird, unterstellt der neue Ansatz letztlich einen Zielkonflikt zwischen Wettbewerb und Effizienz[1125]. Für die Frage, ob der „More Economic Approach“ selbst effizient ist, muss danach gefragt werden, ob per se-Regeln oder Einzelfallgerechtigkeit das ökonomisch jeweils effizientere System darstellen. Wenn man bedenkt, dass per se-Regeln zuweilen rigide sind und die Besonderheiten jedes Einzelfalls in der komplexen tatsächlichen Marktsituation nicht

1120 EuG Urt. v. 17.12.2003 in der Rs. T-219/99 –British Airways.
1121 EuG Urt. v. 17.12.2003 in der Rs. T-219/99 –British Airways, Rn. 64.
1122 S. etwa Böhm (1961), S. 4 f.; Böhm, Süddeutsche Juristenzeitung 1946, 141 (147).
1123 Ebenso Hellwig (2007), S. 33.
1124 Ebenso Hellwig (2007), S. 33.
1125 Schmidt in: FS Bechtold, S. 409.

berücksichtigen können, ist vorstellbar, dass eine stärker einzelfallorientierte Entscheidungspraxis die Fehlerkosten senken könnte[1126]. Soweit also der „More Economic Approach“ die Qualität der Entscheidungen der Wettbewerbsbehörden verbessert, sorgt er im Vergleich zum Einsatz von per se-Regeln für mehr Effizienz. Dem gegenüber steht, wie oben beschrieben, ein Verlust an Rechtssicherheit. Ökonomische Analysen haben ergeben, dass Rechtssicherheit und Rechtsstaatlichkeit wesentliche Faktoren für Wohlstand sind[1127]. Ein Verlust an Rechtssicherheit verursacht daher seinerseits Kosten im Wirtschaftssystem[1128]. Damit sinkt wiederum die Effizienz der Wettbewerbspolitik durch den „More Economic Approach“. Ein weiterer Faktor ist die umfangreichere Prüfung, die seitens der Behörden nun vorgenommen werden muss, um die Folgen einer Entscheidung prognostizieren zu können. Ähnliche Folgenbetrachtungen müssen Unternehmen versuchen anzustellen, bevor sie bestimmte strategische Schritte erwägen. Hier entstehen bei den Unternehmen durch die gestiegene Komplexität höhere Transaktionskosten als es bei der Anwendung von per se-Regeln der Fall wäre. Die Wettbewerbsbehörde muss nun einen größeren Verfahrensaufwand betreiben, um den gestiegenen erforderlichen Umfang an Informationen beschaffen und verarbeiten zu können. Auch hier entstehen Zeitaufwand sowie zusätzliche Kosten[1129]. Ebenso kann die Umstellung der Wettbewerbspolitik selbst Anpassungskosten in der Wirtschaft mit sich bringen[1130].

Es lässt sich also feststellen, dass der „More Economic Approach“ an sich auch einen Verlust an Effizienz für die europäische Wirtschaft bringt. Um diesen auszugleichen und damit selbst insgesamt einen Effizienzgewinn darzustellen, müsste die neue Wettbewerbspolitik eine deutliche Verbesserung der Entscheidungsqualität aus wirtschaftlicher Sicht mit sich bringen, also die Zahl

1126 A. Schmidt (2006), S. 7 ff.

1127 S. insbesondere jüngere Studien von Brunetti/Kisunko/Weder, World Bank Policy Research WP 1890; Brunetti/Kisunko/Weder, World Bank Policy Research WP 1760; außerdem Carruth/Dickerson/Henley, Journal of Economic Surveys 2000, 119; Henisz, Economics and Politics 2000, 1; Dixit/Pindyck (1994), S. 303 ff.; Klump/Reichel, Jahrb. f. Nationalök. u. Stat. 1994, 441 (452); Pindyck, Journal of Economic Literature 1991, 1110 (1141); grundlegend bereits Hayek (1971); Eucken (1952). Ferner Röller in: van Bergeijk e.a., S. 23; Mahoney, Journal of Legal Studies 2001, 503; Scully, Public Choice 1997, 311. Ebenso Möschel in: FS Tilmann, S. 708.

1128 A. Schmidt (2006), S. 11.

1129 S. konkrete Beispiele für erhöhten Aufwand im Fusionskontrollverfahren bei Christiansen (2006), S. 7 ff.; ferner Christiansen, WuW 2005, 295 (292).

1130 A. Schmidt (2006), S. 11.

fehlerhafter Entscheidungen verringern[1131]. Im Kern stellt sich hier die Frage nach der Qualität und Leistungsfähigkeit der ökonomischen Analysen, die Markt- und Wettbewerbsprozesse abbilden, bewerten und vorhersagen sollen. Auch Wirtschaftswissenschaftler erwarten von industrieökonomischen Modellen nicht, dass sie die Realität vollständig erfassen können, handelt es sich doch bei Wettbewerbsprozessen um komplexe Phänomene in einem Umfeld, das von vielen Faktoren beeinflusst wird[1132]. Es können also - auch heute - bei der Beobachtung des Wettbewerbs nicht alle maßgeblichen Daten beschafft werden, um sie gewissermaßen als Parameter einer Gleichung zur Ermittlung des richtigen Ergebnisses anzuwenden[1133]. Gerade im Hinblick auf die Genauigkeit der Prognose für den Einzelfall scheinen Zweifel angebracht, erlauben wirtschaftswissenschaftliche Theorien doch nur die Voraussage eines Musters, nicht jedoch konkrete Prognosen individueller Phänomene[1134]. Zudem gibt es selbstverständlich auch innerhalb der Wirtschaftswissenschaften - wie in jeder Wissenschaft - in einigen Bereichen Uneinigkeit über Analysemethoden sowie Modelle und ihre Anwendung[1135]. Insofern besteht die Gefahr, dass die Vorbereitung der Entscheidungen durch Kartellbehörden letztlich zum Gutachterkrieg verkommt[1136] und im Ergebnis auch nicht zu einer objektiven Klärung der Sachlage beiträgt. Ein reales Beispiel ist der Fusions-Fall Sony/BMG, den die Kommission ausdrücklich unter Anwendung des „More Economic Approach" entschied[1137]. Dabei wurde eine eingehende ökonomische Analyse vorgenommen[1138]. Die Freigabeentscheidung der Kommission von 2004 wurde jedoch durch das EuG aufgehoben[1139], das der Ansicht war, die Kommission habe aus

---

1131 S. zu den Fehlertypen Christiansen (2006), S. 12 f.

1132 A. Schmidt (2006), S. 14.

1133 Hayek (1972), S. 26 f.

1134 Hayek (1972), S. 27 f.

1135 Heinemann, GRUR 2008, 949 (949, 954); Dreher/Adam, ZWeR 2006, 259 (268); Immenga, ZWeR 2006, 346 (363); Beispiele bietet Christiansen (2006), S. 10 f. S. zur Debatte faz.net v. 19.6.2009 „Was ist und was kann Ordnungsökonomik?" abrufbar unter: http://www.faz.net/aktuell/wirtschaft/wirtschaftswissen/wissenschaftsdebatte-was-ist-und-was-kann-ordnungsoekonomik-1818053.html (zuletzt aufgerufen am 11.8.2014).

1136 Schmidt in: FS Bechtold, S. 413; Christiansen, WuW 2005, 285 (289 f.).

1137 Entscheidung der Europäischen Kommission v. 19.7.2004 in der Sache COMP/M.3333 - Sony/BMG.

1138 Eberl, Europäische Kommission, Competition Policy Newsletter Nr. 3, Herbst 2004, S. 7 (8 f.).

1139 EuG Urt. v. 13.7.2006 in der Rs. T-464/04 - Sony/BMG.

ihren ökonometrischen Ermittlungen die falschen Schlüsse gezogen. Schließlich hob der EuGH im Jahr 2008 die Entscheidung des EuG wieder auf, da das EuG zu strenge Maßstäbe angesetzt habe[1140]. Selbst zwischen Behörde und Gerichten unterscheidet sich somit das konkrete Ergebnis der ökonometrischen Analyse bei Anwendung derselben wettbewerbspolitischen Vorgaben – mit der Folge über viele Jahre andauernder Rechtsunsicherheit für die beteiligten Unternehmen. Die Änderung der Methode führt also nicht zu objektiv stärker wohlfahrtsfördernden Ergebnissen, die an sich einen Effizienzgewinn darstellen könnten. Vielmehr gibt es auch mit dem „More Economic Approach" Uneinigkeit über die Anwendung der Regeln auf den Einzelfall. Lediglich die Regeln bzw. die Maßstäbe haben sich verändert.

In Ermangelung einer exakten Wettbewerbstheorie, die wohlfahrtsökonomische Auswirkungen des Verhaltens von Unternehmen oder von Behördenentscheidungen prognostizieren könnte[1141], erscheint insgesamt zweifelhaft, ob der „More Economic Approach" solcherart zur Steigerung der Entscheidungsqualität der Wettbewerbsbehörden beitragen könnte, als dass die Folgekosten des mit ihm einher gehenden Verlusts an Rechtssicherheit ausgeglichen würden. Auch Stimmen, die eine stärkere Berücksichtigung wirtschaftswissenschaftlicher Erkenntnisse in der Wettbewerbspolitik begrüßen, sehen hier ernste Probleme[1142]. Insgesamt erscheint der Ansatz, im Rahmen der Wettbewerbspolitik Wahrheitsfindung betreiben zu wollen[1143], zwar auf den ersten Blick theoretisch attraktiv, bei näherem Hinsehen aber weder praktikabel noch erstrebenswert.

Die folgende wettbewerbsrechtliche Untersuchung soll sich – trotz der hier eingenommenen Position im Hinblick auf die Wettbewerbspolitik – an den durch die europäischen Institutionen festgelegten Kriterien orientieren, da diese letztlich den geltenden Regelungsrahmen darstellen. Auf Auswirkungen des „More Economic Approach" wird an geeigneter Stelle hingewiesen.

D. Exklusive Verwertung und wirtschaftliche Bedeutung von Sportrechten

In diesem Abschnitt soll untersucht werden, welche spezifischen Mechanismen bei der Vermarktung von Sportrechten greifen und wie sie kartellrechtlich

1140 EuGH Urt. v. 10.7.2008 in der Rs. C-413/06 – Bertelsmann u. Sony/Impala.

1141 A. Schmidt (2006), S. 14.

1142 Dreher/Adam, ZWeR 2006, 259 (270).

1143 Dieses Ziel nennt z.B. der damalige Direktor der Merger Task Force der Europäischen Kommission, Drauz, JICT 2002, 391 (397).

einzuordnen sind. Ein weiterer wichtiger Aspekt für die kartellrechtliche Analyse ist der Grad der Attraktivität der Rechte, der sich ebenfalls auf die jeweiligen Märkte und deren Entwicklung auswirken kann.

I. Exklusive Contentvermarktung

1. Lizenzierungspraxis

Damit die Sportrechte für den jeweils übertragenden Sender ein möglichst hohes Zuschauerinteresse generieren können, werden sie in aller Regel exklusiv lizenziert. Diese Form der Lizenzierung erlaubt nur einem Lizenznehmer, die jeweiligen Rechte des Lizenzgebers zu verwerten. Alle Mitbewerber um die Verwertung – sowie auch der Lizenzgeber selbst[1144] – werden von der Nutzung ausgeschlossen. In dieser exklusiven Nutzungsmöglichkeit liegt nach allgemeiner Überzeugung das wirtschaftliche Potential der Verwertung der Rechte. Würden etwa Live-Rechte für die Fernsehübertragung eines Wettkampfs parallel an mehrere Sender vergeben, könnte der Veranstalter mit insgesamt deutlich geringeren Einnahmen rechnen als bei einer exklusiven Vergabe an nur eine Sendeanstalt[1145]. Zudem würde jede Bewerbung einer Sendung auch Konkurrenten begünstigen, was eine Investition deutlich weniger rentabel erscheinen lässt[1146]. Hintergrund der hohen Bedeutung der Exklusivität der Rechte ist das große Potential, das der exklusiven Verwertung im Hinblick auf Markenbildung des Verwerters und die Anziehungskraft auf eine klar definierte Zuschauergruppe für Werbezwecke beigemessen wird. Gerade beim Sport, der (anders als etwa ein Spielfilm) nur für eine relativ kurze Zeit attraktiv ist – oftmals nicht viel länger als bis der Ausgang eines Wettkampfs bekannt wird – gilt die exklusive Rechtevergabe als absolut entscheidend für die optimale wirtschaftliche Verwertung[1147]. In der Praxis gibt es in aller Regel außerdem ein Interesse der Vertragsparteien, möglichst langfristige Vereinbarungen zu schließen, um Planungssicherheit zu haben und Transaktionskosten zu senken. Auch aus Sicht der Bildung eines Programmprofils und zur Kundenbindung haben Sendeunternehmen ein Interesse an einer möglichst langen Vertragsdauer.

1144 Sogenannte „ausschließliche" Lizenz im Gegensatz zur „Alleinlizenz", s. zur Unterscheidung *Ullrich/Heinemann* in: Immenga/Mestmäcker EU/2, GRUR B, Rn. 28.

1145 Heinemann, ZEuP 2006, 337 (356); Harbord/Szymanski 2004 ECLR 117 (120); Brinckmann/Vollebregt 1998 ECLR 281 (286); Wachtmeister, Europäische Kommission, Competition Policy Newsletter Nr. 2 aus Juni 1998, S. 18 (23).

1146 Robertson, WC 2002, 423 (427); ebenso Laier in: Vieweg (2006), S. 84.

1147 Geradin in: Weber/Osterwalder, S. 97; Brinckmann/Vollebregt 1998 ECLR 281 (286).

Die Exklusivität bezieht sich auf das jeweilige Rechtepaket[1148], das die Verwertung eines bestimmten Sportereignisses oder einer Gruppe von Ereignissen entweder live oder nach Ende des Wettkampfs gestattet. In aller Regel ist auch die Übertragungsart, also die jeweilige Plattform, sowie der Zeitpunkt oder Zeitraum der Nutzung in den Lizenzbedingungen festgelegt[1149]. Bei zeitversetzter Berichterstattung können sogenannte „Embargofristen" vereinbart werden, die einen zeitlichen Mindestabstand zwischen dem Ende der Veranstaltung und dem Beginn der Berichterstattung festlegen. Hierdurch soll sichergestellt werden, dass die Live-Rechte für den Zuschauer besonders attraktiv bleiben und nicht z.B. durch minimal zeitversetzte Angebote eines Mitbewerbers beschädigt werden.

Die exklusive Rechtevergabe ist demnach in der Praxis der Regelfall und wird von den Unternehmen weitgehend als unverzichtbar angesehen[1150]. Gleichwohl bedarf es der Überprüfung, ob sich aus dieser Praxis unzulässige Wettbewerbsbeschränkungen ergeben. Ganz ähnlich wie bei exklusiven urheberrechtlichen Lizenzen besteht nämlich auch zwischen exklusiv lizenzierten Sportübertragungsrechten (zur Behandlung der „Sportrechte" als Immaterialgüterrechte vgl. oben A.) und dem Wettbewerbsrecht das bereits beschriebene Spannungsverhältnis.

2. Exklusive Contentvermarktung und Kartellrecht

Beim Geschäft mit audiovisuellen Rechten an Sportveranstaltungen liegt möglicherweise eine vertikale Wettbewerbsbeschränkung gem. Art. 101 Art. 1 AEUV in der exklusiven Rechtevergabe. Wie bereits erwähnt, werden hierbei potentielle Mitbewerber per Vereinbarung zwischen Unternehmen von der Nutzung bestimmter Immaterialgüter – selbst gegen Bezahlung – ausgeschlossen. Durch die Exklusivitätsklauseln werden Lizenznehmer und Lizenzgeber in ihrer Handlungsfreiheit beschränkt, weil sie keinem Dritten gleiche Nutzungsrechte einräumen dürfen. Bei der ausschließlichen Lizenz ist zudem der Lizenzgeber in seiner Handlungsfreiheit eingeschränkt, da er die Rechte auch selbst nicht parallel verwerten darf.

Wie oben (unter A. I.) festgestellt, unterscheidet das europäische Kartellrecht zwischen der Existenz von Immaterialgüterrechten und deren Ausübung. Das

---

1148 S. zur Praxis z.B. Stopper/Lentze, Kap. 3, Rn. 60 ff. oder *Summerer* in: Fritzweiler/Pfister/Summerer, 4. Teil, Rn. 77.

1149 S. zur Praxis Stopper/Lentze, Kap. 3, Rn. 80 ff.

1150 S. etwa EuG Urt. v. 8.10.2002 in den verb. Rs. T-185/00, T-216/00, T-299/00 und T-300/00 – EBU/Métropole II, Rn. 60, 73; Heinemann, ZEuP 2006, 337 (360); Subiotto/Graf, WC 2003, 589 (590 ff.).

Recht eines Sportveranstalters, über die Vermarktung seiner Veranstaltungen selbst zu entscheiden, wird vom Kartellrecht anerkannt. Seit der Entscheidung in der Sache „Coditel II“[1151] ist zudem klar, dass auch Exklusivitätsvereinbarungen bei der Vermarktung von Immaterialgüterrechten aus Sicht des EuGH an sich kartellrechtlich unproblematisch sind, da die Exklusivität allein nicht als tatbestandsmäßige Wettbewerbsbeschränkung angesehen wird[1152]. Offenbar wird das Recht, die wirtschaftliche Verwertung nur bestimmten Wettbewerbern vorzubehalten, als Teil des Kerns bzw. des spezifischen Gegenstands (vgl. dazu oben, A. II.) immaterialgüterrechtlicher Positionen betrachtet. Demnach kommt es für die Frage nach einer Wettbewerbsbeschränkung auf die weiteren wirtschaftlichen oder rechtlichen Umstände an, unter denen exklusive Übertragungsrechte lizenziert und ausgeübt werden[1153] und welche strategischen Positionen sie Lizenznehmern einräumen[1154].

In der genannten Entscheidung, in der es um die urheberrechtliche Verwertung von Filmen ging, nennt der EuGH für die Frage, wann Lizenzbedingungen bei exklusiver Contentvermarktung wettbewerbsbeschränkend sind, bereits Kriterien. So werde es insbesondere darauf ankommen, ob sachlich ungerechtfertigte oder künstliche Hindernisse[1155] errichtet würden, ob die Vergütungen im Hinblick auf getätigte Investitionen unangemessen hoch seien (keine Übersicherung des Risikos) und ob evtl. die Dauer einer Ausschließlichkeitsvereinbarung im jeweiligen Fall unangemessen lang erscheine[1156]. Dabei wird deutlich, dass der EuGH hier jeweils eine Prüfung anhand des in Rede stehenden Immaterialgüterrechts, der Bedürfnisse der auf diesem fußenden Geschäftsmodelle und der Gegebenheiten des Marktes verlangt.

1151 EuGH Urt. v. 6.10.1982 in der Rs. 262/81 - Coditel II.

1152 EuGH Urt. v. 4.10.2011 in den verb. Rs. C-403/08, C-429/08 - Karen Murphy, Rn. 137; EuGH Urt. v. 6.10.1982 in der Rs. 262/81 - Coditel II, Rn. 16. Ebenso statt vieler Osterwalder (2004), S. 393 m.w.N. (Fn. 1956). Kritisch aus dem Blickwinkel von Gemeinwohlinteressen hingegen Geradin, (2005) E. L. Rev. 68 (83).

1153 EuGH Urt. v. 6.10.1982 in der Rs. 262/81 - Coditel II, Rn. 17. Anders ist das hingegen in Fällen, in denen exklusive Vertragsbeziehungen eingesetzt werden, ohne dass ein Immaterialgüterrecht in Rede steht, s. etwa Sache IRI/Nielsen, DG Competition Annual Report XXVI 1996, Rn. 64.

1154 S. zur durch Exklusivität vermittelten Marktposition Entscheidung der Europäischen Kommission v. 19.2.1991 in der Sache IV/32.524 - Screensport, ABl. EG L 63/41 v. 9.3.1991, Rn. 61.

1155 S. zu künstlichen Hindernissen durch Immaterialgüterrechte auch EuGH Urt. v. 23.5.1978 in der Rs. 102/77 - Hoffmann-La Roche/Centrafarm, Rn. 10, 14.

1156 EuGH Urt. v. 6.10.1982 in der Rs. 262/81 - Coditel II, Rn. 19.

Die in „Coditel II“ etablierte Rechtsprechung wurde wenige Jahre später in einer Entscheidung der Europäischen Kommission zum Filmeinkauf deutscher Fernsehanstalten[1157] angewendet. Die Kommission entschied in diesem Fall, dass die Exklusivitätsvereinbarungen zu einer gem. Art. 101 Abs. 1 AEUV tatbestandsmäßigen Wettbewerbsbeschränkung führten. Die wesentlichen Kriterien für die Beurteilung der Lizenzverträge als wettbewerbsbeschränkend waren die große Anzahl an exklusiv lizenzierten Filmen in Kombination mit deren hoher Attraktivität für ein Massenpublikum sowie die durch die große Anzahl an Filmen bedingte lange Vertragsdauer[1158]. Ein weiterer Faktor war die ebenfalls dem Umfang des Lizenzpakets geschuldete Gewährung einer mehrjährigen „Auswahlperiode“, während derer der Gesamtbestand an Rechten des Lizenzgebers für andere Nachfrager unzugänglich war[1159]. Verstärkt wurde die wettbewerbsbeschränkende Wirkung der Verträge durch ein Erstverhandlungsrecht zugunsten des Lizenznehmers[1160]. In der Gesamtschau erkannte die Kommission hier eine gem. Art. 101 AEUV tatbestandsmäßige Errichtung künstlicher Hindernisse für Mitbewerber, die auch im Hinblick auf die Besonderheiten der Branche nicht gerechtfertigt erschienen. Nach einer ausführlichen Prüfung der Umstände stellte die Kommission die Vereinbarung schließlich gem. Art. 101 Abs. 3 AEUV für zehn Jahre frei. Für die Freistellungsmöglichkeit spielte eine wichtige Rolle, dass durch die Verträge einige Filme deutschen Fernsehzuschauern erstmals oder erstmals in synchronisierter Fassung zugänglich gemacht werden konnten[1161]. Wesentlich war auch eine umfangreiche Regelung zur Sublizenzierung von Filmen an Mitbewerber des Lizenznehmers zu akzeptablen Bedingungen[1162].

Es zeigt sich also, dass Exklusivitätsvereinbarungen bei der Contentvermarktung im Wettbewerbsrecht in der Regel nur dann als problematisch angesehen werden, wenn ihre Dauer zu lang oder die Anzahl der lizenzierten

---

1157 Entscheidung der Europäischen Kommission v. 15.9.1989 in der Sache IV/31.734 – Filmeinkauf deutscher Fernsehanstalten, ABl. EG L 284/36 v. 3.10.1989.

1158 Entscheidung der Europäischen Kommission v. 15.9.1989 in der Sache IV/31.734 – Filmeinkauf deutscher Fernsehanstalten, ABl. EG L 284/36 v. 3.10.1989, Rn. 43 f.

1159 Entscheidung der Europäischen Kommission v. 15.9.1989 in der Sache IV/31.734 – Filmeinkauf deutscher Fernsehanstalten, ABl. EG L 284/36 v. 3.10.1989, Rn. 46.

1160 Entscheidung der Europäischen Kommission v. 15.9.1989 in der Sache IV/31.734 – Filmeinkauf deutscher Fernsehanstalten, ABl. EG L 284/36 v. 3.10.1989, Rn. 47.

1161 Entscheidung der Europäischen Kommission v. 15.9.1989 in der Sache IV/31.734 – Filmeinkauf deutscher Fernsehanstalten, ABl. EG L 284/36 v. 3.10.1989, Rn. 49, 52.

1162 Entscheidung der Europäischen Kommission v. 15.9.1989 in der Sache IV/31.734 – Filmeinkauf deutscher Fernsehanstalten, ABl. EG L 284/36 v. 3.10.1989, Rn. 50 f.

Rechte bzw. die Reichweite der Vereinbarung zu groß sind[1163]. In solchen Fällen sind Marktabschottungseffekte zu befürchten. Die Kombination großer Rechtepakete mit einer langen Vertragsdauer verschärft die Abschottungswirkung. Zudem handelt es sich bei der Exklusivität um ein Instrument, das durch dominante Unternehmen genutzt werden kann, um Mitbewerber aus dem Markt zu drängen und den Markteintritt neuer Konkurrenten zu verhindern[1164]. Die Praxis der Kommission zeigt, dass Vereinbarungen über eine Rechtevergabe für eine Dauer von drei Jahren generell nicht als zu langfristig eingestuft werden[1165]. Bei Vereinbarungen mit einer Dauer von mehr als fünf Jahren ist hingegen mit einer äußerst kritischen Bewertung durch die Kommission zu rechnen[1166]. Auch in Spanien erachtet die Kartellbehörde Vereinbarungen über die exklusive Verwertung von Fußballspielen mit einer Dauer von mehr als drei Jahren als kartellrechtswidrig, wie die Verhängung von Bußgeldern gegen einige spanische

---

1163 Alexander Schaub, Europäische Kommission, Vortrag vom 26.2.2002 in Madrid, abrufbar unter: http://ec.europa.eu/competition/speeches/text/sp2002_008_en.pdf (zuletzt aufgerufen am 11.8.2014), S. 4 f.; Mario Monti, Rede vom 26.11.2001 in London, abrufbar unter: http://europa.eu/rapid/press-release_SPEECH-01-578_en.htm?locale=de (zuletzt aufgerufen am 11.8.2014); Van Miert, Antwort auf schriftliche Anfrage E-0466/98, ABl. EG C 304/111 v. 2.10.1998; Wachtmeister, Europäische Kommission, Competition Policy Newsletter Nr. 2 aus Juni 1998, S. 18 (19); Van Bael/Bellis, S. 620.

1164 Geradin in: Weber/Osterwalder, S. 97.

1165 Entscheidung der Europäischen Kommission v. 22.3.2006 in der Sache COMP/C.2/38.173 – FAPL Commitments, Rn. 32; Entscheidung der Europäischen Kommission v. 19.1.2005 in der Sache COMP/C.2-37.214 – Bundesliga, Rn. 41 ff.; Entscheidung der Europäischen Kommission v. 23.7.2003 in der Sache COMP/C.2-37.398 – UEFA Champions League, ABl. EU L 291/39 v. 8.11.2003, Rn. 200; Torben Toft, Vortrag vom 23.2.2005 in London, abrufbar unter: http://ec.europa.eu/competition/speeches/text/sp2005_001_en.pdf (zuletzt aufgerufen am 11.8.2014), S. 9. Auch im Bereich der Fusionskontrolle sind Entscheidungen ergangen, bei denen die Kommission ihr Augenmerk auf die Dauer von Exklusivvereinbarungen als Indikator für Marktmacht der beteiligten Unternehmen gerichtet hat, s. etwa Entscheidung der Europäischen Kommission v. 2.4.2003 in der Sache M.2876 – Newscorp/Telepiù.

1166 Torben Toft, Rede vom 15.1.2003 in Brüssel, abrufbar unter: http://ec.europa.eu/competition/speeches/text/sp2003_002_en.pdf (zuletzt aufgerufen am 11.8.2014), S. 10. Die Kommission erwähnt jedoch auch die Olympischen Spiele, die nur alle vier Jahre stattfinden, als potentiellen Sonderfall, s. Wachtmeister, Europäische Kommission, Competition Policy Newsletter Nr. 2 aus Juni 1998, S. 18 (19). Kritisch Subiotto/Graf, WC 2003, 589 (598 f.).

Klubs im Dezember 2013 zeigt[1167]. Als Gegenmittel bei zeitlich oder anderweitig zu umfangreichen exklusiven Lizenzen sieht die Europäische Kommission unter Umständen die Pflicht zur Unterlizenzierung zu diskriminierungsfreien Bedingungen an[1168]. Beim Erwerb von Rechtepaketen, die die Verwertung in mehreren Distributionskanälen ermöglichen, befürchtet die Kommission besonders starke Abschottungseffekte. Auch hier arbeitet sie mit Verpflichtungen zur Unterlizenzierung und mit der Aufteilung der angebotenen Rechte in plattformspezifische Pakete[1169].

Auch weitere Beschränkungen der Lizenzierung wie Embargofristen, Plattformbindung („holdback clauses“) oder automatische bzw. bevorzugende Vertragsverlängerungsoptionen (also die faktische Verlängerung der Exklusivitätsdauer) können zu wettbewerbsrechtlichen Problemen führen[1170]. Beispielsweise hält die Europäische Kommission im Hinblick auf Plattformbindungen einen gewissen Grad an „Kannibalisierung“ von Rechten ausdrücklich für hinnehmbar, wenn hierdurch ein breiteres Angebot für Verbraucher generiert wird[1171]. Die Erhöhung der Vertragsdauer durch englische Klauseln[1172] oder automatische Verlängerungsklauseln betrachtet die Kommission im Allgemeinen als unzulässig[1173]. Einige Aspekte der Ausübung exklusiver Rechte gelten hingegen als positiv im Hinblick auf den besseren Vertrieb von Programminhalten,

---

1167 S. Meldung FAZ v. 3.12.2013, S. 27.

1168 Wachtmeister, Europäische Kommission, Competition Policy Newsletter Nr. 2 aus Juni 1998, S. 18 (26 f.). S. insbesondere Verpflichtungszusage in Entscheidung der Europäischen Kommission v. 2.4.2003 in der Sache M.2876 - Newscorp/Telepiù, Rn. 225, lit. g) ff.

1169 S. Entscheidung der Europäischen Kommission v. 22.3.2006 in der Sache COMP/C.2/38.173 – FAPL Commitments, Rn. 38 ff.; Entscheidung der Europäischen Kommission v. 19.1.2005 in der Sache COMP/C.2-37.214 - Bundesliga, Rn. 28 ff.; Entscheidung der Europäischen Kommission v. 23.7.2003 in der Sache COMP/C.2-37.398 – UEFA Champions League, ABl. EU L 291/39 v. 8.11.2003, Rn. 32 ff.

1170 Geradin in: Weber/Osterwalder, S. 99; Laier in: Vieweg (2006), S. 75; Philip Lowe, Europäische Kommission, Rede vom 13.1.2004 in Oxford, abrufbar unter: http://ec.europa.eu/competition/speeches/text/sp2004_002_en.pdf (zuletzt aufgerufen am 11.8.2014), S. 8.

1171 So ausdrücklich Philip Lowe, Europäische Kommission, Rede vom 27.5.2005 in Brüssel, abrufbar unter: http://ec.europa.eu/competition/speeches/text/sp2005_007_en.pdf (zuletzt aufgerufen am 11.8.2014), S. 6.

1172 Zum Begriff s. Geradin in: Weber/Osterwalder, S. 108.

1173 Alexander Schaub, Europäische Kommission, Vortrag vom 26.2.2002 in Madrid, abrufbar unter: http://ec.europa.eu/competition/speeches/text/sp2002_008_en.pdf (zuletzt aufgerufen am 11.8.2014), S. 7.

die Einsparung von Transaktionskosten oder die Ermöglichung des Marktzutritts neuer Wettbewerber[1174]. Neben der Schaffung neuer Angebote kann deshalb die Ermöglichung des Markteintritts eines Unternehmens aus Sicht der Kommission auch ein Grund für die Akzeptanz längerer Vertragsdauern sein[1175]. Häufigere Wechsel der Vertragspartner würden voraussichtlich zur Erhöhung der Kosten führen, die dann möglicherweise an die Verbraucher weitergegeben würden[1176]. Für eine kartellrechtliche Bewertung kommt es daher stets auf die Gegebenheiten des jeweiligen Marktes an, in denen sich die spezifischen Mechanismen exklusiver Rechteverwertung manifestieren. Dies zeigt sich z.B. auch an der Zulassung einer vorübergehenden längeren Ausschließlichkeitsbindung für Verwertungsrechte (vier statt wie sonst drei Jahre) im Bereich Mobilfunk aufgrund der Innovation in diesem Bereich, die hohe Investitionen der beteiligten Unternehmen gefordert hatte[1177]. Die Kommission betont, dass sie jeden Einzelfall gesondert prüfe und es keine allgemeingültigen Lösungen gebe[1178].

1174 S. Entscheidung der Europäischen Kommission v. 29.12.2003 in der Sache COMP/C.2-38.287 - Telenor/Canal+/Canal Digital, Rn. 202 ff., 237 und Entscheidung der Europäischen Kommission v. 3.3.1999 in der Sache IV/36.237 - TPS, ABl. EG L 90/6 v. 2.4.1999, Rn. 131 ff. Kritisch hingegen Nicita/Ramello, IJEB 2005, 371 (378 ff.); Harbord/Szymanski 2004 ECLR 117 (119 ff., 122); Seitel, WuW 1999, 694.

1175 Torben Toft, Rede vom 15.1.2003 in Brüssel, abrufbar unter: http://ec.europa.eu/competition/speeches/text/sp2003_002_en.pdf (zuletzt aufgerufen am 11.8.2014), S. 10; Jean-François Pons, Europäische Kommission, Rede vom 14.10.1999 in New York, abrufbar unter: http://ec.europa.eu/competition/speeches/text/sp1999_019_en.pdf (zuletzt aufgerufen am 11.8.2014), S. 15.

1176 Fleming 1999 ECLR 143 (148).

1177 Entscheidung der Europäischen Kommission v. 23.7.2003 in der Sache COMP/C.2-37.398 - UEFA Champions League, ABl. EU L 291/39 v. 8.11.2003, Rn. 45. S. dazu auch Laier in: Vieweg (2006), S. 86 f.; Alexander Schaub, Europäische Kommission, Vortrag vom 26.2.2002 in Madrid, abrufbar unter: http://ec.europa.eu/competition/speeches/text/sp2002_008_en.pdf (zuletzt aufgerufen am 11.8.2014), S. 8; Mario Monti, Rede vom 26.2.2001 in Brüssel, abrufbar unter: http://europa.eu/rapid/press-release_SPEECH-01-84_en.htm?locale=de (zuletzt aufgerufen am 11.8.2014), Punkt 6 c); Wachtmeister, Europäische Kommission, Competition Policy Newsletter Nr. 2 aus Juni 1998, S. 18 (24).

1178 Europäische Kommission, EU und Sport: Hintergrund und Kontext - Begleitdokument zum Weißbuch Sport, SEK(2007) 935, S. 100; Mario Monti, Rede vom 17.4.2000 in Brüssel, abrufbar unter: http://europa.eu/rapid/press-release_SPEECH-00-152_en.htm?locale=de (zuletzt aufgerufen am 11.8.2014), S. 7. Im Hinblick auf die differenzierte Betrachtung des Einzelfalls anhand rechtlicher und wirtschaftlicher Kriterien erscheint die Kritik von Eberle, die Kommission

Übrigens spielen in der Praxis der Europäischen Kommission auch bei der Prüfung von Unternehmenszusammenschlüssen hochwertige Rechte an Sportveranstaltungen eine wichtige Rolle[1179]. Auch dort macht die Europäische Kommission Auflagen und sucht nach Lösungen, die durch Einschränkungen der Reichweite und Dauer der Exklusivität eine Marktabschottung verhindern. Dabei setzt sie auch auf das Instrument der Einrichtung eines Sublizenzierungssystems, das Dritten Zugang zu Premium-Inhalten und damit u.U. einen Marktzutritt ermöglicht[1180].

Im Hinblick auf den spezifischen Gegenstand der Sportübertragungsrechte wird deutlich, dass die Exklusivität der Lizenzierung einen wichtigen Aspekt dieses Immaterialgüterrechts bildet. Auch bezüglich der zeitabhängigen Verwertbarkeit von Sportrechten wird bei ihrem spezifischen Gegenstand eine Besonderheit zu berücksichtigen sein. Da Live-Übertragungsrechte nicht zu einem beliebigen Zeitpunkt, sondern nur zeitgleich mit dem Sportereignis verwertet werden können, bildet diese Eigenschaft ebenfalls ein Element des spezifischen Gegenstands solcher Rechte[1181]. In abgeschwächter Form gilt dies auch für Rechte zur Nachberichterstattung, die ebenfalls nur im zeitlichen Kontext der Veranstaltung selbst verwertet werden können.

3. Territorial beschränkte Verwertung

Territoriale Begrenzungen von Verwertungsrechten galten lange Zeit als grundsätzlich anerkannt[1182], sofern sie nicht künstlich herbeigeführt wurden, um Wettbewerb auszuschließen. Künstliche Gebietsaufteilungen sind hingegen seit jeher mit dem Europarecht per se unvereinbar und dürfen auch durch exklusive Lizenzierungen nicht herbeigeführt werden[1183]. Im Jahr 2011 setzte sich der EuGH

---

betreibe hier nationale Rundfunkpolitik einseitig zu Lasten öffentlich-rechtlicher Sendeanstalten unbegründet (s. Eberle, AfP 1993, 422 [424]).

1179 S. insbesondere Entscheidung der Kommission v. 2.4.2003 in der Sache COMP/M.2876 – Newscorp/Telepiù.

1180 Entscheidung der Kommission v. 2.4.2003 in der Sache COMP/M.2876 – Newscorp/Telepiù, Rn. 225 (g], h]), s. dazu auch Holznagel, K&R 2005, 385 (390); Alexander Schaub, Europäische Kommission, Vortrag vom 26.2.2002 in Madrid, abrufbar unter: http://ec.europa.eu/competition/speeches/text/sp2002_008_en.pdf (zuletzt aufgerufen am 11.8.2014), S. 9.

1181 Leistner, JZ 2011, 1140 (1142); Nehl, EuZW 2011, 413 (414).

1182 S. zur Praxis Christmann, ZUM 2006, 23 (23, 27).

1183 EuGH Urt. v. 8.6.1982 in der Rs. 258/78 – Nungesser, Rn. 61; EuGH Urt. v. 28.6.1971 in der Rs. 78/70 – Deutsche Grammophon, Rn. 6; EuGH Urt. v. 13.7.1966 in den verb. Rs. 56 und 58/64 – Grundig u. Consten, Slg. 1966, 322 (391 f.).

intensiv mit der Frage der Rechtmäßigkeit territorialer Beschränkungen bei der audiovisuellen Verwertung von Fußballspielen auseinander.

a) Die „Karen Murphy"-Entscheidung des EuGH

Der Entscheidung des EuGH in Sachen „Karen Murphy"[1184] lag ein Sachverhalt zugrunde, der die Übertragung im Pay-TV via Satellit betraf, die nur mit Hilfe von Decodern empfangen werden konnte. Die Vertragspartner hatten Vereinbarungen getroffen, wonach der jeweilige Lizenznehmer nur in ein bestimmtes Gebiet innerhalb der EU ausstrahlen durfte. Der Verkauf der zum Empfang der Sendung erforderlichen Decoder in andere Territorien der EU war untersagt. Die Kneipenwirtin Karen Murphy aus Portsmouth geriet über ihren Einsatz eines griechischen Decoders in ihrer Gaststätte The Red, White & Blue mit den Verwertern der FA Premier League in Konflikt[1185]. Das High Court legte dem EuGH die Sache zur Vorabentscheidung über eine Reihe von Vorlagefragen vor. Im Hinblick auf die Dienstleistungsfreiheit des Art. 56 AEUV stellte der EuGH fest, dass Vereinbarungen, die die Verwertung von Sportereignissen auf bestimmte Territorien innerhalb der EU beschränken, die Dienstleistungsfreiheit beeinträchtigen[1186]. Im Rahmen der Frage nach der Rechtfertigung auf Grundlage zwingender Gemeinwohlinteressen entschied er, dass der spezifische Gegenstand des geistigen Eigentums nur eine angemessene Vergütung sichert, nicht aber die Einführung künstlicher Preisunterschiede zwischen den Territorien der Mitgliedstaaten erfordert, die auf einer durch Lizenzvereinbarungen herbeigeführten Abschottung der nationalen Märkte beruht. Diese Form der Ausgestaltung von Lizenzbestimmungen erachtet der EuGH daher als unzulässig, da sie nicht zum Schutz des spezifischen Gegenstands erforderlich ist[1187]. Dabei akzeptiert der EuGH, dass aus Sicht der Dienstleistungsfreiheit im Einzelfall auch eine territoriale Beschränkung gerechtfertigt sein kann[1188]. Künstliche Preisunterschiede seien nicht vom spezifischen Gegenstand des Immaterialguts abgedeckt, da dieser nur eine angemessene, nicht aber die maximal mögliche Vergütung

---

1184 EuGH Urt. v. 4.10.2011 in den verb. Rs. C-403/08, C-429/08 – Karen Murphy.

1185 Zur Strategie der Verwerter, gegen Nutzer der Decoder vorzugehen s. Clover, Ent. L.R. 2007, 126 (128 f.).

1186 EuGH Urt. v. 4.10.2011 in den verb. Rs. C-403/08, C-429/08 – Karen Murphy, Rn. 88.

1187 EuGH Urt. v. 4.10.2011 in den verb. Rs. C-403/08, C-429/08 – Karen Murphy, Rn. 115 f.

1188 EuGH Urt. v. 4.10.2011 in den verb. Rs. C-403/08, C-429/08 – Karen Murphy, Rn. 114.

sichere[1189]. Geht die Sicherung solcher Preisaufschläge mit einer Abschottung nationaler Märkte einher, betrachtet der EuGH sie als mit den Zielen des Vertrages unvereinbar[1190]. Im Unterschied zur Konstellation im Fall Coditel I, in dem eine Sendung ohne Erlaubnis und ohne Zahlung einer Vergütung ausgestrahlt wurde, sah der EuGH im Fall Karen Murphy im Sendemitgliedstaat die Zustimmung des Berechtigten gegeben und die Zahlung der Vergütung gesichert. Diese könne auch die Ausstrahlung in anderen Mitgliedstaaten berücksichtigen[1191].

Auch im Hinblick auf das Kartellverbot des Art. 101 Abs. 1 AEUV stellt der EuGH darauf ab, ob die jeweiligen Vereinbarungen auf die Abschottung nationaler Märkte oder die Erschwerung der gegenseitigen Durchdringung nationaler Märkte gerichtet sind. Ist eine entsprechende Zweckrichtung der Vereinbarungen gegeben, lässt er ihre konkreten Auswirkungen auf den Wettbewerb außer Betracht und sieht den Tatbestand des Art. 101 Abs. 1 AEUV als erfüllt an[1192]. Er betrachtet dabei das exklusive Recht zur Ausstrahlung eines bestimmten Gegenstands über Rundfunk für sich wiederum nicht als verbotene Wettbewerbsbeschränkung, sondern erst Vereinbarungen, die dem Zweck der Verwirklichung des Binnenmarkts durch eine entsprechende Zielrichtung entgegenstehen[1193]. Dabei beruft sich der EuGH auf frühere Rechtsprechung, die diese Form von Gebietsaufteilungen ebenfalls als wettbewerbswidrig angesehen hat[1194]. Die territorialen Beschränkungen und ihre Sicherung durch die Einschränkungen beim Verkauf der Decoder führen aus Sicht des EuGH dazu, dass im jeweiligen Lizenzgebiet eine absolute gebietsabhängige Exklusivität für den Lizenznehmer

---

1189 EuGH Urt. v. 4.10.2011 in den verb. Rs. C-403/08, C-429/08 – Karen Murphy, Rn. 108.

1190 EuGH Urt. v. 4.10.2011 in den verb. Rs. C-403/08, C-429/08 – Karen Murphy, Rn. 115.

1191 EuGH Urt. v. 4.10.2011 in den verb. Rs. C-403/08, C-429/08 – Karen Murphy, Rn. 120.

1192 EuGH Urt. v. 4.10.2011 in den verb. Rs. C-403/08, C-429/08 – Karen Murphy, Rn. 135; EuGH Urt. v. 6.10.2009 in den verb. Rs. C-501/06 P, C-513/06 P, C-515/06 P – GlaxoSmithKline, Rn. 55; EuGH Urt. v. 4.6.2009 in der Rs. C-8/08 – T-Mobile Netherlands, Rn. 28; EuGH Urt. v. 30.6.1966 in der Rs. 56/65 – L.T.M., Slg. S. 303 f.

1193 EuGH Urt. v. 4.10.2011 in den verb. Rs. C-403/08, C-429/08 – Karen Murphy, Rn. 137, 139, 141.

1194 EuGH Urt. v. 6.10.2009 in den verb. Rs. C-501/06 P, C-513/06 P, C-515/06 P – GlaxoSmithKline, Rn. 59, 61; EuGH Urt. v. 16.9.2008 in den verb. Rs. C-468/06 bis C-478/07 – Lélos kai Sia, Rn. 65; EuGH Urt. v. 6.4.2006 in der Rs. C-551/03 P, Rn. 67 ff.; EuGH Urt. v. 28.4.1998 in der Rs. C 306/96 – Javico, Rn. 13 f.; EuGH Urt. v. 8.11.1983 in den verb. Rs. 96 bis 102/82, 104/82, 105/82, 108/82 und 110/82 – IAZ International Belgium u. a./Kommission, Rn. 23 ff.; EuGH Urt. v. 12.7.1979 in den verb. Rs. 32/78 und 36 bis 82/78 – BMW/Kommission, Rn. 28 ff.; EuGH Urt. v. 1.2.1978 in der Rs. 19/77 – Miller/Kommission, Rn. 7.

entstehe und jeder Wettbewerb zwischen Rundfunkanstalten ausgeschaltet werden könne[1195]. Für Fälle, in denen die betreffende Lizenzvereinbarung auf die Untersagung grenzüberschreitender Verwertung gerichtet ist, stelle er eine Vermutungsregel auf, wonach erst besondere Umstände dazu führen können, dass eine Wettbewerbsbeschränkung nicht gegeben ist[1196]. Eine Freistellung gem. Art. 101 Abs. 3 AEUV sei für den vorliegenden Fall ausgeschlossen[1197].

Interessant ist, dass der EuGH genauso wie bei der Begründung des Verstoßes gem. Art. 101 Abs. 1 AEUV auch für die Begründung der Unmöglichkeit der kartellrechtlichen Freistellung gem. Art. 101 Abs. 3 AEUV auf dieselben Argumente zurückgreift, die ihm zur Ablehnung der Rechtfertigung im Hinblick auf die Dienstleistungsfreiheit dienten[1198]. Dabei wird im Rahmen der Prüfung der Freistellung vom Kartellverbot auf die Verhältnismäßigkeitsprüfung verwiesen, die im Rahmen der Rechtfertigung der Einschränkung der Dienstleistungsfreiheit vorgenommen wurde. Damit werden zwar nicht die Rechtfertigungsgründe der zwingenden Gründe des Allgemeinwohls auf die Freistellungsentscheidung übertragen[1199], es zeigt sich aber die Parallelität zwischen den Zielen der Grundfreiheiten und des Wettbewerbsrechts: Was bereits durch die Grundfreiheiten etwa einem Mitgliedstaat untersagt ist, darf auch nicht durch Vereinbarungen zwischen Unternehmen praktiziert werden[1200].

b) Territoriale Beschränkungen und das Kartellverbot

Bis zum Bekanntwerden dieser Entscheidung wurden audiovisuelle Rechte an Sportveranstaltungen in der Praxis auch innerhalb der Europäischen Union stets für bestimmte Gebiete vergeben. Die Karen Murphy-Entscheidung hat deshalb größte Aufmerksamkeit erfahren und teilweise die Besorgnis ausgelöst, die Sportübertragungsrechte würden stark an Wert verlieren[1201] oder doch

1195 EuGH Urt. v. 4.10.2011 in den verb. Rs. C-403/08, C-429/08 – Karen Murphy, Rn. 142.

1196 EuGH Urt. v. 4.10.2011 in den verb. Rs. C-403/08, C-429/08 – Karen Murphy, Rn. 140.

1197 EuGH Urt. v. 4.10.2011 in den verb. Rs. C-403/08, C-429/08 – Karen Murphy, Rn. 145.

1198 Ob für den spezifischen Gegenstand des Schutzrechts im Spannungsverhältnis mit den Grundfreiheiten dieselben Erwägungen zu gelten haben wie im Spannungsverhältnis mit dem Kartellrecht, ist in der Literatur umstritten. S. hierzu Schuhmacher, GRUR Int 2004, 487 (491 f. m.w.N.).

1199 S. hierzu Frenz/Distelrath, EWS 2011, 460 (464).

1200 *Ullrich/Heinemann* in: Immenga/Mestmäcker EU/2, GRUR B, Rn. 12; Heinemann (2002), S. 287, 397.

1201 v. Appen/Jens, Sponsors 11/2011, 48 (51); v. Welser, GRUR-Prax 2011, 453; im Vorfeld bereits Holzmüller/Lichtenegger, GRUR Int 2009, 195 (200); ferner Schmittmann/Rifai, AfP 2008, 577 (580). A.A. Soldner, K&R 2011, 760.

zumindest die lukrativen[1202] Erlöse aus der innereuropäischen Auslandsvermarktung wegfallen[1203]. Die Entscheidung zeigt zunächst, dass aus Sicht des EuGH der Schutz des geistigen Eigentums weiterhin als Rechtfertigungsgrund für Einschränkungen der Dienstleistungsfreiheit anerkannt ist[1204]. Auch das europäische Kartellrecht respektiert weiterhin die Besonderheiten des Immaterialgüterrechts. Der EuGH wird teilweise so verstanden, dass er auch weiterhin Vereinbarungen zur territorialen Exklusivität unter Umständen für zulässig hält[1205]. Für diese Interpretation spricht auch die Widerleglichkeit der genannten Vermutung des Vorliegens einer Wettbewerbsbeschränkung auf Basis von Umständen aus dem rechtlichen und wirtschaftlichen Kontext der Vereinbarung[1206], die der EuGH ausdrücklich anerkennt. Es bleibt jedoch unklar, in welchen Fällen territoriale Beschränkungen im Bereich der Sportrechte noch zulässig sind.

Wesentlich für die Beantwortung dieser Frage ist zunächst die Unterscheidung zwischen Fällen „absoluten" Gebietsschutzes, die der EuGH in „Karen Murphy" angenommen hat, und der „offenen" Gebietsausschließlichkeit[1207]. Bei der offenen Gebietsausschließlichkeit gilt die Exklusivität nur im Verhältnis zwischen Rechteinhaber und Lizenznehmer. Es wird vereinbart, dass der Lizenzgeber keinem weiteren Lizenznehmer für dasselbe Gebiet eine Nutzungsmöglichkeit verschaffen wird. Auch die Zusage, dem Lizenznehmer auf dem

1202 In der Saison 2010/2011 erwirtschaftete die DFL mit der Fußball-Bundesliga z.B. im Ausland insgesamt ca. 40 Millionen Euro gegenüber rund 35 Millionen im Vorjahr (Handelsblatt.com am 28.2.2011, Meldung abrufbar unter: handelsblatt.com/fussball-bundesliga-dfl-erloese-aus-auslandsvermarktung-steigen/3892868.html [zuletzt aufgerufen am 11.8.2014]). Diese Erlöse stammten aus dem europäischen und außereuropäischen Ausland. Für die Saison 2011/2012 wurden über 50 Millionen erwartet (s. Karle, Bundesliga-Magazin 11/2011, S. 14). Bis zu 70 Millionen jährlich werden für möglich gehalten (s. FAZ v. 31.1.2012, S. 25, „Die Bundesliga ist überall: Deutscher Fußball in 208 Ländern"). In Großbritannien werden die Einnahmen von BSkyB durch innereuropäische Auslandsvermarktung auf 350 bis 400 Millionen Pfund geschätzt (Peifer, GRUR-Prax 2011, 435).

1203 Duvinage in: Galli e.a., S. 577; Müller-Michaels, Meldung im Wochenüberblick, BB 2011, 2625; Peifer, LMK 2011, 324713.

1204 Kreile, ZUM 2012, 177 (187).

1205 v. Albrecht/Mutschler-Siebert/Bosch, ZUM 2012, 93 (98); Kreile, ZUM 2012, 177 (184); Soldner, K&R 2011, 760 (762).

1206 EuGH Urt. v. 4.10.2011 in den verb. Rs. C-403/08, C-429/08 – Karen Murphy, Rn. 140.

1207 S. dazu EuGH Urt. v. 8.6.1982 in der Rs. 258/78 – Nungesser, Rn. 53.

jeweiligen Gebiet nicht selbst Konkurrenz zu machen, gehört häufig zu solchen Vereinbarungen. Dritte hingegen bleiben von dieser Vereinbarung unberührt. Damit können zwar Direktlieferungen durch Dritte verhindert werden (da der Rechteinhaber sich verpflichtet, ihnen keine Lizenz zu erteilen), gegen Parallelimporte aus anderen Territorien besteht jedoch kein Schutz. Einen solchen verschafft nur eine Vereinbarung zum „absoluten" Gebietsschutz. Hier wird die Exklusivitätsvereinbarung zwischen Rechteinhaber und Lizenznehmer flankiert durch weitere Maßnahmen, die Paralleleinfuhren bereits in anderen Territorien in den Markt gelangter Produkte ebenfalls verhindert. Eine Parallele zu dieser Unterscheidung findet sich in den Leitlinien der Kommission für vertikale Beschränkungen[1208] zu Art. 4 lit. b) Vertikal-GVO[1209], wo von der Unterscheidung zwischen dem Verbot aktiver und passiver Verkäufe die Rede ist. Demnach gilt eine Vereinbarung, die dem Vertriebspartner nicht nur untersagt, aktiv außerhalb des ihm zugewiesenen Gebietes zu verkaufen, sondern auch von Kunden grenzüberschreitend an ihn herangetragene Bestellungen nicht zu bearbeiten (also „passive" Verkäufe hindert), als Kernbeschränkung und ist nicht nach der GVO freigestellt. Mit dem Verbot des Verkaufs der Decoder gingen im Fall Karen Murphy die Hindernisse im Markt über das für die Exklusivität erforderliche Maß hinaus. Die Folge solcher Maßnahmen ist die Ausschaltung jeden Wettbewerbs auf dem jeweiligen Territorium. In diesen Fällen sah der EuGH auch zuvor bereits die eingangs erwähnten künstlichen Gebietsaufteilungen[1210]. Ein solcher „absoluter" Gebietsschutz sollte im Fall „Karen Murphy" erreicht werden, indem den Lizenznehmern für Griechenland der Verkauf von griechischen Decodern in den englischen Markt untersagt wurde.

Handelte es sich bei der Lizenzierung von audiovisuellen Rechten an Sportveranstaltungen um urheberrechtliche Lizenzen[1211], könnte man anhand der

1208 Leitlinien für vertikale Beschränkungen, ABl. EU C 130/13 v. 19.5.2010, Rn. 51.

1209 Verordnung (EU) Nr. 330/2010 der Kommission vom 20. April 2010 über die Anwendung von Artikel 101 Absatz 3 des Vertrags über die Arbeitsweise der Europäischen Union auf Gruppen von vertikalen Vereinbarungen und abgestimmten Verhaltensweisen, ABl. EU L 102/1 v. 23.4.2010.

1210 EuGH Urt. v. 8.6.1982 in der Rs. 258/78 – Nungesser, Rn. 61; EuGH Urt. v. 20.6.1978 in der Rs. 28/77 – Tepea, Rn. 52/56; EuGH Urt. v. 13.7.1966 in den verb. Rs. 56 und 58/64 – Grundig u. Consten, Slg. 1966, 322 (391 ff.).

1211 In der Sache „Karen Murphy" spielten in der Tat auch urheberrechtlich geschützte Elemente der jeweiligen Sendungen eine Rolle. Hier sollen jedoch Schlüsse nur für die eigentlichen „Sportrechte" gezogen werden.

dinglichen Wirkung der Lizenz unterscheiden[1212]: Für solche Konstellationen, in denen die Vertriebsbeschränkung mit schuldrechtlicher Wirkung über die dingliche Beschränkung der Lizenz hinaus geht, gälte demnach die beschriebene Vermutung einer Wettbewerbsbeschränkung. Eine dinglich auf ein Gebiet beschränkte Lizenz hingegen entspräche dem spezifischen Gegenstand des Schutzrechts. Im Ergebnis wird trotz des Fehlens einer mit dem Urheberrecht vergleichbaren absoluten Rechtsposition auf nationaler Ebene in einigen Mitgliedstaaten für die Beurteilung nach europäischem Kartellrecht für Sportübertragungsrechte nichts anderes gelten können. Wie oben (unter A. II.) festgestellt, behandelt das Europarecht diese nämlich wie ein Immaterialgüterrecht. Diese Behandlung gründet im Originalcharakter der Veranstaltung, die zwar kein urheberrechtliches Werk ist, aber im Europarecht im Hinblick auf den spezifischen Gegenstand des Immaterialgüterrechts wie ein solches behandelt wird. Demnach ist es nur konsequent, eine absolute Wirkung gegen Dritte als Bestandteil des spezifischen Gegenstands dieses Rechts anzuerkennen. Die Besonderheit von Immaterialgüterrechten liegt nämlich gerade darin, dass sie eine gegen jedermann durchsetzbare Rechtsposition vermitteln. Darauf beruht die oben bereits festgestellte Möglichkeit der Lizenzerteilung. Exklusive Lizenzen haben damit dingliche Wirkung. Daher gilt dieselbe Unterscheidung wie bei urheberrechtlichen Lizenzen: Vereinbarungen, die erforderlich sind, um die dinglichen Grenzen der Lizenz festzulegen, gehören zum spezifischen Gegenstand des Schutzrechts.

Damit wird deutlich, dass die einfache Vergabe von Lizenzen für ein Gebiet innerhalb der EU weiterhin möglich ist[1213]. Es kommt entscheidend darauf an, ob weitere Vereinbarungen oder Umstände zu einem „absoluten" Gebietsschutz führen. Hier zeigt sich übrigens, dass ein gesetzlich normiertes Leistungsschutzrecht auf nationaler Ebene an dieser Stelle zu keiner anderen Bewertung durch das Europarecht führen würde[1214].

Gilt nun für Fälle des absoluten Gebietsschutzes die Vermutung der Erfüllung des Tatbestands des Art. 101 Abs. 1 AEUV, ist noch nicht klar, welche wirtschaftlichen und rechtlichen Umstände im Einzelfall die Vermutung widerlegen

1212 *J.-B. Nordemann* in: Fromm/Nordemann, vor §§ 31 ff. UrhG, Rn. 62.

1213 So auch ausdrücklich Binnenmarktkommissar Barnier in seiner Rede vom 9.11.2011 in Brüssel, abrufbar unter: http://ec.europa.eu/commission_2010-2014/barnier/docs/speeches/20111109/speech_act_fr.pdf (zuletzt aufgerufen am 11.8.2014), Punkt I, letzter Absatz. Ebenso statt vieler Christmann, ZUM 2012, 187 (188). Zu weitgehend daher v. Appen/Jens, Sponsors 11/2011, 48 (51).

1214 S. auch Heermann, WRP 2012, 371 (374).

können. Die Entscheidung „Coditel II" gibt hierfür wenig Anhaltspunkte, da der zugrunde liegende Sachverhalt in wesentlichen Punkten ein anderer war. Wenn auch dort von den „Besonderheiten" des Filmmarktes die Rede war[1215] und auf das spezielle Verwertungsmodell der Filmbranche Rücksicht genommen wurde, ist nicht davon auszugehen, dass der EuGH in Zukunft die Bedürfnisse jeder auf Immaterialgüterrechten basierenden Branche berücksichtigen und die Darlegung der Funktionsmechanismen von Geschäftsmodellen als ausreichend für die Ablehnung einer Wettbewerbsbeschränkung ansehen wird – genauso wenig, wie er das in der Sache „Karen Murphy" getan hat. Die „Besonderheiten in der Vermarktung des Profifußballs" z.B. dürften nicht ausreichen, um den Tatbestand der Wettbewerbsbeschränkung zu verneinen[1216]. Damit würde der EuGH auch die Reichweite des Kartellrechts im Spannungsverhältnis mit dem Immaterialgüterrecht zu stark einschränken[1217]. Nicht jede Möglichkeit, Immaterialgüterrechte zur Grundlage von Geschäftsmodellen zu machen, kann kartellrechtlich gebilligt werden. Das Kartellrecht muss Vereinbarungen über die exklusive Lizenzierung von Immaterialgüterrechten nur insoweit vom Anwendungsbereich des Art. 101 Abs. 1 AEUV ausnehmen, als sie erforderlich sind, um den spezifischen Gegenstand des Immaterialgüterrechts zu verwirklichen. Diesen hat der EuGH in der „Karen Murphy"-Entscheidung für Verwertungsrechte an Sportveranstaltungen wie beschrieben so interpretiert, dass dem Rechteinhaber eine „angemessene" Vergütung zusteht. Wäre diese nicht mehr zu erlangen, könnte die Vermutung wohl widerlegt und auch eine Konstellation mit absolutem Gebietsschutz im Einzelfall einmal als nicht wettbewerbsbeschränkend eingestuft werden[1218]. Eine Reduktion des spezifischen Gegenstands von Immaterialgüterrechten auf die Möglichkeit zur Erzielung einer angemessenen Vergütung ist hiermit nicht verbunden. Die „Angemessenheit" der erzielten Vergütung allein kann keinen Maßstab bieten, der eine sachgerechte kartellrechtliche Beurteilung von Lizenzvereinbarungen

---

1215 EuGH Urt. v. 6.10.1982 in der Rs. 262/81 - Coditel II, Rn. 17.

1216 So vermuten jedoch Baumann/Hofmann, ZUM 2011, 890 (896).

1217 Heinemann (2002), S. 400.

1218 Freilich erscheint es zweifelhaft, dem Verwerter den Nachweis abzuverlangen (oder auch zu ermöglichen), dass die Preisgestaltung nicht der Preismaximierung dient (so aber wohl Kreile, ZUM 2012, 177 [184]), da die Maximierung von Erlösen durch den EuGH keineswegs untersagt wird, sondern lediglich durch Immaterialgüterrechte nicht als garantiert verstanden werden kann. Genauso wenig dürfte es einem Unternehmen nützen, diesen Nachweis zu führen, wenn die Vereinbarung gleichwohl zu einem absoluten Gebietsschutz führt.

ermöglichen würde[1219]. Auf Kriterien für die Angemessenheit geht der EuGH übrigens nicht ein. Er deutet lediglich an, dass die Zuschauerzahl hierfür relevant sein kann[1220] und spricht bemerkenswerterweise im selben Atemzug von Versteigerungen, bei denen naturgemäß im Gegensatz zu einer „angemessenen" gerade die höchstmögliche Vergütung erzielt wird[1221]. Wie die tatsächliche Zuschauerzahl bereits im Vorfeld ermittelt werden soll, bleibt zudem unklar[1222]. Hier sind, insbesondere da diese wirtschaftliche Dimension der Immaterialgüterrechte hoch politisch und höchst sensibel ist, noch Definitionsschwierigkeiten zu erwarten.

Wie diese Fragen im Hinblick auf den „More Economic Approach" zu bewerten sind, ist offen. Geht man davon aus, dass in Zukunft eine stärker ausdifferenzierte Produktpalette auf Basis der audiovisuellen Verwertung von Sportereignissen für den Endkunden entwickelt wird, so kann eine stärker ökonomische Betrachtungsweise sicherlich dazu beitragen, diese wirtschaftlich angemessen zu analysieren und kartellrechtlich zu bewerten. Auch Fragen der Möglichkeit der Erzielung einer angemessenen Vergütung bei Verzicht auf bestimmte technische Maßnahmen oder territoriale Begrenzungen können mit Hilfe der Methoden der Wirtschaftswissenschaften beantwortet werden.

c) Praktische Auswirkungen der Entscheidung für Satellitensendungen

Die Besorgnis einiger Beobachter, die „Karen Murphy"-Entscheidung des EuGH werde zu einem Verfall des Wertes von Sportübertragungsrechten in Europa führen, hat ihre Ursache darin, dass bei fehlendem absoluten Gebietsschutz Verbraucher die Möglichkeit haben, europaweit nach dem günstigsten Angebot der jeweiligen Sportsendung zu suchen. Die Verwerter suchen dementsprechend nach anderen, europarechtskonformen Möglichkeiten, ein Ausweichen der Endkunden auf günstigere Anbieter in einem anderen Lizenzgebiet zu verhindern.

Zunächst wäre es naheliegend, wenn exklusive Verwertungsrechte für Satellitensendungen zukünftig nur noch europaweit zu einem einheitlichen Preis

---

1219 Ebenso Leistner, JZ 2011, 1140 (1143).

1220 EuGH Urt. v. 4.10.2011 in den verb. Rs. C-403/08, C-429/08 – Karen Murphy, Rn. 113. In der Entscheidung „Lagardère" hielt der EuGH es für die Aufgabe der Mitgliedstaaten, die Frage der Angemessenheit im Detail auszugestalten, vgl. EuGH Urt. v. 14.7.2005 in der Rs. 192/04 – Lagardère, Rn. 49.

1221 EuGH Urt. v. 4.10.2011 in den verb. Rs. C-403/08, C-429/08 – Karen Murphy, Rn. 112.

1222 Heermann, WRP 2012, 371 (375).

vergeben würden. Dies wurde z.B. durch die FA Premier League nach der Entscheidung in Erwägung gezogen[1223]. Diese paneuropäischen Lizenzen könnten mit der Möglichkeit der Sublizenzierung verbunden werden. Aus wirtschaftlichen Gründen[1224] und aufgrund von Schwierigkeiten bei der Preisgestaltung bei solchen Modellen[1225] können aber durch die Rechteinhaber auch andere Gestaltungen bevorzugt werden. Es könnten etwa territorial beschränkte Lizenzen mit „offener" Gebietsausschließlichkeit vergeben werden, die dem Problem der „passiven Verkäufe" durch eine entsprechende Preisgestaltung entgegenträten. Würden dazu Äquivalenzklauseln[1226] vereinbart, die das Preisniveau europaweit auf das Niveau des Territoriums mit der lukrativsten Verwertung anhöben, wäre ein Abwandern von Endkunden unwahrscheinlich. Zudem bestehen die Möglichkeiten, Rechte exklusiv für bestimmte Zeitfenster oder bestimmte Sprachfassungen[1227] zu vergeben, weiterhin. Hier könnten z.B. für Gebiete mit geringerer Nachfrage zeitlich gestaffelte Angebote geschaffen werden[1228], wobei im Gegensatz etwa zum Bereich Film[1229] das Zeitfenster für die Verwertung von Sportveranstaltungen sehr klein ist. Die Sprachfassung wird beim Sport ebenfalls eine weniger große Bedeutung haben als bei anderen

---

1223 S. Meldung v. 21.3.2012 „Pan-European broadcast model a possibility for Premier League - Scudamore", abrufbar unter: http://www.sportbusiness.com/news/185267/pan-european-broadcast-model-a-possibility-for-premier-league-scudamore (zuletzt aufgerufen am 11.8.2014). Zuletzt wurden für die Spielzeiten 2012/13 bis 2015/16 jedoch erneut territoriale Lizenzen vergeben, s. Liste abrufbar unter: http://www.premierleague.com/en-gb/news/features/latest-premier-league-broadcast-rights-deals.html (zuletzt aufgerufen am 11.8.2014).

1224 S. zu wirtschaftlichen Aspekten der europaweiten Lizenz Heermann, WRP 2012, 650 (653 f.); Kahlert, CaS 2011, 323 (333).

1225 S. dazu Pijetlovic/Nyman-Metcalf, 2013 ISLJ 82 (95).

1226 Dies erwartete die Generalanwältin, s. Schlussanträge der Generalanwältin Juliane Kokott v. 3.2.2011 in der Rs. C-403/08 und C-429/08 - Karen Murphy, Rn. 201.

1227 Dies hielt die Generalanwältin ausdrücklich für zulässig, s. Schlussanträge der Generalanwältin Juliane Kokott v. 3.2.2011 in der Rs. C-403/08 und C-429/08 - Karen Murphy, Rn. 202.

1228 S. dazu Kreile, ZUM 2012, 177 (186); Soldner, K&R 2011, 760 (763). Bedenklich erscheint dagegen der Vorschlag (s. Baumann/Hofmann, ZUM 2011, 890 [896]) eines Vergütungssystems bei Satellitensendungen, das eine nach Gebieten differenzierende Vergütung vorsieht (Leistner, JZ 2011, 1140 [1142]). Da dieses jedoch soweit bekannt in der Praxis keine Rolle spielt, soll auf die Problematik der Preisdifferenzierung nach Vertriebsgebieten an dieser Stelle nicht eingegangen werden.

1229 S. Kreile, ZUM 2011, 719 (721 f.).

Medieninhalten[1230]. Hier wird es darauf ankommen, wie wichtig der Kommentar für den Genuss der Veranstaltung ist. Sicherlich kann ein Fußballspiel leichter auch ohne Kommentar verstanden werden als z.B. eine weniger bekannte Sportart mit komplexen Regeln. Auch Kombinationen der verschiedenen Möglichkeiten der Definition von Rechtepaketen sind möglich. Außerdem wäre aus Sicht der Rechteinhaber an Koppelungsangebote mit einer bestimmten Zusammenstellung von Programmangeboten zu denken, die in Verbindung mit einer entsprechenden Preispolitik die Abwanderung eindämmen könnten[1231]. Auch die nicht-exklusive Vergabe von Rechten oder der Verzicht auf die Lizenzierung bestimmter Rechte zugunsten anderer Auswertungsformen kämen in Frage[1232]. Schließlich können Lizenzen auch exklusiv für bestimmte Übertragungswege vergeben werden[1233]. Etwa beim Kabelfernsehen kann hier durch die faktische Begrenzung des Kabelnetzes[1234] durchaus ein Verbreitungsgebiet festgelegt werden, ohne dass es irgendwelcher Vereinbarungen zum absoluten Gebietsschutz bedürfte. Ob die Entscheidung „Karen Murphy" inhaltlich überhaupt auf andere Übertragungswege als den Satellitenrundfunk übertragbar ist, gilt es noch zu untersuchen.

d) Auswirkungen auf andere Übertragungswege

Fraglich ist weiterhin, ob die Entscheidung, die zu einem Sachverhalt erging, der Satellitensendungen betraf, auf andere technische Übertragungswege übertragbar ist. Da der EuGH in seiner Urteilsbegründung auf die Satellitenrichtlinie[1235] Bezug nahm, ist ihr Einfluss auf die Entscheidung zu untersuchen. Die wesentliche Besonderheit der Satellitenrichtlinie besteht in ihrer Anordnung des Sendelandprinzips, das für den Bereich der Satellitensendungen gewissermaßen ein Ursprungslandprinzip einführt. Diese Regelung modifiziert im Hinblick

---

1230 Christmann, ZUM 2012, 187 (189); Baumann/Hofmann, ZUM 2011, 890 (896); Kreile, ZUM 2011, 719 (723); Christmann, ZUM 2006, 23. S. dazu auch Bernhard/Nemeczek, GRUR 2012, 293 (300).

1231 S. die Vorschläge von v. Appen/Jens, Sponsors 11/2011, 48 (51).

1232 Kuhn/Lentze, SpuRt 2011, 222 (226); Holzmüller/Lichtenegger, GRUR Int 2009, 195 (200).

1233 Ratjen/Langer, ZUM 2012, 299 (304).

1234 S. dazu Christmann, ZUM 2006, 23 (24 f.). Zur faktischen Begrenzung des „Overspills" s. auch Kirschenhofer, ZUM 2006, 15 (17 ff.). Im Hinblick auf die zunehmende Konvergenz zweifelt hieran Vedder, ZUM 2012, 190 (194).

1235 Richtlinie 93/83/EWG des Rates vom 27. September 1993 zur Koordinierung bestimmter urheber- und leistungsschutzrechtlicher Vorschriften betreffend Satellitenrundfunk und Kabelweiterleitung, ABl. EG L 248/15 v. 6.10.1993.

auf den europarechtlich anerkannten spezifischen Gegenstand das dem Immaterialgüterrecht innewohnende Territorialitätsprinzip. Zunächst unterliegen Immaterialgüterrechte, wie insbesondere das Urheberrecht, diesem Grundsatz der Territorialität. Da in diesem Bereich kein supranationales Schutzrecht existiert, sondern nationale Regelungen gelten, finden die darauf basierenden urheberrechtlichen Rechtspositionen ihre natürlichen Grenzen in den Staatengrenzen. Eine Nutzungsrechtsvergabe kann somit stets nur für einen Mitgliedstaat stattfinden. Werden Rechte für die Territorien mehrerer Mitgliedstaaten lizenziert, werden urheberrechtlich gesehen mehrere Rechte vergeben[1236]. Dieser im Völkerrecht auf den Grenzen staatlicher Souveränität fußende Grundsatz des Urheberrechts wird vom Europarecht anerkannt[1237]. Die Territorialität gilt als Bestandteil des spezifischen Gegenstands des Schutzrechts, der nicht nur im Kartellrecht, sondern auch im Hinblick auf die Grundfreiheiten gewahrt wird[1238]. Die Satellitenrichtlinie definiert nun in Art. 1 Abs. 2 lit. b) für Satellitensendungen die entscheidende Verwertungshandlung so eng, dass sie stets nur in einem Staat lokalisiert ist[1239]. Damit kann ausschließlich an die Rechtsordnung dieses Staates angeknüpft werden, so dass ein Sendeakt nicht der Anwendung mehrerer nationaler Regelungen unterliegt. Damit wird der technischen Besonderheit des Satellitenrundfunks Rechnung getragen, dass die Ausleuchtzone des Satelliten in der Regel das Gebiet mehrerer Staaten erfasst. Die Richtlinie diente der Erleichterung der Verbreitung des Satellitenrundfunks auf der Basis größerer Rechtssicherheit. Damit wurde im Ergebnis für die Satellitensendung das Herkunftslandprinzip eingeführt[1240] – es kann jedoch keine Rede davon sein, dass für den Bereich der öffentlichen Wiedergabe etwa eine Art europaweiter Erschöpfungsgrundsatz gälte. Vielmehr wird lediglich zum Zweck der Vereinfachung für die entscheidende Verwertungshandlung nur auf einen Aspekt des Sendevorgangs abgestellt[1241].

1236 *Nordemann-Schiffel* in: Fromm/Nordemann, vor §§ 120 ff. UrhG, Rn. 59; *Katzenberger* in: Schricker/Loewenheim, vor §§ 120 ff., Rn. 120; *Schricker/Loewenheim* in: Schricker/Loewenheim, UrhR, vor § 28, Rn. 91; Peifer, ZUM 2006, 1 (6).

1237 S. insbesondere Vorschlag für eine Richtlinie des Europäischen Parlaments und des Rates zur Harmonisierung bestimmter Aspekte des Urheberrechts und der verwandten Schutzrechte in der Informationsgesellschaft, COM(97) 628 final, S. 10.

1238 Heinemann (2002), S. 221, 231, 381.

1239 S. Umsetzung in Deutschland durch § 20a UrhG.

1240 Richtlinie 93/83/EWG, Erwägungsgrund 18.

1241 v. Albrecht/Mutschler-Siebert/Bosch, ZUM 2012, 93 (95).

Dieses Sendelandprinzip gilt daher auch nicht für andere Übertragungswege. Der EuGH hat in den Entscheidungsgründen der „Karen Murphy"-Entscheidung ausdrücklich auf das Sendelandprinzip der Satellitenrichtlinie Bezug genommen[1242] und ist gerade nicht der Ansicht der Generalanwältin Kokott gefolgt, wonach der Erschöpfungsgrundsatz des Warenverkehrs auch für Dienstleistungen gelten und immaterielle Güter erfassen müsse[1243]. Demnach ist die Entscheidung auch nicht ohne Weiteres auf Nutzungen über andere technische Übertragungswege anzuwenden[1244]. Für den Rundfunk gilt aus urheberrechtlicher Sicht vielmehr bezüglich des Senderechts der Bestimmungslandgrundsatz, wonach das Senderecht bei grenzüberschreitenden Rundfunksendungen sowohl im Sendeland als auch im Empfangsstaat betroffen ist. Im Internet ist das Recht der öffentlichen Zugänglichmachung betroffen, für das ebenfalls der Bestimmungslandgrundsatz gilt. Auch hier findet der Nutzungsvorgang sowohl im Ausgangsstaat als auch in allen Empfangsstaaten statt[1245].

Gleichwohl bleibt die Frage, wie weit das Territorialitätsprinzip der Immaterialgüterrechte im Hinblick auf die Ziele der anderen einschlägigen Richtlinien und im europäischen Kartellrecht noch reicht. Nicht nur die Satellitenrichtlinie, sondern auch die Richtlinie „Fernsehen ohne Grenzen"[1246] und die Urheberrechtsrichtlinie[1247], die für die Entscheidung ebenfalls eine Rolle spielten, betonen in ihren Erwägungsgründen das Ziel des Übergangs von nationalen Märkten

---

1242 EuGH Urt. v. 4.10.2011 in den verb. Rs. C-403/08, C-429/08 – Karen Murphy, Rn. 120.

1243 Schlussanträge der Generalanwältin Juliane Kokott v. 3.2.2011 in der Rs. C-403/08 und C-429/08 – Karen Murphy, Rn. 185 ff. S. bereits Berger, GRUR 2002, 198.

1244 Ebenso v. Albrecht/Mutschler-Siebert/Bosch, ZUM 2012, 93 (95); Baumann/Hofmann, ZUM 2011, 890 (894); Kahlert, CaS 2011, 323 (332 f.); Leistner, JZ 2011, 1140 (1143). Ferner Heermann, WRP 2012, 650 (651). Den Fragenkomplex übersehen v. Appen/Jens, Sponsors 11/2011, 48 (50).

1245 Entscheidung der Europäischen Kommission v. 8.10.2002 in der Sache COMP/C2/38.014 — IFPI „Simulcasting", Rn. 21.

1246 Richtlinie 97/36/EG des Europäischen Parlaments und des Rates vom 30. Juni 1997 zur Änderung der Richtlinie 89/552/EWG des Rates zur Koordinierung bestimmter Rechts- und Verwaltungsvorschriften der Mitgliedstaaten über die Ausübung der Fernsehtätigkeit, ABl. EG L 202/60 v. 30.7.1997.

1247 Richtlinie 2001/29/EG des Europäischen Parlaments und des Rates vom 22. Mai 2001 zur Harmonisierung bestimmter Aspekte des Urheberrechts und der verwandten Schutzrechte in der Informationsgesellschaft, ABl. EG L 167/10 v. 22.6.2001, Erwägungsgrund 1 und Art. 1 Abs. 1.

zu einem einheitlichen Markt der Fernsehproduktion und -verbreitung[1248]. Die territorial begrenzte Geltung des Urheberrechts gerät zwangsläufig mit dieser Zielvorgabe in ein Spannungsverhältnis. Die Frage, ob die beschriebene faktische Aufweichung des Territorialitätsprinzips zugunsten eines Binnenmarkts für das Fernsehen durch die Satellitenrichtlinie auch außerhalb ihres Anwendungsbereichs letztlich im Wege der Auslegung der Grundfreiheiten und des europäischen Wettbewerbsrechts im Lichte des Binnenmarktziels auf andere Fälle zur Anwendung kommen kann, gilt als offen[1249]. Für das Fernsehen ist neben dem Satellitenrundfunk an den (kaum noch relevanten) terrestrischen Rundfunk sowie die Kabelverbreitung zu denken. Weiterhin ist für Sportveranstaltungen die audiovisuelle Verwertung im Internet relevant. Das Territorialitätsprinzip bleibt für den terrestrischen Rundfunk laut EuGH grundsätzlich unberührt[1250]. Diese Aussage traf der Gerichtshof im Hinblick auf die Richtlinie zum Vermiet- und Verleihrecht[1251], die ihren Erwägungsgründen ebenfalls die Ziele der Schaffung eines Raums ohne Binnengrenzen sowie den Schutz des Wettbewerbs innerhalb des gemeinsamen Marktes nennt. Zudem galt bisher stets, dass das Aufführungsrecht[1252] und das Recht der öffentlichen Zugänglichmachung[1253] sowie das Vervielfältigungsrecht[1254] im Gegensatz zum Verbreitungsrecht nicht erschöpfen. Die entscheidende Rolle spielt für die Frage nach der Reichweite des Territorialitätsprinzips die Urheberrechtrichtlinie selbst. Die Richtlinie soll nach ihren Erwägungsgründen 3, 6 und 7 die Herausforderungen überwinden, denen der Binnenmarkt aufgrund der unterschiedlichen nationalen Regelungen gegenüber steht und im Interesse der Informationsgesellschaft in Europa seine Zersplitterung verhindern. Auf dieser Grundlage könnte man mit der Generalanwältin in Sachen „Karen Murphy" exklusiven Gebietsschutz für ein

---

1248 Für Satellitenrichtlinie und Richtlinie „Fernsehen ohne Grenzen" ausdrücklich EuGH Urt. v. 4.10.2011 in den verb. Rs. C-403/08, C-429/08 – Karen Murphy, Rn. 121.

1249 Heermann, WRP 2012, 650 (651); Leistner, JZ 2011, 1140 (1143).

1250 Für den terrestrischen Rundfunk s. EuGH Urt. v. 14.7.2005 in der Rs. 192/04 – Lagardère, Rn. 46.

1251 Richtlinie 92/100/EWG des Rates vom 19. November 1992 zum Vermietrecht und Verleihrecht sowie zu bestimmten dem Urheberrecht verwandten Schutzrechten im Bereich des geistigen Eigentums (ABl. EG L 346/61 v. 27.11.1992).

1252 EuGH Urt. v. 18.3.1980 in der Rs. 62/79 – Coditel I, Rn. 18.

1253 RL 2001/29/EG, Erwägungsgrund 29.

1254 EuGH Urt. v. 9.11.2004 in der Rs. C-203/02 – British Horseracing Board, Rn. 52 mit Bezug auf Art. 7 Abs. 2 lit. b Datenbankrichtlinie; BGH Urt. v. 21.4.2005 in der Rs. I ZR 1/02 – Marktstudien, Rn. 26.

unzulässiges Hindernis im Binnenmarkt halten[1255]. Auf der anderen Seite fallen Erwägungsgrund 29 sowie Art. 3 Abs. 3 der Richtlinie ins Gewicht, die ausdrücklich die Anwendung des Erschöpfungsgrundsatzes für Dienstleistungen und speziell Online-Dienste ausschließen. Der EuGH hat die Argumentation der Generalanwältin[1256] auch explizit nicht aufgegriffen. Im Hinblick auf die ihm gebotene „Steilvorlage" in den Schlussanträgen ist daher anzunehmen, dass der EuGH seine Linie in dieser Frage nicht zu ändern gewillt ist – wohl, weil er dafür keine rechtliche Grundlage sieht[1257]. Die Schlussanträge gelten einigen Beobachtern auch eher als politisch motiviert[1258]. Aber auch wenn man die aktuellen Entwicklungen zum Urheberrecht auf europäischer Ebene verfolgt, ist immer wieder zu erkennen, dass das Territorialitätsprinzip weiterhin als gültig anerkannt ist. So werden, wie beispielsweise für den Bereich der Musikwerke[1259], nur punktuelle Veränderungen angestrebt. Was die für 2014 geplante Überprüfung des Regelungsrahmens für das Urheberrecht[1260] bringt, bleibt abzuwarten. Wollte man an dieser Stelle eine Veränderung vornehmen, die das Territorialitätsprinzip als solches abschaffte, müsste dies im Rahmen einer Änderung der Urheberrechtsrichtlinie, in Form einer Verordnung oder im Hinblick auf Art. 345 AEUV gar durch Änderung der Verträge geschehen[1261]. Die Änderung der Urheberrechtsrichtlinie, zumal in solch grundlegenden Punkten, gilt als politisch

---

1255 Der Generalanwältin insoweit zustimmend z.B. Nehl, EuZW 2011, 413 (414).

1256 Ausführlich zu den Schlussanträgen s. etwa Schmittmann/Lewalter, AfP 2011, 142.

1257 Die Entscheidung des EuGH in der Sache Oracle/UsedSoft (EuGH Urt. v. 3.7.2012 in der Rs. C-128/11 – „UsedSoft" Gebrauchtsoftware) ändert daran nichts, denn sie betrifft einen Sachverhalt, der von der Sonderregelung der Software-Richtlinie erfasst wird. So auch LG Bielefeld Urt. v. 5.3.2013 in der Rs. 4 O 191/11, GRUR-RR 2013, 281. S. zur Diskussion etwa Schneider/Spindler, CR 2012, 489; Leistner, CR 2011, 209; Grützmacher, CR 2010, 141; Nordmeyer, GRUR Int 2010, 489; Eilmansberger, GRUR 2009, 1123; Spindler, CR 2008, 69; Grützmacher, CR 2007, 549.

1258 Enßlin, ZUM 2011, 714 (718 f.). Zur Urheberrechtsrichtlinie s. *Bechtold* in: Dreier/Hugenholtz, Art. 3 Information Society Directive, p. 362 f.

1259 S. Empfehlung der Kommission v. 18. Mai 2005 für die länderübergreifende kollektive Wahrnehmung von Urheberrechten und verwandten Schutzrechten, die für legale Online-Musikdienste benötigt werden (2005/737/EG).

1260 S. Europäische Kommission, DG MARKT D.1: Roadmap – Review of the EU copyright framework 10/2013, abrufbar unter: ec.euroa.eu/governance/impact/planned_ia/docs/2014_markt_005_copyright_acquis_en.pdf (zuletzt aufgerufen am 11.8.2014).

1261 Leistner, CMLR 46 (2009) 847 (883 f.). Ebenso Ranke/Roßnagel, die das Urteil als Aufforderung zur Harmonisierung in diesem Bereich verstehen, s. MMR 2012, 152 (155 f., 157).

äußerst schwierig. Auch die Schaffung eines supranationalen Schutzrechts durch Verordnung oder Vertrag ist derzeit nicht im Gespräch. Demnach ist am europarechtlich anerkannten Territorialitätsprinzip des Urheberrechts weiterhin festzuhalten. Auch die Einführung einer Erschöpfung des Rechts der öffentlichen Wiedergabe oder des Senderechts für wirtschaftlich relevante Fälle wäre nicht ohne Weiteres möglich, da Art. 11bis Abs. 2 RBÜ die Beschränkung dieser Rechte von der Aufrechterhaltung der Möglichkeit der Erzielung angemessener Vergütungen abhängig macht. Auch der Dreistufentest des Art. 9 Abs. 2 RBÜ begrenzt die Einschränkung des Rechts der Vervielfältigung durch Vertragsstaaten auf spezielle Fälle, die mit der normalen wirtschaftlichen Verwertung des Rechts nicht konfligieren.

Speziell für den Fall der Live-Sportübertragungsrechte wird übrigens teilweise die Erschöpfung mit dem Argument abgelehnt, der zeitliche Faktor, der einer Live-Verwertung innewohnt, erlaube nicht das Anknüpfen an ein erstmaliges Inverkehrbringen, da der wirtschaftliche Wert der Live-Übertragung (anders als etwa bei Spielfilmen) mit ihrem Ende erlösche. Der spezifische Gegenstand des Schutzrechts werde dadurch angegriffen[1262]. Dies leuchtet insofern ein, als der Erschöpfungsgrundsatz im Warenverkehr dem Rechteinhaber die Erlöse aus dem ersten Inverkehrbringen zugesteht und das Verbreitungsrecht erst danach für weitere Verbreitungshandlungen als erschöpft ansieht.

Für andere Übertragungswege als den Satellitenrundfunk ist die „Karen Murphy"-Entscheidung daher wie beschrieben mit Rücksicht auf das Territorialitätsprinzip auszulegen. Während bei Satellitensendungen territoriale Beschränkungen aufgrund des Sendelandprinzips naturgemäß beim Empfänger ansetzen müssen und nur schuldrechtlicher Natur sind, liegen sie bei anderen Übertragungswegen in der Natur des Immaterialgüterrechts und entsprechen seiner dinglichen Wirkung. Es spricht daher nichts gegen die „offene" Begrenzung von Lizenzen auf bestimmte Sendegebiete. Im Hinblick auf Sportübertragungsrechte als europarechtlich anerkannte Immaterialgüterrechte stellt sich allerdings die Frage, ob auch ihnen ein Territorialitätsprinzip innewohnt. Dabei ist nicht auf die Abwehrpositionen der einzelnen mitgliedstaatlichen Rechtsordnungen wie das Hausrecht etc. zurückzugreifen, sondern wiederum auf den auf europäischer Ebene entwickelten spezifischen Gegenstand. Dabei wird deutlich, dass es zunächst widersprüchlich erscheint, einer auf europäischer Ebene erst anerkannten Rechtsposition territorialen Charakter zuzuschreiben. Gleichzeitig handelt es sich gerade nicht um ein im Europarecht normiertes Recht oder

---

1262 Leistner, JZ 2011, 1140 (1142).

um eine Rechtsposition aus vollharmonisiertem nationalem Recht. Vielmehr bildet die Figur des „spezifischen Gegenstands" gerade die Anerkennung nationaler Rechtsordnungen durch das Europarecht ab. Insofern wohnt bereits dem Gedanken des spezifischen Gegenstands eines Immaterialgüterrechts die Dimension der Territorialität des Schutzrechts inne. Da dieser spezifische Gegenstand bei Sportveranstaltungen aus Sicht des EuGH auf die Originalität der Veranstaltungen zurückgeht, ist die Konsequenz der Gleichbehandlung mit den sonderrechtlichen Immaterialgüterrechten bereits angeführt worden. Auch im Hinblick auf das Territorialitätsprinzip kann nichts anderes gelten.

Es zeigt sich hier, wie unterschiedlich das Europarecht aus der Perspektive unterschiedlicher nationaler Rechtsordnungen anmuten kann. Aus Sicht des deutschen Rechts, das keine absolute Rechtsposition zum Schutz von Sportveranstaltern kennt, scheint die Anerkennung einer immaterialgüterrechtlichen Rechtsposition auf europäischer Ebene möglicherweise zu weitgehend. Aus Sicht des französischen Rechts[1263] hingegen würde jedes andere Ergebnis überraschen. Da es für die europaweit einheitliche Auslegung des Kartellrechts nicht darauf ankommen kann, ob nun Rechte an der französischen Ligue 1, an englischem Rugby oder an einem deutschen Reitturnier betroffen sind, ist gleichwohl eine einheitliche Behandlung von Sportübertragungsrechten zwingend. Dass in vielen Mitgliedstaaten noch entsprechende nationale Regelungen fehlen, wird durch die europäischen Institutionen im Hinblick auf die wirtschaftliche Bedeutung der Übertragungsrechte offenbar für wenig bedeutsam erachtet. Dazu passt die bereits erwähnte Praxis auf nationaler Ebene, wo auch in Deutschland Sportübertragungsrechte wie verkehrsfähige absolute Rechte gehandelt werden[1264].

Es bleibt somit festzuhalten, dass auch Sportübertragungsrechte dem Territorialitätsprinzip unterliegen. Demnach dürfen sie aus europarechtlicher Sicht territorial beschränkt vergeben werden, selbst wenn das auf nationaler Ebene nicht ihrem rechtsdogmatischen Charakter als Abwehrrechte entspricht. Vereinbarungen über solche Gebietsbeschränkungen dürfen in ihrer Wirkung nicht über den spezifischen Gegenstand des Sportübertragungsrechts hinausgehen. Auch Sportsendungen dürfen demnach in ihrer Reichweite beschränkt werden. Im Hinblick auf die Abgrenzung zum „absoluten" Gebietsschutz ist an den Fall des Geoblockings bzw. der Geolocation im Internet zu denken. Diese Technologie ist für Angebote des sogenannten Web-TV und des Video on Demand wichtig. Dabei wird der Standort des Rechners des Internetnutzers festgestellt

---

1263 S. zur Regelung als absolutes Recht Herr (2008), S. 77 ff.

1264 Hilty/Henning-Bodewig (2007), S. 87 f.

und technisch verhindert, dass Empfänger in Gebieten, für die keine Lizenz erteilt wurde, das jeweilige Angebot nutzen. Für diese Fälle wird vertreten, dass die Durchsetzung einer territorialen Beschränkung mittels Geolocation weiterhin zulässig ist, da diese technische Maßnahme lediglich das umsetze, was im Immaterialgüterrecht gelte. Die ohnehin dinglich beschränkte Lizenz werde durch entsprechende technische Maßnahmen lediglich insoweit geschützt, als es zu ihrer Verwertung ohnehin zwingend erforderlich sei. Anders könne eine angemessene Vergütung nicht gesichert werden. Daher könne diese auch kartellrechtlich nicht verboten sein, da nur der spezifische Gegenstand des Immaterialgüterrechts verwirklicht werde[1265]. Im Hinblick auf die globale Verbreitung des Internets erscheint in der Tat fraglich, wie eine territorial beschränkte Lizenz anders umgesetzt werden sollte als durch entsprechende technische Schutzmaßnahmen. Der Schutz der angemessenen Vergütung des Rechteinhabers ist im Internet ohnehin schwierig umzusetzen. Auf der anderen Seite verhindert diese technische Lösung – sofern sie nicht ohnehin umgangen wird – gleichsam automatisch auch die grenzüberschreitende Nachfrage (im Sinne „passiver“ Lizenzverkäufe) über Staatengrenzen im Binnenmarkt hinweg und führt damit auch zu einer Marktabschottung entlang nationaler Grenzen. Zwar gibt es kein „milderes Mittel“, das das legitime Ziel ebenfalls erreichen würde. Im Hinblick auf das große Gewicht des Binnenmarktziels könnte man jedoch auch argumentieren, ein Angebot im Internet sei von Natur aus nicht in derselben Weise wie andere Angebote territorial beschränkbar. Nimmt man jedoch den spezifischen Gegenstand der Immaterialgüterrechte ernst, ist diese Argumentation letztlich nicht überzeugend. Man bräuchte ansonsten die Regelung zum Sendelandprinzip in der Satellitenrichtlinie nicht, wenn aufgrund der Charakteristika einer Übertragungstechnologie Rechte am geistigen Eigentum im Interesse eines funktionierenden Binnenmarkts ihrer territorialen Wirkung beraubt werden könnten.

e) Fazit

Zusammenfassend ist festzustellen, dass Sportübertragungsrechte im europäischen Recht heute behandelt werden wie Immaterialgüterrechte, einschließlich ihrer dinglichen Wirkung und des Territorialitätsprinzips. Weiterhin gilt im europäischen Recht kein allgemeiner Erschöpfungsgrundsatz für Immaterialgüter analog der Erschöpfung im Rahmen der Warenverkehrsfreiheit. Die derzeitigen politischen Bestrebungen, zukünftig mehr pan-europäische Lizenzierungen zu

1265 v. Albrecht/Mutschler-Siebert/Bosch, ZUM 2012, 93 (97, 99 f.); Poll, SpuRt 2012, 5 (8).

ermöglichen, zeigen jedoch, dass in diesem Bereich einiges in Bewegung ist[1266]. Ob den Zuschauern mit der „Karen Murphy"-Entscheidung ein Gefallen getan wurde, wird die Praxis zeigen müssen. Würden in Zukunft aufgrund von Äquivalenzklauseln ausländische Sportangebote im Fernsehen flächendeckend teurer, wäre dem Konsumenten jedenfalls nicht gedient[1267].

Interessant ist auch die Frage, ob die Entscheidung im Endeffekt Karen Murphy genützt hat. Nach der Vorabentscheidung durch den EuGH kam das High Court unter Beachtung der Vorgaben des EuGH[1268] u.a. zu dem Schluss, dass das Zeigen eines Fußballspiels in einer Kneipe eine öffentliche Wiedergabe im Sinne des Urheberrechts ist. Damit schafft der EuGH auf europäischer Ebene gewissermaßen ein „Kneipenrecht"[1269]. Deshalb darf Karen Murphy die urheberrechtlich geschützten Elemente wie die Hymne der Liga, Logos, Grafiken usw. nicht ohne Zustimmung der Rechteinhaber in ihrer Gaststätte zeigen[1270]. Das Recht der öffentlichen Wiedergabe ist für das Urheberrecht speziell geregelt, mangels sondergesetzlicher Schutznorm gibt es eine vergleichbare Regelung für Sportübertragungsrechte nicht. Hier zeigt sich nun die Grenze der Rechtsposition des Inhabers von Sportübertragungsrechten. Erst die Anreicherung von Sportsendungen mit urheberrechtlich geschützten Elementen – die für den Zuschauer

---

1266 S. etwa Grünbuch über den Online-Vertrieb von audiovisuellen Werken in der Europäischen Union: Chancen und Herausforderungen für den digitalen Binnenmarkt, KOM(2011) 427 endgültig, S. 10; Mitteilung der Europäischen Kommission „Ein Binnenmarkt für Rechte des geistigen Eigentums Förderung von Kreativität und Innovation zur Gewährleistung von Wirtschaftswachstum, hochwertigen Arbeitsplätzen sowie erstklassigen Produkten und Dienstleistungen in Europa" KOM(2011) 287, S. 13. Empfehlung der Kommission v. 18. Mai 2005 für die länderübergreifende kollektive Wahrnehmung von Urheberrechten und verwandten Schutzrechten, die für legale Online-Musikdienste benötigt werden (2005/737/EG). Rosati [2011] EIPR 673 (674 ff.). S. auch EuG Urt. v. 12.4.2013 in der Rs. T-442/08 – CISAC.

1267 Ebenso Kreile, ZUM 2012, 177 (184); Baumann/Hofmann, ZUM 2011, 890 (895 f.); Peifer, GRUR-Prax 2011, 435 (438). Wenig überzeugend daher Heermann, WRP 2012, 371 (374). Das gab auch die Generalanwältin zu, s. Schlussanträge der Generalanwältin Juliane Kokott v. 3.2.2011 in der Rs. C-403/08 und C-429/08 – Karen Murphy, Rn. 201.

1268 EuGH Urt. v. 4.10.2011 in den verb. Rs. C-403/08, C-429/08 – Karen Murphy, Rn. 195 f., 207 zu Art. 3 Abs. 1 RL 2001/29/EG. Auf das Meinungsspektrum zur Richtigkeit dieser Einordnung kann hier nicht eingegangen werden. S. für die deutsche Rechtsordnung § 15 Abs. 2 UrhG.

1269 Leistner, JZ 2011, 1140 (1146); Peifer, GRUR-Prax 2011, 435 (437).

1270 *Football Association Premier League Ltd. & Ors. v QC Leisure & Ors.* [2012] EWHC 108 (Ch.); *Karen Murphy v. Media Protection Services Ltd.* [2012] EWHC 466.

eigentlich nebensächlich sind – führen in der Praxis zu einem wesentlich weiter gehenden Schutz als ihn die Sportübertragung allein für sich beanspruchen kann. Ob ein sondergesetzlicher Leistungsschutz für Sportveranstalter hier helfen würde, hängt von seiner Ausgestaltung im Detail ab. Die beschriebenen Grenzen im Hinblick auf „absoluten" Gebietsschutz wären auf ein solches Schutzrecht jedenfalls ebenso anwendbar.

Für die weiteren Ausführungen ist noch Folgendes zu bemerken: Sofern im Rahmen dieser Untersuchung von Vorgängen vor 2011 die Rede ist, ist zu berücksichtigen, dass die Praxis bis 2011 regelmäßig territoriale Beschränkungen einsetzte und dass diese Gebietsausschließlichkeitsklauseln sowie die Vereinbarungen zu ihrer Durchsetzung damals allgemein als rechtmäßig galten.

II. Wirtschaftliche Bedeutung der Sportrechte

Mediale Rechte an Sportveranstaltungen gehören heute zu den wirtschaftlich wertvollsten medialen Rechten überhaupt. Insbesondere die Fernsehübertragungsrechte sind im Wert enorm gestiegen seit die Zeiten der Frequenzknappheit vorbei sind und eine große Zahl von öffentlich-rechtlichen und privaten[1271] Sendern miteinander um die Rechte konkurriert. Sportrechte gelten aus Sicht der Medienunternehmen für alle Plattformen als „Premium Content" und damit als unverzichtbar für eine starke Marktstellung im Kampf um Werbeerlöse oder Abonnentenzahlen. Dies beruht auf der großen Beliebtheit der Sportwettkämpfe und dem enorm hohen Unterhaltungswert, den insbesondere Live-Übertragungen haben[1272] und der sich in Marktanteil und Reichweiten niederschlägt[1273]. Auch eine Nachverwertung erregt innerhalb eines gewissen Zeitfensters noch großes Interesse. Sportveranstaltungen bieten den Sendern ein hohes und gut prognostizierbares Zuschauerinteresse bei vergleichsweise geringem Aufwand, da das Programm inhaltlich nicht weiter gestaltet werden muss.

1. Entwicklung der Lizenzerlöse

In Europa bezahlte 1948 zum ersten Mal ein Rundfunkveranstalter für das Recht, ein Sportereignis im Fernsehen zu übertragen. Die BBC zahlte damals dem

---

1271 Das Privatfernsehen in Deutschland startete im Juni 1984. Seit der Saison 1985/86 fragen auch private Sendeunternehmen Rechte an der Fußball-Bundesliga nach.

1272 Robertson, WC 2002, 423 (425); de Kepper in: Vieweg 2000, S. 15. Teilweise wird Sport auch als „killer content" bezeichnet, s. Lefever/Rompuy [2009] 2 JML 243 (245).

1273 S. als Beispiel: zu Marktanteilen und Reichweiten der WM 2006 in Deutschland Geese/Zeughardt/Gerhard, MP 9/2006, 454 (455).

Olympischen Komitee £ 1500 für die Fernsehrechte an den Sommerspielen, die in London stattfanden[1274]. Während der 1950er Jahre des letzten Jahrhunderts wurde es üblich, dass für die Übertragung eines Spiels der nationalen Fußball-Liga jeweils Beträge von etwa DM 1000 bezahlt wurden[1275]. Noch in den 1960er Jahren zahlten jedoch teilweise die Vereine für die Berichterstattung im Fernsehen[1276]. Bis Mitte der 80er Jahre stiegen die Entgelte kontinuierlich an. In den 70ern kosteten die europäischen Rechte an einem europäischen Spitzen-Fußballspiel bereits durchschnittlich ca. DM 50.000[1277]. Seit Ende der 80er Jahre des letzten Jahrhunderts hat der Preisanstieg jedoch eine neue Dimension angenommen. Der Marktzutritt kommerzieller Fernsehsender ab Mitte der 80er Jahre[1278] sowie die wachsende Nachfrage nach Sportübertragungen Ende der 80er und Anfang der 90er Jahre[1279] hat zu einem steilen Anstieg der Preise und einer Ausweitung der Angebote geführt[1280]. Die Europäische Kommission sieht auch die Praxis der Sportagenturen, Rechte in Pakete für die Auswertung in bestimmten Gebieten und bestimmten Zeitfenstern aufzuteilen, als einen Faktor, der zu den Preisanstiegen beigetragen hat[1281]. Wie sich die „Karen Murphy"-Entscheidung langfristig auf die Lizenzentgelte auswirken wird, ist noch nicht klar. Eine bedeutende Veränderung scheint sie aber zunächst nicht gebracht zu haben[1282]. Auch wenn der starke Anstieg der Lizenzgebühren gelegentlich als wirtschaftlich wenig rational eingeschätzt wird[1283], scheint der Aufwärtstrend bis heute ungebrochen.

Beispielhaft kann auf die Erlöse verwiesen werden, die auf Seiten der Vereine für die Rechte an Fußballwettkämpfen erzielt werden. So hat etwa Real Madrid,

---

1274 van Westerloo, MP 1996, 514.

1275 van Westerloo, MP 1996, 514.

1276 So lt. Heinemann (ZEuP 06, 337 [338]) in der ersten Bundesliga-Saison 1963/64.

1277 van Westerloo, MP 1996, 514.

1278 Noch 1990 hatten in Deutschland die öffentlich-rechtlichen Sendeanstalten einen beherrschenden Marktanteil, s. etwa Grundmann (1990), S. 143.

1279 Iosifidis/Smith (2011), S. 5; van Westerloo, MP 1996, 514 (515).

1280 Zur Entwicklung z.B. Iosifidis/Smith (2011), S. 5 ff.; van Westerloo, MP 1996, 514 ff. Zahlen zu Kosten der Verwertungsrechte der Fußball-Bundesliga seit 1965: *Summerer* in: Fritzweiler/Pfister/Summerer, 4. Teil, Rn. 140; Übersicht über jährliche Zahlen 1965-1999 bei Spiegel Online, abrufbar unter: http://www.spiegel.de/sport/fussball/0,1518,74669,00.html (zuletzt aufgerufen am 11.8.2014).

1281 Entscheidung der Europäischen Kommission v. 11.6.1993 in der Sache IV/32.150 – EBU, ABl. EG L 179/23 v. 22.7.1993, Rn. 24.

1282 S. Heermann, WRP 2012, 650 (658).

1283 Im Hinblick auf den ungewissen Ausgang der Veranstaltungen sieht Desbordes (in: Jeanrenaud/Késenne, S. 131 ff., 146) ein hohes wirtschaftliches Risiko.

der größte Verdiener unter den europäischen Fußballklubs, im Jahr 2007 stolze 37% seiner Einnahmen oder 135,8 Mio. Euro durch den Verkauf medialer Rechte erwirtschaftet[1284]. Juventus Turin bezog mit 106,6 Mio. Euro gar 64% seiner Einnahmen aus dieser Quelle[1285]. In Deutschland liegen die Preise für Übertragungsrechte traditionell niedriger als in anderen europäischen Ländern[1286]. Trotzdem erwirtschaftete Schalke 04 im Jahr 2007 immerhin 56 Mio. Euro und damit 38% seiner Einnahmen über mediale Verwertungsrechte[1287]. Europaweit erzielten nach Zahlen der Europäischen Kommission von 2003 die Fußballclubs zwischen 30 und 70 Prozent ihrer gesamten Einnahmen aus Fernsehgeldern[1288]. Auch heute bleiben diese ein ganz wesentlicher Umsatzfaktor[1289]. Ursprünglich generierten die Vereine ihre Einnahmen ausschließlich aus dem Verkauf von Eintrittskarten. Heute macht diese Einnahmequelle im europaweiten Durchschnitt nur noch 30% der Einnahmen aus[1290]. Die „Fernsehgelder" sowie Einnahmen aus Sponsoring und Merchandising haben enorm an Bedeutung gewonnen.

Die Zahlen der Verbände vermitteln ebenfalls einen Eindruck von der Entwicklung. So nahm die DFL für die deutschen Übertragungsrechte an den drei Spielzeiten ab der Saison 2006/07 jährlich rund 420 Mio. Euro ein, damals ein Rekordergebnis[1291]. Ab der Spielzeit 2009/10 waren es trotz globaler Wirtschaftskrise noch rund 412 Mio. Euro pro Saison über vier Jahre[1292]. 1992 waren es noch ca. 350 Mio. Euro für fünf Jahre gewesen[1293]. Ein neuerliches Rekordergebnis wurde trotz „Karen-Murphy"-Entscheidung des EuGH mit 2,5 Mrd. Euro

---

1284 Deloitte Football Money League 2009, S. 7.

1285 Deloitte Football Money League 2009, S. 17.

1286 S. etwa FR v. 18.4.2012, S. 2 (Kasten).

1287 Deloitte Football Money League 2009, S. 19.

1288 Klambauer in: Weber/Osterwalder, S. 76; Ungerer, MuR 2004, 206 (208); Herbert Ungerer, Rede vom 2.10.2003 in Barcelona, abrufbar unter: http://ec.europa.eu/competition/speeches/text/sp2003_024_en.pdf (zuletzt aufgerufen am 11.8.2014), S. 7.

1289 S. Deloitte, Highlights „Annual Review of Football Finance" 2012, abrufbar unter: http://www.deloitte.com/view/de_DE/de/branchen/consumerbusinessandtransportation/7e2b4e60a9e97310VgnVCM2000001b56f00aRCRD.htm (zuletzt aufgerufen am 11.8.2014), Grafik auf S. 2.

1290 Iosifidis/Smith (2011), S. 4.

1291 FAZ v. 22.12.2005 „Premiere verliert die Fußball-Bundesliga"; Pfenning, Bundesliga-Magazin 1/2006, 14.

1292 DFL Bundesliga Report 2009, S. 16. Davon entfallen 250 Mio. Euro auf Pay-TV-Rechte (Stopper/Lentze, Kap. 3, Rn. 1).

1293 Hausmann, BB 1994, 1089.

für die Spielzeiten 2013 bis 2017, rund 628 Mio. Euro pro Jahr[1294], erlöst. Einen wichtigen Anteil an der Erhöhung der Erlöse hatten in dieser Angebotsrunde die Rechte für IPTV (485,7 Mio. Euro)[1295]. Eine ähnliche Entwicklung zeigt sich in den folgenden Zahlen aus Großbritannien: Rechte für fünf Spielzeiten der englischen Premier League waren 1992 noch für 434 Mio. Euro zu haben; im Jahr 2000 kosteten nur drei Spielzeiten bereits 2,6 Mrd. Euro[1296]. 2004 zahlte BSkyB 1,024 Mrd. Pfund für drei Spielzeiten der Premiership[1297]. Inzwischen sind es jährlich etwa 1,3 Mrd. Euro[1298]. Die Premier League generiert derzeit mit insgesamt ca. 2,5 Mrd. Euro pro Jahr die größten Umsätze unter den Spitzenligen[1299]. Im Jahr 2004 waren die Rechte an der französische Ligue 1 mit 1,8 Mrd. Euro für drei Jahre noch die teuersten gewesen[1300]. Für die UEFA Champions League kosten die Rechte für das frei empfangbare Fernsehen ab der Saison 2012/2013 offenbar 54 Mio. Euro pro Jahr[1301].

Auch die europäischen und weltweiten Fußball-Wettbewerbe kosten die Rundfunkveranstalter bedeutende Summen[1302]. Zwischen 1984 und 1988 stiegen die Kosten der Rechte an den Europameisterschaften für die EBU um 25 Prozent auf 5,2 Mio. CHF, zwischen 1988 und 1992 dann um weitere ca. 400 Prozent auf 25 Mio. CHF an[1303]. Ähnlich war die Entwicklung bei der Fußball-Weltmeisterschaft: Zwischen 1998 und 2002 stiegen die Preise sprunghaft um ca.

1294 Frey, GRUR-Prax 2012, 365.

1295 FR v. 18.4.2012, S. 2.

1296 Alexander Schaub, Rede vom 26.2.2002 anlässlich der Jornada Día de la Competencia in Madrid, abrufbar unter: http://ec.europa.eu/competition/speeches/text/sp2002_008_en.pdf (zuletzt aufgerufen am 11.8.2014), S. 2.

1297 Iosifidis (2012), S. 45.

1298 FR v. 18.4.2012, S. 2 (Kasten). Eine Zunahme um 71% seit der letzten Runde, s. The Guardian online v. 13.6.2012, abrufbar unter: http://www.theguardian.com/media/2012/jun/13/premier-league-tv-rights-3-billion-sky-bt (zuletzt aufgerufen am 11.8.2014).

1299 Deloitte, Highlights „Annual Review of Football Finance" 2012, abrufbar unter: http://www.deloitte.com/view/de_DE/de/branchen/consumerbusinessandtransportation/7e2b4e60a9e97310VgnVCM2000001b56f00aRCRD.htm (zuletzt aufgerufen am 11.8.2014), S. 1.

1300 Iosifidis (2012), S. 45 f.

1301 Welt Online v. 5.4.2011: „54 Millionen Euro GEZ-Gebühren für 18 Fußballspiele".

1302 Zu den Zuschauerzahlen bei Fußball-Welt- und Europameisterschaften s. Grimmer/Hasenbein in: Hebbel-Seeger/Horky (2013), S. 77.

1303 van Westerloo, MP 1996, 514 (515).

1000 Prozent an[1304]. Die Fußball-Weltmeisterschaft 2006 in Deutschland brachte der FIFA gar Rekordeinnahmen von 1,7 Mrd. US-Dollar für Fernsehrechte ein, davon der Großteil aus Europa[1305]. Auch die WM 2010 in Südafrika soll mit über einer Milliarde Euro Erlösen allein aus Europa für die FIFA wieder ein Rekordergebnis gezeitigt haben[1306]. An vielen dieser Geschäfte verdienen Rechteagenturen mit, so dass die Ausgaben der Verwerter nicht immer mit den Einnahmen der Verbände oder Vereine gleichzusetzen sind[1307].

Überragende wirtschaftliche Bedeutung haben neben Fußballrechten auch die Rechte an den Olympischen Spielen. 1960 erlöste das IOC für die Spiele in Rom und Squaw Valley etwa eine Million US-Dollar[1308]. In der Zeit vor 1980 generierte das IOC durch den Verkauf der Fernsehrechte nicht genug Einkommen, um die Kosten der Spiele zu tragen[1309]. Das änderte sich im Laufe der 80er Jahre. Hatten die Rechte an den Spielen in Los Angeles 1984 noch umgerechnet 308 Mio. Euro gekostet[1310], erhielt das IOC für die Winterspiele 1988 in Calgary allein von US-amerikanischen Fernsehsendern über 300 Mio. US-Dollar und deckte damit erstmals die Kosten der Ausrichtung der Veranstaltung allein aus den Erlösen für die Übertragungsrechte in die USA[1311]. Die Rechte an den Spielen 1992

1304 S. van Westerloo, MP 1996, 514 (516). S. auch Grafiken bei Fikentscher in: Jeanrenaud/Késenne, S. 72.

1305 Dies ist das Ergebnis einer Studie der Wirtschaftsprüfungsgesellschaft Deloitte, s. Handelsblatt v. 23.11.2005 „TV-Vermarktung lässt FIFA-Kasse lauter denn je klingeln". Weitere Zahlen bei van Westerloo, MP 1996, 514 (515).

1306 Härting/Strubel, IPRB 2010, 109.

1307 S. etwa Fikentscher in: Jeanrenaud/Késenne, S. 71.

1308 Heinemann, ZeuP 2006, 337 (339).

1309 Aussage von Richard Pound (IOC), s. Tagungsbericht des Gannett Center for Media Studies (1988), S. 6 f.

1310 Und einen Gewinn von 150 Mio. Dollar eingebracht (Dörr [2000], S. 41). Alexander Schaub, Rede vom 26.2.2002 anlässlich der Jornada Día de la Competencia in Madrid, abrufbar unter: http://ec.europa.eu/competition/speeches/text/sp2002_008_en.pdf (zuletzt aufgerufen am 11.8.2014), S. 1. Zur Entwicklung: Barcelona 1992: 90 Mio. US-Dollar, Atlanta 1996: 250 Mio. US-Dollar (s. Entscheidung der Europäischen Kommission v. 11.6.1993 in der Sache IV/32.150 – EBU, ABl. EG L 179/23 v. 22.7.1993, Rn. 24). Van Westerloo spricht bezogen auf die Olympischen Spiele von einem Preisanstieg von 7700% zwischen 1980 und 2008 (s. van Westerloo, MP 1996, 514 [515]).

1311 Aussage von Richard Pound (IOC), s. Tagungsbericht des Gannett Center for Media Studies (1988), S. 7.

in Barcelona brachten dem IOC 441 Mio. US-Dollar ein[1312]. Der Wert der Rechte an den Spielen in Sydney im Jahr 2000 lag schon bei 1,4 Mrd. Euro[1313]. Die Spiele in Salt Lake City 2002 und Athen 2004 brachten insgesamt etwa 2,2 Mrd. US-Dollar[1314]. Für die Rechte an den Sommerspielen in Peking 2008 wurden dann allein von der EBU 443,4 Mio. US-Dollar gezahlt, während sie für die Winterspiele 2006 in Turin 135 Mio. US-Dollar ausgab[1315]. Die Rechte für die Ausstrahlung der Olympischen Winter- und Sommerspiele 2010/12 in Vancouver und London allein innerhalb Deutschlands wurden für 150 Mio. Euro verkauft[1316], insgesamt zahlte die EBU für die europäischen Rechte an diesen Spielen nach einigen Medienberichten 593 Mio. Euro[1317]. Nach Angaben des IOC bezahlte die EBU sogar 614 Mio. Euro[1318], was eine Steigerung von 40% gegenüber den Spielen 2006/2008 ausmachen würde[1319]. Dieser Betrag beinhaltet eine Verpflichtung

1312 S. Bericht der Kommission an den Europäischen Rat im Hinblick auf die Erhaltung der derzeitigen Sportstrukturen und die Wahrung der sozialen Funktion des Sports im Gemeinschaftsrahmen – Helsinki Bericht zum Sport – vom 10.12.1999, KOM(1999)644 endgültig, S. 4).

1313 Alexander Schaub, Rede vom 26.2.2002 anlässlich der Jornada Día de la Competencia in Madrid, abrufbar unter: http://ec.europa.eu/competition/speeches/text/sp2002_008_en.pdf (zuletzt aufgerufen am 11.8.2014), S. 1.

1314 Heinemann, ZEuP 2006, 337 (339). Die FAZ v. 6.3.1997 berichtet auf S. 36 von einem Geschäft des IOC mit NBC über 2,3 Mrd. Dollar für eine Verwertung der Spiele 2004-2008 in den USA.

1315 Spiegel Online 18.2.2009, 14:31 Uhr „IOC vergibt Fernsehrechte an Agentur"; Sueddeutsche.de, 3.12.2008, 14:30 Uhr „Olympia im Privatfernsehen?"; Spiegel Online 3.12.2008, 17:21 Uhr „ARD und ZDF droht Olympia-Aus". Nach Angaben des Handelsblatts v. 7.10.2009 hat das IOC für die Fernsehrechte an den Spielen 2006/2008 insgesamt (weltweit) 2,6 Mrd. US-Dollar bzw. 1,7 Mrd. Euro erlöst („Rogge: IOC erzielt Rekordeinnahmen").

1316 Enßlin, ZEuP 2006, 380.

1317 Hamburger Abendblatt v. 18.2.2009, 12:11 Uhr „Hamburger Agentur Sportfive erwirbt Fernsehrechte für Olympia"; Spiegel Online 3.12.2008, 17:21 Uhr „ARD und ZDF droht Olympia-Aus".

1318 Pressemitteilung des IOC v. 6.7.2004 mit dem Titel „IOC confirms European TV rights contract", abrufbar unter: http://www.olympic.org/media (zuletzt aufgerufen am 11.8.2014). Ebenso Handelsblatt v. 27.7.2009 „ARD und ZDF greifen nach Olympia" und Hamburger Abendblatt v. 7.7.2004 „Rekordpreis für Olympia-Rechte".

1319 S. Heinemann, ZEuP 2006, 337 (339); Pressemitteilung des IOC v. 6.7.2004 mit dem Titel „IOC confirms European TV rights contract", abrufbar unter: http://www.olympic.org/media (zuletzt aufgerufen am 11.8.2014).

der EBU zur Unterstützung der Olympischen Idee auch außerhalb der Spiele[1320], schloss aber gleichzeitig das Territorium von Italien aus. Weltweit sollen für die Spiele von 2010/2012 insgesamt 2,5 Mrd. Euro bzw. 3,8 Mrd. US-Dollar bezahlt worden sein[1321].

Die Bedeutung der Einnahmen aus Übertragungsrechten für die Olympischen Spiele selbst lässt sich vielleicht daran ablesen, dass das IOC im Hinblick auf den Werbemarkt, der hinter diesen Einnahmen steht, den Turnus der Austragung der Olympischen Winterspiele geändert hat. Seit der ersten Austragung der Winterspiele im Jahr 1924 in Chamonix fanden diese bis 1992 im selben Jahr wie die Sommerspiele statt. Im Interesse einer besseren Finanzierung – über die von den Werbemärkten abhängigen Erlöse aus Übertragungsrechten – stellte man mit den Winterspielen in Albertville 1994 auf einen zweijährigen Turnus um, bei dem Winterspiele und Sommerspiele im Wechsel stattfinden[1322].

Weniger bedeutsam als Olympia, aber dennoch für ein Millionenpublikum interessant sind die Leichtathletik-Weltmeisterschaften der IAAF. Hier war der Anstieg der Lizenzeinnahmen in den frühen 90er Jahren des letzten Jahrhunderts besonders steil: hatte die EBU für die Übertragung der Weltmeisterschaft in Tokio 1991 noch 6 Mio. US-Dollar gezahlt, musste sie für die Übertragung der nächsten beiden Wettbewerbe 1993 (Stuttgart) und 1995 (Göteborg) zusammen bereits 91 Mio. US-Dollar zahlen[1323].

2. Bedeutung im Wettbewerb um Zuschauer

Diese Wertentwicklung spiegelt wider, wie unverzichtbar diese Rechte für Sendeunternehmen sind[1324]. Rechte von hoher Attraktivität sind ein knappes Gut. Zwar wurden im Zuge der beschriebenen Entwicklung neue Wettbewerbe wie die Champions League geschaffen, es wurden die Spiele der Fußball-Ligen auf mehr Spieltage verteilt und mit der Zahl der teilnehmenden Nationen auch die Anzahl der Spiele bei den Fußball-Weltmeisterschaften erhöht, um eine größere Zahl von Live-Übertragungen zu ermöglichen. Im Rahmen der Digitalisierung

1320 Heinemann, ZEuP 2006, 337 (339 [Fn. 13], 348).

1321 Handelsblatt v. 7.10.2009 „Rogge: IOC erzielt Rekordeinnahmen". Lt. IOC wurden für die US-Rechte 2,201 Mrd. USD gezahlt.

1322 Richard Pound (IOC), s. Tagungsbericht des Gannett Center for Media Studies (1988), S. 7.

1323 Entscheidung der Europäischen Kommission v. 11.6.1993 in der Sache IV/32.150 – EBU, ABl. EG L 179/23 v. 22.7.1993, Rn. 24.

1324 Dies belegt z.B. ausführlich anhand von Zahlenmaterial Elter in: Galli e.a. 1. Aufl., S. 276 ff.

stehen mehr Sportkanäle und damit mehr Sendezeit zur Verfügung[1325]. Trotzdem bleibt die Zahl der massenattraktiven Sportveranstaltungen begrenzt.

Sport hat in der Beliebtheitsskala der Fernsehinhalte eine Spitzenposition inne[1326]. Der Fußball ist die unangefochtene Nummer eins unter den massenattraktiven Inhalten. Für ihn werden häufig bis zu 80% der Sendezeit im Sportprogramm reserviert[1327] und laut Zahlen der Europäischen Kommission interessieren sich 40% aller Fernsehzuschauer stark für ihn[1328]. Dabei sind die Sender bereit, bis zu 65% ihrer Ausgaben für Sportrechte für den Fußball aufzubringen[1329]. Neben dem Fußball sind aber zunehmend auch andere „telegene" Sportarten wie Tennis, Radrennen oder Motorsport für ein Massenpublikum interessant. Entscheidend für die Verwertbarkeit der Rechte ist dabei, wie oben beschrieben, ihre Exklusivität. Nur wer als einziger Anbieter begehrte Veranstaltungen (möglichst live) zeigen kann, ist sich des Zuschauerinteresses sicher. Dieses Interesse wird über Werbeeinnahmen in bare Münze umgesetzt. So schalteten während der Fußball-Bundesliga-Saison 2006/2007 durchschnittlich 5,77 Millionen Zuschauer die „Sportschau" der ARD ein. Für die nachfolgende Saison veranschlagte die ARD für Übertragungsrechte Kosten in Höhe von ca. 100 Mio. Euro. Auf der Grundlage der Zuschauerzahlen kalkulierte man mit Preisen für einzelne Werbespots von bis zu 72.000 Euro. Klassische 30-Sekunden-Spots kosteten je nach Ausstrahlungszeitpunkt zwischen 19.500 und 55.800 Euro, während Einzelspots ab 42.000 Euro zu haben waren[1330]. 2005 kostete ein 30-Sekunden-Spot während der Live-Übertragung eines Formel-1-Rennens zwischen 30.000 und 132.000 Euro[1331].

1325 Klambauer in: Weber/Osterwalder, S. 75.

1326 Dörr (2000), S. 40.

1327 Klambauer in: Weber/Osterwalder, S. 75; Ungerer, MuR 2004, 206 (208); Herbert Ungerer, Rede vom 2.10.2003 in Barcelona, abrufbar unter: http://ec.europa.eu/competition/speeches/text/sp2003_024_en.pdf (zuletzt aufgerufen am 11.8.2014), S. 7.

1328 Klambauer in: Weber/Osterwalder, S. 74 f.; Ungerer, MuR 2004, 206 (208); Herbert Ungerer, Rede vom 2.10.2003 in Barcelona, abrufbar unter: http://ec.europa.eu/competition/speeches/text/sp2003_024_en.pdf (zuletzt aufgerufen am 11.8.2014), S. 2

1329 Klambauer in: Weber/Osterwalder, S. 75; Ungerer, MuR 2004, 206 (208); Herbert Ungerer, Rede vom 2.10.2003 in Barcelona, abrufbar unter: http://ec.europa.eu/competition/speeches/text/sp2003_024_en.pdf (zuletzt aufgerufen am 11.8.2014), S. 7

1330 epd medien 2007 Nr. 55, S. 16.

1331 Schwarze/Hetzel, EuR 2005, 581 (582).

Für kostenpflichtige und weitgehend werbefreie Angebote wie Pay-TV sind Sportrechte in Europa sogar schlechthin unverzichtbar[1332]. So sieht es auch die Europäische Kommission[1333]. Es hat sich gezeigt, dass gerade Sportrechte so attraktiv sind, dass sie allein darüber entscheiden, welchen Pay-TV-Anbieter die Abonnenten wählen[1334]. Zahlen der Europäischen Kommission zeigen, dass in Großbritannien 65% der Pay-TV-Abonnenten das jeweilige Abonnement im Wesentlichen wegen des Sportangebots abgeschlossen hatten; in Spanien waren es gar 85%[1335]. Rechte an Veranstaltungen wie den Olympischen Spielen werden als „absolute Premium-Rechte" gehandelt[1336]. Das gilt insbesondere auch für den Bereich Fußball. Als das Pay-TV-Unternehmen Premiere im Dezember 2005 die

1332 Geradin nennt es eine Frage „von Leben und Tod" für die Anbieter (Geradin in: Weber/Osterwalder, S. 95). Ähnlich Hellmann/Bruder, EuZW 2006, 359. Basierend auf ökonomischer Analyse ebenso Kruse (2006), S. 29.

1333 Entscheidung der Europäischen Kommission v. 20.3.2006 in der Sache COMP/M.4066 - CVC/SLEC, Rn. 29; Mitteilung der Europäischen Kommission gem. Art. 17 der VO Nr. 17 in der Sache COMP/C.2/38.173 und 38.453 - FAPL, ABl. EU C 115/3 v. 30.4.2004, Rn. 6; Entscheidung der Europäischen Kommission v. 14.8.2002 in der Sache M.2845 - Sogecable/Canalsatélite Digital/Vía Digital, Rn. 33 ff.; Entscheidung 1999/781/EG der Europäischen Kommission vom 15.9.1999 in der Sache IV/36.539 - British Interactive Broadcasting/Open, ABl. EG L 312/1 v. 6.12.1999, Rn. 28; Entscheidung der Europäischen Kommission v. 3.3.1999 in der Sache IV/36.237 - TPS, ABl. EG L 90/6 v. 2.4.1999, Rn. 34; Entscheidung der Europäischen Kommission v. 27.5.1998 in der Sache IV/M.993 - Bertelsmann/Kirch/Premiere, Rn. 34, 48; Kienapfel/Stein, Competition Policy Newsletter Nr. 3 aus 2007, S. 6 (10); Herbert Ungerer, Rede vom 14.1.2003 in Brüssel, abrufbar unter: http://www.ec.europa.eu/competition/speeches/text/sp2003_001_en.pdf (zuletzt aufgerufen am 11.8.2014), S. 10; Mario Monti, Rede vom 26.2.2001 in Brüssel, abrufbar unter: http://europa.eu/rapid/press-release_SPEECH-01-84_en.htm?locale=de (zuletzt aufgerufen am 11.8.2014), Punkt 6. Wachtmeister, Europäische Kommission, Competition Policy Newsletter Nr. 2 aus Juni 1998, S. 18 (23).

1334 Entscheidung der Kommission v. 2.4.2003 in der Sache COMP/M.2876 - Newscorp/Telepiù, Rn. 54; Entscheidung der Europäischen Kommission v. 15.9.1999 in der Sache IV/36.539 - British Interactive Broadcasting/Open, ABl. EG L 312/5 v. 6.12.1999, Rn. 28 und Fn. 21.

1335 Klambauer in: Weber/Osterwalder, S. 75; Ungerer, MuR 2004, 206 (208); Herbert Ungerer, Rede vom 2.10.2003 in Barcelona, abrufbar unter: http://ec.europa.eu/competition/speeches/text/sp2003_024_en.pdf (zuletzt aufgerufen am 11.8.2014), S. 7.

1336 S. etwa Zitat einer Sprecherin von Sportfive in Handelsblatt v. 27.7.2009 „ARD und ZDF greifen nach Olympia".

Rechte an der Fußball-Bundesliga für die Saison 2006/07 und die beiden folgenden verlor, brach der Aktienkurs des Unternehmens innerhalb von wenigen Minuten um mehr als 40% ein[1337]. Dies zeigt, welche wirtschaftliche Bedeutung auch die Börse dem Wirtschaftsgut exklusiver „Sportrechte" beimisst. Erst im Oktober 2005 hatte Premiere, das zu diesem Zeitpunkt als einziger Sender die Fußball-Bundesliga live zeigte, die Marke von 3,4 Millionen Abonnenten überschritten[1338]. Nach dem Verlust der Bundesliga-Rechte brachen die Abonnentenzahlen ein und die Gewinne schwanden[1339]. Heute heißt Premiere Sky und verspricht sich von einem 24-Stunden-Sportnachrichtenkanal entscheidende Vorteile bei der Gewinnung von Abonnenten[1340].

Doch nicht nur Pay-TV-Anbieter sind auf Premium Content angewiesen. Auch für alle sonstigen Anbieter von audiovisuellen Inhalten im werbefinanzierten Fernsehen[1341] sowie insbesondere im Internet oder über Mobilfunk, hat der Zugang zu diesen hoch attraktiven Verwertungsrechten eine zentrale Bedeutung im Kampf um Marktanteile in den europäischen Medienmärkten. Auch die Bild-Zeitung setzt für die Einführung ihres kostenpflichtigen Internet-Angebots „Bild plus" auf die Fußball-Bundesliga als Zugpferd. Hierfür erwarb sie Internet-Rechte für 20 Mio. Euro[1342]. Dies zeigt sich auch darin, dass Sportrechte eine wichtige Rolle für die technische Entwicklung der Empfangsgeräte und Übertragungstechnologien spielen. So kann es nicht überraschen, dass sich Sky Deutschland und die Deutsche Telekom im Vorfeld der Vergabe der Live-Rechte an der deutschen Fußball-Bundesliga für die Spielzeiten 2013 bis 2017

1337 FAZ v. 22.12.2005, S. 9: „Premiere verliert die Fußball-Bundesliga"; s. auch: faz.net v. 11.5.2006 „Premiere steht ohne Bundesliga schlecht da" abrufbar unter: http://www.faz.net/aktuell/wirtschaft/netzwirtschaft/medien-premiere-steht-ohne-bundesliga-schlecht-da-1233552.html (zuletzt aufgerufen am 11.8.2014) und Spiegel Online v. 21.12.2005 „Aktienkurs von Premiere stürzt ab", abrufbar unter: http://www.spiegel.de/wirtschaft/0,1518,391669,00.html (zuletzt aufgerufen am 11.8.2014).

1338 epd medien 2005 Nr. 84, S. 13; FK 2005 Nr. 42, S. 12.

1339 FAZ v. 12.05.2006 (Feuilleton, S. 38): „Wer zahlt's? Sat.1 schlägt Pro Sieben, Premiere gerät ins Abseits".

1340 FR v. 28.2.2011, S. 25: „Fußball und Filme reichen nicht".

1341 S. etwa Mario Monti, Rede vom 17.4.2000 in Brüssel, abrufbar unter: http://europa.eu/rapid/pressReleasesAction.do?reference=SPEECH/00/152&format=HTML&aged=0&language=EN&guiLanguage=en (zuletzt aufgerufen am 11.8.2014), S. 5.

1342 S. „Zugpferd Bundesliga", FR 29./30.5.2013, S. 37.

eine regelrechte Bieterschlacht lieferten, die zu einer Erhöhung der Erlöse der DFL um über 50% seit der letzten Vergaberunde führte[1343].

3. Bedeutung für technische Innovation

Die wirtschaftliche Bedeutung der Rechte geht aber über ihre Rolle als Premium Content hinaus: Gerade die Rechte an Sportveranstaltungen haben sich in der Vergangenheit immer wieder als ein wichtiger Treiber für technische Innovation erwiesen, und neue Formen der Verwertung, wie etwa Live-Ticker kommen insbesondere bei Sportveranstaltungen zum Einsatz[1344]. So trug die Fußball-Weltmeisterschaft 1954 wesentlich dazu bei, dass Fernsehgeräte in Privathaushalten zur Grundausstattung avancierten. 1974 stieg der Absatz von Farbfernsehgeräten zur Zeit der Fußball-Weltmeisterschaft deutlich an[1345]. Auch zur WM 2006 erhoffte man sich einen Durchbruch für den HDTV-Standard, der durch Premiere und Pro Sieben Sat.1 damals erstmals ausgestrahlt wurde[1346]. Das gelang zwar zu diesem Zeitpunkt noch nicht im gewünschten Umfang, da die meisten Sender wegen hoher Kosten und geringer Verbreitung der entsprechenden Empfangsgeräte[1347] zögerlich mit der Einführung des HDTV-Standards waren[1348] und auch die Auslieferung der notwendigen Set-Top-Boxen sich verzögerte[1349]. Doch die Nachfrage nach den Flachbildfernsehern, die das hochauflösende Fernsehen darstellen können, stieg zur Zeit der WM 2006 trotzdem deutlich. In der Folgezeit wurde der erwartete Zeitpunkt für den Start der neuen Technologie immer wieder an herausragenden Sportereignissen festgemacht[1350]. Den endgültigen

---

1343 FR v. 18.4.2012, S. 2.

1344 v. Coelln, AfP-Sonderheft 2007, 55.

1345 Bundesliga-Magazin 2/2006, S. 12.

1346 Dreesen in: Schierl (2007), S. 88 f.; Woldt, MP 2006, 235; Handelsblatt v. 31.10.2005 „Fernsehsender preschen bei HDTV vor"; Handelsblatt v. 01.09.2005 „HDTV spaltet Fernsehbranche"; Hess, AfP 2005, 451. Auch in anderen europäischen Ländern wurde die WM 2006 in HDTV ausgestrahlt, häufig aber nur im Pay-TV (Woldt, MP 2006, 235 [241]).

1347 S. epd medien 2006 Nr. 70, S. 11 f.

1348 S. FAZ v. 01.09.2006 „Kratzer in der Scheibe"; Die Welt v. 12.06.2006 „Bei HDTV ist Deutschland kein Weltmeister". Ausführlich zur Entwicklung der HDTV-Technik: Woldt, MP 2006, 235 ff.

1349 S. Die Welt v. 12.06.2006 „Bei HDTV ist Deutschland kein Weltmeister"; FK 2005 Nr. 44, S. 12; Die Welt v. 22.12.2005 „Im Frühjahr beginnt das HDTV-Zeitalter".

1350 S. etwa FR v. 01.09.2009, S. 18 „Plackerei and Play – Neuer Anlauf für HDTV"; FK 2008 Nr. 11/12, S. 17; epd medien 2008 Nr. 19, S. 24; epd medien 2006 Nr. 97, S. 15; Die Welt v. 13.11.2006 „Schärfer denn je"; Medien Bulletin 2006 Nr.

Durchbruch für die HDTV-Technik versprachen sich die Gerätehersteller nun auch von der Übertragung der Olympischen Winterspiele 2010 in Vancouver und der Fußball-Weltmeisterschaft in Südafrika im selben Jahr in HDTV-Qualität[1351]. Die Fußball-Bundesliga ist eine der ersten Sendungen, die in modernster Satellitentechnik angeboten wird[1352]. Auch für ihre Telekommunikationsinfrastruktur versprach sich die Deutsche Telekom 2006 von der Bundesliga Unterstützung. Sie investierte 50 Mio. Euro in „Internet-Rechte" an der Liga, um ihr Hochgeschwindigkeitsnetz VDSL populärer zu machen[1353].

Eine weitere wichtige technologische Neuerung der letzten Jahre ist das mobile Fernsehen mit Geräten der dritten Generation des Mobilfunks. Auch diese Technologie soll von der Attraktivität wichtiger Sportveranstaltungen profitieren und durch entsprechende Radio- und Fernsehangebote eine größere Verbreitung erfahren[1354]. Seit den Olympischen Winterspielen von Turin 2006 werden z.B. die Olympischen Spiele als Live-Videostream und in Form von Höhepunkten für Mobilfunkgeräte angeboten[1355]. Die Europäische Kommission betrachtet Sportereignisse als wichtige Chance für die Markteinführung der neuen Mobilfunktechnologie[1356]. Gerade Fußballangebote, aber auch z.B. Motorsport, werden europaweit[1357] als Schlüssel zur Attraktivität der Abonnements gesehen. Das zeigte sich schon daran, dass als Termin für den Start der Übertragung auf

---

11, S. 12; epd medien 2006 Nr. 70, S. 11 f. Ferner Medien Bulletin 2006 Nr. 11, S. 54-58.

1351 S. FR v. 01.09.2009, S. 18: „Plackerei and Play – neuer Anlauf für HDTV".

1352 Medien Bulletin 2007 Nr. 10, S. 82 f.

1353 Spiegel Online v. 11.8.2006 „Bundesliga: Internet-TV startet mit Mini-Kundschaft", abrufbar unter: http://www.spiegel.de/wirtschaft/bundesliga-internet-tv-startet-mit-mini-kundschaft-a-431311.html (zuletzt aufgerufen am 11.8.2014).

1354 Dreesen in: Schierl (2007), S. 87 f.; Robertson, WC 2002, 423 (430).

1355 IOC Global Television Report May 2006, abrufbar unter: http://www.olympic.org/Documents/Reports/EN/en_report_1087.pdf (zuletzt aufgerufen am 11.8.2014), S. 17.

1356 S. z.B. Pressemitteilung der Europäischen Kommission IP/07/1118 v. 18.07.2007; Monti, Rede am 8.7.2004 in Brüssel, abrufbar unter: http://europa.eu/rapid/press-release_SPEECH-04-353_en.htm?locale=en (zuletzt aufgerufen am 11.8.2014), S. 4; Pressemitteilung der Europäischen Kommission IP/04/134 v. 30.1.2004; Alexander Schaub, Europäische Kommission, Vortrag vom 26.2.2002 in Madrid, abrufbar unter: http://ec.europa.eu/competition/speeches/text/sp2002_008_en.pdf (zuletzt aufgerufen am 11.8.2014), S. 4 f.

1357 S. Etwa Cable & Satellite Europe, May 2008, S. 13; Iris 2008-4, S. 9 ; epd medien 2007 Nr. 76, S. 21. Ebenso Verow/Lawrence/McCormick, S. 321. Zweifelnd, jedoch ohne überzeugende Gründe, Subiotto/Graf, WC 2003, 589 (605).

entsprechende Endgeräte (der aus verschiedenen Gründen immer wieder verschoben werden musste[1358]) wiederholt wichtige Fußballwettkämpfe wie die Fußball-WM 2006 und die EM 2008 genannt wurden[1359]. Und in der Tat haben Untersuchungen gezeigt, dass aktuelle Informationen über Sportereignisse sowie kurze Ausschnitte aus Sport-Liveübertragungen aus Sicht der Nutzer zu den interessantesten Inhalten gehören, die im mobilen Fernsehen übertragen werden können[1360]. Zwar brachten Angebote der sogenannten „New Media" 2003 erst 1% der Einnahmen, doch entsprach dieser Betrag den gesamten weltweiten Einnahmen aus Fernsehgeldern der Fußballklubs von 1993[1361]. Für die Entwicklung

---

1358 Zu dieser Entwicklung s. epd medien 2008 Nr. 37, S. 18; epd medien 2008 Nr. 36, S. 12; epd medien 2008 Nr. 32, S. 12 f.; FK 2008 Nr. 17, S. 12 f.; Medien Bulletin 2008 Nr. 4, S. 66 ff.; epd medien 2008 Nr. 22/23, S. 23; epd medien 2008 Nr. 7, S. 18 f.; FK 2008 Nr. 4, S. 10 f.; epd medien 2008 Nr. 5, S. 13 f.; epd medien 2008 Nr. 1, S. 11 f.; FTD v. 20.03.2008 „Provider stoßen Bündnis für Handy-TV an"; epd medien 2007 Nr. 94, S. 9 f.; epd medien 2007 Nr. 90, S. 7 f., S. 9; epd medien 2007 Nr. 84, S. 3 ff.; epd medien 2007 Nr. 83, S. 12 f.; FK 2007 Nr. 42, S. 18; Handelsblatt v. 17.10.2007 „Medienkonzerne starten Handy-TV"; Handelsblatt v. 16.10.2007 „Telekom-Tochter Media & Broadcast erhält Frequenzen für Handy-TV"; epd medien 2007 Nr. 73, S. 15, 16; Iris 2007-9, S. 10 f.; Handelsblatt v. 13.09.2007 „Lizenz für Handy-TV lässt auf sich warten"; FAZ v. 31.07.2007 „Verordneter Weg zum Handy-TV"; SZ v. 19.07.2007 „EU will Handy-TV voranbringen"; Medien Bulletin 2007 Nr. 6, S. 50 ff.; FK 2007 Nr. 20, S. 11 f.; epd medien 2007 Nr. 18, S. 13; epd medien 2007 Nr. 7, S. 13 f.; epd medien 2006 Nr. 67, S. 10 f.; epd medien 2006 Nr. 56, S 11 f.; epd medien 2006 Nr. 42, S. 16 f.; FR v. 30.05.2006 „Countdown fürs Handy-Fernsehen"; Handelsblatt v. 08.03.2006 „Handy-TV hat den Startschuss verpasst"; FAZ v. 28.11.2005 „Fernsehen auf dem Handy kommt nur langsam voran". Zu den Hintergründen s. z.B. Schwager, FK 2007 Nr. 32, S. 3 ff.; Eberle, ZUM 2007, 439 (441 f.); Ory, ZUM 2007, 7 ff.; Breunig, MP 2006, 550 (551 f.); Schmitz, epd medien 2006 Nr. 46, S. 3.

1359 S. etwa FAZ v. 03.06.2008 „Tore auf dem Handy – Mobilfernsehanbieter legen los"; Medien Bulletin 2008 Nr. 4, S. 66 ff.; Handelsblatt v. 17.10.2007 „Medienkonzerne starten Handy-TV"; Handelsblatt v. 30.05.2006 „Handy-TV zur WM nur als Pilotprojekt"; epd Medien 2006 Nr. 40, S. 14 f.; Die Welt v. 18.05.2006 „Die Handy-WM"; FR v. 29.03.2006 „Ronaldinho für die Hosentasche"; epd medien 2005 Nr. 71, S. 16 f.; Laier in: Vieweg (2006), S. 66.

1360 Repräsentative Studie der ARD/ZDF Medienkommission „Mobiles Fernsehen: Interessen, potenzielle Nutzungskontexte und Einstellungen der Bevölkerung" in: MP 2007, 11 ff. (13, 14, 16).

1361 Herbert Ungerer, Rede vom 2.10.2003 in Barcelona, S. 8, abrufbar unter: http://ec.europa.eu/competition/speeches/text/sp2003_024_en.pdf (zuletzt aufgerufen am 11.8.2014).

dieses Marktes wird der Zugang zu Sportübertragungsrechten ein ganz entscheidender Faktor sein[1362]. Europaweit sind mediale Rechte an Sportveranstaltungen eine Antriebsfeder für technologische Entwicklungen[1363].

III. Fazit

Es zeigt sich also, dass exklusive mediale Rechte an Sportveranstaltungen in zweierlei Hinsicht für die Märkte eine besondere Rolle spielen. Durch ihre Exklusivität werden sie einerseits als „Premium Content" zu einem knappen und begehrten Gut, das für die Verwerter über die Gewinnung und Bindung von Zuschauern und Nutzern entscheidet. Andererseits sind sie ein entscheidender Faktor für die Entwicklung neuer Märkte für Empfangsgeräte sowie entsprechender „neuer" medialer Rechte. Diese Besonderheiten werden für die nachfolgende Untersuchung von großer Bedeutung sein.

E. Zentrale Vermarktung der Rechte durch Sportveranstalter

Über die Frage der Zentralvermarktung audiovisueller Übertragungsrechte an Sportveranstaltungen hat es einige Entscheidungen auf nationaler Ebene[1364]

1362 Ebenso Iosifidis (2012), S. 27; Geradin in: Weber/Osterwalder, S. 95; Hellmann/Bruder, EuZW 2006, 359 (362); Klambauer in: Weber/Osterwalder, S. 91.

1363 Lefever/Rompuy [2009] 2 JML 243 (246 f.); Medien Bulletin 2007, Nr. 10, S. 78 f.

1364 BKartA Beschl. v. 12.1.2012 in der Sache B 6-114/10; BKartA Beschl. v. 2.9.1994 in der Sache B6-747000-A-105/92 – Europapokalheimspiele, SpuRt 1995, 118; Entscheidung des belgischen Appellationshofs v. 28.7.2006, Global Competition Review, 2.8.2006; *re The Football Association Premier League Limited and others* [1999] UKCLR 258 (s. dazu Bothor, SpuRt 2000, 181 ff.); Untersuchungen der italienischen Kartellbehörde, s. Pressemitteilungen v. 16.7.1999 (abrufbar unter: http://www.agcm.it/en/newsroom/press-releases/1513-vendita-diritti-televisivi.html, zuletzt aufgerufen am 11.8.2014) und 15.2.1999 (abrufbar unter: http://www.agcm.it/en/newsroom/press-releases/1356-the-centralized-sale-of-television-rights.html, zuletzt aufgerufen am 11.8.2014); BGHZ 137, 297 Beschl. v. 11.12.1997 in der Rs. KVR 7/96 – Europapokalheimspiele; LG Ffm Urt. v. 4.6.1997 in der Rs. 2/6 O 84/97 – FIA, SpuRt 1997, 129 (s. dazu Hohmann, WRP 1997, 1011 ff.; Urt. bestätigt durch OLG Ffm Urt. v. 15.12.1998 in der Rs. 11 U [Kart] 16/98 – FIA); Vgl. auch Verfahren in den Niederlanden (dazu auch Brinckman/Vollebregt 1998 ECLR 281 [284]) und Frankreich, beschrieben bei Torben Toft, Europäische Kommission, Vortrag vom 31.1.2006 in London, abrufbar unter: http://ec.europa.eu/competition/speeches/text/sp2006_001_en.pdf (zuletzt aufgerufen am 11.8.2014), S. 13 f. S. zu einem Fall aus den USA (American Needle v. National Football League) Heermann, WRP 2011, 36. Einen Vergleich zwischen

sowie der Europäischen Kommission[1365] und eine lebhafte Debatte in der Literatur gegeben. Diesen zugrunde liegt die Praxis, dass z.B. Übertragungsrechte an der Fußball-Bundesliga nicht durch einzelne Vereine angeboten werden, sondern dass die DFL die gesamte Liga gebündelt vermarktet. In Europa werden heute außer in Spanien alle Fußball-Ligen zentral vermarktet. Ähnliche Fragen ergaben sich etwa im Motorsport rund um den Automobil-Weltverband FIA und die gebündelte Vermarktung einiger Rennen. Die entscheidenden Fragen zu Veranstalterbegriff und Wettbewerbsbeschränkungen durch den gemeinsamen Verkauf von Rechtepaketen bzw. deren Rechtfertigung sind heute weitgehend ausdiskutiert[1366], weshalb sie hier nicht weiter verfolgt oder bewertet werden sollen. Im Hinblick darauf, dass die zentrale Vermarktung der Rechte durch Sportveranstalter in derselben Verwertungskette stattfindet, in der auch das hier

---

der Situation in Europa und der in den USA bieten Cave/Crandall, 111 [2001] TEJ F4 (F18 ff.).

1365 Mitteilung der Europäischen Kommission gem. Art. 17 der VO Nr. 17 in der Sache COMP/C.2/38.173 und 38.453 – FAPL, ABl. EU C 115/3 v. 30.4.2004; Entscheidung der Europäischen Kommission v. 19.1.2005 in der Sache COMP/C.2-37.214 – Bundesliga; Entscheidung der Europäischen Kommission v. 23.7.2003 in der Sache COMP/C.2-37.398 – UEFA Champions League, ABl. EU L 291/39 v. 8.11.2003. Zur Politik der Kommission: Torben Toft, Europäische Kommission, Vortrag vom 28.4.2006 in Berlin, abrufbar unter: http://ec.europa.eu/competition/speeches/text/sp2006_003_en.pdf (zuletzt aufgerufen am 11.8.2014), S. 7 ff.; Torben Toft, Europäische Kommission, Vortrag vom 30.3.2006 in London, abrufbar unter: http://ec.europa.eu/competition/speeches/text/sp2006_002_en.pdf (zuletzt aufgerufen am 11.8.2014), S. 4 ff.; Mario Monti, Rede vom 26.2.2001 in Brüssel, abrufbar unter: http://europa.eu/rapid/press-release_SPEECH-01-84_en.htm?locale=de (zuletzt aufgerufen am 11.8.2014), Punkt 6 a).

1366 S. etwa *Hellmann* in: FK, Sonderbereiche Sport, Rn. 57 ff.; Duvinage in: Galli e.a., S. 574 ff.; Lefever (2012), S. 135 ff.; kritisch Harrison/Woods (2007), S. 274 ff.; Laier in: Vieweg (2006), S. 79 ff.; Schürnbrand, ZWeR 2005, 396 (408 ff.); Heubeck, GWPLE 2004, no. 13; Kuczera (2004); Sauer, SpuRt 2004, 93 ff.; Weihs (2004); Schimke, 2003/3 ISLJ 15; Stopper, SpuRt 2003, 48 ff.; Carter, WC 2001, 93 (117 f.); Oehninger (2001); Mestmäcker in: Vieweg (2000), S. 54 ff.; Möschel/Weihs in: Vieweg 2000; Weng (2000); Archner (1999); Heermann, SpuRt 1999, 11 ff.; Taylor, Sports Law Administration & Practice 01-02/1999, 10; Waldhauser (1999), S. 240 ff.; Brinckman/Vollebregt 1998 ECLR 281 (284 f.); Liegl, WRP 1998, 244 ff.; Springer, WRP 1998, 477 ff.; Heermann, ZHR 1997, 665 ff.; Stopper (1997); Fleischer, WuW 1996, 473 (480 ff.); Schmittmann/Lehmann, AfP 1996, 255-260; Stockmann, ZIP 1996, 411 ff.; Wertenbruch, ZIP 1996, 1417 ff.; Hausmann, BB 1994, 1089 ff. Ferner Ballasch (2010); Danckert (2010). Zu Einzelfragen Jungheim, SpuRt 2009, 13; Heermann, NJW 2008, Heft 35, III (Editorial).

untersuchte EBU-System operiert, sollen jedoch einige Aspekte aufgezeigt werden, die für die kartellrechtliche Analyse des Systems wichtig sind.

I. Allgemeines

Die Wettbewerbsbeschränkung gem. Art. 101 Abs. 1 AEUV liegt bei der Zentralvermarktung zunächst darin, dass mehrere Anbieter eine horizontale Vereinbarung treffen, die Rechte an ihren jeweiligen Sportveranstaltungen nur gemeinsam zu verkaufen. Sie treten daher nicht mehr miteinander in Konkurrenz als Abnehmer der jeweiligen Lizenzen. Abnehmer können Rechte der jeweiligen Liga oder Sportart nur noch von einem einzigen Anbieter beziehen. Zudem kommt es beim gemeinsamen Verkauf zwangsläufig zur Vereinbarung gemeinsamer Preise. Hier stellt sich zunächst die Frage, wer originärer Rechteinhaber ist und ob sich im konkreten Fall überhaupt mehrere Anbieter zusammentun oder ob nicht ein Gesamtveranstalter ohnehin die Rechte an einer Serie von Veranstaltungen innehat[1367]. Diese Fragen sollen hier nicht vertieft werden[1368].

Die Praxis der zentralen Vermarktung wurde gem. Art. 101 Abs. 3 AEUV in der Vergangenheit aufgrund von Effizienzen in Form der Senkung von Transaktionskosten durch die Schaffung einer einzelnen „Verkaufsstelle“ sowie der Markenbildung für Sportarten oder Ligen und der daraus folgenden besseren Verbreitung der Übertragungsrechte freigestellt bzw. nach Verpflichtungszusagen nicht verfolgt. Eine besondere Rolle spielte dabei das Konzept eines Liga-Produkts, an dem die Verbraucher nach Ansicht der Europäischen Kommission besonderes Interesse haben. Man geht davon aus, dass die Attraktivität des Gesamtwettbewerbs einer Meisterschaftsrunde größer ist als die einzelner Klubs. Für die erfolgreiche und effiziente Vermarktung des Liga-Produktes gilt in der Praxis der Kommission die Zentralvermarktung als Voraussetzung[1369]. Schließlich spielt für die Freistellung auch eine Rolle, dass Sportverbände zuweilen bei der Verteilung der Erlöse aus den Übertragungsrechten eine Solidargemeinschaft aus wirtschaftlich stärkeren und schwächeren Unternehmen bilden und

---

1367 S. zur „Single Entity Defense“ des US-Kartellrechts und in Europa insbesondere Gack in: Vieweg (2012), S. 155 ff.; Heermann, WRP 2011, 36; Heermann, RabelsZ 67 (2003), 106.

1368 Vgl. bereits oben Teil 2, 1. Abschnitt, A. I. Dort auch weitere Nachweise zu diesem Fragenkomplex.

1369 S. etwa Torben Toft, Europäische Kommission, Vortrag vom 31.1.2006 in London, abrufbar unter: http://ec.europa.eu/competition/speeches/text/sp2006_001_en.pdf (zuletzt aufgerufen am 11.8.2014), S. 8.

damit erst einen echten Wettbewerb innerhalb der Liga ermöglichen[1370]. Weiterhin fördern sie den sportlichen Nachwuchs sowie den Amateursport[1371]. Bei der Berücksichtigung dieser Faktoren kommt die besondere Rolle des Sports zum Tragen, die oben (unter B.) erläutert wurde[1372].

Die Europäische Kommission verfolgt seit einigen Jahren eine Praxis, wonach sie stets eine transparente und faire Form der Ausschreibung der angebotenen Übertragungsrechte fordert. Zudem verpflichten sich in der Regel die Vermarkter, exklusive Rechte jeweils nur für die Dauer von drei[1373] oder gar zwei[1374] Jahren bzw. Spielzeiten anzubieten. Eine längere Dauer hält sie für gerechtfertigt, wenn diese wiederum erst einem Unternehmen den Marktzutritt ermöglicht[1375]. Ungenutzte Rechte dürfen nicht verfallen, sondern können von den einzelnen Vereinen selbst verwertet werden[1376]. Die Europäische Kommission setzt in ihrer Entscheidungspraxis, die bislang nur bei zentral vermarkteten

1370 Kritisch van den Brink, 2000 ECLR 420 (422 ff.).

1371 Mario Monti, Rede vom 17.4.2000, Europäische Kommission, abrufbar unter: http://europa.eu/rapid/press-release_SPEECH-00-152_en.htm?locale=de (zuletzt aufgerufen am 11.8.2014), S. 6.

1372 S. Weißbuch Sport, KOM(2007) 391 final, S. 19, wo die Rolle der Zentralvermarktung für die Solidarität innerhalb des Sports hervorgehoben wird.

1373 S. Verpflichtungszusagen im Fall FAPL, Mitteilung der Europäischen Kommission gem. Art. 17 der VO Nr. 17 in der Sache COMP/C.2/38.173 und 38.453 – FAPL, ABl. EU C 115/4 ff. v. 30.4.2004, Rn. 14 ff.; ebenso Entscheidung der Europäischen Kommission v. 19.1.2005 in der Sache COMP/C.2-37.214 – Bundesliga, Anhang lit. 2.3; Entscheidung der Europäischen Kommission v. 23.7.2003 in der Sache COMP/C.2-37.398 – UEFA Champions League, ABl. EU L 291/39 v. 8.11.2003, Rn. 25.

1374 So im Fall Newscorp/Telepiù, in dem es zudem um einen Zusammenschluss ging, s. Entscheidung der Europäischen Kommission v. 2.4.2003 in der Sache COMP/M.2876 – Newscorp/Telepiù, Rn. 225, lit. d).

1375 Z.B. fünf Jahre im Fall BSkyB, s. Bekanntmachung der Europäischen Kommission nach Art. 19 Abs. 3 der VO Nr. 17, ABl. EG C 94/6 v. 3.4.1993 und Alexander Schaub, Europäische Kommission, Vortrag vom 3.3.1998 in St. Moritz beim World Sports Forum, abrufbar unter: http://ec.europa.eu/competition/speeches/text/sp1998_011_en.html (zuletzt aufgerufen am 11.8.2014), Zf. 2 (ii).

1376 S. Mitteilung der Europäischen Kommission gem. Art. 17 der VO Nr. 17 in der Sache COMP/C.2/38.173 und 38.453 – FAPL, ABl. EU C 115/5 v. 30.4.2004, Rn. 20; Entscheidung der Europäischen Kommission v. 19.1.2005 in der Sache COMP/C.2-37.214 – Bundesliga, Anhang, lit. 6; Entscheidung der Europäischen Kommission v. 23.7.2003 in der Sache COMP/C.2-37.398 – UEFA Champions League, ABl. EU L 291/39 v. 8.11.2003, Rn. 34.

Verwertungsrechten wie denen an Bundesliga oder Premier League zum Zuge kam, zudem auf die Segmentierung der Rechtepakete in eine Vielzahl kleinerer Pakete[1377]. Dabei verlangt sie, dass die einzelnen Pakete, seien sie nun anhand zeitlicher oder plattformspezifischer Kriterien definiert, jeweils für sich ein attraktives Angebot umfassen. Das Ziel ist, zu vermeiden, dass wie zuvor typischerweise der Fall, selbst bei einer Aufteilung in kleinere Rechtepakete letztlich trotzdem nur ein einzelner Verwerter sämtliche Rechte aufkauft. Zu diesem Zweck hat z.B. die FA Premier League Regeln eingeführt, die die Anzahl der durch einen Bieter erworbenen Pakete beschränkte[1378]. Außerdem soll verhindert werden, dass einzelne Verbreitungsplattformen benachteiligt oder gar nicht genutzt werden[1379]. In ihrer Entscheidung zur Bundesliga[1380] wandte die Kommission übrigens erstmals das damals neue Instrument der Verpflichtungszusage gem. Art. 9 VO 1/2003 an[1381].

In ihrer Entscheidung im Fall UEFA Champions League sorgte die Kommission auf diesem Wege auch dafür, dass weniger teure Verwertungsrechte in gewissem Umfang am Markt erhältlich sind[1382]. Für Fälle, in denen die wettbewerbsbeschränkenden Auswirkungen einer entsprechenden Vereinbarung besonders intensiv sind, behält sich die Kommission über die beschriebenen Maßnahmen weitere Anforderungen an die Unternehmen in der Verwertungskette vor, wie z.B. das explizite Verbot des Erwerbs aller Rechtepakete durch einen einzelnen Abnehmer[1383], die Beschränkung eines marktstarken Verwerters

1377 S. dazu Holznagel, K&R 2005, 385 (391 ff.).

1378 Entscheidung der Europäischen Kommission v. 22.3.2006 in der Sache COMP/C.2/38.173 – FAPL Commitments, Rn. 38 ff.

1379 S. detaillierte Vereinbarungen in Entscheidung der Europäischen Kommission v. 19.1.2005 in der Sache COMP/C.2-37.214 – Bundesliga, Anhang, lit. 4; Entscheidung der Europäischen Kommission v. 23.7.2003 in der Sache COMP/C.2-37.398 – UEFA Champions League, ABl. EU L 291/39 v. 8.11.2003, Rn. 32 ff. Ähnlich Verpflichtungszusagen im Fall FAPL, Mitteilung der Europäischen Kommission gem. Art. 17 der VO Nr. 17 in der Sache COMP/C.2/38.173 und 38.453 – FAPL, ABl. EU C 115/3 v. 30.4.2004.

1380 Entscheidung der Europäischen Kommission v. 19.1.2005 in der Sache COMP/C.2-37.214 – Bundesliga.

1381 S. dazu Körber, WRP 2005, 463 ff.

1382 Torben Toft, Europäische Kommission, Vortrag vom 31.1.2006 in London, abrufbar unter: http://ec.europa.eu/competition/speeches/text/sp2006_001_en.pdf (zuletzt aufgerufen am 11.8.2014), S. 9.

1383 So zugesagt durch FAPL, s. Mitteilung der Europäischen Kommission gem. Art. 17 der VO Nr. 17 in der Sache COMP/C.2/38.173 und 38.453 – FAPL, ABl.

auf die Verwertung nur über bestimmte Plattformen[1384] oder auch das Verbot der Abgabe von Geboten auf Rechtepakete in Verbindung mit Bedingungen, wie etwa einem Bonus für den Zuschlag für eine bestimmte Kombination von Paketen[1385]. Auch die Verpflichtung marktstarker Abnehmer auf der nachgelagerten Marktstufe zur Unterlizenzierung von Rechten auf nicht-exklusiver Basis an Dritte sieht die Kommission u.U. als taugliches Mittel zur Begrenzung negativer Folgen einer Zentralvermarktung an[1386]. Die Auflagen der Kommission in der Sache UEFA Champions League sorgten dafür, dass Rechte für „neue Medien" für diesen Wettbewerb erstmals neben den Fernsehrechten vermarktet wurden[1387].

II. Aspekte mit besonderer Relevanz für den Untersuchungsgegenstand

Zunächst ist zu beachten, dass der gemeinsame Verkauf von Übertragungsrechten durch Sportligen, wie oben (unter D. I.) beschrieben, stets eine exklusive Contentvermarktung ist. Die dargestellten Ausschlusseffekte der Exklusivität werden beim gemeinsamen Verkauf durch nur einen Anbieter verstärkt, da im Zuge der Zentralvermarktung durch Verbände und Ligen am Markt weitaus größere Rechtepakete gehandelt werden, als dies bei Vermarktung durch einzelne

---

EU C 115/5 v. 30.4.2004, Rn. 24. Vorbehalte und detaillierte Regelungen sieht die Verpflichtungszusage im Bundesliga-Fall vor, s. Entscheidung der Europäischen Kommission v. 19.1.2005 in der Sache COMP/C.2-37.214 - Bundesliga, Anhang lit. 2.2 und 4. Kritisch äußert sich zu dieser Strategie Ofcom, die stattdessen die Verringerung von Exklusivität über Plattformen hinweg als Lösung vorschlägt (s. Ofcom „Pay TV: Phase Three Document: Proposed Remedies [2009], abrufbar unter: http://stakeholders.ofcom.org.uk/binaries/consultations/third_paytv/summary/paytv_condoc.pdf [zuletzt aufgerufen am 11.8.2014], Rn. 12.42).

1384 Entscheidung der Europäischen Kommission v. 2.4.2003 in der Sache COMP/M.2876 - Newscorp/Telepiù, Rn. 225, lit. b)-e).

1385 Torben Toft, Europäische Kommission, Vortrag vom 30.3.2006 in London, abrufbar unter: http://ec.europa.eu/competition/speeches/text/sp2006_002_en.pdf (zuletzt aufgerufen am 11.8.2014), S. 6.

1386 Torben Toft, Europäische Kommission, Vortrag vom 31.1.2006 in London, abrufbar unter: http://ec.europa.eu/competition/speeches/text/sp2006_001_en.pdf (zuletzt aufgerufen am 11.8.2014), S. 10; Toft, Europäische Kommission, Competition Policy Newsletter Nr. 3 aus Herbst 2003, S. 47 (47); Entscheidung der Europäischen Kommission v. 2.4.2003 in der Sache COMP/M.2876 - Newscorp/Telepiù, lit. g).

1387 Klambauer in: Weber/Osterwalder, S. 85; Herbert Ungerer, Rede vom 2.10.2003 in Barcelona, abrufbar unter: http://ec.europa.eu/competition/speeches/text/sp2003_024_en.pdf (zuletzt aufgerufen am 11.8.2014), S. 8.

Vereine bzw. Veranstalter der Fall wäre. Nur wenige Unternehmen auf der nachgelagerten Marktstufe sind in der Lage, große Rechtepakete zu erwerben[1388]. In der Praxis kam es in der Vergangenheit tatsächlich häufig dazu, dass große exklusive Rechtepakete teilweise für einen relativ langen Zeitraum von einem einzelnen Abnehmer eingekauft wurden[1389]. Die Zutrittsschranken zu den Märkten auf der nachgelagerten Marktstufe (zu deren Definition vgl. unten, 2. Abschnitt) sind durch die Zentralvermarktung exklusiver Verwertungsrechte sehr hoch. Im Zusammenhang mit der seit der „Karen Murphy"-Entscheidung (vgl. oben unter D. I. 3.) veränderten Praxis der Rechtevergabe ist zusätzlich zu beachten, dass möglicherweise zunehmend Rechte europaweit (statt wie zuvor für einzelne Mitgliedstaaten) lizenziert werden. Damit wachsen die Rechtepakete noch weiter an, was die Marktzutrittsschranken weiter erhöht und für kleinere Abnehmer die Chancen weiter mindert, Rechte erwerben zu können.

Ein weiterer problematischer Aspekt ist, dass die Zentralvermarktung auf der Marktgegenseite wiederum die Tendenz zum gemeinsamen Einkauf durch die Sendeanstalten verstärkt[1390]. Dies liegt ebenfalls an der Größe der gehandelten Rechtepakete. Weiterhin wird ggf. eine starke Marktposition eines Abnehmers weiter dadurch gestärkt, dass er möglicherweise der einzige oder doch zumindest einer von nur sehr wenigen möglichen Abnehmern besonders profitabler Senderechte ist[1391].

Besonders interessant ist der Effekt der Verknappung der verfügbaren Rechte durch gemeinsame Vermarktung von Sportrechten bzw. die Bevorzugung bestimmter Plattformen. Werden Übertragungsrechte an gesamten Liga-Spielzeiten oder an einer ganzen Serie von Autorennen zentral vermarktet, wächst die Gefahr, dass die wenigen Großabnehmer auch Rechte für neu entstehende Übertragungsplattformen aufkaufen, an deren Entwicklung sie aufgrund der traditionellen Ausrichtung ihres Kerngeschäfts ein relativ geringes Interesse haben. Eine solche Praxis kann die Entwicklung dieser Plattformen wie Internet

---

1388 Die hieraus entstehende Abschottungswirkung beschreibt treffend Kipker (Kipker in: Schellhaaß, S. 42).

1389 S. etwa Toft, Europäische Kommission, Vortrag vom 31.1.2006 in London, abrufbar unter: http://ec.europa.eu/competition/speeches/text/sp2006_001_en.pdf (zuletzt aufgerufen am 11.8.2014), S. 7.

1390 Wachtmeister, Europäische Kommission, Competition Policy Newsletter Nr. 2 aus Juni 1998, S. 18 (27).

1391 Klambauer in: Weber/Osterwalder, S. 73 (79); Mario Monti, Rede vom 17.4.2000, Europäische Kommission, abrufbar unter: http://europa.eu/rapid/press-release_SPEECH-00-152_en.htm?locale=de (zuletzt aufgerufen am 11.8.2014), S. 6.

und Mobilfunk behindern, weil die Verwertung der Rechte dann in einer Weise geschieht, die eine Konkurrenz des neuen Angebots zur bestehenden Verwertungsform Fernsehen („Kannibalisierung der Fernsehrechte“) ausschließt[1392]. Ein weiterer Faktor, der hier eine Rolle spielen kann, ist die Zusammenstellung der Rechtepakete im Hinblick auf Zeitfenster und andere Bedingungen durch die zentral vermarktenden Anbieter, die unter Umständen neue Verwertungsformen zugunsten der etablierten Plattformen benachteiligt. Auch hier kann Zentralvermarktung einer für neue Plattformen nachteiligen Praxis Vorschub leisten[1393]. Letztlich kann auf diesem Wege die Verfügbarkeit von Rechten künstlich verknappt werden[1394]. Diese Befürchtung hat die Kommission dazu bewogen, im Fall UEFA Champions League auf die Möglichkeit der Vermarktung von Rechten für „neue Medien“ sowohl durch die UEFA als Verband als auch durch die Vereine selbst sowie auf nicht diskriminierende Bedingungen zu setzen[1395]. Die Zentralvermarktung wird durch die Praxis der Kommission also für bestimmte Rechtekategorien aufgeweicht.

III. Ergebnis

Es zeigt sich also, dass Exklusivität von Übertragungsrechten, insbesondere in Kombination mit durch eine Zentralvermarktung entstehenden großen Rechtepaketen, die Gefahr der Abschottung nachgelagerter Märkte oder doch zumindest hohe Marktzutrittsschranken mit sich bringt. Die Kombination aus horizontalen (Zentralvermarktung) und vertikalen (Exklusivität) Effekten verstärkt die wettbewerbsbeschränkenden Wirkungen. Auch marktbeherrschende

1392 Monti, Rede am 8.7.2004 in Brüssel, abrufbar unter: http://europa.eu/rapid/press-release_SPEECH-04-353_en.htm?locale=en (zuletzt aufgerufen am 11.8.2014), S. 5; Ungerer, MuR 2004, 206 (210); Toft, Europäische Kommission, Competition Policy Newsletter Nr. 3 aus Herbst 2003, S. 47.

1393 Laier in: Vieweg (2006), S. 74 f., 76; Torben Toft, Europäische Kommission, Vortrag vom 31.1.2006 in London, abrufbar unter: http://ec.europa.eu/competition/speeches/text/sp2006_001_en.pdf (zuletzt aufgerufen am 11.8.2014), S. 7; Wachtmeister, Europäische Kommission, Competition Policy Newsletter Nr. 2 aus Juni 1998, S. 18 (26).

1394 Alexander Schaub, Europäische Kommission, Vortrag vom 26.2.2002 in Madrid, abrufbar unter: http://ec.europa.eu/competition/speeches/text/sp2002_008_en.pdf (zuletzt aufgerufen am 11.8.2014), S. 7.

1395 Entscheidung der Europäischen Kommission v. 23.7.2003 in der Sache COMP/C.2-37.398 – UEFA Champions League, ABl. EU L 291/39 v. 8.11.2003, Rn. 40 ff., 44 ff.

Stellungen können in diesem Marktumfeld schnell entstehen oder verfestigt werden.

Oben (unter D. II.) wurde die Bedeutung exklusiver Verwertungsrechte für die Entwicklung neuer Märkte und Technologien aufgezeigt. Im Hinblick darauf wird deutlich, wie wesentlich auch der kartellrechtliche Umgang mit den entsprechenden Verwertungsrechten für das Potential neuer Plattformen ist. Starke Marktabschottungseffekte bei den Verwertungsrechten können hier letztlich die Marktdurchdringung einer ganzen Technologie gefährden.

F. Medienrechtliche Rahmenbedingungen

Neben den Besonderheiten des Immaterialgüterrechts und des Sports sind auch die Besonderheiten zu beachten, die sich aus dem Bezug des Untersuchungsgegenstands zum Rundfunk ergeben. Das Geschäft mit den Sportübertragungsrechten ist aufgrund seiner Bedeutung für den Rundfunk auch in einigen Fragen vom medienrechtlichen Regelungsrahmen betroffen. Zwei Bestimmungen aus diesem Bereich sollen hier kurz dargestellt werden. Zwar haben sie auf die kartellrechtliche Analyse an sich keinen wesentlichen Einfluss; sie begrenzen jedoch die Verwertungsmöglichkeiten audiovisueller Sportrechte und sollten daher in einer Darstellung des Fragenkomplexes nicht fehlen. Auf die Diskussionen um die Berechtigung der Regelungen selbst soll hier jedoch nicht eingegangen werden[1396]. Ebenfalls nicht zentraler Gegenstand der Untersuchung ist die besondere Rolle des öffentlich-rechtlichen Rundfunks im Europarecht[1397].

I. Ereignisse von erheblicher gesellschaftlicher Bedeutung

Durch europäische Richtlinie ist seit 1997[1398] vorgesehen, dass jeder Mitgliedstaat eine Liste gesellschaftlich wichtiger Ereignisse erstellen kann, die auf seinem

1396 S. dazu ausführlich Körber (2008), S. 137 ff.

1397 S. zum Verhältnis zum europäischen Kartellrecht insbesondere Dörr (1999), S. 64 ff.

1398 Bis 2010 durch Richtlinie des Rates vom 3. Oktober 1989 zur Koordinierung bestimmter Rechts- und Verwaltungsvorschriften der Mitgliedstaaten über die Ausübung der Fernsehtätigkeit (89/552/EWG) ABl. EG L 298/23 v. 17.10.1989 („Fernsehrichtlinie") geändert durch Richtlinie 97/36/EG des Europäischen Parlaments und des Rates vom 30. Juni 1997 zur Änderung der Richtlinie 89/552/EWG des Rates zur Koordinierung bestimmter Rechts- und Verwaltungsvorschriften der Mitgliedstaaten über die Ausübung der Fernsehtätigkeit, ABl. EG L 202/60 v. 30.7.1997 und Richtlinie 2007/65/EG des Europäischen Parlaments und des Rates vom 11. Dezember 2007 zur Änderung der Richtlinie 89/552/EWG

Gebiet in einer frei zugänglichen (kostenfreien) Fernsehsendung zu sehen sein müssen[1399]. Zu dieser Kategorie von Ereignissen von herausragender Bedeutung mit Interesse für die breite Öffentlichkeit[1400] gehören insbesondere bedeutende Sportereignisse[1401]. Entsprechende Entscheidungen auf nationaler Ebene müssen der Kommission gem. Art. 14 Abs. 2 AVMD-Richtlinie[1402] notifiziert werden, damit diese sie auf Konformität mit dem Unionsrecht prüfen und andere Mitgliedstaaten über ihren Inhalt informieren kann. Die Listenregelungen werden zwischen den Mitgliedstaaten gegenseitig anerkannt. Die Staaten sind demnach dazu verpflichtet, die Wirksamkeit der Listenregelung anderer Mitgliedstaaten in ihrem Hoheitsgebiet sicherzustellen (Art. 14 Abs. 3).

Die Bundesrepublik hat Gebrauch von der Möglichkeit der Erstellung einer Liste geschützter Großereignisse gemacht und sieht heute in § 4 RStV[1403] vor, dass diese im deutschen Fernsehen grundsätzlich live sowie kostenfrei durch Sender, die von mehr als zwei Dritteln der Haushalte empfangen werden, gesendet werden müssen. Auf der Liste der Ereignisse von erheblicher gesellschaftlicher Bedeutung in § 4 RStV stehen alle Olympischen Spiele; alle Spiele mit deutscher Beteiligung bei Fußball-Europa- und Weltmeisterschaften sowie deren Eröffnungsspiele, Halbfinalspiele und Endspiele; Halbfinalspiele und Endspiele im DFB-Pokal; alle Spiele der deutschen Fußball-Nationalmannschaft; sowie Endspiele von Champions League und UEFA Europa League bei deutscher Beteiligung.

In Großbritannien gibt es eine entsprechende Regelung, die für die Großereignisse die exklusive Lizenzierung von Übertragungsrechten an diesen

---

des Rates zur Koordinierung bestimmter Rechts- und Verwaltungsvorschriften der Mitgliedstaaten über die Ausübung der Fernsehtätigkeit, ABl. EU L 332/27 v. 18.12.2007; dort zuletzt in Art. 3j, s. Richtlinie 2007/65/EG, Art. 1, lit. 9, ABl. EU L 332/42 v. 18.12.2007.

1399 Heute durch Art. 14 der Richtlinie 2010/13/EU des Europäischen Parlaments und des Rates vom 10. März 2010 zur Koordinierung bestimmter Rechts- und Verwaltungsvorschriften der Mitgliedstaaten über die Bereitstellung audiovisueller Mediendienste (Richtlinie über audiovisuelle Mediendienste) ABl. EU L 95/1 v. 15.4.2010 („AVMD-Richtlinie"), S. 17.

1400 Richtlinie 2010/13/EU, ABl. EU L 95/6 v. 15.4.2010, Erwägungsgrund 52.

1401 Richtlinie 2010/13/EU, ABl. EU L 95/6 v. 15.4.2010, Erwägungsgrund 49.

1402 Allgemein zur Richtlinie Dörr in: Schiwy/Schütz/Dörr, S. 129 ff.

1403 Staatsvertrag für Rundfunk und Telemedien (Rundfunkstaatsvertrag – RStV) in der Fassung des fünfzehnten Staatsvertrags zur Änderung rundfunkrechtlicher Staatsverträge (15. RÄStV) vom 15.12. / 17.12. / 21.12.2010. S. zur erstmaligen Umsetzung durch den 4. RÄStV Dittl, AfP 2001, 98.

Veranstaltungen untersagt[1404]. Auf der Liste stehen dort in Kategorie A neben großen Fußballereignissen und der Olympiade auch Pferderennen wie The Grand National oder The Derby sowie Finalspiele in Wimbledon und beim Rugby. Für die Veranstaltungen der Kategorie A gilt, dass Live-Übertragungen im frei empfangbaren Fernsehen zu sehen sein müssen. In der Kategorie B, für deren Veranstaltungen lediglich ausreichende zeitversetzte Berichterstattung kostenfrei gesendet werden muss, finden sich neben weiteren Ereignissen in Tennis und Rugby auch Veranstaltungen der Sportarten Cricket, Leichtathletik und Golf[1405]. Die Einzelheiten sind im *Code on Sports and Other Listed and Designated Events*[1406] der Ofcom geregelt. Die Regeln in Abschnitt IV des *Broadcasting Act* sowie die Durchführungsregelungen wurden durch die Europäische Kommission im Oktober 2007 gem. Art. 14 Abs. 2 AVMD-Richtlinie rechtsgültig für vereinbar mit dem Gemeinschaftsrecht erklärt, nachdem sie ihr bereits im Mai 2000 notifiziert worden waren[1407]. Die Verspätung der Entscheidung rührte daher, dass die Kommission eine förmliche Entscheidung gem. Art. 288 Abs. 1 AEUV zunächst nicht für notwendig hielt und deshalb das entsprechende Verfahren nicht durchführte. Das EuG stellte jedoch nach Klage einer Agentur für Übertragungsrechte fest, dass es sich bei einer Entscheidung der Kommission gem. Art. 14 Abs. 2 AVMD-Richtlinie um einen förmlichen Rechtsakt handelt und dass somit alle Verfahrensvorschriften gelten[1408].

Auch andere Mitgliedstaaten wie etwa Frankreich, Dänemark, Italien und Irland haben von der Möglichkeit der Erstellung einer Liste von Großereignissen für das frei empfangbare Fernsehen Gebrauch gemacht[1409]. Es zeigt sich, dass in allen Mitgliedstaaten Sportereignisse im Vordergrund stehen und der Fußball mit Abstand die wichtigste Gruppe der Veranstaltungen stellt. Neben diesem

---

1404 Broadcasting Act 1996, section 99.

1405 Liste abrufbar unter: http://www.culture.gov.uk/news/media_releases/2010/7287.aspx#list (zuletzt aufgerufen am 11.8.2014).

1406 Stand 2008, abrufbar unter: http://stakeholders.ofcom.org.uk/binaries/broadcast/other-codes/ofcom_code_on_sport.pdf (zuletzt aufgerufen am 11.8.2014).

1407 Beschluss der Kommission vom 16. Oktober 2007 (2007/730/EG), ABl. EU L 295/12 v. 14.11.2007.

1408 EuG Urt. v. 15.12.2005 in der Rs. T-33/01 – Infront (bestätigt durch EuGH Urt. v. 13.3.2008 in der Rs. 125/06 – Infront).

1409 Eine Liste findet sich in ABl. EU C 17/7 v. 24.1.2008. Ein aktueller Überblick findet sich unter http://ec.europa.eu/avpolicy/reg/tvwf/implementation/events_list/index_de.htm (zuletzt aufgerufen am 11.8.2014). S. auch Schoenthal, Iris plus 2006/04, S. 5 zu weiteren Staaten. Zu den Auswirkungen auf die Schweiz s. Sidler, SpuRt 1997, 176 (177 f.).

spielen nationale Publikumslieblinge wie etwa Hurling (Irland), Eishockey (Finnland), Radsport (Italien, Frankreich) sowie Rugby (u.a. Frankreich) eine Rolle. Aber auch der Wiener Opernball und das Musikfestival von San Remo gehören dazu, obwohl sie als Kulturveranstaltungen die Ausnahmen bleiben.

Ein praktisches Beispiel für die Durchsetzung der Listenregelungen anderer Mitgliedstaaten im Rahmen der gegenseitigen Anerkennung ist die Entscheidung der britischen Independent Television Commission (ITC) gegen einen privaten dänischen Sender mit Sitz in Großbritannien (TV Danmark 1) auf Grundlage der Richtlinie, die später durch das House of Lords bestätigt wurde[1410]. In diesem Fall ging es um die Ausstrahlung von fünf Auswärtsspielen der dänischen Fußball-Nationalmannschaft im Rahmen der Qualifikation für die WM 2002, die durch den Sender exklusiv ausgestrahlt werden sollten, und die aus technischen Gründen nur in 60% der dänischen Haushalte empfangbar war. Die dänische Regelung verlangte jedoch, dass mindestens 90% der Bevölkerung die Spiele empfangen konnten, und diese Mindestgrenze wurde durch die britische Rundfunkaufsicht durchgesetzt.

In allen Fällen wird durch die Aufnahme eines Ereignisses in die Liste im Interesse des Rechts der Öffentlichkeit auf Information[1411] in die Befugnisse der jeweiligen Lizenzgeber und -nehmer eingegriffen. Sie werden in der Ausübung ihres Immaterialgüterrechts eingeschränkt, was in Deutschland einen Eingriff in die Berufsfreiheit des Art. 12 Abs. 1 GG bedeutet[1412]. Aus Sicht der Verbände und Verwerter wurde dies auch zuweilen in der Literatur kritisiert[1413]. Die Erstellung einer Liste durch einen Mitgliedstaat kann auch Unternehmen unmittelbar betreffen, die der Gesetzgebung eines anderen Staates unterstehen, wenn diese die Rechte an Großereignissen des die Liste erstellenden Staates halten[1414]. Es handelt sich demnach um eine nationale Schranke des Immaterialgüterrechts (auf Grundlage des Europarechts), die auch über europäische Grenzen hinweg wirken kann.

1410 *R v. Independent Television Commission, Ex Parte TV Danmark 1 Ltd.* [2001] UKHL 42.

1411 Zum grundrechtlichen Rahmen s. Schoenthal, Iris plus 2006/04, S. 3. Zur gesellschaftspolitischen Bedeutung s. etwa Dörr in: Abele/Riva, S. 73 f.

1412 S. dazu Gröpl, SpuRt 2004, 181 (182 f.); Wetzel/Wichert, SpuRt 2001, 228 (229).

1413 S. etwa Wetzel/Wichert, SpuRt 2001, 228 (230 ff.); für die Sicht der Rechteagenturen: Duvinage in: Schellhaaß (2000), S. 69 f. Zurückhaltender Gröpl, SpuRt 2004, 181.

1414 S. dazu EuG Urt. v. 17.2.2011 in der Rs. T-55/08 – UEFA/Kommission; EuG Urt. v. 17.2.2011 in der Rs. T-68/08 – FIFA/Kommission; EuG Urt. v. 17.2.2011 in der Rs. 385/07 – FIFA/Kommission.

Die Beschränkung der Vermarktungsmöglichkeiten, die durch die Listenregelungen entstehen kann, führte zu Klagen durch UEFA und FIFA gegen Entscheidungen der Kommission über die Vereinbarkeit der Listen von Großbritannien und Belgien mit dem Unionsrecht. Die Verbände bemängelten, dass z.B. in Belgien alle Spiele der Fußball-Weltmeisterschafts-Endrunde und in Großbritannien zusätzlich alle Spiele der Endrunde der EURO auf der jeweiligen Liste standen. Nicht alle diese Spiele seien Ereignisse von erheblicher Bedeutung. Das EuG wies die Klagen im Jahr 2011 ab[1415] und der EuGH erhielt diese Entscheidungen in zweiter Instanz aufrecht[1416]. Er erachtet die Beeinträchtigungen des freien Dienstleistungsverkehrs, der Niederlassungsfreiheit, des freien Wettbewerbs und des Eigentumsrechts durch die Listenregelungen als durch die Ziele des Schutzes des Rechts der Unionsbürger auf Information sowie der Ermöglichung breiten Zugangs der Öffentlichkeit zur Fernsehberichterstattung über solche Ereignisse gerechtfertigt. Zwar müssten die Mitgliedstaaten ihre Entscheidung gegenüber der Kommission begründen[1417]. Sie hätten jedoch einen weiten Beurteilungsspielraum, weshalb die Kommission ihrerseits nur eine stark begrenzte Befugnis zur Überprüfung der Entscheidung auf Konformität mit dem Unionsrecht habe. Die Begründung der Kommission könne daher knapp ausfallen[1418].

Eine ganz ähnliche Regelung ist auch in Art. 9a des Europäischen Übereinkommens über das grenzüberschreitende Fernsehen[1419] zu finden. Diese gilt für viele Staaten[1420] des Europarates auch außerhalb der EU.

1415 EuG Urt. v. 17.2.2011 in der Rs. T-385/07 – FIFA/Kommission; EuG Urt. v. 17.2.2011 in der Rs. T-55/08 – UEFA/Kommission und EuG Urt. v. 17.2.2011 in der Rs. T-68/08 – FIFA/Kommission. S. zu diesen Entscheidungen Cole, EuZW 2011, 425.

1416 EuGH Urt. v. 18.7.2013 in der Rs. C-201/11 P – UEFA/Kommission; EuGH Urt. v. 18.7.2013 in der Rs. C-204/11 P – FIFA/Kommission und EuGH Urt. v. 18.7.2013 in der Rs. C-205/11 P – FIFA/Kommission.

1417 S. EuGH Urt. v. 18.7.2013 in der Rs. C-201/11 P – UEFA/Kommission, Rn. 44. Das hatte das EuG noch anders gesehen, s. EuG Urt. v. 17.2.2011 in der Rs. T-55/08 – UEFA/Kommission, Rn. 53.

1418 S. EuGH Urt. v. 18.7.2013 in der Rs. C-201/11 P – UEFA/Kommission, Rn. 107 ff.

1419 Übereinkommen des Europarats („Fernsehübereinkommen") vom 5.5.1989 in der seit 1.3.2002 in Kraft getretenen Fassung.

1420 Der Ratifikationsstand ist hier nachzulesen: http://conventions.coe.int/Treaty/Commun/ChercheSig.asp?NT=132&CM=1&DF=&CL=GER (zuletzt aufgerufen am 11.8.2014).

II. Kurzberichterstattung

Das Recht auf audiovisuelle Kurzberichterstattung wurde oben (Teil 2, 1. Abschnitt, A. II.) bereits im Rahmen der Untersuchung der zivilrechtlichen Grundlagen der audiovisuellen Verwertung von Sportveranstaltungen erwähnt. Seit 1998 ist im Fernsehübereinkommen des Europarates (zunächst in einem Protokoll, heute in Art. 9) ein Prüfauftrag an die Unterzeichnerstaaten verankert, der diese dazu verpflichtet, Maßnahmen gegen eine Unterversorgung der Allgemeinheit mit Informationen über Großereignisse aufgrund der Ausübung exklusiver Übertragungsrechte zu prüfen und gegebenenfalls zu ergreifen. In der Europäischen Union wurde die Möglichkeit der Einführung eines Kurzberichterstattungsrechts mit der Änderung der Fernsehrichtlinie im Jahr 2007[1421] festgeschrieben. Heute regelt diese Frage die Richtlinie über audiovisuelle Mediendienste von 2010[1422]. Im Kern haben gem. Art. 15 AVMD-Richtlinie die Mitgliedstaaten dafür zu sorgen, dass jeder Fernsehveranstalter in der EU zum Zwecke der Kurzberichterstattung einen fairen und diskriminierungsfreien Zugang zu exklusiv übertragenen Veranstaltungen von großem öffentlichem Interesse hat. Dazu dürfen berichterstattende Rundfunkanstalten oder Anbieter audiovisueller Mediendienste aus dem Sendematerial kurze Ausschnitte frei auswählen und diese im Rahmen allgemeiner Nachrichtensendungen verwenden[1423]. Dieses Recht bezieht sich auf alle Arten von Ereignissen von besonderem öffentlichem Interesse wie Kultur- oder Sportveranstaltungen, aber auch z.B. Naturkatastrophen. Praktische Relevanz hat die Regelung jedoch insbesondere bei Veranstaltungen, die exklusiv verwertet werden. Auch hier werden die Rechte der Vertragsparteien exklusiver Lizenzvereinbarungen im Interesse der Information der Öffentlichkeit[1424] und der Sicherung des Pluralismus[1425] beschränkt.

1421 Richtlinie 2007/65/EG des Europäischen Parlaments und des Rates vom 11. Dezember 2007 zur Änderung der Richtlinie 89/552/EWG des Rates zur Koordinierung bestimmter Rechts- und Verwaltungsvorschriften der Mitgliedstaaten über die Ausübung der Fernsehtätigkeit, ABl. EU L 332/27 v. 18.12.2007, s. dort Art. 1 lit. 9 (damals neuer Art. 3k).

1422 Richtlinie 2010/13/EU des Europäischen Parlaments und des Rates vom 10. März 2010 zur Koordinierung bestimmter Rechts- und Verwaltungsvorschriften der Mitgliedstaaten über die Bereitstellung audiovisueller Mediendienste (Richtlinie über audiovisuelle Mediendienste) ABl. EU L 95/1 v. 15.4.2010 („AVMD-Richtlinie").

1423 Ausführlich zum EU-Kurzberichterstattungsrecht Dittl (2013), S. 33 ff.

1424 Zum grundrechtlichen Rahmen sowie zur Entstehungsgeschichte s. Scheuer/Strothmann, Iris plus 2004-04, S. 4 f.

1425 S. zu diesem Aspekt Dörr in: Abele/Riva, S. 74 f.

Die entsprechende Regelung im deutschen Recht[1426] findet sich in § 5 RStV, der für eine nachrichtenmäßige Kurzberichterstattung in der Regel eine Dauer von 90 Sekunden sowie ein angemessenes Entgelt vorsieht. Es handelt sich bei dieser Regelung um eine Ausprägung der verfassungsmäßig in Art. 5 Abs. 1 Satz 2 GG garantierten Rundfunkfreiheit[1427]. Das Bundesverfassungsgericht entschied 1998, dass ein Kurzberichterstattungsrecht grundsätzlich verfassungsgemäß ist, es jedoch nicht unentgeltlich gewährt werden darf. Der Eingriff in Art. 12 GG sei durch das Recht der Öffentlichkeit auf freien Informationszugang gerechtfertigt, sofern der Betroffene ein billiges Entgelt vom Berechtigten verlangen dürfe[1428]. Weiterhin verlangt das BVerfG für die verfassungskonforme Auslegung des § 5 RStV eine angemessene „Karenzzeit" oder Embargofrist zwischen Ende der Veranstaltung und der Berichterstattung[1429], um die Rechte der Verwerter exklusiver Übertragungsrechte angemessen zu schützen. Im Hinblick auf die Unentgeltlichkeit ist offen, wie der RStV und die Entscheidung des Bundesverfassungsgerichts von 1998 vor dem Hintergrund der heutigen Regelung zu interpretieren sind[1430]. Gem. Art. 15 Abs. 6 Satz 2 AVMD-Richtlinie darf eine Kostenerstattungsregelung des Mitgliedstaats lediglich die Erstattung der mit der Gewährung des Zugangs verbundenen zusätzlichen Kosten vorsehen. Art. 5 Abs. 6 RStV sieht die Erstattung von Aufwendungen vor. Darüber hinaus gestattet Art. 5 Abs. 7 RStV jedoch die Erhebung eines Lizenzentgelts. Im Rahmen eines Vorabentscheidungsverfahrens, das der EuGH zur Klärung einer Vorlagefrage des Bundeskommunikationssenats in Österreich eingeleitet hatte, erklärte der EuGH Art. 15 Abs. 6 AVMD-RL im Jahr 2013 für vereinbar mit der nach Art. 16 der Charta der Grundrechte der EU geschützten unternehmerischen Freiheit der Rechteinhaber[1431]. Hintergrund der Vorlagefrage war ein Sachverhalt, in dem Fernsehsender und Rechteinhaber sich auf ein Lizenzentgelt

1426 Kritisch z.B. Duvinage in: Schellhaaß (2000), S. 73 ff. Weiterführend etwa Frey in: Schwartmann, Kap. 13, Rn. 52 ff.; v. Coelln, SpuRt 2001, 221 ff.; Lehr/Brosius-Gersdorf, AfP 2001, 449 ff.; Lenz, NJW 1999, 757 ff.; Tettinger, SpuRt 1998, 109 ff.; Jarass, AfP 1993, 455 ff.; Papier in: FS Lerche, S. 675 ff.; Badura, ZUM 1989, 317 ff.; Doepner/Spieth, AfP 1989, 420 ff.; Kübler, ZUM 1989, 326 ff.; Lerche/Ulmer (1989); Ladeur, GRUR 1989, 885 ff.; Rehbinder, ZUM 1989, 337 ff.; Fuhr in: FS Armbruster, 117 ff. Zu wirtschaftlichen Aspekten s. Kruse (1991).

1427 Jarass, AfP 1993, 455 (456).

1428 BVerfGE 97, 228 (252 ff.), Urt. v. 17.2.1998 in der Rs. 1 BvF 1/91 – Kurzberichterstattung.

1429 Weiterführend Heermann, SpuRt 2001, 188 ff.

1430 Wildmann/Castendyk, MMR 2012, 75 (80).

1431 EuGH Urt. v. 22.1.2013 in der Rs. C-283/11 – Sky Österreich/ORF.

geeinigt hatten, das die Kosten für die Gewährung des Zugangs überstieg. Die Entscheidung des EuGH wirft die Frage auf, ob die AVMD-Richtlinie durch Art. 5 RStV in Deutschland korrekt umgesetzt ist[1432]. Eine nähere Auseinandersetzung mit diesen Fragen würde den Rahmen dieser Untersuchung sprengen. Hier soll vielmehr aufgezeigt werden, dass die Exklusivität audiovisueller Verwertungsrechte durch die Regelung zur Kurzberichterstattung eingeschränkt wird. Dass dieser Umstand einen Einfluss auf den Wert der Rechte hat, erkennt der EuGH ausdrücklich an[1433].

In Großbritannien ist das Kurzberichterstattungsrecht nicht eigens in Gesetzesform gegossen worden. Das englische Urheberrechtsgesetz, das *Copyright, Designs and Patents Act 1988* enthält aber in s. 30 (2), (3) eine Schrankenregelung, die die Verwendung eines Werkes zu Zwecken der Nachrichtenberichterstattung in bestimmten Fällen gestattet. Es handelt sich um eine Form des Zitatrechts[1434]. Bei der rechtmäßigen Nutzung des Werkes im Rahmen der Schrankenregelungen des englischen Urheberrechts muss es sich um *„fair dealing"* handeln. Auch bei der Verwendung von Sendematerial durch Dritte sind dem Urheberrecht verwandte Schutzrechte betroffen[1435], weshalb diese

---

1432 Summerer bezeichnet die Regelung sowie die Rechtsprechung des BVerfG als „überholt" (SpuRt 2013, 154). Dagegen führen die Rechteinhaber ins Feld, die Regelung in Deutschland richte sich gegen den Veranstalter und sei daher mit der österreichischen Rechtslage nicht zu vergleichen (s. etwa Die Welt online v. 22.1.2013 http://www.welt.de/newsticker/dpa_nt/infoline_nt/wirtschaft_nt/article113039856/EuGH-Urteil-ohne-Folgen-fuer-Deutschland.html [zuletzt aufgerufen am 11.8.2014]). Zu den Unterschieden zwischen den Regelungen im Hinblick auf die Art des Zugangs s. Heermann, K&R 2013, 179 (180 f.). Wildmann/Castendyk sprechen im Hinblick auf die deutsche Regelung von einem „Dilemma" (Wildmann/Castendyk, MMR 2012, 75 [80]). Ausführlich Dittl, der zu dem Ergebnis kommt, dass § 5 RStV nicht den Vorgaben von Art. 15 AVMD entspricht, die Vorschrift aber richtlinienkonform ausgelegt werden kann (Dittl [2013], S. 210 f.).

1433 EuGH Urt. v. 22.1.2013 in der Rs. C-283/11 – Sky Österreich/ORF, Rn. 64. Zu den Auswirkungen s. Handelsblatt Online v. 15.9.2009 „Sky hält sich im Olympia-Poker zurück", abrufbar unter: http://www.handelsblatt.com/unternehmen/it-medien/fernsehrechte-sky-haelt-sich-im-olympia-poker-zurueck/3258878.html (zuletzt aufgerufen am 11.8.2014).

1434 Die Regelung des § 50 UrhG ist hingegen nicht auf Sportereignisse anwendbar, da die Sportveranstaltung keinen urheberrechtlichen Schutz genießt vgl. oben, Teil 2, 1. Abschnitt, A. I. 1. und Fuhr, ZUM 1988, 327 (329).

1435 Obwohl die Veranstaltung selbst nicht urheberrechtlich geschützt ist, vgl. oben, Teil 2, 1. Abschnitt, A. I. 1. S. auch § 87 bzw. § 95 UrhG.

Regeln auch für audiovisuelle Kurzberichterstattung über Sportveranstaltungen greifen[1436]. Welche Formen der Verwendung zu Zwecken der Kurzberichterstattung die Sendeanstalten in Großbritannien untereinander als *„fair dealing"* betrachten, haben die Unternehmen in einem Vertrag mit dem Titel *Sports News Access Code of Practice* miteinander vereinbart. Das Vertragswerk existiert seit 1991 und verankert zunächst das Grundprinzip der wechselseitigen Respektierung exklusiver Sportübertragungsrechte. Darüber hinaus regelt es den Umfang sowie die Bedingungen der Berichterstattung über Sportereignisse durch Mitbewerber des die Veranstaltung exklusiv verwertenden Unternehmens wie etwa die Dauer der Berichterstattung und zeitlichen Abstand zur Veranstaltung selbst (Embargofristen). Die Berichterstattung über nachrichtenwürdige Ereignisse erfolgt hier kostenfrei. Auch Regelungen zur Streitbeilegung sind in der Vereinbarung enthalten. Die Nutzungen im Rahmen dieser Urheberrechtsschranke können auch in anderen Mitgliedstaaten stattfinden.

Es zeigt sich, dass das Recht auf Kurzberichterstattung, sei es nun als vertraglich vereinbarte Interpretation einer Schranke des Urheberrechts oder im Rundfunkstaatsvertrag als subjektives Recht des Fernsehveranstalters ausgestaltet, stets eine Einschränkung der Möglichkeiten der exklusiven Verwertung wichtiger Sportereignisse bedeutet. In der Praxis hat es eine große Bedeutung, da Nachrichtensendungen insbesondere am Wochenende selten ohne einen Sportteil auskommen. Aufgrund der in Europa weit verbreiteten Regelungen sind die Begrenzungen der Ausschließlichkeitsrechte der Veranstalter und Sender fester Bestandteil des Geschäfts mit Sportrechten.

G. Die EBU und das Eurovisionssystem in der Entscheidungspraxis von Europäischer Kommission und EuG

Im Mittelpunkt dieser Untersuchung steht eine kartellrechtliche Analyse des sogenannten „EBU-Systems". Diese Praxis hat die die Europäische Kommission und das EuG[1437] zwischen 1993 und 2002 beschäftigt. Die Ermittlungen und Entscheidungen betreffen eine Zusammenarbeit verschiedener Erwerber von Rechten für die Übertragung von Sportveranstaltungen im Fernsehen. Tatsächlicher Ausgangspunkt sind die EBU und das Eurovisionssystem, die hier zunächst kurz vorgestellt werden sollen.

1436 *BBC v British Satellite Broadcasting Ltd.* [1991] 3 All ER 833.

1437 Vor Inkrafttreten des Vertrags von Lissabon am 1.12.2009 amtlich als „Gericht erster Instanz" bezeichnet. Hier wird einheitlich mit EuG abgekürzt.

I. Die Organisation EBU

EBU steht für „European Broadcasting Union"[1438]. Die Organisation wird im Französischen als „UER" (Union Européenne de Radio-Télévision) abgekürzt. Diese Vereinigung von Rundfunk- und Fernsehanstalten wurde 1950 gegründet und hat ihren Sitz in Genf. Sie ist die weltweit größte Vereinigung von Rundfunkanstalten und hat derzeit (Stand 11.8.2014) 73 aktive Mitglieder aus 56 Ländern sowie weltweit 35 assoziierte Mitglieder. Sie verfolgt keinen Erwerbszweck. Die hauptsächlichen Ziele der Organisation sind die Unterstützung ihrer aktiven Mitglieder bei ihrem Rundfunkauftrag, die Unterstützung und Vertretung der Interessen ihrer Mitglieder einschließlich Verhandlungsführung (auf Antrag auch Verhandlungsführung in deren Namen), die Förderung der Zusammenarbeit unter den Mitgliedern (insbesondere Programmaustausch) sowie die Vorbereitung von Maßnahmen zur Entwicklung aller Formen von Rundfunk und Fernsehen.

Voraussetzung für die Mitgliedschaft in der EBU ist gem. Art. 3.2 der Statuten der EBU, dass die jeweilige Rundfunkanstalt in einem Land, das Mitglied der internationalen Fernmeldeunion ITU ist[1439] und im Europäischen Sendegebiet liegt (oder außerhalb des Europäischen Sendegebiets liegt, aber Mitglied des Europarats ist), ein Radio- und/oder Fernsehprogramm nationalen Charakters und nationaler Bedeutung ausstrahlt[1440]. Das Europäische Sendegebiet reicht in etwa von Island bis Saudi-Arabien und vom nordwestlichen Russland bis Marokko[1441],

1438 Ausführliche Informationen zur EBU sowie zu ihrer Geschichte finden sich bei Zeller (1999).

1439 Derzeit hat die ITU 193 Mitgliedstaaten. Eine Liste ist hier verfügbar: http://www.itu.int/online/mm/scripts/mm.list?_search=ITUstates&_languageid=1 (zuletzt aufgerufen am 11.8.2014).

1440 Ausführlich regelt die Voraussetzungen der Mitgliedschaft die Regulation on Detailed Membership Criteria under Article 3.6 of the EBU Statutes (in force since June 2013), abrufbar unter: www3.ebu.ch/files/live/sites/ebu/files/About/Governance/Regulation%202013_EN.pdf (zuletzt aufgerufen am 11.8.2014), die Auslegungsregeln zu Art. 3 EBU-Statuten enthält. S. auch Zeller (1999), S. 73 ff. zur damaligen Fassung.

1441 Die exakte Definition des „European Broadcasting Area" findet sich in der Vereinbarung ST61 der ITU, die 1961 in Stockholm getroffen wurde (überarbeitet 2006 in Genf). Sie lautet: „The European Broadcasting Area is bounded on the west by the western boundary of Region 1, on the east by the meridian 40° East of Greenwich and on the south by the parallel 30° North so as to include the northern part of Saudi Arabia and that part of those countries bordering the Mediterranean within these limits. In addition, Iraq, Jordan and that part of the territory

umfasst also ein weitaus größeres Gebiet als die Europäische Union. Die Anstalt muss verpflichtet sein, die gesamte Bevölkerung des jeweiligen Landes zu versorgen und zumindest einen wesentlichen Teil der Bevölkerung auch tatsächlich erreichen und sich nach Kräften um flächendeckende Versorgung bemühen. Das Programmangebot muss ausgewogen und abwechslungsreich sein sowie alle Schichten der Bevölkerung bedienen. Dazu gehört auch ein angemessenes Angebot für Minderheiten oder besondere Adressatenkreise. Ein wesentlicher Teil der gesendeten Programme muss von der jeweiligen Rundfunkanstalt selbst oder unter deren redaktioneller Aufsicht hergestellt werden. Auch Zusammenschlüsse von Rundfunkanstalten können Mitglied der EBU werden, wenn die oben genannten Voraussetzungen durch das Kollektiv oder alle einzelnen Anstalten erfüllt werden.

Die heutigen Kriterien für die Mitgliedschaft in der EBU treffen in aller Regel auf öffentlich-rechtliche Rundfunkanstalten mit besonderem öffentlichem Auftrag zu und sind erklärtermaßen auf solche Anstalten zugeschnitten[1442]. Private Rundfunksender, die eine stärkere kommerzielle Orientierung haben, erfüllen die Bedingungen für eine Mitgliedschaft dagegen in der Regel nicht. Aus den meisten Staaten[1443] ist jeweils nur eine Rundfunkanstalt Mitglied der EBU. Die Regeln für die Mitgliedschaft waren jedoch nicht immer so streng. Im Jahr 1984 nahm die EBU jedoch mit dem französischen Unternehmen Canal Plus erstmals eine private Rundfunkanstalt als Mitglied auf. Im Jahr 1986 wurde der Sender TF1, der bereits Mitglied der EBU war, privatisiert. Er durfte trotzdem aktives Mitglied bleiben. Als dann während der zweiten Hälfte der 80er Jahre des letzten Jahrhunderts immer mehr kommerziell orientierte private Rundfunkanbieter entstanden, änderte die EBU ihre Satzung[1444]. Ziel war erklärtermaßen, die Zahl der Mitglieder des Systems der Eurovision zu begrenzen[1445]. Gleichzeitig wurde klargestellt, dass alle am 1.3.1988 bereits beigetretenen Mitglieder von den zuvor

---

of Syrian Arab Republic, Turkey and Ukraine lying outside the above limits are included in the European Broadcasting Area." Die „Region 1", auf die hier Bezug genommen wird, ist definiert in ITU Radio Regulations, Volume 1, Art. 5. Gem. Art. 5.8 der Radio Regulations verläuft die westliche Grenze von Region 1 westlich von Island von Nord nach Süd durch den Atlantischen Ozean.

1442 Regulation on Detailed Membership Criteria, lit. 1.

1443 Ausnahmen sind Belgien, Dänemark, Frankreich, Deutschland und das Vereinigte Königreich, wo jeweils mehr als eine Rundfunkanstalt Mitglied der EBU ist.

1444 Änderung am 9.2.1988.

1445 EuG Urt. v. 11.7.1996 in den Rs. T-528/93, T-542/93, T-543/93 und T-546/93 – EBU, Rn. 9.

geltenden Regelungen profitierten und nicht an den neuen strengeren Kriterien gemessen würden[1446].

II. Eurovision

Die aktiven Mitglieder der EBU haben die Möglichkeit, an einem institutionalisierten Austausch von Radio- und Fernsehprogrammen aller Art teilzunehmen. Diese Kooperationen werden als „Eurovision" und „Euroradio" bezeichnet[1447]. Weiterhin besteht im Rahmen der Kooperation die Möglichkeit des gemeinschaftlichen Einkaufs und der gemeinsamen Nutzung von Fernsehrechten an Sportereignissen. Davon sind in der überwiegenden Zahl der Fälle internationale Sportveranstaltungen betroffen, nationale Veranstaltungen wesentlich seltener. Dieses System existiert seit 1954 und ist auch als „EBU-System" bekannt. Es passt zu dieser Ausrichtung auf den Bereich der Sportübertragungen, dass die erste große Gemeinschaftssendung der Eurovision die Übertragung der Fußball-Weltmeisterschaft aus der Schweiz im Sommer 1954 war[1448]. Teilnehmen können neben den einzelnen Mitgliedern der EBU an diesem System auch Konsortien, die aus aktiven Mitgliedern bestehen und ein gemeinsames transnationales Programm anbieten. Die große Mehrheit der Mitglieder der EBU nimmt an Eurovision und am EBU-System teil. In der Öffentlichkeit besonders bekannt ist der „Grand Prix d'Eurovision de la Chanson" oder „Eurovision Song Contest", der seit 1956 jährlich von der EBU veranstaltet wird.

1. Gemeinsamer Erwerb von Übertragungsrechten an Sportveranstaltungen

Das System des gemeinsamen Erwerbs von „Eurovisionsrechten" sieht vor, dass in der Regel die Rechte an internationalen Sportveranstaltungen durch alle interessierten Mitglieder gemeinsam erworben werden. Die teilnehmenden Mitglieder teilen sich dann sowohl die erworbenen Rechte als auch die Kosten für diesen Erwerb. Die Aufteilung der Rechtekosten auf die Rundfunkanstalten erfolgt nach einem vorher bestimmten Schlüssel. Sobald EBU-Mitglieder aus zwei oder mehr Ländern an derselben Sportveranstaltung interessiert sind, bemühen sie sich in der Regel um eine Zusammenarbeit im Rahmen des Eurovisionssystems. Die Verhandlungen können dann direkt durch die EBU selbst oder durch eines oder mehrere interessierte Mitglieder im Namen aller interessierten Mitglieder geführt

1446 Art. 21§2 EBU-Statuten in der Fassung vom 9.2.1988 (vgl. aktuell Art. 5.3. EBU-Statuten).

1447 S. dazu Hermann/Lausen, § 16, Rn. 69 ff., ausführlich Zeller (1999), S. 107 ff.

1448 Zeller (1999), S. 113.

werden. Während diese Verhandlungen andauern, dürfen die Mitglieder keine eigenen Verhandlungen über den Erwerb der Rechte an der jeweiligen Veranstaltung für die nationale Verwendung führen. Lediglich im Fall des Scheiterns der EBU-Verhandlungen dürfen gesonderte Verhandlungen aufgenommen werden.

Werden Rechte über das Eurovisionssystem erworben, so geschieht dies im Namen der teilnehmenden Mitglieder für ihr jeweiliges Land. In ihrem Sendegebiet können die Rundfunkanstalten die Rechte jeweils uneingeschränkt auswerten. Im Normalfall ist eine Exklusivität der Rechte gegenüber Nichtmitgliedern vorgesehen. In Fällen, in denen Mitglieder um Zuschauer oder Nutzer konkurrieren, weil entweder mehrere Mitglieder in einem Land teilnehmen oder weil innerhalb eines Sprachraums die Sendegebiete über Staatsgrenzen hinaus reichen, muss untereinander eine zuverlässige Regelung über die nicht konfligierende Verwertung der Rechte gefunden werden. Häufig einigen sich etwa zwei Mitglieder aus einem Staat darauf, die Veranstaltung – sofern sie sich über mehrere Termine erstreckt – abwechselnd jeweils exklusiv zu übertragen, statt eine nicht-exklusive Verwertung zu praktizieren.

2. Austausch des Fernsehsignals

Die Mitglieder der EBU betreiben untereinander auch einen Austausch von Fernsehsignalen. Dieser Austausch betrifft insbesondere Nachrichtenbeiträge[1449] und Sportveranstaltungen[1450]. Mit über 80% stellen Sportübertragungen seit langem den größten Teil des ausgetauschten Signals dar[1451]. Findet die Veranstaltung im Sendegebiet eines Mitglieds statt und produziert dieses Mitglied auch das Bildsignal, so stellt es dieses Signal allen anderen Mitgliedern im Rahmen des Eurovisionsaustauschs zur Verfügung. Für die Bereitstellung des Signals werden keine Kosten berechnet. Dieses System beruht auf Gegenseitigkeit und wechselseitiger Solidarität unter den Mitgliedern. Dabei unterstützen im Ergebnis die größeren Anstalten der großen Mitgliedsländer die Rundfunkanstalten in kleineren Ländern.

Auf der technischen Ebene sind die EBU-Mitglieder miteinander vernetzt, so dass das Signal direkt untereinander weitergegeben werden kann. Zudem bietet die EBU-Zentrale in Genf eine administrative und technische Koordinierung. Beispielsweise wird bei Olympischen Spielen dafür gesorgt, dass möglichst viele Wettbewerbe aufgezeichnet und ausgestrahlt werden, obwohl viele Veranstaltungen

1449 Ausführlich: Zeller (1999), S. 120 ff.
1450 Ausführlich: Zeller (1999), S. 123 ff.
1451 Zeller (1999), S. 123.

zeitgleich ablaufen. Hierbei werden die besonderen Bedürfnisse bzw. Zuschauerinteressen der Mitglieder berücksichtigt. Im technischen Bereich wird für ausreichende Übertragungskapazität und hohe Qualität des Signals gesorgt.

3. Wirtschaftliche Bedeutung des EBU-Systems

Das EBU-System ermöglicht den angeschlossenen Rundfunkanstalten kostengünstig Zugang zu einer Vielfalt an Programmmaterial, die einzelne Sender in Eigenregie kaum herstellen könnten[1452]. Von Beginn an war die EBU in ihren Verhandlungen um den Einkauf von Sportrechten sehr erfolgreich. Das EBU-System ist bis heute ein wesentlicher Faktor für die Attraktivität der EBU[1453]. Die Einkaufsgemeinschaft erwarb von Beginn an beispielsweise sämtliche Rechte an den Olympischen Spielen und übertrug alle Spiele seit 1960[1454]. Als im Vorfeld der Veranstaltung über die Fernsehrechte an der Olympiade in Montreal 1976 verhandelt wurde, konnte die EBU beim kanadischen Olympischen Komitee den Preis für die Rechte mit der Drohung, die Spiele gar nicht zu übertragen, von 18 Mio. USD auf 10 Mio. USD herunterhandeln[1455]. Bis zum Ende der 1990er Jahre erwarb die EBU regelmäßig sämtliche Rechte an den wichtigsten internationalen Sportveranstaltungen[1456].

Der Erfolg der Einkaufsgemeinschaft der EBU führte insbesondere im Zusammenhang mit der Vergabe der Rechte für die Olympischen Spiele 2010/2012 in Vancouver und London zu Kontroversen, da neben der EBU auch zahlreiche private Rundfunkanstalten Interesse an den Senderechten hatten. Diese gaben ebenfalls Gebote für ganz Europa sowie auch für einzelne Länder ab. Obwohl die Privaten mehr boten als die EBU, erhielt die EBU schließlich den Zuschlag[1457]. Dies wurde seitens des IOC mit der Erwartung größtmöglicher Übertragungsreichweiten im frei empfangbaren Fernsehen begründet[1458]. Auch die Kompetenz

1452 Zeller (1999), S. 107 ff.

1453 Zeller (1999), S. 125.

1454 IOC Marketing Fact File 2010, S. 35 (Fassung von 2008, dort S. 34 unzutreffend zitiert mit 1956 bei Hellwig, Rn. 85), s. auch Juan Antonio Samaranch im Interview (Die Welt 28.8.2000, S. 27).

1455 Eugster (1983), S. 144.

1456 Kommission der Europäischen Gemeinschaften, Bericht über die Wettbewerbspolitik 2007, COM(2008) 368 final, Rn. 331.

1457 Christmann, ZUM 2006, 23 (30).

1458 S. FAZ v. 21.6.2004, S. 35. Zur Bedeutung der Reichweiten für weniger bekannte Sportarten s. „Mit offenen Händen in den Teufelskreis“, sueddeutsche.de v. 8.12.2008, abrufbar unter: http://www.sueddeutsche.de/sport/mit-offenen-haenden-in-den-teufelskreis-1.363824.html (zuletzt aufgerufen am 11.8.2014).

der EBU wurde als Begründung angeführt[1459]. Bereits im Bieterwettbewerb um die Rechte an den Olympischen Spielen für die Jahre 2000 bis 2008 hatte die EBU den Zuschlag bekommen, obwohl ein privater Rundfunkanbieter deutlich mehr geboten hatte[1460].

Bei den Verhandlungen um die Fernsehrechte an den Olympischen Spielen 2014 in Sotschi und 2016 in Rio de Janeiro im Jahr 2008 kam es erstmals zu keiner Einigung zwischen IOC und EBU, so dass die Spiele von 2014 und 2016 für einzelne Territorien ausgeschrieben wurden. Offenbar hatte die EBU dem IOC keine ausreichend hohe Summe geboten[1461]. Es war das erste Mal in der Geschichte der Fernsehübertragung Olympischer Spiele, dass die EBU nicht das Gesamtpaket der europäischen Rechte für ihre Mitglieder erwarb. Das IOC wollte für die Übertragung der Spiele in Sotschi und Rio an das europäische Fernsehpublikum eine Milliarde US-Dollar erlösen[1462]. Nach Angaben der EBU lag deren Angebot bei über 800 Mio. US-Dollar[1463]. Das IOC versprach sich jedoch dieses Mal von der getrennten Vergabe der Rechte in einzelnen Ländern offenbar höhere Einnahmen[1464]. So wurde im Februar 2009 ein umfangreiches Paket an Medienrechten (Free-TV, Pay-TV, Mobilfunk[1465]) für 40 kleinere

1459 S. FAZ v. 25.8.2004, S. 38.

1460 ABl. EG L 151/26 v. 24.6.2000, Rn. 57.

1461 Handelsblatt online v. 2.12.2008 „IOC erteilt EBU-Angebot eine Absage", abrufbar unter: www.handelsblatt.com/sport/sonstige-sportarten/olympia-ioc-erteilt-ebu-angebot-eine-absage/3064994.html (zuletzt aufgerufen am 11.8.2014). Einen Teil der Rechte erwarb dann die Agentur SPORTFIVE, s. Meldung des IOC v. 19.2.2009, abrufbar unter: http://www.sochi2014.com/en/media/press-center/36723/ (zuletzt aufgerufen am 11.8.2014).

1462 Tagesspiegel v. 24.7.2009 „Ring-Kampf"; sueddeutsche.de v. 3.12.2008, 14:30 Uhr „Olympia im Privatfernsehen?". Für Deutschland wurden angeblich ca. 200 Mio. Euro erwartet, s. „ARD und ZDF knausern bei Olympischen Spielen", Spiegel Online v. 3.8.2009, abrufbar unter: http://www.spiegel.de/spiegel/print/d-66284697.html (zuletzt aufgerufen am 11.8.2014) und „ARD und ZDF konkurrieren mit Sky um Olympische Spiele", www.tagesspiegel.de v. 4.8.2009, abrufbar unter: http://www.tagesspiegel.de/medien-news/ARD-ZDF-Sky-Olympische-Spiele;artz15532,2863978 (zuletzt aufgerufen am 11.8.2014).

1463 Tagesspiegel v. 24.7.2009 „Ring-Kampf"; Spiegel Online 3.12.2008, 17:21 Uhr „ARD und ZDF droht Olympia-Aus".

1464 Tagesspiegel v. 24.7.2009 „Ring-Kampf"; Spiegel Online 26.1.2009, 20:50 Uhr „Vorstellungen sind völlig überzogen".

1465 Hamburger Abendblatt v. 18.2.2009, 12:11 Uhr „Hamburger Agentur Sportfive erwirbt Fernsehrechte für Olympia".

Länder des Europäischen Sendegebiets an die Agentur Sportfive vergeben[1466]. Nach Angaben des IOC lagen die Einnahmen für dieses Paket tatsächlich höher als für die Spiele 2010/2012[1467]. Um die Vergabe der Übertragungsrechte für die großen Länder Deutschland, Frankreich, Großbritannien, Italien und Spanien wurde getrennt verhandelt[1468]. Obwohl die Angebote bereits bis zum 31. Juli 2009 vorgelegt werden mussten[1469], gab es jedoch zwei Monate später noch keine Entscheidung über die zwei aus Deutschland vorgelegten Angebote[1470]. Über Olympia hinaus hat die EBU jedoch über die Jahre viele weitere wichtige Übertragungsrechte erworben. So hält sie laut ihrer Website derzeit u.a. die Rechte an der FIFA Weltmeisterschaft 2018 in Russland[1471] sowie 2022 in Qatar, wichtige Rechte an Leichtathletik-Meisterschaften der IAAF in Europa und Afrika für 2014 bis 2017 sowie weltweite Rechte an den FIS Ski-Cups in Österreich[1472]. Diese Erfolge sind nicht zuletzt auf die große Verhandlungsmacht[1473] zurückzuführen, die die EBU aufgrund der technischen Reichweite ihrer Mitglieder hat.

III. Überblick über die Entscheidungen in Sachen EBU

Seit der Entstehung privater Rundfunksender in den 80er Jahren des letzten Jahrhunderts standen die Mitglieder der EBU zunehmend mit diesen in Konkurrenz um den Erwerb der Übertragungsrechte an internationalen Sportveranstaltungen. Zwischen 1984 und 1990 allein wurden in Europa 31 neue

---

1466 Handelsblatt v. 27.7.2009 „ARD und ZDF greifen nach Olympia“; Hamburger Abendblatt v. 18.2.2009, 12:11 Uhr „Hamburger Agentur Sportfive erwirbt Fernsehrechte für Olympia“; Spiegel Online 18.2.2009, 14:31 Uhr „IOC vergibt Fernsehrechte an Agentur“.

1467 Hamburger Abendblatt v. 18.2.2009, 12:11 Uhr „Hamburger Agentur Sportfive erwirbt Fernsehrechte für Olympia“.

1468 Tagesspiegel v. 24.7.2009 „Ring-Kampf“.

1469 Tagesspiegel v. 24.7.2009 „Ring-Kampf“.

1470 Tagesspiegel v. 30.09.2009 „Olympia: Vergabe von TV-Rechten verzögert sich“.

1471 Für die EURO 2016 und die WM 2018 hat sich jedoch der deutsche Privatsender RTL erfolgreich bei der UEFA um die Übertragung der Qualifikationsspiele mit deutscher Beteiligung beworben, s. Spiegel Online v. 10.7.2013, abrufbar unter: http://www.spiegel.de/sport/fussball/fussball-rtl-zeigt-qualifikation-zur-em-2016-und-wm-2018-a-910508.html (zuletzt aufgerufen am 11.8.2014).

1472 Eine Liste der bis 2017 stattfindenden Ereignisse, an denen die EBU Rechte erworben hat, ist abrufbar unter: http://www.eurovision.net/acq/acqevents2005.pdf (zuletzt aufgerufen am 11.8.2014).

1473 Zeller (1999), S. 125.

Satellitensender und 25 neue kommerzielle terrestrische Sender gegründet[1474]. Der Fernsehsektor war im Umbruch, und die erfolgreiche Einkaufspolitik der EBU sorgte 1987 zum ersten Mal für Aufmerksamkeit, als die erste offizielle Beschwerde über die EBU bei der Europäischen Kommission als Wettbewerbsbehörde einging[1475]. Das Problem aus Sicht der privaten Rundfunksender war, dass sie weder als Mitglieder der EBU aufgenommen wurden noch sich in der Lage sahen, sich gegen die gemeinsam agierenden Mitglieder der EBU auf dem Markt für attraktive Sportrechte zu behaupten. Auch gewährten die EBU-Mitglieder keine Unterlizenzen über auch nur einen Teil der erworbenen Rechte. Es wurde eine wettbewerbsrechtliche Benachteiligung der Fernsehsender befürchtet, die nicht Mitglieder der EBU waren und auch nicht werden konnten. Im Rahmen derselben Beschwerde wurde auch gegen das Eurosport-Konsortium der EBU vorgegangen, die Materien wurden jedoch in verschiedene Verfahren unterteilt[1476]. Der Aspekt des Betriebs eines Gemeinschaftsunternehmens mit Zugang zum Eurovisionssystem ist nicht Gegenstand dieser Untersuchung.

1. Verwaltungsverfahren und die Zugangsregelung für Nichtmitglieder

Die Europäische Kommission prüfte den Sachverhalt und beschloss am 5.12.1988, in Sachen EBU ein Verfahren einzuleiten[1477]. Gegenstand des Verfahrens waren die Regeln der EBU für den Erwerb und die Nutzung von Fernsehrechten für Sportveranstaltungen im Rahmen des Eurovisionssystems. Kurz darauf richtete die Kommission eine erste Mitteilung von Beschwerdepunkten an die EBU[1478]. Darin stellte sie der EBU die Freistellung des EBU-Systems unter der Bedingung in Aussicht, dass sich die EBU und deren Mitglieder verpflichten würden, Nichtmitgliedern Zugang zu einem beträchtlichen Teil der betroffenen Rechte zu angemessenen Bedingungen einzuräumen.

Die EBU legte daraufhin am 3.4.1989 die betreffenden Satzungsbestimmungen und sonstigen Regeln betreffend den Erwerb von Fernsehrechten für

1474 Entscheidung der Europäischen Kommission v. 11.6.1993 in der Sache IV/32.150 – EBU, ABl. EG L 179/25 v. 22.7.1993, Rn. 9.

1475 Beschwerde von Screensport (später TESN) gegenüber der Europäischen Kommission vom 17.12.1987 (s. ABl. EG L 179/30 v. 22.7.1993, Rn. 41).

1476 Entscheidung der Europäischen Kommission v. 19.2.1991 in der Sache IV/32.524 – Screensport, Rn. 1 f.

1477 Entscheidung der Europäischen Kommission v. 11.6.1993 in der Sache IV/32.150 – EBU, ABl. EG L 179/23 v. 22.7.1993.

1478 Dies geschah am 12.12.1988, s. Entscheidung der Europäischen Kommission v. 11.6.1993 in der Sache IV/32.150 – EBU, ABl. EG L 179/30 v. 22.7.1993, Rn. 42.

Sportveranstaltungen, den Austausch von Sportprogrammen im Rahmen von Eurovision und den vertraglichen Zugang Dritter zu solchen Programmen vor und beantragte die Erteilung eines Negativattests oder ersatzweise die Freistellung des EBU-Systems[1479]. Man signalisierte gleichzeitig die Bereitschaft, Übertragungsrechte an Nichtmitglieder zu vergeben. Am 3.7.1990 wurde nach Beratungen mit der Kommission ein erstes System zu deren Vergabe eingeführt[1480].

Nachdem die EBU eine mit der Kommission abgestimmte Zugangsregelung für Dritte[1481] getroffen hatte, kündigte die Kommission am 5.10.1990 per Mitteilung an, das EBU-System freistellen zu wollen[1482]. Inzwischen war jedoch bereits eine weitere Beschwerde eingegangen[1483] und es mehrten sich die kritischen Stimmen Dritter. Während einer mündlichen Anhörung der Europäischen Kommission am 18. und 19.12.1990 wurde das System des Zugangs für Nichtmitglieder eingehend erörtert und von den beteiligten Drittparteien als zu restriktiv, zu bürokratisch und nicht funktionstauglich kritisiert[1484]. Dies veranlasste die Kommission, die EBU zu weiteren Änderungen des vorgesehenen Regelwerks aufzufordern[1485]. Eine zweite Fassung[1486] der Zugangsbedingungen der EBU wurde von der Kommission u.a. wegen der vorgesehenen Embargozeiträume für unzureichend befunden. Schließlich legte die EBU am 26.2.1993 eine endgültige Fassung der Zugangsregelung vor.

Diese Zugangsregelung für Nichtmitglieder zu den „Eurovisionsrechten" verpflichtete die EBU und ihre Mitglieder, Nichtmitgliedern Zugang zu Eurovisions-Sportprogrammen zu gewähren. Über die Lizenz wurde grundsätzlich frei verhandelt, es gab aber festgelegte Mindestbedingungen, die die EBU und deren Mitglieder Dritten gewähren mussten. Dazu gehörte, dass Zugang zu Live-Rechten gewährt wurde, wenn in dem betreffenden Land kein EBU-Mitglied selbst live

---

1479 S. Entscheidung der Europäischen Kommission v. 11.6.1993 in der Sache IV/32.150 – EBU, ABl. EG L 179/23 v. 22.7.1993.

1480 EuG Urt. v. 11.7.1996 in den Rs. T-528/93, T-542/93, T-543/93 und T-546/93 – EBU, Rn. 21.

1481 Fassung vom 3.7.1990.

1482 S. Entscheidung der Europäischen Kommission v. 11.6.1993 in der Sache IV/32.150 – EBU, ABl. EG L 179/31 v. 22.7.1993, Rn. 43.

1483 Beschwerde von Still Moving Films vom 12.4.1990, s. ABl. EG L 179/30 v. 22.7.1993, Rn. 42.

1484 S. Entscheidung der Europäischen Kommission v. 11.6.1993 in der Sache IV/32.150 – EBU, ABl. EG L 179/31 v. 22.7.1993, Rn. 43.

1485 Ergänzende Mitteilung von Beschwerdepunkten vom 24.6.1991, s. ABl. EG L 179/31 v. 22.7.1993, Rn. 44.

1486 Fassung vorgelegt am 8.11.1991.

ausstrahlen würde[1487]. Wurde die Veranstaltung oder ein Tag eines mehrtägigen Wettkampfs durch EBU-Mitglieder live ausgestrahlt, so musste Zugang zu Rechten für zeitversetzte Übertragung gewährt werden. Für die Ausstrahlung dieser Sendungen galt ein Embargozeitraum von mindestens einer Stunde nach Ende der Veranstaltung. Zudem durften zeitversetzte Sendungen nicht vor 22:30 Uhr Ortszeit beginnen[1488]. Schließlich erhielten Nichtmitglieder auch Nachrichtenzugang. Sofern das nationale Recht (z.B. Recht auf Kurzberichterstattung nach RStV) keine andere Regelung vorsah, erhielt das Nichtmitglied Rechte auf zwei Kurzberichte von je maximal 90 Sekunden Länge pro Veranstaltung oder Wettkampftag mit der Möglichkeit zur Wiederholung eines der Beiträge später am selben Tag. Diese Kurzberichte durften nur innerhalb von 24 Stunden und nur als Teil einer regelmäßigen (Sport-)Nachrichtensendung gesendet werden[1489].

Die Kosten für sublizenzierte Rechte werden zwischen den Partnern ausgehandelt. Auch der Transport des Signals über das Eurovisionsnetz gegen Entgelt kann vereinbart werden[1490]. Kam es nach dieser Regelung zu keiner Einigung, war ein Schiedsverfahren mit bindender Entscheidung durch einen oder mehrere Sachverständige vorgesehen[1491].

2. Die Entscheidung der Europäischen Kommission vom 11.6.1993

In ihrer ersten Entscheidung im EBU-Verfahren[1492] stellte die Europäische Kommission das Eurovisionssystem unter Auflagen frei. Dabei ging die Kommission davon aus, dass die Wettbewerbsvorschriften (damals Art. 85 ff. EGV) grundsätzlich auf den gemeinsamen Sportrechteerwerb durch die EBU anzuwenden waren[1493]. Einen Ausnahmefall gem. Art. 90 Abs. 2 EGV a.F. (Art. 106 Abs. 2 AEUV)

1487 Entscheidung der Europäischen Kommission v. 11.6.1993 in der Sache IV/32.150 – EBU, ABl. EG L 179/29 v. 22.7.1993, Rn. 37.

1488 Entscheidung der Europäischen Kommission v. 11.6.1993 in der Sache IV/32.150 – EBU, ABl. EG L 179/29 v. 22.7.1993, Rn. 37.

1489 Entscheidung der Europäischen Kommission v. 11.6.1993 in der Sache IV/32.150 – EBU, ABl. EG L 179/30 v. 22.7.1993, Rn. 38.

1490 Entscheidung der Europäischen Kommission v. 11.6.1993 in der Sache IV/32.150 – EBU, ABl. EG L 179/30 v. 22.7.1993, Rn. 39.

1491 Entscheidung der Europäischen Kommission v. 11.6.1993 in der Sache IV/32.150 – EBU, ABl. EG L 179/30 v. 22.7.1993, Rn. 40.

1492 Entscheidung der Europäischen Kommission v. 11.6.1993 in der Sache IV/32.150 – EBU, ABl. EG L 179/23 v. 22.7.1993. S. dazu Dörr in: Abele/Riva, S. 70 f.; Dörr in: Hans Bredow-Institut 1996/97, S. A 47.

1493 Entscheidung der Europäischen Kommission v. 11.6.1993 in der Sache IV/32.150 – EBU, ABl. EG L 179/31 v. 22.7.1993, Rn. 45 ff.; Dörr, NJW 1995, 2263 (2264).

hielt sie für nicht gegeben[1494]. Die Kommission befand auch, dass die EBU-Regeln eine Einschränkung bzw. Ausschaltung des Wettbewerbs zwischen den EBU-Mitgliedern bewirkten[1495] sowie die Marktposition der EBU-Mitglieder gegenüber anderen Marktteilnehmern wesentlich verbesserten[1496] und den Wettbewerb damit teilweise verfälschten[1497]. Insbesondere der gemeinsame Erwerb und die gemeinsame Nutzung der Fernsehrechte durch Mitglieder aus verschiedenen Mitgliedstaaten der EU beeinträchtige den grenzüberschreitenden Handel[1498].

Die Kommission erklärte Art. 85 Abs. 1 EGV a.F. [heute Art. 101 Abs. 1 AEUV] jedoch gem. Art. 85 Abs. 3 EGV a.F. [Art. 101 Abs. 3 AEUV] für den Zeitraum vom 26.2.1993 bis zum 25.2.1998 für nicht auf das EBU-System anwendbar. Die Auflagen, die gem. Art. 8 Abs. 1 VO Nr. 17/62[1499] mit dieser Freistellungserklärung verbunden wurden, bedeuteten, dass die EBU und deren Mitglieder im Rahmen des Eurovisionssystems Fernsehrechte für Sportveranstaltungen nur unter Einbeziehung der Zugangsregeln (oder günstigerer Bedingungen für Dritte) erwerben durften. Außerdem wurde die EBU dazu verpflichtet, die Europäische Kommission über Änderungen der angemeldeten Regeln sowie über Entscheidungen über Anträge auf Mitgliedschaft von Drittparteien zu informieren[1500].

Die Freistellung wurde mit verschiedenen, einander ergänzenden Vorteilen des Eurovisionssystems gerechtfertigt. Aus Sicht der Kommission erfüllten diese die Freistellungsvoraussetzungen, da sie zu einer Verbesserung der

1494 Entscheidung der Europäischen Kommission v. 11.6.1993 in der Sache IV/32.150 - EBU, ABl. EG L 179/37 f. v. 22.7.1993, Rn. 79. Die Kommission nimmt hier Bezug auf EuGH Urt. v. 30.4.1974 in der Rs. 155/73 – Sacchi (s. dort Rn. 8, 15).

1495 Entscheidung der Europäischen Kommission v. 11.6.1993 in der Sache IV/32.150 - EBU, ABl. EG L 179/31 v. 22.7.1993, Rn. 47 ff.

1496 Entscheidung der Europäischen Kommission v. 11.6.1993 in der Sache IV/32.150 - EBU, ABl. EG L 179/32 v. 22.7.1993, Rn. 51.

1497 Entscheidung der Europäischen Kommission v. 11.6.1993 in der Sache IV/32.150 - EBU, ABl. EG L 179/32 v. 22.7.1993, Rn. 50.

1498 Entscheidung der Europäischen Kommission v. 11.6.1993 in der Sache IV/32.150 - EBU, ABl. EG L 179/32 v. 22.7.1993, Rn. 53.

1499 Verordnung (EWG) Nr. 17 des Rates: Erste Durchführungsverordnung zu den Artikeln 85 und 86 des Vertrages, ABl. EG P 13/204 v. 21.2.1962. Sie wurde durch VO 1/2003 (Verordnung [EG] Nr. 1/2003 des Rates vom 16. Dezember 2002 zur Durchführung der in den Artikeln 81 und 82 des Vertrags niedergelegten Wettbewerbsregeln, ABl. EG L 1/1 v. 4.1.2003) am 1.5.2004 außer Kraft gesetzt.

1500 Entscheidung der Europäischen Kommission v. 11.6.1993 in der Sache IV/32.150 - EBU, ABl. EG L 179/37 v. 22.7.1993, Rn. 80 ff.

Warenerzeugung oder -verteilung unter angemessener Beteiligung der Verbraucher führten[1501]. Die angemeldeten Regeln der EBU erachtete die Europäische Kommission als unerlässlich, um dieses Ziel zu erreichen[1502].

a) Verbesserung der Warenerzeugung oder -verteilung

Zu den entscheidenden Vorteilen des EBU-Systems rechnete die Kommission zunächst die Verbesserung der Einkaufsbedingungen für EBU-Mitglieder sowie die Senkung der Transaktionskosten und Bündelung der Verhandlungskompetenz bei Rechtekäufen auch zugunsten kleinerer Mitglieder[1503]. Weiterhin sah die Kommission Vorteile in der Programmkoordinierung zwischen EBU-Mitgliedern, die zu einer lückenloseren Übertragung vor allem großer Sportereignisse führe[1504]. Sie bewertete das System als einen wichtigen Beitrag zur Entwicklung eines gemeinsamen europäischen Fernsehmarkts, da es die grenzüberschreitende Sendetätigkeit erleichtere[1505] sowie für ein breiteres Angebot auch für sogenannte „Minderheits-Sportarten" sorge[1506]. Auch das Prinzip der Solidarität und Gegenseitigkeit beim Austausch des Fernsehsignals unter den EBU-Mitgliedern wertete die Kommission als besonders positiv. Die erheblichen Rationalisierungen und Kosteneinsparungen, die dieses System ermögliche, seien insbesondere für kleinere Mitglieder höchst wertvoll[1507]. Durch den Austausch des Fernsehsignals, das mit administrativer und technischer Koordinierung seitens der EBU einhergehe, werde bei optimaler Anpassung an die Bedürfnisse der Mitglieder und beträchtlicher Rationalisierung ein hochwertiges Signal sowie eine verlässliche Übertragung über das gemeinsame Netz garantiert[1508].

1501 Entscheidung der Europäischen Kommission v. 11.6.1993 in der Sache IV/32.150 – EBU, ABl. EG L 179/33 v. 22.7.1993, Rn. 58 ff.

1502 Entscheidung der Europäischen Kommission v. 11.6.1993 in der Sache IV/32.150 – EBU, ABl. EG L 179/35 v. 22.7.1993, Rn. 69 ff.

1503 Entscheidung der Europäischen Kommission v. 11.6.1993 in der Sache IV/32.150 – EBU, ABl. EG L 179/33 v. 22.7.1993, Rn. 59.

1504 Entscheidung der Europäischen Kommission v. 11.6.1993 in der Sache IV/32.150 – EBU, ABl. EG L 179/33 v. 22.7.1993, Rn. 60.

1505 Entscheidung der Europäischen Kommission v. 11.6.1993 in der Sache IV/32.150 – EBU, ABl. EG L 179/33 v. 22.7.1993, Rn. 61.

1506 Entscheidung der Europäischen Kommission v. 11.6.1993 in der Sache IV/32.150 – EBU, ABl. EG L 179/34 v. 22.7.1993, Rn. 62, 63.

1507 Entscheidung der Europäischen Kommission v. 11.6.1993 in der Sache IV/32.150 – EBU, ABl. EG L 179/34 v. 22.7.1993, Rn. 63.

1508 Entscheidung der Europäischen Kommission v. 11.6.1993 in der Sache IV/32.150 – EBU, ABl. EG L 179/34 v. 22.7.1993, Rn. 64 f.

Die Zugangsregelung für Nichtmitglieder wertete die Europäische Kommission in diesem Zusammenhang doppelt positiv. Einerseits reduziere sie die Wettbewerbsbeschränkung, die mit dem EBU-System verbunden sei. Andererseits biete sie wichtige Vorteile für Fernsehsender, die Interesse an zeitversetzten Zweitübertragungen hätten sowie für transnationale Kanäle. Die Nichtmitglieder profitierten in den Verhandlungen von Erleichterungen wie Transparenz, Kalkulierbarkeit und von einem umfassenden Angebot aus einer Hand, die ihnen einen besseren Zugang ermöglichten[1509].

b) Angemessene Beteiligung der Verbraucher an dem entstehenden Gewinn
Aus Sicht der Verbraucher sah die Kommission wiederum in der Übertragung einer größeren Zahl und Vielfalt von Sportprogrammen von guter Qualität einen wichtigen Vorteil[1510]. Dies gelte insbesondere für Verbraucher in kleineren Mitgliedsländern der EBU. Die Kommission vermutete auch, dass aufgrund des Charakters der EBU-Mitglieder als öffentlich-rechtliche Anstalten die erzielten Kosteneinsparungen auf Seiten der Sender im Sinne einer Quersubventionierung anderer attraktiver Programme eingesetzt würden[1511].

c) Unerlässlichkeit der Beschränkungen
Aus Sicht der Kommission waren die Beschränkungen des Wettbewerbs gem. Art. 85 Abs. 3 lit. a) EGV a.F. [Art. 101 Abs. 3 lit. a) AEUV] unerlässlich. Sie war der Ansicht, dass weniger wettbewerbsbeschränkende Regeln für gemeinsamen Erwerb von Sportübertragungsrechten nicht in der Lage wären, den Kosteneinsparungs- und Rationalisierungseffekt des EBU-Systems zu erreichen. Es sei insbesondere erforderlich, dass die Mitglieder keine eigenen Verhandlungen über den Erwerb führten[1512]. Auch die Zugangsregelung für Nichtmitglieder enthalte ausschließlich Regelungen, ohne die die Ziele des EBU-Systems nicht erreichbar seien. Ein geringeres Maß an Exklusivität der Rechte der EBU-Mitglieder sei nicht ausreichend, um ihnen eine angemessene Rendite für ihre Investitionen

1509 Entscheidung der Europäischen Kommission v. 11.6.1993 in der Sache IV/ 32.150 – EBU, ABl. EG L 179/34 f. v. 22.7.1993, Rn. 66 f.

1510 Entscheidung der Europäischen Kommission v. 11.6.1993 in der Sache IV/ 32.150 – EBU, ABl. EG L 179/35 v. 22.7.1993, Rn. 68.

1511 Entscheidung der Europäischen Kommission v. 11.6.1993 in der Sache IV/ 32.150 – EBU, ABl. EG L 179/35 v. 22.7.1993, Rn. 68.

1512 Entscheidung der Europäischen Kommission v. 11.6.1993 in der Sache IV/ 32.150 – EBU, ABl. EG L 179/35 v. 22.7.1993, Rn. 70.

zu sichern[1513]. Die Beschränkung der Exklusivität sowie die Einräumung des Zugangs für Dritte zu angemessenen Bedingungen seien auf Verlangen der Kommission bereits so weit wie möglich gesichert. Für angemessene Preise der Rechte sorge das vorgesehene Schiedsverfahren[1514].

Auch die Beschränkung der Mitgliedschaft der EBU auf Anstalten mit öffentlich-rechtlichem Programmauftrag und flächendeckender Versorgung hielt die Kommission für unerlässlich[1515]. Zunächst funktioniere ein System der Solidarität nur zwischen solchen nicht primär gewinnorientierten Anstalten. Um die positiven Effekte des EBU-Systems zu erreichen, müsse gesichert sein, dass die Mitglieder selbst einen wesentlichen Teil der Programme produzierten, die sie ausstrahlten, sowie dass sie ein möglichst vielseitiges Programm anböten, das auch „Minderheits-Sportarten" berücksichtige[1516]. Nur wenn darüber hinaus die gesamte Bevölkerung des jeweiligen Landes versorgt werde, könne das gemeinsame Netz auch das gesamte Eurovisionsgebiet abdecken und dem Wunsch der Öffentlichkeit nach flächendeckender Versorgung gerecht werden[1517]. Weiterhin sei bei reinen Sportkanälen die Begrenzung der Beteiligung auf transnationale, ausschließlich von EBU-Mitgliedern betriebene Sender erforderlich, da nur diese wiederum die solidarischen Grundsätze des EBU-Systems würden respektieren können[1518].

d) Keine Möglichkeit zur Ausschaltung des Wettbewerbs

Aus der Tatsache, dass in den vorhergehenden Jahren einige Nichtmitglieder Fernsehrechte an bislang von EBU-Mitgliedern übertragenen Veranstaltungen erworben hatten, schloss die Europäische Kommission, dass ein ausreichender Wettbewerb auf dem Markt für Fernsehrechte existiere. Die EBU-Mitglieder hätten keine Möglichkeit zur Ausschaltung des Wettbewerbs auf diesem Markt, da das Eurovisionssystem nur internationale Sportveranstaltungen und damit

---

1513 Entscheidung der Europäischen Kommission v. 11.6.1993 in der Sache IV/32.150 – EBU, ABl. EG L 179/35 v. 22.7.1993, Rn. 71.

1514 Entscheidung der Europäischen Kommission v. 11.6.1993 in der Sache IV/32.150 – EBU, ABl. EG L 179/35 v. 22.7.1993, Rn. 71.

1515 Entscheidung der Europäischen Kommission v. 11.6.1993 in der Sache IV/32.150 – EBU, ABl. EG L 179/35 v. 22.7.1993, Rn. 72 ff.

1516 Entscheidung der Europäischen Kommission v. 11.6.1993 in der Sache IV/32.150 – EBU, ABl. EG L 179/36 v. 22.7.1993, Rn. 73.

1517 Entscheidung der Europäischen Kommission v. 11.6.1993 in der Sache IV/32.150 – EBU, ABl. EG L 179/36 v. 22.7.1993, Rn. 74.

1518 Entscheidung der Europäischen Kommission v. 11.6.1993 in der Sache IV/32.150 – EBU, ABl. EG L 179/36 v. 22.7.1993, Rn. 76.

nur einen Teil dieses Marktes betreffe[1519]. Nationale Sportereignisse, um die die EBU nicht gemeinsam verhandle, seien in der Mehrzahl und stellten daher den größeren Teil des betroffenen Marktes dar. Damit erachtete die Kommission auch die Anforderungen des Art. 85 Abs. 3 lit. b) EGV a.F. [Art. 101 Abs. 3 lit. b) AEUV] als erfüllt.

e) Kein Ausschluss der Anwendbarkeit des Kartellverbots

Schließlich stellte die Europäische Kommission klar, dass die Anwendbarkeit des Kartellverbots vorliegend nicht durch Art. 90 Abs. 2 EGV a.F. [Art. 106 Abs. 2 AEUV] ausgeschlossen werde. Zwar seien die EBU-Mitglieder mit Dienstleistungen von allgemeinem wirtschaftlichen Interesse im Sinne der Vorschrift betraut, die Anwendung des Kartellrechts berge jedoch nicht die Gefahr einer Verhinderung der Erfüllung dieser Aufgaben. Selbst im Falle eines Verbotes des Eurovisionssystems könnten die Sendeunternehmen ihrem besonderen Auftrag noch nachkommen[1520].

3. Das Urteil des EuG vom 11.7.1996

Gegen diese Freistellungsentscheidung der Europäischen Kommission erhoben die privaten Rundfunkanstalten M6[1521], RTI[1522], Telecinco[1523] und Antena 3[1524] im Oktober 1993 Nichtigkeitsklage beim EuG. M6, RTI und Telecinco hatten bereits im Vorfeld der Entscheidung gegenüber der Kommission ihre Bedenken gegen das System der EBU, deren Aufnahmekriterien und die Zugangsregeln geäußert. M6 und Antena 3 hatten zudem beide erfolglos versucht, aktive Mitglieder der EBU zu werden. Die Rechtssachen wurden zur gemeinsamen mündlichen Verhandlung verbunden[1525]. Mit Urteil vom 11.7.1996 erklärte das EuG die Entscheidung für nichtig[1526] und hob damit erstmals eine Freistellungsentscheidung der Kommission auf. Das Gericht war zu der Überzeugung gelangt, dass die

---

1519 Entscheidung der Europäischen Kommission v. 11.6.1993 in der Sache IV/32.150 – EBU, ABl. EG L 179/36 v. 22.7.1993, Rn. 77.

1520 Entscheidung der Europäischen Kommission v. 11.6.1993 in der Sache IV/32.150 – EBU, ABl. EG L 179/36 v. 22.7.1993, Rn. 78 f.

1521 Métropole Télévision SA, Klägerin in der Rs. T-528/93.

1522 Reti Relevisive Italiane SpA, Klägerin in der Rs. T-542/93.

1523 Gestevisión Telecinco SA, Klägerin in der Rs. T-543/93.

1524 Antena 3 de Televisión, Klägerin in der Rs. T-546/93.

1525 Beschluss vom 11.4.1995.

1526 EuG Urt. v. 11.7.1996 in den Rs. T-528/93, T-542/93, T-543/93 und T-546/93 – EBU/Métropole.

Europäische Kommission Art. 85 Abs. 3 EGV a.F. [Art. 101 Abs. 3 AEUV] falsch ausgelegt und falsch angewendet hatte[1527].

a) Mangelhafte Prüfung der Aufnahmeregeln der EBU durch die Kommission
Das EuG befand, dass die Europäische Kommission ihre Freistellungsentscheidung auf eine fehlerhafte Auslegung des Art. 85 Abs. 3 lit. a EGV a.F. [Art. 101 Abs. 3 lit. a AEUV] gestützt hatte, indem sie es unterließ, die Aufnahmeregeln der EBU zunächst auf Objektivität und Bestimmtheit zu prüfen. Ohne eine solche Prüfung auf die Möglichkeit einer einheitlichen und diskriminierungsfreien Anwendung sei es nicht möglich gewesen zu beurteilen, ob diese Regeln im Sinne des Art. 85 Abs. 3 lit. a EGV a.F. unerlässlich waren[1528]. Ebenso wenig sei es der Kommission demnach möglich gewesen, während der Dauer der Freistellung zu überprüfen, ob die Voraussetzungen der Freistellung weiterhin erfüllt seien und ob die Mitgliedschaftsbedingungen in angemessener und nichtdiskriminierender Weise angewendet würden, wozu sie sich selbst verpflichtet hatte[1529]. Die Kommission war nach Ansicht des Gerichts zu Unrecht davon ausgegangen, diese Prüfung gar nicht vornehmen zu müssen. Allein die Tatsache, dass die Kommission in der Zukunft darüber wachen wollte, ob bei Entscheidungen über die Aufnahme neuer Mitglieder der EBU einheitlich und ohne Diskriminierung vorgegangen werde, habe sie dazu verpflichtet, die Tauglichkeit der den Entscheidungen zugrunde liegenden Regeln zunächst zu prüfen[1530].

An Stelle der Kommission nahm das EuG selbst die Prüfung der Aufnahmeregeln der EBU-Statuten in ihrer damals geltenden Fassung vor. Es kam zu dem Ergebnis, dass die Vorschrift keinen hinreichend bestimmten Inhalt habe sowie unbestimmt und ungenau sei[1531]. Schon die Tatsache, dass die EBU selbst eine zusätzliche interne Richtlinie zur Auslegung der Regelung für nötig gehalten hatte,

1527 Dörr, NJW 1997, 1341 (1344). Die anderen Klagegründe, die die Kläger vorgetragen hatten, wurden durch das Gericht nicht mehr geprüft, da es diese Verstöße für eine Nichtigerklärung für ausreichend befand.

1528 EuG Urt. v. 11.7.1996 in den Rs. T-528/93, T-542/93, T-543/93 und T-546/93 – EBU, Rn. 102.

1529 EuG Urt. v. 11.7.1996 in den Rs. T-528/93, T-542/93, T-543/93 und T-546/93 – EBU, Rn. 100.

1530 EuG Urt. v. 11.7.1996 in den Rs. T-528/93, T-542/93, T-543/93 und T-546/93 – EBU, Rn. 101.

1531 EuG Urt. v. 11.7.1996 in den Rs. T-528/93, T-542/93, T-543/93 und T-546/93 – EBU, Rn. 97.

bestätige diese Sichtweise[1532]. Demnach habe bereits zum Zeitpunkt der Freistellungsentscheidung die Grundlage für einheitliche und nichtdiskriminierende Anwendung der Mitgliedschaftsbestimmungen gefehlt.

b) Fehlerhaftes Abstellen auf Erfüllung einer besonderen, im öffentlichen Interesse liegenden Aufgabe durch die Kommission

Das EuG hielt darüber hinaus auch das Abstellen der Kommission auf die Erfüllung einer besonderen, im öffentlichen Interesse liegenden Aufgabe durch die Mitglieder der EBU für eine fehlerhafte Auslegung von Art. 85 Abs. 3 EGV a.F. [Art. 101 Abs. 3 AEUV]. Diese Fehlinterpretation der Norm sei geeignet gewesen, die Beurteilung des Sachverhalts durch die Kommission im Hinblick auf die Unerlässlichkeit der freigestellten Wettbewerbsbeschränkungen zu verfälschen[1533].

Das EuG stellte fest, dass die Kommission ihre Freistellungsentscheidung maßgeblich auf den Begriff einer solchen besonderen, im öffentlichen Interesse liegenden Aufgabe gestützt hatte, indem sie ihn als Kriterium für die Festlegung des durch die Entscheidung begünstigten Personenkreises heranzog[1534]. Diese besondere Aufgabe habe die Kommission in der Verpflichtung zur Ausstrahlung eines abwechslungsreichen und vielfältigen Programms und die Versorgung der gesamten Bevölkerung des jeweiligen Landes gesehen, die die Mitglieder der EBU treffe. Die Kommission sei offenbar davon ausgegangen, dass mit der Wahrnehmung einer solchen Aufgabe ein besonderer Status im Hinblick auf die Wettbewerbsregeln einhergehe[1535]. Das EuG befand, dass die Kommission damit Gesichtspunkte herangezogen habe, die zunächst nur im Rahmen des Art. 90 Abs. 2 EGV a.F. [Art. 106 Abs. 2 AEUV] relevant seien, aber nicht ohne Weiteres im Rahmen des Art. 85 Abs. 3 EGV a.F. [Art. 101 Abs. 3 AEUV] zur Anwendung kommen könnten[1536]. Vielmehr komme es hier auf eine fundierte Darlegung der Unerlässlichkeit der Wettbewerbsbeschränkung an. Genau diese sei durch die Kommission aber nicht hinreichend begründet

---

1532 EuG Urt. v. 11.7.1996 in den Rs. T-528/93, T-542/93, T-543/93 und T-546/93 – EBU, Rn. 98.

1533 EuG Urt. v. 11.7.1996 in den Rs. T-528/93, T-542/93, T-543/93 und T-546/93 – EBU, Rn. 123.

1534 EuG Urt. v. 11.7.1996 in den Rs. T-528/93, T-542/93, T-543/93 und T-546/93 – EBU, Rn. 115.

1535 EuG Urt. v. 11.7.1996 in den Rs. T-528/93, T-542/93, T-543/93 und T-546/93 – EBU, Rn. 115 f.

1536 EuG Urt. v. 11.7.1996 in den Rs. T-528/93, T-542/93, T-543/93 und T-546/93 – EBU, Rn. 116 f. Kritisch dazu Craufurd Smith (1997), S. 155 ff.

worden[1537]. Auch an einer umfassenden Prüfung aller im Zusammenhang mit der Erfüllung einer besonderen Aufgabe im öffentlichen Interesse stehenden Umstände, wie Art. 85 Abs. 3 EGV a.F. [Art. 101 Abs. 3 AEUV] sie erfordert hätte, fehlte es hier nach Ansicht des Gerichts[1538].

4. Weiteres Verfahren

Die EBU legte gegen die Entscheidung des EuG Berufung beim EuGH ein, die von der Kommission unterstützt wurde. Am 1.9.1999 kündigte die Kommission derweil erneut an, das EBU-System freistellen zu wollen[1539]. In der Zwischenzeit hatte die EBU der Kommission am 27.8.1996 ihre Leitlinien vom 12.8.1992 für die Auslegung der Kriterien über die aktive Mitgliedschaft in der EBU vorgelegt. Außerdem hatte sie sowohl diese Leitlinien als auch die Regeln über die Mitgliedschaft selbst am 3.4.1998 geändert. Gem. Art. 19 Abs. 3 VO Nr. 17/62 wurde Dritten durch die Kommission die Möglichkeit eingeräumt, Bemerkungen vorzutragen. Die vorgebrachten Bedenken betrafen die Regeln für die Mitgliedschaft in der EBU, die als weder objektiv noch transparent kritisiert wurden. In Kombination mit den Regeln für den gemeinsamen Sportrechteerwerb durch die EBU stellten sie nach Ansicht der Kritiker eine nicht freistellungsfähige Wettbewerbsbeschränkung dar. Schließlich sei die von der EBU vorgeschlagene Produktmarktdefinition, die Sport-Großereignisse in sämtlichen Sportarten ungeachtet des nationalen oder internationalen Charakters des Ereignisses umfasste, zu weit gefasst[1540].

5. Die Entscheidung der Europäischen Kommission vom 10.5.2000

Trotzdem stellte die Kommission das EBU-System mit Entscheidung vom 20.5.2000 erneut frei[1541]. Sie gelangte zu der Einschätzung, die angemeldeten Vereinbarungen erfüllten zwar die Voraussetzungen für eine Wettbewerbsbeschränkung gem. Art. 81 Abs. 1 EGV [heute Art. 101 Abs. 1 AEUV], jedoch lägen auch alle Kriterien für eine Freistellung gem. Art. 81 Abs. 3 EGV [Art. 101

1537 EuG Urt. v. 11.7.1996 in den Rs. T-528/93, T-542/93, T-543/93 und T-546/93 – EBU, Rn. 118 ff.

1538 EuG Urt. v. 11.7.1996 in den Rs. T-528/93, T-542/93, T-543/93 und T-546/93 – EBU, Rn. 121.

1539 Mitteilung betr. Antrag auf Negativattest in der Sache IV/32.150 – Eurovision, ABl. EG C 248/4 v. 1.9.1999.

1540 Entscheidung 2000/400/EG der Kommission v. 10.5.2000 in der Sache IV/32.150, ABl. EG L 151/27 v. 24.6.2000, Rn. 61.

1541 Entscheidung 2000/400/EG der Kommission v. 10.5.2000 in der Sache IV/32.150, ABl. EG L 151/18 v. 24.6.2000.

Abs. 3 AEUV] vor[1542]. Diesmal befristete sie die Freistellung bis 31.12.2005. Die Freistellung wurde mit der Bedingung verbunden, dass der gemeinsame Erwerb von Eurovisionsrechten während ihrer Dauer nur im Rahmen von Verträgen geschehen dürfe, die die Regeln für den Zugang von Nichtmitgliedern sowie Regeln für die Vergabe von Unterlizenzen auf Pay-TV-Kanälen einbezögen. Zusätzlich wurde die EBU im Rahmen einer Auflage dazu verpflichtet, die Kommission über alle Änderungen der Regeln für den Zugang von Nichtmitgliedern sowie der Regeln für die Vergabe von Unterlizenzen an Pay-TV-Anbieter und alle Schiedsverfahren im Zusammenhang mit den Regeln zu unterrichten[1543].

Im Hinblick auf das Urteil des EuG verwies die Kommission auf uneindeutige Formulierungen in der ursprünglichen Entscheidung[1544] und auf die durch Änderung der EBU-Aufnahmeregeln nunmehr geänderte Tatsachenlage[1545]. Nach Ansicht der Kommission könnten Aufnahmeregeln eines Branchenverbands auch nicht von vornherein als Wettbewerbsbeschränkungen angesehen werden. Vielmehr komme es darauf an, ob im Verband Wettbewerbsbeschränkungen zwischen den Mitgliedern vereinbart würden[1546].

a) Wettbewerbsbeschränkungen durch die Regeln der EBU

Zunächst stellte die Kommission fest, dass das Eurovisionssystem auf Grundlage der EBU-Satzung dazu führe, dass die Mitglieder der EBU beim Kauf von Sportrechten nicht zueinander in Konkurrenz träten, obwohl sie das ohne das Eurovisionssystem durchaus täten[1547]. Dies schätzte sie als Wettbewerbsbeschränkung i.S.d. Art. 81 Abs. 1 EGV [Art. 101 Abs. 1 AEUV] ein. Auch wenn die Regeln der Satzung die Mitglieder nicht ausdrücklich dazu zwängen, sich am gemeinsamen Rechtekauf zu beteiligen, so seien die Mitglieder doch einem faktischen Druck ausgesetzt,

---

1542 Entscheidung 2000/400/EG der Kommission v. 10.5.2000 in der Sache IV/32.150, ABl. EG L 151/27 v. 24.6.2000, Rn. 63.

1543 Entscheidung 2000/400/EG der Kommission v. 10.5.2000 in der Sache IV/32.150, ABl. EG L 151/27 v. 24.6.2000.

1544 Entscheidung 2000/400/EG der Kommission v. 10.5.2000 in der Sache IV/32.150, ABl. EG L 151/28 v. 24.6.2000, Rn. 67.

1545 Entscheidung 2000/400/EG der Kommission v. 10.5.2000 in der Sache IV/32.150, ABl. EG L 151/28 v. 24.6.2000, Rn. 70.

1546 Entscheidung 2000/400/EG der Kommission v. 10.5.2000 in der Sache IV/32.150, ABl. EG L 151/28 v. 24.6.2000, Rn. 68 f.

1547 Entscheidung 2000/400/EG der Kommission v. 10.5.2000 in der Sache IV/32.150, ABl. EG L 151/29 v. 24.6.2000, Rn. 73 f.

dies zu tun und täten es in der Praxis auch[1548]. Hierbei sei zudem bedeutsam, dass die Rechte grundsätzlich exklusiv erworben würden, da dieser Umstand Nichtmitglieder in vielen Fällen vollständig vom Erwerb der Rechte ausschließe[1549].

Auch in dem System zur gemeinsamen Nutzung der Eurovisionsrechte sah die Kommission eine tatbestandsmäßige Wettbewerbsbeschränkung. In Fällen, in denen EBU-Mitglieder bei der Auswertung der erworbenen Rechte um dasselbe Fernsehpublikum konkurrierten (wenn also mehr als ein EBU-Mitglied in einem Land existiert oder wenn in ein Nachbarland mit derselben Landessprache ausgestrahlt wird), verlangten die EBU-Regeln nämlich, dass sich die Mitglieder untereinander auf eine Rechteteilung einigten. Ohne diese Regeln hätten die EBU-Mitglieder nach Auffassung der Kommission untereinander um die jeweiligen Zuschauer konkurriert[1550].

Schließlich erachtete die Kommission auch den Austausch des Programmsignals unter den EBU-Mitgliedern als eine Wettbewerbsbeschränkung, da hier einzelne EBU-Mitglieder verpflichtet sein könnten, im Rahmen eines Solidarsystems anderen Mitgliedern Übertragungssignale kostenlos zur Verfügung zu stellen[1551]. Diese Wettbewerbsbeschränkungen waren nach Ansicht der Kommission auch spürbar und hatten grenzüberschreitenden Bezug[1552].

b) Voraussetzungen für die Freistellung

Die Europäische Kommission erachtete alle Voraussetzungen für eine Freistellung der angemeldeten Vereinbarungen als gegeben. Sowohl der gemeinsame Rechteerwerb der Eurovisionsmitglieder als auch die gemeinsame Nutzung der Eurovisionsrechte und den Austausch des Fernsehsignals hielt sie für freistellungsfähig gem. Art. 81 Abs. 3 EGV [Art. 101 Abs. 3 AEUV].

aa) Verbesserung der Warenerzeugung oder -verteilung

Der gemeinsame Rechteerwerb verbessert nach Ansicht der Kommission den Vertrieb von Rundfunkdienstleistungen und fördert den technischen und

---

1548 Entscheidung 2000/400/EG der Kommission v. 10.5.2000 in der Sache IV/32.150, ABl. EG L 151/20 v. 24.6.2000, Rn. 73.

1549 Entscheidung 2000/400/EG der Kommission v. 10.5.2000 in der Sache IV/32.150, ABl. EG L 151/29 v. 24.6.2000, Rn. 75.

1550 Entscheidung 2000/400/EG der Kommission v. 10.5.2000 in der Sache IV/32.150, ABl. EG L 151/30 v. 24.6.2000, Rn. 78.

1551 Entscheidung 2000/400/EG der Kommission v. 10.5.2000 in der Sache IV/32.150, ABl. EG L 151/30 v. 24.6.2000, Rn. 80.

1552 Entscheidung 2000/400/EG der Kommission v. 10.5.2000 in der Sache IV/32.150, ABl. EG L 151/30 v. 24.6.2000, Rn. 81 f.

wirtschaftlichen Fortschritt[1553]. Insbesondere die kleineren EBU-Mitgliedsländer hätten ohne den gemeinsamen Rechteerwerb Schwierigkeiten, an entsprechende Rechte zu kommen. Die Kommission stellte hier wieder insbesondere auf niedrigere Transaktionskosten und besondere Verhandlungskompetenz des spezialisierten EBU-Personals ab[1554]. Auch werde für die speziellen Bedürfnisse auch der kleineren Mitglieder durch die gebündelte Verhandlungsmacht mehr erreicht, als es in individuellen Verhandlungen möglich wäre. Durch diese Vorteile werde insgesamt eine breitere und umfangreichere Berichterstattung über Sportereignisse erreicht und somit der Vertrieb von Sportprogrammen verbessert. Auch in der gemeinsamen Nutzung der über Eurovision erworbenen Rechte liege eine Verbesserung des Vertriebs von Sportprogrammen. Die gemeinsame Nutzung erlaube eine nahezu permanente Übertragung von herausragenden Veranstaltungen, wie z.B. den Olympischen Spielen[1555]. Schließlich seien im Rahmen des Solidarsystems der Eurovision auch Sender, die kein Interesse an der Ausstrahlung eines bestimmten Ereignisses aus dem Inland hätten, verpflichtet, anderen interessierten Mitgliedern das Signal kostenlos zur Verfügung zu stellen. Damit führe auch der Austausch des Signals dazu, dass mehr Sportprogramme produziert und gezeigt würden[1556].

bb) Angemessene Beteiligung der Verbraucher an dem entstehenden Gewinn

In allen angemeldeten Vereinbarungen sah die Kommission einen Gewinn für die Verbraucher. Der gemeinsame Rechteerwerb verbessere das Angebot von Sportprogrammen mit Kommentar in der Landessprache insbesondere in kleineren Mitgliedsländern der EBU. Auch im Hinblick auf Qualität und spezifische nationale Interessen trage er zu einer breiteren Angebotspalette bei[1557]. Die durch gemeinsame Nutzung der Rechte und Austausch des Signals ermöglichte nahezu lückenlose Übertragung so gut wie aller Sportveranstaltungen von internationalem Interesse komme ebenfalls dem Verbraucher zugute[1558].

1553 Entscheidung 2000/400/EG der Kommission v. 10.5.2000 in der Sache IV/32.150, ABl. EG L 151/30 v. 24.6.2000, Rn. 84.

1554 Entscheidung 2000/400/EG der Kommission v. 10.5.2000 in der Sache IV/32.150, ABl. EG L 151/31 v. 24.6.2000, Rn. 86.

1555 Entscheidung 2000/400/EG der Kommission v. 10.5.2000 in der Sache IV/32.150, ABl. EG L 151/31 v. 24.6.2000, Rn. 88 f.

1556 Entscheidung 2000/400/EG der Kommission v. 10.5.2000 in der Sache IV/32.150, ABl. EG L 151/31 v. 24.6.2000, Rn. 86.

1557 Entscheidung 2000/400/EG der Kommission v. 10.5.2000 in der Sache IV/32.150, ABl. EG L 151/31 v. 24.6.2000, Rn. 91.

1558 Entscheidung 2000/400/EG der Kommission v. 10.5.2000 in der Sache IV/32.150, ABl. EG L 151/31 v. 24.6.2000, Rn. 92 f.

cc) Unerlässlichkeit der Beschränkungen

Die Unerlässlichkeit der in den einzelnen Vereinbarungen liegenden Beschränkungen für die Verwirklichung der genannten Ziele begründete die Kommission im Wesentlichen mit dem engen Zusammenhang zwischen den drei betroffenen Vereinbarungen im Eurovisionssystem[1559]. Sie erachtete sowohl den gemeinsamen Rechteerwerb als auch die gemeinsame Rechtenutzung und den Austausch des Signals als voneinander abhängige Elemente eines auch insgesamt alternativlosen Systems. Die Vertriebsverbesserungen, die lückenlose Übertragung sowie der Wegfall von Produktionskosten für kleinere Mitglieder seien ohne das Eurovisionssystem sämtlich unerreichbar[1560].

dd) Keine Möglichkeit der Ausschaltung des Wettbewerbs

Schließlich hielt die Kommission die Möglichkeit der Ausschaltung des Wettbewerbs für einen wesentlichen Teil der betreffenden Übertragungsrechte nicht für gegeben. Dies begründete sie im Hinblick auf den gemeinsamen Rechteerwerb damit, dass die EBU ohnehin nur die Rechte an internationalen Ereignissen erwerbe. Der Großteil des Sportangebots im Fernsehen bestehe aber aus rein nationalen Veranstaltungen. Zudem sei die EBU zunehmendem Wettbewerb von außen ausgesetzt und habe in den vorausgegangenen Jahren Marktanteile verloren[1561]. Die gemeinsame Nutzung der Rechte betrachtete die Kommission im Rahmen der Marktstruktur als unproblematisch, weil das System der Vergabe von Unterlizenzen eine hinreichende Teilhabe von Nichtmitgliedern ermögliche[1562]. Die Nachteile Dritter durch die kostenlose Bereitstellung von Eurovisionssignalen an Mitglieder der EBU wertete die Kommission als wirtschaftlich wenig bedeutsam[1563].

(i) Definition und Bewertung des Marktes durch die Kommission

Die Bewertung des Einflusses der hier gegenständlichen Vereinbarungen auf den Wettbewerb durch die Europäische Kommission beruhte auf ihrer

---

1559 Entscheidung 2000/400/EG der Kommission v. 10.5.2000 in der Sache IV/32.150, ABl. EG L 151/32 v. 24.6.2000, Rn. 94.

1560 Entscheidung 2000/400/EG der Kommission v. 10.5.2000 in der Sache IV/32.150, ABl. EG L 151/32 v. 24.6.2000, Rn. 95 ff.

1561 Entscheidung 2000/400/EG der Kommission v. 10.5.2000 in der Sache IV/32.150, ABl. EG L 151/32 v. 24.6.2000, Rn. 100 f.

1562 Entscheidung 2000/400/EG der Kommission v. 10.5.2000 in der Sache IV/32.150, ABl. EG L 151/33 v. 24.6.2000, Rn. 104.

1563 Entscheidung 2000/400/EG der Kommission v. 10.5.2000 in der Sache IV/32.150, ABl. EG L 151/33 v. 24.6.2000, Rn. 105.

vorausgegangenen Definition der relevanten Märkte und ihrer Einschätzung über deren Struktur. Bei der Definition des sachlich relevanten Marktes ging die Kommission davon aus, dass Sportprogramme sich grundsätzlich von anderen Programmsparten unterschieden, da sie eine große und homogene Zuschauergruppe erreichten, die für die Werbewirtschaft besonders interessant sei[1564]. Dabei sei jedoch innerhalb des Marktes für Sportrechte weiter zu differenzieren zwischen massenattraktiven Veranstaltungen wie Fußball-Weltmeisterschaften und Olympischen Spielen und Veranstaltungen, denen aufgrund der Sportart oder der teilnehmenden Nationen generell oder in bestimmten Ländern weniger Interesse entgegengebracht wird[1565]. Die Einschaltquoten deuteten darauf hin, dass bestimmte große Sportereignisse so hoch in der Zuschauergunst stünden, dass sie schlechthin nicht substituierbar seien[1566]. Für diese Rechte seien Rundfunkveranstalter bereit, besonders hohe Preise zu zahlen, wie die Entwicklung auch gezeigt habe[1567]. Daher gebe es höchstwahrscheinlich separate Märkte für die Rechte an einigen großen, meist internationalen Sportveranstaltungen[1568]. Eine weitere Differenzierung hielt die Kommission nicht für erforderlich[1569]. Auch eine genaue Definition des relevanten geographischen Marktes nahm die Kommission nicht vor[1570].

In ihrer Betrachtung der Marktstruktur ging die Kommission zunächst auf die Entwicklung hin zu einem größeren Wettbewerb auf den Fernsehmärkten seit den 80er Jahren des 20. Jahrhunderts ein[1571]. Weiterhin stellte sie fest, dass gerade Sportrechte besonders attraktive und begehrte Güter seien, um die ein

1564 Entscheidung 2000/400/EG der Kommission v. 10.5.2000 in der Sache IV/32.150, ABl. EG L 151/23 v. 24.6.2000, Rn. 39.

1565 Entscheidung 2000/400/EG der Kommission v. 10.5.2000 in der Sache IV/32.150, ABl. EG L 151/23 v. 24.6.2000, Rn. 40.

1566 Entscheidung 2000/400/EG der Kommission v. 10.5.2000 in der Sache IV/32.150, ABl. EG L 151/24 v. 24.6.2000, Rn. 41 f.

1567 Entscheidung 2000/400/EG der Kommission v. 10.5.2000 in der Sache IV/32.150, ABl. EG L 151/24 v. 24.6.2000, Rn. 42, 40, 53.

1568 Entscheidung 2000/400/EG der Kommission v. 10.5.2000 in der Sache IV/32.150, ABl. EG L 151/24 v. 24.6.2000, Rn. 43.

1569 Entscheidung 2000/400/EG der Kommission v. 10.5.2000 in der Sache IV/32.150, ABl. EG L 151/24 v. 24.6.2000, Rn. 44.

1570 Entscheidung 2000/400/EG der Kommission v. 10.5.2000 in der Sache IV/32.150, ABl. EG L 151/25 v. 24.6.2000, Rn. 49.

1571 Entscheidung 2000/400/EG der Kommission v. 10.5.2000 in der Sache IV/32.150, ABl. EG L 151/25 v. 24.6.2000, Rn. 50.

großer Wettbewerb herrsche[1572]. Dabei komme es wesentlich darauf an, dass die Rechte auf Basis einer Exklusivitätsvereinbarung verkauft würden[1573]. Die Kommission ging dann auf die Marktposition der EBU ein und legte dar, dass diese über die vorausgegangenen zehn Jahre hinweg kontinuierlich Marktanteile verloren habe. Die Stellung der EBU als Abnehmerin auf dem Markt sei nachhaltig erschüttert, die EBU habe jedoch immer noch eine starke Marktposition und sei als Vertragspartner der Rechteinhaber geschätzt[1574].

(ii) Zugangsregeln für Nichtmitglieder

Die vorgelegten Zugangsregeln für Nichtmitglieder umfassten als Einheit sowohl die allgemeinen Vorschriften über den Zugang von Nichtmitgliedern der EBU zu Eurovisionsprogrammen vom 2.2.1993 als auch die Regeln für die Vergabe von Unterlizenzen zur Nutzung von Eurovisionsrechten auf Pay-TV-Kanälen vom 26.3.1999. Die Europäische Kommission bewertete das Regelwerk von 1993[1575] als für die damalige Situation, in der die EBU-Mitglieder keine Spartenkanäle im Pay-TV anboten, als gänzlich ausreichend, um einen umfangreichen Zugang für Nichtmitglieder sicherzustellen[1576]. Die Regeln von 1999 seien notwendig geworden, als im Zuge der fortschreitenden Diversifizierung der Fernsehangebote bei einer stetig wachsenden Zahl von Sendern auch Mitglieder der EBU damit begonnen hätten, im Marktsegment der Spartenkanäle Pay-TV-Angebote vorzuhalten[1577]. Dieses Regelwerk legte fest, dass ein Mitglied der EBU, das Sportereignisse, für die es Rechte im Rahmen der Eurovision erworben hatte, auf einem Pay-TV-Kanal übertrug, einem interessierten Nichtmitglied eine Unterlizenz einräumen musste, die diesem erlaubte, dieselbe Sendung ebenfalls im Pay-TV

1572 Entscheidung 2000/400/EG der Kommission v. 10.5.2000 in der Sache IV/32.150, ABl. EG L 151/25 v. 24.6.2000, Rn. 53.

1573 Entscheidung 2000/400/EG der Kommission v. 10.5.2000 in der Sache IV/32.150, ABl. EG L 151/25 v. 24.6.2000, Rn. 51.

1574 Entscheidung 2000/400/EG der Kommission v. 10.5.2000 in der Sache IV/32.150, ABl. EG L 151/26 v. 24.6.2000, Rn. 55 ff. S. auch Font Galarza, Europäische Kommission, Competition Policy Newsletter Nr. 2 aus Juni 2000, 28 (31, 33), der diesen Umstand als die wesentliche Begründung für die neuerliche Freistellung beschreibt.

1575 S. Entscheidung 2000/400/EG der Kommission v. 10.5.2000 in der Sache IV/32.150, ABl. EG L 151/37 f. v. 24.6.2000, Anhang I.

1576 Entscheidung 2000/400/EG der Kommission v. 10.5.2000 in der Sache IV/32.150, ABl. EG L 151/33 v. 24.6.2000, Rn. 107.

1577 Entscheidung 2000/400/EG der Kommission v. 10.5.2000 in der Sache IV/32.150, ABl. EG L 151/34 v. 24.6.2000, Rn. 108.

zu übertragen[1578]. Die Gebühr musste in angemessener Weise die Konditionen weitergeben, die das EBU-Mitglied im Rahmen des gemeinsamen Rechtekaufs erhalten hatte[1579]. Die Kommission wertete diese Regelungen als Gleichstellung von Nichtmitgliedern der EBU, die über ein Schiedsverfahren auch angemessene Preise für Unterlizenzen garantiere[1580].

6. Das Urteil des EuG vom 8.10.2002

Auch gegen diese Freistellungsentscheidung der Europäischen Kommission wurde Nichtigkeitsklage erhoben. Neben M6[1581], Antena 3[1582] und Telecinco[1583], die bereits erfolgreich gegen die Entscheidung von 1993 geklagt hatten, gesellten sich nun auch SIC[1584] als Klägerin sowie DSF[1585] und RTI[1586] (im vorherigen Verfahren Klägerin) als Streithelferinnen hinzu. Auf Seiten der Europäischen Kommission traten die EBU[1587] sowie RTVE[1588] als Streithelferinnen dem Rechtsstreit bei. Die vier Rechtssachen wurden zu gemeinsamer Entscheidung verbunden[1589].

M6 hatte in den Jahren seit 1987 bereits sechs Mal erfolglos versucht, aktives Mitglied der EBU zu werden. Wegen der wiederholten Ablehnungen durch die EBU hatte M6 bei der Europäischen Kommission am 5.12.1997 Beschwerde eingelegt. Die Kommission wies diese mit Entscheidung vom 29.6.1999[1590] zurück. Diese Entscheidung der Kommission wurde wiederum aufgrund der Nichtigkeitsklage von M6 durch Urteil des EuG vom 21.3.2001[1591] wegen schwerer Begründungsmängel und weiterer Pflichtverletzungen für nichtig erklärt.

1578 Entscheidung 2000/400/EG der Kommission v. 10.5.2000 in der Sache IV/32.150, ABl. EG L 151/39 v. 24.6.2000, Anhang II, Abs. i).

1579 Entscheidung 2000/400/EG der Kommission v. 10.5.2000 in der Sache IV/32.150, ABl. EG L 151/39 v. 24.6.2000, Anhang II, Abs. iii).

1580 Entscheidung 2000/400/EG der Kommission v. 10.5.2000 in der Sache IV/32.150, ABl. EG L 151/34 v. 24.6.2000, Rn. 109 f.

1581 Métropole Télévision SA, Klägerin in der Rs. T-185/00.

1582 Antena 3 de Televisión SA, Klägerin in der Rs. T-216/00.

1583 Gestevisión Telecinco SA, Klägerin in der Rs. T-299/00.

1584 Sociedade Independente de Communicação, Klägerin in der Rs. T-300/00.

1585 Deutsches Sportfernsehen GmbH, Streithelferin in der Rs. T-299/00.

1586 Reti Televisive Italiane Spa, Streithelferin in der Rs. T-300/00.

1587 Streithelferin in den Rs. T-185/00, T-216/00, T-299/00 und T-300/00.

1588 Radiotelevisión Española, Streithelferin in den Rs. T-216/00 und T-299/00.

1589 Durch Beschluss des Präsidenten der Zweiten erweiterten Kammer vom 25.2.2002.

1590 Zum Inhalt s. EuG Urt. v. 21.3.2001 in der Rs. T-206/99, Rn. 12, 20 f.

1591 EuG Urt. v. 21.3.2001 in der Rs. T-206/99 – M6/EBU (Slg. 2001, II-1057).

In einem weiteren Beschwerdeverfahren hatte M6 inzwischen versucht, gegen die Aufnahmekriterien der EBU vorzugehen. Die Nichtigkeitsklage gegen die Zurückweisung der Beschwerde durch die Kommission[1592] wurde durch das EuG als unzulässig zurückgewiesen[1593], da der Streitgegenstand bereits im Rahmen des Klageverfahrens gegen die Entscheidung der Kommission vom 10.5.2000 rechtshängig war.

Mit Urteil vom 8.10.2002 erklärte das EuG auch die zweite Freistellungsentscheidung der Kommission in Sachen EBU für nichtig[1594]. Es war zu der Überzeugung gelangt, dass die Kommission mit ihrer Entscheidung gegen Art. 81 Abs. 3 EGV [Art. 101 Abs. 3 AEUV] verstoßen hatte[1595]. Die Kommission hatte nach Ansicht des Gerichts fälschlicherweise das Vorliegen des Kriteriums für die Freistellung bejaht, wonach durch die Wettbewerbsbeschränkung keine Möglichkeit der Ausschaltung des Wettbewerbs für einen wesentlichen Teil der betreffenden Waren eröffnet werden darf.

a) Auslegung der Entscheidung der Europäischen Kommission

Zunächst legte das EuG die Entscheidung der Kommission in einigen Punkten aus. Es stellte fest, dass die Kommission von Auswirkungen des Eurovisionssystems auf zwei verschiedene Märkte ausgegangen war. Einerseits gebe es den vorgelagerten Markt für Fernsehrechte, auf dem die EBU mit anderen Medienunternehmen im Wettbewerb um den Kauf der Rechte stehe. Weiterhin gebe es Auswirkungen auf den nachgelagerten Markt der Übertragung der Veranstaltungen, für die die Rechte erworben wurden. Auf diesem Markt, der jeweils zumeist ein Land oder einen einheitlichen Sprachraum umfasse, stünden die Mitglieder der EBU jeweils im Wettbewerb mit anderen Fernsehsendern[1596]. Weiterhin entnahm das EuG der Entscheidung der Kommission, dass diese in ihrer Beurteilung davon ausgegangen war, dass für Übertragungsrechte an

1592 Beschwerde vom 6.3.2000, zurückgewiesen durch Entscheidung vom 12.9.2000.

1593 EuG Beschl. v. 25.10.2001 in der Rs. T-354/00 (Slg. 2001, II-3177).

1594 EuG Urt. v. 8.10.2002 in den verb. Rs. T-185/00, T-216/00, T-299/00 und T- 300/00 – EBU/Métropole II. Allg. dazu Mestmäcker/Schweitzer (2004), § 13, Rn. 74; Anm. Frey, ZUM 2002, 917 ff.

1595 Auf die anderen Klagegründe, die die Parteien geltend gemacht hatten, sowie zwei Anträge auf Vorlage von Schriftstücken brauchte das Gericht daher nicht mehr einzugehen (s. EuG Urt. v. 8.10.2002 in den verb. Rs. T-185/00, T- 216/00, T-299/00 und T-300/00 – EBU/Métropole II, Rn. 40, 86).

1596 EuG Urt. v. 8.10.2002 in den verb. Rs. T-185/00, T-216/00, T-299/00 und T- 300/00 – EBU/Métropole II, Rn. 52.

bestimmten sportlichen Großereignissen wie den Olympischen Spielen ein eigener Markt existiert[1597].

b) Offenkundiger Beurteilungsfehler

Das EuG legte die Definition der Märkte durch die Kommission sowie deren Analyse der Marktstruktur zugrunde[1598] und schaute dann genauer auf die rechtlichen und wirtschaftlichen Rahmenbedingungen des Rechteerwerbs durch die EBU. Diese konnten nach Ansicht des Gerichts entscheidend dafür sein, ob die Ausübung der erworbenen Rechte innerhalb des wirtschaftlichen Kontextes und des Systems der Zugangsregeln für Dritte zu einer Wettbewerbsbeschränkung führten[1599].

aa) Wirtschaftliche Begleitumstände des EBU-Systems

Das Gericht verwies auf die Stärke der Auswirkungen des EBU-Systems auf die nachgelagerten Fernsehmärkte[1600] sowie auf den Markt des Sponsorings und der Werbung aufgrund der besonderen Anziehungskraft von Sportveranstaltungen wie den Olympischen Spielen auf die Zuschauer[1601]. Weiterhin sah das Gericht eine Verstärkung der Auswirkungen des EBU-Systems gegenüber Dritten durch die vertikale Integration der Mitglieder der EBU sowie durch die große geographische Ausdehnung der EBU selbst[1602].

bb) Wirksamkeit der allgemeinen Zugangsregelung für Nichtmitglieder

Unter Berücksichtigung dieser zusätzlich identifizierten Begleitumstände prüfte das Gericht nun, ob die damals geltenden Zugangsregeln für Dritte zu Eurovisionsrechten eine Ausschaltung des Wettbewerbs verhinderten. Dabei beschränkte es seine Beurteilung auf die allgemeinen Vorschriften über den Zugang von Nichtmitgliedern der EBU zu Eurovisionsprogrammen vom 2.2.1993.

1597 EuG Urt. v. 8.10.2002 in den verb. Rs. T-185/00, T-216/00, T-299/00 und T- 300/00 – EBU/Métropole II, Rn. 57.

1598 EuG Urt. v. 8.10.2002 in den verb. Rs. T-185/00, T-216/00, T-299/00 und T- 300/00 – EBU/Métropole II, Rn. 60 ff.

1599 EuG Urt. v. 8.10.2002 in den verb. Rs. T-185/00, T-216/00, T-299/00 und T- 300/00 – EBU/Métropole II, Rn. 64.

1600 EuG Urt. v. 8.10.2002 in den verb. Rs. T-185/00, T-216/00, T-299/00 und T- 300/00 – EBU/Métropole II, Rn. 65.

1601 EuG Urt. v. 8.10.2002 in den verb. Rs. T-185/00, T-216/00, T-299/00 und T-300/00 – EBU/Métropole II, Rn. 66.

1602 EuG Urt. v. 8.10.2002 in den verb. Rs. T-185/00, T-216/00, T-299/00 und T-300/00 – EBU/Métropole II, Rn. 67.

Die Regeln für die Vergabe von Unterlizenzen zur Nutzung von Eurovisionsrechten auf Pay-TV-Kanälen vom 26.3.1999 erachtete das Gericht nicht als relevant, da die Klägerinnen allesamt frei empfangbare Fernsehprogramme sendeten und daher von diesem Regelwerk nicht begünstigt würden[1603]. Das Gericht untersuchte eingehend die Auswirkungen der Zugangsregeln sowie deren praktische Anwendung und kam zu dem Ergebnis, dass Nichtmitgliedern der EBU keineswegs ein ausreichender Zugang zu Eurovisionsrechten gewährt werde[1604]. Es erklärte die Entscheidung der Kommission vom 10.5.2000 aufgrund eines offenkundigen Beurteilungsfehlers für nichtig[1605].

7. Beschluss des EuGH vom 27.9.2004

Am 23.12.2002 legte die EBU beim EuGH Rechtsmittel gegen das Urteil des EuG vom 8.10.2002 ein[1606]. Sie beantragte, das Urteil aufgrund der Verletzung von Verfahrensvorschriften aufzuheben. Das Gericht habe ultra petita entschieden und damit die Verfahrensrechte u.a. der EBU verletzt, indem es seine Entscheidung auf Argumente gegründet habe, die durch die Kläger im Ausgangsverfahren nicht vorgebracht worden seien[1607]. Damit zielte die EBU auf die Einbeziehung der wirtschaftlichen Begleitumstände wie der tatsächlichen Vergabepraxis der EBU-Mitglieder, deren Informationspraxis und der Situation der ungenutzten Rechte in die Überlegungen des Gerichts[1608]. Auch die Frage der nicht verwerteten Eurovisionsrechte sei nicht verhandelt worden. Durch die Einbeziehung dieser Aspekte sei der EBU das Verfahrensrecht zur Widerlegung von Behauptungen genommen[1609].

Der EuGH lehnte dieses Rechtsmittel jedoch durch begründeten Beschluss gem. Art. 119 EuGH-VfO als offensichtlich unbegründet ab. Er stellte zunächst fest, dass die Verfahrensregeln des Art. 48 § 2 Abs. 1 EuG-VfO für die Parteien gelten, nicht aber für das Gericht selbst[1610]. Weiterhin habe es sich bei den in

1603 EuG Urt. v. 8.10.2002 in den verb. Rs. T-185/00, T-216/00, T-299/00 und T- 300/00 – EBU/Métropole II, Rn. 69.

1604 EuG Urt. v. 8.10.2002 in den verb. Rs. T-185/00, T-216/00, T-299/00 und T- 300/00 – EBU/Métropole II, Rn. 83.

1605 EuG Urt. v. 8.10.2002 in den verb. Rs. T-185/00, T-216/00, T-299/00 und T- 300/00 – EBU/Métropole II, Rn. 85 f.

1606 ABl. EU C 55/13 v. 8.3.2003 (Rs. C-470/02 P – EBU/M6).

1607 EuGH Beschl. v. 27.9.2004 in der Rs. C-470/02 P – EBU, Rn. 46.

1608 EuGH Beschl. v. 27.9.2004 in der Rs. C-470/02 P – EBU, Rn. 48.

1609 ABl. EU C 55/14 v. 8.3.2003.

1610 EuGH Beschl. v. 27.9.2004 in der Rs. C-470/02 P – EBU, Rn. 51; EuGH Urt. v. 19.11.1998 in der Rs. C-252/96 P – Parlament/Gutiérrez de Quijano y Lloréns, Rn. 30.

Rede stehenden Erwägungen des EuG nicht um gesonderte Klagegründe gehandelt, sondern um eine Weiterentwicklung der Überlegungen des Gerichts in der Beurteilung des vorliegenden Klagegrunds[1611]. Dabei berief sich der EuGH auf den Grundsatz, dass niemals zugelassen werden könne, dass der Richter auf der Suche nach dem eigentlichen Sinn der einschlägigen Rechtsvorschriften und insbesondere der von den Parteien geltend gemachten Vorschriften gezwungen wäre, von vornherein alle Arten von Rechtsgründen bekannt zu geben, auf denen er die Prämisse seiner Erwägungen aufbaue. Bei einer gegenteiligen Auffassung bestehe nämlich die ernsthafte Gefahr, dass Entscheidungen getroffen würden, die auf irrigen Rechtsgründen beruhten[1612].

8. Ende der Untersuchung durch die Europäische Kommission

Im Jahr 2007 beendete die Europäische Kommission ihre Ermittlungen im Fall EBU[1613]. Dies begründete sie mit Veränderungen in den Märkten für internationale sportliche Spitzenereignisse. Die EBU sei nicht länger der einzige Abnehmer solcher Rechte. Sie kündigte gleichzeitig an, die Situation weiter zu beobachten.

2. Abschnitt: Marktabgrenzung

A. Zweck und Grenzen der Marktdefinition

Erster Schritt jeder kartellrechtlichen Untersuchung ist die Definition der jeweils betroffenen Märkte. Sowohl die sachlichen als auch die räumlichen Dimensionen der Märkte müssen ermittelt werden, um feststellen zu können, ob auf dem jeweiligen Markt wirksamer Wettbewerb besteht, wie groß die Marktanteile der einzelnen Unternehmen sind und wie sich bestimmte Bedingungen oder Veränderungen auf die Marktstruktur auswirken[1614]. Die

---

1611 EuGH Beschl. v. 27.9.2004 in der Rs. C-470/02 P – EBU, Rn. 74; EuGH Urt. v. 19.11.1998 in der Rs. C-252/96 P – Parlament/Gutiérrez de Quijano y Lloréns, Rn. 34.

1612 EuGH Beschl. v. 27.9.2004 in der Rs. C-470/02 P – EBU, Rn. 69; Schlussanträge des Generalanwalts Georges Cosmas in der Rs. C-174/98 P und 189/98 P – Kgr. Niederlande/van der Wal, Rn. 95.

1613 Kommission der Europäischen Gemeinschaften, Bericht über die Wettbewerbspolitik 2007, COM(2008) 368 final, Rn. 64, 330 f.

1614 Bekanntmachung der Kommission über die Definition des relevanten Marktes im Sinne des Wettbewerbsrechts der Gemeinschaft, ABl. EG C 372 v. 9.12.1997, S. 5-13 (im Folgenden: „Bekanntmachung Marktdefinition“), Rn. 2; EuGH Urt. v. 10.7.1980 in der Rs. C-99/79 Lancôme/Etos, Rn. 24; EuGH Urt. v. 28.2.1991 in der Rs. C-234/89 – Delimitis, Rn. 14 ff.; EuG Urt. v. 28.2.2002 in der Rs.

Marktabgrenzung dient so der Feststellung des Wettbewerbsdrucks, dem die Beteiligten einer wettbewerbsrechtlich relevanten Vereinbarung ausgesetzt sind[1615]. Die Definition der Märkte hat daher wesentlichen Einfluss auf die kartellrechtliche Beurteilung des Verhaltens der betreffenden Marktteilnehmer oder einer Vereinbarung zwischen Unternehmen. Auch die Spürbarkeit einer Wettbewerbsbeschränkung auf dem jeweiligen Markt lässt sich nur nach Definition seiner Grenzen feststellen. Je enger Märkte definiert werden, desto eher liegt z.B. in einem bestimmten Verhalten ein Kartellverstoß. Ebenso ist auf einem Markt, auf dem wenig Konkurrenzdruck herrscht, die Veränderung des Verhaltens eines Akteurs stärker bemerkbar. Bei der Betrachtung der kartellrechtlichen Zusammenhänge können aber auch benachbarte (vor- oder nachgelagerte, bzw. miteinander in Verbindung stehende[1616]) Märkte eine Rolle spielen[1617]. Für eine Untersuchung von Verstößen gegen Art. 101 AEUV ist in der Regel eine präzisere Marktdefinition erforderlich, als dies für die Untersuchung einer Marktbeherrschenden Stellung gem. Art. 102 AEUV der Fall ist. Trotzdem erfolgt die Abgrenzung selbst nach denselben Kriterien[1618]. Im Folgenden kann daher auf Entscheidungen und Literatur aus beiden Kontexten zurückgegriffen werden.

Das Definieren von Märkten basiert auf ökonomischen Erwägungen. Der Markt ist zunächst der ökonomische „Ort", an dem Angebot und Nachfrage

---

T-86/95 – Compagnie Générale Maritime, Rn. 42; EuG Urt. v. 6.7.2000 in der Rs. T-62/98 – Volkswagen, Rn. 230; EuG Urt. v. 15.9.1998 in den Rs. T-374/94, T-375/94, T-384/94 und T-388/94, European Night Services u. a., Rn. 93, 96, 103; EuG Urt. v. 21.2.1995 in der Rs. T-29/92 – SPO u.a., Rn. 74. Ferner EuGH Urt. v. 21.2.1984 in der Rs. C-86/82 – Hasselblad, Rn. 19 ff.; Dörr/Haus, JuS 2001, 313 (315).

1615 *Roth/Ackermann* in: FK, Art. 81 Abs. 1 Grundfragen, Rn. 369, 372.

1616 Zum Begriff des benachbarten Marktes s. *Jung* in: Grabitz/Hilf/Nettesheim, Art. 102, Rn. 142 f.; O'Donoghue/Padilla, S. 211 f.; Koenig/Kühling/Braun, CR 2001, 745 (747 ff.). Ähnlich im Bereich Fusionskontrolle, s. dazu *Körber* in: Immenga/Mestmäcker EU/2, Art. 2 FKVO, Rn. 619 f.

1617 Leitlinien zur Anwendbarkeit von Artikel 101 des Vertrags über die Arbeitsweise der Europäischen Union auf Vereinbarungen über horizontale Zusammenarbeit, ABl. EU C 11/1 v. 14.1.2011, Rn. 197.

1618 *Capito* in: Castendyk/Dommering/Scheuer (2008), Rn. 23 zu Art. 82 EC; EMR: Market Definitions in the Media Sector – Comparative Legal Analysis October 2003, Rn. 1.48 f., abrufbar unter: http://ec.europa.eu/competition/sectors/media/documents/2003_media_market_definition_study_en.pdf (zuletzt aufgerufen am 11.8.2014).

aufeinander treffen[1619]. Die Marktsituation wird beschrieben und analysiert, wobei die zukünftige Entwicklung des – möglicherweise erst entstehenden – Marktes aufgrund von fundierten Erfahrungen und Erwartungen prognostiziert werden muss. Die Marktdefinition muss aber vor allem auf konkreten Marktinformationen aufbauen[1620] und ist auf europäischer Ebene in erster Linie Aufgabe der Europäischen Kommission[1621]. Zu diesem Zweck führt die Europäische Kommission teilweise über einen längeren Zeitraum höchst aufwändige ökonometrische Studien durch[1622]. Auch in diesem Zusammenhang verfolgt sie ihre Politik des „More Economic Approach". Da eine empirische Studie der ökonomischen Gegebenheiten im Rahmen dieser Untersuchung nicht möglich ist, kann hier keine vollständige Marktdefinition vorgenommen werden, sondern muss es bei der Darstellung und Beurteilung von Überlegungen und Einschätzungen auf der Basis bekannter Tatsachen aus früheren Praxisfällen bleiben.

B. Grundregeln der Marktdefinition

Zuerst sollen die allgemeinen Grundsätze der Marktdefinition in den Blick genommen werden, die grundsätzlich auch für den Mediensektor gelten[1623]. Der maßgebliche Markt, der sich aus dem jeweils sachlich und geographisch relevanten Markt ergibt[1624], muss im Einzelfall und zum jeweils relevanten Zeitpunkt[1625] sowie aus der Perspektive des richtigen Marktteilnehmers definiert werden. Weder im europäischen Primär- noch im Sekundärrecht sind Regeln für die Marktdefinition festgelegt. Vielmehr entwickelten die Europäische Kommission und

1619 Es gibt für das Kartellrecht insgesamt keine einheitliche Definition des Begriffs „Markt" (s. Rittner/Dreher/Kulka, Rn. 728). Für den Zweck der Marktabgrenzung trifft die hier gewählte Definition jedoch den Kern dessen, was untersucht wird. S. etwa *Wiedemann* in: Wiedemann, Hdb. KartR, § 23, Rn. 7.

1620 Bekanntmachung Marktdefinition, Rn. 25 f., 33 ff.

1621 *Capito* in: Castendyk/Dommering/Scheuer (2008), Rn. 8 zu Art. 82 EC.

1622 Nach welchen Kriterien sie dabei vorgeht ist in Bekanntmachung Marktdefinition, Rn. 25 ff. beschrieben.

1623 Torben Toft, Londoner Rede vom 31.1.2006, „Sports Law and Business – Competition Law Review – Key Developments and the Latest Cases", abrufbar unter: http://ec.europa.eu/competition/speeches/text/sp2006_001_en.pdf (zuletzt aufgerufen am 11.8.2014), S. 6; Palzer, ZUM 2004, 279 (280); Scheuer/Strothmann, Iris plus 2004-04, 5.

1624 Bekanntmachung Marktdefinition, Rn. 9.

1625 Bekanntmachung Marktdefinition, Rn. 12.

der Gerichtshof im Laufe der Jahre Kriterien und Orientierungshilfen, die mittlerweile in einer Bekanntmachung der Kommission zusammengefasst sind[1626].

I. Definition des sachlich relevanten Marktes

Grundlegendes Kriterium bei der Ermittlung des sachlich relevanten Marktes ist die Substituierbarkeit des jeweiligen Produkts auf Nachfrage- und Angebotsseite[1627]. Dabei kommt es entscheidend auf die Sicht der Marktgegenseite an. Diese Substituierbarkeit lässt sich für die Angebots- und Nachfrageseite unterschiedlich definieren.

1. Nachfragesubstituierbarkeit

Das stärkste und eindeutigste Kriterium für die Ermittlung des sachlich relevanten Marktes ist die Nachfragesubstituierbarkeit[1628]. Sind bestimmte einzelne Produkte oder Dienstleistungen aufgrund ihrer Eigenschaften, ihres Preises und ihres Verwendungszwecks für den Abnehmer austauschbar, so werden sie von einem Markt erfasst[1629]. Entscheidend ist die Sicht eines verständigen Abnehmers, der die Eignung des Produkts oder der Dienstleistung zur Deckung eines bestimmten Bedarfs beurteilt[1630]. Es ist nach dem Bedarfsmarktkonzept aus Sicht der Marktgegenseite also zu fragen, welche Erzeugnisse oder Leistungen von den Abnehmern bzw. Anbietern[1631] als austauschbar angesehen werden. Sind bestimmte Angebote durch kein anderes Produkt zu ersetzen, ist von einem eigenen Markt für dieses Angebot auszugehen.

Entscheidender Indikator für die Substituierbarkeit unterschiedlicher Produkte oder Dienstleistungen ist die Antwort auf die Frage, ob die Nachfrager im jeweils relevanten räumlichen Gebiet im Falle einer leichten, aber dauerhaften

---

1626 Bekanntmachung der Kommission über die Definition des relevanten Marktes im Sinne des Wettbewerbsrechts der Gemeinschaft, ABl. EG C 372 v. 9.12.1997, S. 5-13.

1627 Auf das Kriterium des potentiellen Wettbewerbs kommt es bei der Abgrenzung von Märkten nicht an (s. Bekanntmachung Marktdefinition, Rn. 24).

1628 Bekanntmachung Marktdefinition, Rn. 13.

1629 Bekanntmachung Marktdefinition, Rn. 7.

1630 EuGH Urt. v. 26.11.1998 in der Rs. C-7/97 – Bronner, Rn. 33; EuGH Urt. v. 3.7.1991 in der Rs. C-62/86 – Akzo, Rn. 51; EuGH Urt. v. 11.12.1980 in der Rs. 31/80 – L'Oreal, Rn. 25; EuGH Urt. v. 21.2.1973 in der Rs. 6/72 – Europemballage, Rn. 14, 32; Bunte, S. 163 f.; *Wiedemann* in: Wiedemann, Hdb. KartR, § 23, Rn. 8; Kling/Thomas, § 5, Rn. 12.

1631 Im Falle der Definition eines Beschaffungsmarktes, s. etwa Köhler (1977), S. 65 f.

relativen Erhöhung des Preises von 5 bis 10% für ein Produkt auf leicht verfügbare Substitute ausweichen würden[1632]. Diejenigen Produkte, die einander in dieser Weise ersetzen können, bilden einen Markt. Würde der Preisanstieg durch die Kunden für ein Produkt hingenommen, bildete dieses einen eigenen Markt. Diese Beurteilungsmethode wird als „SSNIP-Test"[1633] bezeichnet.

2. Angebotssubstituierbarkeit

Ein weiteres Kriterium für die Definition eines Marktes kann die Substituierbarkeit auf der anderen Marktseite sein[1634]. Hier ist zu fragen, ob die Anbieter als Reaktion auf kleine aber dauerhafte Veränderungen der Preise in der Lage sind, ihre Produktion kurzfristig und ohne spürbare Zusatzkosten und Risiken auf die betreffenden Produkte oder Dienstleistungen umzustellen[1635]. Ist dies möglich, so umfasst der sachlich relevante Markt möglicherweise die betreffende Gruppe von Produkten, deren Herstellung unter den genannten Umständen möglich ist. Es kommt hier also im Wesentlichen auf die Kosten und Risiken einer Produktionsumstellung an. Die Kommission veranschaulicht diese Situation anhand der Produktion verschiedener Papierarten, bei der die Produktionsanlagen mit wenig Aufwand auf jeweils unterschiedliche Papierqualitäten umgestellt werden können[1636]. Bei der Beurteilung von Marktgrenzen anhand des Kriteriums Angebotssubstituierbarkeit sind jedoch immer auch andere relevante Aspekte zu berücksichtigen[1637].

3. Die zeitliche Dimension der Substituierbarkeit

Manche Waren oder gewerblichen Leistungen sind nur zu bestimmten Zeitpunkten interessant bzw. werden nur innerhalb eines bestimmten Zeitraums angeboten[1638]. Nach Ablauf einer gewissen Zeit kann die Substituierbarkeit wegfallen. In diesen Fällen kommt es auch auf eine zeitliche Abgrenzung des relevanten Marktes an, da die Wettbewerbsverhältnisse sich mit Verstreichen eines bestimmten Zeitraums wesentlich ändern. Beispiele sind etwa zeitlich beschränkte

---

1632 Bekanntmachung Marktdefinition, Rn. 15, 17.

1633 SSNIP = Small but Significant Non-transitory Increase in Price.

1634 Bekanntmachung Marktdefinition, Rn. 14, 20.

1635 Bekanntmachung Marktdefinition, Rn. 20.

1636 Bekanntmachung Marktdefinition, Rn. 22.

1637 Bekanntmachung Marktdefinition, Rn. 14.

1638 S. für die Relevanz dieses zeitlichen Faktors EuGH Urt. v. 14.2.1978 in der Rs. 27/76 – United Brands, Rn. 23/33.

Ausschreibungen, termingebundene Veranstaltungen wie Messen[1639] oder aber die hier relevanten Sportveranstaltungen[1640].

II. Definition des geographisch relevanten Marktes

Die räumliche Definition des relevanten Marktes bezieht sich auf das geographische Gebiet, auf dem die relevanten Produkte oder Dienstleistungen durch die betreffenden Unternehmen angeboten werden. Auch hier bestimmt sich der Markt nach der Begegnung von Angebot und Nachfrage. Der geographisch relevante Markt zeichnet sich durch hinreichend homogene Wettbewerbsbedingungen aus und unterscheidet sich von benachbarten Gebieten durch spürbar unterschiedliche Wettbewerbsbedingungen[1641]. Wichtige Kriterien in diesem Bereich können u.a. Nachfragemerkmale wie Vorlieben der Verbraucher, Sprache, Kultur und Lebensstil in bestimmten Regionen oder Staaten sein[1642]. Die Kommission setzt für die Einbeziehung von benachbarten Gebieten in einen einheitlichen Markt voraus, dass mit einer tatsächlichen gegenseitigen Durchdringung der Märkte ernsthaft innerhalb überschaubarer Zeit zu rechnen ist[1643].

III. Die Rolle benachbarter Märkte

Eine Wettbewerbsbeschränkung auf einem Markt kann sich auch auf einen benachbarten Markt auswirken. Denkbar ist die Ausschaltung des Wettbewerbs auf einem nachgelagerten Markt durch ein bestimmtes Marktverhalten. Diese

---

1639 BGH Beschl. v. 3.3.1969 in der Rs. KVR 6/68 – Sportartikelmesse II, WuW/E BGH 1027; BGH Beschl. v. 3.3.1969 in der Rs. KVR 6/68 – Sportartikelmesse, NJW 1969, 1716 (1717); OLG Ffm Beschl. v. 17.3.1992 in der Rs. 6 W (Kart) 31/92 – Kunstmesse Art Frankfurt II, GRUR 1992, 554 (555); ferner Entscheidung der Europäischen Kommission v. 18.9.1987 in der Sache IV/31.739 – Internationale Dentalschau, ABl. EG L 293/58 v. 16.10.1987.

1640 BGH Beschl. v. 26.5.1987 in der Rs. KVR 4/86 – Inter Mailand, NJW 1987, 3007 (3008); BKartA TB 1999/2000, S. 180 f. – Eishockey-WM 2001; BKartA TB 1991/92, S. 131 – DER/Olympiade in Barcelona.

1641 Bekanntmachung Marktdefinition, Rn. 8.

1642 Bekanntmachung Marktdefinition, Rn. 46. Die Transportkostenempfindlichkeit kommt bei medialen Verwertungsrechten nicht zum Tragen, ist bei physischen Gütern jedoch ebenfalls ein wichtiger Faktor bei der Definition des räumlich relevanten Marktes (s. etwa Emmerich, Kartellrecht, § 16, Rn. 13, § 27, Rn. 26).

1643 S. Entscheidung der Europäischen Kommission v. 18.12.1991 in der Sache IV/M.165 – Alcatel/AEG Kabel, Rn. 13 ff.; Entscheidung der Europäischen Kommission v. 17.12.1991 in der Sache IV/M.165 – Alcatel/AEG Kabel, Rn. 10 ff.

Gefahr ist insbesondere beim Vorliegen einer marktbeherrschenden Stellung eines Unternehmens auf dem vorgelagerten Markt zu beachten[1644]. Dieser Fall ist vom Verbot der Wettbewerbsbeschränkung gem. Art. 101 Abs. 3 lit. b) AEUV erfasst. Hier ist entscheidend, wie die Austauschbeziehungen zwischen verschiedenen Akteuren in der Wertschöpfungskette aussehen, um beurteilen zu können, ob der Wettbewerb auf einem nachgelagerten Markt ausgeschaltet wird.

Auch bei der Beurteilung der Grenzen von Märkten im Allgemeinen können die Charakteristika der vor- oder nachgelagerten Märkte eine Rolle spielen. Dies ist etwa der Fall, wenn die Struktur der Nachfrage auf einem Endkundenmarkt herangezogen wird, um die Substituierbarkeit von Produkten auf einem vorgelagerten Markt zu definieren[1645].

C. Marktabgrenzung im Bereich audiovisueller Rechte an Sportveranstaltungen

Märkte müssen immer im Einzelfall definiert werden. Allgemeine Regeln können daher erst in der Anwendung auf die jeweilige Branche zu brauchbaren Ergebnissen führen. Die Besonderheiten des Mediensektors wirken sich deshalb auf die konkrete Anwendung der Regeln im Medienbereich aus[1646]. Dies bringt einige Schwierigkeiten mit sich, die auf den charakteristischen Merkmalen des Mediensektors beruhen[1647]. So unterliegen etwa Marktdefinitionen insbesondere in diesem Sektor häufigen Veränderungen, da sich aufgrund technischer

1644 *Deselaers* in: Grabitz/Hilf/Nettesheim, Art. 102, Rn. 455. S. vertiefend EMR: Market Definitions in the Media Sector - Comparative Legal Analysis October 2003, Rn. 1.210 ff., abrufbar unter: http://ec.europa.eu/competition/sectors/media/documents/2003_media_market_definition_study_en.pdf (zuletzt aufgerufen am 11.8.2014).

1645 S. EMR: Market Definitions in the Media Sector - Comparative Legal Analysis, Juli 2005, Rn. 1.41, abrufbar unter: http://ec.europa.eu/competition/sectors/media/documents/2003_media_market_definition_study_en.pdf (zuletzt aufgerufen am 11.8.2014); Palzer, ZUM 2004, 279 (288).

1646 Hellwig (2009), Rn. 102; Torben Toft, Londoner Rede vom 31.1.2006, „Sports Law and Business - Competition Law Review - Key Developments and the Latest Cases", abrufbar unter: http://ec.europa.eu/competition/speeches/text/sp2006_001_en.pdf (zuletzt aufgerufen am 11.8.2014), S. 6; Geradin, (2005) E.L. Rev. 68 (72); Carter, WC 2001, 93 (93, 95 f.). Das ist auch zulässig und notwendig, s. Bekanntmachung Marktdefinition, Rn. 25.

1647 Torben Toft, Londoner Rede vom 31.1.2006, „Sports Law and Business - Competition Law Review - Key Developments and the Latest Cases", abrufbar unter: http://ec.europa.eu/competition/speeches/text/sp2006_001_en.pdf (zuletzt

Entwicklungen, insbesondere aufgrund der Konvergenz der Medien, die Rahmenbedingungen ständig verändern[1648]. Einmal getroffene Abgrenzungen von Märkten können sich im Laufe der Zeit als überholt erweisen und müssen daher stets auf Aktualität hin überprüft werden. Eine weitere Besonderheit des Mediensektors ist die zusätzliche zeitliche Dimension im Hinblick auf den Verwertungszeitpunkt bestimmter Rechte, die bei der Definition des Produktmarktes im Bereich der medialen Verwertungsrechte eine wichtige Rolle spielt. Nur unter Berücksichtigung aller maßgeblichen Kriterien kann im Einzelfall die Auswirkung eines Verhaltens oder einer technischen Entwicklung angemessen beurteilt werden. Auch hier zeigt sich, dass in dieser Untersuchung aufgrund der Vielzahl von Facetten der verschiedenen Medienmärkte eine Beschränkung der Überlegungen auf die hier wesentlichen Märkte und Marktkräfte erforderlich ist, um den Rahmen nicht zu sprengen.

Die EBU operiert EU-weit und sogar über Europa hinaus auf dem Sektor der audiovisuellen Medieninhalte. Für die vorliegende Untersuchung der Auswirkungen des EBU-Systems kommt es auf die Definition der europäischen Märkte für die Beschaffung von Medienrechten an Sportveranstaltungen an. Im Allgemeinen haben wir es im Medienbereich mit gewissen regulatorischen Einflüssen[1649] und Netzwerkmärkten[1650] zu tun. Aufgrund der Netzwerkeffekte handelt es sich generell um Märkte mit außergewöhnlich hohen Zutrittsschranken[1651]. Als entscheidender weiterer Aspekt ist hier zu beachten, dass sich in diesem Bereich neue Märkte in der Entstehung und Entwicklung befinden.

---

aufgerufen am 11.8.2014), S. 6; Osterwalder (2004), S. 384 m.w.N., 386; Carter, WC 2001, 93 (94); Brinckman/Vollebregt, 1998 ECLR 281 (286 f.).

1648 Begleitdokument zum Weißbuch Sport SEK(2007) 935, S. 89, 90; Torben Toft, Londoner Rede vom 31.1.2006, „Sports Law and Business – Competition Law Review – Key Developments and the Latest Cases", abrufbar unter: http://ec.europa.eu/competition/speeches/text/sp2006_001_en.pdf (zuletzt aufgerufen am 11.8.2014), S. 6; Weihs (2004), S. 272 f.; Carter, WC 2001, 93 (94); Wachtmeister, Europäische Kommission, Competition Policy Newsletter Nr. 2 aus Juni 1998, S. 18 (21).

1649 Carter, WC 2001, 93 (95).

1650 Herbert Ungerer, Rede vom 20.9.2004 in Neapel, abrufbar unter: http://ec.europa.eu/competition/speeches/text/sp2004_013_en.pdf (zuletzt aufgerufen am 11.8.2014), S. 13; Carter, WC 2001, 93; John Temple Lang, Generaldirektion Wettbewerb, Rede vom 17.10.1997 am Fordham Corporate Law Institute, abrufbar unter: http://ec.europa.eu/competition/speeches/text/sp1997_070_en.pdf (zuletzt aufgerufen am 11.8.2014), S. 28.

1651 Hellwig (2009), Rn. 103; Carter WC 2001, 93 (94).

1. Der Weg der Inhalte vom Sportveranstalter zum Konsumenten

Vor der eigentlichen Definition der Produktmärkte ist ein Blick auf die Wertschöpfungskette[1652] hilfreich. Am Anfang stehen die Inhalte selbst, die durch die Sportveranstalter bereitgestellt und zum Erwerb durch Programmanbieter wie Fernsehsender, Mobilfunkbetreiber und Internet-Anbieter oder aber durch Rechteagenturen angeboten werden. Zumeist wird Exklusivität vereinbart. Zudem wird festgelegt, wann und in welchem Umfang die Veranstaltung gezeigt werden darf. Ggf. veräußert die Rechteagentur die Inhalte an Rundfunk- oder andere Programmanbieter. Diese Inhalte werden nach Erwerb in Distributionskanäle wie Fernsehkanäle, UMTS-Dienste etc. eingespeist. Auch eine Unter-Lizenzierung an einen anderen Programmanbieter ist möglich. Unter Umständen findet zusätzlich eine Zusammenstellung in Programmbouquets statt, beispielsweise im Rahmen des Angebots von Pay-TV. Die Bereitstellung der Inhalte für den Nutzer findet auf der jeweiligen technischen Plattform statt. Dies kann wie beim free-to-air Fernsehen bzw. im offenen Internet kostenlos, aber auch gegen Bezahlung (Abonnement oder pay-per-view, interaktive Dienste, Mobilfunkangebote) geschehen. Die Nutzung der Inhalte durch die Zuschauer oder Zuhörer kann auch von Werbung begleitet sein, für deren Platzierung die Werbekunden an den Anbieter Gebühren zahlen. Werbefinanzierung findet zumeist im Bereich des frei empfangbaren Fernsehens statt.

2. Programmbeschaffung und Rechteverwertung

Aus dieser Wertschöpfungskette ergeben sich bereits die verschiedenen Marktstufen. Für die Zwecke dieser Untersuchung genügt die folgende Unterteilung: Zunächst gibt es die Ebene der Programmbeschaffung, auf der verschiedene Programm- oder Diensteanbieter Inhalte zur weiteren Verwertung von Sportveranstaltern einkaufen. Hier kann eine Rechteagentur zwischengeschaltet werden, muss aber nicht beteiligt sein. In beiden Fällen wird auf dieser Ebene mit Verwertungsrechten an Sportveranstaltungen gehandelt. Auf dieser Marktstufe tritt auch die EBU als Zusammenschluss von Rundfunkanbietern auf. Auf die Abgrenzung dieses Marktes kommt es für die vorliegende Untersuchung daher im Wesentlichen an.

1652 S. dazu etwa Diagramm nach Cave/Cowie bei Carter, WC 2001, 93 (97); Wachtmeister, Europäische Kommission, Competition Policy Newsletter Nr. 2 aus Juni 1998, S. 18 (21 f.).

Wie bereits festgestellt, können jedoch die Bedingungen auf einem benachbarten Markt Einfluss auf die Beurteilung eines Verhaltens auf dem vor- oder nachgelagerten Markt haben. In diesem Zusammenhang ist interessant, wie die Mechanismen auf der Ebene des Programmangebots an den Konsumenten aussehen. Auf der nachgelagerten Marktstufe der Rechteverwertung werden durch diejenigen Unternehmen, die die Sportrechte erworben haben, verschiedenste Angebote an die Konsumenten gemacht. Beim Mobilfunk besteht eine vertragliche Geschäftsbeziehung zwischen dem Mobilfunkanbieter und dem Endkunden. Im Bereich des Pay-TV besteht ebenfalls eine direkte wirtschaftliche Verbindung zwischen Abonnent und Sendeanstalt. Ähnlich ist es etwa bei kostenpflichtigen Angeboten im Internet. Für diesen Bereich kann daher von einer nachgelagerten *Markt*stufe im Sinne eines monetären Austauschverhältnisses gesprochen werden.

a) Marktdefinition bei kostenfreien Angeboten

Für die kostenlosen Angebote des frei empfangbaren Fernsehens und des Internets stellt sich hier jedoch die Frage nach der wirtschaftlichen Beziehung zwischen Anbieter und Konsumenten der Medieninhalte und damit nach der Existenz eines nachgelagerten Marktes im kartellrechtlichen Sinne. Eine direkte Austauschbeziehung im Sinne einer Zahlung besteht nicht. Trotzdem sind die Anbieter der Inhalte auf eine große Zuschauer- oder Nutzerzahl angewiesen. Dies bedingt sich dadurch, dass die kostenfreien Angebote durch Werbung finanziert werden müssen[1653]. Zu einem gewissen Grad kommen hier auch die Rundfunkgebühren der öffentlich-rechtlichen Rundfunkanstalten ins Spiel, die in einigen Mitgliedstaaten der EU erhoben werden. Trotzdem sind auch die gebührenfinanzierten Sendeanstalten zu einem nicht unerheblichen Teil auf Werbefinanzierung angewiesen. Auch sie müssen daher gute Zuschauerzahlen nachweisen, um attraktive Werbezeiten anbieten zu können. Die Rundfunkgebühr selbst kann nicht als Entgelt für die konsumierten Sendungen angesehen werden[1654]. Im Internet fehlt eine entsprechende Gebühr ganz.

1653 Ganz vereinzelt wird ein Markt nur bei rein werbefinanzierten Angeboten gesehen. So bezeichnet Kohl (in: Kohl [1997], S. 66 f.) die Annahme eines Marktes für die Angebote gebührenfinanzierter Sendeanstalten als „realitätsfern", da für diese (im Gegensatz zu den Angeboten der werbefinanzierten Sender) bei den Zuschauern überhaupt keine Nachfrage bestehe. Dies erscheint jedoch schon in der Sache unrichtig.

1654 Bechtold, GWB 6. Aufl. 2010, § 19, Rn. 19.

Es zeigt sich also, dass ein Markt für Werbung existiert, auf dem die Anbieter der Sportinhalte eine wirtschaftliche Austauschbeziehung mit werbenden Unternehmen (oder Werbeagenturen) eingehen[1655]. Hier ist zwischen den Bereichen Rundfunk und Internet zu unterscheiden[1656]. Auf dem jeweiligen Werbemarkt hängt die Attraktivität einer bestimmten Sendezeit oder Platzierung von der Anzahl der Menschen ab, die die Werbung erreichen kann[1657]. Hinzu kommt, dass bestimmte Inhalte ganz bestimmte Zielgruppen anziehen, die wiederum für die Werbewirtschaft mehr oder weniger interessant sein können. Dabei wird deutlich, wie die Anbieter der Inhalte (und Werbezeiten bzw. -plätze) vom Interesse bestimmter Zuschauergruppen abhängig sind.

aa) Mechanismen bei kostenlosen Angeboten des Fernsehens und Internets

Aus Sicht der Ökonomie kann eine solche Konstellation als „Two-Sided Market"[1658] oder „zweiseitige Plattform"[1659] beschrieben werden. Ein typisches Beispiel für eine zweiseitige Plattform wäre etwa ein Kreditkartenunternehmen, das einerseits Verbraucher gewinnen muss, die die Kreditkarte einsetzen, und andererseits Händler, die die Karte als Zahlungsinstrument akzeptieren[1660]. Bei diesen sogenannten „Two-Sided Markets" hängt das Verhalten beider Gruppen in gewissem Maße vom Verhalten der jeweils anderen ab. Beide Gruppen haben ein Interesse an der Beteiligung möglichst vieler Marktteilnehmer aus der

---

1655 S. etwa Entscheidung der Europäischen Kommission v. 26.2.1998 in der Sache IV/M.999 – CLT-UFA/Havas Intermédiation, Rn. 8, wo es um mögliche weitere Marktstufen auf diesem Markt geht.

1656 Bechtold, GWB 6. Aufl. 2010, § 19, Rn. 19; Heinemann in: Brandi-Dohrn/Lejeune, S. 19.

1657 S. z.B. Karstens/Schütte, S. 107 f.; Nolte (2005), S. 87; Dörr in: v. La Roche/Buchholz (2004), S. 426 ff.

1658 Zum Konzept s. z.B. Rysman, JEP 2009, 125, Hesse (2007); Armstrong, RJE 2006, 668; Rochet/Tirole, RJE 2006, 645; Evans/Schmalensee (2007); Evans (2002), S. 1 ff.; Caillaud/Jullien (2002); Rochet/Tirole, RJE 2002, 549. Weiterführend z.B. Weyl (2009).

1659 Der Begriff gibt besser wieder, was gemeint ist (s. auch Ordover [2007], S. 181).

1660 Weitere klassisches Beispiele sind Immobilienvermittlungen oder Partnervermittlungen bzw. Dating-Clubs (s. Kind/Nilssen/Sørgard [2010], S. 1; Carbó-Valverde/Chakravorti/Rodríguez-Fernández [2009], S. 5; Evans/Schmalensee [2007], S. 153; Ordover [2007], S. 182; Armstrong, RJE 2006, 668; Evans [2002], S. 2 f.). Weiterführend zu Kreditkartenzahlungssystemen s. Carbó-Valverde/Chakravorti/Rodríguez-Fernández (2009); Rochet/Tirole (2009); Chakravorti/Roson (2004); Wright (2003); Rochet/Tirole, RJE 2002, 549; Wright (2001).

anderen Gruppe. Das vermittelnde Unternehmen profitiert dabei von der richtigen Balance, die es stets herzustellen bzw. zu erhalten strebt[1661].

Auch das frei empfangbare Fernsehen kann als entsprechende Plattform angesehen werden[1662]. Dieser Ansatz beschreibt die gegenseitigen Abhängigkeiten im Dreiecksverhältnis, wonach das frei empfangbare Fernsehen die Plattform darstellt, an der zwei Gruppen von Marktteilnehmern, die Zuschauer einerseits und die Werbeindustrie andererseits, aus unterschiedlichen Gründen ein Interesse haben. Das Sendeunternehmen bringt beide Gruppen über die gesendeten Inhalte miteinander in Interaktion und muss zu diesem Zweck möglichst große Zahlen von Konsumenten anziehen. Diese Leistung der Plattform wird zum größten Teil aus eigenem Interesse von einer Seite bezahlt; im Fall des frei empfangbaren Fernsehens durch die Werbewirtschaft. Bei werbefinanzierten Internetangeboten ist das Prinzip dasselbe[1663]. Beim Beispiel des frei empfangbaren Fernsehens wird jedoch deutlich, dass das Modell der „Two-Sided Markets" hier, anders als z.B. bei einem Kreditkartenunternehmen oder einer Immobilienvermittlung, nicht uneingeschränkt passt. Im Fall der Kreditkarte hat der Karteninhaber ein Interesse daran, dass möglichst viele Händler oder Dienstleister die Karte akzeptieren. Gleichzeitig lohnt sich die Abwicklung von Zahlungen per Karte für diese Unternehmen erst, wenn eine genügend hohe Zahl von Konsumenten die Karte einsetzt. Hier haben beide Seiten ein Interesse daran, dass möglichst viele Akteure der anderen Gruppe mit der Plattform „Kreditkartenunternehmen" ein Vertragsverhältnis eingehen. Dies ist beim werbefinanzierten Fernsehen anders. Die Zuschauer haben nämlich kein Interesse daran, möglichst viel Werbung zu sehen, also mit vielen Marktteilnehmern der anderen Gruppe in Kontakt zu kommen, sondern könnten im Gegenteil durch zu intensive Bewerbung abgeschreckt werden[1664]. Es liegt also ein asymmetrischer Fall der zweiseitigen Plattform vor[1665].

1661 Rysman, JEP 2009, 125 (126 f.); Armstrong, RJE 2006, 668; Rochet/Tirole, RJE 2006, 645; Rochet/Tirole, JEEA 2003, 990. Weiterführend für Pay-TV s. Kind/Nilssen/Sørgard (2010).

1662 So z.B. Filistrucchi (2008), S. 10; Wotton (2007), S. 245; Evans (2002), S. 18.

1663 Nachdem die Werbewirtschaft bei Internetangeboten zunächst zögerlich war (s. Evans [2002], S. 22), haben sich die Märkte heute deutlich weiter entwickelt (s. Heinemann in: Brandi-Dohrn/Lejeune, S. 19 f.; Evans [2010], S. 2 ff.; Jullien [2004], S. 1).

1664 S. etwa Rysman, JEP 2009, 125; Filistrucchi (2008), S. 10; Wilbur, Marketing Science 2008, 356 (356 f.); Wotton (2007), S. 239; Evans (2002), S. 21. Auf die europäischen Regeln zur Beschränkung von Werbezeiten kommt es hier nicht an.

1665 S. für Zeitschriften Kaiser/Wright (2004).

Das Modell der zweiseitigen Plattformen kann dazu beitragen, die wirtschaftlichen Mechanismen bei Plattformbetreibern aufzuzeigen[1666]. So sind hier die Interdependenzen um das frei empfangbare Fernsehen nun deutlich geworden. Es bietet auch Kriterien für die Berechnung von Preiselastizitäten[1667]. Dies allein genügt jedoch nicht, um die Existenz eines Marktes zu begründen, auf dem Fernsehsender und Fernsehzuschauer miteinander in Interaktion treten. Die Bezeichnung „Two-Sided Market" ist insofern etwas irreführend: Sie bedeutet nicht, dass in einer entsprechenden Konstellation gleichsam automatisch ein Markt im kartellrechtlichen Sinne gegeben ist, auf dem die jeweiligen Akteure agieren[1668].

bb) Die Rezeption der Werbung

Die Frage nach dem Rezipientenmarkt wird für das werbefinanzierte Fernsehen unter verschiedenen Gesichtspunkten diskutiert. Die Konstellation beim kostenfreien werbefinanzierten Sportangebot im Internet ist dieselbe[1669]. Die Europäische Kommission hat die Frage nach einem solchen Markt zwar einmal aufgeworfen[1670], aber mangels Entscheidungserheblichkeit im konkreten Fall nicht entschieden. In anderen Entscheidungen ist sie immer wieder von der Existenz eines der Programmbeschaffungsebene nachgelagerten Marktes ausgegangen, ohne sich jedoch dazu zu äußern, ob ein Zuschauermarkt für frei empfangbares Fernsehen existiert.

Teilweise wird aufgrund des fehlenden monetären Austauschverhältnisses die Existenz eines Marktes abgelehnt[1671]. Andererseits kann auch ein anderes wirtschaftlich wertvolles Gut eine geldwerte Gegenleistung darstellen, die auf einem Markt getauscht wird. Die Zuschauer zahlen zwar nicht für den Konsum des Programms. Sie ermöglichen jedoch mit dem Einschalten und

1666 Rooney/Park (2007), S. 215 ff.; Wright (2003).

1667 S. etwa Hesse (2007), S. 192; Ordover (2007), S. 188 f.

1668 Evans/Schmalensee (2007), S. 152.

1669 Zu Werbung im Internet vgl. bereits ARD Forschungsdienst MP 1998, 367 ff.

1670 Entscheidung der Europäischen Kommission v. 20.9.1995 in der Sache IV/M.553 – RTL/Veronica/Endemol, Rn. 17.

1671 So Bundeskartellamt (s. Kiecker, WuW 1990, 128 [130]); und (noch) Monopolkommission, VI. Hauptgutachten 1984/85, Rn. 584. Ebenso Bechtold, GWB 6. Aufl. 2010, § 19, Rn. 19; *Wiedemann* in: Wiedemann, Hdb. KartR, § 23, Rn. 7; *Mestmäcker/Veelken* in: Immenga/Mestmäcker GWB, vor § 35, Rn. 91; Frey, ZUM 1998, 985 (987 ff.); Parlasca, WuW 1994, 210 (214). Wegen des Vorrangs der kulturellen Dimension des Rundfunks Buchholtz, ZUM 1998, 108 ff. A.A.: Kleinmann/Bechtold, § 22, Rn. 78.

Verfolgen des Programms eines bestimmten Senders diesem, Werbeeinnahmen zu erzielen. Der Zuschauer widmet dem Angebot also seine Aufmerksamkeit, die der Plattformanbieter dann in Geld umsetzt. Für ihn hat die Aufmerksamkeit des Zuschauers in Form der Einschaltquote einen in Werbeeinnahmen messbaren Wert.

Die Rolle dieser Form der Aufmerksamkeit wird unter unterschiedlichen gesellschaftlichen und wirtschaftlichen Gesichtspunkten diskutiert. Dabei sehen Vertreter der sogenannten „Ökonomie der Aufmerksamkeit" Aufmerksamkeit als eine Art Währung an, mit der der Konsument von Informationen für diese gewissermaßen bezahlt[1672]. Diese Sichtweise beruht auf der Beobachtung, dass im Zuge der Entwicklung der Massenmedien (sowohl klassische Medien als auch Internet[1673]) ein Überangebot an Reizen[1674] bzw. Informationen existiert, das dem Konsumenten eine Auswahl unter einer Vielzahl von Angeboten abverlangt. Gleichzeitig ist die Aufmerksamkeit des Einzelnen biologisch begrenzt, also nur eingeschränkt verfügbar. Im Kontext des Überangebots an Rezeptionsmöglichkeiten für den Einzelnen wird Aufmerksamkeit des Einzelnen ebenso wie Aufmerksamkeit der Masse zu einer radikal verknappten Ressource. Wenn nach dieser Theorie in einer Gesellschaft ökonomische Prozesse durch knappe Güter bestimmt werden, macht das Streben nach der knappen Ressource Aufmerksamkeit aus wirtschaftlichen[1675] Beweggründen diese zu einem wichtigen Tauschmittel, gar zu etwas Ähnlichem wie einer Währung[1676]. Diese sei im Bereich der Medien messbar als Einschaltquote, Reichweite, Auflage, Clickzahlen

---

1672 S. etwa Franck (2007), S. 74; Franck (2005), S. 56 f.; Franck (1998), S. 74; Ladeur (2007). Die Theorien können hier nur verkürzt im Hinblick auf die hier relevante Fragestellung dargestellt werden. Viele soziologische, medientheoretische und philosophische Aspekte bleiben daher unberücksichtigt. Einen kritischen Überblick über die Entwicklung der Theorien in diesem Bereich bietet etwa Hickethier in: Hickethier/Bleicher, S. 5 ff.

1673 Franck (1998), S. 66. Goldhaber sieht sogar den Schwerpunkt der „Ökonomie der Aufmerksamkeit" im Internet, s. Goldhaber (1997, Teil I).

1674 Nolte (2005), S. 50; Schmidt (2001), S. 193 f.; Franck (1998), S. 64.

1675 Es werden im Zusammenhang mit der soziologisch-philosophischen Diskussion um die Dialektik der Anerkennung, in deren Kontext die Aufmerksamkeit eine wichtige Rolle spielt, auch andere Beweggründe diskutiert, die für diese Untersuchung jedoch keine Rolle spielen.

1676 Franck (2005), S. 57; Franck (1998), S. 74, 114; Franck, Merkur 1993, 748 (750). Nach Goldhaber ersetzt Aufmerksamkeit auf Dauer sogar das Geld als universelles Tauschmittel, s. Goldhaber (1997, Teil II).

usw.[1677]. Aufmerksamkeit ist demnach ein zentraler Rohstoff[1678] oder auch ein wesentlich an Bedeutung gewinnendes Tauschmittel der Ökonomie in modernen Gesellschaften[1679]. Massenmedien haben demnach gewissermaßen die Funktion von Banken und Börsen, da sie Aufmerksamkeit einnehmen und weiterverkaufen[1680]; es entstehen sogenannte sekundäre Märkte, auf denen die Aufmerksamkeit als Tauschmittel fungiert[1681].

Die Theorien der „Ökonomie der Aufmerksamkeit“ sind in mancherlei Hinsicht kritisiert worden[1682]. Sie verdeutlichen jedoch unbestritten prägnant das Phänomen des Wertes der Aufmerksamkeit des Fernsehzuschauers für den Anbieter frei empfangbarer Medienangebote, sei es als Tauschwert oder wertvoller Rohstoff. Damit bieten sie der Einordnung der Aufmerksamkeit des Zuschauers in Form der Einschaltquote als echtes Wirtschaftsgut eine Grundlage. Teilweise wird deshalb in dem Austausch von Aufmerksamkeit des Zuschauers gegen Informations- oder Unterhaltungsangebot des Senders ein wirtschaftliches Austauschverhältnis gesehen, das die Annahme eines Zuschauermarktes im kartellrechtlichen Sinne für das werbefinanzierte Fernsehen rechtfertigt[1683].

Auch unter Gesichtspunkten des Tauschgeschäfts wird die Rezeption der Werbung durch den Fernsehzuschauer als Gegenwert angesehen. Beim Tauschgeschäft kommt es nämlich entscheidend darauf an, ob der Empfänger der Gegenleistung diese als wertvoll ansieht. Beim Leistenden muss das Erbringen der Gegenleistung nicht zu einer Einbuße führen, um ihr einen Wert zusprechen zu können. Demnach handele es sich bei der Rezeption der Werbung durch den Zuschauer oder Internetnutzer, die für deren Empfänger einen wirtschaftlichen Gegenwert hat, um ein Tauschgeschäft auf einem Markt im kartellrechtlichen Sinne[1684]. Gegenstände oder Dienstleistungen, die nachgefragt werden, um Bedürfnisse zu befriedigen, seien als Güter im wirtschaftlichen Sinne anzusehen. So

---

1677 Franck (1998), S. 66; Franck, Merkur 1993, 748 (749). Kritisch S. Schmidt (2000), der den Begriff der Aufmerksamkeitsbindung präferiert.

1678 Rötzer (1996).

1679 Franck (2005), S. 14 f.; Franck (1998), S. 178 ff.

1680 Nolte (2005), S. 87; Franck (2005), S. 14; Franck (1998), S. 178.

1681 Franck (2005), S. 56; Franck, Merkur 1993, 748 (751).

1682 S. etwa Bade in: Hickethier/Bleicher; Eder in: Hickethier/Bleicher; Hickethier in: Hickethier/Bleicher; Pundt in: Hickethier/Bleicher; S. Schmidt (2001); S. Schmidt (2000).

1683 So etwa Hellwig (2009), Rn. 272.

1684 Trafkowski (2002), S. 34 f.; Trafkowski, MMR 1999, 630 (634 f.).

verhalte es sich mit der Rezeption von Werbung durch den Fernsehzuschauer[1685]. Aus Sicht des Schutzzwecks des Kartellrechts wird teilweise ebenfalls für eine Anerkennung eines Zuschauermarktes plädiert[1686]. Inzwischen sieht auch die Monopolkommission im Wettbewerb der Fernsehanbieter um das Zeitbudget des Zuschauers die Mechanismen eines Marktes im kartellrechtlichen Sinne als gegeben an. Die Konstellation, in der der Zuschauer mit seiner Aufmerksamkeit „bezahle", schaffe mittelbar Marktbedingungen, die kartellrechtlich erfasst werden müssten[1687]. Auch bei kostenlosen Angeboten im Internet finde ein intensiver Wettbewerb der Plattformbetreiber um die Aufmerksamkeit der Nutzer statt, was die Annahme eines Marktes im kartellrechtlichen Sinne rechtfertige[1688].

b) Ergebnis

Die Europäische Kommission hat sich, wie erwähnt, zur Frage der Existenz eines Rezipientenmarktes bei kostenlosen Angeboten des Rundfunks und des Internets nie eindeutig geäußert[1689]. In der Entscheidung Bertelsmann/Kirch/Premiere deutet sie die Existenz eines Marktes für Free-TV an[1690], beschäftigt sich aber nicht mit den Voraussetzungen eines Marktes im kartellrechtlichen Sinne. Stattdessen betont sie in einer anderen Entscheidung, dass es darauf nicht ankomme, da die Einschaltquoten sich auf die Stellung des Rundfunkanbieters auf dem benachbarten Werbemarkt auswirkten[1691]. Sie sieht die wesentliche Bedeutung

---

1685 Schmidt, ZUM 1997, 472 (474, 476). Ähnlich Mailänder (2000), S. 219; Seitel, WuW 1999, 694 (697).

1686 *Möschel* in: Immenga/Mestmäcker GWB, § 19, Rn. 30; Trafkowski (2002), S. 34; Bremer/Esser/Hoffmann (1992), S. 84; Möschel bei Kiecker, WuW 1990, 128 (130).

1687 Monopolkommission, XIII. Hauptgutachten 1998/99, Rn. 611; XI. Hauptgutachten 1996, Rn. 240, 836. Ähnlich Neumann, Bundesministerium für Wirtschaft und Technologie, Gutachten „Offene Medienordnung", November 1999 (Dokumentation Nr. 473, Januar 2000), Rn. 49. Ebenso Engel (1996), S. 34.

1688 Heinemann in: Brandi-Dohrn/Lejeune, S. 20.

1689 S. etwa die Analyse bei Frey, ZUM 1998, 985 (988). Palzer überinterpretiert die Aussagen der Europäischen Kommission in *BSkyB/Kirch Pay-TV* und *BiB/Open*, wenn sie in diesen Entscheidungen eine Verneinung eines Fernsehzuschauermarktes sieht, s. Palzer, ZUM 2004, 279 (282).

1690 Entscheidung der Europäischen Kommission v. 27.5.1998 in der Sache IV/M.993, Rn. 44. In der Entscheidung v. 20.9.1995 in der Sache IV/M.553 – RTL/Veronica/Endemol scheint die Kommission die Existenz des Fernseh- bzw. Zuschauermarktes anzunehmen, s. dort Rn. 20.

1691 Entscheidung der Europäischen Kommission v. 14.2.1997 in der Sache IV/M.878 – RTL 7, Rn. 7.

des Zuschaueranteils eines Senders in seiner Eigenschaft als Bezugsgröße für die Ermittlung seiner Marktmacht auf dem benachbarten Werbemarkt[1692]. So ist es auch im Rahmen der vorliegenden Untersuchung. Es kommt letztlich nicht darauf an, ob Rezipientenmärkte für werbefinanzierte Fernseh- und Internetangebote vorliegen. Es spricht, wie oben beschrieben, zwar vieles dafür, solche Märkte anzunehmen. Jedoch ist hier nur entscheidend, dass die Anzahl der Zuschauer oder Nutzer, die ein Unternehmen für sein Angebot gewinnen kann, unmittelbar mit seiner Position auf dem Werbemarkt zusammenhängt. Dass hier ein enger Zusammenhang besteht, ist unbestritten[1693]. Die Beziehung zwischen beiden Faktoren wurde anhand des Modells der zweiseitigen Plattformen und dem Konzept der „Ökonomie der Aufmerksamkeit" demonstriert. Auf diese Beziehung bei der Rechteverwertung kommt es an, wenn Auswirkungen dieser Aktivitäten auf den Programmbeschaffungsmarkt untersucht werden.

II. Der sachlich relevante Markt

Bei der Definition der sachlich relevanten Märkte für audiovisuelle Inhalte bei der Programmbeschaffung kommt es entscheidend auf die Nachfragesubstituierbarkeit an. Eine Angebotssubstituierbarkeit ist kaum gegeben, da die Sportveranstalter naturgemäß nur eine bestimmte Sportart mit ihren jeweiligen Besonderheiten anbieten können. Lediglich bei der Organisation und Ausrichtung von Veranstaltungen lässt sich über Zeitpunkt, Häufigkeit und Art bzw. Anzahl der Teilnehmer eines Wettbewerbs in geringem Maße auf Marktgegebenheiten reagieren[1694]. Von einer unproblematischen Umstellung auf die Herstellung anderer Inhalte kann hier jedoch keine Rede sein. Im Kontext einer

1692 Entscheidung der Europäischen Kommission v. 20.9.1995 in der Sache IV/M.553 – RTL/Veronica/Endemol, Rn. 64.

1693 *Mestmäcker/Veelken* in: Immenga/Mestmäcker GWB, vor § 35, Rn. 91; Weihs (2004), S. 272; Trafkowski (2002), S. 35; Carter, WC 2001, 93 (100); Mailänder (2000), S. 146; Buchholtz, ZUM 1998, 108; Frey, ZUM 1998, 985 (989); Schmidt, ZUM 1997, 472; Engel (1996), S. 34; Parlasca, WuW 1994, 210 (214); Bundeskartellamt bei Kiecker, WuW 1990, 128 (130); Kleinmann/Bechtold, § 22, Rn. 78. Für das Internet: Trafkowski, MMR 1999, 630 (634 f.).

1694 Beispielsweise wurde der Spielmodus der UEFA Champions League geändert, so dass ab der Saison 2003/2004 die zweite Gruppenphase durch ein Achtelfinale abgelöst wurde. Die FIFA-Fußball-Weltmeisterschaft wurde 1998 von zuvor 24 auf 32 Mannschaften erweitert. Änderungen dieser Art sind selten und bedeuten einen enormen organisatorischen Aufwand.

Einkaufskooperation kommt es dabei im Hinblick auf die betroffene Marktstufe auf die Alternativen des Anbieters an[1695].

Die entscheidenden Kriterien für die Bemessung der Substituierbarkeit verschiedener Arten von audiovisuellen Inhalten im Rahmen des Bedarfsmarktkonzepts sind die Attraktivität der jeweiligen Inhalte für die Nutzer sowie ihre Eignung für die Etablierung eines Markenimages[1696]. Attraktivität bedeutet hier die Anziehungskraft für eine abgrenzbare Publikumsgruppe, die durch die Werbewirtschaft identifiziert und gezielt beworben werden kann. Geeignet zur Etablierung einer Marke ist ein Inhalt, wenn er in der Lage ist, Zuschauer über einen längeren Zeitraum immer wieder dazu zu bewegen, den Anbieter des Inhalts auszuwählen. Im Wesentlichen geht es darum, wie sehr der Inhalt geeignet ist, um für den Anbieter Einnahmen aus Werbung oder aus kostenpflichtiger Nutzung zu generieren. Hier zeigt sich eindrucksvoll die Relevanz des nachgelagerten Marktes, auf dem Werbezeiten verkauft bzw. Inhalte kostenpflichtig angeboten werden, für die Eingrenzung des vorgelagerten Marktes für den Erwerb von Programmrechten.

Einige Sportarten erfreuen sich nun bei den Konsumenten naturgemäß größerer Beliebtheit als andere. Auch unterschiedliche Arten von Wettbewerben sowie unterschiedliche Übertragungsplattformen können unterschiedliche Nutzergruppen anziehen. Da die Marktdefinition am besten anhand echter Marktdaten möglich ist, sind die Erhebungen und Analysen der Europäischen Kommission eine wichtige Quelle von Erkenntnissen über die richtige Marktdefinition.

1. Kriterien für die Marktabgrenzung

Zwar handelt es sich, wie beschrieben, bei der Abgrenzung von Produktmärkten im Wesentlichen um eine ökonomische Aufgabe, doch ist es zur Einordnung der vorliegenden Entscheidungen über die Definition von Produktmärkten erforderlich, die richtigen Kriterien für die Unterscheidung von einzelnen Märkten zu identifizieren. Im Bereich medialer Rechte an Sportveranstaltungen gibt es in der juristischen Literatur eine lebhafte Diskussion darüber, welche Kriterien bei der Marktabgrenzung richtigerweise anzusetzen sind. Sie soll hier zunächst

---

1695 Leitlinien zur Anwendbarkeit von Artikel 101 des Vertrags über die Arbeitsweise der Europäischen Union auf Vereinbarungen über horizontale Zusammenarbeit, ABl. EU C 11/1 v. 14.1.2011, Rn. 198.

1696 Torben Toft, Londoner Rede vom 31.1.2006, „Sports Law and Business – Competition Law Review – Key Developments and the Latest Cases" abrufbar unter http://ec.europa.eu/competition/speeches/text/sp2006_001_en.pdf (zuletzt aufgerufen am 11.8.2014), S. 6.

dargestellt und ausgewertet werden. Zudem liegen uns einige Entscheidungen nationaler Behörden und Gerichte vor, die kurz analysiert werden sollen, bevor auf die für diese Untersuchung wesentliche Entscheidungspraxis der Europäischen Kommission eingegangen wird.

a) Literaturansichten zu Kriterien der Marktabgrenzung

Die Diskussion um die richtigen Marktabgrenzungskriterien befasst sich zumeist mit der Frage nach der richtigen Unterteilung des sachlich relevanten Marktes für mediale Rechte nach Art der Inhalte. Bei der Anwendung des Bedarfsmarktkonzepts dreht sich alles um die richtige Einordnung der Bedürfnisse der Nachfrager, um die Substituierbarkeit zutreffend beurteilen zu können. Die Nachfrager sind auf dem hier gegenständlichen Programmbeschaffungsmarkt die Rundfunkanstalten, Internetanbieter und Mobilfunkbetreiber. Es wurde bereits deutlich gemacht, dass auf deren Bedürfnislage die Attraktivität von Inhalten für die Zuschauer und Nutzer ihrer Angebote einen wesentlichen Einfluss hat[1697]. Wie groß dieser Einfluss bei der Beurteilung von Marktgrenzen ist, ist allerdings umstritten. Davon hängt wiederum ab, wie eng die Grenzen der jeweiligen Märkte zu ziehen sind.

Gäbe man der Sicht des Konsumenten den uneingeschränkten Vorrang, führte dies zu sehr engen Marktabgrenzungen[1698], da z.B. für den Fan eines bestimmten Fußballvereins oder den begeisterten Anhänger des Pferderennsports zu einem gegebenen Zeitpunkt möglicherweise nur die Übertragung einer einzelnen Veranstaltung den momentanen Bedarf decken kann. Für diese Zuschauer ist entscheidend, ein bestimmtes Ligaspiel ihres Clubs oder aber ein ganz bestimmtes Pferderennen zu sehen. Demnach wäre für jede einzelne Veranstaltung ein gesonderter Markt zu definieren. Dass eine solche Marktabgrenzung zu eng wäre, wird daran deutlich, dass hier die Vorlieben jedes einzelnen Konsumenten berücksichtigt werden müssten, was für eine Marktabgrenzung aus Sicht der abnehmenden Rundfunkanstalten und Plattformanbieter nicht entscheidend sein kann, da sie eine Vielzahl von Kunden mit ihren Angeboten bedienen.

1697 Ebenso Heinemann in Drexl (2008), S. 61; Hannamann (2001), S. 310; Tumbrägel (2001), S. 166, 167; Eckstein (1998), S. 115, 117; Kulka, AfP 1989, 476 (479); Roth, AfP 1989, 515 (521). Abwegig dagegen Hellenthal (2000), S. 80.

1698 Nur Tetzlaff hält Eintrittskarten und Live-Übertragungen für aus der Sicht des Konsumenten substituierbar (Tetzlaff, WuW 1988, 93 [96]). Diese Sichtweise ist jedoch völlig realitätsfern (ebenso etwa Oehninger [2001], S. 103) und wurde vom BGH bereits verworfen, s. BGH Beschl. v. 25.5.1987 in der Rs. KVR 4/86 – Inter Mailand, NJW 1987, 3007.

Teilweise wird daher für den Bereich des frei empfangbaren Fernsehens vertreten, es komme nur darauf an, welche Inhalte als Premium Content einzuordnen seien. Premium Content sei jeder Inhalt, der aus Sicht der Sender nicht substituierbar sei, da er aufgrund seiner Attraktivität für die Konsumenten relativ hohe Werbe- oder Abonnementerlöse generieren könne. Maßgeblich sei nämlich letztendlich die Sicht der Sendeunternehmen, für die es nicht darauf ankomme, ob sie Sport oder Spielfilme sendeten, solange die entsprechenden Erlöse generiert werden könnten[1699]. Dabei sei auch nicht entscheidend, durch welche Zuschauergruppe oder wann diese Erlöse generiert würden, sondern wie viel ein Sender im Schnitt über einen längeren Zeitraum einnehmen könne[1700]. Preisunterschiede zwischen verschiedenen Arten von Premium Content könnten nicht zur Annahme separater Märkte führen[1701]. Nach dieser Ansicht würden mediale Rechte an Sportveranstaltungen auf denselben Märkten wie Spielfilme und andere Inhalte nachgefragt. Eine Unterscheidung fände ausschließlich zwischen Premium Content und weniger attraktiven Inhalten statt. Allerdings wird dabei nicht deutlich, wo diese Grenze zu ziehen ist. Es scheint bei der großen Vielfalt der verschiedenen Inhalte auch nicht überzeugend, die Fülle der Angebote in lediglich zwei Gruppen zu teilen.

Überwiegend wird daher der Sicht der Konsumenten eine größere Rolle bei der Abgrenzung der Märkte eingeräumt, so dass zwischen Sport und Spielfilmen unterschieden wird[1702]. Dies wird unter anderem überzeugend damit begründet, dass Sportveranstaltungen nur für relativ kurze Zeit für den Konsumenten interessant sind, während Spielfilme auch nach Jahren noch ein Publikum finden können[1703]. Eine entscheidende Rolle spielt jedoch auch ein Unterschied in den Zielgruppen. Aus Sicht der Werbewirtschaft sind die Zielgruppen der 16- bis 20-jährigen sowie der 35- bis 40-jährigen Männer besonders interessant, da sie einerseits als offen gegenüber neuen Produkten gelten und andererseits schwer

---

1699 Graf, ZeuP 2006, 371 (373); Subiotto/Graf, WC 2003, 589 (592). Ähnlich Jänich, der jedoch eine Ausnahme sieht, wenn Spartensender auf der Nachfragerseite stehen, s. Jänich, GRUR 1998, 438 (442).

1700 Subiotto/Graf, WC 2003, 589 (594 f.).

1701 Subiotto/Graf, WC 2003, 589 (595).

1702 Hellwig (2009), Rn. 181 ff.; Wintermantel (2008), S. 213; Osterwalder (2004), S. 385; Weihs (2004), S. 274; Carter, WC 2001, 93 (111); Seitel, WuW 1999, 694 (697). Krogmann hält jedoch eine sehr weite Marktdefinition für vorherrschend, s. Krogmann, SpuRt 1998, 51 (54), was jedoch zumindest heute nicht mehr zutrifft.

1703 Carter, WC 2001, 93 (112); ferner Enderle (2000), S. 6.

zu erreichen sind, da sie allgemein wenig Zeit vor dem Fernseher verbringen[1704]. Nur der Sport weckt ein hinreichend großes Interesse, um diese Gruppen zum Fernsehkonsum zu bewegen[1705].

Wo zwischen verschiedenen Sportinhalten genau die Grenzen zu ziehen sind, bleibt dabei jedoch strittig. Während teilweise von einer unmittelbaren Prägung der Bedürfnisse der nachfragenden Sender und Plattformbetreiber durch die Sicht der Zuschauer ausgegangen wird und daher innerhalb der Sportart Fußball jede Liga[1706] und jeder internationale Wettbewerb – wie z.B. die UEFA Champions League – als jeweils eigener Markt angesehen wird[1707], sehen andere lediglich den Spitzenfußball[1708] oder den Fußball allgemein[1709] als eigenen Markt an. Teilweise werden auch Spitzenereignisse der beliebten Sportarten allgemein[1710] oder einzeln[1711] als separate Märkte angesehen. Teilweise wird aufgrund der Bedeutung der Veranstaltung ein eigener Markt für Olympische Spiele angenommen[1712]. Weniger interessante Sportarten werden dagegen zumeist als ein

---

1704 Lefever/Rompuy [2009] 2 JML 243 (246); Klambauer in: Weber/Osterwalder, S. 73 (82).

1705 Klambauer in: Weber/Osterwalder, S. 73 (82); ferner Hellwig (2009), Rn. 187.

1706 Springer WRP 1998, 477 (484); von der Crone/Groner in: Weber, S. 63. Für Fußball-Bundesliga als separaten Markt: Eckstein (1998), S. 116, 138; Hausmann, BB 1994, 1089 (1093). Archner unterscheidet zwischen erster und Zweiter Bundesliga, s. Archner (1999), S. 127.

1707 Wintermantel (2008), S. 213 f.; Kuczera (2004), S. 158; Osterwalder (2004), S. 393 f.; Oehninger (2001), S. 104; Weng (2000), S. 124; Archner (1999), S. 128; Ladeur, SpuRt 1998, 54 (58). Ohne Begründung ebenso wohl Hellenthal, SpuRt 2002, 93 (94). Osterwalder versteht Weber (Media Lex 1996, 19 [22]) so, als vertrete er dieselbe Position (Osterwalder [2004], S. 393). Die Aussage Webers bleibt jedoch viel allgemeiner.

1708 Weihs (2004), S. 166, 276.

1709 Osterwalder (2004), S. 393; Wachtmeister, Europäische Kommission, Competition Policy Newsletter Nr. 2 aus Juni 1998, S. 18 (21); Stopper (1997), S. 169; Roth, AfP 1989, 515 (521).

1710 Hellmann/Bruder, EuZW 2006, 359 (360); Osterwalder (2004), S. 395; Weihs (2004), S. 276; Diesbach 1998, 110. Diesbach unterscheidet nicht zwischen den Sportarten, grenzt aber zwischen Spielen der Fußball-Bundesliga und einer Fußball-WM ab. Auch Kulka lehnt eine Unterscheidung zwischen den Sportarten ab, sieht aber Anhaltspunkte für einen eigenen Markt für Spitzenereignisse (AfP 1989, 476 [479]).

1711 Für einen separaten Markt für die Formel 1-WM Tumbrägel (2001), S. 167.

1712 Hellwig (2009), Rn. 180 ff.; Enßlin, ZEuP 2006, 380 (381). Tendenziell auch Heinemann, ZEuP 2006, 337 (348). Hier noch zögerlich Waldhauser (1998), S. 278.

gemeinsamer Markt angesehen, weil sie eine gemischte Gruppe allgemein Sportinteressierter ansprechen.

Bei dieser Bandbreite an möglichen Unterscheidungen bleibt fraglich, welche Kriterien nun richtigerweise anzulegen sind. Überzeugend scheint eine Betrachtungsweise, die die Sicht der Konsumenten insoweit berücksichtigt, als sie ein zahlenmäßig messbares und damit vergleichbares Publikumsinteresse bedeutet. Aus Sicht der maßgeblichen Marktgegenseite, nämlich der Rundfunkveranstalter, Internetanbieter und Mobilfunkbetreiber, kommt es entscheidend auf die Vergleichbarkeit der Einnahmen an, die mit der Verwertung einer Veranstaltung erzielt werden können[1713]. Das bedeutet, dass das Interesse des sportbegeisterten Publikums quantitativ[1714] eine entscheidende Rolle spielt, dass aber gleichzeitig aus Sicht der Verwerter Sportveranstaltungen substituierbar sein können, die für kaum einen einzelnen Zuschauer austauschbar wären[1715]. Entscheidender als das Interesse des Einzelnen ist nämlich die Ansprache der Zielgruppe Sportinteressierter als solcher, die zu einer langfristigen Bindung der Gruppe an den jeweiligen Anbieter führen kann[1716]. Wesentlich für die Marktabgrenzung in der Praxis sind demnach die Kriterien, von denen die Höhe der Einnahmen der Verwerter abhängen. Dazu gehören Faktoren wie Einschaltquoten, Häufigkeit der Wettbewerbe[1717], Sendezeiten, Veranstaltungsformate – etwa eine Liga oder Marke – sowie nicht zuletzt auch die Preise der Verwertungsrechte.

Demnach erscheint es insbesondere im Hinblick auf die überragende internationale Aufmerksamkeit durchaus richtig, einzelne Produktmärkte für besonders publikumsattraktive Sportarten sowie für herausragende Einzelveranstaltungen mit außergewöhnlich hohen Einschaltquoten, wie z.B. eine Fußball-WM

A.A.: Fikentscher, ZEuP 2006, 388 (390 ff.). Heinemann (ZEuP 2006, 337 [347, 348]) sieht hier noch ökonometrischen Handlungsbedarf, um eine Entscheidung über die Frage auf eine solide Datenbasis zu stellen.

1713 Fikentscher, ZEuP 2006, 388 (394); Osterwalder (2004), S. 395 f. (der Hannamann zitiert); Weihs (2004), S. 275; Carter, WC 2001, 93 (114); Hannamann (2001), S. 318.

1714 Wintermantel spricht von der Intensität des Zuschauerinteresses, s. Wintermantel (2007), S. 215.

1715 Hannamann (2001), S. 317 f. Nicht überzeugend dagegen Hoffmann (2000), S. 193.

1716 Kuczera (2004), S. 157.

1717 Robertson, WC 2002, 423 (425).

oder Olympische Spiele[1718] anzunehmen[1719]. Auch die Spiele einer Liga können demnach solcherart vergleichbar sein, dass sie auf einem abgrenzbaren Markt anzusiedeln sind, der die gesamte Liga erfasst[1720]. Ein einzelnes Spiel bzw. eine einzelne Sportveranstaltung hingegen wird kaum einmal einen separaten Markt begründen können. Generell ist eine eher enge Abgrenzung der Märkte in Anbetracht der hohen Marktzutrittshürden im Bereich medialer Rechte an Sportveranstaltungen gerechtfertigt. Gleichzeitig darf jedoch nicht die kartellrechtliche Entscheidung bereits auf der Ebene der Marktabgrenzung gewissermaßen vorweggenommen werden.

Weiterhin ist das Übertragungsmedium zu beachten. So können die Kriterien für die Substituierbarkeit bestimmter Inhalte, die für das Fernsehen gelten, beispielsweise nicht unbedingt auf den Bereich des Mobilfunks übertragen werden. Wo nämlich neue Produkte, wie etwa Spielzusammenfassungen für das Handy, auf dem Markt erst noch etabliert werden müssen, ist etwa die Regelmäßigkeit des jeweiligen Wettbewerbs (z.B. eine Fußballiga) für den Verwerter wichtiger als die Größe des Ereignisses (z.B. Olympische Spiele)[1721]. Außerdem ist zu berücksichtigen, dass andere Zielgruppen angesprochen werden und bei Abo-Modellen besondere Anforderungen an das Programmportfolio zu stellen sind[1722].

Im Einzelfall wird es bei der Beurteilung des relevanten Marktes stets auf die tatsächlichen Gegebenheiten im Umfeld der zu beurteilenden Konstellation

1718 Olympische Wettbewerbe können als Veranstaltungen mit herausragender Attraktivität bezeichnet werden. So wurde etwa im August 2008 erwartet, dass die Sommerspiele in Peking das größte bisher dagewesene Fernsehereignis mit (kumulativ) 4 Milliarden Zuschauern werden würde, s. Meldung der EBU v. 11.8.2008, abrufbar unter: http://www.eurovision.tv/page/news?id=1236&_t=ebu_delivers_olympics_games_to_europe (zuletzt aufgerufen am 11.8.2014).

1719 S. überzeugende Argumente zu Olympia bei Heinemann, ZEuP 2006, 337 (348). Nicht überzeugend hier Fikentscher (ZEuP 2006, 388 [390 ff.]; Fikentscher in: Jeanrenaud/Késenne, S. 82 ff.), der die große wirtschaftliche Bedeutung der Olympischen Spiele für die Sendeunternehmen – die sich deutlich aus den für die Rechte erzielten Lizenzgebühren ergibt – herunterspielt.

1720 Die gesamte Liga stellt jedoch nicht ein einzelnes „Produkt" dar, wie etwa Enderle meint (s. Enderle [2000] S. 5 ff., 87 ff.). Ebenso Osterwalder (2004), S. 396 f. Zu Nachfrageparametern bei der Auswahl einzelner Spiele aus einer Liga-Saison für die Übertragung im Fernsehen, s. Forrest/Simmons/Buraimo in: Jeanrenaud/Késenne (2006), S. 93 ff.

1721 Laier in: Vieweg (2006), S. 71.

1722 Laier in: Vieweg (2006), S. 72.

ankommen. Dabei ist zu bedenken, dass die Gegebenheiten sich immer wieder verändern können. Treffend hat Ladeur bemerkt, dass letztlich die Sportveranstalter die Marktgrenzen durch die Entwicklung der Wettbewerbe und besonderer Angebote festlegen[1723]. Sie richten sich dabei nach dem Publikumsinteresse, das sie so gut kennen wie kaum ein anderer Marktteilnehmer.

b) Entscheidungen nationaler Behörden und Gerichte

Obwohl für diese Untersuchung die Entscheidungspraxis der Europäischen Kommission im Mittelpunkt steht, soll der äußere Kontext dieser Entscheidungen nicht gänzlich außer Acht gelassen werden. Deshalb soll hier ein kurzer Überblick über die Diskussion einiger Entscheidungen nationaler Behörden und Gerichte zu Fragen der Marktabgrenzung im Bereich medialer Rechte an Sportveranstaltungen gegeben werden.

aa) Deutschland

Zunächst sollen die Entscheidungen aus Deutschland Erwähnung finden. Bereits 1987 äußerte sich der BGH in seiner „Inter Mailand“-Entscheidung[1724] zur Marktabgrenzung im Bereich des Profifußballs. Hier ging es allerdings nicht um mediale Rechte an den Spielen, sondern um den Markt für Eintrittskarten. Trotzdem hatte sich der BGH mit der Substituierbarkeit verschiedener Sportveranstaltungen aus Sicht des Zuschauers auseinanderzusetzen. Er hielt damals ein Fußballspiel der deutschen ersten Fußball-Bundesliga für nicht austauschbar mit einem UEFA-Cup-Spiel zwischen einer Bundesliga-Mannschaft und Inter Mailand. Dies liege daran, dass eine selten stattfindende Begegnung mit einer Mannschaft der europäischen Spitzenklasse nicht substituierbar sei mit einem regulären Serienspiel der ersten Liga[1725]. In einem obiter dictum bemerkt der BGH weiterhin, dass zwischen Spielen der ersten Fußball-Bundesliga und solchen der Amateurklasse ebenfalls keine Austauschbarkeit bestehe[1726].

In der Sache „Globalvertrag“[1727] ging es dann erstmals um die Marktabgrenzung bezüglich des Marktes für die Beschaffung medialer Rechte in Form von

1723 Ladeur, SpuRt 1998, 54 (58 f.).

1724 BGH Beschl. v. 25.5.1987 in der Rs. KVR 4/86 – Inter Mailand, NJW 1987, 3007.

1725 BGH Beschl. v. 25.5.1987 in der Rs. KVR 4/86 – Inter Mailand, NJW 1987, 3007 (3008).

1726 BGH Beschl. v. 25.5.1987 in der Rs. KVR 4/86 – Inter Mailand, NJW 1987, 3007 (3008).

1727 BGHZ 110, 371, Beschl. v. 14. 3. 1990 in der Rs. KVR 4/88 – Globalvertrag, NJW 1990, 2815.

Fernsehübertragungsrechten. Hier übernahm der BGH eine sehr weite Marktdefinition des Kammergerichts, wonach der Programmbeschaffungsmarkt letztlich sämtliche deutschen und internationalen Sportveranstaltungen umfasse, die für deutsche Fernsehzuschauer interessant seien[1728]. Der BGH sah keine Veranlassung, diese tatrichterliche Feststellung des KG aus Rechtsgründen zu beanstanden[1729]. Das Bundeskartellamt hatte im vorausgegangenen Verfahren noch engere Grenzen gezogen und einen eigenen Markt für die Verwertung von Fußballveranstaltungen definiert. Dies begründete es mit der herausragenden Rolle des Fußballs als „Volkssport mit Massenanziehungskraft"[1730]. Im Fall „Europapokalheimspiele" übernahm das Bundeskartellamt dann die weite Marktdefinition des KG bzw. des BGH[1731]. In seiner Entscheidung in derselben Sache aus dem Jahr 1997[1732] setzt sich der BGH daraufhin mit der Abgrenzung des relevanten Marktes nicht mehr auseinander[1733].

Im selben Jahr hatte das LG Frankfurt am Main im Rahmen eines einstweiligen Verfügungsverfahrens über die zentrale Vermarktung von Automobilrennsportwettkämpfen durch die FIA zu entscheiden. Dabei stellte es fest, dass für Film- und Fernsehrechte an Motorsportveranstaltungen ein eigenständiger Markt bestehe, der von dem für Rechte an Veranstaltungen anderer Sportarten abzugrenzen sei[1734]. Zur Begründung führte das Gericht aus, es existiere eine hinreichend große Zahl von Verwerterunternehmen, die auf Motorsportveranstaltungen spezialisiert seien und die vom Erwerb der entsprechenden Übertragungsrechte nicht durch das Angebot von Rechten an den Veranstaltungen anderer Sportarten abgehalten würden. Für diese Anbieter seien die

---

1728 KG Berlin Beschl. v. 8.7.1988 in der Rs. Kart. 38/87– Sportübertragungen, AfP 1989, 466 (470) = WuW/E 1989, OLG 4267 (4274).

1729 BGHZ 110, 371 (387 f.), Beschl. v. 14. 3. 1990 in der Rs. KVR 4/88 - Globalvertrag, NJW 1990, 2815. Kritisch Kulka, AfP 1989, 476 (479).

1730 BKartA Beschl. v. 27.8.1987, B6-743500-RV-170/84 - Sportübertragungen, WuW/E BKartA 2273 (2278).

1731 BKartA Beschl. v. 2.9.1994, B6-747000-A-105/92 - Europapokalheimspiele, SpuRt 1995, 118 (125). S. auch Oehninger (2001), S. 65; anders versteht das BKartA anscheinend Hellwig (2009), S. 65.

1732 BGHZ 137, 297, Beschl. v. 11.12.1997 in der Rs. KVR 7/96 - Europapokalheimspiele.

1733 Dies bedauert Waldhauser in seiner Anmerkung zum Urteil, s. Waldhauser, ZUM 1998, 129 (130). Nach Ansicht von Weihs scheint der BGH aber von einem separaten Markt für Fernsehübertragungen von Europapokalheimspielen auszugehen, s. Weihs (2004), S. 163.

1734 LG Ffm Urt. v. 4.6.1997 in der Rs. 2/6 O 84/97 - FIA, SpuRt 1997, 129 (131).

Motorsportrechte nicht substituierbar[1735]. Die Berufung gegen dieses Urteil wurde vom OLG Frankfurt am Main zurückgewiesen[1736]. Dabei ließ das Berufungsgericht offen, ob die Marktabgrenzung durch das LG richtig vorgenommen worden war, da es darauf für die Entscheidung nicht ankam. Es führte jedoch aus, dass es die Auffassung des LG, die FIA-Meisterschaftsserien stellten einen eigenen Markt dar, aufgrund des neuerlich gesteigerten Interesses des Publikums an Motorsportveranstaltungen für plausibel hielt[1737].

Schließlich äußerte sich im Januar 2012 im Zusammenhang mit der Zentralvermarktung der Fußball-Bundesliga das Bundeskartellamt, das bereits in den vorangegangenen Jahren zunehmend eine enge Marktdefinition favorisiert hatte[1738], zur Frage der Marktabgrenzung. Es kam zu dem Ergebnis, dass auf nationaler Ebene ein Markt für Übertragungsrechte an ganzjährig ausgetragenen Fußballwettbewerben der 1. und 2. Liga bestehe, der zudem Rechte am DFB-Pokal sowie der UEFA Champions League und Europa League bei deutscher Beteiligung umfasse. Ob u.a. Rechte an Rennen der Formel 1, an WM- und EURO-Endrundenspielen im Fußball sowie an Boxkämpfen zum selben Markt gehörten, ließ das Amt offen[1739].

bb) Schweiz

In der Schweiz war bereits 1994 das Richteramt III in Bern im Rahmen des Eilrechtsschutzes mit Fragen der Marktabgrenzung im Hinblick auf Sportveranstaltungen befasst. Hier wurde die exklusive Vermarktung von Rechten an der Fußball-Champions League durch die UEFA von Seiten eines Sportvermarkters angegriffen. Das Richteramt III untersagte die Exklusivvermarktung durch die UEFA am 22.9.1994 und wurde in dieser Entscheidung vom Appellationshof Bern gestützt[1740]. Der Appellationshof nahm eine enge Marktabgrenzung vor und definierte einen separaten Markt für die Verwertungsrechte an der UEFA Champions League. In einer ebenso charmanten wie treffenden Beschreibung führt er aus: „Die Champions League ist unter den Fernsehübertragungsrechten sozusagen das, was der Porsche unter den Autos – etwas Spezielles jedenfalls, und bildet

1735 LG Ffm Urt. v. 4.6.1997 in der Rs. 2/6 O 84/97 – FIA, SpuRt 1997, 129 (131).

1736 OLG Ffm Urt. v. 15.12.1998 in der Rs. 11 U (Kart) 16/98 – FIA, SpuRt 1999, 200.

1737 OLG Ffm Urt. v. 15.12.1998 in der Rs. 11 U (Kart) 16/98 – FIA, SpuRt 1999, 200 (202).

1738 Podszun, MMR 2007, 761 (764).

1739 BKartA Beschl. v. 12.1.2012 in der Sache B 6-114/10, Rn. 28.

1740 Appellationshof Bern, Entsch. v. 14.11.1994 in der Rs. 797/II./94 – Vermarktungsmonopol der UEFA, SpuRt 1995, 30.

einen separaten Markt"[1741]. Diese Einschätzung begründet er im Wesentlichen damit, dass die Lizenzgebühren, die die Vermarkter für die Champions League zu zahlen bereit seien, mit keinem anderen Wettbewerb, etwa dem UEFA-Pokal (heute: UEFA Europa League), vergleichbar seien[1742].

Auch die schweizerische Wettbewerbskommission hat sich in zwei Fusionskontrollverfahren zu den Märkten für den Handel mit Sportrechten geäußert. Dabei kam sie 2001 zunächst zu dem Ergebnis, dass es einen Markt für Handel mit Sportübertragungsrechten und mit Marketingrechten für Sportanlässe gebe[1743]. 2005 definierte sie dann einen Markt für Film- und Sportkanäle der Premiumklasse. Was die Programmbeschaffungsebene angeht, blieb es damals jedoch bei der allgemeinen Feststellung eines Marktes für den Handel mit Sportübertragungsrechten[1744].

cc) Großbritannien und Australien

Auch in Common Law-Staaten hat es Entscheidungen zur Marktabgrenzung im Sportbereich gegeben. In Großbritannien hat sich zunächst die Competition Commission[1745] im Rahmen der Untersuchung von Fusionsvorhaben zu Marktabgrenzungen im Bereich von Fernsehrechten an Sportveranstaltungen geäußert. Im Jahr 1999 empfahl sie ein Verbot der Fusion von BSkyB und Manchester United[1746]. Im Rahmen der Analyse der von der Fusion potentiell betroffenen Märkte unterschied sie zwischen Märkten für Spielfilme und für Sport. Sie ging auch aufgrund umfangreichen Tatsachenmaterials davon aus, dass im Kontext des Pay-TV ein separater Markt für Fernsehrechte an Fußballspielen der FA Premier League existiere[1747]. Zu diesem Ergebnis kam in einer anderen Sache vor

1741 Appellationshof Bern, Entsch. v. 14.11.1994 in der Rs. 797/II./94 – Vermarktungsmonopol der UEFA, SpuRt 1995, 30 (38).

1742 Appellationshof Bern, Entsch. v. 14.11.1994 in der Rs. 797/II./94 – Vermarktungsmonopol der UEFA, SpuRt 1995, 30 (38).

1743 Zusammenschlussvorhaben Groupe Canal+/RTL Group/Groupe Jean-Claude Darmon in: RPW 2001/4, S. 744 (746), Rn. 14.

1744 Zusammenschlussvorhaben Swisscom/Cinetrade in: RPW 2005/2, S. 363 (368 f.), Rn. 63, 67.

1745 Bis 1999 hieß sie Monopolies and Mergers Commission.

1746 Monopolies and Mergers Commission: British Sky Broadcasting Group plc and Manchester United PLC – A Report on the Proposed Merger, Presented to Parliament by the Secretary of State for Trade and Industry by Command of Her Majesty, April 1999.

1747 Monopolies and Mergers Commission: British Sky Broadcasting Group plc and Manchester United PLC – A report on the proposed merger, S. 101 ff.

dem Restrictive Practices Court auch einer der Sachverständigen[1748], das Gericht entschied jedoch ausdrücklich nicht über die Marktdefinition[1749].

BSkyB stand wenig später erneut im Mittelpunkt des Interesses, als das Office of Fair Trading eine Untersuchung des Verhaltens von BSkyB einleitete. Auch hier wurden wieder Märkte abgegrenzt, und auch die OFT identifizierte einen separaten Markt für Rechte an Spielen der Premier League, wobei sie weiter auf Live-Übertragungen einschränkte[1750]. Diese Tendenz, zumindest englischen Erstligafußball als eigenen Markt für Fernsehrechte anzuerkennen, bestätigt sich in einer neueren Untersuchung der Ofcom[1751] zur Marktmacht von Sky, die in ihrem „Pay TV Statement" von 2010 die Attraktivität von Live-Übertragungen der Premier League für Konsumenten von Pay-TV als außergewöhnlich groß herausstellt[1752]. Diese Rechte werden nach Ansicht der Ofcom gefolgt von Rechten an der UEFA Champions League, des FA Cup und des UEFA Cup[1753].

Interessant ist auch der Fall der australischen Rugby-Liga, der 1996 vom Federal Court of Australia entschieden wurde[1754]. Auch hier ging es um die Frage, ob ein Sportverband von seinen Mitgliedern verlangen durfte, dass sie sich der Beteiligung an einer nicht von ihm veranstalteten Spielserie enthielten. Hier hatte Rupert Murdoch offenbar Pläne, eine Konkurrenzveranstaltung zur etablierten australischen Rugby-Liga einzurichten. In diesem Kontext lehnte das Gericht allerdings die Beschwerde gegen das Verhalten des australischen Rugby-

1748 *re The Football Association Premier League Limited and others* [1999] UKCLR 258, at 373.

1749 Bothor, SpuRt 2000, 181 (182); ähnlich Veljanovski 2002 ECLR 273 (278, Fn. 11); anders aber scheinbar Carter (s. Carter, WC 2001, 93 [111 f.]).

1750 Office of Fair Trading: BSkyB – The outcome of the OFT's Competition Act investigation, OFT 623, December 2002, § 4.2. Zur Untersuchung s. etwa Harbord/Ottaviani, 2002 ECLR 122 ff.

1751 Die Ofcom ist eine unabhängige Regulierungs- und Wettbewerbsaufsicht für den Telekommunikationssektor im Vereinigten Königreich.

1752 Ofcom: Pay TV statement, 31 March 2010, S. 96, abrufbar unter: http://stakeholders.ofcom.org.uk/binaries/consultations/third_paytv/statement/paytv_statement.pdf (zuletzt aufgerufen am 11.8.2014).

1753 Ofcom: Pay TV statement, 31 March 2010, S. 114, abrufbar unter: http://stakeholders.ofcom.org.uk/binaries/consultations/third_paytv/statement/paytv_statement.pdf (zuletzt aufgerufen am 11.8.2014).

1754 *News Limited v Australian Rugby Football League Limited & Others* [1996] FCA 1256. Zusammenfassungen bei van den Brink, 2000 ECLR 359 (365 f.); Krogmann, SpuRt 1998, 51 und Veljanovski, 1996 ECLR 268.

Verbandes ab, da dieser auf einem Markt agiere, der mehrere Sportarten umfasse und daher keine Dominanz auf dem relevanten Markt habe. Das Gericht hielt Rugby in Australien für eine der Sportarten, die mit anderen um Zuschauer konkurrierten. Dafür spreche insbesondere, dass das klagende Unternehmen News gerade danach strebe, durch die Etablierung einer zusätzlichen Rugbyserie Zuschauer anderer Sportarten abzuwerben[1755]. Diese Entscheidung wurde in der Folge aus verschiedenen Gründen heftig kritisiert[1756] und in der nächsten Instanz auch aufgehoben. Die Entscheidung in der Frage der Marktdefinition wurde jedoch nicht abgeändert[1757].

Schließlich gab es 2002 eine Entscheidung in Großbritannien, aus der hervor geht, dass für die Übertragung von Snooker-Begegnungen kein eigener Markt in Abgrenzung zur Übertragung anderer Sportarten angenommen wurde[1758]. Allerdings setzte sich das Gericht nicht vertieft mit der Frage möglicher Märkte für Übertragungsrechte auseinander und machte in einem obiter dictum nur vage Anmerkungen zu dieser Frage.

dd) Weitere Staaten

Schließlich finden sich noch einige Entscheidungen aus weiteren europäischen Staaten, die einander in Ergebnis und Begründung ähneln. So äußerte sich die spanische Kartellaufsicht[1759] bereits 1993 dahingehend, dass in Spanien ein gesonderter Markt für die Übertragung von Veranstaltungen des Profifußballs im Fernsehen existiere[1760]. Im folgenden Jahr definierte sie darüber hinaus einen spanischen Markt für die Fernsehrechte an Fußballspielen, die zwischen Vereinen aus Mitgliedstaaten der UEFA ausgetragen werden[1761]. Im Einklang mit diesen Entscheidungen hat die spanische Regulierungsbehörde für Telekommunikation CMT 1998 die Übertragung von Fußballspielen im Fernsehen als

---

1755 *News Limited v Australian Rugby Football League Limited & Others* [1996] FCA 1256, Rn. 153, 162.

1756 S. Nachweise bei Veljanovski, 2002 ECLR 273 (Fn. 13, 14).

1757 Nachweise zu Kritik am weiten Marktbegriff in der Literatur bei Krogmann, SpuRt 1998, 51 (53, Fn. 26).

1758 *Hendry v WPBSA* [2002] UKCLR 5, at 86, 88. S. dazu auch Stoner, Sports Law Administration & Practice 7/2002, 8; Veljanovski 2002 ECLR 273.

1759 Heute Comisión Nacional de la Competencia, vormals Tribunal de Defensa de la Competencia.

1760 Tribunal de Defensa de la Competencia, Resolución 319/92 v. 10.6.1993, § 4.1.3.

1761 Tribunal de Defensa de la Competencia, Resolución 310/92 v. 12.9.1994, in: Tribunal de Defensa de la Competencia, Memoria 1994, S. 46.

eigenen Markt angesehen[1762] sowie diese Definition im Jahr 2000 weiter auf Spiele der spanischen und „europäischen" Liga verengt[1763]. Die CMT beachtete dabei insbesondere die Unverzichtbarkeit bestimmter Inhalte aus Sicht der Veranstalter von Pay-TV.

Die italienische Kartellbehörde hatte ihrerseits im Jahr 2002 in einem Fusionskontrollverfahren zu entscheiden und identifizierte den italienischen Fußball, insbesondere Spiele der Serie A, sowie internationale Fußballereignisse mit italienischer Beteiligung als außerordentlich attraktiv, weshalb die Rechte an diesen Veranstaltungen als Premium-Rechte gehandelt würden. Zu dieser Gruppe der Premium-Rechte rechnete sie weiterhin Veranstaltungen der Formel 1, da diese in puncto sportlichen Niveaus, der Dauer der Meisterschaft sowie der Häufigkeit und Anzahl der Rennen in ähnlicher Weise wie eine Liga dauerhaft Zuschauer anziehe. Im Hinblick auf die Spiele der italienischen Fußball-Nationalmannschaft vermutete die Kartellbehörde, trotz des Fehlens regelmäßiger Spiele (außerhalb der Meisterschafts-Endrunden), ebenfalls einen Status der entsprechenden Übertragungsrechte als Premium-Content. Schließlich schrieb sie auch Rechten an anderen relativ beliebten Sportarten wie Radfahren, Skifahren, Motorrennen und Tennis entsprechende Eigenschaften zu, sofern italienische Wettbewerber an den jeweiligen Wettkämpfen teilnähmen, und dies, obwohl ihr Wert von deren Teilnahme abhänge[1764]. Ferner wird in der Literatur eine Entscheidung des niederländischen Wirtschaftsministeriums erwähnt, in der es offenbar einen separaten Markt für Rechte an der niederländischen Fußballliga angenommen hat[1765].

ee) Fazit

Insgesamt wird deutlich, dass bislang nur im Bereich der Übertragungsrechte für das Fernsehen entsprechende Verfahren stattgefunden haben. Dabei spielt der Fußball in der Praxis eine herausragende Rolle, wobei in verschiedenen Ländern immer wieder die erste Liga und die großen europäischen Wettbewerbe, insbesondere die Champions League, eine besondere Position einnehmen. Es wird sich zeigen, dass die Entscheidungspraxis der Europäischen Kommission dieses Bild bestätigt, dass sie in ihren Entscheidungen jedoch noch wesentlich

---

1762 S. Comisión del Mercado de las Telecomunicaciones, Informe Anual 1998, III. 3. 2. d) 3).

1763 S. Comisión del Mercado de las Telecomunicaciones, Informe Anual 2000, S. 245. Mit der „europäischen Liga" dürfte die Champions League gemeint sein.

1764 L'Autoritá Garante della Concorrenza e del Mercato, Provvedimento n. 10716 (C5109) Groupe Canal+/Stream, Rn. 22.

1765 S. Deselaers, WuW 1998, 946 (952).

vielfältigere Aspekte berücksichtigt und eine Marktabgrenzung nicht nur anhand der Art der vermarkteten Inhalte vornimmt.

2. Auswertung der Entscheidungspraxis der Europäischen Kommission

Im Folgenden soll nun die bisherige einzelfallbezogene Beurteilung der Märkte durch die Europäische Kommission untersucht werden. Die Marktdefinition der Kommission auf den Programmbeschaffungsmärkten ist gemeinhin als relativ eng wahrgenommen[1766] und teilweise deshalb kritisiert worden[1767]. Bei der Betrachtung der Kommissionsentscheidungen wird deutlich, dass neben den in der Literatur breit diskutierten Abgrenzungen nach Sportart und Art der Veranstaltung (s. oben) in der Praxis zusätzlich andere Unterscheidungen erforderlich geworden sind. Diese sollen hier im Kontext der jeweiligen Entscheidung bewertet werden.

a) Märkte für verschiedene Sportarten und Veranstaltungsformen

Die Europäische Kommission stellte erstmals 1996 die besonderen Eigenschaften von medialen Rechten an Sportveranstaltungen gegenüber Senderechten für Spielfilme und andere Inhalte heraus. Sie ließ damals noch offen, ob hier tatsächlich von unterschiedlichen Märkten auszugehen sei, betonte aber die besondere Eignung von Sportrechten als Grundlage für Werbeeinnahmen der Sender, da sie in der Lage seien, ein bestimmtes Publikum anzuziehen, was sich auch im Engagement der Sponsoren der jeweiligen Veranstaltung spiegele[1768]. Weiterhin verwies sie auf die Besonderheit bei Sportveranstaltungen, die darin besteht, dass zum Zeitpunkt des Erwerbs der Senderechte unter Umständen noch nicht feststeht, welche Mannschaften oder Sportler an dem jeweiligen Wettkampf teilnehmen, weshalb auch die Attraktivität für Konsumenten des jeweiligen Landes im Vorhinein möglicherweise nicht leicht eingeschätzt werden kann[1769]. Eine weitere Besonderheit des Sports wurde darin gesehen, dass für Fans bestimmter Sportarten oder Mannschaften eine Substituierbarkeit ohnehin kaum gegeben ist[1770]. Auch in der Entscheidung „TPS“ erwähnte die Kommission die besondere

---

1766 Palzer, ZUM 2004, 297 (280); Weihs (2004), S. 272.

1767 S. etwa Carter, WC 2001, 93 (94).

1768 Beschluss der Europäischen Kommission v. 7.10.1996 in der Sache IV/M.779 – Bertelsmann/CLT, Rn. 18.

1769 Beschluss der Europäischen Kommission v. 7.10.1996 in der Sache IV/M.779 – Bertelsmann/CLT, Rn. 18.

1770 Wachtmeister, Europäische Kommission, Competition Policy Newsletter Nr. 2 aus Juni 1998, S. 18 (22).

Attraktivität von Sport und Spielfilmen beim Publikum[1771]. In einer Entscheidung aus dem Jahr 1999 in der Sache BiB/Open stellte die Kommission nach Anwendung des SSNIP-Tests auf die ihr vorliegenden Zahlen fest, dass auf den Programmbeschaffungsmärkten zwischen Spielfilmen und Sport auf der einen und anderen Inhalten auf der anderen Seite zu unterscheiden sei[1772].

Die Entscheidung der Kommission in der EBU-Sache vom 10.5.2000[1773] wurde zwar durch das EuG aufgehoben (s. oben, 1. Abschnitt, G.), doch stellte das Gericht die Aussagen der Kommission zur Marktabgrenzung nicht in Frage[1774]. In dieser Entscheidung ging die Kommission davon aus, dass es auf der Ebene der Programmbeschaffung höchstwahrscheinlich separate Märkte für den Erwerb von Rechten an einigen großen, meist internationalen Sportereignissen wie Olympische Sommerspiele, Olympische Winterspiele und Fußball-WM gibt[1775]. Nach der Interpretation des EuG[1776] sah die Kommission auch auf dem nachgelagerten Markt aufgrund der Zuschauerpräferenzen und deren Bedeutung für den Werbemarkt einen separaten Markt für die Übertragung großer Sportereignisse an Konsumenten. Die Kommission orientierte sich auch hier an der Attraktivität der betreffenden Veranstaltungen für bestimmte Zuschauergruppen.

Weitere Untersuchungen der Kommission in der Sache „UEFA Übertragungsregelung“[1777] ergaben Anhaltspunkte für einen separaten Programmbeschaffungsmarkt für Fußballrechte. Dies bestätigte sich bei späteren Marktuntersuchungen, bei denen ungleich höhere Einschaltquoten für Fußball festgestellt werden konnten[1778]. Darüber hinaus hielt die Kommission die Existenz eines weiteren gesonderten Marktes für nicht jährlich stattfindende Ereignisse wie die Fußball-WM für wahrscheinlich. Diese seien nicht durch Rechte

---

1771 Entscheidung der Europäischen Kommission v. 3.3.1999 in der Sache IV/36.237 – TPS, ABl. EG L 90/10 v. 2.4.1999, Rn. 34.

1772 Entscheidung der Europäischen Kommission v. 15.9.1999 in der Sache IV/36.539 – British Interactive Broadcasting/Open, ABl. EG L 312/5 v. 6.12.1999, Rn. 29.

1773 Entscheidung 2000/400/EG der Kommission v. 10.5.2000 in der Sache IV/32.150, ABl. EG L 151/18 v. 24.6.2000.

1774 EuG Urt. v. 8.10.2002 in den verb. Rs. T-185/00, T-216/00, T-299/00 und T-300/00 – EBU/Métropole II, Rn. 52 ff.

1775 ABl. EG L 151/24 v. 24.6.2000, Rn. 43.

1776 EuG Urt. v. 8.10.2002 in den verb. Rs. T-185/00, T-216/00, T-299/00 und T-300/00 – EBU/Métropole II, Rn. 53.

1777 Entscheidung der Europäischen Kommission v. 19.4.2001 in der Sache 37.576 – UEFA Übertragungsregelung, ABl. EG L 171/12 v. 26.6.2001.

1778 Z.B. für Italien und Spanien lt. Entscheidung der Europäischen Kommission v. 20.3.2006 in der Sache COMP/M.4066 – CVC/SLEC, Rn. 39.

an regelmäßigen Fußballwettbewerben substituierbar[1779]. Die Kommission sah zudem deutliche Hinweise darauf, dass ein separater Markt die alljährlich ganzjährigen Fußballwettbewerbe wie erste Liga, zweite Liga, Pokalwettbewerb und Champions League sowie UEFA-Pokal (UEFA Europa League) umfasste[1780]. Diese Erkenntnisse wurden mit der Eignung der genannten Wettbewerbe zur Prägung eines Programm- bzw. Markenimages für den Sender sowie der hohen Anziehungskraft teilweise über das ganze Jahr hinweg für eine durch die Werbewirtschaft abgrenzbare Zuschauerkategorie begründet. Die Möglichkeit der Schaffung eines stabilen „Stammpublikums" für einen Sender über einen längeren Zeitraum hinweg galt im Hinblick auf die Markenbildung als ausschlaggebend.

In einer weiteren Entscheidung aus dem Jahr 2001[1781] legte sich die Kommission fest: Fußball sei für die Zuschauer nicht durch andere Sportarten substituierbar[1782]. Sie identifizierte außerdem separate Märkte für Fußballwettbewerbe, die jedes Jahr regelmäßig über das ganze Jahr ausgetragen werden auf der einen Seite sowie für alle vier Jahre stattfindende große Fußballereignisse, an denen Nationalmannschaften teilnehmen, auf der anderen Seite. Der erstgenannte Markt umfasst demnach die jeweiligen nationalen Ligen (z.B. erste und zweite Fußball-Bundesliga) und Pokalwettbewerbe sowie die Champions League und die UEFA Europa League, sofern Mannschaften des jeweiligen Landes teilnehmen. Der zweite abgrenzbare Markt umfasst demnach die Fußball-Weltmeisterschaft sowie die europäische Fußball-Meisterschaft EURO. Allerdings hielt es die Kommission für höchst wahrscheinlich, dass diese beiden Ereignisse jeweils sogar einem eigenen Markt zuzuordnen seien[1783]. In ihrer Entscheidung zur UEFA Champions League bestätigte die Kommission ihre Definition eines gesonderten Rechtemarktes für den Erwerb und Weiterverkauf von Übertragungsrechten an ganzjährig stattfindenden Fußballereignissen[1784].

1779 ABl. EG L 171/18 v. 26.6.2001, Rn. 28.

1780 ABl. EG L 171/18 v. 26.6.2001, Rn. 28 f.

1781 Entscheidung der Europäischen Kommission v. 13.11.2001 in der Sache M.2483 - Canal+/RTL/GJCD/JV.

1782 Entscheidung der Europäischen Kommission v. 13.11.2001 in der Sache M.2483 – Canal+/RTL/GJCD/JV, Rn. 19, bestätigt durch Entscheidungen der Europäischen Kommission v. 14.8.2002 in der Sache COMP/M.2845 – Sogecable/Canalsatélite Digital/Vía Digital, Rn. 31 f. und v. 2.4.2003 in der Sache M.2876 – Newscorp/ Telepiù, Rn. 64 ff.

1783 Entscheidung der Europäischen Kommission v. 13.11.2001 in der Sache M.2483 – Canal+/RTL/GJCD/JV, Rn. 21.

1784 Entscheidung der Europäischen Kommission v. 23.7.2003 in der Sache COMP/C.2-37.398 – UEFA Champions League, ABl. EU L 291/39 v. 8.11.2003,

Auch Übertragungsrechte an anderen Sportarten wurden aufgrund ihrer Attraktivität von anderen Programmbeschaffungsmärkten abgegrenzt. Aus Sicht der Kommission deutete einiges darauf hin, dass der Markt für Übertragungsrechte an attraktiven Sportarten wie Tennis, Boxen, Golf und Motorradfahren einen eigenen Markt darstellte[1785]. In der Entscheidung CVC/SLEC[1786] stellte die Kommission dann zur Abgrenzung der Märkte für Übertragungsrechte an Motorsportveranstaltungen auf die Häufigkeit und Regelmäßigkeit der jeweiligen Wettkampfveranstaltungen und den daraus resultierenden Wettbewerb um Zuschauer sowie auf die Attraktivität bestimmter Veranstaltungen für Sponsoren ab[1787]. Auf dieser Grundlage unterschied die Kommission auch hier zwischen regelmäßig stattfindenden Ereignissen wie der Moto GP[1788] und Formel 1 und in größeren Abständen stattfindenden Veranstaltungen wie Fußball-Weltmeisterschaft oder Fußball-Europameisterschaft[1789]. In Italien und Spanien sprach nach Anwendung der Kriterien der Substituierbarkeit aufgrund der großen Anziehungskraft der Veranstaltungen für ein bestimmtes Publikum vieles für einen separaten Markt für Moto GP und Formel 1 gegenüber Märkten für Übertragungsrechte an anderen Motorsportveranstaltungen[1790]. Gerade die durch diese Veranstaltungen erreichten Zuschauer, nämlich in diesem Fall Männer im Alter zwischen 16 und 35 Jahren, sind für die Werbewirtschaft besonders attraktiv und daher für die Anbieter der Inhalte lukrativ. Bei dieser Entscheidung spielte auch eine Rolle, dass Formel 1 und Moto GP live am Sonntagnachmittag übertragen wurden, einem Zeitfenster, in dem kaum andere Veranstaltungen

---

Rn. 79; Herbert Ungerer, Rede vom 2.10.2003 in Barcelona, abrufbar unter: http://ec.europa.eu/competition/speeches/text/sp2003_024_en.pdf (zuletzt aufgerufen am 11.8.2014), S. 8.

1785 Entscheidung der Europäischen Kommission v. 2.4.2003 in der Sache M.2876 – Newscorp/Telepiù, Rn. 70.

1786 Entscheidung der Europäischen Kommission v. 20.3.2006 in der Sache COMP/M.4066 – CVC/SLEC.

1787 Entscheidung der Europäischen Kommission v. 20.3.2006 in der Sache COMP/M.4066 – CVC/SLEC, Rn. 34 ff.

1788 Weltmeisterschaft der Top-Rennsportserien des Motorradsports seit 1949, veranstaltet durch Fédération Internationale de Motocyclisme (FIM).

1789 Entscheidung der Europäischen Kommission v. 20.3.2006 in der Sache COMP/M.4066 – CVC/SLEC, Rn. 37.

1790 Entscheidung der Europäischen Kommission v. 20.3.2006 in der Sache COMP/M.4066 – CVC/SLEC, Rn. 48, 51 ff.

stattfanden, die um dasselbe Publikum konkurrierten[1791]. Weiterhin wurde herausgestellt, wie eine Meisterschaft, die über das ganze Jahr hinweg ausgetragen wird und deren Ergebnis von jedem einzelnen Termin abhängt, über den gesamten Zeitraum hinweg Zuschauer anzieht und damit auch für die Werbewirtschaft über das ganze Jahr hinweg interessant ist. Die Treue der Fans spiegelt sich gewissermaßen in der Treue der Werbekunden[1792].

b) Märkte für kostenpflichtige und frei empfangbare Inhalte

Neben Unterscheidungen zwischen verschiedenen Arten von Inhalten und Veranstaltungen wird weiterhin unterschieden zwischen Inhalten, die dem Konsumenten kostenlos zur Verfügung gestellt werden, und Inhalten, die nur gegen Entgelt konsumiert werden können. Die Unterscheidung zwischen Märkten für Pay-TV[1793] und für frei empfangbares Fernsehen[1794] wurde durch die Kommission schon früh getroffen[1795] und seither wiederholt bestätigt[1796].

1791 Entscheidung der Europäischen Kommission v. 20.3.2006 in der Sache COMP/M.4066 - CVC/SLEC, Rn. 49.

1792 Entscheidung der Europäischen Kommission v. 20.3.2006 in der Sache COMP/M.4066 - CVC/SLEC, Rn. 50.

1793 Ausführlich zu Erscheinungsformen und rechtlichem Rahmen für Pay-TV s. etwa Diesbach (1998), S. 19 ff.

1794 Zur Frage der Existenz eines Marktes im kartellrechtlichen Sinne bei kostenlosen Angeboten vgl. oben I. 2. a). Im Folgenden wird in Übereinstimmung mit der Terminologie der Europäischen Kommission von einem „Markt“ gesprochen.

1795 Entscheidung der Europäischen Kommission v. 10.9.1991 in der Sache IV/M.110 - ABC/Générale des Eaux/Canal+/W.H. Smith TV, Rn. 11. Ebenso z.B. das Bundeskartellamt. Kritisch Carter, WC 2001, 93 (100 f.). Für die Aufgabe der Unterscheidung plädiert auf nationaler Ebene die deutsche Monopolkommission, XII. Hauptgutachten, Rn. 512; XIII. Hauptgutachten, Rn. 611. S. für Großbritannien etwa Competition Commission, NTL Incorporated And Cable & Wireless Communications plc - A report on the proposed acquisition Presented to Parliament by the Secretary of State for Trade and Industry by Command of Her Majesty, March 2000, S. 68.

1796 Entscheidung der Europäischen Kommission v. 20.3.2006 in der Sache COMP/M.4066 - CVC/SLEC, Rn. 31; Entscheidung der Europäischen Kommission v. 29.12.2003 in der Sache COMP/C.2-38.287 - Telenor/Canal+/Canal Digital, Rn. 28; Entscheidung der Europäischen Kommission v. 2.4.2003 in der Sache M.2876 - Newscorp/Telepiù, Rn. 19; Entscheidung der Europäischen Kommission v. 14.8.2002 in der Sache COMP/M.2845 - Sogecable/Canalsatélite Digital/Vía Digital, Rn. 15; Entscheidung der Europäischen Kommission v. 20.12.2000 in der Sache M.2211 - Universal Studio Networks/De Facto 829 (NTL)/Studio Channel

aa) Programmangebot im Fernsehen

Die Unterscheidung beruht auf den unterschiedlichen Geschäftsmodellen der jeweiligen Sendeunternehmen. Während frei empfangbares Fernsehen durch Gebühren oder Werbung (oder eine Kombination von beidem) finanziert werden muss, ist das Bezahlfernsehen im Wesentlichen auf die Abonnementsgebühren der Zuschauer angewiesen. Nur beim Pay-TV besteht eine direkte Kundenbeziehung zwischen Zuschauer und Sendeanstalt. Sender, die frei empfangbares Fernsehen zeigen, haben eine direkte wirtschaftliche Beziehung lediglich zum Werbekunden. Dadurch unterscheiden sich bereits die Wettbewerbsbedingungen der beiden Arten von Sendeanstalten.

Für den Zuschauer ist es ein wesentlicher Unterschied, ob er für eine Sendung zahlen muss oder nicht und ob er für ihren Empfang ein zusätzliches Gerät (Decoder)[1797] benötigt. Schon deshalb ist Bezahlfernsehen aus Konsumentensicht kein Ersatz für free-to-air-Angebote[1798]. Die unterschiedlichen Geschäftsmodelle führen aber auch dazu, dass unterschiedliche Programmangebote gemacht werden müssen, um die jeweiligen Kundengruppen zufrieden zu stellen. Pay-TV-Veranstalter werden stets auf Inhalte bauen müssen, die aufgrund ihrer Einzigartigkeit oder Aktualität attraktiver sind als diejenigen, die im frei empfangbaren Fernsehen zu sehen sind. (Insofern existiert eine gewisse, je nach

---

Limited, Rn. 13; Entscheidung der Europäischen Kommission v. 20.7.2000 in der Sache COMP/JV.48 – Vodafone/Vivendi/Canal+, Rn. 63; Entscheidung der Europäischen Kommission v. 21.3.2000 in der Sache M.0037 – BskyB/Kirch Pay TV, Rn. 23 ff.; Entscheidung der Europäischen Kommission v. 15.9.1999 in der Sache IV/36.539 – BiB/Open, ABl. EG L 312/4 v. 6.12.1999, Rn. 24; Entscheidung der Europäischen Kommission v. 3.3.1999 in der Sache IV/36.237 – TPS, ABl. EG L 90/8 v. 2.4.1999, Rn. 25; Entscheidung der Europäischen Kommission v. 27.5.1998 in der Sache IV/M.993 – Bertelsmann/Kirch/Premiere, Rn. 18; Entscheidung der Europäischen Kommission v. 7.10.1996 in der Sache IV/M.779 – Bertelsmann/CLT, Rn. 16; Entscheidung der Europäischen Kommission v. 11.12.1996 in der Sache IV/M 865 – Cable & Wireless/Nynex/Bell Canada, Rn. 26; Entscheidung der Europäischen Kommission v. 20.9.1995 in der Sache IV/M.553 – RTL/Veronica/Endemol, Rn. 20; Entscheidung der Europäischen Kommission v. 9.11.1994 in der Sache IV/M.469 – MSG Media Service, Rn. 32 f. Ferner Entscheidung der Europäischen Kommission v. 3.2.2000 in der Sache JV.30 – BVI/SPE, Rn. 15 (ABl. EG C 95 v. 4.4.2000, S. 3). Offen gelassen durch Entscheidung der Europäischen Kommission v. 2.8.1994 in der Sache M.410 – Kirch/Richemont/Telepiù, Rn. 15 f.

1797 Eingehend zu den technischen Diensten für Pay-TV Entscheidung der Europäischen Kommission v. 9.11.1994 in der Sache IV/M.469 – MSG Media Service, Rn. 20 ff.

1798 Ebenso etwa Robertson, WC 2002, 423 (425); Trafkowski (2002), S. 36 f.

Marktsituation evtl. asymmetrische[1799] Wechselwirkung zwischen dem Pay-TV-Markt und dem Markt für frei empfangbares Fernsehen.[1800])

Pay-TV-Veranstalter bieten weiterhin mit Hilfe digitaler Technologie Multi-Channel-Fernsehen, bei dem der Zuschauer gleichzeitig zwischen verschiedenen (Live-)Sendungen auswählen kann[1801]. Zu den Diensten gehören digitale Angebote des Pay-Per-View (PPV), Video-On-Demand (VoD) und Near-Video-On-Demand (nVoD), bei denen bestimmte Sendungen zu unterschiedlichen Zeitpunkten abgerufen werden können[1802] und die Möglichkeit, auch bei Live-Sendungen zu unterbrechen oder etwa eine Zeitlupe zu wiederholen[1803]. Diese Angebote bilden einen Teil des Pay-TV Marktes, bilden jedoch im Bereich des Sports keinen eigenen Markt[1804]. Im Pay-TV werden insgesamt wesentlich häufiger Live-Sportveranstaltungen und z.B. Kinofilme jüngeren Datums[1805] gezeigt als im werbefinanzierten Fernsehen. Zuschauer sind bereit, für diese Angebote

---

1799 Dazu s. Klambauer in: Weber/Osterwalder, S. 73 (83).

1800 Dazu s. EuG Urt. v. 30.9.2003 in der Rs. T-158/00 – ARD v. Kommission, Rn. 80 f.; Entscheidung der Europäischen Kommission v. 2.4.2003 in der Sache M.2876 – Newscorp/Telepiù, Rn. 37; Entscheidung der Europäischen Kommission v. 10.9.1991 in der Sache IV/M.110 - ABC/Générale des Eaux/Canal+/W.H. Smith TV, Rn. 11; Jestaedt/Anweiler, EuZW 1997, 549 (551). Ferner Trafkowski (2002), S. 37.

1801 Entscheidung der Europäischen Kommission v. 2.4.2003 in der Sache M.2876 – Newscorp/Telepiù, Rn. 21.

1802 Entscheidung der Europäischen Kommission v. 2.4.2003 in der Sache M.2876 – Newscorp/Telepiù, Rn. 27.

1803 Entscheidung der Europäischen Kommission v. 2.4.2003 in der Sache M.2876 – Newscorp/Telepiù, Rn. 36.

1804 Entscheidung der Europäischen Kommission v. 2.4.2003 in der Sache M.2876 – Newscorp/Telepiù, Rn. 43. Zu PPV und nVoD-Angeboten im Spielfilmbereich s. aber Entscheidung der Europäischen Kommission v. 29.12.2003 in der Sache COMP/C.2-38.287 – Telenor/Canal+/Canal Digital, Rn. 51 ff.; Entscheidung der Europäischen Kommission v. 14.8.2002 in der Sache COMP/M.2845 – Sogecable/Canalsatélite Digital/Vía Digital, Rn. 25; Entscheidung der Europäischen Kommission v. 20.12.2000 in der Sache M.2211 – Universal Studio Networks/De Facto 829 (NTL)/Studio Channel Limited, Rn. 17. Brinckman/Vollebregt unterscheiden ebenfalls nicht innerhalb des Bereichs der Sportkanäle, s. Brinckman/Vollebregt, 1998 ECLR 281 (287).

1805 Hierzu Entscheidung der Europäischen Kommission v. 2.4.2003 in der Sache M.2876 – Newscorp/Telepiù, Rn. 99; und eingehend Entscheidung der Europäischen Kommission v. 13.10.2000 in der Sache M.2050 – Vivendi/Canal+/Seagram, Rn. 18.

nicht unerhebliche Ausgaben zu tätigen[1806]. Auch aus diesen Gründen sind aus Sicht der Zuschauer frei empfangbares Fernsehen und Bezahlfernsehen nicht substituierbar.

Auch die Zuschauergruppen, die Pay-TV abonnieren, haben bestimmte Charakteristika. Oftmals sind es die Fans bestimmter Sportarten oder Mannschaften, die nicht auf die Live-Übertragung „ihrer" Sportveranstaltungen verzichten wollen. Im Allgemeinen sind es diejenigen Zuschauer, die sich verstärkt für bestimmte Themen wie Sport oder Kinofilme interessieren[1807]. Aus diesen Gründen bilden die Zuschauermärkte für frei empfangbares und entgeltliches Fernsehen separate sachliche Märkte[1808].

bb) Programmbeschaffung für das Fernsehen

Diese klare Unterscheidung auf der nachgelagerten Marktstufe der Contentverwertung wirkt sich wie beschrieben auf die Märkte für Fernsehübertragungsrechte aus[1809] und führt auch dort zu der Definition separater Märkte. Zwar werden sowohl durch das frei empfangbare Fernsehen als auch durch das kostenpflichtige Fernsehen dieselben Übertragungsrechte nachgefragt[1810]. Die Praxis der Akteure spricht jedoch entscheidend für eine Differenzierung. So unterscheiden Anbieter von attraktiven Inhalten bewusst zwischen Pay-TV-Rechten und free-to-air-Rechten, um bessere Einnahmen zu erzielen[1811]. Einerseits sind Anbieter von Pay-TV häufig in der Lage, höhere Summen für massenattraktive Inhalte zu bieten, da sie durch das Angebot mit hohen Abonnentenzahlen rechnen können. In einigen Ländern der EU, wie z.B. Italien[1812], ist diese Unterscheidung deutlicher als in Ländern mit besonders starkem free-to-air-Angebot, wie z.B. Deutschland. Gerade im Bereich Fußball haben Sportveranstalter auch ein

---

1806 Entscheidung der Europäischen Kommission v. 2.4.2003 in der Sache M.2876 – Newscorp/Telepiù, Rn. 42; Entscheidung der Europäischen Kommission v. 14.8.2002 in der Sache COMP/M.2845 – Sogecable/Canalsatélite Digital/Vía Digital, Rn. 15.

1807 Entscheidung der Europäischen Kommission v. 2.4.2003 in der Sache M.2876 – Newscorp/Telepiù, Rn. 33. Zustimmend Carter, WC 2001, 93 (109).

1808 Ebenso etwa Frey, ZUM 2002, 917 (919) und ZUM 1998, 985 (989), der dies jedoch mit dem Fehlen eines Marktes für frei empfangbare Sendungen begründet.

1809 Klambauer in: Weber/Osterwalder, S. 73 (81).

1810 Ablehnend deshalb Weihs (2004), S. 275.

1811 Entscheidung der Europäischen Kommission v. 2.4.2003 in der Sache M.2876 – Newscorp/Telepiù, Rn. 22. Ebenso Carter, WC 2001, 93 (101).

1812 Entscheidung der Europäischen Kommission v. 2.4.2003 in der Sache M.2876 – Newscorp/Telepiù, Rn. 29.

Interesse daran, dass ihre Veranstaltungen nicht im frei empfangbaren Fernsehen zu sehen sind, um den Verkauf von Eintrittskarten für die Stadien nicht zu gefährden[1813].

Andererseits können die frei empfangbaren Sender dem Sportveranstalter viel größere Reichweiten bieten. Während Pay-TV-Veranstalter lediglich ihre Abonnenten erreichen, können die Sender, die frei empfangbare Kanäle anbieten, im Normalfall alle Fernsehhaushalte bedienen. Dies spielt wiederum für Sponsoren der Sportveranstaltungen sowie insbesondere im Motorsport für Fahrzeughersteller eine wichtige Rolle. Auch diese sind wichtige Einnahmequellen für die Sportveranstalter. Nur wenn entsprechend große Zuschauerzahlen erreicht werden, kann die Marketingbotschaft der Sponsoren oder Formel 1-Rennställe die gewünschte Breitenwirkung erzielen[1814]. Deshalb wird bereits beim Handel mit den Verwertungsrechten klar zwischen Rechten für frei empfangbares Fernsehen und Pay-TV-Rechten unterschieden. Es handelt sich somit aufgrund der fehlenden Substituierbarkeit der Vertriebskanäle für die Verkäuferseite um getrennte Märkte.

cc) Andere Distributionskanäle

Die Marktabgrenzung zwischen Pay-TV und frei empfangbarem Fernsehen zeigt, dass die Unterscheidung zwischen kostenfreien und kostenpflichtigen Angeboten durchaus einer der entscheidenden Faktoren für die Definition von Produktmärkten sein kann. Auf der Anbieterseite führt das Geschäftsmodell zu bestimmten Wettbewerbsbedingungen, während auf der Konsumentenseite Qualität des Angebots im Verhältnis zu frei empfangbaren Angeboten im Zusammenhang mit dem Preis entscheidend sind. Diese Faktoren können auch bei Angeboten auf anderen Distributionsplattformen eine Rolle spielen. Beispielsweise gibt es auch im Web-TV[1815] und IPTV[1816] kostenfreie und kostenpflichtige Angebote. Da hier ganz ähnliche Geschäftsmodelle wie Werbefinanzierung einerseits und Bezahlung durch den Konsumenten andererseits operieren, greifen hier dieselben Mechanismen des Marktes. Deshalb spricht vieles dafür, dass auch auf anderen Distributionsplattformen von einer Unterscheidung zwischen kostenlosen und kostenpflichtigen Angeboten auszugehen ist, wo ansonsten gleiche oder ganz ähnliche

---

1813 Entscheidung der Europäischen Kommission v. 2.4.2003 in der Sache M.2876 – Newscorp/Telepiù, Rn. 31.

1814 Entscheidung der Europäischen Kommission v. 20.3.2006 in der Sache COMP/ M.4066 - CVC/SLEC, Rn. 31 f.

1815 Zur Unterscheidung Web-TV und IPTV s. etwa Holznagel/Dörr/Hildebrand (2008), S. 50.

1816 Zur Übertragungstechnik allgemein Janik in: Dörr/Kreile/Cole, Kap. D, Rn. 21.

Empfangsbedingungen gelten. Gibt es demnach etwa im IPTV kostenfreie sowie kostenpflichtige Angebote, ist von gesonderten Märkten sowohl auf der Programmbeschaffungs- als auch auf der Programmangebotsebene auszugehen.

Eine andere Frage ist jedoch, ob wiederum zwischen Übertragungswegen unterschieden werden muss. Ob nämlich beispielsweise gesonderte Märkte für Pay-TV über unterschiedliche Übertragungswege existieren oder ob zwischen verschiedenen Übertragungswegen auf mobile Endgeräte unterschieden werden muss, bedarf einer gesonderten Untersuchung.

c) Märkte für unterschiedliche audiovisuelle Distributionsplattformen

Mediale Rechte an Sportveranstaltungen werden dem Konsumenten über verschiedene Übertragungswege zur Verfügung gestellt. Bereits bei der Klärung der Frage nach der Rechtsnatur der medialen Verwertungsrechte in Teil 2 dieser Untersuchung wurde nach unterschiedlichen Übertragungswegen unterschieden. Bei der Abgrenzung der relevanten Märkte im Vorfeld der kartellrechtlichen Analyse des EBU-Systems könnten ebenfalls die verschiedenartigen Übertragungswege eine Rolle spielen[1817].

aa) Fernsehen

Das Fernsehen hat sich seit den Zeiten ausschließlich analoger terrestrischer Übertragung auf im Wesentlichen gleichartige Empfangsgeräte stark weiterentwickelt. Schon das analoge Fernsehen kann nicht mehr nur über Terrestrik[1818], sondern auch durch das Kabel[1819] und über Satellit[1820] übermittelt werden[1821]. Bereits seit den 1990er Jahren gibt es in Europa auch digitale Angebote, die über Kabel und Satellit empfangbar sind. Im Zuge der Digitalisierung des Fernsehens, die in Europa unterschiedlich weit fortgeschritten ist[1822], kommt digitale

---

1817 Dabei geht es um die Verwertung medialer Rechte an Sportveranstaltungen. Es geht hier nicht um Märkte für die technische Übertragung des Signals selbst. Dazu s. etwa Entscheidung der Europäischen Kommission v. 15.6.2004 in der Sache COMP/M.3355 – Apollo/JP Morgan/Primacom.

1818 Zur Übertragungstechnik allgemein Janik in: Dörr/Kreile/Cole, Kap. D, Rn. 3.

1819 Zur Übertragungstechnik allgemein Janik in: Dörr/Kreile/Cole, Kap. D, Rn. 10 ff.

1820 Zur Übertragungstechnik allgemein Janik in: Dörr/Kreile/Cole, Kap. D, Rn. 6.

1821 Zur technischen Entwicklung von Satellit und Kabel s. etwa Janik in: Schwartmann, Kap. 8, Rn. 22 ff., 26 ff.

1822 S. Spoerr/Luczak, ZUM 2010, 553. Zum aktuellen Stand der digitalen Terrestrik s. z.B. Meldung des VPRT v. 12.2.2013, abrufbar unter: http://www.vprt.de/thema/verbreitung/digitalisierung/stand-der-digitalisierung/content/stand-der-umstellung-auf-dvb-t-e (zuletzt aufgerufen am 11.8.2014).

Terrestrik[1823] sowie digitale Übertragung via Breitbandkabel oder Satellit hinzu. All diese Techniken ermöglichen den Empfang auf einem Fernsehgerät[1824]. Weiterhin gibt es auch Fernsehübertragungen über das Internet-Protokoll, die sowohl auf Fernsehgeräten als auch auf PCs bzw. Rechnern empfangen werden können.

Die Europäische Kommission hat bei ihren Marktanalysen wiederholt festgestellt, dass Pay-TV unabhängig von der Übertragungsart (analog oder digital) einen einheitlichen Markt bildet[1825]. Auch aufgrund des Übertragungsweges (Terrestrik, Kabel, Satellit) unterscheidet die Kommission heute[1826] grundsätzlich nicht[1827]. Es gibt nach ihren Erkenntnissen keinen Grund, zwischen den technischen Übertragungswegen zu unterscheiden, da es sich jeweils lediglich um eine Fortentwicklung desselben Produkts handele. Dabei spielt auch eine Rolle, dass das digitale Fernsehen zunehmend das analoge Fernsehen ersetzt.

1823 In Deutschland seit 2003 angeboten.

1824 Das mit einem Rückkanal ausgestattete Breitbandkabel ermöglicht neben dem Kabelfernsehen auch den Internet-Zugang, s. Janik in: Schwartmann, Kap. 8, Rn. 29; Janik, K&R 2001, 572 (575).

1825 Entscheidung der Europäischen Kommission v. 29.12.2003 in der Sache COMP/C.2-38.287 - Telenor/Canal+/Canal Digital, Rn. 29; Entscheidung der Europäischen Kommission v. 14.8.2002 in der Sache COMP/M.2845 - Sogecable/Canalsatélite Digital/Vía Digital, Rn. 15; Entscheidung der Europäischen Kommission v. 20.12.2000 in der Sache M.2211 - Universal Studio Networks/De Facto 829 (NTL)/Studio Channel Limited, Rn. 13; Entscheidung der Europäischen Kommission v. 20.7.2000 in der Sache COMP/JV.48 - Vodafone/Vivendi/Canal+, Rn. 64; Entscheidung der Europäischen Kommission v. 21.3.2000 in der Sache M.0037 - BskyB/Kirch Pay TV, Rn. 26; Entscheidung der Europäischen Kommission v. 15.9.1999 in der Sache IV/36.539 - BiB/Open, ABl. EG L 312/5 v. 6.12.1999, Rn. 25; Entscheidung der Europäischen Kommission v. 3.3.1999 in der Sache IV/36.237 - TPS, ABl. EG L 90/9 v. 2.4.1999, Rn. 26; Entscheidung der Europäischen Kommission v. 27.5.1998 in der Sache IV/M.993 - Bertelsmann/Kirch/Premiere, Rn. 18. Ferner auch Entscheidung der Europäischen Kommission v. 17.5.2004 in der Sache COMP/M.3411 - UGC/NOOS, Rn. 13 ff.

1826 Anders noch in der Entscheidung der Europäischen Kommission v. 9.11.1994 in der Sache IV/M.469 - MSG Media Service, s. dort Rn. 41.

1827 Entscheidung der Europäischen Kommission v. 29.12.2003 in der Sache COMP/C.2-38.287 - Telenor/Canal+/Canal Digital, Rn. 50; Entscheidung der Europäischen Kommission v. 14.8.2002 in der Sache COMP/M.2845 - Sogecable/Canalsatélite Digital/Vía Digital, Rn. 15; Entscheidung der Europäischen Kommission v. 15.9.1999 in der Sache IV/36.539 - BiB/Open, ABl. EG L 312/4 v. 6.12.1999, Rn. 27.

Eine Ausnahme von diesem Grundsatz bildeten lediglich zwei Entscheidungen der Kommission betreffend die nordische Region, bei denen sie aufgrund außergewöhnlicher regionaler Strukturen, die dem Konsumenten einen Wechsel des Anbieters wesentlich erschwerten, zwischen Übertragungswegen unterschied[1828]. Auch in der nordischen Region änderten sich jedoch im Laufe der Zeit die tatsächlichen Verhältnisse, so dass die Unterscheidung aufgegeben werden konnte[1829].

Da die Übertragungstechnik allein, sofern der Empfang immer noch mit Hilfe eines Fernsehgerätes möglich ist, an der Substituierbarkeit der Pay-TV-Angebote für den Zuschauer nichts ändert, erscheint es in der Tat sachgerecht, hier keine separaten Märkte anzunehmen. In Deutschland hatte zudem bereits im Jahr 2010 die überwiegende Zahl der Haushalte auch tatsächlich die Wahl zwischen zwei oder mehr Infrastrukturen zum Fernsehempfang[1830]. Aus denselben Gründen kommt es auch im frei empfangbaren Fernsehen zu keiner weiteren Marktabgrenzung aufgrund des Übertragungswegs. Allerdings sei an dieser Stelle ein besonderer Fall erwähnt, bei dem es für das Erlebnis des Fernsehzuschauers ausnahmsweise doch auf den Übertragungsweg ankommen kann. Während der Fußball-WM 2006 wurde erstmals ein Unterschied zwischen Kabelfernsehen und digitaler Terrestrik in ungewöhnlicher Weise offensichtlich: Bei der „Live"-Übertragung der Spiele sahen die Zuschauer die Bilder über Analogfernsehen einige Sekunden früher als Zuschauer des digitalen Angebots. Beim alltäglichen Fernsehkonsum mag diese Differenz keinen spürbaren Unterschied ausmachen. Beim WM-Torjubel in den vielen Straßencafés der Innenstädte führte dies jedoch zu hörbaren Informationsvorsprüngen der Zuschauer des analogen Fernsehens (wie auch der Zuhörer der analogen Radioübertragungen[1831]) gegenüber

---

1828 Entscheidung der Europäischen Kommission Nr. 96/177/EC v. 19.7.1995 in der Sache IV/M.490 – Nordic Satellite Distribution und Entscheidung der Europäischen Kommission v. 26.6.2001 in der Sache COMP/M.2300 – YLE/TDF/Digita/JV.

1829 Entscheidung der Europäischen Kommission v. 13.10.1999 in der Sache COMP/M.1439 – Telia/Telenor, ABl. EG L 40/1 v. 9.2.2001 (noch offen gelassen) und Entscheidung der Europäischen Kommission v. 29.12.2003 in der Sache COMP/C.2-38.287 – Telenor/Canal+/Canal Digital. S. auch EMR: Market Definitions in the Media Sector – Comparative Legal Analysis, July 2005, Rn. 1.19 ff., abrufbar unter: http://ec.europa.eu/competition/sectors/media/documents/2003_media_market_definition_study_en.pdf (zuletzt aufgerufen am 11.8.2014).

1830 Spoerr/Luczak, ZUM 2010, 553 (554).

1831 Dies führte so weit, dass Radiohörer noch Zeit hatten, zum nächsten DVB-T-Gerät zu laufen, um das Tor „live" zu beobachten, über das sie soeben über das

Nutzern digitaler Angebote. Dies führte bereits während des Verlaufs eines Spiels zuweilen zu Irritationen. In Fällen des Spielentscheids durch Elfmeterschießen gewann dieser Unterschied in der Geschwindigkeit der Übertragungswege jedoch plötzlich geradezu existentielle Bedeutung. Die „Live"-Übertragung über DVB-T oder digitales Kabel[1832] verlor kurzzeitig jegliche Attraktivität. Ehe auf dem Bildschirm der Schütze auch nur angelaufen war, wussten die Nachbarn bereits das Ergebnis und taten es unüberhörbar kund. Die Spannung wich schlagartig aus einer der wohl spannungsreichsten Situationen im Fernsehsport.

Das Beispiel zeigt besonders deutlich, dass es bei der Verwertung medialer Rechte an Sportveranstaltungen weniger auf formale Kriterien als auf die Konsumenten und deren Wahrnehmung ankommt. Unterschiede der Übertragungswege oder Endgeräte eignen sich zur wirtschaftlichen Abgrenzung von Verwertungsrechten nur, wo sie sich auf das Hör- und/oder Seherlebnis auswirken oder dieses bestimmen. Dies gilt für die Marktabgrenzung ja ohnehin in besonderem Maße. Bei aller Drastik des geschilderten Beispiels kann diese seltene Ausnahme von der Regel nicht dazu führen, dass nun etwa für DVB-T ein gesonderter Markt zu definieren wäre. Die geringe zeitliche Verzögerung der Übertragung fällt letztlich nahezu niemals ins Gewicht und ist am Markt weder Thema noch ein Auswahlkriterium. Es bleibt daher dabei, dass der Übertragungsweg des Signals kein Kriterium für eine Marktabgrenzung darstellt.

Die HDTV-Technologie[1833] ist ebenfalls eine technische Fortentwicklung des Fernsehens, die keinen Einfluss auf die gesendeten Inhalte hat. Sofern sich aufgrund der Technologie keine für den Zuschauer wesentlich unterschiedlichen Formate entwickeln, ist nicht zu erwarten, dass hier ein eigener Markt entstehen wird[1834].

Dasselbe muss in der Konsequenz auch für die Bereitstellung des TV-Programmangebots der Sendeanstalten[1835] über das Internet-Protokoll auf Fernsehgeräten (IPTV) gelten, sofern nicht interaktive Dienste angeboten werden. Denn hier wird das identische Fernsehprogramm lediglich auf einem anderen technischen Weg auf das identische Endgerät gebracht. IPTV entspricht in seiner

---

Radio informiert worden waren. Zum Radiokonsum der WM 2006 s. Mai, MP 9/2006, 475.

1832 Zu den verschiedenen Verzögerungen und den jeweiligen Ursachen s. Grimminger, „Zeitversetzt 'live'", Die Rheinpfalz, 5.7.2006.

1833 Näher zu HDTV s. Janik in: Schwartmann, Kap. 8, Rn. 9; Dreesen in: Schierl (2007), S. 86; Woldt, MP 2006, 235.

1834 *Capito* in: Castendyk/Dommering/Scheuer (2008), Rn. 25 (Fn. 57) zu Art. 82 EC.

1835 Wie z.B. des ZDF, s. Amlung/Fisch, ZUM 2009, 442 (443).

Funktionalität für den Zuschauer dem Kabelfernsehen[1836] und ist daher für den Zuschauer mit anderen Übertragungswegen substituierbar[1837]. Deshalb ist auch hier lediglich zwischen frei empfangbaren und kostenpflichtigen Angeboten zu unterscheiden.

Da im Bereich Fernsehen auf der nachgelagerten Marktebene der Contentverwertung keine separaten Märkte für unterschiedliche Übertragungstechnologien existieren, ist auch auf dem vorgelagerten Markt der Programmbeschaffung nicht nach Rechten für unterschiedliche Übertragungswege zu unterscheiden. Es handelt sich hier jeweils um einen einheitlichen Markt der Programmbeschaffung für entweder Pay-TV oder frei empfangbares Fernsehen.

bb) Neue Medien

Für die kartellrechtliche Beurteilung der Einkaufsgemeinschaft der EBU können auch andere Verwertungsarten audiovisueller Medienrechte an Sportveranstaltungen eine Rolle spielen. Interessant sind hier insbesondere die relativ neuen Angebote, die über UMTS und Internet empfangen werden können, wie etwa Videoausschnitte auf Abruf[1838]. Obwohl diese Dienste noch schwächer entwickelt und nur in kleineren Bereichen am Markt etabliert sind, hat die Kommission sich zur Marktabgrenzung in diesem Bereich bereits 2003 geäußert. In ihrer Entscheidung zur UEFA Champions League[1839], die zu einem Zeitpunkt erging, als noch keine empirischen Daten vorlagen, rechnete die Kommission in einer Vorausschau für den Bereich der „Neuen Medien" mit relativ eng abzugrenzenden Märkten. Sie ging im Hinblick auf den Fußball davon aus, dass auf der Marktebene des Angebots an Konsumenten jede einzelne Verwertungsform für eine

1836 Kleinke, ZUM 2008, 460 (461).

1837 Kleinke, ZUM 2008, 460 (461); Eberle, ZUM 2007, 439.

1838 Hier geht es jedoch nicht um Märkte z.B. für Internet-Zugang. Zur Abgrenzung s. Entscheidung der Europäischen Kommission v. 20.7.2000 in der Sache COMP/JV.48 – Vodafone/Vivendi/Canal+, Rn. 27 ff. Auch Märkte für digitale interaktive Fernsehdienste sind hier nicht relevant, da es dabei nicht um audiovisuelle Angebote von Sportveranstaltungen geht, sondern im Wesentlichen um Transaktions- und Informationsdienste, s. Entscheidung der Europäischen Kommission v. 15.9.1999 in der Sache IV/36.539 – British Interactive Broadcasting/Open, ABl. EG L 312/5 v. 6.12.1999, Rn. 23. Letztere sind wiederum von PC-basierten Internetdiensten zu unterscheiden, s. Entscheidung der Europäischen Kommission v. 20.7.2000 in der Sache COMP/JV.48 – Vodafone/Vivendi/Canal+, Rn. 55.

1839 Entscheidung der Europäischen Kommission v. 23.7.2003 in der Sache COMP/C.2-37.398 – Gemeinsame Vermarktung der gewerblichen Rechte an der UEFA Champions League, ABl. EU L 291/25 v. 8.11.2003.

spezifische Dienstleistung mit einer jeweils eigenen Zielgruppe genutzt werden würde. Sie nahm an, dass die jeweiligen Dienste eigene Märkte bilden würden, da sie weder mit Live-Übertragungen im Fernsehen noch mit Zusammenfassungen der Spielhöhepunkte im Fernsehen konkurrieren würden[1840]. Auf der vorgelagerten Marktebene der Programmbeschaffung sah die Kommission die Rechte an Sportveranstaltungen ähnlich wie im Bereich Pay-TV als unverzichtbaren Premium-Content an. Aufgrund der sehr differenzierten zielgruppenspezifischen Verbraucherangebote, die die Kommission für die Zukunft erwartete, ging sie davon aus, dass sich auch recht eng begrenzte vorgelagerte Märkte für Programmrechte entwickeln würden, bei denen der Fußball eine besondere Rolle spielen würde[1841]. Insgesamt erwartete die Europäische Kommission für diesen Bereich eine Entwicklung, die parallel zu der der Pay-TV-Märkte verlaufen würde[1842]. Zu diesem Zeitpunkt definierte die Kommission die „Neuen Medien“ als UMTS-Mobilfunk und Internet. Die nachfolgende Gliederung baut auf dieser Unterscheidung auf, die sich – wie sich zeigen wird – jedoch nicht uneingeschränkt aufrechterhalten lässt.

(i) Internet

Wie erwähnt, gibt es inzwischen einige unterschiedliche Angebote im Internet, die die audiovisuelle Wahrnehmung von Sportveranstaltungen ermöglichen[1843]. Beim Web-TV können über den PC Portale angesteuert werden, die in Form von Bewegtbildern sowohl Live-Übertragungen als auch Zusammenfassungen oder einzelne aktuelle Szenen von Sportveranstaltungen anbieten. Auch ganze Sendungen können in Mediatheken auf Internetportalen zum zeitversetzten

1840 Entscheidung der Europäischen Kommission v. 23.7.2003 in der Sache COMP/C.2-37.398 –UEFA Champions League, ABl. EU L 291/40 v. 8.11.2003, Rn. 84.

1841 Entscheidung der Europäischen Kommission v. 23.7.2003 in der Sache COMP/C.2-37.398 –UEFA Champions League, ABl. EU L 291/39 v. 8.11.2003, Rn. 83.

1842 Entscheidung der Europäischen Kommission v. 19.1.2005 in der Sache COMP/C.2-37.214 – Bundesliga, Rn. 17 (die lediglich auf die UEFA Champions League-Entscheidung verweist); Entscheidung der Europäischen Kommission v. 29.12.2003 in der Sache COMP/C.2-38.287 – Telenor/Canal+/Canal Digital, Rn. 75; Entscheidung der Europäischen Kommission v. 23.7.2003 in der Sache COMP/C.2-37.398 –UEFA Champions League, ABl. EU L 291/40 v. 8.11.2003, Rn. 85.

1843 Einen Überblick über die Angebote aus dem Jahr 2009 bieten Amlung/Fisch, ZUM 2009, 442. Zur Marktabgrenzung s. bereits Trafkowski, MMR 1999, 630 ff. Bereits 1996 startete SAT.1 das Angebot „ran online“.

Abruf bereitgehalten werden[1844]. Dies sind die Angebote, die zumeist gemeint sind, wenn von Internet-Sportangeboten die Rede ist. Jedoch werden auch andere Angebote über das Internet zugänglich gemacht. So kann der Zuschauer beim „Internetfernsehen" das Programm der Rundfunksender (frei empfangbar oder auch kostenpflichtig) am PC abrufen[1845] und somit auch die dort gezeigten Sportveranstaltungen verfolgen. Der Rechner dient hier lediglich als alternatives Empfangsgerät zum Fernseher[1846]. Aber auch IPTV, das nach der hier verwendeten Begrifflichkeit[1847] am Fernsehgerät empfangen wird, basiert auf Internet-Technologie, da es über das Internet-Protokoll (IP) übertragen wird.

(1) Übertragungsweg IP

Hier zeigt sich bereits, dass mit zunehmender technischer Konvergenz der Plattformen[1848] Abgrenzungsschwierigkeiten zwischen „Fernsehen" und „Internet" entstehen[1849]. Für die Frage der Marktabgrenzung im Bereich Sportrechte kommt es dabei im Wesentlichen auf das Kriterium der Nachfragesubstituierbarkeit an. Diese ist anhand der Sicht des Konsumenten auf die Angebote zu beurteilen. Wie oben unter 2. c) aa) bereits festgestellt, kommt es für den Fernsehzuschauer auf den technischen Übertragungsweg allein nicht an. Solange dasselbe Programm zu im Wesentlichen gleichen Bedingungen auf demselben Endgerät konsumiert werden kann, sind die Übertragungswege für den Zuschauer nicht entscheidend. Deshalb gehört, wie oben beschrieben, die Variante des IPTV, bei der die Programme der Rundfunksender unverändert auf das Fernsehgerät übertragen werden und technisch sichergestellt ist, dass ein Empfang unabhängig von der Zahl der Nutzer des Netzes möglich ist[1850], zum selben Produktmarkt wie das jeweilige Fernsehangebot über Kabel, Satellit oder Terrestrik. Zwar basiert IPTV

1844 Z.B. die ZDF-Mediathek oder Sendungen von RTL, s. Amlung/Fisch, ZUM 2009, 442 (443, 445). Dies kann kostenfrei oder auch kostenpflichtig geschehen. Einen Überblick bietet Zota, C't 2007, 76 f.

1845 Z.B. ist das ZDF über Zattoo empfangbar, s. Amlung/Fisch, ZUM 2009, 442 (443). Auf der Seite des Hessischen Rundfunks www.hr-online.de kann das HR-Fernsehen live abgerufen werden.

1846 S. Eilers, SpuRt 2006, 221 (222); Janik, K&R 2001, 572 (575 f.).

1847 Vgl. oben unter aa).

1848 Zur Medienkonvergenz s. etwa Hain, K&R 2006, 325 ff.; Janik K&R 2001, 572 ff.; Holznagel, ZUM 1996, 16.

1849 Zur Thematik Eilers, SpuRt 2006, 221 ff.; eingehend Frey, ZUM 2005, 585 (590 ff.); Janik, K&R 2001, 572 (575 f.).

1850 Langhoff, ZUM 2007, 447.

technisch gesehen auf dem Internet-Protokoll, das hier beschriebene Angebot entspricht aber für den Zuschauer dem „Fernsehen".

Entscheidende Unterschiede für den Nutzer aufgrund des Übertragungswegs ergeben sich heute nur noch bezüglich der potentiellen geographischen Reichweite des Internets (weltweit) gegenüber den Übertragungswegen des klassischen Rundfunks (zumeist national). Allerdings wird auch im Internet zum Schutz exklusiver Rechte über das Instrument der Geolocation[1851] zuweilen ein (meist nationales) Sendegebiet definiert, außerhalb dessen ein Empfang der jeweiligen Sendungen nicht möglich ist[1852]. Auch das Netz der Telefongesellschaften, über das die Übertragung u.U. läuft, ist im Regelfall ohnehin national begrenzt. Die Nutzererfahrung ist damit in vielen Fällen bei „Fernsehen" und „Internet" identisch. Einzig die Empfangsgarantie für IPTV unabhängig von der Netzauslastung kann bislang nur in speziell ausgebauten Netzen (geschlossene IP-Netze) regional begrenzt gewährleistet werden[1853].

Damit ist der Übertragungsweg Internet-Protokoll in aller Regel kein Kriterium, anhand dessen sich Märkte abgrenzen ließen. Weitaus wichtiger als die Übertragungswege erscheinen für die Klassifizierung des Angebots aus Sicht des Nutzers hingegen das jeweilige Endgerät sowie die Funktionalitäten des Angebots selbst.

(2) Empfangsgeräte

Es kann für den Konsumenten der Sportveranstaltung durchaus darauf ankommen, über welches Endgerät er sie empfängt. Bestimmte Geräte haben im Haushalt oder unterwegs zumeist einen bestimmten Platz oder werden in einem bestimmten Zusammenhang genutzt. Typischerweise steht beispielsweise der Fernseher im Wohnzimmer, während der PC auf dem Schreibtisch steht oder als Laptop unterwegs genutzt wird[1854]. Vor dem Fernseher kann man mit mehreren Personen gemeinsam eine Veranstaltung besser verfolgen als vor einem PC, der in der Regel über einen kleineren Bildschirm verfügt. Ein Angebot, das über das freie Internet verfügbar ist, kann jedoch zumeist nur mit Hilfe eines Browsers und der Tastatur angesteuert werden, was wiederum am Fernsehgerät

1851 Mit „Geolocation" ist ein Verfahren gemeint, das den geographischen Standort eines mit dem Internet verbundenen Rechners bestimmen kann.

1852 Eberle, ZUM 2007, 439.

1853 Kleinke, ZUM 2008, 460 (461); Eberle, ZUM 2007, 439 (440); Langhoff, ZUM 2007, 447.

1854 S. Unterscheidung nach „Lean-Backward-Konsum" und „Lean-Forward-Konsum" bei Amlung/Fisch, ZUM 2009, 442 (444) und Frey, ZUM 2005, 585 (592).

meist nicht möglich ist. Diese und andere Eigenschaften der Geräte führen dazu, dass das Erlebnis des Zuschauers einer Veranstaltung unterschiedlich sein kann, je nachdem welches Gerät zum Einsatz kommt. Die ZDF-Mediathek beispielsweise wird deshalb sowohl für den PC als auch in einer „TV-Edition" für das Fernsehgerät bereitgehalten. Die Bedeutung des Unterschiedes zwischen der „Wohnzimmer-Situation" und der „Schreibtisch-Situation" wird deutlich, wenn man sich verdeutlicht, welche Investitionen Unternehmen wie Microsoft tätigen, um – in diesem Fall mit der Xbox – die Grenze vom Schreibtisch ins Wohnzimmer zu überschreiten. Nach den Worten von Bill Gates war der Hintergrund der Entwicklung des Geräts in erster Linie das strategische Ziel, mit einem Rechner im Wohnzimmer des Endkunden präsent zu sein[1855]. Es wird interessant sein zu beobachten, ob die zunehmende Verbreitung von Tablets zu weiteren Veränderungen führt. Diese leichten und kompakten, aber für das Konsumieren multimedialer Inhalte überaus komfortablen Geräte werden weder ausschließlich unterwegs noch einseitig zur Unterhaltung oder zum Arbeiten genutzt, sondern zeichnen sich durch Vielseitigkeit aus. Begrenzt sind sie vor allem im Hinblick auf Speicherkapazität und Akkulaufzeiten sowie ihre jeweils unterschiedlich leistungsfähige und ggf. entgeltliche kabellose Verbindung mit dem Internet.

Zu Beginn der Internet-Übertragungen war der Empfang von Internetangeboten auch an ein bestimmtes Endgerät gebunden: Web-TV konnte nur am Rechner des Zuschauers verfolgt werden, nicht jedoch mit Hilfe des Fernsehgeräts[1856]. Diese Zeiten sind vorbei, seit mit Hilfe einer Set-Top-Box bzw. eines Decoders der Empfang von IPTV auf Fernsehgeräten unproblematisch möglich geworden ist. Die Möglichkeit, Web-TV am Rechner zu verfolgen, besteht daneben weiter. Ebenso werden PCs, Macs oder Tablets immer häufiger für den Empfang der Fernsehkanäle genutzt[1857]. In ihrer mobilen Ausführung, also als Laptops, bieten PCs oder Macs all diese Empfangsmöglichkeiten auch unterwegs. Sie bieten damit die ortsunabhängigen Funktionen eines tragbaren Fernsehgeräts ebenso wie die des PCs. Diese Ortsunabhängigkeit des Laptops bietet dem Nutzer gegenüber dem Fernsehgerät in bestimmten Nutzungssituationen einen Vorteil.

Die Praxis der Rechtevergabe durch die Marktteilnehmer wird durch die Kommission auch als Kriterium für die Definition von Produktmärkten

---

1855 Interview von Ryan Block mit Bill Gates v. 7.1.2007 im Rahmen der Consumer Electronics Show (CES) in Las Vegas, wiedergegeben unter: http://www.engadget.com/2007/01/08/a-lunchtime-chat-with-bill-gates-at-ces/ (zuletzt aufgerufen am 11.8.2014).

1856 Mailänder, ZUM 2003, 820 (822).

1857 Frey, ZUM 2005, 585 (593).

herangezogen[1858]. Seit die Rechte für die Bundesliga-Saison 2000/2001 vergeben wurden, werden etwa durch den DFB neben den Fernsehrechten gesonderte Rechte für die Übertragung der Fußball-Bundesliga „im Internet“ lizenziert[1859]. Wichtig ist die Unterscheidung aus Sicht der Verwerter für die wirtschaftliche Auswertung der Übertragungsrechte auf Basis der Exklusivität[1860]. Die separate Rechtevergabe rechtfertigte sich bisher durch den Unterschied in der Übertragungsart. Im Zuge der technischen Entwicklung, der sogenannten „Konvergenz“ der Medien, wird es jedoch zunehmend schwieriger, klar abgegrenzte „Rechtepakete“ anhand von Übertragungswegen oder Endgeräten zu definieren[1861]. In Deutschland wurde diese Schwierigkeit erstmals deutlich, als die Deutsche Telekom AG Ende 2005 die „Internet-Rechte“ an den Spielen der Fußball-Bundesliga ab der Saison 2006/2007 erwarb[1862]. Erst mit Verspätung wurde einigen Marktteilnehmern klar, welche faktischen Übertragungs- und Verwertungsmöglichkeiten zum Ausstrahlungszeitpunkt mit diesem Rechtepaket verbunden waren[1863]. IPTV, Web-TV und Internetfernsehen traten neuerdings in direkte Konkurrenz zum „herkömmlichen“ Fernsehen, und die DTAG baute ihr DSL-Netz zügig aus. Es wurde deutlich, dass nicht mehr unmittelbar erkennbar war, was genau „Internet-Rechte“ umfassten. Aufgrund eben dieser Unklarheit kam es im Jahr 2006 zum Streit zwischen der Arena Sport Rechte und Marketing GmbH, der Deutschen Telekom und der DFL, weil Arena die Rechte zur Live-Übertragung von Spielen der Bundesliga „im Fernsehen“ und die Deutsche Telekom dieselben Rechte „für das Internet“ erworben hatte[1864]. Diese beiden Rechtepakete ließen sich durch die veränderten technischen Möglichkeiten faktisch nicht mehr von-

1858 Zur aktuellen Praxis bei der Fußball-Bundesliga s. etwa Frey, GRUR-Prax 2012, 365.

1859 Kuczera (2004), S. 135.

1860 Auch für den Bereich der staatlichen Rundfunkaufsicht spielt die Frage nach dem Übertragungsweg bzw. der Kombination von Übertragungsweg und Endgerät eine wichtige Rolle. Fragen der Rundfunkregulierung sind jedoch nicht Gegenstand dieser Untersuchung (s. dazu etwa *Oster/Wagner* in: Dauses, Rn. 42 ff.). Zur Diskussion unter dem Stichwort „Medienkonvergenz“ s. z.B. Ring/Gummer, ZUM 2007, 433 oder Potthast, ZUM 2007, 443; Janik, K&R 2001, 572.

1861 Eingehend Frey, ZUM 2005, 585 (590 ff.).

1862 Fietz (2007), S. 15; Bundesliga-Magazin 2/2006, 12 f.; Bundesliga-Magazin 3/2006, 15; Pfennig, Bundesliga-Magazin 1/2006, 14.

1863 S. Frey in: Schwartmann, Kap. 13, Rn. 32; Flatau, ZUM 2007, 1; Ory, K&R 2006, 303. Die Problematik deutete sich Anfang 2006 erst an, s. Bundesliga-Magazin 2/2006, 12 f.

1864 Bundesliga-Magazin 3/2006, 15.

einander abgrenzen, da beide Anbieter verschiedene Übertragungswege wählen konnten und damit inzwischen auch die gleichen Endgeräte erreichten. Letztlich einigte man sich in diesem Fall darauf, dass jedes Unternehmen nur bestimmte Übertragungswege wählen würde und legte den Streit trotz unterschiedlicher Auffassungen bei[1865]. Durch diese Panne war jedoch auf dramatische Weise klar geworden, dass für die Zukunft präzisere Definitionen der lizenzierten Rechte, d.h. der mit der Lizenz verbundenen Verwertungsmöglichkeit, gefunden werden mussten[1866]. Bei der Rechtevergabe für die vier Spielzeiten ab 2013 wurde das Rechtepaket für IPTV dann gegen einen wesentlich höheren Betrag lizenziert, da das Potential der Plattform inzwischen bekannt war[1867].

Ein weiterer Fall, in dem die Frage nach der Abgrenzung zwischen „Internet-Rechten" und „Fernsehrechten" auftauchte, beschäftigte die DFL kurz vor Beginn der Spielzeit 2013/14. Während für die Spielzeiten 2013/14 bis 2016/17 der Sender Sky Deutschland die Rechte für die Übertragung der Ligaspiele im Pay-TV erworben hatte, waren die Rechte für die Verwertung im Internet an die Bild-Zeitung vergeben worden[1868]. Sky kündigte im August 2013 an, für 4,49 € pro Monat eine App anzubieten, die unmittelbar nach Abpfiff jeder Partie Videos aller Tore des aktuellen Spieltags als Abrufdienst bereitstellen werde. Die DFL sah Klärungsbedarf, da diese App drohte, die Exklusivität des Internet-Angebots der Bild-Zeitung (Tor-Clips für insgesamt 7,98 € pro Monat) zu gefährden[1869]. Zunächst schien die DFL das App-Angebot von Sky für unzulässig zu halten[1870]. Kurz darauf stellte sich jedoch heraus, dass die Aufteilung der Rechtepakete ein Nebeneinander beider Angebote trotz Exklusivität ermöglichte. Das Rechtepaket „M", das die Bild-Zeitung erworben hatte, gestattete Highlight Clips mit einer Länge von 90 Sekunden bis

---

1865 S. Focus online v. 6.6.2006, 10:08 Uhr, abrufbar unter: http://www.focus.de/finanzen/news/bundesliga-rechte_aid_110016.html (zuletzt aufgerufen am 11.8.2014). Die „Internet"-Rechte der DTAG wurden zunächst nur über das Hochgeschwindigkeitsnetz V-DSL verbreitet (s. Büchner, CR 2007, 473 [475]).

1866 Zu den Schwierigkeiten bei der lizenzrechtlichen Handhabung s. Eilers, SpuRt 2006, 221; Frey, ZUM 2005, 585.

1867 FR v. 18.4.2012, S. 2.

1868 S. FR v. 18.4.2012, S. 3. Siehe auch Meldung von Axel Springer v. 17.4.2012, abrufbar unter: http://www.axelspringer.de/presse/BILD-erwirbt-Bundesligarechte_3078889.html (zuletzt aufgerufen am 11.8.2014).

1869 S. FR v. 5.8.2013, S. S3.

1870 S. Tagesspiegel online, Meldung v. 7.8.2013 „Streit mit Springer: Deutsche Fußball Liga positioniert sich gegen Sky", abrufbar unter: http://www.tagesspiegel.de/medien/neues-bundesliga-app-streit-mit-springer-deutsche-fussball-liga-poitioniert-sich-gegen-sky/8609918.html (zuletzt aufgerufen am 11.8.2014).

sechs Minuten als Video für Internet- und Mobil-TV frühestens eine Stunde nach Spielschluss. Sky hatte derweil mit den Paketen „G“ und „H“ das Recht erworben, Spielzusammenfassungen der Samstags- und Sonntagsspiele für Fernsehen, Internet und Mobilfunk mit einer Länge von vier bis zwölf Minuten anzubieten[1871]. Damit sind wichtige Unterscheidungskriterien die Länge der angebotenen Videos sowie der Zeitpunkt. Es wird sich zeigen müssen, ob tatsächlich kurze Tor-Clips bei den Internet- und Mobilfunk-Nutzern beliebter sind als längere Zusammenfassungen, wie es sich die Bild-Zeitung erhofft. Sky musste von seinem ursprünglichen Plan abweichen, kurze Ausschnitte von zehn bis 40 Sekunden pro Spiel anzubieten. Außerdem bietet die Bild-Zeitung auf ihrer Website die Clips von jedem Spiel einzeln als VoD, während das Sky-Angebot linear in dem Sinne ist, dass ein einziges Video angeboten wird, das von mehreren Partien berichtet, wobei auf jedes Spiel mindestens vier Minuten Berichterstattung entfallen[1872].

Diese beiden Fälle zeigen erneut, wie stark die Medienlandschaft sich im Zuge der technischen Entwicklung verändert. Teilweise wird die in der Praxis übliche Vergabe von Rechtepaketen für bestimmte Plattformen als nicht länger haltbar angesehen[1873]. Auch Marktabgrenzungen müssen mit diesen Veränderungen Schritt halten. Das Kriterium der Vergabepraxis bei der Marktdefinition ist naturgemäß vor allem dann hilfreich, wenn die Praxis selbst auch handhabbare Lösungen findet, was jedoch zumeist der Fall ist. Pannen, wie sie im Fall DTAG und Arena vorkamen, sind die Ausnahme. Aufgrund welcher Kriterien eine Aufspaltung in einzelne Kategorien audiovisueller Rechte für die Zukunft stattfinden kann und muss, wird vielerorts diskutiert[1874]. Bereits frühzeitig hatte beispielsweise die FIFA die Gefahr erkannt und bei der Ausschreibung der medialen Verwertungsrechte an der Fußball-WM 2010 für Europa bereits die Übertragungswege Breitband-Internet, terrestrisches Fernsehen, Satellitenfernsehen und

---

1871 S. Bericht auf sueddeutsche.de „'Internet-Sportschau' der Fußball-Bundesliga kommt“ v. 8.8.2013, abrufbar unter: http://www.sueddeutsche.de/medien/springer-sky-und-dfl-internet-sportschau-der-fussball-bundesliga-kommt-1.1741891 (zuletzt aufgerufen am 11.8.2014).

1872 S. Meldung auf t-online.de v. 8.8.2013 „DFL erlaubt Bundesliga-Videos von 'Sky' direkt nach Abpfiff“, abrufbar unter: http://www.t-online.de/wirtschaft/unternehmen/id_64864744/dfl-erlaubt-bundeliga-videos-von-sky-direkt-nach-abpfiff.html (zuletzt aufgerufen am 11.8.2014).

1873 Hatton/Wagner/Armengod, 2007 ECLR 346 (350, 353).

1874 S. etwa Frey in: Schwartmann, Kap. 13, Rn. 33 ff.; Ring/Gummer, ZUM 2007, 433 (im Hinblick auf Regulierungsfragen); Ory, K&R 2006, 303 (305 ff.): Frey, ZUM 2005, 585 (591 ff.).

Kabelfernsehen in einem einzigen Rechtepaket gebündelt[1875]. Dabei hat sie die Definition des „Fernsehgeräts" ausdrücklich um PCs und Laptops erweitert[1876].

Nach alldem spricht vieles dafür, dass nur für diejenigen audiovisuellen Internet-Dienste ein gegenüber dem jeweiligen Fernsehmarkt separater Markt besteht, die aus Nutzersicht nicht mit dem Fernsehen vergleichbar sind. Da es im Rahmen dieser Untersuchung nur um Angebote bewegter Bilder geht, die sich inhaltlich nicht von den im Fernsehen übertragenen unterscheiden[1877], kommen für einen separaten Markt für Internet-Angebote zunächst nur solche Angebote in Betracht, für deren Nutzung ein Rechner erforderlich ist[1878]. Dieser Markt erfasst die Dienste, die im freien Internet über den Web-Browser abgerufen werden müssen. Dabei sind, je nachdem welche Nutzungsarten sich in Zukunft entwickeln, auch weitere Untergliederungen, etwa in kostenfreie und kostenpflichtige oder besondere nutzeradressierte Dienste, denkbar. Weiterhin erlaubt der Empfang auf dem PC in Form des Laptops oder auf dem Tablet eine Mobilität, die das Fernsehgerät nicht bietet. Aus Nutzersicht ist das Endgerät Laptop attraktiv, sobald Angebote auf dem PC sinnvoll empfangbar und konsumierbar sind. Bei einer Entwicklung und Verbreitung hybrider Endgeräte, die bruchlos zwischen „Fernsehen" und „Internet" wechseln können, könnten auch diese Unterscheidungskriterien jedoch wegfallen.

(3) Interaktive Dienste

Schon die Einordnung der interaktiven Dienste unter die Überschrift „Internet" ist in gewisser Weise willkürlich, da es interaktive Dienste beim IPTV auch über die Fernbedienung im „Fernsehen" gibt. Interaktive Dienste können überall dort angeboten werden, wo ein Rückkanal die Interaktion des Konsumenten mit dem Anbieter ermöglicht[1879]. Anders als der klassische Rundfunk[1880], der auf

1875 Frey, ZUM 2005, 585 (594).

1876 Frey, ZUM 2005, 585 (593).

1877 Eilers, SpuRt 2006, 221 (223).

1878 Ebenfalls für die Unterscheidung nach Endgerät des Nutzers Kuczera (2004), S. 233.

1879 Diese Funktionalität gilt dem Internet als „angeboren" (s. Janik in: Schwartmann, Kap. 8, Rn. 39), ist beim Fernsehen jedoch relativ neu. Zur Klassifizierung der Dienste nach der Definition von IPTV durch die ITU s. Dokument Nr. FG IPTV-ID-0026 ITU der Focus Group IPTV, von der 1. Sitzung der FG IPTV in Genf, 10.-14. Juli 2006, abrufbar unter: http://www.itu.int/ITU-T/IPTV/events/072006/docs/ID/FGIPTV-ID-0026e.doc (zuletzt aufgerufen am 11.8.2014).

1880 Zum einfachgesetzlichen Rundfunkbegriff allgemein s. Dörr/Schwartmann, Rn. 138b; zum Rundfunkbegriff im digitalen Kontext s. Dörr in: Dittmann/Fechner/Sander, S. 121 ff.

der Ausstrahlung eines einheitlichen Programms vom Sender an alle Zuschauer (Punkt-zu-Multipunkt) beruhte, beruhen interaktive Dienste, ähnlich wie ein klassisches Telekommunikationsangebot, auf Punkt-zu-Punkt-Verbindungen[1881]. Interaktive Dienste ermöglichen beispielsweise PPV, VoD und nVoD, aber auch z. B. Sportwetten und T-Commerce[1882]. Bei Pay-per-View oder Pay-per-Channel handelt es sich um Pay-TV-Angebote, die dem Zuschauer einen ganz (VoD) oder nahezu (nVoD) zeitsouveränen Abruf der jeweiligen Sendung ermöglichen. Weitere Angebote umfassen virtuelle Festplattenrekorder oder „Time Shift", bei dem z.B. gleichzeitig (auf den Servern des Anbieters) eine Sendung aufgezeichnet und zeitversetzt am Fernsehgerät wiedergegeben werden kann[1883].

Im Zusammenhang mit Sportveranstaltungen sind neben der Live-Übertragung VoD-Dienste wie der aktuelle Abruf einzelner Spielszenen sowie beispielsweise Zusammenfassungen am Ende eines Wettkampftages besonders relevant[1884]. Auch die Möglichkeit, den Bildschirm zu teilen und z.B. zwei oder mehr Bundesligapartien, die gleichzeitig live übertragen werden, nebeneinander zu beobachten, ist speziell im Sportbereich für den Zuschauer interessant. Inhaltlich unterscheiden sich die gezeigten Wettkampfszenen oder Zusammenfassungen nicht vom Angebot des klassischen Rundfunks[1885]. Der entscheidende Mehrwert des interaktiven Dienstes für den Zuschauer ist die Unabhängigkeit von Sendezeiten. Der Abruf einer Sendung auf Wunsch stellt einen wesentlichen Vorteil gegenüber dem klassischen Rundfunkprogramm dar. Diese Angebote führen zu einer deutlichen Veränderung des Nutzerverhaltens[1886]. Demnach sind lineare Programme und zeitsouveräne Dienste aus Sicht des Nutzers bei gleichem Inhalt nicht substituierbar. Es ist damit von separaten Märkten für interaktive Dienste auszugehen. Für die Annahme gesonderter Märkte spricht auch, dass die neuartigen Angebote im Internet für jüngere Nutzer besonders attraktiv sind[1887] und damit eine identifizierbare und eingrenzbare Zielgruppe als Abonnenten oder für Werbung und Sponsoring ansprechen. Wie auch in anderen Zusammenhängen hat hier die Marktebene des Programmangebots an den

---

1881 Janik in: Schwartmann, Kap. 8, Rn. 37; Langhoff, ZUM 2007, 447.

1882 Karstens/Schütte, S. 309 f.; Büchner, CR 2007, 473 (476).

1883 Amlung/Fisch, ZUM 2009, 442 (443); Büchner, CR 2007, 473 (476).

1884 Near-Video-on-Demand ist in der Praxis fast ausschließlich im Spielfilmbereich relevant.

1885 Ausführlich Eilers, SpuRt 2006, 221 (222 f.).

1886 Janik in: Schwartmann, Kap. 8, Rn. 37. Carter unterscheidet im Hinblick auf die Geschäftsbeziehung, s. Carter, WC 2001, 93 (104 f.).

1887 Amlung/Fisch, ZUM 2009, 442 (444).

Endnutzer wesentliche Auswirkungen auf die Marktabgrenzung auf der Ebene der Programmbeschaffung. Gerade das Element der Zeitsouveränität ist allerdings bei einer Live-Übertragung naturgemäß nicht gegeben. Die Interaktivität des Angebots ist in diesem Bereich für eine Unterscheidung also irrelevant. Aus Sicht des Zuschauers ist nicht zwischen einer Live-Übertragung über IP oder über nicht-rückkanalfähige Übertragungstechnik zu unterscheiden[1888].

(4) Ergebnis

Es hat sich herausgestellt, dass für den Nutzer zweitrangig ist, auf welcher technischen Grundlage Inhalte bereitgestellt werden. Weitaus wichtiger ist aus seiner Sicht, wann und wie er an die Inhalte kommt. Als Ergebnis kann daher festgehalten werden, dass es separate Märkte für frei empfangbares und kostenpflichtiges Fernsehen gibt, dass diese jedoch jeweils alle Übertragungswege und alle Endgeräte umfassen. Weiterhin gibt es separate Märkte für Internetangebote, für deren Nutzung (derzeit noch) ein Rechner erforderlich ist. Schließlich ist zwischen linearen und zeitsouveränen Diensten zu unterscheiden. Diese Unterscheidungskriterien ergeben sich aus der fehlenden Substituierbarkeit der jeweiligen Dienste aus Sicht der Nutzer. Je nachdem, für welchen Zweck mediale Rechte an Sportveranstaltungen gehandelt werden, ist auch auf der Ebene der Programmbeschaffung von entsprechenden separaten Märkten auszugehen.

(ii) Dritte Generation Mobilfunk

Auch Angebote aus dem Bereich „3G Mobile" wurden von der Europäischen Kommission als eigener neu entstehender Bereich identifiziert. Damit waren im Wesentlichen Dienste gemeint, die über UMTS-Netze empfangen werden können. Auch Internet kann heute mit Hilfe eines Smartphones, Laptops oder Tablets über UMTS empfangen werden. Demnach sind, wie erwähnt, auch alle beschriebenen „Internet"-Angebote wie interaktive Dienste oder IPTV mobil empfangbar. Der Übertragungsweg UMTS ändert aus Sicht des Nutzers nichts. Aus dem „Fernseh"- oder „Internet"-Angebot wird durch den technischen Übertragungsweg nicht ein „Mobilfunkangebot", wenn auch die mobile Nutzungsmöglichkeit gegenüber dem Konsum am Fernsehgerät eine ganz andere Ortsunabhängigkeit schafft. Vielmehr sind mit „3G Mobile"-Angeboten solche gemeint, die speziell auf kleine, dauerhaft eingeschaltete Mobilfunkgeräte wie

1888 Eilers, SpuRt 2006, 221 (223).

Smartphones und andere „Hand-held Devices“[1889] ausgerichtet sind, ohne, dass zunächst über eine App oder den Browser eine Website aufgerufen werden muss. Diese Angebote sind aus der für die Marktdefinition relevanten Sicht des Nutzers insbesondere dadurch gekennzeichnet, dass sie auf mobile Endgeräte zielen, die der Nutzer in einer Hand halten kann (hand-held). Damit können sie in einer anderen Nutzungssituation empfangen werden als es beim Fernsehen oder der PC-Nutzung der Fall ist. Das Smartphone hat der Nutzer (anders als das Laptop) zumeist stets bei sich und wird damit im Konsum audiovisueller Inhalte örtlich unabhängig. Gleichzeitig bedingt diese Mobilität, dass die Geräte einen weitaus kleineren Bildschirm sowie eingeschränkte Eingabemöglichkeiten haben. Die Inhalte, die auf Geräte der dritten Mobilfunkgeneration übertragen werden, müssen dementsprechend auf die Nutzungssituation und die technischen Möglichkeiten angepasst werden. Webseiten, die auf dem Smartphone aufgerufen werden können, stehen zumeist in einer besonderen mobilen Version zur Verfügung[1890], da die Nutzung der für PCs konfigurierten Seiten mit Hilfe eines Handheld-Geräts über den wesentlich kleineren Bildschirm erschwert ist. Häufig bietet diese mobile Version der Website nur die wichtigsten Funktionen an, stellt also gegenüber der PC-Version ein eingeschränktes Angebot dar. Auch Tablet-Versionen sind zunehmend verbreitet und der Zugang erfolgt teilweise über Apps. Auch das Format des Podcast, das auf einem MP3-Player oder einem Handy gehört werden kann, ist speziell für die mobile Nutzung entwickelt worden. Mittlerweile gibt es auch audiovisuelle Podcasts für das mobile Fernsehen[1891].

(1) Die Sektorstudie der Europäischen Kommission

Zum Zwecke der Marktabgrenzung im Bereich UMTS-Dienste hat die Europäische Kommission Daten erhoben. Da die Märkte für UMTS-Dienste zum Zeitpunkt der Entscheidung UEFA Champions League[1892] zwar noch im Entstehen begriffen waren, aber bereits einige wichtige Fragen aufwarfen, startete die Europäische Kommission Anfang 2004 eine Untersuchung des Verkaufs von Sportrechten an Internet-Anbieter und Betreiber von Mobilfunknetzen der dritten

1889 Zur Abgrenzungsfrage Büchner, CR 2007, 473 (475).

1890 So z.B. auch die ZDF-Mediathek, s. Amlung/Fisch, ZUM 2009, 442 (444).

1891 Amlung/Fisch, ZUM 2009, 442 (444). Eine empirische Analyse zum Nutzungsverhalten des Sportkonsumenten beim mobilen Fernsehen bietet Kunz (2014).

1892 Entscheidung der Europäischen Kommission v. 23.7.2003 in der Sache COMP/C.2-37.398 – Gemeinsame Vermarktung der gewerblichen Rechte an der UEFA Champions League, ABl. EU L 291/25 v. 8.11.2003.

Generation (UMTS)[1893]. Erklärtes Ziel war es, sich einen möglichst umfassenden Überblick über das Angebot an Rechten für die Ton- und Bildübertragung von Sportereignissen in der Europäischen Union zu verschaffen, um in Zukunft auf belastbares Tatsachenmaterial zurückgreifen zu können. Die Sektorstudie, die im September 2005 mit einem Bericht[1894] abgeschlossen wurde, beruhte auf einem zweistufigen Verfahren, in dem Fragebögen an wichtige auf dem Sektor operierende Unternehmen und Verbände versandt wurden. Die Antworten wurden eingehend analysiert und einige vorläufige Ergebnisse in einem Zwischenbericht vom Mai 2005[1895] zur Diskussion gestellt. Zu den wichtigsten Ergebnissen der Untersuchung zählte die Abgrenzung der betroffenen Märkte, die auf der Einschätzung der am Markt operierenden Unternehmen zur Frage der Substituierbarkeit verschiedener audiovisueller Dienste beruhte[1896].

Die Europäische Kommission stellte fest, dass auf der Ebene der Programmangebote für den Konsumenten zwischen Märkten für Sportangebote im Fernsehen und einem Markt für Sportangebote über UMTS unterschieden werden müsse[1897]. Diese beiden Angebotsformen wurden aufgrund einer ganzen Reihe von Kriterien für nicht substituierbar erachtet. Die Unterscheidungskriterien basierten hauptsächlich auf den technischen Charakteristika der Endgeräte.

1893 S. Pressemitteilung der Europäischen Kommission IP/04/134 v. 30.1.2004. Grundlage der Entscheidung war Art. 12 Abs. 1 der VO Nr. 17. Parallel zur Untersuchung der Europäischen Kommission führte die EFTA-Überwachungsbehörde die gleiche Untersuchung in den EFTA-Staaten des Europäischen Wirtschaftsraums durch.

1894 Concluding report on the Sector Inquiry into the provision of sports content over third generation mobile networks, am 21.9.2005 veröffentlicht durch die Abteilung Medien der Generaldirektion Wettbewerb der Europäischen Kommission sowie am 14.9.2005 veröffentlicht durch die EFTA-Überwachungsbehörde; abrufbar unter: http://ec.europa.eu/competition/sectors/media/inquiries/final_report.pdf (zuletzt aufgerufen am 11.8.2014).

1895 Issues Paper on the preliminary findings of the Sector Inquiry into New Media (3G) vom Mai 2005, veröffentlicht durch die Abteilung Medien der Generaldirektion Wettbewerb der Europäischen Kommission, abrufbar unter: http://ec.europa.eu/competition/sectors/media/inquiries/issuespaper.pdf (zuletzt aufgerufen am 11.8.2014).

1896 Concluding report on the Sector Inquiry into the provision of sports content over third generation mobile networks, v. 21.9.2005, Rn. 10.

1897 Concluding report on the Sector Inquiry into the provision of sports content over third generation mobile networks, v. 21.9.2005, Rn. 14. S. auch Issues Paper On the preliminary findings of the Sector Inquiry into New Media (3G) v. Mai 2005, Rn. 19, 22.

Hier wurden genannt die Bildschirmgröße, die Qualität der Ton- und Bildübertragung, die Batteriekapazität, der Nutzerkomfort, die Mobilität sowie die Möglichkeit, Inhalte als Gruppe von Zuschauern zu konsumieren[1898]. Diese Eigenschaften wirkten sich nach Ansicht der Befragten auf die Nutzungssituation aus, indem das Handheld-Gerät nur zum Einsatz komme, wenn das Fernsehgerät nicht zur Verfügung stehe, also zumeist unterwegs[1899]. Auch die Verweildauer des Zuschauers unterschied sich stark, je nachdem, ob es sich um ein mobiles oder ein stationäres Endgerät handelte[1900]. Weiterhin spielten geräteunabhängige Faktoren wie die Kosten der Nutzung eine Rolle, sowie die aktuell über UMTS verfügbare Programmpalette und die Möglichkeit der Individualisierung des Angebots[1901]. Schließlich sprach auch auf der Marktebene der Programmbeschaffung einiges für eine Unterscheidung zwischen Rechten für die mobile Nutzung und anderen medialen Verwertungsrechten. Wie auch in anderen Bereichen ist die Nutzersicht auf die jeweilige Plattform auch auf dem vorgelagerten Markt wesentlich. Dies ist hier besonders relevant, da aufgrund der Punkt-zu-Punkt-Übertragung bei Mobilfunkangeboten eine besonders gut eingrenzbare und identifizierbare Verbraucherzielgruppe bedient wird, was für die Werbepartner der Betreiber von großer Bedeutung ist[1902].

Was die angebotenen Inhalte anging, war der Großteil des Sektors der Ansicht, dass die Nachfrage der Nutzer nach Sportinhalten von der nach anderen mobil empfangbaren audiovisuellen Inhalten unterschieden werden könne[1903]. Hier wurde demnach von einem gesonderten Markt für 3G-Dienste mit Sportinhalten aus Sicht der Gerätnutzer ausgegangen. Auch hier basierte diese Annahme auf der Attraktivität der Inhalte, insbesondere der des Fußballs, der

1898 Concluding report on the Sector Inquiry into the provision of sports content over third generation mobile networks, v. 21.9.2005, Rn. 12. S. auch Issues Paper On the preliminary findings of the Sector Inquiry into New Media (3G) v. Mai 2005, Rn. 20.

1899 Issues Paper On the preliminary findings of the Sector Inquiry into New Media (3G) v. Mai 2005, Rn. 21.

1900 Torben Toft, Rede vom 28.4.2006 beim Kongress Sports & Law in Berlin, S. 12, abrufbar unter: http://ec.europa.eu/competition/speeches/text/sp2006_003_en.pdf (zuletzt aufgerufen am 11.8.2014).

1901 Concluding report on the Sector Inquiry into the provision of sports content over third generation mobile networks, v. 21.9.2005, Rn. 12.

1902 Concluding report on the Sector Inquiry into the provision of sports content over third generation mobile networks, v. 21.9.2005, Rn. 19.

1903 Concluding report on the Sector Inquiry into the provision of sports content over third generation mobile networks, v. 21.9.2005, Rn. 20.

Olympischen Spiele sowie der Formel 1[1904]. Sportinhalte galten unter den Anbietern mobiler 3G-Dienste als wichtiger Treiber für die Einführung der neuen Technologie. Zwar wurde dem Sport nicht dieselbe Wichtigkeit zugestanden wie dies für Pay-TV der Fall sei[1905], doch wurde bei der Untersuchung deutlich, dass dem Sport auch auf der Programmbeschaffungsebene eine besondere Rolle zukommt. Die Betreiberunternehmen zeigten sich nämlich bereit, für Sportrechte im mobilen Bereich mehr zu investieren als sie aus den Rechten unmittelbar durch Abonnements wieder würden einnehmen können[1906].

(2) Ergebnis und Ausblick

Die Ergebnisse der Sektorstudie sind bislang das einzige empirische Material, über das die Europäische Kommission verfügt. Es zeigt jedoch recht eindeutig, dass die Unternehmen, die in Europa am Markt operieren, von einem gesonderten Markt für 3G-Dienste ausgehen. Aufgrund der besonderen Charakteristika der Endgeräte und der gegenüber eher stationären Geräten wie PC oder Fernsehgerät anderen Nutzungssituation erscheint dies auch aus Nutzersicht zutreffend[1907]. Allenfalls im Bereich der nachträglichen Berichterstattung in Form von Höhepunkten der Veranstaltung scheint eine Substitution zwischen Mobilfunk- und Fernsehangeboten denkbar[1908]. Doch auch hier unterscheiden sich die Nutzungssituationen in aller Regel stark. Wie für den Bereich des Fernsehens und der Angebote für PCs beschrieben, wirkt sich auch hier die Nutzersicht entscheidend auf die vorgelagerte Marktebene aus. Damit spricht derzeit alles für gesonderte Märkte für mediale Rechte an Sportveranstaltungen auf der vor- und nachgelagerten Ebene auch im Bereich 3G Mobile.

An dieser Stelle ist jedoch einmal mehr festzuhalten, dass diese Marktabgrenzung sich in Zukunft ändern kann. Insbesondere im Bereich des Internet-Zugriffs mit Hilfe von Smartphones und Tablets verschiedener Größen wird sich die Frage nach einer Abgrenzung zwischen den Bereichen Internet und Mobilfunk zunehmend stellen[1909]. Während derzeit noch viele Webseiten mit

1904 Concluding report on the Sector Inquiry into the provision of sports content over third generation mobile networks, v. 21.9.2005, Rn. 21.

1905 Concluding report on the Sector Inquiry into the provision of sports content over third generation mobile networks, v. 21.9.2005, Rn. 22.

1906 Concluding report on the Sector Inquiry into the provision of sports content over third generation mobile networks, v. 21.9.2005, Rn. 23.

1907 Eilers, SpuRt 2006, 224 (227).

1908 Laier in: Vieweg (2006), S. 69.

1909 S. dazu Kunz (2014), S. 225.

einer funktional beschränkten mobilen Version verfügbar sind, könnte die Entwicklung der Endgeräte durchaus dazu führen, dass die Navigation der „Vollversion" der Webseite mit dem Smartphone immer bequemer wird und damit das Handheld-Gerät verstärkt zum Konsum von Internet-Angeboten auch aus dem Sportbereich genutzt werden wird. Gleichzeitig ist bereits heute zu konstatieren, dass die auf Smartphones zugeschnittenen Webseiten-Versionen ein Internetangebot darstellen, das sich aus Nutzersicht von einem Dienst des Mobilfunkanbieters lediglich durch den Zugriffsweg und evtl. das Vergütungsmodell unterscheidet (da der Mobilfunkanbieter im einen Fall Gebühren für den mobilen Zugriff auf das Internet verlangt; im anderen Fall dem Nutzer einen eigenen inhaltlich definierten Dienst – evtl. im Abonnement – verkauft). Insofern könnten z.B. Near-Live-Angebote von Höhepunkten eines Fußballspiels auf einer für mobilen Zugriff konfigurierten Website mit einem inhaltlich entsprechenden Abo-Dienst eines Mobilfunkanbieters konkurrieren, sofern dem Nutzer auf demselben Endgerät dieselben Bewegtbilder im selben zeitlichen Rahmen angeboten werden. Ein wichtiger Unterschied aus Nutzersicht dürfte hingegen sein, dass das Abo-Angebot des Mobilfunkanbieters den Nutzer (z.B. per SMS) über das Endgerät auf Neuigkeiten aufmerksam machen kann, ohne dass er aktiv eine Website beobachten muss. Dies bedeutet, dass der Nutzer auch in Situationen von abonnierten Inhalten erreicht wird, in denen er möglicherweise mit anderen Dingen befasst ist. Damit ermöglicht der Dienst des Mobilfunkanbieters immer noch eine andere Nutzungssituation als die Website. Apps auf den Endgeräten führen jedoch auch hier ständig zu neuen Entwicklungen. Insgesamt ist davon auszugehen, dass dieser Bereich aufgrund der Entwicklung der Technologie sowie der Angebote der beteiligten Unternehmen weiterhin in Bewegung bleiben wird. Damit können Marktabgrenzungen sich ebenfalls verändern.

d) Die zeitliche Dimension des medialen Verwertungsrechts im Sportbereich

Wie bereits verschiedentlich erwähnt, ist bei audiovisuellen Sportangeboten zwischen Live-Übertragungen und zeitversetzter Berichterstattung zu unterscheiden. Dies gilt auch und gerade für die Frage der Marktabgrenzung. Für den Zuschauer oder Nutzer eines Angebots ist es ein entscheidender Unterschied, ob der Ausgang des Wettkampfs bereits bekannt ist oder nicht. Nur die Live-Übertragung bietet die Spannung, die mit dem noch unbekannten Ergebnis verbunden ist. Eine Zusammenfassung der Veranstaltung oder die Berichterstattung mit ausgewählten Höhepunkten informieren den Zuschauer zumeist nur noch darüber, wie das bereits bekannte Ergebnis zustande gekommen ist. Das besonders große Interesse der Zuschauer an Live-Übertragungen schlägt sich auch in einem entsprechenden Interesse der Werbewirtschaft nieder bzw.

es generiert bei Bezahlangeboten Einnahmen aus Abonnements. Aus diesen Gründen ist von separaten Märkten für Programmbeschaffung und Programmangebot für Live-Übertragungen auszugehen[1910]. Zum Markt für Live-Rechte muss auch der Bereich der Near-Live-Angebote gerechnet werden. Hier werden beispielsweise Torszenen eines Fußballspiels aufbereitet und wenige Augenblicke später über Mobilfunk Nutzern von Handheld-Geräten zugänglich gemacht. Auch in dieser Nutzungssituation lebt das Angebot von der Spannung und dem unmittelbaren Geschehen.

Im Bereich der zeitversetzten Berichterstattung wird bei der Lizenzierung weiter unterschieden zwischen der Übertragung der gesamten Veranstaltung, Zusammenfassungen und Höhepunkten. In der Praxis werden gesonderte Rechte für die zeitlich gestaffelte Erstverwertung (häufig Übertragung live und in voller Länge), Zweitverwertung (etwa Zusammenfassung kurz nach Ende der Veranstaltung) und Drittverwertung (z.B. Höhepunkte im Rahmen der Sportnachrichten am Abend) bzw. Nachrichtenverwertung vergeben[1911]. Dieser Umstand könnte für eine weitere Unterteilung je nach Ausstrahlungszeitpunkt in jeweils getrennte Teilmärkte für die unterschiedlichen lizenzrechtlichen Verwertungsformen sprechen[1912]. Andererseits ist für den Zuschauer nur entscheidend, ob er einem Wettkampf live (oder „near live") beiwohnt oder nicht. Um welche lizenzrechtliche Form der Nachverwertung es sich bei der späteren Berichterstattung handelt, ist für den Zuschauer weniger entscheidend bzw. er kann gar nicht erkennen, ob es sich nun um eine Zweit- oder Drittverwertung handelt, da deren konkreter Inhalt und Sendezeitpunkt von der Konstellation der Lizenzverträge abhängt. Für den Zuschauer kommt es vielmehr darauf an, ob er eine Veranstaltung zu einem späteren Zeitpunkt in voller Länge sehen kann, ob er nur kurze Höhepunkte geboten bekommt, oder ob er eine längere Zusammenfassung

---

1910 Ebenso Hellwig (2009), Rn. 198; Robertson, WC 2002, 423 (425 f.); Hannamann (2001), S. 317; Oehninger (2001), S. 102; Archner (1999), S. 128; Seitel, WuW 1999, 694 (697); Eckstein (1998), S. 117; Hannamann/Vieweg in: Württ. Fußballverband (1998), S. 65; Wachtmeister, Europäische Kommission, Competition Policy Newsletter Nr. 2 aus Juni 1998, S. 18 (22); Heermann, ZHR 1997, 665 (676); Sidler (1995), S. 269; Hausmann, BB 1994, 1089 (1093); Kulka, AfP 1989, 476 (479); Roth, AfP 1989, 515 (521).

1911 *Summerer* in: Fritzweiler/Pfister/Summerer, 4. Teil, Rn. 77; Stopper/Lentze, Kap. 3, Rn. 80; Diesbach (1998), S. 75. Hiervon zu unterscheiden ist selbstverständlich die Kurzberichterstattung im Rahmen des durch den RStV garantierten Rechts auf nachrichtenmäßige Kurzberichterstattung.

1912 So Wintermantel (2008), S. 214. Wohl auch Hellwig (2009), Rn. 198.

sieht, die die Entwicklung und den groben Verlauf der Veranstaltung wiedergibt. Ein weiterer wichtiger Faktor neben dem Inhalt ist aus Sicht des Zuschauers der Ausstrahlungszeitpunkt bzw. der früheste Zeitpunkt der Verfügbarkeit eines Abrufangebots. Von diesen Kriterien wird abhängen, welche Sendung oder welches On-Demand-Angebot der Konsument wählt. Deshalb wirken sich diese Faktoren auch auf die Attraktivität und die Preise von Abonnements bzw. Werbeplätzen im Umfeld des Sportangebots aus. Nach diesen Kriterien sind daher auch weitere Teilmärkte zu unterscheiden. Es ist allerdings kaum möglich, an dieser Stelle eine genaue Definition dieser Märkte zu liefern, da sich die Fernsehformate und traditionellen Sendezeiten je nach Sportart, Spielzeit und Mitgliedstaat stark unterscheiden[1913].

III. Der geographisch relevante Markt

Was sich für den Bereich der Nachverwertung bereits gezeigt hat, gilt auch für die anderen Märkte. Sie sind ebenfalls räumlich in geographisch relevante Märkte abzugrenzen. Dabei ist zwischen den Marktstufen zu differenzieren.

1. Rechteverwertung

Da die nachgelagerte Marktstufe der Rechteverwertung, wie dargestellt, entscheidenden Einfluss auf die Marktstufe des Rechteerwerbs hat, soll diese zuerst untersucht werden. Die Europäische Kommission ist hier für das Fernsehen stets von nationalen Produktmärkten ausgegangen[1914]. Eine Ausnahme bilden lediglich

---

1913 Ebenso wohl Hannamann (2001), S. 317.

1914 S. Entscheidung der Europäischen Kommission v. 20.3.2006 in der Sache COMP/M.4066 – CVC/SLEC, Rn. 56; Entscheidung der Europäischen Kommission v. 19.1.2005 in der Sache COMP/C.2-37.214 – Bundesliga, Rn. 19; Entscheidung der Europäischen Kommission v. 17.5.2004 in der Sache COMP/M.3411 – UGC/NOOS, Rn. 20; Entscheidung der Europäischen Kommission v. 2.4.2003 in der Sache M.2876 – Newscorp/Telepiù, Rn. 62; Entscheidung der Europäischen Kommission v. 14.8.2002 in der Sache COMP/M.2845 – Sogecable/Canalsatélite Digital/Vía Digital, Rn. 39 ff. (auch in diesem Punkt bestätigt durch EuG Urt. v. 30.9.2003 in den Rs. T-346/02 und T-347/02 – Cableuropa, Rn. 121 i.V.m. Rn. 124 f.); Entscheidung der Europäischen Kommission v. 13.11.2001 in der Sache M.2483 – Canal+/RTL/GJCD/JV, Rn. 22; Entscheidung der Europäischen Kommission v. 19.4.2001 in der Sache 37.576 – UEFA Übertragungsregelung, ABl. EG L 171/12 v. 26.6.2001, Rn. 44 f.; Entscheidung der Europäischen Kommission v. 15.9.1999 in der Sache IV/36.539 – BiB/Open, ABl. EG L 312/4 v. 6.12.1999, Rn. 42; Entscheidung der Europäischen Kommission v. 3.8.1999 in der Sache IV/M.1574 – Kirch/Mediaset, Rn. 17; Entscheidung der

im technischen Bereich die Staaten der nordischen Region[1915]. Diese Abgrenzung nach den Gebieten der Mitgliedstaaten beruht zum einen darauf, dass in der Praxis die medialen Verwertungsrechte auf der Marktebene des Programmangebots über viele Jahre grundsätzlich für die Gebiete einzelner Mitgliedstaaten vergeben wurden. Auch nach der „Karen Murphy"-Entscheidung des EuGH bleibt das weiterhin grundsätzlich möglich (vgl. oben 1. Abschnitt, D. 3.). Die Praxis geht u.a. darauf zurück, dass die einzelnen Mitgliedstaaten unterschiedliche regulatorische Vorschriften haben, die die Verwertung beeinflussen können. Zum anderen bedingen sprachliche Barrieren, die in Europa oftmals mit Staatengrenzen übereinstimmen, dass die jeweiligen Sendeanstalten nur in die entsprechenden Gebiete senden[1916]. Deshalb ist eine andere Variante die Vergabe von Rechtepaketen für bestimmte Sprachräume. Sprachgrenzen haben zudem wesentlichen Einfluss auf die Reichweite von Werbung, die in Verbindung mit den jeweiligen Sendungen gezeigt wird[1917]. Auch die Übertragungsinfrastruktur ist, wie z.B. beim Breitbandkabel, häufig an nationale Grenzen gebunden.

Europäischen Kommission v. 3.3.1999 in der Sache IV/36.237 – TPS, ABl. EG L 90/10 v. 2.4.1999, Rn. 43; Beschluss der Europäischen Kommission v. 7.10.1996 in der Sache IV/M.779 – Bertelsmann/CLT, Rn. 20 f.; Entscheidung der Europäischen Kommission v. 20.9.1995 in der Sache IV/M.553 – RTL/Veronica/Endemol, Rn. 25 ff.; Entscheidung der Europäischen Kommission v. 5.5.1995 in der Sache IV/M.584 – Kirch/Richemont/Multichoice/Telepiù, Rn. 17; Entscheidung der Europäischen Kommission v. 9.11.1994 in der Sache IV/M.469 – MSG Media Service, Rn. 46. Unzutreffend daher Tumbrägel (2001), S. 168.

1915 Entscheidung der Europäischen Kommission Nr. 96/177/EC v. 19.7.1995 in der Sache IV/M.490 – Nordic Satellite Distribution; EMR: Market Definitions in the Media Sector – Comparative Legal Analysis, July 2005, Rn. 1.12, abrufbar unter: http://ec.europa.eu/competition/sectors/media/documents/2003_media_market_definition_study_en.pdf (zuletzt aufgerufen am 11.8.2014).

1916 S. EMR: Market Definitions in the Media Sector – Comparative Legal Analysis, October 2003, Rn. 1.123 ff., abrufbar unter: http://ec.europa.eu/competition/sectors/media/documents/2003_media_market_definition_study_en.pdf (zuletzt aufgerufen am 11.8.2014). Auch Carter sieht Sprachraumgrenzen als die wesentlichen Marktgrenzen an, s. Carter, WC 2001, 93 (121 f.).

1917 Selbst dort, wo Sprachräume größer als Mitgliedstaaten sind, sind die Märkte trotzdem häufig auf die jeweiligen Mitgliedstaaten beschränkt, s. Entscheidung der Europäischen Kommission v. 3.8.1999 in der Sache IV/M.1574 – Kirch/Mediaset, Rn. 16; Beschluss der Europäischen Kommission v. 7.10.1996 in der Sache IV/M.779 – Bertelsmann/CLT, Rn. 21; Entscheidung der Europäischen Kommission v. 20.9.1995 in der Sache IV/M.553 – RTL/Veronica/Endemol, Rn. 26. Offen

Im Mobilfunkbereich gibt es ein besonders gewichtiges Argument für die Abgrenzung nationaler Märkte. Hier sind die Tarife der Netzbetreiber, die die Dienste anbieten, in aller Regel nur für Bürger jeweils eines Mitgliedstaats zu haben, weshalb hier eine nationale Begrenzung der Märkte eindeutig geboten ist[1918]. Aber auch im Internet gibt es zuweilen geographische Grenzen. Die von einigen Anbietern verwendete Geolocation-Technologie ermöglicht den Empfang von Sendungen aus dem Internet ebenfalls nur für ein national begrenztes Sendegebiet[1919]. Das wirkt sich – wie oben beschrieben – auch auf das „Fernsehen" aus, wenn es den Zuschauer über „Internet" erreicht.

Für alle Verwertungsformen gilt, dass kulturelle Faktoren und besondere Vorlieben sowie der relative Erfolg der Nationalmannschaften oder Einzelsportler eines Landes dafür sorgen, dass sich die Bedeutung der verschiedenen Sportarten in unterschiedlichen Mitgliedstaaten stark unterscheidet[1920]. Während beispielsweise in Tschechien Eishockey die Zuschauermassen anzieht, genießt in Großbritannien Cricket eine Beliebtheit, die in kaum einem anderen europäischen Land vergleichbar groß ist. Genauso ist es mit Snooker, das in Großbritannien beträchtliche Zuschauerzahlen im Fernsehen anzieht. Während in Frankreich Rugby sehr beliebt ist, spielen in Spanien oder Italien Motorradrennen eine besonders große Rolle. Eine weitere spanische Besonderheit ist der Stierkampf, der im Hinblick auf Zuschauerzahlen ansonsten lediglich noch in Portugal eine gewisse Rolle spielt. Nur herausragende Ereignisse wie die Olympischen Spiele oder europäische Fußballwettkämpfe genießen in allen europäischen Mitgliedstaaten ein zumindest vergleichbar großes Interesse[1921]. Selbst dort unterscheiden sich jedoch die Vorlieben der Zuschauer, je nachdem in welcher Disziplin Sportler oder Teams aus dem eigenen Land mit Erfolgschancen antreten[1922].

---

gelassen durch Entscheidung der Europäischen Kommission v. 27.5.1998 in der Sache IV/M.993 – Bertelsmann/Kirch/Premiere, Rn. 22.

1918 Laier in: Vieweg (2006), S. 73 f.; Wachtmeister, Europäische Kommission, Competition Policy Newsletter Nr. 2 aus Juni 1998, S. 18 (21).

1919 Stopper/Lentze, Kap. 3, Rn. 69; Laier in: Vieweg (2006), S. 74.

1920 Ebenso Klambauer in: Weber/Osterwalder, S. 73 (75); Frey, ZUM 1998, 985 (991). Zu Unterschieden im Publikumsgeschmack trotz gemeinsamer Sprache in Flandern und den Niederlanden, s. Entscheidung der Europäischen Kommission v. 20.9.1995 in der Sache IV/M.553 – RTL/Veronica/Endemol, Rn. 26.

1921 S. Entscheidung der Europäischen Kommission v. 20.3.2006 in der Sache COMP/M.4066 – CVC/SLEC, Rn. 56; Entscheidung der Europäischen Kommission v. 13.11.2001 in der Sache M.2483 – Canal+/ RTL/GJCD/JV, Rn. 22. S. auch Eugster (1983), S. 145.

1922 Passim. A.A. nur Wintermantel (2008), S. 215; Tumbrägel (2001), S. 168.

Im Zusammenhang mit der Entscheidung des EuGH in Sachen „Karen Murphy“ hat sich besonders deutlich die geographische Aufteilung der Märkte gezeigt. Die nachfolgende Diskussion um europarechtskonforme und aus Verwertersicht sinnvolle Vermarktungsmodelle offenbarte die Mechanismen der Auslandsvermarktung im Fußball[1923]. Es ist selbstverständlich, dass eine Sportliga im Heimatstaat eine wesentlich höhere Attraktivität für die Zuschauer hat als in anderen Mitgliedstaaten. Darauf basierend können im Heimatland die größten Erlöse aus der Vermarktung gezogen werden[1924]. Doch auch die Auslandsvermarktung wird in der Praxis auf der Basis gebietsspezifischer Gesichtspunkte gesteuert. Die Vermarktung z.B. der deutschen Fußball-Bundesliga im europäischen Ausland hängt von verschiedenen Faktoren wie dem Stellenwert des Fußballs im eigenen Land, der Attraktivität der eigenen ersten Liga, der Herkunft erfolgreicher Spieler in der Bundesliga oder sogar von Wettangeboten inländischer Unternehmen auf die Bundesliga ab. Diese Faktoren sind weitgehend an die Grenzen der Mitgliedstaaten gebunden, weshalb aus Sicht der Verwerter je nach Mitgliedstaat unterschiedliche Marktpotentiale anzutreffen sind. Die Unterschiedlichkeit der Märkte zeigt sich deutlich daran, dass es in der Diskussion um die Sache „Karen Murphy“ als sehr schwierig angesehen wurde[1925], einen europaweit gültigen Preis für den Empfang bestimmter Sendungen zu bilden.

2. Programmbeschaffung

Diese Einteilung in Verwertungsrechte für einzelne Mitgliedstaaten der Union wirkt sich wegen der bereits mehrfach beschriebenen engen Verbindung zwischen Zuschauerpräferenzen und Werbe- bzw. Abonnentenmärkten auch auf die vorgelagerte Marktebene der Programmbeschaffung aus. Insbesondere die Praxis der Rechtevergabe spielt hier eine große Rolle[1926]. Dabei ist zu beachten, dass das Geschäft mit Übertragungsrechten teilweise zweistufig ist. Wie bereits oben erwähnt, verkaufen die Rechteinhaber die Verwertungsrechte teilweise direkt an die Verwerter, während insbesondere bei europaweit attraktiven Veranstaltungen häufig auch zunächst an eine Rechteagentur verkauft wird,

1923 S. dazu etwa Karle, Bundesliga-Magazin 11/2011, S. 14 ff.

1924 S. etwa Cording/Bagger, Sponsors 5/2011, 66 (67).

1925 Kreile, ZUM 2011, 719 (721).

1926 S. EMR: Market Definitions in the Media Sector – Comparative Legal Analysis, October 2003, Rn. 1.127, abrufbar unter: http://ec.europa.eu/competition/sectors/media/documents/2003_media_market_definition_study_en.pdf (zuletzt aufgerufen am 11.8.2014).

die wiederum mit den Rechten handelt. Auf der Marktstufe des Erwerbs von Sportübertragungsrechten von den Rechteinhabern wie den Sportverbänden ist bei Veranstaltungen von europaweitem Interesse von einem europäischen Markt auszugehen[1927]. Dies gilt zumal dann, wenn die Erwerber Rechteagenturen sind, die die Rechte dann in sprachlich oder territorial begrenzte Verwertungspakete aufteilen und an die Verwerter verkaufen.

Mit den Agenturen konkurrieren gleichzeitig jedoch auch Verwerter wie Rundfunkveranstalter, die wiederum Rechte direkt vom Veranstalter, aber häufig nur für ihr Sendegebiet erwerben. In diesen Fällen werden selbst die Rechte an international bedeutenden Veranstaltungen, wie z.B. an der UEFA Champions League, bereits in gebietsbezogene Pakete aufgeteilt[1928]. Daraus könnte man schließen, dass auch auf der vorgelagerten Marktstufe des Rechteerwerbs von separaten Märkten für die Gebiete der jeweiligen Mitgliedstaaten auszugehen sei[1929]. Nach Ansicht der Kommission gilt dies tatsächlich im Bereich des Profifußballs für Veranstaltungen wie die jeweiligen nationalen Ligen, die über das ganze Jahr hinweg laufen. Gleichzeitig hält sie es inzwischen für möglich, dass der Einkaufsmarkt für Rechte an Veranstaltungen von europaweitem Interesse, die lediglich alle vier Jahre stattfinden, weiter abzugrenzen ist als anhand der Staatengrenzen[1930]. In der Tat scheint es einleuchtend, bei Veranstaltungen von internationalem Interesse beim Verkauf an Sportrechte-Agenturen von einem europaweiten Markt auszugehen, da hier auch die Praxis keine Notwendigkeit

1927 Heinemann ZEuP 2006, 337 (349).

1928 Entscheidung der Europäischen Kommission v. 19.4.2001 in der Sache 37.576 – UEFA Übertragungsregelung, ABl. EG L 171/12 v. 26.6.2001, Rn. 44; Entscheidung 2000/400/EG der Kommission v. 10.5.2000 in der Sache IV/32.150, ABl. EG L 151/18 v. 24.6.2000, Rn. 46. Anderes berichtet im Jahr 2006 aber Fikentscher (Fikentscher, ZEuP 2006, 388 [398]).

1929 Die Kommission hat dies zuweilen vermutet, s. Entscheidung der Europäischen Kommission v. 19.1.2005 in der Sache COMP/C.2-37.214 – Bundesliga, Rn. 19; Entscheidung der Europäischen Kommission v. 19.4.2001 in der Sache 37.576 – UEFA Übertragungsregelung, ABl. EG L 171/12 v. 26.6.2001, Rn. 44.; Klambauer in: Weber/Osterwalder, S. 73 (84); Trafkowski (2002), S. 39.

1930 Entscheidung der Europäischen Kommission v. 13.11.2001 in der Sache M.2483 – Canal+/RTL/GJCD/JV, Rn. 22 i.V.m. Rn. 21. Die Kommission lässt offen, ob auch die Sprachräume eine entsprechende Marktgrenze darstellen könnten. Weshalb sie jedoch auf dieser Ebene gerade an das Kriterium der Sprache denkt, bleibt offen (s. Entscheidung der Europäischen Kommission v. 19.1.2005 in der Sache COMP/C.2-37.214 – Bundesliga, Rn. 19).

für eine Abgrenzung nach Sendestaaten sieht[1931]. Im Übrigen ist eine Abgrenzung nach Mitgliedstaaten geboten.

IV. Ergebnisse und Ausblick

Insgesamt lässt sich feststellen, dass eine ganze Reihe von Marktabgrenzungen geboten ist. So kann zwischen Märkten für Sport und andere Inhalte, für einzelne Sportarten und teilweise sogar für einzelne Veranstaltungen abgegrenzt werden. Bezahlinhalte sind wirtschaftlich von kostenlosen und zeitsouveräne Dienste von linearen abzugrenzen. Auch auf das Endgerät und die typische Nutzungssituation kommt es für die Marktabgrenzung an. Wesentlich sind schließlich Sprachräume und Staatengrenzen sowie die für den Sport besonders wichtige Frage der Spannung im Hinblick auf den Ausgang der Veranstaltung. Dabei ist zu beachten, dass Marktabgrenzungen sich aufgrund technischer Entwicklungen, Konvergenzen und sich verändernder Nutzungsgewohnheiten der Konsumenten immer wieder ändern können. Beispielsweise ist für die Zukunft damit zu rechnen, dass Angebote im Internet zunehmend „Social Media"-Komponenten beinhalten werden. Hier könnten sich ganz neue Produkte oder Nutzungsgewohnheiten entwickeln. Auch weitere Entwicklungen, die zur Konvergenz von Plattformen führen[1932], können die Marktabgrenzungen in Zukunft verändern. Die hier vorgenommenen Abgrenzungen können daher überholt werden. Gleichwohl wurden hier Kriterien herausgearbeitet, anhand derer sich auch zukünftige Veränderungen beurteilen lassen.

3. Abschnitt: Der gemeinsame Einkauf von Sportrechten durch die EBU – kartellrechtliche Fragen

Wie oben (in 1. Abschnitt, G.) bereits beschrieben, war eines der zentralen Elemente der Zusammenarbeit der Mitglieder der EBU, nämlich der gemeinsame Erwerb von Fernsehübertragungsrechten an Sportveranstaltungen, bereits Gegenstand von kartellrechtlichen Untersuchungen der Europäischen Kommission sowie von Urteilen des Gerichts (EuG). In diesem Abschnitt soll nun untersucht werden, ob das Eurovisions-System als Einkaufsgemeinschaft tatsächlich gegen das Kartellverbot des Art. 101 AEUV[1933] verstößt. Die Bewertung des

---

1931 S. Fikentscher, ZEuP 2006, 388 (398).

1932 Diese werden für wahrscheinlich gehalten, s. etwa Hoeren, MMR 2008, 139 (144).

1933 Die Vorschriften des Kartellrechts, die sich heute in Art. 101 ff. AEUV (Fassung aufgrund des am 1.12.2009 in Kraft getretenen Vertrages von Lissabon) finden,

Eurovisionssystems soll hier aus heutiger Sicht erfolgen. Demnach weichen die Rechts- und Tatsachengrundlagen der Beurteilung in einigen Punkten von der ab, die jeweils zum Zeitpunkt der Entscheidungen der Kommission und des EuG gegeben war. Dies betrifft sowohl Änderungen einiger Regelungen als auch die fortschreitende technische und wirtschaftliche Entwicklung, die Veränderungen auf den Märkten mit sich bringt. Auch die wie oben (in 1. Abschnitt, C.) beschriebene Wettbewerbspolitik spielt hier eine Rolle.

Dem Eurovisionssystem liegt eine Vereinbarung zugrunde, die drei Elemente enthält: den gemeinsamen Rechteerwerb durch die EBU-Mitglieder, die gemeinsame Nutzung dieser Rechte und den Austausch des Eurovisionssignals. Diese Vereinbarung muss aus kartellrechtlicher Sicht stets in Verbindung mit den Mitgliedschaftsregeln der EBU und den Zugangsregeln zu Eurovisionsrechten für Nichtmitglieder (zu beiden Regelwerken vgl. bereits oben 1. Abschnitt, G.) betrachtet werden. Beihilfenrechtliche Fragen sind nicht Gegenstand dieser Untersuchung[1934].

A. Das Eurovisionssystem und die „Fernsehrechte“

Die Prüfung des Sachverhalts soll anhand der durch europäische Rechtsprechung und Europäische Kommission maßgeblich geprägten Kriterien für die Definition und Bewertung dieser Art der Kooperation erfolgen. Die Institutionen entscheiden in unterschiedlichen verfahrensrechtlichen Konstellationen über Fragen des Wettbewerbsrechts. Dabei überlassen EuGH und EuG der Kommission, sofern sie am Verfahren beteiligt ist, weitgehend die Einschätzung des Sachverhalts und übernehmen selbst die Rolle als Kontrollinstanzen[1935]. Die Kommission hat ihrerseits Vorgaben für die Anwendung des Kartellverbots sowohl für die Auslegung des Tatbestands (Art. 101 Abs. 1 AEUV) als auch für die Freistellungskriterien (Art. 101 Abs. 3 AEUV) gemacht. Die Mitteilungen, Leitlinien und Bekanntmachungen, die die Europäische Kommission insbesondere im Zuge der Reform des europäischen Kartellrechts erlassen hat, sind nicht

---

sind identisch mit denen der Art. 81 ff. EGV in den Fassungen seit 1997, s. ABl. EU C 83/372 v. 30.3.2010. Daher können Aussagen, die sich auf die Art. 81 ff. EG (a.F.) beziehen, grundsätzlich auch auf für Art. 101 ff. AEUV bezogen werden. In der Fassung von 1992 1997 waren dieselben Vorschriften in Art. 85 ff. EGV zu finden.

1934 S. dazu etwa Lefever (2012), S. 174 ff.; Frenz/Götzkes, ZUM 2010, 563; Wiedemann, FK 50/2005, 3. Zum Online-Bereich s. insbesondere Dörr in: Berka/Grabenwarter/Holoubek, S. 37 ff.

1935 EuGH Urt. v. 11.7.1985 in der Rs. C-42/84 – Remia Nutricia, Rn. 34.

bindend. Tatsächlich haben sie in der Praxis jedoch eine überragende Bedeutung erlangt, da sich viele nationale Gerichte und Behörden an sie halten[1936]. Auch für die Praxis der Kommission selbst sind sie maßgeblich. Eine weitere wichtige Quelle stellen die bisherigen „Entscheidungen“[1937] der Europäischen Kommission dar, die heute als Beschlüsse im Sinne des Art. 288 Abs. 1 AEUV einzuordnen sind. Sie sind gem. Art. 288 Abs. 4 AEUV nur für ihre Adressaten bindend, bieten aber wichtige Anhaltspunkte für die Auslegungspraxis der Kommission.

Horizontale und vertikale Aspekte des Untersuchungsgegenstands werden gemeinsam geprüft. Auf bestimmte horizontale und vertikale Aspekte, die für die Prüfung relevant werden, wurde oben, im 1. Abschnitt unter D. und E. bereits hingewiesen. Hier soll nun aufgezeigt werden, wie sie im konkreten Fall des Eurovisionssystems zusammenwirken.

I. Tatbestand des Art. 101 Abs. 1 AEUV

Zunächst stellt sich die Frage, ob das Eurovisionssystem vom Tatbestand des Art. 101 Abs. 1 AEUV erfasst ist, weil es eine Vereinbarung zwischen Unternehmen, einen Beschluss von Unternehmensvereinigungen oder eine aufeinander abgestimmte Verhaltensweise darstellt, die den Handel zwischen Mitgliedstaaten zu beeinträchtigen geeignet ist und eine Verhinderung, Einschränkung oder Verfälschung des Wettbewerbs innerhalb des Binnenmarkts bezweckt oder bewirkt. Der Verbotstatbestand des Art. 101 Abs. 1 AEUV beinhaltet den allgemeinen Grundsatz, dass jeder Unternehmer selbständig bestimmen muss, wie er sich auf dem gemeinsamen Markt zu verhalten gedenkt[1938].

1. Unternehmen im Sinne des Art. 101 AEUV

Der Tatbestand der Wettbewerbsbeschränkung setzt die Unternehmenseigenschaft voraus. Es müsste sich also bei den Mitgliedern der EBU, die beim Rechteerwerb zusammenarbeiten, um Unternehmen in Sinne des europäischen Kartellrechts handeln. Eine Definition für den Unternehmensbegriff findet

---

1936 Bechtold, GRUR 2012, 107 (108); Emmerich, Kartellrecht, § 2, Rn. 26.

1937 Nach früherer Rechtsterminologie (vor Inkrafttreten des Vertrags von Lissabon) galten Entscheidungen der Gemeinschaftsorgane als eigene Kategorie gem. Art. 249 Abs. 4 EG.

1938 EuGH Urt. v. 8.7.1999 in der Rs. C-49/92 – Anic Partecipazioni, Rn. 116; EuGH Urt. v. 28.5.1998 in der Rs. 7/95 – John Deere, Rn. 86; EuGH Urt. v. 31.3.1993 in den Rs. C-89/85 u.a. – Ahlström Osakeyhtiö u.a., Rn. 63; EuGH Urt. v. 14.7.1981 in der Rs. C-172/80 – Züchner, Rn. 13; EuGH Urt. v. 16.12.1975 in den verb. Rs. C-40/73 bis C-48/73 – Suiker Unie, Rn. 173.

sich in Art. 1 des Protokolls 22 zum EWR-Abkommen[1939]. Demnach gilt als Unternehmen jedes Rechtssubjekt, das eine kommerzielle oder wirtschaftliche Tätigkeit ausübt. Diese weit gefasste Definition grenzt die Tätigkeit eines Unternehmens im Sinne des europäischen Kartellrechts zur Ausübung hoheitlicher Gewalt ab. Es wird unmittelbar deutlich, dass es in erster Linie auf die Tätigkeit ankommt, die ausgeübt wird, nicht aber auf die Eigenschaften der agierenden Institution. Diese Blickrichtung wird allgemein als „funktionaler Unternehmensbegriff" bezeichnet. Demgegenüber stellt ein institutioneller Unternehmensbegriff maßgeblich auf die Organisationsform der Akteure ab. Entsprechend der Definition aus dem Protokoll zum EWR-Abkommen verwenden die Unionsorgane ganz überwiegend den funktionalen Unternehmensbegriff. So geht der Europäische Gerichtshof in ständiger Rechtsprechung davon aus, dass es bei der Definition eines Unternehmens im Sinne des Wettbewerbsrechts weder auf die Rechtsform noch auf die Art der Finanzierung des Rechtssubjekts ankommt, sondern entscheidend auf die Ausübung einer wirtschaftlichen Tätigkeit[1940]. Es ist somit eine „Einheit" erforderlich sowie eine wirtschaftliche Betätigung. Da der AEUV den Begriff nicht näher definiert, soll auch im Bereich des Wettbewerbsrechts offenbar dieser weite Unternehmensbegriff gelten[1941]. Damit erhalten die Wettbewerbsregeln einen breiten Anwendungsbereich.

Bei den Mitgliedern der EBU handelt es sich überwiegend um öffentlich-rechtliche Rundfunkanstalten sowie um einige private Fernsehanbieter (vgl. dazu oben, 1. Abschnitt, G.). Als juristische Personen erfüllen sie ohne Weiteres das Erfordernis einer „Einheit"[1942]. Ganz überwiegend wird der Begriff der wirtschaftlichen Tätigkeit ebenfalls weit verstanden als jede selbständige, entgeltliche marktbezogene Tätigkeit[1943]. Die Mitglieder der EBU sind Rundfunkveranstalter und bieten der Öffentlichkeit Fernsehsendungen und andere Dienstleistungen wie etwa Internetseiten an. Außerdem fragen sie u.a. Verwertungsrechte an Sportveranstaltungen nach. Weiterhin bieten sie der Wer-

---

1939 Protokoll 22 über die Definition der Begriffe „Unternehmen" und „Umsatz" (Artikel 56) zum Abkommen über den Europäischen Wirtschaftsraum.

1940 EuGH Urt. v. 19.1.1994 in der Rs. C-364/92 - SAT/Eurocontrol, Rn. 18; EuGH Urt. v. 17.2.1993 in den Rs. C-159/91 und C-160/91 - Poucet und Pistre, Rn. 17; EuGH Urt. v. 23.4.1991 in der Rs. C-41/90 - Höfner und Elser, Rn. 21; EuGH Urt. v. 12.7.1984 in der Rs. C-170/83 - Hydrotherm, Entscheidungsgründe, Rn. 11.

1941 *Schröter* in: Schröter/Jakob/Klotz/Mederer, Vorbem. Art. 101-105, Rn. 42, 45.

1942 S. etwa Emmerich, Kartellrecht, § 3, Rn. 26, 38.

1943 Emmerich, Kartellrecht, § 3, Rn. 29.

bewirtschaft Sendezeiten oder Werbeflächen bzw. -funktionalitäten gegen Entgelt an. Dies sind sämtlich wirtschaftliche Betätigungen. Bei den privaten Rundfunkveranstaltern handelt es sich demnach kartellrechtlich betrachtet in jeder Hinsicht um Unternehmen[1944].

Der funktionale Unternehmensbegriff unterscheidet auch nicht zwischen Unternehmen der öffentlichen Hand und Privaten. Bei den öffentlich-rechtlichen Rundfunkanstalten stellt sich jedoch die zusätzliche Frage, ob sie beim gemeinsamen Erwerb von Übertragungsrechten im Rahmen des Eurovisionssystems wirtschaftlich handeln oder hoheitliche Befugnisse wahrnehmen. Der EuGH betrachtet das Erbringen wirtschaftlich werthaltiger Leistungen, wie sie auch von privaten Unternehmen erbracht werden können, als wirtschaftliche Tätigkeit. Als hoheitliches Handeln stuft er nur die Tätigkeiten ein, die im öffentlichen Interesse vorgenommen werden und zu den wesentlichen Staatsaufgaben gehören[1945]. Er betrachtet demnach auch die Tätigkeit öffentlich-rechtlicher Rundfunkanstalten als wirtschaftlich im Sinne des europäischen Kartellrechts[1946]. Daher handelt es sich bei den Mitgliedern der EBU sämtlich um Unternehmen im Sinne des Art. 101 AEUV. Die EBU als Verband kann als Unternehmensvereinigung im Sinne der Vorschrift angesehen werden[1947].

2. Vereinbarung zwischen Unternehmen

Die Regelung der EBU zum gemeinsamen Rechteerwerb müsste weiterhin eine Vereinbarung im Sinne der Norm darstellen. Eine rein einseitige Maßnahme eines Unternehmens, die nicht als Vereinbarung zu qualifizieren wäre, liegt ersichtlich nicht vor. Auch der Begriff der Vereinbarung wird im europäischen Kartellrecht sehr weit ausgelegt[1948]. Es genügt insbesondere bereits die Planung

---

1944 Holznagel/Dörr/Hildebrand (2008), S. 156; Dörr in: Forum Vergabe, S. 23. Dies gilt trotz fehlender Gewinnerzielungsabsicht, s. Dörr (1999), S. 66.

1945 EuGH Urt. v. 18.3.1997 in der Rs. C-343/95 – Diego Calí, Rn. 22 f.

1946 EuGH Urt. v. 3.10.1985 in der Rs. C-311/84 – Télémarketing, Rn. 17; EuGH Urt. v. 28.3.1985 in der Rs. C-298/83 – CICCE, Rn. 22 ff.; Urt. v. 30.4.1974 in der Rs. C-155/73 – Sacchi, Rn. 8, 15; Entscheidung der Europäischen Kommission v. 15.9.1989 in der Sache IV/31.734 – Filmeinkauf deutscher Fernsehanstalten, Rn. 38; Kommission der Europäischen Gemeinschaften, XX. Bericht über die Wettbewerbspolitik 1990, Rn. 82; Kommission der Europäischen Gemeinschaften, XVII. Bericht über die Wettbewerbspolitik 1987, Rn. 331; *Emmerich* in: Immenga/Mestmäcker, EU/1, Art. 101 Abs. 1, Rn. 36.

1947 S. auch Zeller (1999), S. 245 f.; Graf (1991), S. 131.

1948 Emmerich, Kartellrecht, § 4, Rn. 5.

eines gemeinsamen Vorgehens oder die Festlegung eines Rahmens hierfür[1949]. Das Eurovisionssystem (vgl. oben 1. Abschnitt, G.), an dem die betreffenden Rundfunkunternehmen teilnehmen, ist in der Satzung der EBU verankert[1950]. Es beinhaltet Regelungen, die vorsehen, dass die Mitglieder der EBU gemeinsam Übertragungsrechte an Sportveranstaltungen erwerben und Sendungen untereinander austauschen. Da es sich um Unternehmen derselben Marktstufe handelt, haben wir es hier mit einer horizontalen Vereinbarung zu tun. Diese Regelungen der EBU-Satzung erfüllen damit die von Art. 101 AEUV vorgesehene Voraussetzung einer Vereinbarung zwischen Unternehmen.

3. Zwischenstaatlichkeitsklausel

Die Anwendbarkeit des europäischen Kartellrechts setzt weiterhin voraus, dass die betreffende Vereinbarung geeignet ist, den Handel zwischen Mitgliedstaaten zu beeinträchtigen. Diese Voraussetzung wird ebenfalls sehr weit ausgelegt[1951] und grenzt den Anwendungsbereich des europäischen Kartellrechts zu dem des nationalen Kartellrechts ab. Die sogenannte Zwischenstaatlichkeitsklausel ist erfüllt, wenn nicht ganz unbedeutende Auswirkungen auf grenzüberschreitende wirtschaftliche Tätigkeiten zwischen mindestens zwei Mitgliedstaaten möglich sind[1952]. Bereits 1979 nahm die Kommission einen grenzüberschreitenden Bezug in einem Fall an, der mit der Übertragung von Fußballspielen in England zu tun hatte. Die Tatsache, dass durch die Vereinbarung keine Rechtevergabe in andere Mitgliedstaaten mehr möglich war, führte zu einer Bejahung der Beeinträchtigung des Handels zwischen Mitgliedstaaten, obwohl die Vereinbarung selbst nur Unternehmen in Großbritannien betraf[1953]. Bei den Regelungen der EBU-Satzung zum Eurovisionssystem ist ein gemeinsamer Einkauf von Sportrechten durch die Mitglieder vorgesehen. Da es sich bei den aktiven Mitgliedern der EBU um 74 Unternehmen aus dem gesamten Europäischen Sendegebiet (und somit aus der gesamten Europäischen Union) handelt[1954], hat ein der

1949 S. etwa Entscheidung der Europäischen Kommission v. 5.12.2001 in der Sache COMP/E-1/36.604 – Zitronensäure, Rn. 137.

1950 Art. 2.1.9. Art. 3.8. EBU-Statuten.

1951 S. zur Auslegung insbesondere Leitlinien der Europäischen Kommission über den Begriff der Beeinträchtigung des zwischenstaatlichen Handels in den Artikeln 81 und 82 des Vertrages, ABl. EU C 101/81 v. 27.4.2004.

1952 Leitlinien über den Begriff der Beeinträchtigung des zwischenstaatlichen Handels, ABl. EU C 101/83 v. 27.4.2004, Rn. 21, 23.

1953 Kommission der Europäischen Gemeinschaften, IX. Bericht über die Wettbewerbspolitik 1979, Rn. 116 f., Sache London Weekend Television.

1954 S. Art. 3.3. EBU-Statuten.

Vereinbarung entsprechendes Verhalten stets wahrnehmbare Auswirkungen auf grenzüberschreitende wirtschaftliche Betätigung[1955]. Damit ist das europäische Kartellrecht auf das Eurovisionssystem anwendbar.

4. Spürbarkeit

Schließlich dürfte die mögliche Wettbewerbsbeschränkung nicht so geringfügig sein, dass sie nicht spürbar wäre[1956]. Dieses ungeschriebene Tatbestandsmerkmal soll, ähnlich wie bei der Zwischenstaatlichkeitsklausel, Beeinträchtigungen vom Kartellverbot ausnehmen, die die Bagatellgrenze unterschreiten. Dies kann auch bei Einkaufsgemeinschaften der Fall sein[1957]. Nach der negativen Definition der Europäischen Kommission fehlt die Spürbarkeit, wenn der Marktanteil der Beteiligten bestimmte Schwellen nicht überschreitet[1958]. Dabei liegt die Schwelle für Vereinbarungen zwischen Wettbewerbern bei einem kumulativen Marktanteil aller Beteiligten von 10% auf irgendeinem der betroffenen relevanten Märkte. Treffen Nichtwettbewerber Vereinbarungen, können die einzelnen beteiligten Unternehmen bis zu 15% Marktanteil auf den jeweils relevanten Märkten erreichen, bevor die Spürbarkeit angenommen werden kann[1959].

Einer der hier betroffenen Märkte ist der Markt, auf dem die Mitglieder der EBU gemeinsam Sportübertragungsrechte einkaufen. Betroffen sind aber auch die nachgelagerten Märkte, auf denen die Unternehmen die Rechte verwerten[1960].

1955 S. auch Zeller (1999), S. 246.

1956 EuGH Urt. v. 6.5.1971 in der Rs. C-1/71 – Cadillon/Höss, Rn. 7/10; EuGH Urt. v. 9.7.1969 in der Rs. C-5/69 – Völk/Vervaecke, Gründe, Rn. 7; EuGH Urt. v. 30.6.1966 in der Rs. C-56/65 – Technique Minière/Maschinenbau Ulm, Slg. 1966, 282 (303 f.); Entscheidung der Europäischen Kommission v. 14.7.1975 in der Sache IV/28.838 – Intergroup, Rn. II/5; Entscheidung der Europäischen Kommission v. 17.7.1968 in der Sache IV/129 – Socemas, Abschn. II, 9. Abs.

1957 S. Fusionskontrollentscheidung der Europäischen Kommission v. 22.12.2000 in der Sache IV/M.2243 – Stora Enso/Assidomän, Rn. 43 f. S. auch EGKS, EWG, EURATOM – Kommission, Neunter Bericht über die Wettbewerbspolitik (1979), Rn. 89, Sache Kaufhäuser.

1958 Bekanntmachung der Kommission über Vereinbarungen von geringer Bedeutung, die den Wettbewerb gemäß Artikel 81 Absatz 1 des Vertrags zur Gründung der Europäischen Gemeinschaft nicht spürbar beschränken (de minimis), ABl. EG C 368/13 v. 22.12.2001, Rn. 2.

1959 Bekanntmachung de minimis ABl. EG C 368/13 v. 22.12.2001, Rn. 7.

1960 Leitlinien zur Anwendbarkeit von Artikel 101 des Vertrags über die Arbeitsweise der Europäischen Union auf Vereinbarungen über horizontale Zusammenarbeit, ABl. EU C 11/1 v. 14.1.2011, Rn. 197.

Die Mitglieder der EBU, die am Eurovisionssystem teilnehmen, sind Rundfunkunternehmen, die in ihrem jeweiligen Heimatstaat ein flächendeckendes Rundfunkprogramm für die gesamte Bevölkerung anbieten[1961]. Wenn Unternehmen dieser Art aus allen Mitgliedstaaten der EU als Einheit auf dem Markt auftreten, um für ganz Europa Rechte an publikumswirksamen Sportveranstaltungen zu erwerben, kann von einem kumulativen Marktanteil von unter 10% kaum ausgegangen werden. Sogar auf diesem europaweiten Markt hat die EBU als Käufergemeinschaft in der Vergangenheit häufig nahezu alle Rechte erworben, die überhaupt angeboten wurden (vgl. oben 1. Abschnitt, G. I. 3.). Noch deutlicher wird die Spürbarkeit der Vereinbarung auf den nachgelagerten Märkten für die Verwertung der Sportrechte. Diese Märkte sind in vielen Fällen national begrenzt. In den meisten Mitgliedstaaten ist nur eine Handvoll von Anbietern überhaupt in der Lage, audiovisuelle Rechte an Sportveranstaltungen zu verwerten. Zudem sind die sachlich relevanten Produktmärkte teilweise eng umgrenzt, wie oben beschrieben wurde. Keinesfalls wird hier die Spürbarkeitsschwelle von maximal 15% pro Unternehmen durchgängig unterschritten. Die Erfahrungen der Vergangenheit zeigen auch hier, dass EBU-Mitglieder zumeist hohe Anteile an den jeweils zu einem sachlich relevanten Markt gehörenden Rechten, wenn nicht gar alle, erworben und verwertet haben.

Deshalb kommt es an dieser Stelle nicht darauf an, ob es sich um eine Vereinbarung zwischen Wettbewerbern oder zwischen Nichtwettbewerbern handelt. Weder die Grenze von kumulativ 10% noch die von 15% pro Unternehmen wird generell unterschritten. Selbst im Hinblick auf die mögliche Überschreitung der Grenzen für einen Zeitraum von zwei Jahren[1962] kann die Spürbarkeit der möglichen Wettbewerbsbeschränkung nicht von vornherein verneint werden. Das Spürbarkeitskriterium ist damit ebenfalls erfüllt[1963].

5. Wettbewerbsbeschränkung

Das wesentliche Tatbestandsmerkmal des Art. 101 Abs. 1 AEUV ist die Wettbewerbsbeschränkung. Der Vertrag untersagt das Bezwecken oder Bewirken einer Verhinderung, Einschränkung oder Verfälschung des Wettbewerbs innerhalb des Binnenmarktes. Eine einheitliche Definition der Wettbewerbsbeschränkung als Tatbestandsmerkmal durch die Europäische Kommission gibt

1961 Gem. Art. 3.9. EBU-Statuten müssen sie nämlich die Kriterien der aktiven Mitgliedschaft gem. Art. 3 EBU-Statuten erfüllen.

1962 Bekanntmachung de minimis ABl. EG C 368/14 v. 22.12.2001, Rn. 9.

1963 Ebenso Hellwig (2009), Rn. 299 f.

es nicht. Auch die Rechtsprechung hat kein einheitliches Konzept entwickelt[1964]. Vielmehr orientieren sich sowohl der EuGH als auch die Europäische Kommission an Leitbildern und Fallgruppen. Dabei werden horizontale Vereinbarungen grundsätzlich kritischer betrachtet als vertikale Vereinbarungen[1965]. Während für den EuGH der Kern der Wettbewerbsbeschränkung grundsätzlich in der Beschränkung der wirtschaftlichen Handlungsfreiheit von Unternehmen liegt[1966], wendet die Europäische Kommission dieses Prinzip nur noch auf klassische Kernbeschränkungen an[1967]. Letztlich ist bei der Frage nach dem Vorliegen einer Wettbewerbsbeschränkung zu fragen, ob eine künstliche Veränderung der Marktbedingungen eintritt, die dem Leitbild des redlichen, unverfälschten Wettbewerbs zuwiderläuft[1968].

In der vorliegenden Konstellation geht es um eine mögliche Einschränkung des Wettbewerbs auf der Nachfrageseite. Vorfrage ist daher, ob es „Nachfragewettbewerb" überhaupt gibt. Es gab in der Kartellrechtslehre immer wieder Stimmen, die das Konzept eines solchen Wettbewerbs verneint bzw. je nach Konstellation nur unter mehr oder weniger starken Einschränkungen anerkannt haben[1969]. Allerdings bestand stets Einigkeit darüber, dass in einer Verkäufermarkt-Situation, in der ein knappes Gut durch viele Nachfrager begehrt wird, Nachfragewettbewerb existieren kann[1970]. Im vorliegenden Fall ist eine solche Situation des Nachfrageüberhangs gegeben, da die Übertragungsrechte ein begehrtes und knappes Gut darstellen, um das sich die Abnehmer im Rahmen einer „Versteigerung" bemühen. Der grundsätzlichen Frage nach der Existenz von Nachfragewettbewerb muss daher nicht weiter nachgegangen werden.

Bei der Anwendung des Verbotstatbestandes legt die Kommission heute besonderes Gewicht auf die Auswirkungen der jeweiligen Vereinbarung auf

---

1964 Emmerich, Kartellrecht, § 4, Rn. 35; Everling, WuW 1990, 995.

1965 EuGH Urt. v. 13.7.1966 in den verb. Rs. 56 und 58/64 – Grundig u. Consten, Slg. 1966, 322 (390); *Heckenberger* in: Loewenheim/Meessen/Riesenkampff, Kartellrecht, Anh. Art. 81 EG, Rn. 3; Dörr/Haus, JuS 1993, 313 (315).

1966 EuGH Urt. v. 28.4.1998 in der Rs. C-306/96 – Javico, Rn. 13; EuGH Urt. v. 24.10.1995 in der Rs. C-70/93 – Bayerische Motorenwerke, Rn. 19, 21; EuGH Urt. v. 21.2.1984 in der Rs. C-86/82 – Hasselblad, Rn. 46; EuG Urt. v. 21.10.2003 in der Rs. T-368/00 – GM und Opel, Rn. 100, 102.

1967 S. etwa Emmerich, Kartellrecht, § 4, Rn. 42.

1968 Schröter in: von der Groeben/Schwarze, Art. 81 EG, Rn. 87, 99.

1969 S. Darstellung der Ansichten bei Christiansen (2003), S. 222 f.; ausführlich bei Köhler (1977), S. 22 ff.; Nachweise auch bei Köhler (1986), S. 8 ff.; Satzky (1985), S. 73. Ferner Scheufele, BB 1973, Beilage 4, S. 2 ff.

1970 Satzky (1985), S. 73 m.w.N (Fn. 4); Köhler (1977), S. 23.

Dritte[1971]. Ein generelles Kooperationsverbot soll es auch aus Sicht des EuGH nicht geben, vielmehr schaut der Gerichtshof auf die objektiv vorhersehbaren Wirkungen der jeweiligen Maßnahme im wirtschaftlichen Zusammenhang des Marktes[1972]. In diesem Zusammenhang wird häufig von einer europäischen Form der „Rule of Reason“[1973] gesprochen, die durch die Kommission, aber auch durch die Rechtsprechung zur Einschränkung des Tatbestands entwickelt werde[1974]. Allerdings haben Kommission und Gerichtshof die Geltung dieses Konzepts als Tatbestandsrestriktion nach US-amerikanischem Muster im europäischen Kartellrecht nie anerkannt[1975]. Vielmehr soll die abwägende, Vor- und Nachteile der Vereinbarung bilanzierende Prüfung nach Art. 101 Abs. 3 AEUV erklärtermaßen nicht bereits im Rahmen der Prüfung der Wettbewerbsbeschränkung

---

1971 *Braun* in: Langen/Bunte, Kartellrecht, Bd. 2, Nach Art. 101, Rn. 3; Emmerich, Kartellrecht, § 4, Rn. 42 f.

1972 EuGH Urt. v. 28.4.1998 in der Rs. C-306/96 – Javico, Rn. 17; EuGH Urt. v. 19.4.1988 in der Rs. 27/87 – Erauw-Jacquery, Rn. 15 ff.; EuGH Urt. v. 25.2.1986 in der Rs. 193/83 – Windsurfing, Rn. 37 ff.; EuGH Urt. v. 8.6.1982 in der Rs. 258/78 – Nungesser, Rn. 44 ff.; EuGH Urt. v. 10.7.1980 in der Rs. C-99/79 – Lancôme/Etos, Rn. 24; EuG Urt. v. 2.7.1992 in der Rs. T-61/89 – Dansk Pelsdyravlerforening, Rn. 52; *Beuthien* in: Beuthien/Wolff/Schöpflin, GenG, § 1, Rn. 145; Everling, WuW 1990, 995 (1001 ff.).

1973 Der Begriff „Rule of Reason“ stammt aus dem US-amerikanischen Kartellrecht (s. dazu etwa Mestmäcker/Schweitzer (2004), § 7, Rn. 31 ff., 56 ff.). Im europäischen Kontext ist ihre Anwendung eine Ausprägung des „More Economic Approach“. Auf die richtige dogmatische Einordnung dieser durch die europäischen Institutionen vorgenommenen Tatbestandsauslegung kommt es hier nicht an, zumal deren Bedeutung seit Inkrafttreten der Kartellverfahrensverordnung 1/2003 abgenommen hat. Entscheidend ist, wie der Tatbestand des Art. 101 Abs. 1 AEUV auszulegen ist; weniger die Terminologie (Heermann [1997], S. 386 f.; Fritzsche, ZHR 160 [1996], 31 [49 f.]). Zur Diskussion, ob es im Kontext des Art. 101 Abs. 1 AEUV eine „Rule of Reason“ gibt bzw. ob die Praxis mit den Verträgen vereinbar ist, s. etwa *Roth/Ackermann* in: FK, Art. 81 Abs. 1 Grundfragen, Rn. 351 ff. (m.w.N.); Ackermann (1997); Heermann (1997), S. 386 f., 383 m.w.N.; Fritzsche, ZHR 160 (1996), 31 (40 f., 47 ff.) sowie Ulmer, RIW 1985, 517; ferner *Schröter* in: von der Groeben/Schwarze, Art. 81 EG, Rn. 92; Everling, WuW 1990, 995 (1003 m.w.N.); Joliet, RTD 1984, 1 (17 f.).

1974 *Roth/Ackermann* in: FK, Art. 81 Abs. 1 Grundfragen, Rn. 351; Emmerich, Kartellrecht, § 4, Rn. 40; Mestmäcker/Schweitzer (2004), § 7, Rn. 57; Keßler, WuW 2002, 1162 (1171).

1975 Obwohl sich z.B. im Verfahren Consten und Grundig die Parteien explizit auf eine „Rule of Reason“ beriefen (s. EuGH Urt. v. 13.7.1966 in den verb. Rs. C-56 und C-58/64 – Grundig u. Consten, Slg. 1966, 322 ff.).

stattfinden[1976], wie dies nach US-amerikanischem Recht der Fall wäre, wo section 1 Sherman Act auch keine Freistellungsmöglichkeit vorsieht. Der Verbotstatbestand wird aber in Übereinstimmung mit seinem wirtschaftlichen Zweck ausgelegt und damit in seiner Reichweite beschränkt. Insofern kann bei der Berücksichtigung der vorhersehbaren Wirkungen von einer Tatbestandsrestriktion gesprochen werden, die aber nicht die Abwägung nach Art. 101 Abs. 3 AEUV vorwegnimmt. Die Vorgehensweise entspricht in ihrer schwerpunktmäßigen Betrachtung der Auswirkungen des jeweiligen Verhaltens auf den betroffenen Markt der Wettbewerbspolitik eines „More Economic Approach", der oben (1. Abschnitt, C.) beschrieben wurde.

Die Entscheidungspraxis hat im Bereich der Einkaufskooperation nur einige Aspekte näher beleuchtet. Als besonders wettbewerbsbeschränkend gelten hier Vereinbarungen, die einen Bezugszwang festlegen, da sie die Handlungsfreiheit der beteiligten Unternehmen besonders stark einschränken[1977]. Im vorliegenden Fall haben wir es mit einer Einkaufskooperation der Mitglieder der EBU zu tun, die u.a. einen gemeinsamen Erwerb von Übertragungsrechten sowie die gemeinsame Verwertung der Rechte vorsieht. Ein unmittelbarer Bezugszwang[1978] dahin gehend, dass die Mitglieder der EBU schon aufgrund ihrer Mitgliedschaft nur gemeinsam Rechte einkaufen dürften, besteht zwar nicht, da die Mitglieder der EBU lediglich dann an die Verhandlungen durch die EBU gebunden sind, wenn sie zuvor freiwillig in die Anbahnung eines gemeinsamen Erwerbs eingewilligt haben[1979]. Diese Form der Zusammenarbeit schränkt aber die Handlungsfreiheit der am gemeinsamen Einkauf teilnehmenden Mitglieder der EBU in der Form

---

1976 EuG Urt. v. 18.9.2001 in der Rs. T-112/99 – M6, Rn. 107; ferner EuGH 25.10.1983 in der Rs. 107/82 – AEG, Rn. 33 ff.; Schlussanträge des Generalanwalts Léger v. 10.7.2001 in der Rs. C-309/99 – Wouters, Rn. 104. S. auch *Braun* in: Langen/Bunte, Kartellrecht, Bd. 2, Nach Art. 101, Rn. 23.

1977 Entscheidung der Europäischen Kommission v. 9.6.1989 in der Sache IV/27.958 – National Sulphuric Acid Association II, Rn. 6; Entscheidung der Europäischen Kommission v. 9.7.1980 in der Sache IV/27.958 – National Sulphuric Acid Association I, Rn. 31 ff.; Entscheidung der Europäischen Kommission v. 5.12.1979 in der Sache IV/29.011 – Lab, Rn. 22, bestätigt durch EuGH Urt. v. 25.3.1981 in der Rs. C-61/80 – Coöperatieve Stremsel- en Kleurselfabriek, Entscheidungsgründe, Rn. 12 f.; ferner Entscheidung der Europäischen Kommission v. 30.4.1991 in der Sache IV/33.473 – Scottish Nuclear, Rn. 29; für Bindung an Abnehmer: Entscheidung der Europäischen Kommission v. 16.1.1991 in der Sache IV/32.732 – Ijsselcentrale, Rn. 26.

1978 S. zum Thema Bezugsbindung z.B. Kirchhoff, WuW 1995, 361 ff.

1979 Vgl. oben, 1. Abschnitt, G. II. Dies verkennt Lefever (2012), S. 168.

ein, dass sie um den Erwerb der Übertragungsrechte nicht konkurrieren dürfen, sondern als nachfragende Einheit auftreten. Es liegt damit für den Zeitraum der Verhandlungen eine Bezugsbindung vor. Zudem wirkt das Prinzip der Solidarität zwischen den EBU-Mitgliedern de facto nahezu wie ein Bezugszwang, so dass die Fälle, in denen die Mitglieder individuell verhandeln, weil die gemeinsamen Verhandlungen gescheitert sind, die absolute Ausnahme darstellen. Überdies ist zu beachten, dass je vorteilhafter der gemeinsame Einkauf für die Beteiligten ist, desto eher die Beteiligten auch ohne Bezugspflicht vom selbständigen Einkauf absehen und sich so in ihrem Nachfragewettbewerb selbst beschränken, was wiederum als Zweck oder Wirkung der Kooperation zu betrachten ist[1980]. Aufgrund ihrer Auswirkungen können Fälle des faktisch ausschließlichen Bezugs einer vertraglichen Bezugsbindung gleichgestellt werden[1981]. So sah es auch die Europäische Kommission in ihren beiden Entscheidungen zum Fall der EBU[1982], einem der wenigen Fälle, in denen sie bei einer Einkaufsgemeinschaft ohne unmittelbaren Bezugszwang den Tatbestand der Wettbewerbsbeschränkung als erfüllt ansah.

Die sich aus den Regeln der EBU ergebenden Einschränkungen der Handlungsmöglichkeiten der Rundfunkunternehmen sprechen tatsächlich für eine Wettbewerbsbeschränkung. Selbst wenn man die Regeln der EBU lediglich als „Empfehlungen" an die Mitglieder betrachtet, Übertragungsrechte gemeinsam zu erwerben, so bezwecken sie doch durch die Bezugskonzentration eine Besserstellung der Mitglieder im Einkauf. In gemeinsamer Erwartung dieses Erfolges agieren die Mitglieder gemeinsam und verzichten auf eigenständige Verhandlungen, was an sich eine Wettbewerbsbeschränkung darstellt[1983]. Auch die Tatsache, dass es sich bei den audiovisuellen Rechten an Sportveranstaltungen gewissermaßen um „Handelsgüter"[1984] handelt, die durch die sie erwerbenden Unternehmen inhaltlich kaum oder gar nicht verändert werden, spricht für eine Wettbewerbsbeschränkung durch den gemeinsamen Einkauf[1985]. Die

---

1980 *Bunte* in: FK, Art. 101 Abs. 1, 3 Fallgruppen II.5, Rn. 4.

1981 *Bunte* in: FK, Art. 101 Abs. 1, 3 Fallgruppen II.5., Rn. 11.

1982 Europäische Kommission, Entscheidung v. 10.5.2000 in der Sache IV/32.150, ABl. EG L 151/18 v. 24.6.2000, Rn. 73; Europäische Kommission, Entscheidung v. 11.6.1993 in der Sache IV/32.150 – EBU, ABl. EG L 179/32 v. 22.7.1993, Rn. 49.

1983 S. Köhler (1977), S. 158 f.; ferner Satzky (1985), S. 75.

1984 Zur Verwendung der Terminologie des Kaufrechts vgl. oben, Einleitung zu Teil 3.

1985 *Braun* in: Langen/Bunte, Kartellrecht, Bd. 2, Nach Art. 101, Rn. 208; *Schroeder* in: Grabitz/Hilf/Nettesheim, Art. 101, Rn. 546; *Schroeder* in: Wiedemann, Hdb. KartR, § 8, Rn. 85.

Auswirkungen der durch den gemeinsamen Erwerb erreichten Kostenangleichung sind nämlich umso stärker, je weniger Mehrwert den erworbenen Gütern durch die Käufer zugefügt wird[1986].

a) Tatbestandsrestriktionen

Allerdings könnte diese Form der Vereinbarung aufgrund der beschriebenen restriktiven Auslegung des Verbotstatbestands in verschiedenen Fallgruppen vom Tatbestand des Art. 101 Abs. 1 AEUV ausgenommen sein. Im Hinblick auf das Eurovisionssystem kommen vier Fallgruppen für die Tatbestandsrestriktion in Betracht.

aa) Arbeitsgemeinschaftsgedanke

Eine der sowohl aus dem europäischen wie aus dem nationalen Kartellrecht bekannten Fallgruppen, in denen der Tatbestand des Kartellverbots eingeschränkt wird, ist der Fall einer Arbeitsgemeinschaft. Eine solche liegt vor, wenn mehrere Unternehmen vereinbaren, einen großen Auftrag (oder mehrere) gemeinsam zu übernehmen. Unter Umständen wird eine solche Zusammenarbeit nicht als wettbewerbsbeschränkend, sondern sogar als förderlich für den Wettbewerb angesehen. Hinter dieser Einschätzung verbirgt sich der Gedanke, dass selbst die größten Unternehmen bei Großprojekten an ihre Grenzen stoßen. Zudem könnten kleinere Unternehmen ohne Arbeitsgemeinschaften möglicherweise nie von Großaufträgen (mit-)profitieren.

Bereits in ihrer sogenannten Kooperationsbekanntmachung von 1968[1987] machte die Europäische Kommission Vorgaben für die Auslegung des Tatbestands des Kartellverbots. Sie hielt demnach eine Vereinbarung über eine Arbeitsgemeinschaft dann nicht für wettbewerbsbeschränkend, wenn die beteiligten Unternehmen hinsichtlich der im Einzelfall zu erbringenden Leistungen nicht miteinander im Wettbewerb standen oder für sich allein nicht in der Lage waren, konkrete Aufträge durchzuführen[1988]. Sie sah vielmehr in einer solchen Zusammenarbeit eine Chance für kleinere und mittlere Unternehmen, erfolgreich am Markt um Aufträge mitzubieten. Allerdings beschränkte sie diese Tatbestandseinschränkung auf Vereinbarungen, die keinen Zwang zur

---

1986 *Bunte* in: FK Art. 101 Abs. 1, 3 Fallgruppen II.5, Rn. 5.

1987 Bekanntmachung der Kommission über Vereinbarungen, Beschlüsse und aufeinander abgestimmte Verhaltensweisen, die eine zwischenbetriebliche Zusammenarbeit betreffen, ABl. EG C 75/3 v. 29.7.1968 (berichtigt ABl. EG C 93/3 v. 18.9.1968).

1988 Kooperationsbekanntmachung, II.5, ABl. EG C 75/3 v. 29.7.1968.

fortwährenden Zusammenarbeit enthielten. Im Zuge der Neuorientierung der Wettbewerbspolitik der Gemeinschaftsorgane hin zu einer stärker wirtschaftlich geprägten Sichtweise[1989] hat die Europäische Kommission ihre Beurteilung von Arbeitsgemeinschaften jedoch geändert. Nach den „Leitlinien zur horizontalen Zusammenarbeit" von 2001[1990] hielt die Kommission Arbeitsgemeinschaften nur dann für wettbewerbsbeschränkend, wenn an ihnen Unternehmen mit einer erheblichen Marktmacht beteiligt waren und die Zusammenarbeit Abschottungseffekte haben konnte, die den Marktzutritt Dritter verhinderten[1991]. Auch im Zusammenhang mit dem gemeinsamen Einkauf von Sportübertragungsrechten hat sich die Europäische Kommission bereits auf den Arbeitsgemeinschaftsgedanken berufen[1992]. Die Kriterien für eine Arbeitsgemeinschaft werden in den aktuellen Leitlinien zur horizontalen Zusammenarbeit[1993] nicht mehr gesondert behandelt. Gleichwohl gilt der Arbeitsgemeinschaftsgedanke nach wie vor, wie sich aus der Beurteilung der Fallgruppe der Kooperation „kleiner Unternehmen mit bescheidenen gemeinsamen Marktanteilen"[1994] ergibt. Für die Annahme

1989 Leitlinien zur Anwendbarkeit von Artikel 81 EG-Vertrag auf Vereinbarungen über horizontale Zusammenarbeit, ABl. EG C 3 v. 6.1.2001, Rn. 6. Zum „More Economic Approach" siehe oben 1. Abschnitt, C.

1990 Leitlinien zur Anwendbarkeit von Artikel 81 EG-Vertrag auf Vereinbarungen über horizontale Zusammenarbeit, ABl. EG C 3 v. 6.1.2001, S. 2-30.

1991 Leitlinien zur horizontalen Zusammenarbeit, ABl. EG C 3/4 v. 6.1.2001, Rn. 24. Dies übersieht Hellmann (2009), Rn. 289 f.

1992 Alexander Schaub, Rede vom 26.2.2002 anlässlich der Jornada Día de la Competencia in Madrid, abrufbar unter: http://ec.europa.eu/competition/speeches/text/sp2002_008_en.pdf (zuletzt aufgerufen am 11.8.2014), S. 8.; Mario Monti, Rede vom 26.2.2001 in Brüssel, abrufbar unter: http://europa.eu/rapid/press-release_SPEECH-01-84_en.htm?locale=de (zuletzt aufgerufen am 11.8.2014) Punkt 6 b); Mario Monti, Rede vom 17.4.2000 in Brüssel, abrufbar unter: http://europa.eu/rapid/press-release_SPEECH-00-152_en.htm?locale=de (zuletzt aufgerufen am 11.8.2014), S. 7; Jean-François Pons, Europäische Kommission, Rede vom 14.10.1999 in New York, abrufbar unter: http://ec.europa.eu/competition/speeches/text/sp1999_019_en.pdf (zuletzt aufgerufen am 11.8.2014), S. 18; Wachtmeister, Europäische Kommission, Competition Policy Newsletter Nr. 2 aus Juni 1998, S. 18 (27).

1993 Leitlinien zur Anwendbarkeit von Artikel 101 des Vertrags über die Arbeitsweise der Europäischen Union auf Vereinbarungen über horizontale Zusammenarbeit, ABl. EU C 11/1 v. 14.1.2011.

1994 Leitlinien zur Anwendbarkeit von Artikel 101 des Vertrags über die Arbeitsweise der Europäischen Union auf Vereinbarungen über horizontale Zusammenarbeit, ABl. EU C 11/1 v. 14.1.2011, Rn. 221, s. auch Rn. 147.

einer nicht wettbewerbsbeschränkenden Arbeitsgemeinschaft im Fall der EBU spricht, dass der gemeinsame Einkauf der EBU erklärtermaßen auch kleineren Rundfunkanstalten die Möglichkeit bieten soll, Senderechte für Sportereignisse von größtem Zuschauerinteresse erwerben zu können. Diese Sender hätten möglicherweise ohne den Einkaufszusammenschluss keine Chance, sich gegen größere Konkurrenten durchzusetzen.

Allerdings handelt es sich bei einer signifikanten Zahl der Mitglieder der EBU gerade nicht um kleine oder kleinste Sendeunternehmen, sondern um die größten Rundfunkanstalten im jeweiligen Mitgliedstaat der EU. Gerade die Unternehmen in den Flächenstaaten wie das ZDF in Deutschland, die BBC in Großbritannien oder RTVE in Spanien – um nur wenige Beispiele zu nennen – sind Unternehmen von beträchtlicher Größe[1995]. Hier wird bereits deutlich, dass von einer klassischen Arbeitsgemeinschaft kleiner oder mittlerer Unternehmen nicht die Rede sein kann, selbst wenn einzelne aktive Mitglieder der EBU, wie etwa San Marino RTV, in der Tat vergleichsweise kleine Unternehmen sind. Ob im Einzelfall von erheblicher Marktmacht einzelner Unternehmen gesprochen werden kann, bedürfte einer detaillierten Untersuchung anhand aktueller und konkreter Marktdaten. Es spricht jedoch auch ohne den Nachweis erheblicher Marktmacht einzelner Mitglieder vieles dafür, dass die Zusammenarbeit der EBU-Mitglieder nicht als Arbeitsgemeinschaft im Sinne des Kartellrechts angesehen werden kann, da die Unternehmen durchaus dazu in der Lage wären, eigenständige Gebote abzugeben. Selbst für Olympische Spiele werden außerhalb Europas Rechte von einzelnen Sendeanstalten erworben[1996]. Zudem können aufgrund der Bedeutung der Mitglieder der EBU auf dem Markt Abschottungseffekte nicht ausgeschlossen werden. Wenn sich etwa sämtliche öffentlich-rechtlichen Rundfunkanstalten aller Mitgliedstaaten der EU zusammentun, um gemeinsam auf dem europäischen Markt für audiovisuelle Live-Übertragungsrechte an Spielen der UEFA Champions League für das frei empfangbare Fernsehen[1997] um den Erwerb der Rechte mitzubieten, ist damit nämlich bereits ein großer Teil der potentiellen Bewerber um die Rechte als Einheit vertreten. Die Größenvorteile,

---

1995 Das ZDF machte 2012 über 2 Mrd. Euro Umsatz, s. Mediendatenbank des IfM, abrufbar unter: www.mediadb.eu/datenbanken/deutsche-medienkonzerne/zdf.html (zuletzt aufgerufen am 11.8.2014). Die BBC verfügte 2012 über Einnahmen in Höhe von über 5 Mrd. GBP, s. Jahresbericht 2011/12, abrufbar unter: downloads.bbc.co.uk/annualreport/pdf/bbc_executive_2011_12.pdf (zuletzt aufgerufen am 11.8.2014), S. 2-62.

1996 Heinemann, ZEuP 2006, 337 (354).

1997 Zur Definition der Märkte vgl. oben, 2. Abschnitt.

die hier erreicht werden, sind nicht unbedingt erforderlich, um an diesem Markt überhaupt agieren zu können. Daher liegt aufgrund der drohenden Abschottungswirkung der Zusammenarbeit ersichtlich keine Arbeitsgemeinschaft vor, die von vornherein nicht wettbewerbsbeschränkend wäre.

bb) Ausnahme für den Sport

Auch die Forderung nach einer Ausnahme für den Sport im Rahmen des Tatbestands des Art. 101 Abs. 1 AEUV wurde schon aufgestellt[1998]. Sie würde im vorliegenden Kontext eine weitere Spielart der Tatbestandsrestriktion oder einer europäischen „Rule of Reason" darstellen[1999]. Allerdings gilt auch für die Frage der Tatbestandsmäßigkeit einer entsprechenden Regelung im Bereich des Sports nichts anderes als für die Frage nach einer generellen Ausnahme des Sports aus dem Anwendungsbereich des Kartellrechts (vgl. 1. Abschnitt, B.): In Bereichen, in denen Sportverbände oder andere Akteure aus dem Sportbereich wirtschaftliche Betätigungen am Markt entfalten, ist nicht nur das Kartellrecht anwendbar, sondern kann auch der Tatbestand des Art. 101 Abs. 1 AEUV erfüllt sein. Eine etwaige Einschränkung des Tatbestands im Rahmen der Tatbestandsreduktion greift daher im vorliegenden Fall nicht, da – wie bereits festgestellt – von einer wirtschaftlichen Tätigkeit auszugehen ist[2000], die überdies nicht von Unternehmen ausgeübt wird, die originär dem Sportsektor zuzuordnen wären.

cc) Ancillary Restraints

Eine weitere Tatbestandsrestriktion ist in der „Ancillary Restraints"-Doktrin zu finden[2001]. Der Begriff der „ancillary restraints" kommt aus dem US-amerikanischen Kartellrecht und bezeichnet wettbewerbsbeschränkende Nebenabreden zu (Haupt-)Vereinbarungen, die ihrerseits als solche unbedenklich oder sogar im Interesse des Wettbewerbs erwünscht sind. Unter dem Stichwort Immanenztheorie ist diese Tatbestandseinschränkung des Kartellverbots auch dem deutschen[2002] und europäischen Kartellrecht bekannt und stellt im Kontext des Art. 101 Abs. 1 AEUV eine weitere Fallgruppe der Tatbestandsreduktion

---

1998 EuGH Urt. v. 18.7.2006 in der Rs. C-519/04 P – Meca-Medina/Majcen, Rn. 42 ff.

1999 Emmerich, Kartellrecht, § 4, Rn. 62; Emmerich, Anm. zu EuGH Urt. v. 18.7.2006 C-519/04 – Meca-Medina/Majcen, JuS 2006, 1123 (1125).

2000 *Schröter* in: Schröter/Jakob/Klotz/Mederer, Vorbem. Art. 101-105, Rn. 74.

2001 S. für ihre Anwendung im Bereich der Verwertung von Sportveranstaltungen im US-Kartellrecht Wintermantel, S. 22 ff., 49 ff.

2002 S. etwa Emmerich, Kartellrecht, § 21, Rn. 41 f.; weiterführend Bahntje, WuW 1993, 825 (828 f.).

dar[2003]. Voraussetzung für eine Ausnahme ist, dass diese Nebenabreden erforderlich sind, um das Funktionieren der per se legalen Vereinbarung zu ermöglichen und dabei nicht über das Maß des Unerlässlichen hinausgehen[2004]. Auch die europäischen Institutionen haben das Konzept der ancillary restraints schon als Tatbestandsrestriktion angewendet[2005]. 2005 hat die Europäische Kommission für den Bereich der Fusionskontrolle eine „Bekanntmachung über Einschränkungen des Wettbewerbs, die mit der Durchführung von Unternehmenszusammenschlüssen unmittelbar verbunden und für diese notwendig sind"[2006] veröffentlicht, in der sie Kriterien für die Beurteilung solcher Nebenabreden aufstellt und erläutert.

Sowohl der Begriff der Nebenabrede als auch der der „ancillary restraints" beschreibt jedoch eindeutig eine Regelung, die lediglich eine dienende Funktion hat. Erfasst sind untergeordnete Regelungen, die der Umsetzung eines anderen, übergeordneten Ziels dienen. Dabei ist der Wettbewerbsvorteil der Vereinbarung immanent, kann also ohne Untersuchung des Kontextes der Vereinbarung ermittelt werden[2007]. Die Regelungen der EBU zum gemeinsamen Einkauf und der gemeinsamen Verwertung von Übertragungsrechten an Sportveranstaltungen sind ersichtlich keine Nebenabreden, die lediglich das Funktionieren einer anderen Vereinbarung sichern würden. Zwar dienen die Regeln unter

2003 *Roth/Ackermann* in: FK, Art. 81 Abs. 1 Grundfragen, Rn. 340, 362. Vertiefend zu notwendigen Nebenabreden Fritzsche, ZHR 160 (1996), 31 ff. Teilweise wird hier auch von einer „Sportimmanenztheorie" gesprochen, wo es um spezifisch sportbezogene Regelungen geht, s. Heermann in: Arter/Baddeley, S. 288 ff.

2004 *Roth/Ackermann* in: FK, Art. 81 Abs. 1 Grundfragen, Rn. 362; Emmerich, Kartellrecht, § 4, Rn. 68; Mestmäcker/Schweitzer (2004), § 7, Rn. 58; Stockenhuber (1999), S. 26 f.; Fritzsche, ZHR 160 (1996), 31 (42).

2005 EuGH Urt. v. 19.2.2002 in der Rs. C-309/99 – Wouters, Rn. 109; EuGH Urt. v. 12.12.1995 in der Rs. C-399/93 – Oude Luttikhuis, Rn. 14; EuGH Urt. v. 15.12.1994 in der Rs. C-250/92 – Gøttrup-Klim/DLG, Rn. 35, 40; EuGH Urt. v. 28.1.1986 in der Rs. C-181/84 – Pronuptia, Rn. 15 ff.; EuGH Urt. v. 11.7.1985 in der Rs. C- 42/84 – Remia Nutricia, Rn. 19 f.; EuG Urt. v. 18.9.2001 in der Rs. T-112/99 – M6, Rn. 106 ff.; Entscheidung der Europäischen Kommission v. 12.4.1999 in den Sachen IV/D-1/30.373 – P&I-Clubs IGA und Nr. IV/D-l/37.143 – P&I-Clubs Pooling Agreement, ABl. EG L 125/12 v. 19.5.1999, Rn. 67; Entscheidung der Europäischen Kommission v. 3.3.1999 in der Sache IV/36.237 – TPS, ABl. EG L 90/10 v. 2.4.1999.

2006 ABl. EU C 56/24 v. 5.3.2005. S. auch Leitlinien zur Anwendung von Artikel 81 Absatz 3 EG-Vertrag, ABl. EU C 101/97 v. 27.4.2004, Rn. 28 ff.

2007 *Roth/Ackermann* in: FK, Art. 81 Abs. 1 Grundfragen, Rn. 340.

anderem dazu, den Mitgliedern der EBU Sendeinhalte zur Verfügung zu stellen und unterstützen damit mittelbar übergeordnete Zwecke der EBU wie etwa die Förderung des öffentlich-rechtlichen Rundfunks. Trotzdem stellen die Regeln des EBU-Systems aus Sicht des Kartellrechts ein eigenständiges Regelwerk dar, das nicht per se wettbewerbsfördernd ist oder eine solche kartellrechtlich per se erlaubte Vereinbarung erst ermöglichen würde. Daher ist das EBU-System nicht als notwendige Nebenabrede vom Tatbestand des Art. 101 Abs. 1 AEUV ausgenommen.

dd) Leitlinien zur horizontalen Zusammenarbeit

Eine weitere Fallgruppe, die im Rahmen der Tatbestandsreduktion in vielen Fällen als nicht wettbewerbsbeschränkende Form der Vereinbarung angesehen wird, sind Einkaufsgemeinschaften als solche. Auch hier gibt es Konstellationen, in denen eine Zusammenarbeit mehrerer, insbesondere kleinerer und mittlerer Unternehmen, wettbewerbsfördernde Auswirkungen haben kann[2008]. Diese Auswirkungen werden, wie beschrieben, unter Umständen bereits auf der Tatbestandsebene in die Betrachtung einbezogen. In diesem Zusammenhang hat die Europäische Kommission in ihren „Leitlinien zur horizontalen Zusammenarbeit“[2009] ihre Sicht der Reichweite des Tatbestands des Art. 101 Abs. 1 AEUV erläutert. Diese Leitlinien sollen die Praxis von Kommission und EuGH in Form abstrakter Regeln widerspiegeln und verfestigen, sind aber etwa für EuGH oder EuG nicht verbindlich. Obwohl die vorherige Fassung[2010] dieser Leitlinien zum Zeitpunkt der letzten Entscheidung des EuG in Sachen EBU bereits veröffentlicht war, hat das Gericht sie anscheinend nicht zur Bewertung

2008 Zu ähnlichen Wertungen im deutschen Kartellrecht bei methodischen Unterschieden s. etwa Westermann, ZWeR 2003, 481; Keßler, WuW 2002, 1162. Zu Änderungen des GWB bezügl. Einkaufskooperationen s. BKartA, Bagatellbekanntmachung, WuW 2007, 369, Punkt D 14a; Pfeffer/Wegner, BB 2007, 1173 (1174); Rißmann, WuW 2006, 881 (885 f.); Schulte (2000); Martinek, NJW 1990, 793 (794 f.); Emmerich, AG 1989, 261 (263 f.). S. auch Immenga in: FS Pfeiffer, S. 659 ff.

2009 Leitlinien zur Anwendbarkeit von Artikel 101 des Vertrags über die Arbeitsweise der Europäischen Union auf Vereinbarungen über horizontale Zusammenarbeit, ABl. EU C 11/1 v. 14.1.2011.

2010 Leitlinien zur Anwendbarkeit von Artikel 81 EG-Vertrag auf Vereinbarungen über horizontale Zusammenarbeit, ABl. EG C 3 v. 6.1.2001, S. 2-30. Zu den für Einkaufsvereinbarungen wenig bedeutsamen Änderungen durch die Fassung von 2011, s. Fritzsche, EuZW 2011, 208.

herangezogen[2011]. Hier soll der Sachverhalt jedoch anhand der aktuellen Leitlinien beleuchtet werden.

(i) Vorliegen einer Einkaufsgemeinschaft

Zunächst definiert die Kommission als Einkaufsgemeinschaften im Sinne der Leitlinien Vereinbarungen zwischen Unternehmen, die auf den Einkaufsmärkten Wettbewerber sind[2012]. Zwar beziehen sich die meisten Einkaufsgemeinschaften auf den Kauf von Waren. Doch auch der Bezug von Dienstleistungen oder die Lizenzierung von Rechten sind als Gegenstand einer Vereinbarung dieser Art anerkannt[2013]. Hier wird deutlich, weshalb die Anwendung der Terminologie des Kaufs auf ein Geschäft, das eigentlich eine Lizenz darstellt, im Kontext des Kartellrechts sinnvoll ist. Zunächst stellt sich daher die Frage, ob die betreffenden Unternehmen auf dem jeweiligen Markt für den Erwerb von audiovisuellen Rechten an Sportveranstaltungen konkurrieren. Die hier relevanten Märkte sind die jeweils sachlich relevanten Märkte für Rechte an verschiedenen Sportveranstaltungen für die jeweiligen Vermarktungsformen, wie sie oben im 2. Abschnitt definiert wurden.

Teilweise wird ein Wettbewerbsverhältnis zwischen den Mitgliedern der EBU verneint. Mit dem Argument, die Mitglieder der EBU seien als Rundfunkveranstalter jeweils nur innerhalb ihres nationalen Territoriums tätig und konkurrierten daher nicht miteinander, wird das Vorliegen einer Einkaufsgemeinschaft abgelehnt[2014]. Selbst in dem einzigen Fall, in dem mehr als ein EBU-Mitglied pro Mitgliedstaat am Eurovisionssystem beteiligt sei, nämlich in Deutschland, stünden die Unternehmen aufgrund der Ausformung ihres besonderen öffentlich-rechtlichen Auftrags nicht miteinander in Konkurrenz[2015].

Allerdings greift diese Sichtweise zu kurz. Zunächst handelt es sich bei dem Einkaufsmarkt der EBU-Mitglieder um einen europaweiten Markt für Rechte an Sportveranstaltungen, die internationale Bedeutung haben, da sie für Zuschauer

---

2011 Mischitz bemerkt jedoch, dass bereits in der Entscheidung der Europäischen Kommission von 1993 (Entscheidung der Europäischen Kommission v. 11.6.1993 in der Sache IV/32.150 – EBU, ABl. EG L 179/23 v. 22.7.1993) das Konzept der Bewertung der Nachfragemacht erkennbar war (Mischitz [2008], S. 93).

2012 Leitlinien zur Anwendbarkeit von Artikel 101 des Vertrags über die Arbeitsweise der Europäischen Union auf Vereinbarungen über horizontale Zusammenarbeit, ABl. EU C 11/1 v. 14.1.2011, Rn. 1, 197 ff.

2013 *Braun* in: Langen/Bunte, Kartellrecht, Bd. 2, Nach Art. 101, Rn. 207.

2014 Fikentscher, ZEuP 2006, 388 (389); Fikentscher in: Jeanrenaud/Késenne, S. 85 f.

2015 Fikentscher, ZEuP 2006, 388 (390).

in ganz Europa von Interesse sind. Auf diesem Markt würden die Mitglieder der EBU ohne die Vereinbarungen des Eurovisionssystems als selbstständige Nachfrager und eigenständige Verwerter auftreten. Nationale Grenzen haben hier zunächst keine Relevanz. Bezieht man nun in die Betrachtung ein, dass die Verwertung der Rechte, wie oben (2. Abschnitt, C. III.) im Rahmen der Marktabgrenzung beschrieben, aus verschiedenen Gründen häufig auf das Territorium eines Mitgliedstaates beschränkt ist, könnten wiederum praktische Erwägungen dafür sprechen, dass die EBU-Mitglieder jeweils nur auf national begrenzten Märkten tätig wären und nicht auf mehreren Märkten miteinander konkurrierten. Allerdings trifft dies in der Praxis nicht zu. Nicht nur Deutschland hat mit ARD und ZDF nämlich mehr als ein EBU-Mitglied unter seinen Sendeunternehmen. Ein wichtiges weiteres Beispiel ist Belgien mit VRT und RTBF. Andere Beispiele sind Frankreich, Großbritannien, Irland und Polen mit jeweils mehr als einem EBU-Mitglied, das audiovisuelle Rechte erwirbt oder erwerben könnte[2016]. Zwar treten in Deutschland ARD und ZDF aufgrund der Koordinierungspflicht zwischen den Anstalten beim Fernsehvollprogramm[2017] und der teilweisen Finanzierung aus derselben Quelle (Rundfunkbeiträge) im Bereich des Fernsehens nicht unmittelbar miteinander in Konkurrenz[2018]. Doch handelt es sich beim Kooperationsverhältnis der beiden deutschen Anstalten um die Ausnahme. In den anderen Fällen gibt es durchaus direkte Konkurrenz zwischen den Mitgliedern auf verschiedenen geographischen Märkten sowie innerhalb der jeweiligen Mitgliedstaaten[2019]. Sie konkurrieren miteinander um den Erwerb des Rechts, die jeweiligen Sendeinhalte in dem jeweiligen Territorium (auf demselben geographischen Markt) im Fernsehen auszustrahlen. Dass sie dabei, wie etwa im Fall der belgischen Sender, im Rahmen der Verwertung verschiedene Sprachen für die Kommentierung und das Rahmenprogramm einsetzen, spielt für die Frage nach der Konkurrenz beim Erwerb der Rechte für das jeweilige Territorium keine Rolle.

Ein weiterer wichtiger Aspekt ist die Tatsache, dass viele EBU-Mitglieder bereits seit geraumer Zeit, mit Hilfe insbesondere von Satellitentechnologie, nicht

---

2016 Zu Zeiten der Kommissionsentscheidungen waren die Verhältnisse im Einzelnen anders, s. Entscheidung der Europäischen Kommission v. 10.5.2000 in der Sache IV/32.150 – Eurovision, ABl. EG L 151/29 v. 24.6.2000, Rn. 74; Entscheidung der Europäischen Kommission v. 11.6.1993 in der Sache IV/32.150 – EBU, ABl. EG L 179/31 v. 22.7.1993, Rn. 48. Dies ändert jedoch nichts an der kartellrechtlichen Bewertung.

2017 § 2 Abs. 3 ZDF-Staatsvertrag.

2018 S. etwa Hellwig (2009), Rn. 284, Fikentscher, ZEuP 2006, 388 (389).

2019 Ebenso Hellwig (2009), Rn. 285.

mehr nur in ihre Heimatstaaten, sondern auch in andere Mitgliedstaaten senden[2020]. Damit ist klar, dass auch grenzüberschreitende Konkurrenz zwischen EBU-Mitgliedern existiert, die insbesondere innerhalb von Sprachräumen ausgeprägt ist.

Daher ist festzustellen, dass zumindest einige EBU-Mitglieder ohne die Vereinbarungen des Eurovisionssystems über den gemeinsamen Erwerb und die gemeinsame Nutzung der Rechte sowie über die Weitergabe des Eurovisionssignals auf dem Markt für den Erwerb von Übertragungsrechten an Sportinhalten miteinander in Konkurrenz stünden. Wenn sich EBU-Mitglieder darauf beschränken, nicht als selbstständige Nachfrager aufzutreten und Rechte lediglich für ihr Territorium zu erwerben, tun sie dies aufgrund der Vereinbarungen und der gegenseitigen Solidarität, die Basis des Eurovisionssystems sind. Damit handelt es sich beim Eurovisionssystem um eine Einkaufsgemeinschaft im Sinne der horizontalen Leitlinien der Kommission.

(ii) Keine Konkurrenz auf dem Absatzmarkt

Die Kommission bewertet Einkaufsgemeinschaften in ihren Leitlinien nach verschiedenen Kriterien und stellt insbesondere auf die Marktmacht ab. Dabei betrachtet sie die Mechanismen, die durch die Kooperation ausgelöst werden können und Einfluss auf den Wettbewerb nehmen. Sie berücksichtigt dabei auch die benachbarten Märkte. So kann ausgeprägte Marktmacht auf dem Einkaufsmarkt zu erheblichem Einfluss auf die Marktgegenseite führen, wodurch die Absatzchancen der Anbieter eingeschränkt oder schwächere Nachfrager mit ungünstigen Einkaufsbedingungen konfrontiert werden. Koordinierungswirkungen auf einem nachgelagerten Markt können eintreten, wenn die Einkaufspartner auf diesem Markt Wettbewerber sind und deshalb ihre Kostenstrukturen durch den gemeinsamen Einkauf angeglichen werden[2021]. Auf der anderen Seite können Einkaufsgemeinschaften kleineren Marktteilnehmern den Marktzutritt erleichtern[2022] oder ihrerseits erst ein Gegengewicht zu einem starken Anbieter auf der Marktgegenseite oder einem starken Wettbewerber herstellen und

2020 Entscheidung der Europäischen Kommission v. 10.5.2000 in der Sache IV/32.150 – Eurovision, ABl. EG L 151/29 v. 24.6.2000, Rn. 74; Entscheidung der Europäischen Kommission v. 11.6.1993 in der Sache IV/32.150 – EBU, ABl. EG L 179/31 v. 22.7.1993, Rn. 48.

2021 *Braun* in: Langen/Bunte, Kartellrecht, Bd. 2, Nach Art. 101, Rn. 208; ähnlich Goyder (2009), S. 482.

2022 EFTA-Überwachungsbehörde, Bekanntmachung gemäß Artikel 19 Absatz 3 des Kapitels II des Protokolls 4 des Abkommens zwischen den EFTA-Staaten zur

somit den Wettbewerb fördern[2023]. Unter Umständen wird erst der Zugang zu Lieferanten aus anderen Mitgliedstaaten ermöglicht[2024], was ebenfalls als wettbewerbsfördernd angesehen wird. Auch diese Aspekte betrachten Kommission[2025] und EuGH[2026] bereits im Rahmen der Tatbestandsmäßigkeit gem. Art. 101 Abs. 1 AEUV. Im Hinblick auf diese Mechanismen und die jeweilige Marktmacht hält die Kommission die Erfüllung des Tatbestands von Art. 101 Abs. 1 AEUV aufgrund der jeweiligen Auswirkungen auf den Markt in bestimmten Konstellationen für mehr oder weniger wahrscheinlich. Die Bewertung einer Einkaufsgemeinschaft anhand ihrer Nachfragemacht und deren Auswirkungen entspricht dem „More Economic Approach“[2027].

Wettbewerbsbeschränkende Auswirkungen hält die Kommission grundsätzlich für unwahrscheinlich, wenn die Mitglieder der Einkaufskooperation nicht auf demselben nachgelagerten Markt tätig sind[2028]. Fraglich ist daher, ob auf der Verwertungsebene auf mindestens einem räumlich definierten Markt mehrere Mitglieder der EBU tätig sind. Wie oben (2. Abschnitt, C. III.) beschrieben, handelt es sich auf der Verwertungsebene bei Sportrechten zumeist um geographisch durch die Grenzen der Mitgliedstaaten definierte Märkte, da die Verwertung in

---

Errichtung einer Überwachungsbehörde und eines Gerichtshofs über die Sache Nr. KOM 020.0129 – LIS, ABl. EG C 330/8 v. 18.11.1999.

2023 EuGH Urt. v. 15.12.1994 in der Rs. C-250/92 – Gøttrup-Klim/DLG, Rn. 32 ff.; s. auch Kommission der Europäischen Gemeinschaften, XX. Bericht über die Wettbewerbspolitik 1990, Rn. 102, Sache EWIV ORPHÉ. S. allgemein auch Säcker/Mohr, WRP 2011, 793 (794 f.).

2024 So im Fall Socemas, s. Entscheidung der Europäischen Kommission v. 17.7.1968 in der Sache IV/129 – Socemas, Abschn. II, 6. Abs. S. auch EWG, EURATOM Kommission, Erster Bericht über die Wettbewerbspolitik (1971), Rn. 40. Tritt durch die Einkaufsgemeinschaft im Gegenteil eine Abschottung nationaler Märkte ein, wird dies entsprechend negativ gewertet, s. EuGH Urt. v. 25.3.1981 in der Rs. C-61/80 – Coöperatieve Stremsel- en Kleurselfabriek, Entscheidungsgründe, Rn. 15; Entscheidung der Europäischen Kommission in der Sache IV/32.414 – Zuckerrüben, ABl. EG L 31/35 v. 2.2.1990, Rn. 92 ff.

2025 S. Leitlinien zur Anwendbarkeit von Artikel 101 des Vertrags über die Arbeitsweise der Europäischen Union auf Vereinbarungen über horizontale Zusammenarbeit, ABl. EU C 11/1 v. 14.1.2011, Rn. 200 ff.

2026 EuGH Urt. v. 15.12.1994 in der Rs. C-250/92 – Gøttrup-Klim/DLG, Rn. 32 ff.

2027 S. weiterführend zur Beurteilung anhand der Nachfragemacht Mischitz (2008), insbes. S. 97 ff. zu den Leitlinien.

2028 Leitlinien zur Anwendbarkeit von Artikel 101 des Vertrags über die Arbeitsweise der Europäischen Union auf Vereinbarungen über horizontale Zusammenarbeit, ABl. EU C 11/1 v. 14.1.2011, Rn. 212.

der Regel begrenzt auf das jeweilige Staatsgebiet stattfindet. Gleichzeitig stammt häufig nur ein EBU-Mitglied aus einem Mitgliedstaat. Auf dieser Grundlage könnte man davon ausgehen, dass die Mitglieder der EBU auf der nachgelagerten Verwertungsebene untereinander nicht in Konkurrenz stünden[2029].

Auch hier überzeugt diese Sichtweise jedoch nicht. Wie oben bereits beschrieben, gibt es einerseits mehrere Mitgliedstaaten, in denen mehr als ein EBU-Mitglied entsprechende Rechte verwertet und andererseits einige Sendeanstalten, die über Grenzen hinweg senden oder senden könnten. Dies wirkt sich gerade auf die nachgelagerte Marktstufe der Verwertung aus. Die Praxis der Auswertung der Inhalte zeigt, dass diese nicht ausschließlich auf nationaler Ebene stattfindet. Es gibt aufgrund der Sprachräume in der EU, deren Grenzen diejenigen der Mitgliedstaaten in vielen Fällen überschreiten, einige Mitglieder der EBU, die in bestimmten Regionen unmittelbar miteinander um Zuschauer konkurrieren. Zudem besteht durch das Verbot „absoluten" Gebietsschutzes bei der Vergabe von Rechten nach Staatengrenzen stets die Möglichkeit für Zuschauer, Sendungen über Grenzen der Sendegebiete hinweg nachzufragen, soweit die Sendungen empfangbar sind. Es lässt sich demnach feststellen, dass zumindest einige Mitglieder der EBU auf denselben relevanten nachgelagerten Märkten agieren.

(iii) Geringe Marktanteile

Ein weiterer Fall, in dem die Kommission das Vorliegen einer Wettbewerbsbeschränkung bei Einkaufsgemeinschaften für grundsätzlich unwahrscheinlich hält, ist eine Konstellation, in der die Parteien weder auf den Einkaufs- noch auf den Absatzmärkten einen gemeinsamen Marktanteil von mehr als 15% erreichen[2030]. Zunächst stellt sich demnach die Frage nach dem Vorliegen von Nachfragemacht auf Seiten der gemeinsam einkaufenden EBU-Mitglieder auf dem vorgelagerten Markt für audiovisuelle Verwertungsrechte an Sportveranstaltungen, dem sogenannten Einkaufsmarkt. Die Europäische Kommission nennt keinen absoluten Schwellenwert, der in ihren Augen Marktmacht quantitativ definiert. Sie hält jedoch einen gemeinsamen Marktanteil der kooperierenden Unternehmen von mindestens 15% entweder auf dem vor- oder auf dem

2029 So wohl Fikentscher, ZEuP 2006, 388 ff.

2030 Leitlinien zur Anwendbarkeit von Artikel 101 des Vertrags über die Arbeitsweise der Europäischen Union auf Vereinbarungen über horizontale Zusammenarbeit, ABl. EU C 11/1 v. 14.1.2011, Rn. 208. Dieses Kriterium ist ähnlich der Bagatellgrenze des Spürbarkeitskriteriums, betrifft aber konkret die Aktivitäten der Teilnehmer der Einkaufsgemeinschaft auf den jeweils relevanten Märkten.

nachgelagerten Markt für erforderlich, um Marktmacht überhaupt ernsthaft in Erwägung zu ziehen. Was die Einkaufsmärkte angeht, zeigen die Erfahrungen der Vergangenheit, wie bereits im Rahmen der Prüfung der Spürbarkeit festgestellt, dass die Einkaufsgemeinschaft der EBU häufig den Großteil der angebotenen Rechte an massenattraktiven Sportveranstaltungen, oder zuweilen gar alle, erworben hat[2031]. Diese Umstände dokumentieren das Vorliegen von Nachfragemacht auf dem Einkaufsmarkt.

Was die Position der EBU-Mitglieder auf den nachgelagerten Märkten für die Rechteverwertung angeht, wurde bereits oben im Rahmen der Überlegungen zum Arbeitsgemeinschaftsgedanken festgestellt, dass es sich bei der EBU um eine Unternehmenskooperation handelt, die neben einigen kleineren Mitgliedern auch eine ganze Reihe Großunternehmen einbindet. Zwar üben die Mitglieder der EBU hier zumeist nicht gemeinsam Macht auf einem großen Markt für Sportübertragungen aus. Das liegt jedoch daran, dass auf der nachgelagerten Marktstufe geographisch enger begrenzte relevante Märkte abzugrenzen sind. Auch die Grenzen der sachlich relevanten Märkte sind im Bereich der Sportübertragungsrechte häufig eng zu ziehen (vgl. oben, 2. Abschnitt). So gibt es etwa einen eigenen relevanten Markt für die Live-Übertragung von Spielen der deutschen Fußball-Bundesliga im deutschen Fernsehen. Auf diesem Markt hält der Erwerber der entsprechenden Rechte bereits dann den überwiegenden Teil, wenn er beispielsweise nur die Rechte an den jeweiligen Samstagsspielen erwirbt. Die Zahlen der Vergangenheit zeigen auch hier, dass EBU-Mitglieder sehr häufig deutlich über 15% Marktanteile in den jeweiligen Märkten halten[2032]. Dies hängt auch damit zusammen, dass die Märkte aufgrund der geringen Substituierbarkeit sehr eng definiert werden müssen. Insgesamt ist festzuhalten, dass die Mitglieder der EBU, die als Einkaufsgemeinschaft Nachfragemacht ausüben, auch auf den nachgelagerten Märkten häufig nennenswerte Marktmacht besitzen.

2031 Vgl. oben, 1. Abschnitt, G.

2032 An dieser Marktposition der EBU-Mitglieder ändert auch nichts, dass viele von ihnen als öffentlich-rechtliche Sendeanstalten Werbebeschränkungen unterliegen, wie zuweilen angeführt wird (s. Fikentscher in: Jeanrenaud/Késenne, S. 81). Im Rahmen der Diskussion über die Finanzierung öffentlich-rechtlicher Rundfunkanstalten wird auch die gegenteilige Auffassung vertreten, die öffentlich-rechtlichen Sender könnten Nachfragemacht nur entfalten, weil sie durch Rundfunkgebühren finanziert seien (s. Enßlin, ZEuP 2006, 380 [380 f.]). Beide Argumente tragen nicht, da die Frage der Finanzierung der Sendeunternehmen im Rahmen der kartellrechtlichen Betrachtung ihrer Marktposition nicht relevant ist.

Damit handelt es sich beim Eurovisionssystem nicht um eine Vereinbarung, bei der die Erfüllung des Tatbestands der Wettbewerbsbeschränkung von vornherein unwahrscheinlich ist.

b) Bewertung der Einkaufsgemeinschaft durch die Kommission

Nachdem keiner der Fälle der Tatbestandsrestriktion vorliegend eingreift, ist die Einkaufsgemeinschaft nach den Leitlinien zur horizontalen Zusammenarbeit daraufhin zu untersuchen, ob sie eine Wettbewerbsbeschränkung bezweckt oder ob sie wettbewerbsbeschränkende Auswirkungen hat.

aa) Bezweckte Wettbewerbsbeschränkung

Neben der beschriebenen Tatbestandsrestriktion enthalten die Leitlinien auch Kriterien für Fälle, in denen stets eine Wettbewerbsbeschränkung vorliegt. Ein solcher Fall liegt vor, wenn die Vereinbarung in Wirklichkeit nicht dem gemeinsamen Einkauf dient, sondern als Mittel zur Verschleierung eines Kartells benutzt wird, um verbotene Kernbeschränkungen durchzusetzen. Als Kernbeschränkungen werden hier Preisfestsetzung, Beschränkung der Produktion oder Zuteilung von Märkten genannt. In diesen Fällen gilt eine Wettbewerbsbeschränkung als bezweckt, so dass es auf ihre Auswirkungen im konkreten Einzelfall nicht ankommt[2033].

Anzeichen für die Verschleierung eines Kartells ihrer Mitglieder durch die EBU liegen nicht vor. Vielmehr hat das Eurovisionssystem in der Vergangenheit ersichtlich durchaus dem gemeinsamen Einkauf gedient (vgl. Beispiele für gemeinsam erworbene Sportrechte oben 1. Abschnitt, G.). Preisfestsetzungen durch die EBU-Mitglieder im Sinne des Art. 101 Abs. 1, HS 2, lit. a) AEUV, etwa gegenüber der Werbewirtschaft oder zahlenden Zuschauern, sind nicht ersichtlich. Auch eine Vereinbarung mit dem Ziel der Kontrolle oder Verknappung der Erzeugung von Sportangeboten im Sinne des Art. 101 Abs. 1, HS 2, lit. b) AEUV ist nicht zu erkennen. Schließlich hat es zwischen den EBU-Mitgliedern auch keine künstliche Gebietsaufteilung im Sinne des Art. 101 Abs. 1, HS 2, lit. c) AEUV gegeben[2034]. Die Vorschrift soll insbesondere verhindern, dass der Binnenmarkt durch Vereinbarungen zwischen Unternehmen wieder in nationale Märkte aufgeteilt wird. Tatsächlich agieren die Mitglieder der EBU, wie bereits

---

2033 Leitlinien zur Anwendbarkeit von Artikel 101 des Vertrags über die Arbeitsweise der Europäischen Union auf Vereinbarungen über horizontale Zusammenarbeit, ABl. EU C 11/1 v. 14.1.2011, Rn. 205.

2034 Zur Frage der Möglichkeit territorialer Rechtevergabe vgl. oben, 1. Abschnitt, D. I. 3.

gesehen, jeweils schwerpunktmäßig in einem Mitgliedstaat. Diese Aufgabenzuteilung beruht jedoch nicht auf den Vereinbarungen des Eurovisionssystems, sondern hat ihre Ursache in den medienrechtlichen und verfassungsrechtlichen Rahmenbedingungen, die in den jeweiligen Mitgliedstaaten gelten. Das Eurovisionssystem enthält demnach keine verbotenen Kernbeschränkungen und ist daher nicht der Kategorie der immer von Art. 101 Abs. 1 AEUV erfassten bezweckten Wettbewerbsbeschränkungen zuzuordnen. Ein Fall, in dem Einkaufspreise festgesetzt werden, in dem die Kommission auch eine bezweckte Wettbewerbsbeschränkung vermutet[2035], liegt ebenfalls nicht vor.

bb) Marktmacht

Da das Eurovisionssystem nicht die Kriterien der beiden genannten Fallgruppen der bezweckten Wettbewerbsbeschränkung erfüllt, muss es nach Vorgabe der Kommission in seinem rechtlichen und wirtschaftlichen Umfeld unter Einbeziehung der Einkaufs- und Verkaufsmärkte untersucht werden, um feststellen zu können, ob es wettbewerbsbeschränkende Auswirkungen hat. Dieses explizite Abstellen auf die konkreten Auswirkungen einer Vereinbarung zeigt, wie der „More Economic Approach" inzwischen auch durch Leitlinien der Kommission umgesetzt wird. Für die Beurteilung der Tatbestandsmäßigkeit der Einkaufsgemeinschaft sieht die Kommission als Ausgangspunkt die Marktmacht der Beteiligten vor. Dieses Kriterium stellt sie im Sinne des „More Economic Approach" bereits im Rahmen der Tatbestandsmäßigkeit in den Kontext der möglichen Auswirkungen auf Dritte, etwa in Form von Kostensteigerungen für Wettbewerber oder überhöhte Preise für Kunden. Aber auch die Gefahr von Qualitätsverlusten und eines Nachlassens der Innovationskraft der Unternehmen werden hier bereits mit in die Betrachtung einbezogen. Der „traditionelle" Ansatz im europäischen Wettbewerbsrecht würde im Rahmen der Tatbestandsmäßigkeit stärker auf die Einschränkung der Handlungsfreiheit der zusammengeschlossenen Akteure abstellen und positive Effekte erst im Rahmen der Freistellungsprüfung berücksichtigen. In den horizontalen Leitlinien beschreibt die Kommission an dieser Stelle detailliert die Mechanismen, die zu Wechselwirkungen zwischen Einkaufs- und Verkaufsmärkten führen können[2036]. Da Nachfragemacht sowohl

---

2035 Leitlinien zur Anwendbarkeit von Artikel 101 des Vertrags über die Arbeitsweise der Europäischen Union auf Vereinbarungen über horizontale Zusammenarbeit, ABl. EU C 11/1 v. 14.1.2011, Rn. 206.

2036 Leitlinien zur Anwendbarkeit von Artikel 101 des Vertrags über die Arbeitsweise der Europäischen Union auf Vereinbarungen über horizontale Zusammenarbeit, ABl. EU C 11/1 v. 14.1.2011, Rn. 200 ff.

wettbewerbsfördernd als auch wettbewerbsbeschränkend wirken kann[2037], bedarf es nach Ansicht der Kommission einer eingehenden Bewertung der Auswirkungen der Einkaufsvereinbarung im Kontext der konkreten Marktstruktur[2038]. In Fällen, in denen wie hier auf den vor- und nachgelagerten Märkten von Marktmacht auszugehen ist, befürchtet die Kommission ausweislich Ihrer Leitlinien insbesondere, dass der Zugang für konkurrierende Einkäufer verschlossen werden kann, wenn ein hinreichend großer Teil des Gesamtvolumens am Einkaufsmarkt durch die Einkaufsgemeinschaft erworben wird[2039]. Wie oben bereits erwähnt, hat die EBU in der Vergangenheit häufig den Löwenanteil an exklusiven „Premium"-Rechten am Sportmarkt erworben und damit Mitbewerber von ihrer Bezugsquelle abgeschnitten. Auch heute hält sie Rechte an massenattraktiven Veranstaltungen wie der UEFA Champions League und FIFA Fußball-Weltmeisterschaften sowie UEFA Euro und Tour de France[2040]. Dieser Umstand deutet auf die Erfüllung des Tatbestands des Art. 101 Abs. 1 AEUV hin. Weitere Einkaufsgemeinschaften, etwa auf Seiten der Konkurrenten der EBU-Mitglieder, die zu einer anderen Betrachtung führen könnten[2041], gibt es nicht. Auch in ihren Entscheidungen zur Sache hat die Kommission beim gemeinsamen Einkauf der EBU eine Wettbewerbsbeschränkung angenommen (vgl. oben, 1. Abschnitt, G.). Dabei spielte einerseits der Wegfall der Konkurrenz unter den EBU-Mitgliedern als Wettbewerbsbeschränkung eine Rolle, andererseits aber auch der wettbewerbsverzerrende Vorteil, der den EBU-Mitgliedern gegenüber anderen Wettbewerbern entsteht, die nicht am Eurovisionssystem teilnehmen können.

2037 Leitlinien zur Anwendbarkeit von Artikel 101 des Vertrags über die Arbeitsweise der Europäischen Union auf Vereinbarungen über horizontale Zusammenarbeit, ABl. EU C 11/1 v. 14.1.2011, Rn. 194, 210.

2038 Leitlinien zur Anwendbarkeit von Artikel 101 des Vertrags über die Arbeitsweise der Europäischen Union auf Vereinbarungen über horizontale Zusammenarbeit, ABl. EU C 11/1 v. 14.1.2011, Rn. 209.

2039 Leitlinien zur Anwendbarkeit von Artikel 101 des Vertrags über die Arbeitsweise der Europäischen Union auf Vereinbarungen über horizontale Zusammenarbeit, ABl. EU C 11/1 v. 14.1.2011, Rn. 210.

2040 S. EBU-Website: www3.ebu.ch/cms/en/services/sports (zuletzt aufgerufen am 11.8.2014).

2041 Leitlinien zur Anwendbarkeit von Artikel 101 des Vertrags über die Arbeitsweise der Europäischen Union auf Vereinbarungen über horizontale Zusammenarbeit, ABl. EU C 11/1 v. 14.1.2011, Rn. 211.

cc) Kollusionswirkung

Ein weiterer Faktor, den die Kommission betrachtet, ist ein eventuelles Kollusionsergebnis. Bei Einkaufsgemeinschaften sieht sie grundsätzlich die Gefahr einer Abstimmung des Verkaufsverhaltens der Mitglieder der Einkaufskooperation, wenn ein hohes Maß an Kostenangleichung erzielt wird[2042]. Vorliegend ist eine Kostenangleichung im EBU-System durch die Aufteilung der Rechtekosten nach dem vereinbarten Schlüssel in gewissem Maße gegeben. Im Fall der EBU ist zu beachten, dass die Mitglieder zwar durchaus, wie festgestellt, auf den nachgelagerten Märkten in Konkurrenz treten. Gleichzeitig liegt aber in vielen Fällen der Hauptfokus der jeweiligen Sendeaktivitäten auf dem heimischen Publikum des eigenen Sendestaates. Ein koordiniertes Verhalten ist hier aufgrund der unterschiedlichen Zuschauerpräferenzen (vgl. oben, 2. Abschnitt, C. III.) bei einigen Sportarten weniger wahrscheinlich. Gleichwohl ist durch den „Karen Murphy"-Fall allen Beteiligten sehr deutlich geworden, dass ohne die nunmehr verbotene Durchsetzung absoluten Gebietsschutzes bei Satellitenübertragungen bei Preisunterschieden ein Anreiz für Endkunden besteht, Sportinhalte grenzüberschreitend nachzufragen. Werden Veranstaltungen von internationaler Attraktivität, wie z.B. die UEFA Champions League oder auch Grand Slam-Tennisturniere verwertet, besteht daher durchaus ein Risiko der Kollusion zwischen den Mitgliedern der EBU.

Neu in den aktuellen Leitlinien der Kommission ist der Aspekt des Informationsaustauschs. Für die Durchführung des gemeinsamen Einkaufs der EBU ist ein gewisses Maß an Informationsaustausch erforderlich. Ein wichtiger Faktor bei der Beurteilung, ob ein Informationsaustausch zu Kollusionswirkungen führt, ist der Grad der Transparenz des jeweiligen Marktes[2043]. Da die Märkte für Sportübertragungsrechte durch wenige (Allein-)Anbieter und formalisierte Bietprozesse gekennzeichnet sind, spricht nichts dafür, dass im Fall der EBU durch einen Informationsaustausch über Marktstrategien der Wettbewerber zusätzliche Kollusionswirkungen entstehen.

c) Ergebnis und Bewertung

Insgesamt ist damit festzustellen, dass nach eingehender Prüfung der Einkaufsgemeinschaft der EBU anhand der Kriterien des EuGH und der Europäischen

2042 Leitlinien zur Anwendbarkeit von Artikel 101 des Vertrags über die Arbeitsweise der Europäischen Union auf Vereinbarungen über horizontale Zusammenarbeit, ABl. EU C 11/1 v. 14.1.2011, Rn. 213 ff.

2043 Leitlinien zur Anwendbarkeit von Artikel 101 des Vertrags über die Arbeitsweise der Europäischen Union auf Vereinbarungen über horizontale Zusammenarbeit, ABl. EU C 11/1 v. 14.1.2011, Rn. 58.

Kommission von der Tatbestandsmäßigkeit des Eurovisionssystems auszugehen ist. Dieses Ergebnis erzielt die Kommission unter Anwendung des „More Economic Approach". Auch bei einer „traditionellen" Betrachtungsweise wäre von der Tatbestandsmäßigkeit des Eurovisionssystems auszugehen. Sie wäre aufgrund der offen zutage tretenden Handlungsbeschränkung der EBU-Mitglieder leichter festzustellen gewesen[2044]. Es lohnt an dieser Stelle, das analytische Korsett der Leitlinien zur horizontalen Zusammenarbeit der Kommission einmal abzustreifen und einen zusammenfassenden Blick auf den gemeinsamen Einkauf von Übertragungsrechten durch die EBU zu werfen.

Zunächst ist bezüglich der Nachfragemacht der EBU festzustellen, dass hier keine typische Situation vorliegt, in der eine Einkaufsgemeinschaft sich zusammenfindet, um bei den Lieferanten auf der Marktgegenseite bessere Bedingungen in Form von Konditionen oder Preisen zu erreichen. Die EBU erzeugt auch keinen Druck, der zu einem stärkeren Lieferantenwettbewerb führte[2045]. Ein Spannungsverhältnis dieser Art ist bei der Lizenzierung von Sportübertragungsrechten nicht festzustellen. Vielmehr sieht sich die EBU aufgrund der Besonderheiten des Sportsektors in der Regel nur einem einzigen Anbieter gegenüber, der die jeweiligen Rechte lizenzieren kann. Dies liegt zum einen in der Natur der Immaterialgüterrechte. So sind im Fall der Olympischen Spiele die Rechte naturgemäß nur beim IOC zu bekommen. Zum anderen sind die Käufer aber auch auf einen Verkäufer angewiesen, weil – wie oben (im 2. Abschnitt) beschrieben – Rechte an besonders attraktiven Sportereignissen nicht durch Rechte an anderen Veranstaltungen ersetzt werden können. Zudem werden, wie z.B. im Fall der Fußball-Bundesliga, die Rechte häufig zentral vermarktet (vgl. oben 1. Abschnitt, E.), was nicht einmal eine Auswahl zwischen verschiedenen Vereinen innerhalb einer Liga ermöglicht. Ein Lieferantenwettbewerb findet damit ohnehin nicht statt. Es liegt im Gegenteil eine Verkäufermarktsituation vor. Da attraktive Übertragungsrechte wie beschrieben (oben, 1. Abschnitt, D. II.) eine äußerst knappe Ressource sind, geht es den EBU-Mitgliedern bei ihrem Zusammenwirken in erster Linie darum, die Rechte überhaupt erwerben zu können, da es einen scharfen Wettbewerb mit anderen Interessenten gibt. Eine Verbesserung

---

2044 Fikentscher (in: Jeanrenaud/Késenne, S. 78) ist der Ansicht, die Anwendung der horizontalen Leitlinien der Kommission hätte das EuG in seiner Entscheidung zum Eurovisionssystem von 2002 zu einem anderen Ergebnis geführt, weil durch diese wirtschaftliche Betrachtungsweise die Funktion der EBU als Gegengewicht zu den Rechteagenturen stärker zum Tragen gekommen wäre. Die obigen Ausführungen widerlegen diese Sichtweise.

2045 Zu dieser Konstellation s. z.B. Köhler (1977), S. 157.

von Konditionen spielt deshalb höchstens eine nachgeordnete Rolle. Eine weitere Besonderheit des vorliegenden Falls ist die Tatsache, dass Sportverbände erklärtermaßen gerne große Rechtepakete an einen einzigen Abnehmer lizenzieren, statt Verhandlungen mit vielen verschiedenen Unternehmen führen zu müssen[2046]. Auch hierin liegt ein Vorteil der EBU, der zu einer Schlechterstellung von Mitbewerbern führt.

Ein weiteres typisches Element der Einkaufskooperation ist die Zusammenarbeit von im Marktkontext relativ kleinen Unternehmen, die ein Gegengewicht zu großen Marktteilnehmern schaffen wollen, um Chancengleichheit herzustellen[2047]. Wie oben unter a) aa) beschrieben, sehen sich die EBU-Mitglieder in einer solchen Situation. Allerdings vergleichen sie sich dabei nicht mit Marktteilnehmern auf ihrer eigenen Marktstufe, also mit anderen Sendeunternehmen, sondern stellen einen Vergleich mit europaweit agierenden Rechteagenturen an. In der Tat erreicht die EBU durch ihre Kooperation, dass sie diesen Akteuren auf Augenhöhe begegnen und große europaweite Rechtepakete erwerben kann. Allerdings agiert sie am Markt anders als diese Agenturen, da sie die Rechte nicht in kleinere Pakete, z.B. für die Mitgliedstaaten der EU, aufteilt und an Sendeunternehmen weiterveräußert. Im Gegenteil: Die EBU gibt die Rechte unmittelbar an ihre Mitglieder weiter, die sie dann selbst verwerten. Damit hat die EBU eine „Chancengleichheit" auf dem vorgelagerten Markt hergestellt, die unmittelbar zu einer vertikalen Integration führt[2048], die Mitbewerber, wie Sendeunternehmen, die üblicherweise ihre Rechte von einer Agentur für ihren Mitgliedstaat erwerben, ausschließt. Auch wenn die Kommission in ihren Entscheidungen zur EBU den Aspekt der vertikalen Integration bei ihrer Betrachtung der Macht auf dem nachgelagerten Markt nicht deutlich macht, da sie nicht darauf eingeht, welche nachgelagerte Marktstufe betroffen ist, liegt darin ein wesentlicher Mechanismus der Wettbewerbsbeschränkung durch den gemeinsamen Einkauf der EBU.

Die Regeln des Eurovisionssystems bezwecken und bewirken damit eine Beschränkung des Wettbewerbs. Der Tatbestand des Art. 101 Abs. 1 AEUV ist erfüllt.

2046 Dies berücksichtigte bereits die Kommission in ihrer ersten EBU-Entscheidung im Jahr 1993, s. Entscheidung der Europäischen Kommission v. 11.6.1993 in der Sache IV/32.150 – EBU, ABl. EG L 179/23 v. 22.7.1993, Rn. 51. Kritisch ebenfalls Enßlin, ZEuP 2006, 380 (386).

2047 S. dazu sowie zu den damit einhergehenden Problemen Köhler (1977), S. 162 f.

2048 S. Köhler (1977), S. 141. Kritisch ebenfalls Enßlin, ZEuP 2006, 380 (386).

II. *Freistellung gem. Art. 101 Abs. 3 AEUV*

Der gemeinsame Einkauf von Fernsehrechten durch die EBU im Rahmen des Eurovisionssystems ist möglicherweise gem. Art. 101 Abs. 3 AEUV vom Kartellverbot freigestellt. Es gibt keine Gruppenfreistellungsverordnung für Einkaufsgemeinschaften[2049]. Die Frage der Freistellung vom Kartellverbot muss daher im Einzelfall geprüft werden. Art. 101 Abs. 3 AEUV wird heute trotz des Wortlauts der Norm als Legalausnahme verstanden[2050]. Einer Freistellungsentscheidung durch die Europäische Kommission bedarf es seit Inkrafttreten der Kartellverfahrensverordnung 1/2003[2051] nicht mehr (vgl. Art. 1 Abs. 2 VO 1/2003).

Um vom Kartellverbot freigestellt zu sein, müssten die EBU-Regeln betreffend das Eurovisionssystem kumulativ die vier Kriterien von Art. 101 Abs. 3 AEUV erfüllen. Hier geht es um die Frage, ob die wettbewerbsbeschränkende Vereinbarung positive wirtschaftliche Auswirkungen hat, die die Nachteile der Wettbewerbsbeschränkung aufwiegen. Die Praxis von Kommission und EuGH gibt zur Frage der Freistellungen von Einkaufskooperationen noch kein geschlossenes Bild ab[2052]. Bei sogenannten Kernbeschränkungen ist eine Freistellung aber von vornherein äußerst unwahrscheinlich[2053]. Bereits oben unter I. 5. b) aa) wurde jedoch festgestellt, dass das Eurovisionssystem keine Kernbeschränkungen enthält. Auch das Vorliegen einer dominanten Marktposition bei

---

2049 *Hirsbrunner* in: Schröter/Jakob/Klotz/Mederer, Art. 101 Fallgruppen, Rn. 561. Eine solche wurde durch die Kommission zwar angestrebt, scheiterte jedoch am Widerspruch des Parlaments, s. *Bunte* in: FK, Art. 101 Abs. 1, 3 Fallgruppen II.5., Rn. 19. Es handelt sich hier auch ersichtlich nicht um Technologietransfer-Vereinbarungen im Sinne von Art. 1 Abs. 1 lit. b) der GVO 772/2004 (Verordnung [EG] Nr. 772/2004 der Kommission vom 27. April 2004 über die Anwendung von Artikel 81 Absatz 3 EG-Vertrag auf Gruppen von Technologietransfer-Vereinbarungen, ABl. EU L 123/11 v. 27.4.2004).

2050 Emmerich, Kartellrecht, § 8, Rn. 8; *Beuthien* in: Beuthien/Wolff/Schöpflin, GenG, § 1, Rn. 151. Krit. dazu s. *Sturhahn* in: Loewenheim/Meessen/Riesenkampff, Art. 83 EG, Rn. 11 f.

2051 Verordnung (EG) Nr. 1/2003 des Rates vom 16. Dezember 2002 zur Durchführung der in den Artikeln 81 und 82 des Vertrags niedergelegten Wettbewerbsregeln, ABl. EG L 1/1 v. 4.1.2003, in Kraft getreten am 1.5.2004.

2052 *Bunte* in: FK, Art. 101 Abs. 1, 3 Fallgruppen II.5., Rn. 8, 21.

2053 Leitlinien zur Anwendung von Artikel 81 Absatz 3 EG-Vertrag, ABl. EU 101/104 v. 27.4.2004, Rn. 46; Emmerich, Kartellrecht, § 8, Rn. 16.

beteiligten Unternehmen führt nicht automatisch zum Ausschluss der Freistellung[2054]. Zur Bewertung der verschiedenen Faktoren findet eine wertende und gewichtende Abwägung statt. Auch für die hier anzuwendenden Kriterien hat die Europäische Kommission Leitlinien entwickelt, die die Rechtsprechung des EuGH widerspiegeln sowie ihre eigene Politik erläutern sollen[2055].

1. Effizienzgewinne

Die erste Voraussetzung von Art. 101 Abs. 3 AEUV ist, dass die wettbewerbsbeschränkende Vereinbarung zur besseren Warenerzeugung oder -verteilung oder zur Förderung des technischen oder wirtschaftlichen Fortschritts beiträgt. Die Vorschrift spricht zwar nur von Waren, ist aber analog auch auf Dienstleistungen anwendbar[2056]. Als Effizienzgewinn kommt jede Art ökonomischen Vorteils in Betracht. Diese Vorteile müssen objektiver Natur sein, kausal mit der jeweiligen Vereinbarung im Zusammenhang stehen und wirtschaftlich die Nachteile der Wettbewerbsbeschränkung aufwiegen[2057]. Als Effizienzgewinne kommen bei einer Einkaufsgemeinschaft insbesondere Kostensenkungen, ein breiteres Warenangebot sowie die Erschließung neuer Märkte in Betracht[2058].

a) Entscheidungen der Kommission zum Eurovisionssystem

Bei ihren beiden Untersuchungen der „EBU-Fälle“ hat die Europäische Kommission, wie (oben, 1. Abschnitt, G.) beschrieben, festgestellt, dass der gemeinsame Rechteerwerb durch die Bündelung der Verhandlungen zu einer Senkung

---

2054 Leitlinien zur Anwendung von Artikel 81 Absatz 3 EG-Vertrag, ABl. EU 101/104 v. 27.4.2004, Rn. 106; *Schuhmacher* in: Grabitz/Hilf/Nettesheim, Art. 101, Rn. 346 f.; Bellamy & Child, Rn. 3.019.

2055 Leitlinien zur Anwendung von Artikel 81 Absatz 3 EG-Vertrag, ABl. EU 101/97 v. 27.4.2004. Zur Funktion s. dort Rn. 7.

2056 Leitlinien zur Anwendung von Artikel 81 Absatz 3 EG-Vertrag, ABl. EU 101/104 v. 27.4.2004, Rn. 48.

2057 Leitlinien zur Anwendung von Artikel 81 Absatz 3 EG-Vertrag, ABl. EU 101/105 v. 27.4.2004, Rn. 51 ff.

2058 Entscheidung der Europäischen Kommission v. 15.9.1989 in der Sache IV/31.734 – Filmeinkauf deutscher Fernsehanstalten, Rn. 49, 53; *Braun* in: Langen/Bunte, Kartellrecht, Bd. 2, Nach Art. 101, Rn. 222; *Bunte* in: FK, Art. 101 Abs. 1, 3 Fallgruppen II.5., Rn. 21; *Hirsbrunner* in: Schröter/Jakob/Klotz/Mederer, Art. 101 Fallgruppen, Rn. 559; *Schroeder* in: Grabitz/Hilf/Nettesheim, Art. 101, Rn. 559 f. (= *Schroeder* in: Wiedemann, Hdb. KartR 1. Aufl., § 8, Rn. 71 f.); *Beuthien* in: Beuthien/Wolff/Schöpflin, GenG, § 1, Rn. 151; *Schroeder* in: Wiedemann, Hdb. KartR, § 8, Rn. 97 f.

der Transaktionskosten führt. Vorteile sieht sie insbesondere für kleinere EBU-Mitglieder auch in der Kompetenz und der Spezialisierung des Personals sowie in der Berücksichtigung der Belange aller Fernsehsender[2059]. Insgesamt werden nach Ansicht der Kommission aufgrund des gemeinsamen Rechteerwerbs mehr Sportereignisse von mehr Sendeanstalten übertragen, was zu einer Verbesserung des Vertriebs von Sportprogrammen führt[2060]. Neben dem gemeinsamen Rechteerwerb bringt auch die gemeinsame Nutzung der Eurovisionsrechte aus Sicht der Kommission Effizienzgewinne. Der Vertrieb werde verbessert, da die gemeinsame Nutzung der Rechte durch gegenseitige Ergänzung für mehr Präsenz von Veranstaltungen wie den Olympischen Spielen im Fernsehangebot sorgen könne[2061]. Zudem unterstütze die gemeinsame Nutzung des Signals die Entwicklung eines gemeinsamen europäischen Fernsehmarktes[2062]. Schließlich sah die Kommission aufgrund des Austauschs des Eurovisionssignals wiederum bedeutende Kosteneinsparungen[2063]. Das System der Solidarität führte nach ihrer Ansicht zu einer Verbesserung des Vertriebs von Sportprogrammen, da hierdurch insgesamt mehr Sportprogramme produziert und verwertet würden[2064].

b) Bewertung

Zwar wurden beide das Eurovisionssystem betreffende Kommissionsentscheidungen durch das EuG aufgehoben (vgl. oben, 1. Abschnitt, G.). Allerdings basieren die Aussagen der Kommission zur Frage der Effizienzgewinne auf

2059 Entscheidung der Europäischen Kommission v. 10.5.2000 in der Rs. IV/32.150 – Eurovision, ABl. EG L 151/31 v. 24.6.2000, Rn. 86.

2060 Entscheidung der Europäischen Kommission v. 10.5.2000 in der Sache IV/32.150 – Eurovision, ABl. EG L 151/31 v. 24.6.2000, Rn. 87; Entscheidung der Europäischen Kommission v. 11.6.1993 in der Sache IV/32.150 – EBU, ABl. EG L 179/33 v. 22.7.1993, Rn. 59.

2061 Entscheidung der Europäischen Kommission v. 10.5.2000 in der Rs. IV/32.150 – Eurovision, ABl. EG L 151/31 v. 24.6.2000, Rn. 88 f.; Entscheidung der Europäischen Kommission v. 11.6.1993 in der Sache IV/32.150 – EBU, ABl. EG L 179/33 v. 22.7.1993, Rn. 60.

2062 Entscheidung der Europäischen Kommission v. 11.6.1993 in der Sache IV/32.150 – EBU, ABl. EG L 179/33 f. v. 22.7.1993, Rn. 61.

2063 Entscheidung der Europäischen Kommission v. 11.6.1993 in der Sache IV/32.150 – EBU, ABl. EG L 179/34 v. 22.7.1993, Rn. 63, 65.

2064 Entscheidung der Europäischen Kommission v. 10.5.2000 in der Rs. IV/32.150 – Eurovision, ABl. EG L 151/31 v. 24.6.2000, Rn. 90; Entscheidung der Europäischen Kommission v. 11.6.1993 in der Sache IV/32.150 – EBU, ABl. EG L 179/34 v. 22.7.1993, Rn. 63.

Erwägungen, die im Zuge der Aufhebung der Entscheidungen nicht beanstandet wurden[2065], da das Gericht jeweils einen anderen Schwerpunkt setzte. Es gibt keinen Anlass, an der Richtigkeit der damals durch die Kommission ermittelten und zugrunde gelegten Tatsachen zu zweifeln. Vielmehr ist durch diese nachgewiesen, dass durch den gemeinsamen Einkauf der EBU Effizienzen in Form von Kostensenkungen entstehen. Dies wird in der Diskussion auch allgemein anerkannt[2066]. Daher spricht vieles dafür, dass die Regelungen des Eurovisionssystems tatsächlich kausal für objektive Effizienzgewinne i.S.d. Art. 101 Abs. 3 AEUV sind, die insbesondere kleineren EBU-Mitgliedern deutliche Vorteile bringen. Aus Sicht der EBU-Mitglieder spielt hier offenbar die Vermeidung des Einkaufs von Rechten über Sportrechte-Agenturen eine entscheidende Rolle. Sie sehen einen wesentlichen Vorteil darin, dass die Mitglieder der EBU durch das Eurovisionssystem in die Lage versetzt werden, Rechte nicht von Agenturen erwerben zu müssen, sondern mit diesen zu konkurrieren. So werde die Marge der Agenturen eingespart[2067].

Ein weiterer wichtiger Aspekt ist die Reichweite, die die EBU-Mitglieder mit den eingekauften Rechten erreichen. Da in der EBU nur Sendeunternehmen Mitglied werden können, die in ihrem Sendegebiet eine mindestens 98%-ige Reichweite besitzen und weil in der EBU Mitglieder aus allen Mitgliedstaaten der Europäischen Union vertreten sind, sichert der gemeinsame Rechteinkauf sowie die Weitergabe des Signals die flächendeckende Versorgung mit den erworbenen Sendeinhalten. Hierin ist ein Effizienzgewinn im Sinne einer Verbesserung des Vertriebs zu sehen. Welche Wichtigkeit diese Reichweite der EBU-Mitglieder für die Rechteanbieter hat, zeigte sich im Fall der Vergabe der Fernsehrechte für die Olympischen Spiele 2010 und 2012, bei der die EBU trotz eines niedrigeren Angebots den Zuschlag erhielt. Private Sendeanstalten hatten höhere Beträge geboten, das IOC begründete seine Entscheidung jedoch mit dem Streben nach der hohen Reichweite im frei empfangbaren Fernsehen, die nur die EBU bieten konnte[2068].

2065 *J.-B. Nordemann* in: Loewenheim/Meessen/Riesenkampff, § 1 GWB, Rn. 243.

2066 S. etwa Fikentscher, ZEuP 2006, 388 (397 f.); Heermann, ZEuP 2006, 337 (354 f.).

2067 Fikentscher, ZEuP 2006, 388 (397 f.); Fikentscher in: Jeanrenaud/Késenne, S. 73 f., 78, 88.

2068 Mestmäcker/Bulst/Zimmermann, ZEuP 2006, 335. Die hier auf Seiten der Rechteanbieter offenbar werdende Bevorzugung der Verwertung der Rechte im frei empfangbaren Fernsehen erklärt sich durch den Wunsch der Veranstalter nach möglichst breiter Präsentation des eigenen Produkts (s. etwa Graf, ZEuP 2006, 371). Dieser ist einerseits dem Kommunikationsinteresse des Veranstalters,

Im Hinblick auf die Wertung dieser Vorteile im Verhältnis zu den Nachteilen der Wettbewerbsbeschränkung fallen zunächst die besonders großen Vorteile für kleine Sendeunternehmen ins Gewicht. Es wurde im Rahmen der verschiedenen Verfahren mehrfach vorgebracht, dass kleine Sendeunternehmen außerhalb des Rahmens des Eurovisionssystems nicht die Möglichkeit hätten, an der Verwertung von Fernsehrechten an großen, massenattraktiven Sportveranstaltungen teilzunehmen. Vielmehr müssten sie die Rechte über eine Agentur erwerben[2069] oder versuchen, eine Unterlizenz von einem größeren Sender zu erhalten. Dies könnte ihre finanziellen und organisatorischen Möglichkeiten überschreiten. Insbesondere die Senkung der Transaktionskosten, etwa für die Aushandlung des Vertrages durch Rechtsanwälte, bedeutet für kleinere Sendeunternehmen eine wichtige Entlastung[2070]. Durch das Eurovisionssystem werden in jedem europäischen Staat Sendeanstalten in die Lage versetzt, wichtige internationale Sportwettkämpfe für ihre Zuschauer im Fernsehen zu übertragen. Die Erhöhung der Nachfragemacht kleinerer Unternehmen wird durch die Europäische Kommission durchaus als Effizienzgewinn positiv gewertet[2071]. Die Beteiligung vieler Unternehmen an einem Markt, der aufgrund seiner hohen Zutrittsschranken Gefahr laufen könnte, von wenigen großen Unternehmen unter sich aufgeteilt zu werden, ist ein Vorteil für den Wettbewerb, der hier ins Gewicht fällt. Dieser Vorteil für einige – nicht alle, vgl. oben I. 5. a) dd) (iii) – Mitglieder der EBU spricht im Rahmen der Abwägung nach Art. 101 Abs. 3 AEUV für wettbewerbsfördernde Aspekte des Eurovisionssystems.

Im Rahmen der Diskussion der Vorteile des Eurovisionssystems werden immer wieder auch Aspekte wie die bewährte Zuverlässigkeit der EBU und ihre finanzielle Solidität genannt, die die Sportverbände dazu bewögen, die Rechte lieber an die EBU zu verkaufen als an andere Akteure[2072]. Tatsächlich bietet die

---

andererseits aber auch seinen Werbe- und Sponsoringvereinbarungen geschuldet, die mit steigender Zuschauerzahl lukrativer werden. Diese Interessen sind durchaus wirtschaftlicher Natur, spielen aber im Rahmen der Freistellungsprüfung keine Rolle, da die Veranstalter selbst durch Aufteilung ihres Angebots in Rechte für frei empfangbares Fernsehen und andere Rechtepakete für Pay-TV darüber entscheiden, im Rahmen welches Geschäftsmodells ihre Veranstaltungen verwertet werden. Sind die Rechtepakete einmal auf dem Markt, zeigt sich die evtl. unterschiedliche Attraktivität der Pakete dann nur noch in der Höhe des Lizenzerlöses, der dafür erzielt werden kann.

2069 So Fikentscher in: Jeanrenaud/Késenne, S. 88.

2070 Fikentscher, ZEuP 2006, 388 (398).

2071 Emmerich, Kartellrecht, § 8, Rn. 45.

2072 S. etwa Fikentscher, ZEuP 2006, 388 (397); Heinemann, ZEuP 2006, 337 (340).

EBU im Wettbewerb um die Rechte den Sportverbänden eine bequeme One-Stop-Shop-Lösung und hat deshalb die erwähnten Vorteile. Dieser Aspekt mag auf Seiten der Verkäufer der Rechte durchaus relevant sein, doch handelt es sich dabei nicht um einen wirtschaftlichen Aspekt, der im Rahmen des Art. 101 Abs. 3 AEUV eine Rolle spielt. Bei der Prüfung der Freistellung der wettbewerbsbeschränkenden Vereinbarung wird vielmehr ausschließlich darauf geschaut, welche quantifizierbaren Vorteile in Form von Effizienzgewinnen durch Verbesserungen der Warenerzeugung oder -verteilung bzw. durch Förderung des technischen und wirtschaftlichen Fortschritts durch die Vereinbarung entstehen[2073]. Die bewährte und vertrauensvolle Zusammenarbeit der Marktteilnehmer ist hier – selbst im Hinblick auf die wirtschaftliche Leistungsfähigkeit eines Partners – kein Kriterium, solange sie sich nicht in entsprechenden messbaren Effizienzgewinnen niederschlägt, die auch an die nächste Marktstufe weitergegeben werden können.

Insgesamt ist aber davon auszugehen, dass im Rahmen des Eurovisionssystems den durch die Wettbewerbsbeschränkung verursachten Nachteilen in Form von Ausschlusseffekten und Marktabschottung nennenswerte Effizienzgewinne in Form von Kosteneinsparungen, Produktionssteigerungen und Verbesserungen des Vertriebs gegenüber stehen. Damit ist das erste Kriterium für eine Freistellung des Eurovisionssystems erfüllt.

2. Angemessene Beteiligung der Verbraucher

Die Freistellung des Eurovisionssystems erfordert gem. Art. 101 Abs. 3 AEUV weiterhin eine angemessene Beteiligung der Verbraucher an den beschriebenen Effizienzgewinnen. Die aus ihnen entstehenden Vorteile für die Verbraucher müssen die mit der Wettbewerbsbeschränkung verbundenen Nachteile zumindest aufwiegen[2074]. Auch hier wird also eine Wertung und Gewichtung vorgenommen. Dabei lässt es der EuGH genügen, dass die Mehrzahl der Verbraucher entsprechende Vorteile hat; nicht jeder einzelne Verbraucher muss erreicht werden[2075].

Wenn in diesem Zusammenhang von „Verbrauchern" die Rede ist, sind nicht lediglich Letztverbraucher gemeint. Vielmehr meint die Vorschrift alle Kunden der Vertragsparteien wie andere Unternehmen, Groß- und Einzelhändler sowie

2073 Emmerich, Kartellrecht, § 8, Rn. 17 ff.

2074 Leitlinien zur Anwendung von Artikel 81 Absatz 3 EG-Vertrag, ABl. EU 101/110 v. 27.4.2004, Rn. 85. Allg. krit., jedoch ohne Begründung *Schroeder* in: Wiedemann, Hdb. KartR, § 8, Rn. 98.

2075 EuGH Urt. v. 23.11.2006 in der Rs. C-238/05 – Asnef-Equifax, Rn. 70.

Endkunden[2076]. Je nachdem, auf welcher Marktstufe die wettbewerbsbeschränkende Vereinbarung getroffen wird, sind unterschiedliche Akteure als „Verbraucher“ i.S.d. Art. 101 Abs. 3 AEUV anzusehen. Im vorliegenden Fall sind daher mit Verbrauchern die Akteure auf den dem Rechteerwerb durch die Fernsehsender nachgelagerten Märkten gemeint. Dies sind sowohl Abonnenten von Pay-TV als Endkunden als auch die Unternehmen der Werbeindustrie, die Werbezeiten bei den Sendeanstalten einkaufen. Unter den Begriff der „Gewinne“ fallen alle Vorteile, die diesen Akteuren zugutekommen[2077].

a) Entscheidungen der Kommission zum Eurovisionssystem

In ihren Entscheidungen zum Eurovisionssystem hat die Kommission die europäischen Fernsehzuschauer als Verbraucher in den Blick genommen (vgl. oben, 1. Abschnitt, G.). Sie hat für diese große Vorteile im Hinblick auf Auswahl und Qualität bei den Sportprogrammen angenommen. Insbesondere für die Bewohner kleinerer Länder könne durch den gemeinsamen Rechteerwerb eine breitere Palette von Programmen angeboten werden, die auch mit einem Kommentar in der jeweiligen Landessprache übertragen werden könnten[2078]. Die gemeinsame Nutzung der Eurovisionsrechte bringe den Verbrauchern eine nahezu lückenlose Übertragung möglichst vieler Sportveranstaltungen bzw. Wettkämpfe[2079]. Auch der Austausch des Eurovisionssignals trage zu einer besonders guten Versorgung der Zuschauer mit Sportinhalten bei[2080]. Die Kostenvorteile, die die EBU-Mitglieder hätten, würden in den Erwerb anderer attraktiver Programme gesteckt, was wiederum dem Verbraucher zugutekomme[2081].

b) Bewertung

Die Frage der Weitergabe von Effizienzgewinnen an die Verbraucher wird von der Kommission in beiden Entscheidungen nur kurz geprüft. Ausführungen

---

2076 Leitlinien zur Anwendung von Artikel 81 Absatz 3 EG-Vertrag, ABl. EU 101/109 v. 27.4.2004, Rn. 84.

2077 EuG Urt. v. 15.7.1994 in der Rs. T-17/93 – Matra Hachette, Rn. 96 ff., 122.

2078 Entscheidung der Europäischen Kommission v. 10.5.2000 in der Sache IV/32.150 – Eurovision, ABl. EG L 151/31 v. 24.6.2000, Rn. 91; Entscheidung der Europäischen Kommission v. 11.6.1993 in der Sache IV/32.150 – EBU, ABl. EG L 179/35 v. 22.7.1993, Rn. 68.

2079 Entscheidung der Europäischen Kommission v. 10.5.2000 in der Sache IV/32.150 – Eurovision, ABl. EG L 151/31 v. 24.6.2000, Rn. 92.

2080 Entscheidung der Europäischen Kommission v. 10.5.2000 in der Sache IV/32.150 – Eurovision, ABl. EG L 151/31 v. 24.6.2000, Rn. 93.

2081 Entscheidung der Europäischen Kommission v. 11.6.1993 in der Sache IV/32.150 – EBU, ABl. EG L 179/35 v. 22.7.1993, Rn. 68.

zur Gewichtung der Vorteile für die Verbraucher gegenüber den Nachteilen, die durch die Wettbewerbsbeschränkung entstehen könnten, macht sie nicht. Auch geht sie nicht auf die verschiedenen Gruppen von „Verbrauchern" ein, die hier profitieren könnten. In der Literatur wird argumentiert, nur das Eurovisionssystem könne eine vollständige europaweite Versorgung der Zuschauer mit qualitativ hochwertigen Sportsendungen sicherstellen[2082]. Für eine hinreichende Weitergabe der Vorteile in Form der Verbesserung des Vertriebs sowie der erweiterten Produktpalette würde in der Tat sprechen, dass diese Vorteile in Form einer größeren Auswahl an Sendungen unmittelbar bei den Fernsehzuschauern ankommen[2083].

Weiterhin wird argumentiert, der Fernsehzuschauer habe bedeutende Vorteile davon, wenn die werbefinanzierten Sendeanstalten die Marge der Rechteagenturen (die durch das Eurovisionssystem eingespart werde) nicht über Werbung und Sponsoring wieder einwerben müssten[2084]. Dies scheint nicht unmittelbar einleuchtend. Wenn als „Verbraucher" im Sinne des Art. 101 Abs. 3 AEUV zunächst die nachgelagerte Marktstufe in den Blick zu nehmen ist, wäre die Einsparung der Agenturkosten durch die Sendeanstalten für die Werbewirtschaft im Gegenteil als Nachteil in Form eines geringeren Refinanzierungsbedarfs der Sendeanstalten, also eines kleineren Marktes für Ihre Angebote in Form von Werbung und Sponsoring, zu sehen. Der Fernsehzuschauer mag weniger Werbung im Zusammenhang mit einer Sportsendung durchaus als Vorteil ansehen[2085]. Allerdings sind die Werbezeiten bei den hier betroffenen[2086] öffentlich-rechtlichen Sendern ohnehin eingeschränkt – und werden gerade bei den hoch attraktiven Übertragungen internationaler Sportwettkämpfe in aller Regel voll ausgeschöpft. Für den Zuschauer einer Sportsendung ändert sich daher zunächst einmal nichts dadurch, dass der Sender die Rechte günstiger hat einkaufen können. Anders ist das nur bei Pay-TV-Abonnenten, an die ein Kostenvorteil durchaus weitergegeben werden kann. Da die EBU-Mitglieder ihren Schwerpunkt jedoch im frei empfangbaren Fernsehen setzen[2087], fällt dieser Aspekt weniger

2082 Fikentscher, ZEuP 2006, 388 (397, 398); Fikentscher in: Jeanrenaud/Késenne, S. 90.

2083 Entscheidung der Europäischen Kommission v. 15.9.1989 in der Sache IV/31.734 – Filmeinkauf deutscher Fernsehanstalten, Rn. 54.

2084 Fikentscher in: Jeanrenaud/Késenne, S. 91.

2085 Vgl. oben, 2. Abschnitt, C. I. 2. a) bb).

2086 S. Fikentscher in: Jeanrenaud/Késenne, S. 81, 91.

2087 S. Regulation on Detailed Membership Criteria under Article 3.6 of the EBU Statutes (in force since June 2013), abrufbar unter: www3.ebu.ch/files/live/sites/ebu/

stark ins Gewicht. Überzeugender ist im Hinblick auf die Weitergabe von Kosteneinsparungen das Argument, die Sender könnten dadurch höhere Beträge für den Ankauf anderer attraktiver Sendeinhalte erübrigen, wodurch insgesamt die Attraktivität des Programms gesteigert werde. Dies kommt in der Tat sowohl den Zuschauern als auch der Werbeindustrie zugute.

Wichtig erscheint auch die Überlegung, ob andere erreichte Effizienzgewinne tatsächlich an die nächste Marktstufe weitergegeben werden. Dies ist umso wahrscheinlicher, je mehr Wettbewerb zwischen den Mitgliedern der Einkaufsgemeinschaft und zwischen ihnen und anderen Akteuren auf dem nachgelagerten Markt besteht[2088]. Oben[2089] wurde bereits festgestellt, dass die Mitglieder der EBU auf den nachgelagerten Märkten durchaus nennenswerte Marktanteile besitzen, was die Wahrscheinlichkeit der Weitergabe der Vorteile zunächst geringer erscheinen lässt. An dieser Stelle kommt es jedoch nicht auf allgemeine Regeln, sondern auf eine konkrete Abwägung und auf die Beurteilung des vorliegenden Falles an. Hier ist dem Eurovisionssystem zugute zu halten, dass es die entstehenden Vorteile in Form von Angebotsvielfalt und Vertriebsverbesserungen unmittelbar an die nächste Marktstufe weitergibt. Es stellt effektiv sicher, dass alle EBU-Mitglieder in der Lage sind, ihren Zuschauern attraktive Sportveranstaltungen anzubieten. Dies geht mit einer Einbettung in das jeweilige Programm und einer Kommentierung in der jeweiligen Landessprache einher. Das bringt Vorteile für die „Verbraucher“ in Gestalt der Pay-TV-Abonnenten sowie für die Werbepartner, denen entsprechende Werbezeiten angeboten werden können.

Die Vorteile in Angebot und Vertrieb wiegen hier schwerer als die Kostenvorteile, da sie in größerem Maße direkt an die nächste Marktstufe weitergegeben werden können. Insgesamt wiegt die flächendeckende Versorgung des Marktes mit attraktiven Sportsendungen schwer genug, um die beschriebenen Wettbewerbsnachteile aufzuwiegen.

---

files/About/Governance/Regulation%202013_EN.pdf (zuletzt aufgerufen am 11.8.2014), lit. 5.1.

2088 Entscheidung der Europäischen Kommission v. 9.7.1980 in der Sache IV/27.958 – National Sulphuric Acid Association I, Rn. 47; Leitlinien zur Anwendung von Artikel 81 Absatz 3 EG-Vertrag, ABl. EU 101/111 v. 27.4.2004, Rn. 97; Leitlinien zur Anwendbarkeit von Artikel 101 des Vertrags über die Arbeitsweise der Europäischen Union auf Vereinbarungen über horizontale Zusammenarbeit, ABl. EU C 11/1 v. 14.1.2011, Rn. 219; Bellamy & Child, Rn. 3.058.

2089 Unter I. 5. a) dd) (iii).

3. Verhältnismäßigkeit

Weiterhin verlangt Art. 101 Abs. 3 lit. a) AEUV, dass die wettbewerbsbeschränkende Vereinbarung den beteiligten Unternehmen lediglich Beschränkungen auferlegt, die zur Erreichung der jeweiligen Ziele unerlässlich sind. Dieses Erfordernis führt zu einer Verhältnismäßigkeitsprüfung, bei der ermittelt werden muss, ob die erreichten Effizienzgewinne auch ohne die Vereinbarung oder evtl. durch weniger starke Beschränkungen erreicht werden können. Diese Prüfung bezieht sich sowohl auf die gesamte Vereinbarung als auch auf alle Wettbewerbsbeschränkungen, die sich aus der Vereinbarung ergeben[2090]. Sie bedarf der hypothetischen Betrachtung der wahrscheinlichen Situation, die ohne die Vereinbarung vorliegen würde, sowie einer Einschätzung der Chancen für Effizienzgewinne ohne einzelne oder die gesamte Vereinbarung. Auch die hypothetische vergleichende Betrachtung alternativer, weniger wettbewerbsbeschränkender Maßnahmen kann erforderlich werden, wenn solche sich anbieten[2091]. Eine Wettbewerbsbeschränkung ist in den Worten der Kommission unerlässlich, wenn ohne sie die sich aus der Vereinbarung ergebenden Effizienzgewinne beseitigt oder erheblich geschmälert würden oder die Wahrscheinlichkeit zurückgehen würde, dass sich diese Effizienzgewinne realisieren. Je ausgeprägter die Wettbewerbsbeschränkung, desto strenger muss hier geprüft werden[2092].

a) Entscheidungen der Kommission und des EuG zum Eurovisionssystem

In ihrer ersten Entscheidung über das Eurovisionssystem aus dem Jahr 1993 hielt die Kommission alle Regelungen des Systems für unerlässlich, um die beschriebenen Vorteile zu erreichen, s. oben, 1. Abschnitt, G. Dabei legte sie besonderen Wert auf das Solidarsystem der EBU, das sie nur bei Sendeanstalten mit öffentlichem Programmauftrag und den weiteren für eine Mitgliedschaft in der EBU erforderlichen Kriterien für darstellbar hielt[2093]. Sie betrachtete dabei einerseits die Regelungen der EBU betreffend die gemeinsamen Verhandlungen über den Rechteerwerb sowie zum Rechteerwerb selbst. Andererseits setzte sie sich mit

---

2090 Leitlinien zur Anwendung von Artikel 81 Absatz 3 EG-Vertrag, ABl. EU 101/107 f. v. 27.4.2004, Rn. 74, 78.

2091 Leitlinien zur Anwendung von Artikel 81 Absatz 3 EG-Vertrag, ABl. EU 101/108 v. 27.4.2004, Rn. 75 f.

2092 Leitlinien zur Anwendung von Artikel 81 Absatz 3 EG-Vertrag, ABl. EU 101/108 v. 27.4.2004, Rn. 79.

2093 Entscheidung der Europäischen Kommission v. 11.6.1993 in der Sache IV/32.150 - EBU, ABl. EG L 179/23 v. 22.7.1993, Rn. 72 ff.

den Beschränkungen der Mitgliedschaft[2094] in der EBU auseinander. Weiterhin maß sie dem öffentlich-rechtlichen Programmauftrag der EBU-Mitglieder einen hohen Stellenwert bei[2095]. Diese Prüfung erachtete das EuG in seiner Entscheidung aus dem Jahr 1996 im Hinblick auf die Beschränkungen der Mitgliedschaft in der EBU jedoch als nicht hinreichend und im Übrigen als teilweise fehlerhaft (vgl. oben, 1. Abschnitt, G.).

Zu Zeiten dieser Entscheidungen war noch die Fassung der Mitgliedschaftsregeln vom 9.2.1988 – ergänzt durch Leitlinien zur Auslegung vom 12.8.1992 – in Kraft, die das EuG in seiner EBU-Entscheidung von 1996 als zu unbestimmt disqualifizierte. Das EuG bemängelte, dass die Regeln im Wesentlichen auf nicht bezifferte quantitative Merkmale abstellten, wenn es um die Fähigkeit eines potentiellen Mitglieds zur Versorgung der Bevölkerung, sein Programm und die Produktion von Sendungen gehe[2096]. In ihrer Entscheidung vom 10.5.2000 ging die Europäische Kommission davon aus, dass die damals gültigen Regeln von 1998 (in Kraft seit 3.4.1998) durch zusätzliche quantitative Kriterien zur Präzisierung der Voraussetzungen soweit verbessert worden waren, dass sie hinreichend bestimmt waren[2097]. Sie bezweifelte gleichzeitig, dass diese Regeln überhaupt wettbewerbsbeschränkend seien[2098]. Auf ihre Unerlässlichkeit ging sie daher nicht mehr ein.

b) Bewertung

Es ist in der Tat wahrscheinlich, dass die Vorteile im Hinblick auf Programmvielfalt und flächendeckende Versorgung ohne die Regeln zum gemeinsamen Einkauf nicht in dieser Weise erreichbar wären. Auch die Senkung der Transaktionskosten ist direkte Folge der gemeinsamen Verhandlungen. Insofern können die diesen Vorteilen zugrunde liegenden Vereinbarungen als unerlässlich angesehen werden. Fraglich bleibt jedoch, ob andere Regelungen, die Teil des

---

2094 Die Frage der Mitgliedschaft in der EBU spielte in einer weiteren Entscheidung der Europäischen Kommission eine wichtige Rolle, die im Zusammenhang mit dem EBU-System steht, s. Entscheidung der Europäischen Kommission v. 19.2.1991 in der Sache IV/32.524 – Screensport, ABl. EG L 63/32 v. 9.3.1991.

2095 S. Lefever (2012), S. 169. Kritisch Enser, [1993] 6 Ent. L.R. 193 (196).

2096 EuG Urt. v. 11.7.1996 in den Rs. T-528/93, T-542/93, T-543/93 und T-546/93 – EBU, Rn. 97.

2097 Entscheidung 2000/400/EG der Kommission v. 10.5.2000 in der Sache IV/32.150 – Eurovision, ABl. EG L 151/28 v. 24.6.2000, Rn. 70.

2098 Entscheidung 2000/400/EG der Kommission v. 10.5.2000 in der Sache IV/32.150 – Eurovision, ABl. EG L 151/28 v. 24.6.2000, Rn. 68.

wettbewerbsbeschränkenden Eurovisionssystems sind, ebenfalls unerlässlich sind, um diese Vorteile zu erreichen. In diesem Zusammenhang sind die Mitgliedschaftsregeln der EBU in den Blick zu nehmen. Dabei sollen die heute geltenden Bestimmungen beurteilt werden.

Zunächst sind die Regeln zur Mitgliedschaft in der EBU als Teil des wettbewerbsbeschränkenden Eurovisionssystems zu betrachten[2099], da die Mitgliedschaft in der EBU entscheidend dafür ist, ob ein Sendeunternehmen von den Vorteilen des gemeinsamen Rechteerwerbs und der damit verbundenen Weitergabe des Sendesignals profitieren kann[2100]. Der enge Zusammenhang zeigt sich schon daran, dass die „EBU-Entscheidungen" von Kommission und EuG dadurch ausgelöst wurden, dass gescheiterte Mitgliedschaftsanwärter im Hinblick auf das Eurovisionssystem versuchten, bei Kommission und EuG ihre Aufnahme in die EBU zu erreichen (vgl. oben, 1. Abschnitt, G.). Durch die fehlende Möglichkeit für Wettbewerber der EBU-Mitglieder, am Eurovisionssystem teilzunehmen und dessen Vorteile zu genießen, entsteht eine Wettbewerbsverzerrung[2101]. Unbestimmte Regeln für die Mitgliedschaft würden dabei eine Diskriminierung ermöglichen, die unzulässig in den Wettbewerb eingriffe. Aus diesen Gründen sind auch die Mitgliedschaftsregeln der EBU im Rahmen der Freistellung gem. Art. 101 Abs. 3 AEUV zu prüfen[2102].

aa) Bestimmtheit der Aufnahmeregeln

Fraglich ist nun, ob die aktuellen Mitgliedschaftsregeln diskriminierungsfrei angewendet werden können. Die heute gültigen Aufnahmeregeln der neuen Statuten sowie die Regelung zu detaillierten Mitgliedschaftsbedingungen[2103]

2099 So auch EuG Urt. v. 11.7.1996 in den Rs. T-528/93, T-542/93, T-543/93 und T-546/93 – EBU, Rn. 95.

2100 Nur ein aktives Mitglied kann am Eurovisionssystem teilnehmen, assoziierten Mitgliedern ist dies verwehrt, s. Informationen der EBU abrufbar unter: http://www.ebu.ch/en/ebu_members/admission/index.php (zuletzt aufgerufen am 11.8.2014).

2101 Heinemann, ZEuP 2006, 337 (369).

2102 Dies tat auch die Kommission, s. Entscheidung der Europäischen Kommission v. 11.6.1993 in der Sache IV/32.150 – EBU, ABl. EG L 179/23 v. 22.7.1993, Rn. 72 ff.

2103 Regulation on Detailed Membership Criteria under Article 3.6 of the EBU Statutes (in force since June 2013), abrufbar unter: www3.ebu.ch/files/live/sites/ebu/files/About/Governance/Regulation%202013_EN.pdf (zuletzt aufgerufen am 11.8.2014).

gelten seit Juni 2013[2104]. Dass sie auch heute noch von dem Willen getragen sind, grundsätzlich nur öffentlich-rechtliche Sendeanstalten als Mitglieder der EBU zuzulassen, zeigt sich bereits in Art. 3.2. der EBU-Statuten, wo es heißt, dass Mitgliedsorganisationen einen öffentlich-rechtlichen Sendeauftrag ausfüllen müssen[2105]. Im Folgenden werden die quantitativen und qualitativen Kriterien für die Mitgliedschaft sowie in Art. 3.7. die Pflichten aktiver Mitglieder näher erläutert. In der Regelung zu detaillierten Mitgliedschaftskriterien werden Zahlen genannt, um etwa die erforderliche Reichweite des Senders[2106] oder die Anzahl der verschiedenen Sportarten und Übertragungszeiten für diese im Programm des Beitrittskandidaten[2107] zu definieren. Wo die Statuten eher allgemeine qualitative Kriterien wie ein Programm von nationalem Charakter und nationaler Bedeutung festlegen, sorgt die Regulation on Detailed Membership Criteria ausführlicher für Klarheit[2108]. Offene Begriffe werden erläutert und teilweise genau quantifiziert[2109]. Insgesamt weisen die Regeln einen hohen Grad an Präzision auf. Sie scheinen durchaus objektive und transparente Kriterien dafür zu bieten, welche Sendeanstalten als Mitglieder der EBU in Frage kommen[2110]. Es wird in Art. 3.3. EBU-Statuten auch deutlich, dass die Mitgliedschaft in der EBU jedem Sender, der die Kriterien kumulativ erfüllt, offensteht. Dafür spricht, dass die EBU inzwischen auch einzelne private Rundfunkveranstalter aufgenommen hat[2111]. Daher ist davon auszugehen, dass die Aufnahmeregeln diskriminierungsfrei angewendet werden können.

2104 Die Fassung von 2013 trat am 28.6.2013 in Kraft und folgt auf die Fassung vom Dezember 2009 (Inkrafttreten 3.12.2009).

2105 In der Vorgängerfassung war eine inhaltlich ganz ähnliche Regelung in lit. 1 der „Regulation under Article 3§4 of the EBU Statutes" zur Auslegung von Art. 3§3 EBU-Statuten (2009) niedergelegt.

2106 Regulation on Detailed Membership Criteria under Article 3.6 of the EBU Statutes, lit. 5.

2107 Regulation on Detailed Membership Criteria under Article 3.6 of the EBU Statutes, lit 3.

2108 Regulation on Detailed Membership Criteria under Article 3.6 of the EBU Statutes, lit 2 ff.

2109 S. Regulation on Detailed Membership Criteria under Article 3.6 of the EBU Statutes, lit 5.1.

2110 Ebenso zur inhaltsgleichen Vorgängerfassung Hellwig (2009), Rn. 352; Heinemann, ZEuP 2006, 337 (370).

2111 Mestmäcker/Bulst/Zimmermann, ZEuP 2006, 335 (336).

bb) Unerlässlichkeit der Aufnahmeregeln

Weiterhin ist fraglich, ob diese Regeln unerlässlich für die Vorteile des Eurovisionssystems sind. Die Mitgliedschaftsregeln stellen insbesondere auf Kriterien ab, die eine maximale Reichweite der Sender im jeweiligen Sendeland sowie im Sportbereich ein vielfältiges Programmangebot sichern sollen. Diese Regelungen sind für die durch das Eurovisionssystem erreichte flächendeckende Versorgung der Märkte mit attraktiven Sportinhalten wesentlich. Die Regeln, die die eigene Produktion von Sendeinhalten betreffen, sollen sicherstellen, dass die EBU-Mitglieder aktiv am Solidarsystem und dem Austausch des Sendesignals teilnehmen können. Auch dies ist ein wichtiger Faktor bei der Sicherstellung der Vertriebsverbesserungen. Zwar zeigen die EBU-Aufnahmeregeln deutlich, dass sie eigentlich auf öffentlich-rechtliche Sendeanstalten ausgerichtet sind und ursprünglich Private ausschließen sollten. Nicht jedes einzelne Kriterium dient auch den Effizienzgewinnen des Eurovisionssystems – was daran liegt, dass die EBU auch andere Ziele verfolgt. Insgesamt ist jedoch zu erkennen, dass die durch das Eurovisionssystem erreichten Vorteile beim Vertrieb und der flächendeckenden Versorgung mit Sendeinhalten ohne die wesentlichen Aufnahmekriterien der EBU nicht zuverlässig erreicht werden könnten. Wären die teilnehmenden Sendeanstalten beispielsweise nur regionale Versorger oder böten sie kein Programm, das entsprechende Anteile an Sportsendungen zuließe, könnte die flächendeckende Versorgung nicht gewährleistet werden. Auch bei den Verhandlungen um den Erwerb der Rechte könnten sie nicht mit dem nötigen Gewicht auftreten, da sie den Sportveranstaltern keine vergleichbare Reichweite ihrer Inhalte bieten könnten. Die Vorteile in Form von Kosteneinsparungen wären dadurch ebenfalls gefährdet. Die EBU-Mitgliedschaftsregeln sind somit als Teil der Eurovisionsregelung unerlässlich für das Erreichen der beschriebenen Vorteile.

cc) Abgrenzung zwischen Art. 101 Abs. 3 AEUV und Art. 106 Abs. 2 AEUV

Im Rahmen ihrer ersten Entscheidung in Sachen EBU[2112] hat die Europäische Kommission wiederholt die besondere Rolle öffentlich-rechtlicher Rundfunkanstalten hervorgehoben[2113]. Sie erkannte zwar, dass Art. 106 Abs. 2 AEUV im Hinblick auf das Eurovisionssystem nicht zur Anwendung kommt[2114]. Das EuG

2112 Entscheidung der Europäischen Kommission v. 11.6.1993 in der Sache IV/ 32.150 – EBU, ABl. EG L 179/23 v. 22.7.1993.

2113 S. Aufzählung in EuG Urt. v. 11.7.1996 in den Rs. T-528/93, T-542/93, T-543/93 und T-546/93 – EBU, Rn. 115.

2114 Entscheidung der Europäischen Kommission v. 11.6.1993 in der Sache IV/ 32.150 – EBU, ABl. EG L 179/36 v. 22.7.1993, Rn. 78 f.

befand aber in seiner Aufhebungsentscheidung von 1996, sie habe im Zusammenhang mit der Prüfung der Unerlässlichkeit der Beschränkung zu großes Gewicht auf diese Kriterien gelegt, ohne dafür eine entsprechende Tatsachengrundlage dargelegt zu haben[2115].

Wesentlich ist hier die systematische Abgrenzung zwischen der Bewertung des Sachverhalts anhand der Kriterien des Art. 101 Abs. 3 AEUV und der Frage nach der Möglichkeit einer Vertragsdurchbrechung durch privilegierte Unternehmen gem. Art. 106 Abs. 2 AEUV. Diese Abgrenzung ist der Europäischen Kommission in der EBU-Entscheidung von 1993 nicht gelungen. Während der Freistellungstatbestand des Art. 101 Abs. 3 AEUV im konkreten Einzelfall dafür sorgen soll, dass im Interesse möglichst störungsfreien Wettbewerbs die positiven und negativen wirtschaftlichen Faktoren einer wettbewerbsbeschränkenden Vereinbarung gegeneinander abgewogen werden, hat Art. 106 Abs. 2 AEUV eine ganz andere Funktion[2116]. Die Vorschrift soll einen Ausgleich zwischen dem Kartellrecht und legitimen Interessen der Mitgliedstaaten an der Erfüllung von Aufgaben im öffentlichen Interesse schaffen[2117]. Sie ist im Kontext des Umgehungsverbots in Art. 106 Abs. 1 AEUV zu sehen[2118] und stellt eine grundsätzlich eng auszulegende Ausnahmevorschrift dar[2119]. Hier können unterschiedlichste Belange des öffentlichen Interesses eine Rolle spielen. Der Freistellungstatbestand dient dagegen den Belangen des Wettbewerbs und berücksichtigt lediglich ökonomische Kriterien[2120]. Die Tatsache allein, dass im Einzelfall ähnliche Kriterien evtl. für eine Privilegierung eines Unternehmens im Rahmen des Art. 106 Abs. 2 AEUV herangezogen werden können, darf keinen Einfluss auf die Beurteilung der Freistellung haben. Vielmehr wäre bei einer Berücksichtigung dieser Faktoren im Rahmen der Prüfung der Freistellung konsequenter Weise auch eine umfassende Abwägung aller das Unternehmen betreffenden Aspekte erforderlich, nicht nur der Aspekte, die für die Privilegierung nach Art. 106

2115 EuG Urt. v. 11.7.1996 in den Rs. T-528/93, T-542/93, T-543/93 und T-546/93 – EBU, Rn. 115 ff.

2116 Frey, ZUM 1999, 528 (531). Ebenfalls ablehnend Schimke in: Schimke (1996), S. 35. S. allgemein Dörr/Haus, JuS 2001, 313 (318 f.).

2117 EuGH Urt. v. 23.10.1997 in der Rs. C-159/94 – Kommission/Frankreich, Rn. 55; EuGH Urt. v. 19.3.1991 in der Rs. C-202/88 – Frankreich/Kommission, Rn. 12.

2118 Emmerich, Kartellrecht, § 19, Rn. 30.

2119 Emmerich, Kartellrecht, § 19, Rn. 33.

2120 Trafkowski, (2002), S. 126; Frey, ZUM 1999, 528 (530).

Abs. 2 AEUV eine Rolle spielen[2121]. Wollte die Kommission also im Rahmen der Freistellungsprüfung den öffentlich-rechtlichen Auftrag der EBU-Mitglieder prüfen, hätte dies zum einen lediglich nach wirtschaftlichen Kriterien geschehen müssen und zum anderen die Gebührenfinanzierung dieser Anstalten und alle weiteren wirtschaftlichen Aspekte dieser Frage mit einbeziehen müssen. Die einseitige Betonung des Auftrags der Sendeanstalten ist im Rahmen der Prüfung der Voraussetzungen des Art. 101 Abs. 3 AEUV fehlerhaft.

c) Ergebnis

Es ist somit festzustellen, dass eine besondere Berücksichtigung der Aufgaben, die viele EBU-Mitglieder im öffentlichen Interesse wahrnehmen, weder erforderlich ist noch zulässig wäre. Daher genügt die Feststellung der Bestimmtheit und Unerlässlichkeit der EBU-Aufnahmeregeln sowie der Unerlässlichkeit der Regeln betreffend den gemeinsamen Einkauf von Sportübertragungsrechten für die Feststellung der Verhältnismäßigkeit des Eurovisionssystems im Sinne des Art. 101 Abs. 3 lit. a) AEUV.

4. Keine Ausschaltung des Wettbewerbs

Schließlich verlangt Art. 101 Abs. 3 lit. b) AEUV für eine Freistellung, dass die Vereinbarung den beteiligten Unternehmen keine Möglichkeit eröffnet, für einen wesentlichen Teil der betreffenden Waren den Wettbewerb auszuschließen. Auf dem betreffenden Markt muss ein wirksamer Wettbewerb bestehen bleiben[2122]. Mit diesem Erfordernis wird der Vorrang des Wettbewerbs vor sich möglicherweise aus Wettbewerbsbeschränkungen ergebenden wettbewerbsfördernden Effizienzgewinnen gesichert[2123]. Der Wettbewerb soll trotz Beschränkung im Kern bestehen bleiben und auch nachhaltig gesichert werden.

Für die Beantwortung der Frage, ob auf dem relevanten Markt bei Wirksamkeit der Vereinbarung noch Wettbewerb besteht, kommt es zunächst entscheidend auf die Marktanteile der beteiligten Unternehmen auf dem relevanten Markt an. Weiterhin sind die Marktverhältnisse zu betrachten. Herrscht ohnehin nur schwacher Wettbewerb, können auch weniger massive Beschränkungen

---

2121 So auch EuG Urt. v. 11.7.1996 in den Rs. T-528/93, T-542/93, T-543/93 und T-546/93 - EBU, Rn. 121.

2122 Mestmäcker/Schweitzer (2004), § 13, Rn. 68.

2123 Leitlinien zur Anwendung von Artikel 81 Absatz 3 EG-Vertrag, ABl. EU 101/113 v. 27.4.2004, Rn. 105.

bereits zur Ausschaltung des Wettbewerbs führen[2124]. Es muss untersucht werden, wie die Vereinbarung den Wettbewerbsdruck auf dem Markt verändert[2125]. Neben dem tatsächlichen ist auch auf den potentiellen Wettbewerb, also auf die Marktzutrittsmöglichkeiten neuer Wettbewerber, abzustellen[2126].

a) Entscheidungen der Kommission und des EuG zum Eurovisionssystem

aa) Entscheidungen der Kommission

In ihren beiden Entscheidungen zum Eurovisionssystem sah die Kommission keine Möglichkeit der EBU-Mitglieder zur Ausschaltung des Wettbewerbs (vgl. oben, 1. Abschnitt, G.). Dies begründete sie damit, dass die Eurovisionsregeln zum gemeinsamen Rechteerwerb lediglich internationale Sportereignisse beträfen, nicht aber die nationalen, die den größten Teil des Marktes ausmachten[2127]. Weiterhin sei die EBU dem Wettbewerb ausgesetzt, was sich auch daran zeige, dass sie während der letzten Jahre Marktanteile verloren habe[2128]. Die Vergabe von Unterlizenzen im Rahmen der Zugangsregeln für Nichtmitglieder sorgten dafür, dass eine Ausschaltung des Wettbewerbs auch durch die übrigen Eurovisionsregeln unmöglich sei[2129].

bb) Entscheidung des EuG

Das EuG setzte sich mit der Frage der Ausschaltung des Wettbewerbs in seiner zweiten Entscheidung zum Eurovisionssystem auseinander. Es hob die Entscheidung der Kommission aus dem Jahr 2000 auf (vgl. oben, 1. Abschnitt, G.), weil es die damaligen Zugangsregeln für Nichtmitglieder nicht als ausreichend ansah,

---

2124 Leitlinien zur Anwendung von Artikel 81 Absatz 3 EG-Vertrag, ABl. EU 101/113 v. 27.4.2004, Rn. 107.

2125 *Beuthien* in: Beuthien/Wolff/Schöpflin, GenG, § 1, Rn. 151.

2126 Leitlinien zur Anwendung von Artikel 81 Absatz 3 EG-Vertrag, ABl. EU 101/113 v. 27.4.2004, Rn. 109 ff. S. dazu auch *Roth/Ackermann* in: FK, Art. 81 Abs. 1 Grundfragen, Rn. 262 f.; *Emmerich* in: Immenga/Mestmäcker, EU/1, Art. 101 Abs. 1, Rn. 122 ff.; *Schröter* in: von der Groeben/Schwarze, Art. 81 EG, Rn. 96 ff.

2127 Entscheidung der Europäischen Kommission v. 10.5.2000 in der Sache. IV/32.150 – Eurovision, ABl. EG L 151/32 v. 24.6.2000, Rn. 101; Entscheidung der Europäischen Kommission v. 11.6.1993 in der Sache IV/32.150 – EBU, ABl. EG L 179/36 v. 22.7.1993, Rn. 77.

2128 Entscheidung der Europäischen Kommission v. 10.5.2000 in der Sache. IV/32.150 – Eurovision, ABl. EG L 151/32 v. 24.6.2000, Rn. 101.

2129 Entscheidung der Europäischen Kommission v. 10.5.2000 in der Sache. IV/32.150 – Eurovision, ABl. EG L 151/33 v. 24.6.2000, Rn. 102 ff.

um die Gefahr der Ausschaltung des Wettbewerbs tatsächlich zu bannen[2130]. Dabei prüfte es die Eignung der Zugangsregeln für Nichtmitglieder zur Verhinderung der Ausschaltung des Wettbewerbs.

Aus diesen Regeln ergab sich, dass Dritte nur Zugang zu solchen EBU-Rechten bekommen konnten, die nicht von EBU-Mitgliedern selbst genutzt werden sollten. Sobald sich ein EBU-Mitglied die Live-Übertragung der Mehrheit der Wettbewerbe eines Sportereignisses vorbehielt, waren die Nichtmitglieder sogar von Live-Lizenzen an denjenigen Wettbewerben des Ereignisses ausgeschlossen, die das Mitglied selbst nicht live übertrug[2131]. Das EuG illustrierte diese Sachlage anhand des Falles der Klägerin SIC, die erfolglos versucht hatte, von dem EBU-Mitglied Radiotelevisão Portuguesa SA (RTP) Unterlizenzen für die Live-Ausstrahlung von Spielen der Fußball-Weltmeisterschaft 1994 im frei empfangbaren Fernsehen zu bekommen, die RTP selbst gar nicht live ausstrahlen wollte. RTP verweigerte die Unterlizenzierung mit dem Argument, dass sie selbst immerhin 47 von 52 Spielen live ausstrahlen würde[2132].

Das Gericht erkannte keinerlei Rechtfertigung für die Beschränkung des Zugangs zu ungenutzten Rechten[2133]. Es betrachtete die aus dieser Regelung resultierende Wettbewerbsbeschränkung als besonders einschneidend, weil gerade die Live-Übertragungen für private Fernsehsender wirtschaftlich interessant seien, eben diese Rechte jedoch ungenutzt verfielen. Auch im Hinblick darauf, dass sich diese Unternehmen ausschließlich durch Werbung und Sponsoring finanzierten, seien Rechte an Aufzeichnungen der Veranstaltungen wirtschaftlich so gut wie gar nicht interessant, da ein Großteil des Publikums nur dann an der Übertragung interessiert sei, wenn das Ergebnis des Wettkampfs noch unbekannt sei[2134]. Als weiteres Hemmnis bei der Ermöglichung des Zugangs zu Eurovisionsrechten für Dritte benannte das Gericht eine offenbar zögerliche Informationspraxis der EBU, die es Nichtmitgliedern erschwere, im Hinblick auf bevorstehende Sportereignisse die notwendigen

2130 EuG Urt. v. 8.10.2002 in den verb. Rs. T-185/00, T-216/00, T-299/00 und T-300/00 – EBU/Métropole II, Rn. 70 ff.

2131 EuG Urt. v. 8.10.2002 in den verb. Rs. T-185/00, T-216/00, T-299/00 und T-300/00 – EBU/Métropole II, Rn. 71.

2132 EuG Urt. v. 8.10.2002 in den verb. Rs. T-185/00, T-216/00, T-299/00 und T-300/00 – EBU/Métropole II, Rn. 72.

2133 EuG Urt. v. 8.10.2002 in den verb. Rs. T-185/00, T-216/00, T-299/00 und T-300/00 – EBU/Métropole II, Rn. 73.

2134 EuG Urt. v. 8.10.2002 in den verb. Rs. T-185/00, T-216/00, T-299/00 und T-300/00 – EBU/Métropole II, Rn. 76.

Vorbereitungen zu treffen und entsprechend zu disponieren. Es bewertete die zugestandene Frist als unangemessen kurz und die dem Nichtmitglied gewährte Auskunft als sehr vage[2135].

Neben diesen Schwierigkeiten beim Zugang zu Live-Rechten sah das Gericht auch Hindernisse im Bereich des Erwerbs von Rechten für Aufzeichnungen oder Zusammenfassungen der Veranstaltungen. Einerseits lege das Regelwerk der EBU strenge Embargos fest, andererseits hätten die EBU-Mitglieder für einige Länder noch restriktivere Bedingungen aufgestellt[2136]. Eine Aufstellung der EBU über die bis 1997 gewährten Unterlizenzen habe eine sehr restriktive Unterlizenzierungspolitik der EBU-Mitglieder belegt[2137]. In einigen Fällen sei lediglich das gewährt worden, was in anderen Ländern ohnehin im Rahmen eines Kurzberichterstattungsrechts zur Information der Öffentlichkeit aufgrund gesetzlicher Regelungen gewährt werden musste[2138].

Aufgrund dieser Analyse der tatsächlichen Marktbedingungen und der Auswirkungen der Vorschriften über den Zugang von Nichtmitgliedern der EBU zu Eurovisionsprogrammen befand das Gericht, dass Nichtmitgliedern der EBU kein ausreichender Zugang zu Eurovisionsrechten gewährt werde[2139]. Auch das Schiedsverfahren helfe hier nicht ab, da es nur im Falle einer Streitigkeit über den angemessenen Preis einer Unterlizenz eingeleitet werden könne[2140]. Deshalb habe die Europäische Kommission einen offenkundigen Beurteilungsfehler bei der Anwendung des Art. 101 Abs. 3 lit. b) AEUV begangen, als sie den Vorschriften für den Zugang von Nichtmitgliedern bescheinigt habe, sie verhinderten eine Ausschaltung des Wettbewerbs durch das Eurovisionssystem[2141].

2135 EuG Urt. v. 8.10.2002 in den verb. Rs. T-185/00, T-216/00, T-299/00 und T-300/00 – EBU/Métropole II, Rn. 77 f.
2136 EuG Urt. v. 8.10.2002 in den verb. Rs. T-185/00, T-216/00, T-299/00 und T-300/00 – EBU/Métropole II, Rn. 80.
2137 EuG Urt. v. 8.10.2002 in den verb. Rs. T-185/00, T-216/00, T-299/00 und T-300/00 – EBU/Métropole II, Rn. 82.
2138 EuG Urt. v. 8.10.2002 in den verb. Rs. T-185/00, T-216/00, T-299/00 und T-300/00 – EBU/Métropole II, Rn. 80, 82.
2139 EuG Urt. v. 8.10.2002 in den verb. Rs. T-185/00, T-216/00, T-299/00 und T-300/00 – EBU/Métropole II, Rn. 83.
2140 EuG Urt. v. 8.10.2002 in den verb. Rs. T-185/00, T-216/00, T-299/00 und T-300/00 – EBU/Métropole II, Rn. 84.
2141 EuG Urt. v. 8.10.2002 in den verb. Rs. T-185/00, T-216/00, T-299/00 und T-300/00 – EBU/Métropole II, Rn. 85.

b) Bewertung
Bei der Frage nach der möglichen Ausschaltung des Wettbewerbs durch das Eurovisionssystem spielt neben der horizontalen Beschränkung, die durch den gemeinsamen Einkauf entsteht, auch der vertikale Aspekt der Exklusivität eine Rolle. Auf die Mechanismen der Exklusivität und ihrer Auswirkungen wird im Folgenden noch detailliert einzugehen sein. Für die Zwecke der Prüfung an dieser Stelle kommt es nur darauf an, dass die im Rahmen des Eurovisionssystems gehandelten Rechte zum größten Teil exklusive Rechte sind, deren Verwertung demnach einem einzigen Unternehmen vorbehalten ist. Insbesondere Live-Übertragungsrechte werden als die attraktivsten Rechte in der Praxis ausschließlich exklusiv vermarktet. Das bedeutet für Wettbewerber der EBU-Mitglieder, dass sie, sobald die EBU bestimmte exklusive Rechte erworben hat, grundsätzlich von der Nutzung dieser Rechte völlig ausgeschlossen sind. Rechte für nachträgliche Berichterstattung werden dagegen zuweilen auch nicht-exklusiv vergeben.

aa) Marktanteile
Das Argument der Europäischen Kommission, die EBU habe, weil sie Rechte an internationalen sportlichen Großereignissen erwerbe, nur einen relativ geringen Marktanteil, ist im Hinblick auf die hier (vgl. oben, 2. Abschnitt) vorgenommene Marktabgrenzung nicht haltbar. Wie bereits dargestellt, gibt es eigene Märkte z.B. für Live-Übertragungsrechte an der Champions League, der Welt- oder Europameisterschaften im Fußball sowie an Olympischen Spielen. Erwirbt die EBU also, wie es in der Vergangenheit regelmäßig geschehen ist, alle Live-Übertragungsrechte für die Sommerspiele einer Olympiade, hält sie auf dem nachgelagerten Markt einen Marktanteil von 100%. Aufgrund der erforderlichen engen Marktabgrenzung im Bereich massenattraktiver Sportveranstaltungen hält die EBU, die grundsätzlich umfassende Rechtepakete europaweiter Ausdehnung erwirbt, häufig den überwiegenden Teil oder sogar 100% der betreffenden Rechte[2142]. Auch das Argument der Kommission, die EBU habe Marktanteile verloren, basiert auf einer zu weiten Marktdefinition, die die wirtschaftlichen Gegebenheiten nicht hinreichend berücksichtigt[2143]. Die regelmäßig starke bis monopolistische Marktposition der EBU, die hier entsteht, soll eigentlich durch Art. 101 Abs. 3 lit. b) AEUV vermieden werden, da sie zur Möglichkeit einer Ausschaltung des Wettbewerbs führt[2144].

2142 Beispiele sind die Rechte an UEFA Euro und FIFA-Weltmeisterschaften.

2143 Diese verkennt auch völlig Meltz, [1999] 23 Boston Coll. Int. & Comparative L. Rev. 105 (118 f.).

2144 *Schuhmacher* in: Grabitz/Hilf/Nettesheim, Art. 101, Rn. 345.

bb) Ausschaltung der Agenturen

Ein weiterer Aspekt, der bei der Frage nach der Ausschaltung des Wettbewerbs eine Rolle spielt, ist die Vermeidung des Erwerbs der Rechte über Sportrechte-Agenturen, die die EBU erklärtermaßen anstrebt[2145] und mit dem Eurovisionssystem erreicht. Durch die Ausschaltung der Marktstufe der Rechteagenturen werden, wie oben beschrieben, Kosten eingespart, indem die Marge der Agenturen wegfällt[2146]. Die Ausschaltung der Marktstufe bedeutet jedoch gleichzeitig eine vertikale Integration, die die Auswirkungen des gemeinsamen Einkaufs der Rechte noch verstärkt, wie das EuG 2002 richtig erkannte[2147]. Erwerben die Mitglieder der EBU nämlich gemeinsam als Wettbewerber der Agenturen die Rechte und veräußern sie nicht – wie eine Agentur es auf dem zwischengelagerten Markt täte – an andere Marktteilnehmer weiter, sondern verwerten sie sie selbst, werden Wettbewerber der EBU-Mitglieder auf der Verwerterebene von der Nutzung der Rechte ausgeschlossen. Dies geschieht im Fall der EBU europaweit. Dieser Effekt verstärkt noch die oben beschriebene Ausschaltung des Wettbewerbs und schließt andere Wirtschaftsteilnehmer vollständig vom Erwerb der Rechte aus. Das Beispiel der Übertragungsrechte an der Fußball-WM 2006 zeigt, dass der Verkauf von Rechten an eine Sportrechte-Agentur dagegen in Deutschland zu einer Lizenzierung an mehrere verschiedene Sendeunternehmen führte[2148].

cc) Zugangsregeln für Nichtmitglieder

Der beschriebenen Ausschaltung des Wettbewerbs kann die Gewährung diskriminierungsfreien Zugangs zu den Übertragungsrechten für Dritte entgegenwirken[2149]. Die Kommission beobachtete nach der Entscheidung zur EBU aus

---

2145 Fikentscher, ZEuP 2006, 388 (397 f.); Fikentscher in: Jeanrenaud/Késenne, S. 73 f., 78.

2146 Fikentscher, ZEuP 2006, 388 (397 f.); Fikentscher in: Jeanrenaud/Késenne, S. 73 f., 88.

2147 EuG Urt. v. 8.10.2002 in den verb. Rs. T-185/00, T-216/00, T-299/00 und T-300/00 – EBU/Métropole II, Rn. 67. S. auch *Elspaß/Kettner* in: Castendyk/Dommering/Scheuer (2008), Rn. 38 zu Art. 81 EC.

2148 S. Enßlin, ZEuP 2006, 380 (385).

2149 Entscheidung der Europäischen Kommission v. 15.9.1989 in der Sache IV/31.734 – Filmeinkauf deutscher Fernsehanstalten, Rn. 56. Ein weiteres Beispiel ist der Fall Telefonica und Sogecable, in dem die Kommission ihre Ermittlungen beendete, nachdem Konkurrenten Zugang zu gemeinsam erworbenen Sportrechten gewährt wurde, s. Pressemitteilung IP/00/1352 v. 23.11.2000. S. dazu Hatton/

dem Jahr 2000[2150] aufgrund der Verpflichtung zur Sublizenzierung zunächst sinkende Verbraucherpreise für PPV-Dienste[2151]. Wie beschrieben hielt das EuG die damals gültigen Zugangsregeln der EBU aber für nicht ausreichend, um die Ausschaltung des Wettbewerbs zu verhindern. Auch in der Literatur werden die Regeln kritisiert[2152]. Die Unterlizenzregeln für Pay-TV prüfte das EuG nicht. Hier soll nun untersucht werden, wie die heute geltenden EBU Sublicensing Rules for Eurovision Sports Programmes vom 2.10.2009[2153] zu beurteilen sind und ob sie ihr erklärtes Ziel einer fairen, transparenten und diskriminierungsfreien Vergabe[2154] erreichen. Gesonderte Regeln für Unterlizenzen für Pay-TV gibt es heute nicht mehr, da die neuen Regelungen auf alle Verwertungsarten anzuwenden sind.

Die aktuellen Zugangsregeln regeln die Vergabe von Verwertungsrechten, die die EBU erworben hat, an Nichtmitglieder der EBU. Dabei wird keine Unterscheidung zwischen Verwertungsplattformen vorgenommen[2155]. Auch eine Unterscheidung zwischen Pay-TV und frei empfangbarem Fernsehen findet nicht statt[2156]. Grundsätzlich bieten die Mitglieder der EBU für ihre jeweiligen Sendegebiete Unterlizenzen an, die durch ein oder mehrere Nichtmitglied/er auf exklusiver[2157] oder nicht-exklusiver Basis erworben werden können. Europaweite Rechte werden durch die EBU selbst angeboten; genauso Rechte für Länder,

---

Wagner/Armengod, 2007 ECLR 346 (352 f.); Geradin in: Weber/Osterwalder, S. 107; Ariño, 10 [2004] EPL 135 (142 ff.).

2150 Entscheidung 2000/400/EG der Kommission v. 10.5.2000 in der Sache IV/32.150 - Eurovision, ABl. EG L 151/18 v. 24.6.2000.

2151 Alexander Schaub, Rede vom 26.2.2002 anlässlich der Jornada Día de la Competencia in Madrid, abrufbar unter: http://ec.europa.eu/competition/speeches/text/sp2002_008_en.pdf (zuletzt aufgerufen am 11.08.2014), S. 9.

2152 S. etwa *Summerer* in: Fritzweiler/Pfister/Summerer, 4. Teil, Rn. 121; Enßlin, ZEuP 2006, 380 (385 f., 386); Frey, ZUM 2002, 917 (919).

2153 Abrufbar unter: http://www3.ebu.ch/files/live/sites/ebu/files/Services/Sublicensing_rules_Eurovision_sports_programmes.pdf (zuletzt aufgerufen am 11.8.2014). S. zur Fassung von 2005 etwa Heinemann, ZEuP 2006, 337 (357 f.).

2154 EBU Sublicensing Rules (Stand 2.10.2009), Abs. 1.6. Zur Bedeutung des transparenten Verfahrens s. *J.-B. Nordemann* in: Loewenheim/Meessen/Riesenkampff, § 1 GWB, Rn. 243; Frey, ZUM 2002, 917 (919).

2155 EBU Sublicensing Rules (Stand 2.10.2009), Abs. 6.

2156 EBU Sublicensing Rules (Stand 2.10.2009), Abs. 6.2.

2157 Das IOC untersagt jedoch die exklusive Sublizenzierung von Fernsehrechten und gestattet nur Parallelverwertung oder Nachberichterstattung sowie die Vergabe exklusiver „Multimediarechte“, s. FAZ v. 28.08.2004, S. 41; FAZ v. 25.08.2004, S. 38.

in denen kein EBU-Mitglied die Rechte erworben hat[2158]. Es folgen Regelungen für Live-Rechte[2159] sowie für zeitversetzte Übertragung und ausgewählte Höhepunkte[2160]. Weiterhin wird die Vergabe von Rechten für zeitsouveräne Abrufdienste geregelt[2161]. Es folgt eine Sonderregelung für Rechte an Olympischen Spielen[2162] sowie für Kurzberichterstattung[2163] sowie u.a. Verfahrens- und Streitschlichtungsregelungen.

Zwar können nach diesen Regeln EBU-Mitglieder zu einem nach den Verhältnissen des Marktes angemessenen Preis[2164] Rechte aller Art an Nichtmitglieder vergeben, die beschriebene vertikale Integration wird jedoch dadurch nicht aufgehoben. Die gemeinsam agierenden Mitglieder der EBU werden nämlich nicht etwa zu einer Art Rechteagentur. Vielmehr entscheiden sie als Konkurrenten der Nichtmitglieder stets zunächst selbst über eine eigene Verwertung, bevor verbleibende Rechte zur Unterlizenzierung freigegeben werden[2165].

(i) Ungenutzte Live-Rechte

Das EuG hatte bei der Prüfung der Zugangsregeln vom 2.2.1993 bemängelt, dass diese Regeln interessierte Nichtmitglieder effektiv auch von der Nutzung solcher Rechte ausschlossen, die durch Mitglieder der EBU nicht genutzt wurden (vgl. oben, 1. Abschnitt, G.). Dies wird auch von Teilen der Literatur kritisch gesehen[2166]. Der ungenutzte Verfall von Live-Verwertungsrechten, die einem Nichtmitglied vorenthalten wurden, ist tatsächlich höchst problematisch. Letztlich wird hier nämlich der Wettbewerb um den Preis des Verlusts jeglicher wirtschaftlicher Nutzung ausgeschlossen. Live-Rechte verfallen ihrer Natur nach mit dem Ablauf der Veranstaltung. Gleichzeitig sind die Live-Rechte mit Abstand die wirtschaftlich interessantesten Rechte, an denen Nichtmitglieder besonders interessiert sind. Die Ausschaltung des Wettbewerbs geschieht bei der Vorenthaltung ungenutzter Rechte daher vorsätzlich und um des Ausschlusses des Wettbewerbers willen. Selbst wenn es bei einer Vielzahl von parallel stattfindenden Wettkämpfen in der Praxis nicht möglich sein sollte, sie alle live zu

---

2158 EBU Sublicensing Rules (Stand 2.10.2009), Abs. 1.
2159 EBU Sublicensing Rules (Stand 2.10.2009), Abs. 3.1.
2160 EBU Sublicensing Rules (Stand 2.10.2009), Abs. 3.2.
2161 EBU Sublicensing Rules (Stand 2.10.2009), Abs. 4.
2162 EBU Sublicensing Rules (Stand 2.10.2009), Abs. 5.
2163 EBU Sublicensing Rules (Stand 2.10.2009), Abs. 10.
2164 EBU Sublicensing Rules (Stand 2.10.2009), Abs. 9.
2165 EBU Sublicensing Rules (Stand 2.10.2009), Abs. 3.1.3.
2166 Enßlin, ZEuP 2006, 380 (386). Ähnlich Christmann, ZUM 2006, 23 (30).

übertragen[2167], spricht dies nicht dagegen, die interessantesten Wettkämpfe den Zuschauern über Sublizenzen zu präsentieren. Eine Rechtfertigung durch andere Vorteile für den Markt ist nicht möglich, vielmehr wird ein Wirtschaftsgut vernichtet, nur um es anderen vorzuenthalten. Letztlich macht der Verfall von Live-Rechten auch in gewissem Maße das Argument der EBU-Mitglieder zunichte, der gemeinsame Einkauf führe zu einer bestmöglichen Versorgung der Zuschauer mit Sportinhalten. Auch die Europäische Kommission sieht diesen Effekt heute sehr kritisch[2168].

Diesen Bedenken sollte offenbar mit den neuen Zugangsregeln begegnet werden. In Abs. 3.1.1. legen sie nämlich fest, dass alle durch EBU-Mitglieder nicht genutzten Live-Rechte an einem Ereignis oder einem Teil desselben zur Unterlizenzierung durch Nichtmitglieder freizugeben sind. Die Definitionen in Abs. 2 der Zugangsregeln legen ergänzend fest, dass mit dem Begriff Teilereignis alle selbstständigen Wettbewerbe, Spiele oder Rennen eines Ereignisses (z.B. Turnier oder Meisterschaft) gemeint sind. Diese Regelung verhindert die Vorenthaltung ungenutzter Rechte zu Ungunsten von Nichtmitgliedern. Insbesondere kann ein EBU-Mitglied ein Nichtmitglied nicht mehr von der Live-Verwertung von Wettbewerben eines Sportereignisses ausschließen, die es selbst nicht überträgt, nur weil es selbst den überwiegenden Teil der Wettbewerbe des Ereignisses live verwertet. Sie stellt damit eine wesentliche Verbesserung gegenüber den Zugangsregeln von 1993 dar, und vermeidet damit, dass die Freistellung aufgrund einer solchen Vorenthaltung ungenutzter Rechte scheitert.

(ii) Information über verfügbare Unterlizenzen und Verfahren

Als weiteren problematischen Punkt hatte das EuG die Informationspolitik der EBU bzw. ihrer Mitglieder kritisiert, die Nichtmitglieder mit vagen oder zu kurzfristigen Angaben zur Verfügbarkeit von Unterlizenzen nur unzureichend informierte (vgl. oben, 1. Abschnitt, G.). Ein solches Verhalten der beteiligten Unternehmen kann in der Praxis dazu führen, dass verfügbare Unterlizenzen

---

2167 So etwa Frey, ZUM 2002, 917 (919). Die Behauptung, es liege in der Natur der Sache, dass nur eine Sendeanstalt die Olympischen Spiele übertragen könne, weil die Auswahl der zu sendenden Inhalte in allerletzter Minute erfolgen müsse, was Sublizenzen ausschließe (s. Fikentscher in: Jeanrenaud/Késenne, S. 90 f.) erscheint so nicht haltbar. Sicherlich stellt es für eine Sendeanstalt das Optimum dar, je nach Verlauf der Ereignisse gänzlich frei und kurzfristig aus der Vielzahl der Wettkämpfe auswählen zu können. Daraus aber herzuleiten, eine Aufteilung sei faktisch unmöglich, überzeugt nicht.

2168 Klambauer in: Weber/Osterwalder, S. 73 (90); Ungerer, MuR 2004, 206 (209).

nicht genutzt werden und damit den intendierten Effekt der Zugangsregeln zunichtemachen. Gerade im Hinblick auf Live-Rechte birgt eine verspätete Information über deren Verfügbarkeit ein erhöhtes Risiko des ungenutzten Verfalls.

Im Einleitungssatz zu den Zugangsregeln von 2009 kündigt die EBU an, dass sie und ihre Mitglieder in geeigneter Weise darüber informieren werden, welche Rechte im Rahmen des Eurovisionssystems erworben werden. Informationen über verfügbare Unterlizenzen müssen gemäß der Definition des Angebots in Abs. 2 ebenfalls in geeigneter Weise zugänglich gemacht werden. Die Entscheidung darüber, welche Rechte durch die EBU-Mitglieder selbst genutzt werden sollen und welche zur Unterlizenzierung zur Verfügung stehen, müssen die Mitglieder so früh wie möglich, spätestens aber drei Monate vor Beginn des Sportereignisses, treffen. In Fällen, in denen die Entscheidung über die Live-Übertragung eines Teils eines Ereignisses (Definitionen vgl. Abs. 2 der Zugangsregeln) aufgrund von Programmgesichtspunkten erst z.B. nach Abschluss der Qualifikationsrunde getroffen werden kann, hat das Mitglied innerhalb von einer Stunde nach Abschluss dieses Teilereignisses zu entscheiden und darüber zu informieren. Ein solcher Fall wäre etwa gegeben, wenn im Sendegebiet des Mitglieds nur dann ein Interesse an einer bestimmten Ausscheidung besteht, wenn ein Sportler oder die Mannschaft dieses Landes an ihr teilnimmt[2169].

Diese Bedingungen sind seit der Fassung von 1993 neu in die Zugangsregeln eingeführt worden. Sie sollen dafür sorgen, dass Nichtmitglieder eine klare Vorstellung darüber haben, zu welchen Zeitpunkten sie Informationen über die Verfügbarkeit von Unterlizenzen erhalten können. Zumindest auf den Internetseiten der EBU bzw. ihrer Mitglieder müssen diese Informationen abrufbar sein. Diese Regelungen sollen Transparenz schaffen und Nichtmitgliedern eine gewisse Planungssicherheit ermöglichen. Kurzfristige Entscheidungen über das Angebot von Unterlizenzen dürfen nur unter bestimmten Bedingungen (objektive Programmgesichtspunkte, Zwischenergebnisse im Wettbewerb) und dann innerhalb kürzester Frist getroffen werden. Diese Bedingungen sprechen zunächst für ein transparentes Verfahren, das dem Zweck der Zugangsregeln für Nichtmitglieder gerecht wird. Eine faktische Verhinderung der Erteilung von Unterlizenzen durch unzureichende Informationen ist nach diesen Regeln nicht erlaubt.

In der Literatur werden die Regeln dennoch als verfahrensmäßig unzureichend kritisiert. Sie schützten weder vor prohibitiver Preisgestaltung noch vor einer Paketierung der Sublizenzen, die wirtschaftlich zur Unmöglichkeit der

---

2169 EBU Sublicensing Rules (Stand 2.10.2009), Abs. 3.1.3.

Vermarktung der Rechte führe. Auch das zeitliche Verschleppen von Verhandlungen bleibe möglich[2170]. In der Tat enthält das Regelwerk lediglich Vorgaben, jedoch keine Regelung der Folgen im Fall eines Verstoßes. Unzufriedene Nichtmitglieder werden per Schlichtungsklausel zunächst auf ein obligatorisches Schlichtungsverfahren verwiesen. Dieses soll insbesondere bei Streitigkeiten um die Höhe der Lizenzgebühren zur Anwendung kommen. Um in solchen Streitfällen die jeweilige Veranstaltung vor Abschluss des Verfahrens übertragen zu können, muss das Nichtmitglied zwei Drittel der geforderten Summe vorab bezahlen[2171]. Der oder die Schiedsrichter haben bei der Ermittlung der richtigen Gebühr Abs. 9 der Zugangsregeln zugrunde zu legen[2172]. Das Schiedsverfahren findet in der Regel am Ort des Sitzes des EBU-Mitglieds unter Anwendung des dort geltenden Rechts und in der Landessprache statt[2173]. Im Ergebnis bleiben Zweifel daran, ob die Regeln mit einem hinreichenden Durchsetzungsmechanismus ausgestattet sind, um in der Praxis zur notwendigen fairen und diskriminierungsfreien Vergabe von Sublizenzen zu führen. Insbesondere der zeitliche Aspekt erschient hier wichtig: Stehen wichtige Entscheidungen über die Verwertung in Kürze stattfindender Veranstaltungen an, haben Nichtmitglieder letztlich keine Möglichkeit, wirtschaftliche Planungssicherheit zu erhalten.

(iii) Sperrfristen bei zeitversetzter Verwertung

Auch die Regelungen von 1993 zu den Sperrfristen oder „Embargos“ für die zeitversetzte Verwertung wurden vom EuG kritisch beleuchtet (s. oben, 1. Abschnitt, G.). Dabei stellte es fest, dass die Vergabepraxis der EBU-Mitglieder noch restriktiver war, als die Zugangsregeln von 1993 es eigentlich erlaubten.

Das Konzept der Sperrfristen liegt im Gedanken der Exklusivität begründet. Die regelmäßig exklusiv vermarkteten Live-Übertragungsrechte sollen in ihrer Attraktivität und damit ihrem Wert nicht dadurch beeinträchtigt („kannibalisiert“) werden, dass durch einen Wettbewerber z.B. schon vor Ende des Wettbewerbs frühe Höhepunkte gezeigt werden oder eine Spielzusammenfassung unmittelbar nach Ende der Begegnung gezeigt wird. Im ersten Beispiel handelt es sich zwar um eine zeitversetzte Berichterstattung, diese lebt in ihrer Attraktivität aber noch von der Spannung des im Ergebnis noch offenen Wettkampfs und hat daher mit einer Live-Verwertung viel gemein. Im zweiten Beispiel steht das

2170 Christmann, ZUM 2006, 23 (30) zur Fassung von 2005, die in diesen Punkten mit der Fassung von 2009 inhaltsgleich ist.

2171 EBU Sublicensing Rules (Stand 2.10.2009), Abs. 11.1.

2172 EBU Sublicensing Rules (Stand 2.10.2009), Abs. 11.5.

2173 EBU Sublicensing Rules (Stand 2.10.2009), Abs. 11.3.

Ergebnis des Wettkampfs zwar schon fest, es wird aber befürchtet, dass eine sehr zeitnahe Zusammenfassung die Attraktivität der Live-Übertragung gleichwohl senken könnte. Aus diesen Gründen werden bei der Vergabe von Rechten für die Zweit- und Drittverwertung regelmäßig Zeitfenster vereinbart, innerhalb derer die Verwertung stattfinden darf. Insgesamt geht es um den Grad der Attraktivität der gesendeten Inhalte und damit um den Wert der Verwertungsrechte. Durch die Festlegung eines spätesten erlaubten Ausstrahlungszeitpunkts soll die Berichterstattung im zeitlichen Kontext der Veranstaltung gesichert werden, was dem Zuschauer eine gewisse Aktualität angebotener Sendungen garantiert und damit langfristig für die Attraktivität der Sportberichterstattung an sich sorgt.

Die Zugangsregeln von 2009 legen fest, dass Nichtmitgliedern grundsätzlich Unterlizenzen für die zeitversetzte Verwertung anzubieten sind[2174]. Dabei dürfen solche Verwertungen frühestens eine Stunde nach Ende des Ereignisses oder des Wettkampftages beginnen, frühestens aber um 21:00 Uhr (maßgeblich ist die Uhrzeit im Sendegebiet). Überträgt das EBU-Mitglied selbst den Wettkampf (auch) zeitversetzt, so darf die Verwertung durch das Nichtmitglied nicht vor 22:30 Uhr im jeweiligen Sendegebiet beginnen. Sie darf in keinem Fall mehr als 24 Stunden nach Ende des Ereignisses stattfinden. Generell darf die zeitversetzte Verwertung durch ein Nichtmitglied zeitlich nicht mit der Live-Übertragung des Ereignisses am nächsten oder den folgenden Tagen kollidieren[2175]. Auch Rechte für zeitsouveräne Abrufdienste haben die Mitglieder für Unterlizenzen zur Verfügung zu stellen, wenn sie selbst keinen entsprechenden Dienst anbieten wollen. Der früheste mögliche Abrufzeitpunkt für die Inhalte im Angebot von Nichtmitgliedern ist hier das Ende des Wettkampfs oder des Wettkampftages. Der Abrufdienst muss spätestens vier Wochen nach Ende des Ereignisses eingestellt werden[2176].

Diese Beschränkungen des Zugangs von Nichtmitgliedern schmälern ihre Verwertungsmöglichkeiten. Zwar ist in den Zugangsregeln von 2009 nicht ausdrücklich festgelegt, dass die im Einzelfall festgelegten Bedingungen nicht ungünstiger sein dürfen, als im Einzelnen beschrieben. Dies war in der Fassung von 1993 noch der Fall[2177]. Da jedoch in dem neuen Regelwerk stets zunächst die Pflicht der EBU bzw. ihrer Mitglieder zum Angebot von Unterlizenzen festgehalten ist, ist davon auszugehen, dass die Einschränkungen dieser Pflicht als

---

2174 EBU Sublicensing Rules (Stand 2.10.2009), Abs. 3.2.

2175 EBU Sublicensing Rules (Stand 2.10.2009), Abs. 3.2.

2176 EBU Sublicensing Rules (Stand 2.10.2009), Abs. 4.

2177 Entscheidung 2000/400/EG der Kommission v. 10.5.2000 in der Sache IV/32.150 – Eurovision, ABl. EG L 151/37 v. 24.6.2000, Anhang I, Abs. IV.

Ausnahmeregeln abschließend sind. Eine restriktivere Vergabepraxis würde daher auch heute die Zugangsregeln verletzen. Im Verhältnis zur Regelung von 1993 sind die Sperrfristen von 2009 etwas weniger restriktiv. So durfte eine zeitversetzte Verwertung durch ein Nichtmitglied nach den alten Regeln frühestens um 22:30 Uhr beginnen, anderthalb Stunden später als heute. Verwertete auch das jeweilige Mitglied zeitversetzt, durfte das Nichtmitglied seine Ausstrahlung erst nach Ende der Zusammenfassung des Mitglieds beginnen[2178]. Auch insofern stellen die aktuellen Regeln daher eine Verbesserung gegenüber der Situation dar, die das EuG in seiner Entscheidung zu bewerten hatte.

Anhaltspunkte für eine unübliche oder diskriminierende Benachteiligung von Nichtmitgliedern sind nicht zu erkennen. Die Sperrfristen sind auch nicht geeignet, eine Blockadesituation herbeizuführen, bei der die Zweit- und Drittverwertungsrechte letztlich gar nicht ausgeübt werden können[2179]. Vielmehr erscheinen die Embargozeiträume einerseits angemessen kurz, um eine zeitnahe Höhepunkte-Berichterstattung oder Wiederholung in voller Länge zu ermöglichen. Gleichzeitig dienen die Sperrfristen auch dem Schutz der besonderen Attraktivität und damit dem wirtschaftlichen Wert der Live-Verwertungsrechte. Diese Funktion der Schutzfristen liegt im Interesse aller Parteien, die an einer gewinnträchtigen Vermarktung von Sportinhalten interessiert sind. Insgesamt stellen die Schutzfristregelungen von 2009 daher noch angemessene Beschränkungen des Zugangs von Nichtmitgliedern dar.

(iv) Sublizenzmöglichkeiten für Pay-TV

Ein weiterer Kritikpunkt ist die Regelung zum Pay-TV in Abs. 6.2. der Zugangsregeln[2180]. Es wird demnach bei der Sublizenzierung nicht danach unterschieden, ob eine Veranstaltung im frei empfangbaren Fernsehen oder im Pay-TV verwertet werden soll. Das bedeutet, dass durch die EBU erworbene Pay-TV-Rechte nur dann an Nichtmitglieder sublizenziert werden, wenn die Veranstaltung nicht durch EBU-Mitglieder im frei empfangbaren Fernsehen verwertet wird. Dabei wird vernachlässigt, dass Pay-TV-Veranstalter durchaus ein Interesse

---

2178 Entscheidung 2000/400/EG der Kommission v. 10.5.2000 in der Sache IV/32.150 – Eurovision, ABl. EG L 151/37 v. 24.6.2000, Anhang I, Abs. IV.2.1.

2179 Anders als es im Fall Newscorp/Telepiù im Hinblick auf Spielfilme der Fall war, s. Entscheidung der Europäischen Kommission v. 2.4.2003 in der Sache M.2876 – Newscorp/Telepiù, Rn. 189, 195.

2180 Christmann, ZUM 2006, 23 (30); Enßlin, ZEuP 2006, 380 (387). Beide äußern sich zur Fassung von 2005 (dort Abs. 2.3), die in diesem Punkt jedoch mit der Fassung von 2009 identisch ist.

daran haben können, besonders interessante Veranstaltungen (wie auch Listenereignisse) parallel zur frei empfangbaren Sendung live im Pay-TV anzubieten. Sofern die Exklusivität der Fernsehrechte nicht beide Plattformen erfasst, ist dies auch möglich[2181]. Die Sendeunternehmen erhoffen sich im Hinblick auf die heute vielfältigen technischen Möglichkeiten die Chance, für ihre Kunden einen Mehrwert durch zusätzliche Perspektiven oder Auswahlmöglichkeiten bieten zu können. Diese Verwertungsform wird jedoch durch den Ausschluss von Sublizenzen für Pay-TV bei Verwertung durch EBU-Mitglieder vollständig ausgeschlossen. Dies spricht gegen die Zugangsregeln als ausreichendes Instrument zur Sicherung des Wettbewerbs.

(v) Sonderregeln für Olympische Spiele

Schließlich enthalten die Zugangsregeln von 2009 eine Sonderregelung für den Zugang zu Rechten an Olympischen Spielen. Im Hinblick auf die Zuschauerzahlen sind die Olympischen Spiele wahrscheinlich die attraktivste Sportveranstaltung überhaupt (vgl. oben, 2. Abschnitt). Demnach haben die EBU-Mitglieder für jeden Wettkampftag Olympischer Winter- oder Sommerspiele und in jedem Sendeland Nichtmitgliedern mindestens ein Rechtepaket anzubieten. Die Tage der Eröffnungs- und Schlusszeremonien sind ausgenommen. Diese Pakete enthalten Rechte an Wettkämpfen, die das EBU-Mitglied nicht selbst live übertragen möchte, sind darauf aber nicht beschränkt. Im Durchschnitt sollen diese Pakete bei Olympischen Winterspielen zwei Stunden und bei Sommerspielen vier Stunden Sendezeit pro Tag enthalten, die insbesondere Sportarten oder Disziplinen enthalten müssen, die in dem jeweiligen Sendeland bei den Zuschauern beliebt sind[2182]. Die Systematik der Vorschrift lässt vermuten, dass hiermit Live-Übertragungsrechte gemeint sind, dies wird jedoch nicht ausdrücklich festgehalten.

Diese Regeln sind deutlich restriktiver als bei anderen Sportveranstaltungen, bei denen EBU-Mitglieder alle nicht selbst genutzten Live-Übertragungsrechte zur Verwertung durch Nichtmitglieder anbieten müssen. Geht man nun davon aus, dass die EBU-Mitglieder ein Interesse daran haben, in geringstmöglichem Umfang attraktive Rechte an ihre Wettbewerber zu lizenzieren, ist anzunehmen, dass die Anwendung dieser Regeln in der Praxis dazu führt, dass täglich ein Paket von durchschnittlich zwei bzw. vier Stunden Übertragungsrechten mit einem eher geringen Anteil beliebter Disziplinen angeboten wird, das nicht

---

2181 Es scheint nichts dafür zu sprechen, eine solche Exklusivität als solche für Unzulässig zu erachten.

2182 EBU Sublicensing Rules (Stand 2.10.2009), Abs. 5.1.

mit der Live-Übertragung der EBU-Mitglieder kollidiert. Ob es sich um die besonders attraktiven Live-Übertragungsrechte handeln wird, ist unklar, da diese Frage nicht eindeutig geregelt ist. Hier scheint ein relativ großer Spielraum für Diskriminierungen zu verbleiben. Denkbar wäre etwa, dass aufgrund der Durchschnittsregelung für die Dauer der Pakete an Tagen mit besonders spannenden und publikumsträchtigen Wettkämpfen das Rechtepaket kürzer ausfällt, an weniger attraktiven Wettkampftagen dagegen etwas länger. Welche Disziplinen das EBU-Mitglied den Nichtmitgliedern anbietet, welche es als „attraktiv" einstuft und welchen Anteil dieser „attraktiven" Disziplinen das Paket enthält, hängt offenbar allein von der Einschätzung des EBU-Mitglieds ab. Es gibt keinen Mechanismus für die Berücksichtigung spezifischer Wünsche auf Seiten der Nichtmitglieder. Im Hinblick darauf, dass auch unklar bleibt, ob überhaupt Live-Rechte unterlizenziert werden müssen, erscheint die Sonderregelung für Olympische Spiele zu restriktiv.

Aufgrund der Besonderheit der Olympischen Spiele, bei denen täglich zeitgleich eine nahezu unüberschaubare Anzahl von Wettbewerben an verschiedenen Wettkampforten ausgetragen wird, muss es fast zwangsläufig ungenutzte Live-Übertragungsrechte geben. Das hat auch damit zu tun, dass bei weitem nicht jede Ausscheidung in jeder Disziplin gleichermaßen attraktiv ist. Auch hier sind in unterschiedlichen Ländern unterschiedliche Interessensschwerpunkte des Publikums zu beobachten, je nachdem, woher die besonders erfolgreichen Athleten einer bestimmten Disziplin kommen. Auch sind nicht alle Sportarten gleichermaßen telegen (vgl. oben, 2. Abschnitt). Es besteht demnach nicht für jeden Wettkampf ein Interesse an einer Live-Verwertung. Trotzdem scheint die beschriebene Regelung des Zugangs von 2009 das Risiko zu bergen, dass auch attraktive Wettbewerbe gar nicht live übertragen werden. Kann nämlich ein EBU-Mitglied einen Wettbewerb nicht live übertragen, weil zeitgleich ein ebenso attraktiver Wettbewerb stattfindet, ist es nicht gezwungen, diesen Wettbewerb Nichtmitgliedern zur Live-Verwertung anzubieten. Vielmehr kann es diesen andere, weniger attraktive Wettkämpfe anbieten, um die Attraktivität der eigenen zeitversetzten Verwertung des besagten Wettbewerbs zu schützen. Dies erscheint problematisch, da ein Anreiz geschaffen wird, Live-Rechte ungenutzt verfallen zu lassen, um sie Wettbewerbern vorzuenthalten.

Bezüglich zeitversetzter Verwertungen schreibt die Sonderregelung für Olympische Spiele den EBU-Mitgliedern vor, Nichtmitgliedern grundsätzlich für jeden Wettkampftag Unterlizenzen einzuräumen[2183]. Die Verwertung in Form von

---

2183 EBU Sublicensing Rules (Stand 2.10.2009), Abs. 5.1.

Höhepunkten darf bei Winterspielen maximal fünf Minuten und bei Sommerspielen bis zu zehn Minuten umfassen[2184]. Für diese zeitversetzten Verwertungen greifen wiederum Sperrfristen. Generell dürfen zeitversetzte Verwertungen nicht vor 21:00 Uhr im jeweiligen Sendegebiet beginnen und müssen maximal 24 Stunden nach Ende der Wettbewerbe enden. In Fällen, in denen ein EBU-Mitglied noch nach 21:00 Uhr Wettkämpfe live ausstrahlt, dürfen die zeitversetzten Verwertungen zwischen 21:00 Uhr und 22:30 Uhr durch Nichtmitglieder parallel stattfinden[2185]. Für die Verwertung im Rahmen zeitsouveräner Abrufdienste gilt nur die Einschränkung, dass diese spätestens vier Wochen nach Ende der Spiele enden müssen[2186]. Zunächst scheint die maximale Dauer der unterlizenzierten Höhepunkte im Hinblick auf die Anzahl der Wettkämpfe bei Olympischen Spielen kurz geraten. Eine Beschränkung der Dauer zeitversetzter Übertragungen ganzer Wettkämpfe scheint es hingegen nicht zu geben. Die Sperrfristen begegnen keinen besonderen Bedenken, insbesondere da sie auch neben Live-Übertragungen anderer Wettkämpfe durch EBU-Mitglieder stattfinden dürfen.

Eine besondere Regelung im Anhang der Zugangsregeln befasst sich mit Sperrfristen für die Verwertung der Rechte an Olympischen Spielen, die in anderen als den europäischen Zeitzonen ausgetragen werden[2187]. So müssen bei Spielen, die östlich des Urals stattfinden, Live-Übertragungen stets um 10:00 Uhr am selben Tag im jeweiligen Sendegebiet enden. Bei Austragung von Spielen in einer der vier östlichen amerikanischen Zeitzonen muss die Übertragung um 22:00 Uhr enden, bei den fünf (sic!) westlichen amerikanischen Zeitzonen um 02:00 Uhr am Folgetag[2188]. Bei zeitversetzten Verwertungen gelten ebenfalls Sperrfristen. So ist der früheste Zeitpunkt für die Verwertung von Spielen in asiatischen Zeitzonen durch Nichtmitglieder 21:00 Uhr am selben Tag im Sendegebiet, sofern die Verwertung nicht mit einer Live-Übertragung des EBU-Mitglieds vom folgenden Wettkampftag kollidiert. Werden die Spiele in einer amerikanischen Zeitzone ausgetragen, darf die zeitversetzte Verwertung

2184 EBU Sublicensing Rules (Stand 2.10.2009), Abs. 5.2.

2185 EBU Sublicensing Rules (Stand 2.10.2009), Abs. 5.2.

2186 EBU Sublicensing Rules (Stand 2.10.2009), Abs. 5.3.

2187 Diese Regelung gilt nicht nur für nicht-lineare Dienste, wie man wegen ihrer Verortung in Abs. 5.3. auf den ersten Blick vermuten könnte. Vielmehr ergibt sich aus dem Anhang, dass dieser gerade für lineare Übertragungen und insbesondere Live-Übertragungen zur Anwendung kommt.

2188 EBU Sublicensing Rules (Stand 2.10.2009), Annexe, Abschnitt „Live transmission".

nicht vor 09:00 Uhr am Wettkampftag beginnen und muss spätestens um 13:00 Uhr enden[2189].

Diese Regelung führt dazu, dass es für das vorgeschriebene Ende der Live-Übertragung von Olympischen Spielen durch ein Nichtmitglied nicht relevant ist, ob die Spiele in Zentralrußland oder an der Ostküste Australiens stattfinden. In beiden Fällen muss in einem mitteleuropäischen Sendegebiet die Übertragung um 10:00 Uhr MEZ enden. In Jekaterinburg wäre es dann 14:00 Uhr, der Wettkampftag also in vollem Gange; in Sydney wäre es 19:00 Uhr[2190]. Ein Nichtmitglied in Großbritannien dürfte eine Stunde länger senden, nämlich bis 10:00 Uhr GMT. Bei einer Übertragung nach Mitteleuropa aus Argentinien wäre um 18:00 Uhr Ortszeit Sendeschluss, während eine Übertragung aus der Zentralregion der USA nur bis 15:00 Uhr Ortszeit laufen dürfte. Weitere Beispiele für Endzeitpunkte sind 19:00 Uhr Ortszeit für eine Übertragung nach Mitteleuropa aus den Rocky Mountains und 15:00 Uhr für eine aus Hawaii. Diese Beispiele lassen daran zweifeln, ob sie in dieser Pauschalität gerechtfertigt sind. Zwar kommt es nicht nur auf die Ortszeit bei den Olympischen Spielen an. Auch die Ortszeit im Sendegebiet ist für die Zuschauer selbstverständlich relevant. Allerdings gehen aus den Zugangsregeln keine Gründe für die Festlegung dieser starren Zeitgrenzen hervor. Daher spricht die Pauschalität dieser Beschränkung der Live-Verwertungsrechte von Nichtmitgliedern dafür, dass ihr keine sachlich zwingenden Erwägungen zugrunde liegen.

Ein erstaunliches praktisches Ergebnis der Regelung ist bei den zeitversetzten Übertragungen zu beobachten: Während der Beginn solcher Verwertungen durch Nichtmitglieder bei einem asiatischen Austragungsort mit 21:00 Uhr schlicht recht spät erscheint, verblüfft die Vorschrift für amerikanische Austragungsorte. Um 09:00 Uhr MEZ am Wettkampftag ist es in Argentinien 05:00 Uhr morgens, und in Hawaii noch 22:00 Uhr am Vortag. Eine zeitversetzte Verwertung der Veranstaltung desselben Tages wird hier schlichtweg unmöglich sein, da die Wettkämpfe noch gar nicht begonnen haben können. Es ist im Hinblick auf den Kontext davon auszugehen, dass 09:00 Uhr MEZ des Folgetages gemeint ist. Bei entsprechender Auslegung wäre dieser Teil der Zugangsregeln nicht als gänzlich willkürlich einzustufen. Gleichwohl ist auch hier nicht ersichtlich, auf welchen sachlichen Erwägungen die Festlegung der rigiden Zeitgrenzen beruht.

2189 EBU Sublicensing Rules (Stand 2.10.2009), Annexe, Abschnitt „Deferred transmission".

2190 Mögliche Abweichungen durch Umstellungen auf Sommerzeit sollen hier vernachlässigt werden, da sie in der Sache nicht entscheidend sind.

Es bleiben daher Zweifel an der Möglichkeit der diskriminierungsfreien Anwendung dieser Regeln bestehen.

(vi) Zusammenfassung

Als Ergebnis der Analyse der aktuellen Zugangsregeln für Nichtmitglieder bleibt zusammenfassend festzuhalten, dass sie für die Mehrzahl der Sportereignisse eine deutliche Verbesserung gegenüber dem Regelwerk von 1993 darstellen. Sie schreiben klarere Zugangsrechte für Nichtmitglieder vor, enthalten angemessene Sperrfristen und zielen auf die Herausgabe von Informationen über zur Verfügung stehende Live-Verwertungsrechte. Gleichwohl können die Zugangsregeln nicht in ihrer Gesamtheit einen diskriminierungsfreien Zugang von Nichtmitgliedern zu Eurovisionsrechten garantieren. Zunächst fehlt ein Durchsetzungsmechanismus im Verfahren, der die finanzielle Planungssicherheit von Nichtmitgliedern erhöht. Weiterhin fehlt eine Sublizenzierungsmöglichkeit für parallele Verwertung im Pay-TV. Schließlich bleiben die Sonderregeln für Olympische Spiele noch hinter den Anforderungen zurück. Eine Ausschaltung des Wettbewerbs kann daher nicht wie von Art. 101 Abs. 3 lit. b) AEUV gefordert ausgeschlossen werden. Durch die vertikale Integration innerhalb der EBU wird die Möglichkeit der Ausschaltung des Wettbewerbs sogar verstärkt.

5. Ergebnis

Somit ist das Eurovisionssystem nach hier vertretener Ansicht mangels Ausschluss der Möglichkeit der Ausschaltung des Wettbewerbs durch die EBU oder ihre Mitglieder nicht gem. Art. 101 Abs. 3 AEUV freigestellt. Um eine solche Freistellung zu erreichen, bedürfte es der Nachbesserung bei den Zugangsregeln für Nichtmitglieder im Hinblick auf den Zugang zu Rechten an Olympischen Spielen.

B. Der zentrale Einkauf und die Rechte für „Neue Medien“

Die Entscheidungen der Europäischen Kommission und des EuG in Sachen EBU befassten sich mit dem gemeinsamen Erwerb von „Fernsehrechten“. Spätestens seit den Olympischen Sommerspielen in Athen 2004 umfasst das Eurovisionssystem jedoch auch den Erwerb von Rechten für die „Neuen Medien“[2191] (zur Definition der „Neuen Medien“ und zur Abgrenzung zum klassischen Rundfunk vgl. Ausführungen im 2. Abschnitt[2192]). Neben Fernsehrechten erwirbt die EBU

2191 S. Meldung des IOC v. 6.7.2004, abrufbar unter: http://www.olympic.org/news/ioc-confirms-european-tv-rights-contract/56320 (zuletzt aufgerufen am 11.8.2014).

2192 Dort C. II. 2. c) bb).

im Rahmen des Eurovisionssystems nun regelmäßig auch Rechte an sportlichen Großereignissen für Live-Übertragungen und zeitversetzte Sendungen (auch on-demand) im Internet sowie für die Übertragung von Bewegtbildern auf Mobiltelefone[2193]. Die Olympischen Sommerspiele in Beijing 2008 wurden aufgrund eines Durchbruchs bei den Nutzerzahlen als die „ersten digitalen Olympischen Spiele" bezeichnet[2194]. Auch für diese erwarb die EBU neben den Fernsehrechten auch „New Media Rights". Im folgenden Abschnitt soll untersucht werden, inwieweit sich die Beurteilung des Eurovisionssystems für diesen Bereich von der in Bezug auf „Fernsehrechte" unterscheidet.

I. Tatbestand des Art. 101 Abs. 1 AEUV

Betreffend die Tatbestandsmerkmale Unternehmenseigenschaft, Vereinbarung zwischen Unternehmen, grenzüberschreitender Bezug und Spürbarkeit ergibt sich kein Unterschied dadurch, dass Gegenstand der Vereinbarung Rechte für „Neue Medien" sind. Erst bei der Frage nach dem Vorliegen eines Wettbewerbsverhältnisses zwischen den Mitgliedern der EBU im Rahmen der Prüfung der Wettbewerbsbeschränkung[2195] liegt eine andere Situation vor, die der gesonderten Beurteilung bedarf. Auch hier kommt es für das Vorliegen einer Einkaufsgemeinschaft im Sinne der horizontalen Leitlinien der Europäischen Kommission darauf an, ob zwischen den Mitgliedern der EBU auf dem Einkaufsmarkt ein Wettbewerbsverhältnis existiert. Dabei ist wie bereits beschrieben, auch der Aspekt der Verwertung der Rechte auf der nachgelagerten Marktstufe relevant. Diese stellt sich bei Verwertungsrechten für die „Neuen Medien" anders dar als bei Fernsehrechten.

Die Rundfunkanbieter betreiben inzwischen fast durchweg audiovisuelle Angebote, die im Internet abgerufen werden können. So bieten viele Sender

---

2193 S. Meldung auf der Soccernews Website v. 23.9.2009 bezüglich der Euro 2012, abrufbar unter: http://www.soccernews.com/ebu-wins-tv-rights-for-euro-2012/23919/ (zuletzt aufgerufen am 11.8.2014); zu den Olympischen Spielen 2010 in Vancouver und 2012 in London s. Meldung des IOC v. 6.7.2004, abrufbar unter: http://www.olympic.org/news/ioc-confirms-european-tv-rights-contract/56320 (zuletzt aufgerufen am 11.8.2014); zu den Olympischen Sommerspielen in Beijing s. Bericht des IOC, abrufbar unter: http://www.olympic.org/documents/ioc_marketing/broadcasting/beijing_2008_global_broadcast_overview.pdf (zuletzt aufgerufen am 11.8.2014).

2194 EBU Meldung v. 1.9.2008, abrufbar unter: http://www.ebu.ch/en/union/news/2008/tcm_6-62839.php (zuletzt aufgerufen am 11.8.2014).

2195 Vgl. oben unter A. I. 5. a) dd) (i).

über ihre Webseiten Nachrichtensendungen, aber auch andere vollständige Programmbestandteile zum jederzeitigen Abruf an. Teil oder auch Hauptgegenstand dieser Abrufdienste können und werden immer wieder auch Sportwettkämpfe sein. Beispiele aus Deutschland sind die ARD-Mediathek, die auf www.ardmediathek.de unter der Rubrik „Sport" vielfältige audiovisuelle Beiträge aus der Sportberichterstattung anbietet, sowie die Mediathek des ZDF, abrufbar unter www.zdf.de. Das österreichische EBU-Mitglied ORF bietet entsprechende Dienste, wie etwa die Sendung „Sportbild" unter http://tvthek.orf.at/programs, an. Mindestens als Teil der Nachrichtensendungen sind daher bereits jetzt Sportinhalte im Internet auf den Seiten der EBU-Mitglieder verfügbar. Bei Großveranstaltungen wie den Olympischen Spielen bieten eine Vielzahl von EBU-Mitgliedern Bewegtbilder von den Wettkämpfen über ihre Webseiten an[2196]. Da das Internet grundsätzlich weltweit zugreifbar ist, gelten hier zunächst keine Grenzen für die Sendegebiete, so dass etwa die genannten deutschen und österreichischen Angebote zueinander in Konkurrenz treten können. Geoblocking-Technologie wird lediglich eingesetzt, um die Abrufbarkeit außerhalb des Sendegebiets der EBU auszuschließen. Innerhalb Europas sind die Angebote durchweg grenzüberschreitend verfügbar[2197]. Letztlich werden die Sprachräume hier für natürliche Grenzen sorgen, soweit der Zugriff die Navigation auf einer Seite erfordert, die nur in einer Sprache verfügbar ist. Demnach werden auch etwa die Angebote der BBC auf http://news.bbc.co.uk/sport mit denen von ITV auf http://www.itv.com/Sport/ und RTÉ auf http://www.rte.ie/sport/ konkurrieren. Weitere Beispiele aus dem französischen oder flämisch-niederländischen Sprachraum ließen sich mühelos finden. Auf diesem Gebiet agieren daher ebenfalls Mitglieder der EBU als Konkurrenten auf einem nachgelagerten Markt. Es ist anzunehmen, dass Zahl und Umfang dieser relativ neuen Angebote in Zukunft eher zunehmen werden[2198]. Es ist daher nicht von der Hand zu weisen, dass Mitglieder der EBU mit ihren Angeboten im Internet-Bereich zueinander im Wettbewerb stehen.

2196 S. EBU Meldung v. 1.9.2008 zu den Olympischen Spielen von Beijing, abrufbar unter: http://www.ebu.ch/en/union/news/2008/tcm_6-62839.php (zuletzt aufgerufen am 11.8.2014).

2197 S. Zitat des EBU Generaldirektors Réveillon in einer Meldung v. 11.8.2008, abrufbar unter: http://www.eurovision.tv/page/news?id=1236&_t=ebu_delivers_olympics_games_to_europe (zuletzt aufgerufen am 11.8.2014).

2198 Dem Problemkomplex des Drei-Stufen-Tests soll hier kein Raum eingeräumt werden, da es vorliegend ausschließlich um Konkurrenzsituationen zwischen EBU-Mitgliedern geht.

Auch im Bereich des Mobilfunks erwerben EBU-Mitglieder über das Eurovisionssystem Verwertungsrechte. Wie beim Fernsehen sind auch hier Großereignisse wie Olympia oder internationale Fußballwettbewerbe besonders gefragt[2199]. Diese Rechte nutzen die Sendeunternehmen allerdings nicht selbst, sondern vergeben sie über Unterlizenzen an Mobilfunkanbieter. Sobald die EBU die Mobilfunkrechte an einer Veranstaltung erworben hat, können die Mobilfunkanbieter diese Rechte nicht mehr beim originären Rechteinhaber oder bei einer anderen Agentur erwerben, sondern müssen sich durch EBU-Mitglieder Unterlizenzen einräumen lassen[2200]. Auf diesem nachgelagerten Markt erwerben die Mobilfunkunternehmen Rechte an Bewegtbildern, die sie als Clips ihren Kunden near live oder zeitversetzt auf das Mobiltelefon oder andere Handheld-Geräte übermitteln. Da innerhalb Europas mehrere Sendeunternehmen letztlich die identischen Bewegtbilder von einer Sportveranstaltung lizenzieren können, stehen die Mitglieder gegenüber den Mobilfunkunternehmen miteinander im Wettbewerb. Es gäbe keinen Grund etwa für einen spanischen Mobilfunkbetreiber, nur beim spanischen EBU-Mitglied die entsprechenden Rechte zu lizenzieren. Er wird vielmehr nach dem günstigsten Angebot Ausschau halten. Auch hier besteht also ein Wettbewerb zwischen den EBU-Mitgliedern.

Damit liegt auch im Bereich der Rechte für „Neue Medien" eine Einkaufsgemeinschaft zwischen Wettbewerbern vor. Bei den übrigen Voraussetzungen des Tatbestands des Art. 101 Abs. 1 AEUV zeigen sich keine weiteren Besonderheiten gegenüber der Situation bei Fernsehrechten. Insbesondere die Position der Nachfragemacht der EBU auf dem Einkaufsmarkt ist bei Rechten für „Neue Medien" dieselbe wie bei Fernsehrechten. Das ergibt sich nicht zuletzt aus der praktischen Handhabung dieser Rechte. Sie werden durch die Anbieter gemeinsam mit den Fernsehrechten ausgeschrieben und häufig an dieselben Abnehmer vergeben. Was die Marktmacht der EBU-Mitglieder auf dem nachgelagerten Markt angeht, ist die Situation ebenfalls vergleichbar. Zum einen handelt es sich bei mehreren EBU-Mitgliedern um Großunternehmen, zum anderen sind die Märkte auch im Bereich der Rechte für „Neue Medien" eng

2199 S. Meldung auf der Soccernews Website v. 23.9.2009 bezüglich der Euro 2012, abrufbar unter: http://www.soccernews.com/ebu-wins-tv-rights-for-euro-2012/23919/ (zuletzt aufgerufen am 11.8.2014); zu den Olympischen Sommerspielen in Beijing s. Meldung der EBU vom 1.9.2008, abrufbar unter: http://www.ebu.ch/en/union/news/2008/tcm_6-62839.php (zuletzt aufgerufen am 11.8.2014).

2200 S. http://ec.europa.eu/competition/sectors/media/inquiries/crawfordpresentation.pdf, Folie 3 (zuletzt aufgerufen am 11.8.2014).

abzugrenzen, wie oben im 2. Abschnitt beschrieben. So können etwa die Rechte für VoD-Highlights von den Olympischen Spielen auf einer Website oder die Rechte für die Übertragung derselben Veranstaltung in Form von Clips auf ein mobiles Handheld-Gerät jeweils einem eigenen Markt zugerechnet werden.

Damit liegt auch beim gemeinsamen Einkauf von Rechten für „Neue Medien" durch die EBU eine Wettbewerbsbeschränkung vor. Auch hier ist zu prüfen, ob der gemeinsame Einkauf freigestellt ist.

II. Freistellung gem. Art. 101 Abs. 3 AEUV

1. Effizienzgewinne

Auch bei Verhandlungen über Rechte für Internetdienste oder Angebote für mobile Handheld-Geräte kann von einer Senkung der Transaktionskosten durch den gemeinsamen Einkauf der EBU-Mitglieder ausgegangen werden. Letztlich unterscheiden sich die Rahmenbedingungen für solche Verhandlungen nicht von denen für Fernsehrechte. Die erreichten Einsparungen sind vergleichbar. Es ist auch anzunehmen, dass das Eurovisionssystem auch hier kleineren Mitgliedern besondere Vorteile bringt, da diese über die EBU an Rechte herankommen, die sie allein möglicherweise nicht hätten erwerben können.

Ob allerdings bei den „New Media Rights" auch ein Vorteil für den Vertrieb entsteht, ist fraglich. Bei den Rechten für Mobilfunkanwendungen agieren die EBU bzw. ihre Mitglieder auf der Marktstufe einer Agentur. Die Rechte werden an Mobilfunkanbieter weiterveräußert, nicht aber selbst verwertet. Die Mobilfunkanbieter sind nicht darauf angewiesen, ihre Lizenzen für die Bewegtbilder bei einem Anbieter in einem bestimmten Mitgliedstaat zu erwerben. Vielmehr könnten diese Unternehmen auch direkt bei den originären Rechteinhabern eine Lizenz einholen. Auch handelt es sich bei den Mobilfunkunternehmen keineswegs um kleine Marktteilnehmer, die ohne ein Angebot in ihrem jeweiligen Mitgliedstaat nicht an die entsprechenden Rechte herankämen. Es handelt sich im Gegenteil um Großunternehmen, die teilweise wesentlich größer sind als die EBU-Mitglieder selbst. Damit hat das Eurovisionssystem keine Auswirkungen darauf, ob 3G-Angebote letztlich europaweit verfügbar werden oder nicht.

Abrufdienste auf Internetseiten werden dagegen von den EBU-Mitgliedern selbst angeboten. Diese Angebote sind zumindest europaweit zugreifbar, weshalb schon ein einziger Anbieter Nutzer in ganz Europa erreichen kann. Das Eurovisionssystem trägt hier also zunächst nicht zu einem besseren Vertrieb bei. Allerdings ist zu bedenken, dass die EBU-Mitglieder Internetangebote in allen Landessprachen der EU ermöglichen können, was in der Tat zu einer besseren

Marktdurchdringung führen kann. Gerade in kleineren Sprachräumen kann daher das Eurovisionssystem durchaus zu einer flächendeckenden Versorgung mit Internetabrufdiensten für zeitsouveräne Sportangebote führen. Das Eurovisionssystem bringt damit auch im Bereich des Handels mit Rechten für die „Neuen Medien“ Effizienzgewinne in Form von Kosteneinsparungen und im Bereich der Internetrechte in Form einer Verbesserung des Vertriebs.

2. Angemessene Beteiligung der Verbraucher

Die Frage nach der Weitergabe der Vorteile an die Verbraucher ist bei den „Neuen Medien“ je nach Art der Verwertung unterschiedlich zu beurteilen. Beim Verkauf von Lizenzen an Mobilfunkanbieter können diese Vorteile durchaus über den Preis für den jeweiligen Dienst an die nächste Marktstufe weitergegeben werden. Bei kostenlosen Internetangeboten ist die Situation vergleichbar mit der des Free-TV. „Verbraucher“ im Sinne des Art. 101 Abs. 3 AEUV ist hier die Werbewirtschaft. Geringere Beschaffungskosten bei den Anbietern für die Rechte spielen für sie keine Rolle. Allerdings profitiert die Werbewirtschaft wie auch beim frei empfangbaren Fernsehen davon, wenn für verschiedene Mitgliedstaaten oder Sprachräume jeweils Angebote in der Landessprache eingerichtet werden, da damit die Werbebotschaften gezielter an bestimmte Zielgruppen gebracht werden können. Gerade für die Werbewirtschaft ist eine solche Zielgruppenabgrenzung besonders wichtig. Insofern findet sowohl im Bereich Mobilfunk als auch bei Internetangeboten eine Weitergabe von Effizienzgewinnen an die nächste Marktstufe statt, die auch durchaus im Verhältnis zu den Nachteilen der Wettbewerbsbeschränkung steht.

3. Verhältnismäßigkeit

Im Rahmen der Verhältnismäßigkeitsprüfung nach Art. 101 Abs. 3 lit. a) AEUV ist wiederum nach der Unerlässlichkeit der Vereinbarung für die entstehenden Vorteile zu fragen. Beim gemeinsamen Einkauf von Rechten für die Verwertung im Mobilfunkbereich stellt sich die Frage, ob die Mobilfunkunternehmen nicht auch selbst in der Lage wären, entsprechende Einsparungen bei den Transaktionskosten zu generieren. Allerdings ist nicht anzunehmen, dass eine europaweite Rechtevergabe an mehrere Mobilfunkunternehmen mit geringeren Transaktionskosten möglich wäre als die Vergabe aller Rechte an die EBU im Rahmen der Verhandlungen um die Fernsehrechte. Im Bereich der Internetdienste ist davon auszugehen, dass eine flächendeckende Versorgung aller europäischen Sprachräume mit entsprechenden Diensten und Werbemöglichkeiten nicht ohne das Eurovisionssystem möglich wäre – und insbesondere nicht ohne das Entstehen deutlich höherer Transaktionskosten. Eine weniger einschränkende Maßnahme, die ein vergleichbares Ergebnis zeitigen würde, ist nicht ersichtlich. Daher ist der gemeinsame Einkauf durch die EBU als verhältnismäßig anzusehen.

4. Keine Ausschaltung des Wettbewerbs

Schließlich stellt sich auch für die Rechte an „Neuen Medien" die Frage nach der Möglichkeit der Ausschaltung des Wettbewerbs. Was die Marktanteile der EBU-Mitglieder angeht, gilt für die „New Media Rights" nichts anderes als für das Fernsehen. Auch hier sind die Märkte, wie oben im 2. Abschnitt beschrieben, eng abzugrenzen. Sowohl für Mobilfunkangebote als auch für Abrufdienste im Internet existieren jeweils gesonderte Märkte, die weiter unterteilt sein können, wenn es um besonders attraktive Sportinhalte geht, wie sie über das Eurovisionssystem erworben werden. Werden auf diese Weise Rechte für „Neue Medien" erworben, halten die EBU bzw. ihre Mitglieder damit regelmäßig 100% des jeweils relevanten Marktes oder zumindest einen sehr großen Marktanteil. Dies sorgt grundsätzlich für eine Ausschaltung des Wettbewerbs. Für beide Verwertungsformen stellt sich die Frage, ob die Zugangsregeln der EBU für Nichtmitglieder, die gemäß ihrem Abs. 6 für alle Verwertungsplattformen gleichermaßen Anwendung finden, dafür sorgen, dass die Ausschaltung des Wettbewerbs durch die Einkaufsgemeinschaft der EBU trotz des Erwerbs aller Rechte, die auf den jeweiligen Märkten verfügbar sind, unmöglich wird.

a) Mobilfunk

Zunächst ist jedoch der Aspekt der vertikalen Integration zu beachten. Während die Mitglieder der EBU bei den Fernsehrechten die Marktstufen der Rechteagentur und des Verwerters in sich vereinen, bieten sie dem Konsumenten gegenüber keine Mobilfunkangebote an. Haben sie Mobilfunkrechte erworben, werden diese Rechte häufig an Mobilfunkanbieter weiterveräußert, die daraus dann ein Angebot für ihre Kunden generieren. Dabei werden die Bewegtbilder technisch bearbeitet, redaktionell verpackt und dem Konsumenten zur Verfügung gestellt. Es gibt jedoch auch Fälle, in denen die Sendeunternehmen bereits die redaktionelle Bearbeitung der Inhalte vornehmen, um dem Mobilfunkanbieter dann ein fertiges Produkt anzubieten, das dieser nur noch seinen Abonnenten übermitteln muss[2201]. Hier verlagert sich in der Vertikalen ein Produktionsschritt auf das Sendeunternehmen, das dem Mobilfunkanbieter eine zusätzliche Dienstleitung anbietet. Da davon auszugehen ist, dass die Mobilfunkunternehmen jedoch die

2201 S. etwa http://ec.europa.eu/competition/sectors/media/inquiries/eurosport.pdf (zuletzt aufgerufen am 11.8.2014), S. 3/5.

Wahl haben, ob sie „reine" Verwertungsrechte oder ein aufbereitetes Produkt erwerben wollen, ändert diese Konstellation an der Frage der Freistellung der Einkaufsgemeinschaft der EBU zunächst nichts.

Im Hinblick auf die Zugangsregeln für Nichtmitglieder gelten für die Angebote der Mobilfunkanbieter dieselben Regeln wie für andere lineare zeitversetzte Dienste auch[2202]. Die Near-Live-Angebote, die Mobilfunkanbieter typischerweise anbieten (z.B. Bilder von Torszenen oder Elfmetern werden dem Nutzer innerhalb weniger Augenblicke gesendet), werden in den Zugangsregeln nicht angesprochen. Einerseits könnte man sie als Live-Übertragung qualifizieren, da sie Bilder noch während des jeweiligen Wettkampfs zum Nutzer bringen. Andererseits handelt es sich bei diesen kurzen Bildsequenzen auch um Höhepunkte der jeweiligen Partie. Die Tatsache, dass die Zugangsregeln zu dieser Angebotsform schweigen, könnte man so verstehen, dass sie für diese Dienste gar keine Unterlizenzvergabe vorsehen. Dann bliebe es bei der Ausschaltung des Wettbewerbs. Wendet man die Zugangsregeln hingegen analog auch auf die Dienste des Mobilfunks an, treten im Bereich der Sonderregeln für Olympische Spiele dieselben Unzulänglichkeiten zu Tage, wie dies bei den Fernsehrechten der Fall ist. Deshalb ist davon auszugehen, dass es auch im Hinblick auf Mobilfunkrechte bei der Ausschaltung des Wettbewerbs bleibt und die Zugangsregeln für Nichtmitglieder nicht zu einer Freistellung der Einkaufsgemeinschaft im Hinblick auf Mobilfunkrechte führen können.

Das wesentliche Problem bei der Sublizenzierung von Rechten für den Mobilfunk durch EBU-Mitglieder liegt jedoch bereits in ihrem Erwerb durch die EBU begründet. Die Mitglieder der EBU sind in erster Linie Rundfunkunternehmen, deren Tätigkeitsfeld sich originär nicht auf mobile Angebote erstreckt. Halten diese Unternehmen nun wertvolle exklusive Rechte, die die (oben, 1. Abschnitt, D. II.) beschriebene Bedeutung für die Entwicklung mobiler Dienste haben, befinden sie sich in einer „Gatekeeper"-Position. Damit ist die Gefahr verbunden, dass die Rechte nicht optimal eingesetzt werden, um den noch vergleichsweise jungen Markt für Mobilfunkangebote zu entwickeln. Aus Sicht von Rundfunkunternehmen besteht ihr Interesse bei einer Sublizenzierung darin, dass die Rechte die lukrativste mögliche Verwertung der Fernsehrechte nicht gefährden. Zwar gibt es für Mobilfunknutzungen, wie oben im 2. Abschnitt beschrieben, einen eigenen Markt. Gleichwohl kann ein paralleles Angebot auf einer anderen Plattform für einige Nutzer je nach bevorzugtem Endgerät oder je nach Nutzungssituation durchaus eine Alternative darstellen oder sich

2202 S. insbesondere EBU Sublicensing Rules (Stand 2.10.2009), Abs. 3.2., 5.2.

zu einer solchen entwickeln. Die Rundfunkunternehmen befürchten hier eine sogenannte „Kannibalisierung" ihrer Fernsehrechte[2203]. Daher werden sie stets geneigt sein, besonders attraktive Mobilfunkrechte gar nicht unterzulizenzieren oder aber die Zeitfenster so zu wählen, dass die Attraktivität des Mobilfunkprodukts für Kunden gegenüber dem eigenen Angebot deutlich abfällt. Eine entsprechende Praxis wurde seitens der Kommission auch beobachtet[2204]. Dadurch können den Verbrauchern eindeutige Nachteile entstehen, die eine Freistellung nicht möglich erscheinen lassen. Bleiben Rechte aus diesen Gründen ungenutzt, handelt es sich letztlich um eine für Verbraucher besonders nachteilige Beschränkung der Produktion[2205]. Gerade aus diesen Gründen gilt im Zusammenhang mit der Zentralvermarktung (vgl. oben, 1. Abschnitt, E.) der Erwerb großer oder unterschiedlicher Rechtepakete durch einen einzelnen Abnehmer auch als unerwünschtes Szenario. Beim gemeinsamen Einkauf von Mobilfunkrechten durch die EBU tritt aber gerade eine solche Situation ein. Ganz allgemein ist es aus Wettbewerbsgesichtspunkten vorzugswürdig, wenn die Anbieter mobiler Dienste ihre Inhalte direkt beim Rechteinhaber erwerben und nicht beim Verwerter auf derselben Marktstufe[2206]. Daher kann die Sublizenzierung von Mobilfunkrechten die Nachteile gegenüber einem direkten Erwerb durch Unternehmen der Branche nicht aufwiegen und die Möglichkeit der Ausschaltung des Wettbewerbs eliminieren. Der gemeinsame Erwerb von Mobilfunkrechten durch die EBU ist damit nicht freigestellt.

b) Internet

Bei den Internetangeboten, die die EBU-Mitglieder selbst zur Verfügung stellen, ist ebenso wie bei den Fernsehangeboten[2207] eine vertikale Integration gegeben, die die Auswirkungen der Wettbewerbsbeschränkung noch verstärkt. Die Mitglieder der EBU bieten nämlich, wie bereits oben (unter I.) beschrieben, über ihre Webseiten selbst Inhalte an, die in Konkurrenz zu denen reiner Internetdienstleister treten. Auf dieser Marktstufe bleibt jeder Zugang für Dritte

---

2203 Fikentscher, UFITA 2005, 635 (642); Subiotto/Graf, WC 2003, 598 (606).

2204 Alexander Schaub, Rede vom 26.2.2002 anlässlich der Jornada Día de la Competencia in Madrid, abrufbar unter: http://ec.europa.eu/competition/speeches/text/sp2002_008_en.pdf (zuletzt aufgerufen am 11.8.2014), S. 6.

2205 Herbert Ungerer, Rede vom 2.10.2003 in Barcelona, S. 11, abrufbar unter: http://ec.europa.eu/competition/speeches/text/sp2003_024_en.pdf (zuletzt aufgerufen am 11.8.2014).

2206 Geradin, (2005) E. L. Rev. 68 (84 f.); Toft, Competition Policy Newsletter 3/2003, 47 (48).

2207 Vgl. oben, A. II. 4. b) bb).

zu Rechten, die die EBU-Mitglieder selbst verwerten möchten, unmöglich. Nur im Fall, dass sublizenziert wird, gibt es die Möglichkeit eines Erwerbs. Die Zugangsregeln für Nichtmitglieder sind auch auf Internetdienste anwendbar[2208]. Je nach Art des webbasierten Angebots kommen die Regeln für lineare Übertragungen (live oder zeitversetzt) oder auch die für nicht-lineare Abrufdienste[2209] zur Anwendung. Auch hier gilt das oben in A. II. 4) b) cc) (iv) Gesagte: Die Zugangsregeln sind im Bereich der Sonderregeln für Olympische Spiele nicht ausreichend, um eine Ausschaltung des Wettbewerbs zu verhindern.

Für den Erwerb von Rechten für Abrufdienste im Internet durch die in der EBU zusammengeschlossenen Rundfunkunternehmen gilt im Fall der Sublizenzierung an Dritte etwas Ähnliches wie beim Erwerb von Mobilfunkrechten. Das Interesse der Rundfunkunternehmen wird bei der Internetverwertung ebenfalls darin liegen, dass das eigene Rundfunkangebot in seiner Attraktivität möglichst einzigartig bleibt. Im Interesse der Entwicklung vielfältiger und innovativer Geschäftsmodelle im Internet sind die Rundfunkunternehmen aus Sicht des Kartellrechts nicht der ideale Verwerter dieser Rechtepakete. Verwerten die Rundfunkunternehmen nämlich selbst, werden sie ein Interesse daran haben, diejenigen Aspekte der Internetangebote zu fördern, die in keiner Weise mit der Fernsehverwertung (unabhängig von der Übertragungstechnologie) konkurrieren können. Wie oben[2210] beschrieben, gibt es gesonderte Märkte für interaktive Webdienste, die zunehmend entwickelt werden. Ein Unternehmen, das nicht ebenfalls ein Sportangebot im Fernsehen betreibt, ist besser in der Lage, die spezifischen Möglichkeiten interaktiver webbasierter Dienste zu entwickeln. Die Sublizenzierung ist auch hier nicht geeignet, drohende Nachteile durch Verknappung von Angeboten oder Behinderung neuer Geschäftsmodelle aufzuwiegen. Vielmehr bleibt es bei der Möglichkeit der Ausschaltung des Wettbewerbs, die ihrerseits nicht gerechtfertigt werden kann. Damit bleibt es auch für den Bereich der Verwertungsrechte für Internetdienste dabei, dass die Einkaufsgemeinschaft der EBU nicht freigestellt ist.

c) „Plattformneutralität" der Zugangsregeln für Nichtmitglieder

Die Tatsache, dass die Zugangsregeln für Nichtmitglieder, die ihrem Wesen nach auf Fernsehübertragungen ausgerichtet sind, überhaupt auch für Dienste der „Neuen Medien" anwendbar sein sollen, ist auf die erklärte „Plattformneutralität" der Regeln zurückzuführen. In Abs. 6 der Zugangsregeln ist zunächst

2208 S. EBU Sublicensing Rules (Stand 2.10.2009), Abs. 6.
2209 S. EBU Sublicensing Rules (Stand 2.10.2009), Abs. 4.
2210 Vgl. 2. Abschnitt, C. II. 2. c) bb) (i) (3).

festgelegt, dass Nichtmitglieder unabhängig von der Art der Plattform, die sie betreiben, Sublizenzen erhalten können. Dabei scheint vorausgesetzt zu werden, dass die EBU entsprechende Rechtepakete erworben haben wird, da die EBU nicht mehr lizenzieren kann, als sie selbst erworben hat (vgl. auch Abs. 1.5 der Zugangsregeln). Die einzigen Fälle, in denen die EBU entsprechende Rechte nicht erwerben kann, sind solche, in denen aufgrund der Zentralvermarktung im Fußball Auflagen gelten, die den Aufkauf durch einen einzelnen Abnehmer einschränken. Diese Beschränkung, die im Fall der englischen FA Premier League gilt, greift jedoch erst, wenn mehr als fünf von sechs Paketen an einen Käufer veräußert werden sollen[2211]. Auch Einschränkungen der Exklusivität nach Ablauf gewisser Embargos[2212] und Erschwernisse für den Erwerb durch einen einzelnen Abnehmer im Vergabeverfahren[2213] kommen bei zentral vermarkteten Fußballrechten vor. Allerdings sind dies nur punktuelle Regelungen für bestimmte Ligen. Für alle anderen Sportinhalte gelten hingegen keine entsprechenden Auflagen der Kommission.

Die EBU rechnet also ausweislich ihrer Zugangsregeln für Nichtmitglieder damit, dass sie neben den erwähnten Pay-TV-Rechten auch Rechte für „Neue Medien“ erwerben wird. Im zweiten Satz von Abs. 6.1. der Zugangsregeln für Nichtmitglieder heißt es dann, dass für die Zwecke der gesamten Zugangsregelung die Nutzung durch ein Mitglied als Nutzung auf allen anderen Plattformen zu gelten hat[2214]. Die Möglichkeiten der Erteilung von Unterlizenzen an Nichtmitglieder hängen gem. Abs. 3–5 der Zugangsregeln stets davon ab, ob ein EBU-Mitglied eine Nutzung vornimmt oder nicht. Führen nun Nutzungen durch Mitglieder der Einkaufsgemeinschaft im Fernsehen dazu, dass die jeweiligen Rechte auf allen anderen Plattformen als genutzt gelten, schließt

---

2211 S. Entscheidung der Europäischen Kommission v. 22.3.2006 in der Sache COMP/C-2/38.173 – FA Premier League, Rn. 36 (b), s. auch IP/06/356 v. 22.3.2006, S. 2.

2212 S. Entscheidung der Europäischen Kommission v. 19.1.2005 in der Sache COMP/C.2-37.214 – Bundesliga, Rn. 30 f.

2213 S. Entscheidung der Europäischen Kommission v. 22.3.2006 in der Sache COMP/C-2/38.173 – FA Premier League, Rn. 36 (e); Entscheidung der Europäischen Kommission v. 23.7.2003 in der Sache COMP/C.2-37.398 – UEFA Champions League, ABl. EU L 291/39 v. 8.11.2003, Rn. 40 ff.

2214 „For the purpose of the present Rules, transmission by one Member on any platform shall be deemed to be used (sic!) on all other platforms.“ Dieser Satz muss wohl so verstanden werden, dass die jeweiligen Rechte, aufgrund derer auf einer Plattform übertragen wird, für alle anderen Plattformen als „ausgewertet“ gelten müssen.

das eine Sublizenzierung für sämtliche Plattformen aus. Dieses Problem wurde im Kontext des Pay-TV bereits benannt. Die vorangegangene Untersuchung hat gezeigt, dass die Plattform Pay-TV durch das EBU-System zugunsten des frei empfangbaren Fernsehens benachteiligt wird. Im Kontext der Plattformen Internet und Mobilfunk wird jedoch erst die Tragweite dieser Regelung deutlich. Hier manifestiert sich die soeben beschriebene Tendenz zum Schutz der bevorzugten eigenen Verwertungsform in Form handfester Regelungen. Ein solches Verhalten kann nicht nur vermutet werden, sondern die Regeln der EBU sehen es sogar ausdrücklich vor. Hier wird durch Mitglieder der EBU beim Erwerb von Rechten für mehrere Plattformen im Rahmen der Einkaufsgemeinschaft der Wettbewerb in den benachbarten Märkten[2215] für Nutzungen im Rahmen von Mobilfunkdiensten oder interaktiven Internetangeboten ausgeschaltet, selbst wenn sie auf diesen Märkten selbst nicht aktiv sind. Es wird nicht nur die Möglichkeit zur Ausschaltung des Wettbewerbs geschaffen, sondern der Wettbewerb qua Reglement ausgeschaltet, indem die Möglichkeit der Vergabe von Unterlizenzen über Marktgrenzen hinweg entfällt. Die im Fall der deutschen Fußball-Bundesliga aufgrund der Zentralvermarktung geltende Regelung, dass durch den Erwerber „ohne sachlichen Grund“ nicht verwertete Rechte an die Vereine zurückfallen[2216], kann lediglich für diesen speziellen Fall einen Anreiz zur Verwertung setzen. Vor dem Hintergrund des Mechanismus' der „Plattformneutralität“ der Zugangsregeln bleibt es dabei, dass es für die EBU geradezu unklug wäre, lediglich Rechte für die von ihr geplanten Verwertungsformen zu erwerben und sich nicht gleichzeitig umfassende Rechte für alle anderen Plattformen zu sichern, um diese Formen der Verwertung nach Bedarf verhindern zu können und sich letztlich eine plattformübergreifende Exklusivität zu garantieren.

C. Fazit

Die Untersuchung der Vereinbarkeit des gemeinsamen Einkaufs von Sportübertragungsrechten durch die EBU mit Art. 101 AEUV hat gezeigt, dass die Nachteile der Wettbewerbsbeschränkung zwar durch Effizienzgewinne in einigen Bereichen aufgewogen werden können, dass aber die Möglichkeit der Ausschaltung des Wettbewerbs in anderen Bereichen verbleibt, was im Ergebnis die Freistellung ausschließt. Die Zugangsregeln für Nichtmitglieder von 2009 sehen

2215 S. zur Marktdefinition oben, 2. Abschnitt, C. II. 2. c) bb).

2216 S. Entscheidung der Europäischen Kommission v. 19.1.2005 in der Sache COMP/C.2-37.214 – Bundesliga, Rn. 33.

zwar für den Bereich des Fernsehens einige wichtige Öffnungen vor, weisen aber im Hinblick auf ihre Durchsetzung sowie im Fall der Olympischen Spiele noch deutliche Schwächen auf. Für den Bereich der anderen Verwertungsplattformen wie Pay-TV und „Neue Medien“ bleiben die Mitglieder der EBU in der Lage, auf den relevanten Märkten den Wettbewerb auszuschalten. Der gemeinsame Einkauf erreicht für die Mitglieder der EBU gerade die plattformübergreifenden Wirkungen der Exklusivität, die durch die zur Zentralvermarktung entwickelten Regelungen verhindert werden sollen. Wenn nicht sichergestellt werden kann, dass Rundfunkunternehmen ausschließlich Rundfunkrechte (für das frei empfangbare Fernsehen) erwerben, drohen die wettbewerbsschädigenden Auswirkungen des „single vendor“ trotz kleinerer Rechtepakete und begrenzter Lizenzdauer durch den massenhaften Aufkauf durch den „single buyer“ EBU repliziert zu werden. Der gemeinsame Einkauf von Übertragungsrechten in seiner derzeitigen Form bedarf daher auch weiterhin der Aufmerksamkeit der Europäischen Kommission.

4. Abschnitt: Missbrauch marktbeherrschender Stellung im Zusammenhang mit dem gemeinsamen Einkauf durch die EBU

Neben dem Kartellverbot des Art. 101 AEUV ist das Verbot des Missbrauchs einer marktbeherrschenden Stellung in Art. 102 AEUV die zweite wesentliche Regelung des europäischen Wettbewerbsrechts. Der gemeinsame Einkauf von Sportübertragungsrechten durch die EBU wurde durch die Europäische Kommission nie im Rahmen einer Entscheidung auf einen Missbrauch nach Art. 102 AEUV hin überprüft. Aus diesem Grund existieren auch keine Sachverhaltsfeststellungen der Europäischen Kommission über bestimmte Verhaltensweisen der EBU-Mitglieder im Zusammenhang mit dem gemeinsamen Einkauf. Auch wenn demnach keine konkreten Anhaltspunkte für Marktmissbräuche durch die Akteure vorliegen, lohnt ein Blick auf eventuelle Gefahren im Sinne des Art. 102 AEUV. Wie die Untersuchung nämlich gezeigt hat[2217], sind Marktgrenzen bei besonders attraktiven Veranstaltungen sehr eng zu ziehen, was in Kombination mit der Exklusivität der Verwertung insbesondere von Live-Übertragungsrechten zu sehr hohen Marktanteilen oder auch natürlichen Monopolen bei den Erwerbern bestimmter Rechte führt. Selbst wenn etwa im Fall der zentralen Vermarktung einer Liga Rechtepakete kleinteilig angeboten

2217 Oben, 2. Abschnitt.

werden, kann – wie oben (1. Abschnitt, E. II.) erwähnt – nicht immer vermieden werden, dass dennoch ein einzelner Abnehmer große Teile der vorhandenen Verwertungsmöglichkeiten oder gar sämtliche Rechte auf einem relevanten Markt erwirbt.

A. Erwerb von Verwertungsrechten

Zunächst wäre nun daran zu denken, dass der Erwerb von Verwertungsrechten selbst missbräuchlich sein könnte. In der Regel ist wie der originäre auch der abgeleitete Erwerb eines Immaterialgüterrechts kartellrechtlich unproblematisch[2218]. Anders kann das in Fällen zu beurteilen sein, in denen ein marktbeherrschendes Unternehmen durch Erwerb solcher Rechtspositionen gezielt verbleibenden Wettbewerb auf dem jeweiligen Markt ausschließen will[2219] und in die Marktstruktur eingreift[2220]. Die in der EBU zusammengeschlossenen Mitglieder müssten demnach auf einem bestimmten Markt bereits – durch den Erwerb bestimmter Verwertungsrechte – eine marktbeherrschende Stellung innehaben und dann mit entsprechender Zielrichtung weitere Käufe auf demselben Markt tätigen. Eine solche Situation wäre denkbar, jedoch liegen keinerlei konkrete Anhaltspunkte für ein solches Verhalten vor, die an dieser Stelle untersucht werden könnten. Anzumerken ist jedoch, dass aufgrund der engen Grenzen vieler Märkte für audiovisuelle Rechte an Sportveranstaltungen sowie insbesondere aufgrund der geographischen Aufteilung der Märkte innerhalb Europas eine entsprechende Marktsituation kaum einmal vorliegen wird, da bei Erwerb des jeweiligen Rechts ohnehin kein Raum für Restwettbewerb auf dem Markt bestehen wird. Läge ein solcher Fall einmal vor, wären zudem die Hürden für einen Nachweis der entsprechenden Zielsetzung hoch anzusetzen[2221].

B. Sublizenzierung an Nichtmitglieder

Interessanter ist daher ein Blick auf die in der Folge des gemeinsamen Einkaufs entstehenden Konstellationen und Mechanismen. Auch hier fehlen Feststellungen der Europäischen Kommission zu missbräuchlichen Verhaltensweisen. Allerdings geben die Zugangsregeln für Nichtmitglieder detaillierte Hinweise darauf,

---

2218 EuGH Urt. v. 5.10.1988 in der Rs. 53/87 – Renault, Rn. 15.

2219 S. EuG Urt. v. 10.7.1990 in der Rs. 51/89 – Tetra Pak, Rn. 23; *Emmerich* in: Dauses, H.I. § 3, Rn. 133.

2220 S. zur Verantwortung für die Marktstruktur EuGH Urt. v. 21.2.1973 in der Rs. 6/72 – Continental Can, Rn. 25 f.

2221 Eilmansberger, EuZW 1992, 625 (630).

wie bei der Sublizenzierung vorgegangen wird. Auf die Gefahr der Ausschaltung des Wettbewerbs bei Anwendung dieser Regelungen wurde im vorausgegangenen Abschnitt bereits hingewiesen. An dieser Stelle soll diese Situation aus Sicht des Missbrauchsverbots beleuchtet werden. Hinzu kommt, dass auch in der Praxis bei der Prüfung der Freistellung gem. Art. 101 Abs. 3 AEUV ein Abschottungsrisiko ex ante nicht immer begründbar bzw. erkennbar ist, was eine ex post-Bewertung im Rahmen des Missbrauchsverbots erforderlich machen kann[2222]. Hier soll der Blick daher auf Verhaltensweisen gerichtet werden, die sich potentiell aus der Anwendung der Sublizenzierungsregeln für Nichtmitglieder ergeben können.

I. Marktbeherrschende Stellung

Die Regeln des Art. 102 AEUV greifen nur in den Fällen, in denen überhaupt eine marktbeherrschende Stellung vorliegt. Solche Positionen können durch den gemeinsamen Einkauf der EBU entstehen. Dabei ist zu beachten, dass nach heutiger Sichtweise die Inhaberschaft eines Immaterialgüterrechts allein noch keine marktbeherrschende Position oder gar ein Monopol begründet[2223]. Die Marktbeherrschung muss sich aus den Gegebenheiten des Marktes und den jeweiligen Marktanteilen ergeben. Dabei kann jedoch die Inhaberschaft eines exklusiven Schutzrechts oder einer Kombination von solchen Rechten zu Dominanz führen[2224]. Wie bereits erwähnt, kommt es bei der exklusiven Verwertung von Sportveranstaltungen aufgrund der oben (im 2. Abschnitt) beschriebenen engen Marktabgrenzungen typischerweise zu marktbeherrschenden Stellungen[2225]. Im konkreten Kontext der Sublizenzierung durch die EBU wäre etwa an den Erwerb von Rechten für die Tour de France 2014[2226] zu denken, die eine marktbeherrschende Stellung auf dem Markt für die Verwertung von Fahrrad-

2222 Torben Toft, Londoner Rede vom 31.1.2006, „Sports Law and Business – Competition Law Review – Key Developments and the Latest Cases", abrufbar unter: http://ec.europa.eu/competition/speeches/text/sp2006_001_en.pdf (zuletzt aufgerufen am 11.8.2014), S. 9.

2223 Wirtz/Holzhäuser, WRP 2004, 683 (684); Casper, ZHR 2002, 685 (686); Heinemann (2002) S. 441 f.

2224 EuG Urt. v. 10.3.1992 in den verb. Rs. T-68/89, T-77/89 und T-78/89 – Società Italiana Vetro (SIV), Rn. 358; Heinemann (2002), S. 442 f.

2225 S. auch Heinemann in: Drexl (2008), S. 61 ff., der Dominanz in IPR-Sachverhalten grundsätzlich für die Ausnahme hält, sie im Kontext von Sportübertragungsrechten für besonders attraktive Veranstaltungen aber ebenfalls annimmt.

2226 Rechte erworben durch die EBU, s. Liste abrufbar unter: http://www.eurovision.net/mini_cms/media/1050/flyer_A4_Sports_Operations_57kb.pdf (zuletzt aufgerufen am 11.8.2014), S. 1.

sport im Fernsehen vermitteln können. Auch der Erwerb der Rechte an der FIFA Fußball-Weltmeisterschaft 2014 in Brasilien[2227] ist ein Fall, in dem aufgrund der Existenz eines eigenen Marktes für diese Veranstaltung sogar ein natürliches Monopol bei der EBU bzw. dem jeweiligen Mitglied auf dem jeweiligen geographischen Markt die Folge des Erwerbs des Schutzrechts ist. Werden Rechte für mehrere Territorien oder gar europaweit vergeben, verstärkt sich die Marktposition unter Umständen noch. Sobald die EBU-Mitglieder Rechte an solch attraktiven Veranstaltungen exklusiv verwerten, haben sie auch ohne ein anderweitiges Marktversagen auf dem Markt für die jeweilige Verwertungsplattform eine dominante Position durch die Inhaberschaft des exklusiven Verwertungsrechts inne.

Es stellt sich hier jedoch die Frage nach der betroffenen Marktstufe. Sind die EBU bzw. ihre Mitglieder aufgrund des gemeinsamen Einkaufs Inhaber von Verwertungsrechten geworden, so dominieren sie zunächst als Anbieter den Markt auf der nachgelagerten Marktstufe, auf der Sportinhalte verwertet werden und wo ihnen auf der Marktgegenseite die Konsumenten gegenüberstehen. Nichtmitglieder der EBU begehren jedoch Zugang zum vorgelagerten Markt für den Erwerb der Verwertungsrechte von Großhändlern. Hier wird deutlich, wie die Sublizenzregeln der EBU die Abschottungseffekte durch die vertikale Integration zwischen EBU und ihren Mitgliedern mildern soll, indem sie auf der Marktstufe des Erwerbs von Verwertungsrechten vom Großabnehmer einen Markt eröffnet, der durch die vertikale Integration zunächst weggefallen war. Die EBU oder ihre Mitglieder werden daher auf dem vorgelagerten Markt für den Erwerb der Verwertungsrechte als Anbieter tätig. In Fällen, in denen sie Rechte anbieten können, für die ein eigener Markt existiert oder die einen besonders großen Teil des jeweiligen Marktes ausmachen, liegt eine marktbeherrschende Stellung vor. Auch der Erwerb einer Kombination verschiedener Wettbewerbe in einer Sportart oder Gruppe von Sportarten, wie etwa Wintersport, kann zum Vorliegen einer marktbeherrschenden Position als Anbieter führen. Dies ist im Einzelfall zu ermitteln und hängt von den jeweiligen Umständen ab. Hat die EBU Rechte erworben, die leichter substituierbar sind, wird sie im Wettbewerb mit anderen Anbietern eine schwächere Position einnehmen. Im Folgenden soll es nur um Fälle gehen, in denen durch den Erwerb der EBU eine Marktdominanz entstanden ist.

2227 Rechte erworben durch die EBU, s. Liste abrufbar unter: http://www.eurovision.net/mini_cms/media/1050/flyer_A4_Sports_Operations_57kb.pdf (zuletzt aufgerufen am 11.8.2014), S. 2.

Kommt es allgemein im Bereich der exklusiven Verwertung massenattraktiver Sportveranstaltungen und insbesondere bei gemeinsamem Einkauf durch die EBU leicht zur Entstehung dominanter Marktpositionen, bedeutet das zunächst nur, dass den jeweiligen dominanten Unternehmen eine besondere Verantwortung zukommt, diese Dominanz nicht in wettbewerbsschädigender Weise auszuüben. Auch dominante Unternehmen dürfen am Wettbewerb grundsätzlich unter Einsatz all ihrer Möglichkeiten teilnehmen und ihre Interessen verfolgen[2228]. Art. 102 AEUV definiert den Missbrauchstatbestand nicht, sondern bietet in Abs. 2 eine nicht abschließende Liste von Regelbeispielen an. Verschiedenste Verhaltensweisen können daher im konkreten Einzelfall als Missbrauch der marktbeherrschenden Stellung untersagt sein.

Ein klassisches Beispiel für Ausbeutungsmissbrauch wäre die missbräuchliche Preisgestaltung, an die in der vorliegenden Konstellation bei der Sublizenzierung zu denken wäre. Würden die EBU oder ihre Mitglieder überhöhte Lizenzgebühren verlangen, könnte ein Missbrauch gegeben sein. Die Zugangsregeln für Nichtmitglieder bestimmen jedoch in Abs. 9, dass die jeweiligen Lizenzgebühren Gegenstand von Verhandlungen sein werden, die gem. Abs. 1.6. fair und diskriminierungsfrei ablaufen sollen. Abs. 9 legt sachliche Kriterien fest, anhand derer ein angemessenes Lizenzentgelt bemessen wird. Damit liegen keine Anhaltspunkte dafür vor, dass die Zugangsregeln einen Ausbeutungsmissbrauch durch überhöhte Preise ermöglichen würden.

Die vorausgegangene Untersuchung der Freistellung des gemeinsamen Einkaufs der EBU gem. Art. 101 Abs. 3 AEUV hat gezeigt, dass Regelungen zur Sublizenzierung von Verwertungsrechten eingesetzt werden können, um den Ausschluss des Wettbewerbs durch die wettbewerbsbeschränkende Vereinbarung unmöglich zu machen und so u.U. zur Freistellung der Vereinbarung zu führen. Mit der Frage nach der Pflicht zur Erteilung einer (Sub-)Lizenz ist damit bereits die klassische Konstellation angesprochen, in der exklusive Rechte des geistigen Eigentums und das kartellrechtliche Missbrauchsverbot einander begegnen. Das gewerbliche

---

2228 Grundlegend EuGH Urt. v. 14.2.1978 in der Rs. 27/76 – United Brands, Rn. 184/194. Ebenso EuGH Urt. v. 6.4.1995 in der Rs. C-310/93 P – BPB, Rn. 11 i.V.m. Schlussanträge des Generalanwalts Léger v. 13.12.1994 in der Rs. C-310/93 P – BPB, Rn. 49. S. auch Entscheidung der Europäischen Kommission v. 29.7.1987 in der Sache IV/32.279 – BBI/Boosey & Hawkes, ABl. EG L 286/36 v. 9.10.1987, Rn. 19; Entscheidung der Europäischen Kommission v. 14.12.1985 in der Sache IV/30.698 – ECS/AKZO, ABl. EG L374/1 v. 31.12.1985, Rn. 81.

und kommerzielle Eigentum ist als unionsrechtlicher Begriff in Art. 36 AEUV anerkannt. Zu diesem Eigentum gehören die Immaterialgüterrechte. Wie oben (1. Abschnitt, A. II.) bereits festgestellt, ist Bestandteil des spezifischen Gegenstands eines Immaterialgüterrechts – als das Sportübertragungsrechte behandelt werden[2229] – die Möglichkeit des Rechteinhabers, über die Vergabe oder Verweigerung einer Lizenz grundsätzlich frei zu entscheiden. Das gilt zunächst auch für Unternehmen mit marktbeherrschender Stellung. Auch ein dominantes Unternehmen darf grundsätzlich selbst entscheiden, ob und an wen es ein bestimmtes Recht lizenzieren möchte[2230]. Die Verweigerung einer Lizenz kann jedoch unter bestimmten, von der Rechtsprechung entwickelten besonderen Umständen missbräuchlich sein. Hier zeigt sich wieder die Unterscheidung zwischen Bestand und Ausübung der Schutzrechte, wenn sie mit dem europäischen Wettbewerbsrecht in Berührung kommen. Fälle, in denen ein marktbeherrschendes Unternehmen die Lieferung bzw. Lizenzierung von vornherein verweigert, werden im Allgemeinen in der Fallgruppe der sogenannten de novo-Geschäftsverweigerung[2231] zusammengefasst. Der Fall der Verweigerung einer Lizenz für ein gewerbliches Schutzrecht gilt als Fallgruppe der Einschränkung der Erzeugung oder des Absatzes zum Schaden der Verbraucher nach Art. 102 Abs. 2 lit. b) AEUV[2232]. Die Kriterien für

2229 Aufgrund der oben (1. Abschnitt, A. II. 3.) beobachteten Behandlung von audiovisuellen Rechten an Sportveranstaltungen durch den EuGH als „Immaterialgüterrechte" erscheint die Ablehnung der Regeln für eine Zwangslizenz durch Hellwig (s. Hellwig [2009], Rn. 508) überholt bzw. nicht mehr überzeugend. Es wird sich zeigen, dass gerade die für Immaterialrechtsgüter typischen Elemente des spezifischen Gegenstands von Sportrechten im Zusammenhang mit der Missbrauchsprüfung wichtig sind.

2230 EuGH Urt. v. 29.4.2004 in der Rs. C-418/01 – IMS Health, Rn. 34; EuGH Urt. v. 6.4.1995 in den verb. Rs. C-241/91 P und C-242/91 P – Magill, Rn. 49; EuGH Urt. v. 5.10.1988 in der Rs. 238/87 – Volvo, Rn. 8; EuGH Urt. v. 23.5.1978 in der Rs. 102/77 – Hoffmann-La Roche/Centrafarm, Rn. 16. S. auch Prioritätenpapier der Europäischen Kommission zum Behinderungsmissbrauch durch marktbeherrschende Unternehmen (Mitteilung der Kommission – Erläuterungen zu den Prioritäten der Kommission bei der Anwendung von Artikel 82 des EG-Vertrags auf Fälle von Behinderungsmissbrauch durch marktbeherrschende Unternehmen, ABl. EU C 45/7 v. 24.2.2009), Rn. 75.

2231 Im Gegensatz zur Beendigung bestehender Lieferbeziehungen, die strengeren Kriterien unterliegt, s. Emmerich, Kartellrecht, § 10, Rn. 36; Prioritätenpapier der Europäischen Kommission zum Behinderungsmissbrauch durch marktbeherrschende Unternehmen, ABl. EU C 45/7 v. 24.2.2009, Rn. 84.

2232 EuGH Urt. v. 6.4.1995 in den verb. Rs. C-241/91 P und C-242/91 P – Magill, Rn. 54; Emmerich, Kartellrecht, § 10, Rn. 32. Deshalb kommt es auf den Streit

eine Missbräuchlichkeit der Lizenzverweigerung sollen nun dazu dienen, mögliche Konstellationen im Kontext der Sublizenzierung durch die EBU oder ihre Mitglieder auf Missbrauchsgefahren hin zu untersuchen. Dies eröffnet auch die Gelegenheit, einige Aspekte des Spannungsfelds von Immaterialgüter- und Wettbewerbsrecht näher in den Blick zu nehmen und auch im Hinblick auf den „More Economic Approach" zu beleuchten.

In den Zugangsregeln der EBU für Nichtmitglieder ist (wie bereits oben[2233] dargestellt) in Abs. 3 vorgesehen, dass die EBU Sublizenzen für Veranstaltungen vergibt, die sie nicht selbst verwertet. Sie bezeichnet diese als „ungenutzte" Rechte. Gem. Abs. 6.1., Satz 2 der Zugangsregeln führt eine Verwertung auf einer einzigen Plattform dazu, dass Rechte an der jeweiligen Veranstaltung auch für alle anderen Plattformen als durch das EBU-Mitglied „genutzt" gelten, mit der Folge dass keine Sublizenzen für diese Veranstaltung an Nichtmitglieder vergeben werden. Hier ist bei einer entsprechenden Lizenzanfrage davon auszugehen, dass die EBU oder ihre Mitglieder die entsprechende Lizenz verweigern würden. Nun stellt sich die Frage nach der Missbräuchlichkeit einer solchen Verweigerung.

Auch die Schaffung einer marktbeherrschenden Stellung durch Erwerb eines ausschließlichen Rechts begründet für sich grundsätzlich keinen Wettbewerbsverstoß[2234]. Liegt nun in bestimmten Fällen eine Marktdominanz oder auch ein natürliches Monopol vor, muss daher untersucht werden, in welchen Fällen diese Dominanz missbräuchlich ausgenutzt würde. Eine Pflicht zur Lizenzierung eines Immaterialgüterrechts besteht nur unter besonderen Umständen und im Ausnahmefall[2235], wird doch mit der Entscheidung über das Ob einer Lizenzerteilung nicht nur die Ausübung des Immaterialgüterrechts, sondern ein wichtiger Aspekt seines spezifischen Gegenstands tangiert. Grundsätzlich darf ein Immaterialgüterrecht nicht auf das Recht zum Bezug von Lizenzentgelten reduziert werden, da anderenfalls die besondere Funktion exklusiver Immaterialgüterrechte missachtet würde. Der Frage, welche Umstände zu einem Kontrahierungszwang führen können, liegt das Spannungsverhältnis zwischen dem Schutz von Innovationsanreizen für Unternehmen durch das Immaterialgüterrecht und dem Schutz des

---

zur Einordnung der Lieferverweigerung nicht an, s. dazu etwa *Bulst* in: Langen/Bunte, Kartellrecht, Bd. 2, Art. 102, Rn. 200.

2233 3. Abschnitt, A. II. 4. b) cc).

2234 EuGH Urt. v. 23.4.1991 in der Rs. 41/90 – Höfner und Elser, Rn. 29.

2235 EuGH Urt. v. 29.4.2004 in der Rs. C-418/01 – IMS Health, Rn. 35; EuGH Urt. v. 6.4.1995 in den verb. Rs. C-241/91 P und C-242/91 P – Magill, Rn. 50; EuGH Urt. v. 5.10.1988 in der Rs. 238/87 – Volvo, Rn. 9; EuG Urt. v. 19.9.2007 in der Rs. T- 201/04 – Microsoft, Rn. 331.

Wettbewerbs zugrunde. Wird ein Unternehmen entgegen seiner Berechtigung aus dem jeweiligen Schutzrecht zur Lizenzierung gezwungen, wird dies grundsätzlich tendenziell zu sinkenden Investitionsanreizen und schwächerer Innovation führen[2236]. Im Wettbewerb kann grundsätzlich von Unternehmen erwartet werden, dass sie die exklusiven Rechtspositionen erzeugen oder erwerben, die sie für ihre Zwecke benötigen[2237]. Daher kommt eine Zwangslizenz nur dann in Frage, wenn diese Nachteile ausnahmsweise durch die Abwendung negativer Auswirkungen der Lizenzverweigerung überwogen werden. Als Fall der Einschränkung des Absatzes ist die Lizenzverweigerung bereits nach dem Wortlaut des Art. 102 Abs. 2 lit. b) AEUV an ihren Auswirkungen auf das Verbraucherwohl zu messen. Die Wettbewerbspolitik der Kommission mit ihrem „More Economic Approach“[2238] stellt ohnehin verstärkt auf die Konsumentenwohlfahrt ab und verbindet diese Zielsetzung mit einer stärker einzelfallbezogenen Prüfung. Dabei spielen Effizienzgesichtspunkte und eine stark ergebnisorientierte Auslegung der missbräuchlichen Ausnutzung eine wichtige Rolle[2239]. Allerdings sind die Konturen des „More Economic Approach“ bei Art. 102 AEUV noch recht unklar[2240].

Die Voraussetzungen für die Missbräuchlichkeit der Verweigerung einer Lizenz durch marktbeherrschende Unternehmen wurden durch die Rechtsprechung seit den ersten Entscheidungen zu dieser Frage in den Sachen „Volvo“ und

2236 S. etwa Ausführungen im Prioritätenpapier der Europäischen Kommission zum Behinderungsmissbrauch durch marktbeherrschende Unternehmen, ABl. EU C 45/7 v. 24.2.2009, Rn. 75. S. auch Kwok, 34 [2011] WCLER 261 (272 f.). Dies betont auch Geradin, CMLR 41 (2004) 1519 (1593 ff.).

2237 Temple Lang in: Ehlermann/Atanasiu, S. 593.

2238 S. zur Anwendung des „More Economic Approach“ auf Art. 102 AEUV Report by the EAGCP „An economic approach to Article 82” vom Juli 2005, abrufbar unter: http://ec.europa.eu/dgs/competition/economist/eagcp_july_21_05.pdf (zuletzt aufgerufen am 11.8.2014) und das darauf basierende DG Competition discussion paper on the application of Article 82 of the Treaty to exclusionary abuses, abrufbar unter: http://ec.europa.eu/competition/antitrust/art82/discpaper2005.pdf (zuletzt aufgerufen am 11.8.2014), eine öffentliche Konsultation, aus der 2009 das Prioritätenpapier der Europäischen Kommission zum Behinderungsmissbrauch durch marktbeherrschende Unternehmen, ABl. EU C 45/7 v. 24.2.2009 hervorging. Ausführlich zum „More Economic Approach“ beim Behinderungsmissbrauch Paul (2008).

2239 *Fuchs/Möschel* in: Immenga/Mestmäcker EU/1, Art. 102, Rn. 9.

2240 S. zum Diskussionspapier Hirsbrunner/Schädle, EuZW 2006, 583 (584). Deren Eindruck, es gehe im Diskussionspapier um ein „Spiel mit zahllosen Variablen“ kann auch durch das Prioritätenpapier nicht wesentlich widerlegt werden.

„Renault" von 1988[2241] insbesondere durch die Entscheidungen in den Sachen „Magill"[2242], „IMS Health"[2243] und „Microsoft"[2244] weiterentwickelt. Dabei zeigen sich in Fällen, in denen die begehrte Lizenz am Markt nicht angeboten wird[2245], deutliche Parallelen zu Kriterien für die Missbräuchlichkeit der Verweigerung des Zugangs zu einer wesentlichen Einrichtung nach der Essential Facilities-Doktrin[2246], die eigentlich für Infrastruktureinrichtungen, wie beispielsweise Schienennetze oder Hafenanlagen, entwickelt wurde[2247]. Teilweise wird der Zugang zu Sportübertragungsrechten auch unmittelbar nach den Kriterien der Essential Facilities-Doktrin behandelt[2248]. Dagegen spricht jedoch, dass Sacheigentum und geistiges Eigentum im Rahmen des Wettbewerbsrechts aufgrund besonderer Auswirkungen exklusiver Schutzrechte nicht immer gleich behandelt

2241 EuGH Urt. v. 5.10.1988 in der Rs. 238/87 - Volvo; EuGH Urt. v. 5.10.1988 in der Rs. 53/87 - Renault.

2242 EuGH Urt. v. 6.4.1995 in den verb. Rs. C-241/91 P und C-242/91 P - Magill.

2243 EuGH Urt. v. 29.4.2004 in der Rs. C-418/01 - IMS Health.

2244 EuG Urt. v. 19.9.2007 in der Rs. T-201/04 - Microsoft. S. dazu etwa Frenz, WuW 2014, 282.

2245 Im Gegensatz zu Fällen, in denen ein Markt besteht und das Diskriminierungsverbot im Vordergrund steht. S. zur Unterscheidung *Fuchs/Möschel* in: Immenga/Mestmäcker EU/1, Art. 102, Rn. 323, 331.

2246 Die Frage, ob diese dem US-amerikanischen Recht entstammende Doktrin in das europäische Wettbewerbsrecht übertragen werden kann, ist Gegenstand ausführlicher Diskussionen gewesen (s. Ibsch [2007], S. 111 ff., 242 ff.; Casper, ZHR 2002, 685 [694 ff.]; Heinemann [2002], S. 504 m.w.N. zur Debatte) und soll hier nicht entschieden werden. Der Begriff wird hier (wie auch in der Rechtsprechung) im Sinne einer Einordnung in eine Fallgruppe verwendet. S. zur Heranziehung der Doktrin durch die Europäische Kommission: Entscheidung der Europäischen Kommission v. 21.12.1993 in der Sache Verweigerung des Zugangs zu den Anlagen des Hafens von Rødby, ABl. EG L 55/52 v. 26.2.1994, Rn. 12; Entscheidung der Europäischen Kommission v. 21.12.1993 in der Sache IV/34.689 - Sealink II, ABl. EG L 15/8 v. 18.1.1994, Rn. 66 f.; Entscheidung der Europäischen Kommission v. 11.6.1992 in der Sache IV/34.174 - Sealink I, Rn. 41 f. Höppner sieht ein eigenständiges Konzept der Essential Facilities-Doktrin des EuGH (Höppner, EuZW 2004, 748 [751]).

2247 S. Aufgreifen der Kriterien von „Magill" in der Sache „Bronner" (EuGH Urt. v. 26.11.1998 in der Rs. C-7/97 - Bronner). Ferner Casper, ZHR 2002, 685 (691). Zur Unterscheidung der Fallgruppen s. Prioritätenpapier der Europäischen Kommission zum Behinderungsmissbrauch durch marktbeherrschende Unternehmen, ABl. EU C 45/7 v. 24.2.2009, Rn. 78.

2248 S. etwa Hellwig (2009), Rn. 509 ff.; Laier (2006), S. 89 ff.

werden können[2249]. Die Kriterien des EuGH für die Prüfung einer missbräuchlichen Lizenzverweigerung für Immaterialgüterrechte basieren jedoch auf den für Infrastruktureinrichtungen entwickelten Grundsätzen und ergänzen sie um für Immaterialgüterrechte entwickelte Aspekte. Man kann auch von einer modifizierten Essential Facilities-Doktrin sprechen[2250]. Viele Fragen zur kartellrechtlichen Zwangslizenz sind heute noch offen, und die europäischen Institutionen verfolgen keinen geschlossenen Ansatz, der auf einer bestimmten wissenschaftlichen Theorie aufbaut, wie die nachfolgenden Überlegungen zeigen werden. Eine umfassende Auseinandersetzung mit dem Themengebiet würde den Rahmen dieser Untersuchung sprengen[2251]. Hier sollen lediglich in Bezug auf den Untersuchungsgegenstand und die Praxis der Europäischen Kommission sowie der Rechtsprechung von EuG und EuGH wichtige Aspekte beleuchtet werden.

1. Voraussetzungen einer Zwangslizenz für ein „wesentliches" Immaterialgüterrecht

a) Tätigkeit auf abgeleitetem Markt begehrt

Zunächst müsste ein Unternehmen vom Rechteinhaber, der auf einem Markt dominant ist, eine Lizenz begehren, um auf einem abgeleiteten Markt tätig werden zu können[2252]. Die Essential Facilities-Regeln gelten für Fälle, in denen ein Markt existiert, auf dem das „wesentliche" Immaterialgüterrecht erworben werden kann, dem ein zweiter Markt nachgelagert ist, auf dem das Produkt, für dessen Angebot die Lizenz Voraussetzung ist, angeboten werden soll[2253]. In diesem Erfordernis zweier miteinander verbundener Märkte ist die wettbewerbsrechtliche

---

2249 Ebenso z.B. Ahlborn/Denicolò/Geradin/Padilla, Beitrag zum Diskussionspapier der Europäischen Kommission zu Art. 82 EGV [jetzt Art. 102 AEUV] vom 31.3.2006, abrufbar unter: http://ec.europa.eu/competition/antitrust/art82/057.pdf (zuletzt aufgerufen am 11.8.2014), S. 21; Drexl, IIC 2004, 788 (805); Casper, ZHR 2002, 685 (696). Anders scheinbar Heinemann, GRUR 2006, 705 (713), jedoch nur im Hinblick auf Hebelmissbräuche; auf die Besonderheiten von Immaterialgüterrechten geht Heinemann an anderer Stelle ein (s. Heinemann in: Drexl [2008]). Kritisch zur Erforderlichkeit der Anwendung der Doktrin bei Immaterialgüterrechten Frenz, WuW 2014, 282 (285 ff.).

2250 So Wirtz/Holzhäuser, WRP 2004, 638 (688).

2251 S. zu innovativen Ansätzen im US-amerikanischen Rechtskreis etwa Kwok, 34 [2011] WCLER 261.

2252 EuGH Urt. v. 6.3.1974 in den verb. Rs. 6/73 und 7/73 – Commercial Solvents, Rn. 25.

2253 Temple Lang in: Ehlermann/Atanasiu, S. 16. S. auch EuGH Urt. v. 29.4.2004 in der Rs. C-418/01 – IMS Health, Rn. 42.

Grundlage der Essential Facilities-Doktrin zu erkennen, die Hebelmissbräuche verhindern will, also die Übertragung von Marktmacht aus einem dominierten Markt durch das Unternehmen auf einen weiteren Markt unter bestimmten Umständen als missbräuchlich einstuft[2254]. Eine Konstellation mit zwei Märkten ist erforderlich[2255], da bei der Tätigkeit beider Unternehmen auf demselben Markt ein Immaterialgüterrecht in Händen eines der Wettbewerber lediglich einen legitim erworbenen Vorteil im Wettbewerb bedeuten würde[2256]. Der Ausschluss von Imitationswettbewerb auf dem Primärmarkt ist gerade der Zweck des Immaterialgüterrechts. Ein Missbrauch liegt daher in der exklusiven Nutzung des Immaterialgüterrechts nicht vor. Erst die Übertragung der Machtposition auf einen Sekundärmarkt begründet Missbrauch. Auch hieran zeigt sich schon, dass der Missbrauchstatbestand bei Immaterialgüterrechten stets ein zusätzliches missbräuchliches Element neben der einfachen Verwertung des Rechts verlangt.

b) Unerlässlichkeit der Lizenz

Weiterhin muss die begehrte Lizenz unverzichtbar sein, um die Tätigkeit jedes beliebigen Unternehmens[2257] auf dem abgeleiteten Markt ausüben zu können[2258]. Bei der Entwicklung dieses Erfordernisses nimmt der EuGH auf die Essential Facilities-Doktin Bezug, die für einen Kontrahierungszwang das Vorliegen einer „wesentlichen“ oder unverzichtbaren Einrichtung voraussetzt. In seiner Entscheidung in der Sache „Bronner“, in der es um den Zugang zu einer solchen wesentlichen Einrichtung ging, hat der EuGH die Unverzichtbarkeit mit Unentbehrlichkeit in dem Sinne definiert, dass kein tatsächlicher oder potentieller

---

2254 Wirtz/Holzhäuser, WRP 2004, 683 (688 f.).

2255 Der EuGH lässt einen „potentiellen“ Markt genügen, s. EuGH Urt. v. 29.4.2004 in der Rs. C-418/01 – IMS Health, Rn. 43 f. Dies wird teilweise als ökonomisch richtige Beurteilung begrüßt (so Drexl, IIC 2004, 788 [799]). Zustimmend auch *Eilmansberger* in: MünchKommEU, Art. 82, Rn. 398. Kritisch hingegen etwa Casper, ZHR 2002, 685 (703); Lober, GRUR Int 2002, 7 (11). Höppner weist auf die Entwicklung der Rechtsprechung in diesem Punkt hin (Höppner, EuZW 2004, 748 [750]).

2256 Temple Lang in: Ehlermann/Atanasiu, S. 609 f.; Schwarze, EuZW 2002, 75 (80). A.A. wohl Conde Gallego, GRUR Int 2006, 16 (19 ff.), die jedoch über das Kriterium der Unerlässlichkeit zu einer Unterscheidung gelangt.

2257 Wirtz/Holzhäuser, WRP 2004, 683 (689).

2258 EuGH Urt. v. 26.11.1998 in der Rs. C-7/97 – Bronner, Rn. 41; EuGH Urt. v. 6.4.1995 in den verb. Rs. C-241/91 P und C-242/91 P – Magill, Rn. 51 ff.; EuG Urt. v. 12.6.1997 in der Rs. T-504/93 – Tiercé Ladbroke, Rn. 131. Ähnlich EuGH Urt. v. 6.3.1974 in den verb. Rs. 6/73 und 7/73 – Commercial Solvents, Rn. 25.

Ersatz existiert[2259]. Dabei kommt es auf die jeweiligen wirtschaftlichen Gegebenheiten an[2260]. Gibt es Alternativlösungen, ist die Unerlässlichkeit zu verneinen, selbst wenn diese ungünstiger sind. Das Tätigwerden auf dem jeweiligen Markt muss ohne die Lizenz objektiv unmöglich oder zumindest ganz unzumutbar erschwert sein.

c) Ausschluss des Wettbewerbs

Mit der Frage nach der Unerlässlichkeit der Lizenz ist unmittelbar das Kriterium der Möglichkeit des Ausschlusses des Wettbewerbs verbunden. Wird nämlich eine für den Marktzugang objektiv erforderliche Lizenz verweigert, kann damit zugleich Wettbewerb auf dem benachbarten Markt ausgeschaltet werden, da der Marktzutritt nicht möglich ist. Das Kriterium des Ausschlusses des Wettbewerbs greift damit den entscheidenden Aspekt der Unerlässlichkeit auf. Es genügt dabei, dass die Verweigerung der Lizenz geeignet ist oder droht, jeden wirksamen Wettbewerb auf dem abgeleiteten Markt zu verhindern[2261]. Verbleibt ein nur marginaler Wettbewerb, genügt dies aus Sicht des Schutzzwecks des wirksamen Wettbewerbs nicht, um die Ausschaltung des Wettbewerbs zu verneinen[2262]. Der gezielte Einsatz des Immaterialgüterrechts zum Zwecke der Ausschaltung des Wettbewerbs auf einem abgeleiteten Markt im Wege des Einsatzes von Hebelwirkung durch ein dominantes Unternehmen kann den Missbrauch einer marktbeherrschenden Stellung begründen, wenn damit aus Sicht der Verbraucher ein Nachteil entsteht.

d) Verhinderung eines neuen Produkts

Für Fälle der Geschäftsverweigerung des Inhabers eines Immaterialgüterrechts hat die Rechtsprechung zusätzlich das Kriterium der Verhinderung eines neuen Produkts entwickelt. Danach ist die Verweigerung einer Lizenz missbräuchlich, wenn durch sie die Entwicklung oder das Angebot eines neuen Produkts verhindert wird, nach dem zumindest eine potentielle Nachfrage von Verbrauchern besteht. Das neue Produkt muss eine Innovation bringen, darf also kein reines

2259 EuGH Urt. v. 26.11.1998 in der Rs. C-7/97 – Bronner, Rn. 41. S. auch EuG Urt. v. 9.9.2009 in der Rs. T-301/04 – Clearstream, Rn. 147.

2260 S. EuGH Urt. v. 29.4.2004 in der Rs. C-418/01 – IMS Health, Rn. 28 ff.

2261 EuG Urt. v. 19.9.2007 in der Rs. T-201/04 – Microsoft, Rn. 563.

2262 EuG Urt. v. 19.9.2007 in der Rs. T-201/04 – Microsoft, Rn. 561, 593.

Nachahmerprodukt sein[2263]. Erstmals in der Entscheidung „Magill" postuliert[2264], war zunächst streitig, ob diese Voraussetzung aus Sicht des EuGH kumulativ neben der Voraussetzung der Übertragung von Marktmacht auf einen abgeleiteten Markt anzuwenden sei[2265] oder ob die beiden Kriterien Alternativen darstellten[2266]. Seit der Entscheidung „IMS Health" ist anzunehmen, dass der EuGH für eine Zwangslizenz eine kumulative Anwendung der Voraussetzungen verlangt. Zwar resümiert er zunächst die vorangegangene Rechtsprechung nicht eindeutig mit den Worten, dass ein Missbrauch „bereits dann" vorliegt, wenn u.a. die Bedingung der Verhinderung eines neuen Erzeugnisses gegeben ist[2267], im Rahmen seiner eigenen Entscheidung führt er dann jedoch aus, dass die Vorenthaltung einer Lizenz „nur dann" missbräuchlich ist, wenn ein neues Erzeugnis verhindert wird[2268]. Damit gehen die Anforderungen bei Fragen des Zugangs zu Immaterialgüterrechten nach Ansicht des EuGH über die Voraussetzungen für den Zugang zu anderen wesentlichen Einrichtungen hinaus[2269]. Beim Kriterium der Verhinderung eines neuen Produkts wird besonders deutlich, weshalb die Geschäftsverweigerung einen Fall der Einschränkung des Absatzes gem. Art. 102 Abs. 2 lit. b) AEUV bildet. Mit dem Erfordernis eines neuen Produkts wird der Aspekt der künstlichen Verknappung des Angebots aufgegriffen, der für Verbraucher besonders nachteilig ist. Allerdings hat das EuG in seiner Entscheidung zur Sache „Microsoft" aufgezeigt, dass – ganz im Einklang mit dem Wortlaut von Art. 102 Abs. 2 lit. b) AEUV – nicht nur der Aspekt der Verknappung relevant

2263 Bechtold/Bosch/Brinker/Hirsbrunner, Art. 82 EG, Rn. 55. Für höhere Anforderungen an die Neuartigkeit plädiert Deselaers, EuZW 1995, 563 (568).

2264 EuGH Urt. v. 6.4.1995 in den verb. Rs. C-241/91 P und C-242/91 P – Magill, Rn. 54.

2265 So Schlussanträge des Generalanwalts Tizzano v. 2.10.2003 in der Rs. C-418/01 – IMS Health, Rn. 66; Derclaye, WC 2003, 685 (704). So zu verstehen wohl auch Schlussanträge des Generalanwalts Jacobs v. 28.5.1998 in der Rs. C-7/97 – Bronner, Rn. 54 ff.

2266 So noch EuG Urt. v. 12.6.1997 in der Rs. T-504/93 – Tiercé Ladbroke, Rn. 131; s. in der damaligen Literatur etwa Kühnen in: FS Tilmann (2003), S. 519 f.; Müller, EuZW 1998, 232 (236); Mennicke, ZHR 1996, 626 (653); Markert, WuW 1995, 560 (564); wohl auch Bechtolsheim/Bruder, WRP 2002, 55 (61).

2267 EuGH Urt. v. 29.4.2004 in der Rs. C-418/01 – IMS Health, Rn. 38: „... bereits dann missbräuchlich, wenn drei Bedingungen kumulativ erfüllt sind: ...".

2268 EuGH Urt. v. 29.4.2004 in der Rs. C-418/01 – IMS Health, Rn. 49. Dies scheinen zu übersehen *Ullrich/Heinemann* in: Immenga/Mestmäcker EU/2, GRUR B, Rn. 58 f.

2269 *Fuchs/Möschel* in: Immenga/Mestmäcker EU/1, Art. 102, Rn. 337.

ist, sondern auch der Aspekt der Verhinderung einer technischen Entwicklung einen Missbrauch begründen kann[2270], so dass auch die Rechtsprechung wohl zu einer flexiblen Handhabung der Voraussetzungen neigt. Es erscheint im Hinblick auf den Wortlaut des Art. 102 AEUV einleuchtend, dass das Verhindern eines neuen Produktes nicht der einzige Fall ist, in dem eine Lizenzverweigerung möglicherweise missbräuchlich ist[2271].

In der Literatur wird teilweise kritisiert, dass die Rechtsprechung neben dem Hebelmissbrauch in Fällen der Lizenzverweigerung zusätzlich die Verhinderung eines neuen Erzeugnisses verlangt hat. Dadurch könnten Fälle der missbräuchlichen Übertragung von Marktmacht durch dominante Unternehmen auf benachbarte Märkte der Anwendung des Kartellrechts entzogen werden und es bestehe die Gefahr, dass dominanten Unternehmen benachbarte Märkte pauschal zugewiesen würden[2272]. Genauso wenig wie das Sacheigentum rechtfertige geistiges Eigentum Strategien zur Behinderung von Wettbewerbern[2273]. Eigentlich handle es sich beim Hebelmissbrauch und der Verhinderung eines neuen Erzeugnisses um zwei verschiedene, voneinander unabhängige Missbrauchsformen. Für die Hebelwirkung seien zwei benachbarte Märkte erforderlich, während die künstliche Verknappung auf einem einzigen Markt stattfinde. Daher stehe die kumulative Anwendung beider Voraussetzungen nicht im Einklang mit dem Unionsrecht[2274]. Besser als das Kriterium der Verhinderung eines neuen Produktes sei ein Rückgriff auf die Prinzipien des Leistungswettbewerbs geeignet, die Missbräuchlichkeit im Einzelfall zu ermitteln. Danach komme es darauf an, wie die jeweilige Rechtsposition erworben worden sei und ob dem Ausübenden

2270 EuG Urt. v. 19.9.2007 in der Rs. T-201/04 – Microsoft, Rn. 647.

2271 S. auch Prioritätenpapier der Europäischen Kommission zum Behinderungsmissbrauch durch marktbeherrschende Unternehmen, ABl. EU C 45/7 v. 24.2.2009, Rn. 87.

2272 *Bulst* in: Langen/Bunte, Kartellrecht, Bd. 2, Art. 102, Rn. 278; Heinemann in: Drexl (2008), S. 68; *Eilmansberger* in: MünchKommEU, Art. 82, Rn. 389; Eilmansberger, CMLR 2005, 129 (159). Ferner Stopper, ZWeR 2005, 87 (102); Ullrich, MdP 1998, 50 (59 f.). Eilmansberger entwickelt auf der Grundlage der Ablehnung des Kriteriums des neuen Produkts einen alternativen Prüfansatz, s. *Eilmansberger* in: MünchKommEU, Art. 82, Rn. 393 ff. Naue betont die Vergleichbarkeit von Immaterialgütern und Sacheigentum (Naue [2012], S. 229).

2273 *Ullrich/Heinemann* in: Immenga/Mestmäcker EU/2, GRUR B, Rn. 59; *Eilmansberger* in: MünchKommEU, Art. 82, Rn. 389 f.; Heinemann, GRUR 2006, 705 (713).

2274 Heinemann, IIC 2005, 63 (72 f.).

ihre Früchte zuzuordnen seien[2275]. Teilweise wird dagegen gefordert, die zusätzliche Voraussetzung der Verhinderung eines neuen Produkts auf andere Fallgruppen auszuweiten[2276], um sicherzustellen, dass das Verbraucherwohl stets im Vordergrund bleibt. Der eigentlich interessante Aspekt liegt hier jedoch in der Berücksichtigung der besonderen Funktion von Immaterialgüterrechten. Da Immaterialgüterrechte ihrer Natur nach dazu geeignet sind, Wettbewerber von ihrer Nutzung auszuschließen, müssen auch im Zusammenhang mit dem Missbrauch marktbeherrschender Stellungen besondere Regeln gelten, die der Bedeutung von Rechten des geistigen Eigentums auch im Gefüge des Wettbewerbs gerecht werden. Das bedeutet nicht, dem geistigen Eigentum einen „besonderen Bestandsschutz" zuzusprechen[2277], sondern lediglich, die wettbewerbsrechtlichen Mechanismen, die Immaterialrechtsgütern eigen sind, angemessen zu berücksichtigen. Für die richtige Balance kommt es dabei entscheidend auf die Frage der Rechtfertigung einer Lizenzverweigerung an.

e) Keine Rechtfertigung

Schließlich kann die Verweigerung einer Lizenz nämlich gerechtfertigt sein, wenn es ein objektives Bedürfnis für sie gibt[2278]. Hier ist nun eine Abwägung der Interessen beider Seiten im Einzelfall vorzunehmen. Je schwerer der Wettbewerbsausschluss im Hinblick auf die Verknappung aus Verbrauchersicht wiegt, desto gewichtiger müssen auch die Rechtfertigungsgründe sein. Das Bestehen des Ausschließlichkeitsrechts allein ist kein sachlicher Grund, da diesem bereits durch die Prüfung der außergewöhnlichen Umstände Rechnung getragen wird[2279]. Hier ist vielmehr zu berücksichtigen, wie die Zwangslizenz sich ggf. auf die Innovationsanreize für das betroffene Unternehmen auswirken würde, die das Immaterialgüterrecht in sich trägt.

Dabei ist erneut zu beachten, dass Immaterialgüterrechte durch das Setzen von Innovationsanreizen durch Investitionsschutz zum Wettbewerb beitragen, da Innovationswettbewerb (durch Substitution) dynamische Effizienz steigert,

---

2275 *Eilmansberger* in: MünchKommEU, Art. 82, Rn. 423 ff.; Heinemann in: Behrens (2004), S. 121; Eilmansberger, EWS 2003, 12 (18). Ähnlich Thyri, WuW 2005, 388 (397 ff.).

2276 So etwa O'Donoghue/Padilla, S. 449 f.; Ahlborn/Evans/Padilla, [2004] 28 Fordham Int'l L. J. 1109 (1156).

2277 Das befürchtet *Eilmansberger* in: MünchKommEU, Art. 82, Rn. 390.

2278 EuGH Urt. v. 3.10.1985 in der Rs. C-311/84 – Télémarketing, Rn. 27.

2279 EuG Urt. v. 19.9.2007 in der Rs. T-201/04 – Microsoft, Rn. 690.

in dem sie zum Produktwettbewerb beiträgt[2280]. Diese Funktion der Immaterialgüterrechte wird im Unterschied zwischen Sacheigentum und geistigem Eigentum deutlich, der bereits in den Überlegungen zum lauterkeitsrechtlichen Leistungsschutz (vgl. oben Teil 2, 1. Abschnitt, A. I. 4.) eine Rolle gespielt hat. Während die „Nachahmung" eines Wettbewerbers im Hinblick auf sein physisches Eigentum hohe Kosten für den Erwerb der entsprechenden körperlichen Gegenstände bedeutet, ist das Kopieren der Erzeugnisse geistigen Eigentums in der Regel im Vergleich zur zugrunde liegenden Investition sehr kostengünstig. Deshalb wird geistiges Eigentum durch das Verbot des Wettbewerbs durch Imitation geschützt.

aa) Rolle des „More Economic Approach"

Ganz im Sinne des „More Economic Approach" legt die europäische Wettbewerbspolitik hier im Rahmen einer Beurteilung nach ökonomischen Gesichtspunkten ein besonderes Augenmerk auf die erwarteten Auswirkungen der Entscheidung für oder gegen eine Zwangslizenz im Hinblick auf das Verbraucherwohl[2281]. Dabei spielen ganz allgemein Effizienzgesichtspunkte heute eine größere Rolle als der Schutz von Marktstrukturen und Restwettbewerb in dominierten Märkten[2282]. Im Hinblick auf Probleme mit der Vorhersage von Effizienzgewinnen[2283] ist die Herangehensweise der Europäischen Kommission aber bei genauerer Analyse als eher prozessorientiert im Sinne der Förderung dynamischen Wettbewerbs

2280 Schumpeter, S. 143 ff.

2281 O'Donoghue/Padilla, S. 20 unter Verweis auf die Entscheidungen in den Sachen Microsoft (Entscheidung der Europäischen Kommission v. 24.3.2004 in der Sache COMP/C-3/37.792) und Wanadoo (Entscheidung der Europäischen Kommission v. 16.7.2003 in der Sache COMP/28.233). Ein umfassender Ansatz im Sinne eines „More Economic Approach" bei der Anwendung von Art. 102 AEUV ist jedoch bisher durch die Rechtsprechung nicht entwickelt worden (s. kritisch hierzu Heinemann, GRUR 2008, 949 [951]; Drexl in: Drexl [2008], S. 39; Heinemann, GRUR 2006, 705 [713]; allgemeiner O'Donoghue/Padilla, S. 17 f.). So ist auch dem Prioritätenpapier der Kommission zwar eine umfassende Konsultation vorausgegangen, den Status von Leitlinien hat es jedoch nicht. Es beleuchtet auch nur ausgewählte Aspekte des Problemkreises.

2282 *Fuchs/Möschel* in: Immenga/Mestmäcker EU/1, Art. 102, Rn. 9; Körber, WuW 2007, 1209 (1214 f.).

2283 Diese beschreiben Schwalbe/Zimmer (2011), S. 9. S. dazu auch Körber, WuW 2007, 1209 (1213, 1216).

statt dynamischer Effizienzen beschrieben worden[2284]. Insofern ist zu erkennen, dass in der Praxis des „More Economic Approach“ keine rein wirkungsbasierte Beurteilung von Effizienzgewinnen vorgenommen wird, sondern die Rolle des Wettbewerbs als Prozess zugunsten des Verbraucherwohls anerkannt bleibt. Gleichzeitig ist zu beachten, dass es keine allgemein anerkannte und damit maßgebliche wirtschaftswissenschaftliche Theorie zum Zusammenhang zwischen Immaterialgüterrechten und dem Wettbewerbsrecht gibt, die bei Anwendung des „More Economic Approach“ die Frage der richtigen Balance zwischen Innovationsschutz und Wettbewerb beantworten würde[2285].

Folgt man etwa einem von der Lehre Schumpeters geprägten Ansatz, der den Fokus auf dynamische Effizienz legt und auf eine langfristige Perspektive setzt, wird man die Vorteile starker Immaterialgüterrechte nicht zugunsten kurzfristiger allokativer Effizienzgewinne aufs Spiel setzen[2286]. Dabei kann aus ökonomischer Sicht auf die Kosten verschiedener Formen der falschen Beurteilung (Fehlerkosten) abgestellt werden[2287], was wiederum zu Fragen der Messbarkeit und Prognostizierbarkeit führt[2288]. Die Annahme, die Untersagung wettbewerbsförderlichen (effizienten) Verhaltens führe tendenziell zu höheren Kosten als die Gestattung wettbewerbsschädlicher Praktiken[2289], führt letztlich dazu, dass mangels Ermittelbarkeit der tatsächlichen Kosten tendenziell immer zugunsten des Immaterialgüterrechts entschieden wird[2290]. Aufgrund des Wettbewerbsdrucks, der durch die Möglichkeit der Substitution des Immaterialgüterrechts gegeben

2284 Drexl in: Drexl (2008), S. 44. Zur Entscheidung in der Sache Microsoft s. Körber, WuW 2007, 1209 (1217).

2285 Drexl in: Drexl (2008), S. 35. Einen Vorschlag zur möglichen Lösung macht Lévêque (Lévêque, WC 2005, 71). Auch in den USA sind diese Fragen nicht gelöst, s. etwa Carrier, U. Penns. L. Rev. 2002, 761 (763 f.).

2286 Ahlborn/Denicolò/Geradin/Padilla, Beitrag zum Diskussionspapier der Europäischen Kommission zu Art. 82 EGV [jetzt Art. 102 AEUV] vom 31.3.2006, abrufbar unter: http://ec.europa.eu/competition/antitrust/art82/057.pdf (zuletzt aufgerufen am 11.8.2014), S. 17 f.

2287 So z.B. Evans/Padilla, [2005] 72 U. Chi. L. Rev. 73 (80).

2288 Diese Schwierigkeiten gestehen ein Ahlborn/Denicolò/Geradin/Padilla, Beitrag zum Diskussionspapier der Europäischen Kommission zu Art. 82 EGV [jetzt Art. 102 AEUV] vom 31.3.2006, abrufbar unter: http://ec.europa.eu/competition/antitrust/art82/057.pdf (zuletzt aufgerufen am 11.8.2014), S. 21 f.; Ahlborn/Evans/Padilla, [2004] 28 Fordham Int'l L. J. 1109 (1143).

2289 Evans/Padilla, [2005] 72 U. Chi. L. Rev. 73 (83).

2290 Das kritisiert Drexl in: Drexl (2008), S. 43. Ahlborn/Evans/Padilla, [2004] 28 Fordham Int'l L. J. 1109 (1144 ff.) sehen jedoch Ausnahmen vor.

sei, bedeute eine hohe Konzentration im Markt nicht unbedingt einen Nachteil für den Wettbewerb[2291]. Letztlich erlaubten nur Monopolgewinne Investitionen in Innovation. Diese Theorie setzt sich mit der Konfliktthese auseinander, nach der Immaterialgüterrechte als natürliche Monopole im direkten Gegensatz zum Wettbewerbsziel stehen. Man kann ihr entsprechend entgegenhalten, dass sie zu monopolistischen Situationen führe, deren Nachteil darin bestehe, dass für Unternehmen mit entsprechender Position aufgrund ihrer Monopolgewinne kein Anreiz für Investitionen in Innovation existiere[2292]. Seien Monopolgewinne erst einmal gesichert, spielten nach einem von der Konfliktthese geprägten Ansatz in der realen Welt potentieller Wettbewerb in Form einer Bedrohung des Monopolisten durch Wettbewerb „um" den Markt keine ausreichend wirksame Rolle mehr. Basierend auf der Theorie der Komplementarität von Immaterialgüter- und Wettbewerbsrecht wird daher teilweise befürwortet, eine klare Unterscheidung zwischen Nachteilen auf Seiten der allokativen Effizienz, die durch Immaterialgüter entstehen können, und ihren positiven Auswirkungen im Hinblick auf dynamische Effizienz vorzunehmen. Es komme entscheidend auf die Unterscheidung zwischen Wettbewerb durch Imitation im Unterschied zu Wettbewerb durch Substitution an[2293]. Diese Sichtweise fußt auf der Annahme, dass sowohl das Immaterialgüterrecht als auch der Wettbewerb der Innovation dienen und setzt auf dynamischen Wettbewerb.

Bereits diese rudimentäre Beschreibung zweier wichtiger Strömungen zeigt, dass auch die ökonomische Theorie keine „Patentlösung" bietet, die die Fragen der richtigen Behandlung von Immaterialgüterrechten im Kartellrecht beantworten könnte. EuGH und Europäische Kommission vertreten dabei, wie eingangs festgestellt (vgl. oben, 1. Abschnitt, A. I.), einen von der Komplementaritätsthese geprägten Ansatz[2294], wie auch die vorangegangenen Ausführungen zu den von

2291 S. etwa Kolasky, Antitrust Bull. Spring/Summer 2004, 29 (32).

2292 S. Rolle des Wettbewerbs für Investitionen in Leitlinien zur Anwendung von Art. 81 EG-Vertrag [heute Art. 101 AEUV] auf Technologietransfer-Vereinbarungen, ABl. EU C 101/2 v. 27.4.2004, Rn. 7.

2293 Drexl in: Drexl (2008), S. 45 ff.; Drexl/Conde Gallego/Enchelmaier/Leistner/Mackenrodt, IIC 2006, 558 (561 f.); Conde Gallego, GRUR Int 2006, 16.

2294 Leitlinien zur Anwendung von Art. 81 EG-Vertrag [heute Art. 101 AEUV] auf Technologietransfer-Vereinbarungen, ABl. EU C 101/2 v. 27.4.2004, Rn. 7. Die Harmoniethese wurde bereits in der Entscheidung Grundig/Consten implizit abgelehnt, indem trotz Verankerung des Schutzrechts in nationalen Regelungen eine territoriale Abschottung von Märkten aus Sicht des europäischen Wettbewerbsrechts untersagt wurde (EuGH Urt. v. 13.6.1966 in den verb. Rs. 56 und

ihnen entwickelten Voraussetzungen für die kartellrechtliche Zwangslizenz bereits zeigen.

bb) Sportübertragungsrechte im Wettbewerb
Im Rahmen einer wirtschaftlichen Betrachtungsweise spielt eine Rolle, dass unterschiedliche Immaterialgüterrechte innerhalb des Spannungsfelds unterschiedliche wirtschaftliche Charakteristika besitzen. Sind nun Sportübertragungsrechte Gegenstand der eventuellen Zwangslizenz, sind daher die besonderen Eigenschaften dieser Rechtspositionen zu beachten. Wie bereits oben (1. Abschnitt, A. II.) dargestellt, sind sowohl die Entscheidungsbefugnis über das Ob einer Lizenzvergabe als auch die Möglichkeit exklusiver Rechtevergabe Bestandteile ihres spezifischen Gegenstands.

Zunächst sind Sportübertragungsrechte aus wettbewerbsrechtlicher Sicht typische Immaterialrechtsgüter, weil sie eine hohe Investition erfordern, aber ihr Gegenstand leicht zu kopieren ist. Sie sind damit schutzbedürftig gegen Wettbewerb durch Imitation, wie sich bereits im 2. Teil (1. Abschnitt, A. I. 4.) im Rahmen der lauterkeitsrechtlichen Untersuchung gezeigt hat. Besonderheiten im Hinblick auf die marktbeherrschende Stellung ergeben sich aus der engen Marktdefinition, die wie beschrieben dazu führen kann, dass ein eigener Markt für Rechte an einer einzelnen Veranstaltung existiert. Damit liegt übrigens eine Situation vor, die aus Sicht der Schumpeterschen Lehre das natürliche Ergebnis des Immaterialgüterrechts ist und in der Wettbewerb um den Markt stattfinden muss.

Was die Frage der möglichen Innovation angeht, ist hervorzuheben, dass Sportübertragungsrechte äußerst kurzlebig sind. Wie oben[2295] dargestellt, leben ihre Attraktivität und damit ihr Wert in erster Linie von ihrer Aktualität. Das bedeutet, dass immer wieder neue Investitionen in aktuelle Rechte für neue Spielzeiten oder die nächsten Wettbewerbe erforderlich sind, um den Markt überhaupt bedienen zu können. Gleichzeitig sind die Strukturen des Sportmarktes so angelegt, dass die Nachfrage von Verbrauchern immer wieder auf dieselben Wettbewerbe gerichtet ist. Innovation in dem Sinne, dass ein attraktiver Wettbewerb, wie z.B. das Tennisturnier von Wimbledon, jederzeit durch ein anderes, noch attraktiveres Ereignis ersetzt werden könnte, gibt es kaum. Die Möglichkeit für einen Wettbewerber, durch eigene Innovation in den Wettbewerb

---

58/64 – Grundig u. Consten). S. auch EuGH Urt. v. 5.10.1988 in der Rs. 238/87 – Volvo, Rn. 9, wonach die Lizenzverweigerung missbräuchlich sein kann.

2295 1. Abschnitt, D. I.; 2. Abschnitt, C. II. 2. d).

um die Aufmerksamkeit der Zuschauer eintreten zu können, ist deshalb extrem begrenzt. Zudem müsste diese Innovation auf der vorgelagerten Marktstufe der Veranstaltung von Sportwettkämpfen stattfinden, so dass die Verwerter auf die Entwicklung entsprechender Angebote durch Dritte angewiesen sind. Die „Neuentdeckung“ von Veranstaltungen oder Sportarten ist selbstverständlich nicht gänzlich ausgeschlossen, der Zeitraum bis zu einer Durchsetzung am Markt ist jedoch ggf. hoch anzusetzen. Damit wird deutlich, dass ein Prozess der „schöpferischen Zerstörung“ im Sinne Schumpeters[2296] für die vorliegende Situation nicht zu erwarten ist. Es wird hier keinen Wettbewerb „um den Markt“ in dem Sinne geben, dass Unternehmen Alternativen entwickeln, um Zuschauer zu erreichen. Daran zeigt sich auch einer der Unterschiede zwischen Urheber- oder Patentrechten und Sportübertragungsrechten. Innovation bedeutet aus Sicht der Verwerter und der Verbraucher von Sportveranstaltungen keine neue kreative Leistung, sondern vielmehr die regelmäßige Neuauflage bekannter Wettkämpfe. Es ist schlicht kein Raum für eine drastische Innovation, die eine wesentliche Verschiebung von Marktanteilen zur Folge hätte, weshalb auch die Wirkung der „allgegenwärtigen Drohung“[2297] entfällt, die für eine zumindest gefühlte Konkurrenzsituation des Rechteinhabers sorgen könnte, die nach dieser Lehre mit tatsächlicher Konkurrenz gleichwertig sein kann.

Ein weiterer wichtiger Unterschied zu Patent- oder Urheberrechten wird deutlich, wenn man einen weiteren grundlegenden Aspekt des Verhältnisses von Wettbewerbs- und Immaterialgüterrecht betrachtet: Eine wichtige Funktion der Schutzrechte ist der mit ihnen verbundene Innovationsanreiz. Dieser hängt zunächst mit dem Schutz einer getätigten Investition zusammen. Ohne Investitionsschutz würde niemand investieren[2298]. Daneben soll aber auch aus Gemeinwohlgründen die Investition mit unsicherem Ausgang belohnt werden[2299]. Im Fall der Investition in „Premium Content“ in Form von Sportübertragungsrechten ist der Faktor Unsicherheit vergleichsweise gering ausgeprägt. Während der Erfolg eines belletristischen Buches oder eines Films beim Publikum beispielsweise im Voraus notorisch schwer zu prognostizieren ist, sind die Verwertungsmöglichkeiten von Sportrechten im Fernsehen durch vielfältige

---

2296 Schumpeter, S. 134 ff.

2297 Schumpeter, S. 140.

2298 DG Competition Discussion Paper on the Application of Article 82 of the Treaty to Exclusionary Abuses, abrufbar unter: http://ec.europa.eu/competition/antitrust/art82/discpaper2005.pdf (zuletzt aufgerufen am 11.8.2014), Rn. 235. Kritisch Drexl in: Drexl (2008), S. 50 f.

2299 Schwarze, EuZW 2002, 75 (81). Grundlegend hierzu Arrow in: NBER, S. 610 ff.

Parameter wie Exklusivität, Embargos sowie Zeitpunkt und Bekanntheitsgrad der Veranstaltungen im Vorhinein klar definiert. Einzelne Werbepartner und/oder die genaue Zahl der verkauften Pay-TV-Abonnements stehen möglicherweise zum Zeitpunkt des Rechteerwerbs noch nicht endgültig fest, lassen sich aber gerade für diese Verwertungsrechte sehr gut prognostizieren[2300]. Anders kann die Beurteilung selbstverständlich bei der Entwicklung neuer Produkte wie mobiler Dienste oder von Internetangeboten ausfallen, bei denen weniger Erfahrungswerte zur Annahme durch die Zielgruppe vorliegen.

Diese Charakteristika von Sportübertragungsrechten zeigen, dass sie im Vergleich zu anderen Immaterialgüterrechten recht wenig Raum für Innovation durch Substitution und damit für dynamische Effizienzgewinne einräumen. Auch den Aspekt des Schutzes der unsicheren Investition können ihre Inhaber nur eingeschränkt für sich in Anspruch nehmen. Auf der anderen Seite ist hier von Rechtspositionen die Rede, die (wie oben in 1. Abschnitt, D. II. 1. gezeigt) ein besonders hohes Investitionsvolumen erfordert haben.

2. Bewertung der Zugangsregeln für Nichtmitglieder

Es bleibt die Frage zu klären, ob die beschriebenen Voraussetzungen für die Anordnung einer Zwangslizenz auf Konstellationen anwendbar sind, die sich aus dem gemeinsamen Erwerb von Rechten für Pay-TV und „Neue Medien" durch die EBU ergeben können. Für Rechte an Olympischen Spielen wurde vorgebracht, dass sie nicht „unerlässlich" für die Tätigkeit auf dem Fernsehmarkt seien[2301]. Live-Sportberichterstattung wird teilweise nicht als notwendig für die Einführung neuer Dienste in Internet und Mobilfunk betrachtet[2302]. Auch Fußballinhalte werden teilweise allgemein als nicht wesentlich für die Entwicklung der „Neuen Medien" angesehen[2303]. Auf der anderen Seite werden Sportrechte, wie oben (1. Abschnitt, D. II. 3.) beschrieben, als entscheidender Treiber für Pay-TV und die Entwicklung neuer Technologien betrachtet[2304]. Hier soll ein

2300 Vgl. oben 2. Abschnitt, C. I. 2. a).

2301 Hellwig (2009), Rn. 511.

2302 Fikentscher, UFITA 2005, 635 (651).

2303 Laier (2006), S. 91.

2304 S. etwa Iosifidis (2012), S. 27; Geradin in: Weber/Osterwalder, S. 95; Klambauer in: Weber/Osterwalder, S. 91; aus Sicht der Europäischen Kommission: Pressemitteilung der Europäischen Kommission IP/07/1118 v. 18.07.2007; Monti, Rede am 8.7.2004 in Brüssel, abrufbar unter: http://europa.eu/rapid/press-release_SPEECH-04-353_en.htm?locale=en (zuletzt aufgerufen am 11.8.2014), S. 4; Pressemitteilung der Europäischen Kommission IP/04/134 v. 30.1.2004; Alexander

genauerer Blick auf die Voraussetzungen eines Marktmissbrauchs gem. Art. 102 AEUV präzisere Aussagen ermöglichen.

Nimmt man demnach zunächst das Kriterium der Unerlässlichkeit einer Lizenz in den Blick, stellt sich für den Fall der Vorenthaltung von Rechten für Pay-TV, Mobilfunk- oder Internetverwertung durch EBU-Mitglieder gegenüber Nichtmitgliedern die Frage, wann für ein Nichtmitglied die Sublizenzierung tatsächlich erforderlich ist, um eine entsprechende Tätigkeit entfalten zu können. Zur richtigen Beurteilung der Unverzichtbarkeit der Lizenz muss auf die Marktdefinition zurückgegriffen werden. Hier stellt sich nämlich die Frage nach der Möglichkeit des Tätigwerdens auf einem abgeleiteten Markt im wettbewerbsrechtlichen Sinne des Wortes. Daher kommt es entscheidend darauf an, ob das EBU-Mitglied Rechte hält, für deren Verwertung auf der jeweiligen Plattform es tatsächlich einen eigenen Markt gibt oder ohne die eine Tätigkeit praktisch unmöglich bleibt. Ein eigener Markt liegt, wie im 2. Abschnitt[2305] beschrieben, beispielsweise für den Erwerb sowie die Verwertung von Mobilfunk- oder Internetrechten an einer Fußball-Weltmeisterschaft oder auch Olympischen Spielen vor. Dasselbe gilt für einen gesonderten Pay-TV-Markt. In diesen Fällen kann das Nichtmitglied auf diesem spezifischen Markt erst nach Erteilung dieser bestimmten Lizenz überhaupt tätig werden. Insofern ist eine Lizenzerteilung durch eben diesen Rechteinhaber tatsächlich unerlässlich. In vielen Fällen wird es jedoch um Rechte an Veranstaltungen gehen, für die nicht ausnahmsweise ein eigener Markt besteht, sondern das Nichtmitglied möchte auf einem weiter zu fassenden Markt für Pay-TV bzw. mobile oder interaktive Dienste tätig werden. In diesen Fällen ist die Bejahung der Unerlässlichkeit der Lizenzerteilung unwahrscheinlich. In besonders eng begrenzten Märkten für Premium Content kann wiederum für die Frage der unzumutbaren Erschwerung einer Tätigkeit die oben (1. Abschnitt, D. II. 3.) beschriebene besondere Bedeutung attraktiver Sportinhalte für die Entwicklung der noch relativ jungen Angebote des Mobilfunks oder im Internet sowie ihre Bedeutung für das Betreiben von Pay-TV relevant werden. Es zeigt sich also, dass nur bestimmte Veranstaltungen Verwertungsrechte erzeugen, deren Lizenzierung tatsächlich unerlässlich für die Tätigkeit auf einem bestimmten Markt werden kann. In diesen Fällen kann jedoch die Unerlässlichkeit bejaht werden.

Schaub, Europäische Kommission, Vortrag vom 26.2.2002 in Madrid, abrufbar unter: http://ec.europa.eu/competition/speeches/text/sp2002_008_en.pdf (zuletzt aufgerufen am 11.8.2014), S. 4 f.

2305 Unter C. II. 2. c) bb).

Weiterhin ist an das Kriterium der Entwicklung eines neuen Produkts zu denken. Erkennt man mit der Rechtsprechung die Erforderlichkeit dieser Voraussetzung an, ist in Fällen der Sublizenzierung durch die EBU die Lizenzverweigerung demnach nur missbräuchlich, wenn das die Lizenz begehrende Pay-TV-, Mobilfunk- oder Internetunternehmen bei der Auswertung der jeweiligen Rechte ein neues Produkt anbieten würde, das durch Verbraucher zumindest potentiell nachgefragt würde. Es müsste zumindest ein innovatives weiterentwickeltes Produkt auf den Markt gelangen, das es ohne die Lizenz nicht gäbe. Mobilfunkanbieter und Betreiber von Internetseiten mit Abrufdiensten für Sportinhalte bieten Verbrauchern andere Dienstleistungen, als die Rundfunkunternehmen sie über die Fernsehverwertung ermöglichen. Dies können, wie oben (Teil 2, 1. Abschnitt, A. III. 2.) beschrieben, im Internet etwa Abrufdienste mit Ausschnitten der Veranstaltung oder auch nachbearbeitete 3-D-Bilder entscheidender Szenen sein sowie mobile Dienste, die beispielsweise Torszenen von Fußballspielen oder Zusammenfassungen ganzer Wettkämpfe übermitteln. Diese Angebote werden derzeit in verschiedene Richtungen weiterentwickelt. An einer potentiellen Nachfrage beim Verbraucher besteht im Hinblick auf die Attraktivität von Sportinhalten kein Zweifel. Die Europäische Kommission betrachtet bereits die Möglichkeit des Unterbindens einer Innovation als Nachteil für den Verbraucher[2306]. Unter dem Aspekt der künstlichen Verknappung ist im Fall der Verhinderung der Verwertung von Mobilfunk- oder Internetrechten unproblematisch von der Verhinderung eines neuen Produkts auszugehen, da ein Lieferengpass in keiner Weise vorliegt[2307].

Im Hinblick auf Pay-TV-Angebote könnte man die Frage stellen, ob eine parallele Verwertung derselben Sportveranstaltung im Bezahlfernsehen gegenüber den frei empfangbaren Angeboten der EBU-Mitglieder dem Verbraucher ein „neues Produkt" vorenthält. Hierüber mag man im Einzelfall diskutieren. In Fällen, in denen die Verwertung im Pay-TV zusätzliche Angebote wie etwa interaktive Dienstmerkmale oder eine bessere Bildqualität ermöglichen würde[2308], liegt auch hier die Verhinderung eines neuen Produkts vor, wenn die Lizenz verweigert wird. In allen beschriebenen Konstellationen werden letztlich dem

2306 Prioritätenpapier der Europäischen Kommission zum Behinderungsmissbrauch durch marktbeherrschende Unternehmen, ABl. EU C 45/7 v. 24.2.2009, Rn. 87.

2307 S. auch Entscheidung der Europäischen Kommission v. 22.12.1987 in der Sache IV/30.787 und 31.488 – Eurofix-Bauco/Hilty, ABl. EG L 65/36 v. 11.3.1988, Rn. 77.

2308 S. zu den Möglichkeiten Christmann, ZUM 2006, 23 (30).

Verbraucher Wahlmöglichkeiten im Hinblick auf die gewünschte Form des Konsums der jeweiligen Sportveranstaltung vorenthalten.

a) Hebelmissbrauch

Schließlich stellt sich die Frage nach dem Vorliegen eines Hebelmissbrauchs in der hier vorliegenden Marktkonstellation. Es existieren hier Märkte für den Erwerb der Rechte für die Verwertung von Sportveranstaltungen im Pay-TV, Mobilfunk oder Internet. Diese sind teilweise weiter zu untergliedern in Märkte für Rechte an bestimmten Veranstaltungen, wie etwa einer Fußball-Weltmeisterschaft (vgl. oben, 2. Abschnitt, C. II.). Auf diesen Märkten haben die EBU-Mitglieder durch ihren gemeinsamen Einkauf und die daraus resultierende Inhaberschaft der Verwertungsrechte, wie beschrieben, eine dominante Stellung. Nichtmitglieder möchten auf dem nachgelagerten Markt für die Verwertung der Rechte Verbrauchern mobile Dienste oder Webdienste für Sportinhalte anbieten. Damit wird eine Tätigkeit auf dem nachgelagerten (und damit benachbarten) Markt begehrt. Damit liegt eine Konstellation vor, die grundsätzlich für einen Hebelmissbrauch geeignet ist.

Vermittelt die schlichte Inhaberschaft eines Immaterialgüterrechts zugleich ein Monopol in einem eng abzugrenzenden Markt, ist damit stets zugleich die Möglichkeit der Übertragung dieser Machtposition auf nachgelagerte Märkte für die Verwertung des Rechts verbunden[2309]. Es ist dann schwierig, zwischen der nicht missbräuchlichen Ausübung des Immaterialgüterrechts und einem verbotenen Hebelmissbrauch zu unterscheiden. Die Anwendung allein des Kriteriums der Unerlässlichkeit würde in Fällen enger Marktgrenzen stets zu einer Zwangslizenz führen. Man könnte nun nach weiteren Gesichtspunkten suchen, die den Immaterialgüterschutz schwächen oder den Wettbewerb als besonders schutzwürdig erscheinen lassen[2310]. Klarere Kriterien bietet aber der Vorschlag, für solche Fälle die Zulässigkeit der Kontrolle über nachgelagerte Märkte im Sinne der Theorie der „Contestability“[2311] danach zu beurteilen, ob durch das jeweilige Verhalten die Marktzutrittsschranken im vorgelagerten Primärmarkt

2309 Heinemann in: Drexl (2008), S. 65 f.

2310 So für das deutsche Recht Jung, ZWeR 2004, 379 (399).

2311 Diese Betrachtungsweise erhebt die Frage der Marktzutrittsbarrieren und des potentiellen Wettbewerbs zum zentralen Kriterium der Beurteilung von Marktstrukturen. S. grundlegend: Baumol/Panzar/Willig (1982); Definition eines „contestable market“ ebd., S. 5. Da die Theorie die tatsächliche Marktsituation im Einzelfall in den Blick nimmt, wird sie teilweise als Ansatz im Rahmen des „More Economic Approach“ befürwortet (Heinemann in: Drexl [2008], S. 79). Sie geht in Teilen auf die Theorie Schumpeters von der „Schöpferischen Zerstörung“ zurück, wonach die Möglichkeit der Substitution eines Immaterialgüterrechts auch

erhöht werden und so die „Belohnungsreichweite"[2312] des Immaterialgüterrechts in Bezug auf den nachgelagerten Markt zu ermitteln[2313]. Das europäische Sekundärrecht kennt das Konzept der „Contestability" und wendet es vor allem im Rahmen der Beurteilung von Zusammenschlüssen in Gestalt der Berücksichtigung potentiellen Wettbewerbs und von Marktzutrittsschranken an[2314]. Hinter der Vorschrift in Abs. 6.1. der Zugangsregeln und dem Wunsch der EBU-Mitglieder, entsprechende Lizenzen zurückzuhalten, steht die bereits beschriebene Angst vor „Kannibalisierung" der Fernsehrechte. Die Verwertung der Rechte für Pay-TV und „Neue Medien" durch Nichtmitglieder soll verhindert werden[2315]. Damit soll eine Form der „Substitution" verhindert werden, die das Immaterialgüterrecht eigentlich erlaubt. Insofern dient die Ausübung des Schutzrechts aus Sicht der Theorie der „Contestability" der Verhinderung von Marktzutritt auf einen weiteren Markt – allerdings bezogen nicht auf den Primärmarkt, sondern auf einen benachbarten Markt. Das Phänomen des Hebelmissbrauchs ist jedoch nicht auf vertikale Verhältnisse beschränkt. Dominante Positionen können auch horizontal auf benachbarte[2316] Märkte übertragen werden[2317]. Wird dabei die

---

in hoch konzentrierten Marktstrukturen Wettbewerbsdruck erzeugt (s. Schumpeter, S. 140).

2312 S. zum Begriff bereits Heinemann in: Behrens (2004), S. 121.

2313 Heinemann in: Drexl (2008), S. 70.

2314 S. Art. 2 Abs. 1 lit. a) und b) FKVO. Aber auch im Bereich der Abschottung von Medienmärkten arbeitet die Europäische Kommission mit dem Konzept, s. Miguel Mendes Pereira, Rede vom 7.4.2003 in Brüssel, abrufbar unter: http://ec.europa.eu/competition/speeches/text/sp2003_009_en.pdf (zuletzt aufgerufen am 11.8.2014), S. 4.

2315 Solche Befürchtungen auf Seiten von Fernsehunternehmen wurden auch im Fall UEFA Champions League dokumentiert, s. Entscheidung der Europäischen Kommission v. 23.7.2003 in der Sache COMP/C.2-37.398 – UEFA Champions League, ABl. EU L 291/39 v. 8.11.2003, Rn. 93.

2316 Ist der jeweilige Markt nicht der vor- oder nachgelagerte Markt, erfordert die Feststellung, dass ein Markt „benachbart" ist, eine umfassende Betrachtung der Situation unter Berücksichtigung von Kriterien wie Produktmerkmale, Nachfrage- und Angebotsstruktur, Möglichkeiten der Übertragung einer Machtposition von einem Markt auf den anderen und den Grad der Dominanz auf dem beherrschten Markt (*Jung* in: Grabitz/Hilf/Nettesheim, Art. 102, Rn. 142 f.; O'Donoghue/Padilla, S. 211 f.; Koenig/Kühling/Braun, CR 2001, 745 [749]).

2317 S. etwa die Entscheidungen in der Sache Microsoft: Entscheidung der Europäischen Kommission v. 24.3.2004 in der Sache COMP/C-3/37.792 – Microsoft, Rn. 533, bestätigt durch EuG Urt. v. 19.9.2007 in der Rs. T-201/04 – Microsoft.

„Belohnungsreichweite“ des Schutzrechts durch Verhinderung von Substitution überschritten, ist ebenfalls ein Hebelmissbrauch zu bejahen[2318].

Der Zweck der Verweigerung einer Lizenz spielt bei der Beurteilung der Missbräuchlichkeit insgesamt eine wichtige Rolle. So ist weiterhin anerkannt, dass eine Lizenzverweigerung für einen Markt, auf dem das dominante Unternehmen selbst nicht tätig ist, missbräuchlich sein kann, wenn sie dazu führt, dass auf diesem Markt niemand tätig werden kann und die Produkte des Unternehmens auf einem anderen Markt erworben werden müssen, um die fehlende Lizenz zu kompensieren[2319]. Ein solcher Fall ist bei plattformübergreifendem Einkauf durch die EBU denkbar, wenn die spätere Lizenzverweigerung dazu führt, dass kein Unternehmen z.B. mobile Dienste anbietet, die live das Miterleben eines Spiels der Fußball-Weltmeisterschaft oder von Teilen des Spiels ermöglichen. Dem Verbraucher bliebe keine Alternative als auf das Fernsehprogramm des EBU-Mitglieds zurückzugreifen. Auch diese Betrachtungsweise zeigt das Vorliegen eines Hebelmissbrauchs sowie die damit verbundene Verknappung auf.

Damit ist aufgrund des kumulativen Vorliegens einer Situation des Hebelmissbrauchs und der Gefahr der Verhinderung eines neuen Erzeugnisses für diese Untersuchung auch nicht entscheidend, ob diese Voraussetzungen kumulativ vorliegen müssen. Typischerweise werden bei der Verweigerung von Sublizenzen für Verwertung in Pay-TV und den „Neuen Medien“ – wenn überhaupt – dann beide Voraussetzungen erfüllt sein. Diese Konstellation mag man für außergewöhnlich halten[2320]; hier ist jedoch ein Anwendungsfall gegeben.

b) Tätigkeit auf dem abgeleiteten Markt

Allerdings ist weiterhin zu beachten, dass eine Zwangslizenz grundsätzlich nur dann in Frage kommt, wenn das dominante Unternehmen auf dem jeweiligen Markt auch tätig ist[2321]. Besteht zwischen dem dominanten Unternehmen und dem Dritten, der die Lizenz begehrt, kein Wettbewerb und verwendet das dominante Unternehmen das Immaterialgüterrecht im nachgelagerten Markt

2318 Ähnlich Heinemann in: Drexl (2008), S. 75.

2319 Temple Lang in: Ehlermann/Atanasiu, S. 5; Temple Lang, Beitrag zu DOJ/Federal Trade Commission Hearings im Mai 2002, abrufbar unter: http://www.ftc.gov/sites/default/files/documents/public_events/competition-ip-law-policy-knowledge-based-economy-hearings/020522trans.pdf (zuletzt aufgerufen am 11.8.2014), S. 94 ff.

2320 So *Ullrich/Heinemann* in: Immenga/Mestmäcker EU/2, GRUR B, Rn. 59.

2321 EuG Urt. v. 12.6.1997 in der Rs. T-504/93 – Tiercé Ladbroke, Rn. 128 ff.

nicht, besteht zunächst keine Pflicht zur Lizenzerteilung[2322]. In den hier relevanten Konstellationen könnte das bedeuten, dass eine entsprechende Pflicht des jeweiligen EBU-Mitglieds zur Lizenzerteilung nur in Frage käme, soweit es beispielsweise im Markt für die Verwertung der jeweiligen Sportart oder Veranstaltung in Abrufdiensten im Internet tätig wäre und durch die Lizenzverweigerung lediglich einen Konkurrenten von diesem Markt fernhalten wollte. Dies ist dort der Fall, wo Marktgrenzen weniger eng zu ziehen sind, als in den Fällen, in denen ein eigener Markt für Rechte an einer einzelnen Veranstaltung existiert. Wären dann die jeweiligen EBU-Mitglieder z.B. auf einem Markt für Internetdienste zu Leichtathletikveranstaltungen tätig und dominierten bereits den Markt für den Erwerb der Verwertungsrechte für konkurrierende Angebote, käme demnach eine Zwangslizenz in Betracht. Soweit das EBU-Mitglied jedoch z.B. auf dem Mobilfunkmarkt gar keine Tätigkeit entwickelte, bliebe nach normativer Betrachtungsweise der Zugang zu entsprechenden Verwertungsrechten für Nichtmitglieder entsprechend der Zugangsregeln mangels Missbrauchs ausgeschlossen.

Das beschriebene Ergebnis erscheint jedoch aus Sicht eines „More Economic Approach“ nicht sachgerecht. Aus der maßgeblichen Sicht der Verbraucher ist es im vorliegenden Fall sogar deutlich nachteiliger, wenn auf den Märkten für Pay-TV und „Neue Medien“ niemand tätig werden kann, als wenn zumindest ein Unternehmen entsprechende Angebote entwickelt. Auch ein einzelnes Unternehmen kann zumindest die technische Entwicklung voranbringen, während ein Ausschluss jeglicher Tätigkeit auf dem Markt einen vollständigen Stillstand bedeuten würde. Die Gefahr der gehemmten Entwicklung neuer Dienste oder Medienplattformen aus Mangel an attraktiven Inhalten wurde gerade im Zusammenhang mit der Zentralvermarktung seitens der Europäischen Kommission vielfach als Argument gegen plattformübergreifende Exklusivität vorgebracht. Auch aus Sicht übergeordneter Ziele der Europäischen Union, wie sie in der „Lissabon-Strategie“[2323] formuliert wurden, sollte eine solche Behinderung der technischen Entwicklung vermieden werden[2324]. Auch die Europäische Kommission hat in der Vergangenheit (allerdings ohne Prüfung der

2322 Temple Lang in: Ehlermann/Atanasiu, S. 5, 21 f.; Heinemann (2002), S. 508.

2323 Die sogenannte Lissabon-Strategie für Wachstum wurde auf einem Sondergipfel der europäischen Staats- und Regierungschefs in Lissabon im Jahr 2000 als Zehn-Jahres-Programm zur Erhöhung der Wettbewerbsfähigkeit der Europäischen Union verabschiedet. Sie ist der Vorläufer der Strategie „Europa 2020“. Sie propagierte das Motto „hin zu einer grünen und innovativen Wirtschaft“.

2324 Darauf weist in diesem Kontext hin: Ungerer, MuR 2004, 206 (211).

Voraussetzungen) bereits ihrer Sorge Ausdruck verliehen, das Zurückhalten von Rechten an Sportveranstaltungen für „Neue Medien" zum Zwecke des Schutzes der traditionellen Fernsehverwertung durch Rundfunkunternehmen könne eine unzulässige Produktionsbeschränkung zum Nachteil der Verbraucher und damit einen Marktmissbrauch darstellen[2325]. Betrachtet man die Fallgruppe der de novo-Geschäftsverweigerung und den Unterfall der missbräuchlichen Lizenzverweigerung mit dem EuGH[2326] als Anwendungsfälle des Verbots der Absatzbeschränkung gem. Art. 102 Abs. 2 lit. b) AEUV und nimmt man einen wirkungsbezogenen Standpunkt ein, ist es konsequent, den Missbrauch nicht lediglich deshalb abzulehnen, weil die beiden betroffenen Unternehmen auf dem abgeleiteten Markt nicht im Wettbewerb stehen. Denn dies würde bedeuten, Verbrauchern eine ganze Palette von Angeboten letztlich gänzlich vorzuenthalten, was gegenüber dem Angebot solcher Dienste durch nur ein Unternehmen die deutlich schlechtere Alternative darstellt.

2325 Concluding report on the Sector Inquiry into the provision of sports content over third generation mobile networks, am 21.9.2005 veröffentlicht durch die Abteilung Medien der Generaldirektion Wettbewerb der Europäischen Kommission sowie am 14.9.2005 veröffentlicht durch die EFTA-Überwachungsbehörde, abrufbar unter: http://ec.europa.eu/competition/sectors/media/inquiries/final_report.pdf (zuletzt aufgerufen am 11.8.2014), Rn. 38 f.; Issues Paper on the preliminary findings of the Sector Inquiry into New Media (3G) vom Mai 2005, veröffentlicht durch die Abteilung Medien der Generaldirektion Wettbewerb der Europäischen Kommission, abrufbar unter: http://ec.europa.eu/competition/sectors/media/inquiries/issuespaper.pdf (zuletzt aufgerufen am 11.8.2014), Rn. 30, 37; Philip Lowe, Rede vom 27.5.2005 in Brüssel, abrufbar unter: http://ec.europa.eu/competition/speeches/text/sp2005_007_en.pdf (zuletzt aufgerufen am 11.8.2014), S. 7; Philip Lowe, Rede vom 13.1.2004 in Oxford, abrufbar unter: http://ec.europa.eu/competition/speeches/text/sp2004_002_en.pdf (zuletzt aufgerufen am 11.8.2014), S. 8; Herbert Ungerer, Rede vom 2.10.2003 in Barcelona, abrufbar unter: http://ec.europa.eu/competition/speeches/text/sp2003_024_en.pdf (zuletzt aufgerufen am 11.8.2014), S. 8; Herbert Ungerer, Rede vom 14.1.2003 in Brüssel, abrufbar unter: http://ec.europa.eu/competition/speeches/text/sp2003_001_en.pdf (zuletzt aufgerufen am 11.8.2014), S. 5, 13; Europäische Kommission, XXXII. Bericht über die Wettbewerbspolitik 2002, Rn. 143; Alexander Schaub, Europäische Kommission, Vortrag vom 26.2.2002 in Madrid, abrufbar unter: http://ec.europa.eu/competition/speeches/text/sp2002_008_en.pdf (zuletzt aufgerufen am 11.8.2014), S. 6. Ebenso Ungerer, MuR 2004, 206 (210).

2326 EuGH Urt. v. 6.4.1995 in den verb. Rs. C-241/91 P und C-242/91 P – Magill, Rn. 54.

Dieses Ergebnis ist auch aus einer anderen Erwägung heraus richtig im Sinne des „More Economic Approach": Grundsätzlich ist eine Zwangslizenz nur dann wettbewerbsfördernd, wenn auf dem nachgelagerten Markt durch die Erteilung der Lizenz Wettbewerb überhaupt entstehen kann. Das erklärt sich daraus, dass Vorteile für die Verbraucher durch verstärkte Innovationsanreize, erhöhte Angebotsvielfalt oder stärkeren Preiswettbewerb entstehen[2327]. Für Konstellationen, in denen ein Nichtmitglied der EBU Zugang zu Verwertungsrechten für Pay-TV oder „Neue Medien" begehrt und es einen gesonderten Markt für Rechte zur Verwertung der betreffenden Veranstaltung gibt, könnte man die exklusive Zwangslizenz mit dem Argument verneinen, dass auf dem Markt für die Verwertung der Veranstaltung durch die Zwangslizenz kein Wettbewerb, sondern ein Monopol des Nichtmitglieds entstehen würde, da es mit der Lizenz zugleich den gesamten Markt zugewiesen bekomme. Lehnte man auf dieser Grundlage die Lizenzierungspflicht ab, wäre dem Verbraucher jedoch ebenfalls nicht geholfen. Im Interesse der Verbraucher gilt daher, dass wenn es aufgrund der engen Marktabgrenzungen in diesem Bereich schon keinen Wettbewerb *im* Markt geben kann, es doch zumindest einen Wettbewerb *um* den Markt geben muss[2328]. Selbst wenn Verbrauchern hier kein marktinterner Wettbewerb zugute kommen kann, so wird zumindest verhindert, dass ein ganzes Produkt nicht entsteht, weil ein Markt für das Produkt gar nicht erst eröffnet wird.

Schließlich kann man für diese Konstellation unterstützend ein weiteres normatives Argument anführen: Hinge von der Entscheidung des dominanten Unternehmens über eine Tätigkeit auf dem abgeleiteten Markt die Anwendbarkeit des Art. 102 AEUV ab, so gäbe das Wettbewerbsrecht die Kontrolle über seinen Anwendungsbereich aus der Hand. Das erscheint nicht überzeugend.

Es zeigt sich daher, dass sich aus dem Missbrauchsverbot des Art. 102 AEUV auch die Pflicht zur Eröffnung von Wettbewerb auf dem nachgelagerten Markt ergeben kann, wo dieser noch gar nicht besteht[2329]. Nichts anderes setzt letztlich die Essential Facilities-Doktrin voraus, wenn sie auf dem vorgelagerten Markt ein Unternehmen zum Angebot einer wesentlichen Einrichtung zwingt, die am Markt noch gar nicht angeboten wird. Wird diese Eröffnung eines Marktes durch

2327 Temple Lang in: Ehlermann/Atanasiu, S. 22.

2328 Heinemann, ZEuP 2006, 337 (360). Der Begriff „Wettbewerb um den Markt" wird hier in anderer Weise verwendet als bei Schumpeter. Grundlegend zum Wettbewerb um den Markt bei Monopolsituationen Demsetz, JLE 1968, 55.

2329 Heinemann (2002), S. 508 f.; ähnlich Klambauer in: Weber/Osterwalder, S. 78 ff. A.A. Schnelle, EuZW 1994, 556 (562), der aus diesem Grund die Entscheidungspraxis der Kommission in Essential Facilities-Fällen kritisiert.

die Lizenzverweigerung aufgrund der „Plattformneutralität" der Zugangsregeln für Nichtmitglieder verweigert, kann daher ein Hebelmissbrauch vorliegen.

c) Rechtfertigung

Weiterhin spielt der Zweck der Lizenzverweigerung für die Frage ihrer Rechtfertigung eine wichtige Rolle. Ein Verhalten ist nur als Missbrauch verboten, wenn es nicht sachlich gerechtfertigt ist. Die EBU-Mitglieder sehen die Gefahr der Entwertung ihrer Fernsehrechte, wenn Zuschauer beispielsweise von unterwegs entscheidende Szenen eines Spiels live mitverfolgen oder im Internet zeitnah Videos abfragen können. Hier geht es einerseits um die Frage der Abgrenzung von Märkten. Sofern die jeweiligen Angebote substituierbar sind, gehören sie einem Markt an. Wie oben (2. Abschnitt, C. II.) gezeigt, werden diese Marktgrenzen durch die Definition der jeweiligen Rechtepakete abgebildet, so dass – wenn keine unvorhergesehene Entwicklung eintritt – die entsprechenden Pakete insbesondere von Live-Rechten stets exklusiv lizenziert werden und damit die gewinnbringende Verwertung gesichert ist. Gleichwohl ist die Abgrenzbarkeit separater Märkte stets auch eine Frage des Grades der möglichen Substitution[2330]. In der hier relevanten Konstellation zeigt sich, wie trotz der Definition unterschiedlicher Märkte gleichwohl gewisse Interdependenzen bestehen können. Eine Nutzerin, die unterwegs ist und keinen Zugang zu ihrem Fernsehgerät hat, kann nur auf mobile Dienste zurückgreifen, wenn sie Sportinhalte konsumieren möchte. Ein Nutzer zu Hause hat hingegen oftmals die Wahl zwischen verschiedenen Endgeräten. Die Sendeunternehmen befürchten nun, dass in seiner Situation ein Streaming-Angebot am Smartphone genauso attraktiv sein könnte wie der Konsum am Fernsehgerät. Auch Fragen der Zugänglichkeit der jeweiligen Verwertungsform für Zuschauer spielen eine Rolle. Ist der Empfang einer Live-Sendung im Fernsehen etwa nur gegen Entgelt zugänglich, werden Zuschauer verstärkt auf günstigere oder kostenlose Dienste zurückgreifen, soweit sie verfügbar und attraktiv genug sind. Ein Abonnent kann dagegen ohne zusätzliche Kosten zwischen dem Konsum der jeweiligen Veranstaltung im frei empfangbaren Fernsehen und dem parallelen Angebot seines Pay-TV-Anbieters wählen. In Teilbereichen sind die eigentlich separaten Märkte daher als benachbarte Märkte sehr eng miteinander verbunden und im Hinblick auf die Nachfrage nicht gänzlich voneinander unabhängig. Für die beschriebenen und ähnlichen Fälle möchten die Sendeunternehmen nun ihrem eigenen Produkt das

---

2330 *Eilmansberger* in: MünchKommEU, Art. 82, Rn. 395.

Alleinstellungsmerkmal sichern, indem sie das Pay-TV-, Internet- oder Mobilfunkangebot verhindern und dem Verbraucher die Wahlmöglichkeit nehmen.

Dieses Bestreben ist verständlich und aus Sicht des Inhabers eines Immaterialgüterrechts auch ökonomisch folgerichtig. Die Beurteilung der Rechtfertigung konkreter Fälle wird stark von den jeweiligen Gegebenheiten abhängen. Im Fall des Fernsehens ist die Besonderheit zu beachten, dass sehr häufig, und insbesondere bei den hier in Rede stehenden hochattraktiven Rechten, durch den originären Rechteinhaber eine parallele Verwertung in Free-TV und Pay-TV von vornherein ausgeschlossen wird. Diese Praxis gilt aufgrund der identischen Verwertungsplattform allgemein als zulässig (vgl. oben 1. Abschnitt, D. I. 2.). Dies sind sehr häufig auch die Fälle, in denen überhaupt so enge Marktgrenzen gegeben sind, dass eine entsprechende Dominanz der EBU auf dem vorgelagerten Markt vorliegt. In diesen Fällen scheidet eine Pflicht zur Sublizenzierung an Pay-TV-Anbieter für eine parallele Verwertung aus, da sie die Exklusivität des Fernsehrechts des EBU-Mitglieds und damit den spezifischen Gegenstand des Immaterialgüterrechts angreifen würde. Es stellt sich daher als vergleichsweise unwahrscheinlich dar, dass eine Pflicht zur Sublizenzierung an ein Pay-TV-Unternehmen besteht.

Anders stellt sich dies jedoch bei den Plattformen der „Neuen Medien" dar. Je klarer sich aus kartellrechtlicher Sicht die jeweils betroffenen Märkte für Fernsehverwertung und Angebote in den „Neuen Medien" im Sinne des Bedarfsmarktkonzepts voneinander abgrenzen lassen und je stärker die Auswirkungen der Lizenzverweigerung auf dem Markt sind, zu dem Zugang begehrt wird, desto eher wird die Rechtfertigung entfallen[2331]. Mangels entsprechender Informationen zu einem konkreten Anwendungsfall können hier nur allgemeine Aussagen über wichtige Kriterien der Bewertung getroffen werden. Dabei spielen grundlegende Fragen der richtigen Balance zwischen wettbewerbsfördernden und marktabschottenden Aspekten von Immaterialgüterrechten eine Rolle. So müssen negative Auswirkungen der Ausübung von Schutzrechten auf allokative Effizienz nur insoweit hingenommen werden als im Gegenzug Vorteile für dynamischen Wettbewerb entstehen.

Die hier zugrunde liegende Konstellation wirft deshalb die Frage der Grenzen des jeweiligen Immaterialgüterrechts auf. Hat ein Sendeunternehmen die Fernsehrechte an einer Veranstaltung für die Live-Übertragung exklusiv erworben,

---

2331 Temple Lang in: Ehlermann/Atanasiu, S. 5. Diese Erwägung ist auch Bestandteil des alternativen Prüfansatzes, den Eilmansberger vorschlägt, s. *Eilmansberger* in: MünchKommEU, Art. 82, Rn. 395 f.

steht ihm genau das zu, was dieses Übertragungsrecht seiner Definition nach ermöglicht, nämlich die zeitgleiche Übertragung[2332] der Veranstaltung im Fernsehen. Es steht dem Rechteinhaber jedoch auch nicht mehr zu, als erworben wurde. Die Frage, wie lukrativ eine Verwertungsform im Hinblick auf die Existenz weiterer Verwertungsrechte ist, bemisst sich an der Palette der vom originären Rechteinhaber vermarkteten Rechte. Wie beschrieben[2333], können zeitliche Embargos oder Beschränkungen im Hinblick auf Dauer und Verwertungsplattform „benachbarter" Rechte zu einer Erhöhung oder Senkung des Werts des jeweiligen Rechts führen. Diese mehr oder weniger lukrative Verwertungsmöglichkeit spiegelt sich in den Lizenzgebühren bei Erwerb des Pakets wider. Hat nun ein Unternehmen ein bestimmtes Rechtepaket erworben und die Lizenzgebühr bezahlt, steht ihm grundsätzlich auch die darin verkörperte Erwerbsmöglichkeit zu. Allerdings basiert die Höhe der Lizenzgebühr sowie die Aufteilung der Rechte in Pakete durch den Veranstalter[2334] auf der Annahme, dass die jeweiligen Rechte auch verwertet werden, denn darin besteht ihr alleiniger Zweck. Ist es nun durch ein Verfallenlassen bestimmter Verwertungsmöglichkeiten (also z.B. eines Pakets für den Mobilfunk) für ein Sendeunternehmen möglich, den Wert anderer ebenfalls erworbener Rechte (also etwa des TV-Pakets) zu steigern, ist dies eine künstliche Einflussnahme, die dem Zweck des Immaterialgüterrechts zuwider läuft. Hier wird zudem aus wettbewerbsrechtlicher Sicht eine Funktion des Immaterialgüterrechts zu Zwecken genutzt, die dem Wettbewerb durch Substitution und der damit verbundenen dynamischen Effizienz nicht zuträglich

2332 Interessant ist, dass in Australien eine spezielle Regelung gilt, die den Erwerber exklusiver Rechte an Listenereignissen (vgl. dazu 1. Abschnitt, F. I.) zwingt, diese auch zu verwerten oder sie für eine symbolische Lizenzgebühr von einem Dollar unterzulizenzieren, s. Fraser/McMahon, 2002 Ent. L. 1 (6 f.).

2333 Vgl. oben, 1. Abschnitt, D. I. 1.; 2. Abschnitt, C. II. 2. d).

2334 Die Problematik, dass bereits die Definition der Rechtepakete durch die Veranstalter als originäre Rechteinhaber ungünstig für die „Neuen Medien" ausfällt, weil z.B. keine Live-Rechte vergeben werden, ist nicht Gegenstand dieser Untersuchung. Vorgaben für originäre Rechteinhaber wurden beispielsweise durch die Europäische Kommission in ihren Verfahren zur Zentralvermarktung gemacht, etwa durch die Erweiterung des originären Angebots um Rechte für „Neue Medien" im Fall UEFA Champions League (s. Klambauer in: Weber/Osterwalder, S. 85; Herbert Ungerer, Rede vom 2.10.2003 in Barcelona, abrufbar unter: http://ec.europa.eu/competition/speeches/text/sp2003_024_en.pdf [zuletzt aufgerufen am 11.8.2014], S. 8) sowie durch die Erweiterung des Angebots im Fall FA Premier League (s. Entscheidung der Europäischen Kommission v. 22.3.2006 in der Sache COMP/C-2/38.173 – FA Premier League, Rn. 36 [a]).

sind und das legitime Ziel der Verhinderung von Imitation nicht verfolgen. Es tritt aus Sicht des Immaterialgüterrechts eine Überkompensation ein[2335]. Das Sendeunternehmen kann sich demnach nicht zur Rechtfertigung auf das Immaterialgüterrecht stützen, da es gerade nicht die Früchte des erworbenen Rechts (Internet- oder Mobilfunkrechte) nutzen möchte, sondern durch die Kontrolle über sie die Funktion eines anderen Immaterialgüterrechts (TV-Rechte) überdehnt. Anders ausgedrückt ist die Berufung auf ein Schutzrecht, ohne es selbst seiner Funktion gemäß ausüben zu wollen, nicht vom geschützten Bestand des Immaterialgüterrechts erfasst[2336]. Dies deckt sich auch mit der oben beschriebenen Sichtweise der „Belohnungsreichweite".

Es zeigen sich bei der vorliegenden Verhinderung von „Kannibalisierung" durch Zurückhaltung vermarkteter Rechte auch gewisse Parallelen mit Fällen, in denen bereits der Erwerb gewerblicher Schutzrechte missbräuchlich angesehen werden muss, weil er gezielt geschieht, um Wettbewerb auszuschließen[2337]. So ist eine Investition in ein Patent missbräuchlich, wenn sie in der Absicht geschieht, das Potential des Patents, mit dem Marktbeherrscher zu konkurrieren, von vornherein zu unterbinden[2338]. Vorliegend unterscheidet sich die Situation dadurch von der Behinderungsinvestition in ein Sperrpatent[2339], dass hier benachbarte Märkte betroffen sind, während die Missbräuchlichkeit des Erwerbs eines anderen Schutzrechts bisher nur in einer Konstellation festgestellt wurde, in der das dominante Unternehmen Konkurrenz auf dem dominierten Markt unterbinden wollte[2340]. Gemeinsam ist beiden Situationen jedoch das fehlende eigene Verwertungsinteresse des dominanten Unternehmens, das, wie oben gezeigt, im Widerspruch zum dynamischen Effizienzgewinn steht, der Ausschlusseffekte durch Immaterialgüterrechte rechtfertigen kann. Der strategische Erwerb des Schutzrechts ist neben den engen Marktgrenzen die Grundlage für die Möglichkeit des Hebelmissbrauchs. Werden Rechte gezielt erworben, um sie nicht zu verwerten,

2335 Drexl, IIC 2004, 799 (806).

2336 Ähnlich Lober, GRUR Int 2002, 7 (14).

2337 S. zur grundsätzlichen Möglichkeit EuG Urt. v. 10.7.1990 in der Rs. 51/89 – Tetra Pak, Rn. 23 und für den Fall der zivilrechtlich widerrechtlichen Erlangung eines Patents Entscheidung der Europäischen Kommission v. 15.6.2005 in der Sache COMP/A. 37.507/F3 – Astra Zeneca.

2338 *Fuchs/Möschel* in: Immenga/Mestmäcker EU/1, Art. 102, Rn. 368; von der Groeben/Schwarze, Art. 82, Rn. 204.

2339 Zur Definition Götting, § 5, Rn. 18.

2340 S. für einen Fall der Defensivmarke Kommission der Europäischen Gemeinschaften, XI. Bericht über die Wettbewerbspolitik 1981, Teil 1, Rn. 97 (Osram/Airam).

sondern die eigene dominante Position auf dem benachbarten Markt zu schützen, kann der Erwerb selbst bereits Missbrauchsverdacht erregen[2341]. Wenn, wie eingangs bemerkt, im Vorfeld des Erwerbs der Rechte vielleicht nicht mit hinreichender Deutlichkeit erkennbar ist, dass diese zu dem Zweck erworben werden, sie gezielt verfallen zu lassen, bedeutet dies nicht, dass ein späteres Verhalten nicht als missbräuchlich angesehen werden kann, wenn es die Begründetheit des Verdachts belegt.

Das Argument, Exklusivität müsse über Plattformen hinweg gelten, um die „Kannibalisierung" von Rechten zu vermeiden[2342], könnte zur Rechtfertigung vorgebracht werden. Einerseits ist dieser Argumentation zuzugestehen, dass die Marktgrenzen zwischen verschiedenen Verwertungsformen in einigen Fällen schwächer ausgeprägt sein können und gewisse Interdependenzen zwischen eng benachbarten Märkten bestehen. Andererseits ist die Frage der Exklusivität jedoch eine Frage der Definition des jeweiligen Rechtepakets durch den Veranstalter und liegt damit im Vorfeld des Gegenstands dieser Untersuchung. In diesem Zusammenhang hat die Europäische Kommission sich übrigens dahin gehend geäußert, dass ein gewisses Maß an „Kannibalisierung" im Interesse des Verbraucherwohls in Form von Wahlmöglichkeiten zwischen verschiedenen Angebotsformen hinzunehmen ist[2343]. Auch die Entscheidungen in den Verfahren zur Zentralvermarktung haben gezeigt, dass sie plattformübergreifende Exklusivität nur sehr eingeschränkt akzeptiert und vielmehr auf die parallele Entwicklung verschiedener Verwertungsplattformen setzt[2344]. Die Europäische Kommission verweist unter dem Stichwort „cross-promotion" zuweilen auch auf die förderlichen Aspekte einer Sportverwertung auf verschiedenen Plattformen

---

2341 Eilmansberger, EuZW 1992, 625 (630). Dies deutet ebenfalls an Siragusa in: Van Damme (1977), S. 421.

2342 Fikentscher, UFITA 2005, 635 (640 ff.); Subiotto/Graf, WC 2003, 598 (606). S. auch EBU Comments on the Issues Paper on the preliminary findings of the Sector Inquiry into New Media (3G) vom 1.7.2005, abrufbar unter: http://www.ebu.ch/CMSimages/en/leg_pp_newmedia_3G_010705_tcm6-39181.pdf (zuletzt aufgerufen am 11.8.2014), S. 3 f.

2343 Philip Lowe, Rede vom 27.5.2005 in Brüssel, abrufbar unter: http://ec.europa.eu/competition/speeches/text/sp2005_007_en.pdf (zuletzt aufgerufen am 11.8.2014), S. 6.

2344 S. z.B. Embargo für Internetverwertung bei gleichzeitiger Durchsetzung der separaten Vermarktung von Rechten für „Neue Medien": Entscheidung der Europäischen Kommission v. 23.7.2003 in der Sache COMP/C.2-37.398 – UEFA Champions League, ABl. EU L 291/39 v. 8.11.2003, Rn. 40.

im Sinne einer Vergrößerung des Bedarfs beim Verbraucher[2345]. Werden hier aus kartellrechtlichen Erwägungen heraus Grenzen für die Exklusivität der Verwertungsrechte gewissermaßen bei ihrer „Entstehung", also bei der Festlegung der Lizenzbedingungen durch den Veranstalter des Sportereignisses gezogen, dürfen diese nicht durch einen gemeinsamen Einkauf von Rechten und daraus resultierenden Machtpositionen ausgehebelt werden. Hat der originäre Rechteinhaber also einmal bestimmte Verwertungsformen definiert, so sind die Grenzen dieser Lizenzen festgelegt. Der Einsatz des einen Immaterialgüterrechts zum alleinigen Zweck der Überdehnung des Umfangs eines anderen „benachbarten" Rechts ist nicht von der Reichweite des geistigen Eigentums gedeckt. Die Lizenzgebühr für die beiden Pakete deckt daher auch lediglich die Verwertung des jeweiligen Pakets ab, nicht aber den strategischen Einsatz der Exklusivitätsbindung zu anderen Zwecken. Das ist auch daran zu erkennen, dass in der Praxis Rechte für Internet- und Mobilfunkverwertung weitaus günstiger erworben werden können als Fernsehrechte[2346]. Auch Pay-TV-Rechte für eine parallele Ausstrahlung zur Verwertung im frei empfangbaren Fernsehen liegen im Wert weit unter solchen, die eine vollständige Exklusivität für Pay-TV einräumen.

Das weitere Argument der EBU, die Konvergenz der Medien werde innerhalb kürzester Zeit zu einem Verschmelzen der Plattformen führen, weshalb die plattformneutrale Regelung erforderlich sei[2347], scheitert vorläufig daran, dass sich die Prognose bislang nicht bewahrheitet hat. Wären Marktgrenzen in Zukunft anders zu ziehen, würde sich auch die kartellrechtliche Bewertung verändern. Das von der EBU unterstellte Tempo der technischen Entwicklung entspricht jedoch nicht den Erfahrungen der letzten Jahre.

Im Hinblick auf die besonderen ökonomischen Charakteristika von Sportübertragungsrechten erscheint dieses Ergebnis in der Abwägung auch nicht problematisch. Zwar haben die Sendeunternehmen häufig hohe Beträge in den Erwerb der Verwertungsrechte investiert. Es spricht jedoch nichts dafür, dass diese Lizenzgebühren die beschriebene Überdehnung der Exklusivität der Fernsehrechte legitimierten. Im Gegenteil ist deutlich geworden, dass

---

2345 Philip Lowe, Rede vom 27.5.2005 in Brüssel, abrufbar unter: http://ec.europa.eu/competition/speeches/text/sp2005_007_en.pdf (zuletzt aufgerufen am 11.8.2014), S. 7.

2346 Stopper/Lentze, Kap. 3, Rn. 1.

2347 EBU Comments on the Issues Paper on the preliminary findings of the Sector Inquiry into New Media (3G) vom 1.7.2005, abrufbar unter: http://www.ebu.ch/CMSimages/en/leg_pp_newmedia_3G_010705_tcm6-39181.pdf (zuletzt aufgerufen am 11.8.2014), S. 3.

Sportübertragungsrechte im Vergleich mit anderen Immaterialgüterrechten ohnehin geringere Innovationsanreize erzeugen, was im Verhältnis zur vollständigen Ausschaltung des Wettbewerbs durch die Verweigerung der Sublizenzen ebenfalls für eine Lizenzierungspflicht spricht.

3. Ergebnis

Demnach können die Zugangsregeln für Nichtmitglieder in bestimmten Fällen dazu führen, dass die EBU oder ihre Mitglieder in missbräuchlicher Weise Sublizenzen verweigern und damit gegen Art. 102 Abs. 2 lit. b) AEUV verstoßen. Insofern sollte Abs. 6.1. der Zugangsregeln, der die „Plattformneutralität" festlegt, auch aus Sicht des Missbrauchsverbots geändert werden.

Teil 4: Ergebnisse und Ausblick

Die zivilrechtliche Grundlage der audiovisuellen Verwertung von Sportveranstaltungen ist in den europäischen Mitgliedstaaten unterschiedlich zu beurteilen. Während in Frankreich eine sondergesetzliche Regelung ein absolutes Verwertungsrecht etabliert, sind Sportveranstalter in anderen Mitgliedstaaten auf Abwehrrechte angewiesen. In Deutschland spielt dabei insbesondere das Hausrecht eine wichtige Rolle. Die Möglichkeit der Kontrolle des Zugangs zum Veranstaltungsort ermöglicht dem Veranstalter vertragliche Vereinbarungen über die Verwertung von Ton- und Bildaufnahmen. Dies gilt nach hier vertretener Auffassung sowohl für Fernsehbilder als auch für die Verwertung im Hörfunk. Zur Verhinderung der Verwertung unerlaubt hergestellter Aufzeichnungen taugt das Hausrecht hingegen nicht. Der BGH beurteilt eine solche Verwertung zwar als Eigentumsverletzung. Diese auch jüngst wieder bestätigte Rechtsprechung begegnet jedoch im Hinblick auf den Zuweisungsgehalt des Hausrechts schwerwiegenden Bedenken und ist abzulehnen. Ein weiteres Abwehrrecht können Sportveranstalter unter bestimmten Umständen aus dem Lauterkeitsrecht herleiten. In Konstellationen, in denen trotz substantieller Investition in eine Veranstaltung durch deren Übernahme mit geringem Aufwand ein Marktversagen droht, gegen das sich der Veranstalter in keiner anderen Weise schützen kann, greift nach hier vertretener Auffassung ein Leistungsschutz auf Grundlage der Generalklausel von § 3 Abs. 1 UWG ein. Dieser erlaubt gegebenenfalls, im Gegensatz zum Hausrecht, auch die Verhinderung der Verwertung unerlaubt angefertigter Fernsehaufzeichnungen. Die Hürden für den Nachweis der Konstellation des Marktversagens sind jedoch vergleichsweise hoch anzusetzen und erfordern eine Prognose des zu erwartenden Marktgeschehens. Im Bereich des Hörfunks ist lauterkeitsrechtlicher Leistungsschutz aufgrund der eigenen Leistung des Radioreporters ausgeschlossen. Ein Schutz der Sportveranstaltung mit „Originalcharakter“ als sonstiges absolutes Recht durch das Deliktsrecht, wie er in jüngerer Zeit vereinzelt postuliert wird, ist hingegen mangels Grundlage abzulehnen.

Die Verwertung von Sportveranstaltungen im Rahmen neuerer Angebotsformen wie Fernsehen über das Internetprotokoll, Mobilfunkdienste oder im Internet basiert auf denselben zivilrechtlichen Grundlagen wie die Fernsehverwertung, da hierfür ebenfalls auf audiovisuelle Aufzeichnungen vom Veranstaltungsort zurückgegriffen wird. Das Veranstalten von „Public Viewing“ bedarf hingegen (trotz gelegentlicher gegenteiliger Behauptungen der Sportorganisationen) keiner Lizenzerteilung durch den Veranstalter, sondern im Falle der Erhebung eines Eintrittsgeldes vielmehr der Erlaubnis des Sendeunternehmens. Rechte der Veranstalter an Daten über Sportveranstaltungen in Gestalt von Spielplänen oder anderen Ankündigungen bestehen nach hier vertretener Auffassung mangels Investition in eine Datenbank nicht. Der Sportveranstalter hat zwar kein „Recht" an Informationen über den Verlauf der Veranstaltung, er kann jedoch auf Grundlage seines Hausrechts die Berichterstattung mittels „Live-Ticker" von einer Erlaubnis abhängig machen, sofern sie vom Veranstaltungsgelände aus stattfindet.

Die zivilrechtliche Grundlage der audiovisuellen Verwertung von Sportveranstaltungen in England und Wales beruht letztlich ebenfalls auf Abwehrrechten. Das Hausrecht verleiht dem Veranstalter eine Rechtsposition, die bei Missachtung der Zutrittsbedingungen zu deliktischen Ansprüchen führt, die sich auch auf ein Verbot der Verwertung unerlaubt hergestellter Aufzeichnungen erstrecken können. Ein zusammenhängend kodifiziertes Lauterkeitsrecht, das gar einen Leistungsschutz umfassen würde, existiert in England und Wales nicht. Gleichwohl finden sich einige lauterkeitsrechtliche Grundsätze im Deliktsrecht wieder, die dem Veranstalter eines Sportwettkampfs ebenfalls zugute kommen. Ein irgendwie geartetes absolutes Recht an der Sportveranstaltung selbst kennt jedoch auch das englische Recht nicht.

Das europäische Kartellrecht knüpft für die Frage der Existenz einer Rechtsposition an die nationalen Rechtsordnungen an. Es ist zu beobachten, dass die europäischen Institutionen und die europäische Rechtsprechung die Verwertung von Sportveranstaltungen im Einklang mit der französischen Regelung und der allgemeinen Verwertungspraxis wie die Verwertung urheberrechtlich geschützter Werke oder anderer Immaterialgüterrechte behandeln. Auf europäischer Ebene kann daher von „Sportübertragungsrechten" gesprochen werden, deren vom Kartellrecht zu berücksichtigender spezifischer Gegenstand in vielen Aspekten mit dem des Urheberrechts übereinstimmt.

Auf den gemeinsamen Einkauf von Sportübertragungsrechten durch vorwiegend öffentlich-rechtliche Sendeanstalten im Rahmen der EBU ist das europäische Kartellrecht anwendbar, da hier Vorgänge in Rede stehen, bei denen die Rundfunkveranstalter wie andere Unternehmen als Wirtschaftsteilnehmer agieren. Dasselbe gilt für die Sportveranstalter, deren wirtschaftliche Aktivitäten ebenfalls vom Kartellrecht erfasst werden. Der gemeinsame Einkauf der EBU findet in einem besonderen Marktumfeld statt. Es ist gekennzeichnet von exklusiver und zumeist territorial beschränkter Verwertung, die als vertikale Wettbewerbsbeschränkung zu einer starken Verknappung des Angebots führt. Gleichzeitig sind Sportinhalte aus Sicht der Verwerter aufgrund ihrer hohen

Attraktivität beim Publikum besonders wichtig für die Entwicklung neuer Angebote und Märkte. Eine weitere Besonderheit ergibt sich aus der Praxis der zentralen Vermarktung von Sportübertragungsrechten durch einige wichtige Anbieter, die auch in ihrer wettbewerbskonformen Ausprägung aufgrund des Entstehens großer Rechtepakete zu einer Verstärkung marktabschottender Effekte der Exklusivität führt. Auch Einschränkungen der Rechtmäßigkeit territorial beschränkter Verwertung durch die Rechtsprechung des EuGH können zur Vergrößerung der angebotenen Rechtepakete führen. Diese Charakteristika der Medienmärkte verstärken die Neigung zum gemeinsamen Einkauf und das Aufkaufen aller verfügbaren Rechte durch einzelne Abnehmer. Schließlich ist im Bereich der medialen Verwertung von Sportveranstaltungen in einigen Fällen von sehr engen Marktgrenzen auszugehen. So existieren für die attraktivsten Sportübertragungsrechte, z.B. für die Live-Übertragung von Spielen der Endrunde der Fußball-Weltmeisterschaften, eigene Märkte, die zudem noch beispielsweise in Märkte für die Verwertung im Fernsehen und im Rahmen von Mobilfunkangeboten unterteilt werden müssen.

Die Einkaufsgemeinschaft der EBU wurde über mehrere Jahre durch die Europäische Kommission untersucht. Zwei ihrer Entscheidungen zur Freistellung wurden vom EuG beanstandet. Im Zuge dieser Verfahren wurden die Aufnahmeregeln und die Regeln zur Sublizenzierung von Inhalten an Nichtmitglieder geändert, um kartellrechtlichen Bedenken entgegenzukommen. Die Europäische Kommission beendete ihre Ermittlungen im Jahr 2007 unter dem Vorbehalt der weiteren Beobachtung der Lage. Die besondere Kombination der beschriebenen vertikalen Wettbewerbsbeschränkungen mit dem Einkaufssystem der EBU, das seinerseits sowohl weitere vertikale als auch horizontale Beschränkungen mit sich bringt, führt zu besonders hohen Anforderungen an die Sublizenzregeln für Nichtmitglieder. Es stellt sich heraus, dass die heute gültigen Regeln in einigen Punkten ungeeignet sind, eine Ausschaltung des Wettbewerbs durch die Einkaufsgemeinschaft zu verhindern, weshalb die Vereinbarung nicht freigestellt ist. Insbesondere sind die Zugangsregeln für Nichtmitglieder verfahrensmäßig nicht genügend abgesichert und im Bereich der Verwertung Olympischer Spiele zu restriktiv. In diesen Bereichen verbleibt Raum für Diskriminierung von Nichtmitgliedern bei der Live-Verwertung, und die starren Zeitfenster stellen sich letztlich als willkürlich dar. Die Verbindung dieser Defizite mit dem Anreiz, der für EBU-Mitglieder verbleibt, attraktive Live-Rechte verfallen zu lassen, statt sie Nichtmitgliedern anzubieten, führt dazu, dass die Zugangsregeln als nachbesserungsbedürftig zu beurteilen sind.

Auch bei den Verwertungsrechten für „Neue Medien“ sind die Sublizenzregeln nicht ausreichend. Hier ist die sogenannte „Plattformneutralität“ der Regeln das Kernproblem, da durch diese im Ergebnis eine plattformübergreifende Exklusivität von Rechten herbeigeführt wird, die die wettbewerbsrechtlich gebotene Aufteilung in gesonderte Pakete wirkungslos macht. Damit werden wichtige Bedingungen, an die die Zulässigkeit der zentralen Vermarktung von Sportrechten geknüpft ist, durch den gemeinsamen Einkauf wieder aufgehoben.

Die „Plattformneutralität“ der Zugangsregeln für Nichtmitglieder birgt darüber hinaus die Gefahr eines Missbrauchs marktbeherrschender Stellung. Auch hier können EBU-Mitglieder Rechte, die sie nicht verwerten können oder wollen, mit der strategischen Absicht erwerben, sie ungenutzt verfallen zu lassen. Auch wenn der Erwerb nicht in dieser Absicht geschieht, ist ein entsprechendes Verhalten zu einem späteren Zeitpunkt durch die Sublizenzregeln gestattet. Damit können Anbietern von Diensten im Pay-TV-, Internet- oder Mobilfunkbereich wichtige Inhalte für die Entwicklung ihrer Angebote vorenthalten werden, um die Fernsehverwertung durch die EBU-Mitglieder zu schützen. Auch hier kann die Exklusivität von Rechten in wettbewerbswidriger Weise zum Nachteil der Verbraucher missbraucht werden, was Anlass geben sollte, die Zugangsregeln zu ändern.

Es ist bereits vorgeschlagen worden, den europaweit gemeinsamen Einkauf der EBU zu durchbrechen, indem in einzelnen Mitgliedstaaten bessere Angebote der Konkurrenten der EBU-Mitglieder zum Zuge kommen[2348]. Auch über Möglichkeiten der Entbündelung wurde schon diskutiert[2349]. Dies wären Möglichkeiten, die Abschottungseffekte des EBU-Systems abzumildern. Auch das gänzliche Verbot des Erwerbs exklusiver Live-Verwertungsrechte durch die Einkaufsgemeinschaft wird teilweise als Lösung gesehen[2350]. Dies würde die Bedeutung des Eurovisionssystems entscheidend verringern. Allerdings lösen diese Ansätze nicht die Fragen der „Plattformneutralität“ bei der Sublizenzierung, die in den Gebieten mit gemeinsamem Einkauf weiterhin zur Möglichkeit des Ausschlusses des Wettbewerbs sowie zur Gefahr von Machtmissbrauch führen würden. Gerade dieser Aspekt der Sublizenzregeln sollte jedoch geändert werden, um möglichen Ausschaltungen des Wettbewerbs sowie der Gefahr des Machtmissbrauchs zu begegnen. Es mag zwar derzeit in der Verwertungspraxis möglicherweise nicht zu entsprechenden Situationen oder Verstößen kommen,

---

2348 Heinemann, ZEuP 2006, 337 (362 f.).

2349 *J.-B. Nordemann* in: Loewenheim/Meessen/Riesenkampff, § 1 GWB, Rn. 243; Heinemann, ZEuP 2006, 337 (363).

2350 Enßlin, ZEuP 2006, 380 (387).

die die Wettbewerber der EBU-Mitglieder auf den Plan rufen würden. Die dem derzeit operierenden EBU-System inne wohnenden Mechanismen sollten solche Fälle jedoch von vornherein ausschließen.

Ganz allgemein zeigt diese Untersuchung, dass die Anknüpfung des europäischen Rechts an die unterschiedlichen Rechtsordnungen der Mitgliedstaaten und der damit einher gehende territoriale Charakter von Immaterialgüterrechten nicht zu Problemen bei der Anwendung des Kartellrechts führen. Das Kartellrecht ist durch eine Differenzierung zwischen dem spezifischen Gegenstand und den Lizenzbedingungen in der Lage, dem besonderen Charakter der Immaterialgüterrechte und den mit ihnen verbundenen Innovationsanreizen gerecht zu werden. Auch die Grenzen des Immaterialgüterrechts und seiner exklusiven Wirkung kann das Kartellrecht klar herausstellen.

Da die Märkte im Mediensektor stets von der fortschreitenden technischen Entwicklung betroffen sind, ist mit weiteren Veränderungen im Hinblick auf die der kartellrechtlichen Würdigung zugrunde liegenden Marktabgrenzungen zu rechnen. Allerdings gehen diese Veränderungsprozesse, die häufig mit dem Stichwort „Konvergenz" belegt wurden, auch nicht so rasch vonstatten, als dass keine Möglichkeit bestünde, die Sachverhalte kartellrechtlich richtig einzuordnen. Deshalb mag es z.B. in Zukunft zwar sicherlich erneute Veränderungen in der Praxis der Definition von Verwertungsplattformen bei der Rechtevergabe geben. Dies ändert jedoch nichts an den grundlegenden Mechanismen der Exklusivität und den Anforderungen des Kartellrechts an die Verwerter von Immaterialgüterrechten, die im Rahmen dieser Untersuchung deutlich geworden sind.

Literaturverzeichnis

Ackermann, Thomas, Art. 85 Abs. 1 EGV und die rule of reason – Zur Konzeption der Verhinderung, Einschränkung oder Verfälschung des Wettbewerbs, Carl Heymanns, Köln 1997

Agudo y Berbel, Nicole / Engels, Stefan, „Hörfunkrechte" – ein eigenständiges Wirtschaftsgut?, WRP 2005, 191–205

Ahlborn, Christian / Evans, David S. / Padilla, A. Jorge, The Logic & Limits of the "Exceptional Circumstances Test" in Magill and IMS Health, [2004] 28 Fordham Int'l L. J. 1109–1156

Ahrens, Sönke, Geistiges Eigentum vs. sachenrechtliches Eigentum – Gibt es einen Vorrang?, IPRB 2013, 162–164

Albers, Michael, Der „more economic approach" bei Verdrängungsmissbräuchen: Zum Stand der Überlegungen der Europäischen Kommission, abrufbar unter: http://ec.europa.eu/competition/antitrust/art82/albers.pdf (zuletzt aufgerufen am 11.8.2014)

–, „More economic approach" bei der Anwendung von Artikel 82 EGV, WuW 2006, 3

Albrecht, Martin von / Mutschler-Siebert, Annette / Bosch, Tobias, Die Murphy-Entscheidung und ihre Auswirkungen auf Sport- und Filmlizenzen im Online-Bereich, ZUM 2012, 93–100

Amelung, Knut / Tyrell, Christoph, Zur Behandlung des Rechts am eigenen Bild in der neueren strafrechtlichen Rechtsprechung, NJW 1980, 1560–1561

von Appen, Jörg / Jens, Andreas, Karen Murphy, Der Fall und seine Folgen, Sponsors – Wissen fürs Sportbusiness, Heft 11/2011, 48–51

Archner, Gernot, Die kartellrechtliche Zulässigkeit der zentralen Vermakrtung von Fernsehübertraungsrechten an Bundesligaspielen durch den DFB, Verlag Dr. Kovač, Hamburg 1999

Arens, Wolfgang, Der Fall Bosman – Bewertung und Folgerungen aus der Sicht des nationalen Rechts, SpuRt 1996, 39–43

Ariño, Mónica, Digital War and Peace: Regulation and Competition in European Digital Broadcasting, 10 [2004] EPL 135–160

Arnaut, José Luis, Independent European Sport Review 2006 – Report, UK Presidency of the EU 2005, Final version October 2006, abrufbar unter http://www.ethicsandsport.com/public/uploads/files/documentatie/Independent%20

European%20Sport%20Review%202006%20Full_Report_EN.pdf (zuletzt aufgerufen am 11.8.2014)

Arrow, Kenneth J., Economic Welfare and the Allocation of Resources for Innovation, in: National Bureau of Economic Research, The Rate and Direction of Inventive Activity: Economic and Social Factors, NBER, Cambridge, Mass. 1962, 609–626

Bade, Andreas, Kritische Anmerkungen zur neuen Ökonomie der Aufmerksamkeit, in: Knut Hickethier, Joan Kristin Bleicher (Hrsg.), Aufmerksamkeit, Medien und Ökonomie – Beiträge zur Medienästhetik und Mediengeschichte, Lit Verlag, Münster 2002, S. 179–193

Bahntje, Udo, Wettbewerbsbeschränkung und Wettbewerbsermöglichung, WuW 1993, 825–835

Ballasch, Alexander, Die Verpflichtungszusage des Ligaverbandes gegenüber der EU-Kommission – Die Zentralvermarktung der Bundesliga-Übertragungsrechte im Lichte des europäischen Kartellrechts, Peter Lang, Frankfurt am Main 2010

Basedow, Jürgen, Konsumentenwohfahrt und Effizienz – Neue Leitbilder der Wettbewerbspolitik?, WuW 2007, 712–715

Bauer, Stephan / Einem, Götz von, Handy-TV – Eine neue Herausforderung für die Rundfunkregulierung?, MMR 2007, 423–426

Baumann, Hendrik, Die audiovisuelle Verwertung der Fußballbundesliga, Nomos, Baden-Baden 2010

Baumann, Hendrik / Hormann, Ruben A., Gebietssicherungsklauseln in Verträgen zur grenzüberschreitenden Satellitensendung im Spannungsverhältnis zwischen Urheber- und Kartellrecht, ZUM 2011, 890–896

Baumol, William J. / Panzar, John C. / Willig, Robert D., Contestable Markets and The Theory of Industry Structure, Harcourt Brace Jovanovich, New York 1982

Baur, Fritz, Anmerkung zu BGH, Urteil v. 20.9.1974 in der Rs. I ZR 99/73 – Schloß Tegel, JZ 1975, 493

Bay, Matteo F. / Ruiz Calzado, Javier, *Tetra Laval II*: the Coming of Age of the Judicial Review of Merger Decisions, WC 2005, 433–453

Beater, Axel, Unlauterer Wettbewerb, Mohr Siebeck, Tübingen 2011

Bechtold, Rainer, Leitlinien der Kommission und Rechtssicherheit – am Beispiel der neuen Horizontal-Leitlinien, GRUR 2012, 107–112

–, Das neue Kartellgesetz, NJW 1998, 2770–2774

Bechtold, Rainer / Brinker, Ingo / Bosch, Wolfgang / Hirsbrunner, Simon, EG-Kartellrecht – Kommentar, 2. Aufl., Beck, München 2009

Bechtold, Rainer / Buntscheck, Martin, Die 7. GWB-Novelle und die Entwicklung des deutschen Kartellrechts 2003 bis 2005, NJW 2005, 2966–2973

Bechtolsheim, Sebastian Frhr. v. / Bruder, Florian, Die Essential Facilities Doktrin und § 19 (4) Nr. 4 GWB, WRP 2002, 55–63

Bellamy & Child – European Community Law of Competition, 7th ed., (eds.:) Vivien Rose, David Bailey, Oxford University Press, Oxford 2013

Bellamy, Christopher / Child, Graham: European Community Law of Competition, 5th ed., Sweet & Maxwell, London 2001

Beloff, Michael / Kerr, Tim / Demetriou, Marie / Beloff, Rupert, Sports Law, 2nd ed., Hart, Oxford 2012

Benecke, Martina, Was ist „wesentlich" beim Schutz von Datenbanken? Antworten zu einer ungeklärten Frage im Urheberrechtsgesetz, CR 2004, 608–613

Berengeno, Robert, Die exklusive Berichterstattung über sportliche Großereignisse im Pay-TV – Unter besonderer Berücksichtigung verfassungsrechtlicher Probleme um die Listenregelung des § 5a RStV, (Diss.) Kassel 2001

Berger, Christian, Urheberrechtliche Erschöpfungslehre und digitale Informationstechnologie, GRUR 2002, 198–203

Bernhard, Jochen / Nemeczek, Heinrich, Grenzüberschreitende Fußballübertragungen im Lichte von Grundfreiheiten, geistigem Eigentum und EU-Wettbewerbsrecht – Zugleich Anmerkung zu EuGH, Urteil vom 4. Oktober 2011, verb. Rs. C-403/08 und C-429/08 (Football Association Premier League Ltd. u.a.), GRUR 2012, 293–300

Bernstorff, Christoph von, Einführung in das englische Recht, 4. Aufl., Beck, München 2011

Besen, Stanley M. / Raskind, Leo J., An Introduction to the Law and Economics of Intellectual Property, JEP 1991, 3–27

Beuthien, Volker / Wolff, Reinmar / Schöpflin, Martin, Genossenschaftsgesetz mit Umwandlungs- und Kartellrecht sowie Statut der Europäischen Genossenschaft, 15. Aufl., Beck, München 2011 (zit.: *Bearbeiter* in: Beuthien/Wolff/Schöpflin, GenG)

Bitman, Ronnie, Rocking Wrigley: The Chicago Cubs' Off-Field Struggle to Compete for Ticket Sales with its Rooftop Neighbors, 56 Fed. Comm. L.J. 377–395

Blumenwitz, Dieter, Einführung in das anglo-amerikanische Recht, 7. Aufl., Beck, München 2003

Bodewig, Theo, Das Recht des unlauteren Wettbewerbs in Großbritannien: Ein Dreiklang von Fallrecht, Gesetzesrecht und Selbstkontrolle, GRUR Int 2004, 543–558

Boesche, Katharina Vera, Wettbewerbsrecht, 4. Aufl., C.F. Müller, Heidelberg 2011

Böge, Ulf, Der „more economic approach" und die deutsche Wettbewerbspolitik, WuW 2004, 726–733

Böhm, Franz, Demokratie und ökonomische Macht, in: Institut für ausländisches und internationales Wirtschaftsrecht an der Johann Wolfgang von Goethe-Universität Frankfurt am Main / Institute for International and Foreign Trade Law of the Georgetown University Law Center (Hrsg.): Kartelle und Monopole im modernen Recht – Beiträge zum übernationalen und nationalen europäischen und amerikanischen Recht, erstattet für die internationale Kartellrechts-Konferenz in Frankfurt am Main, C.F. Müller, Frankfurt am Main 1961, S. 1–24

–, Die Bedeutung der Wirtschaftsordnung für die politische Verfassung, Süddeutsche Juristen-Zeitung 1 (1946), 141–148

Bond, David, Sport Personalities: Sponsorship and Endorsement Deals, [2004] Ent. L.R. 51–53

Bonner Kommentar zum Grundgesetz, Hrsg.: Wolfgang Kahl / Christian Waldhoff / Christian Walter i.V.m. Rudolf Dolzer und Karin Graßhof, Loseblatt, C.F. Müller, Heidelberg, Stand: Mai 2014 (zit.: BK-*Bearbeiter*)

Bothor, Peter, British Office of Fair Trading ./. Football Association Premier League Ltd. (FAPL Ltd.), SpuRt 2000, 181–185

Boyle, Raymond / Haynes, Richard, Football in the New Media Age, Routledge, London 2004

Bradley, A.W. / Ewing, K.D., Constitutional and Administrative Law, 13th ed., Pearson, London 2003

Branco Martins, Roberto, The Laurent Piau Case of the ECJ on the Status of Players' Agents, 2005/3-4 ISLJ 8–11

Brazier, Margaret, Street on Torts, 9th ed., Butterworths, London 1993

Bremer, Eckhard / Esser, Michael / Hoffmann, Martin, Der Rundfunk in der Verfassungs- und Wirtschaftsordnung in Deutschland, Nomos, Baden-Baden 1992

Breunig, Christian, IPTV und Web-TV im digitalen Fernsehmarkt, MP 2007, 478–491

–, Mobiles Fernsehen in Deutschland, MP 2006, 550–562

Brinckman, Dirk / Vollebregt, Erik, The Marketing of Sport and its Relation to E.C. Competition Law, 1998 ECLR 281–288

van den Brink, Jens Pelle, E.C. Competition Law and the Regulation of Football: Part I, 2000 ECLR 359–368

–, E.C. Competition Law and the Regulation of Football: Part II, 2000 ECLR 420–427

Brinkmann, Tomas, Aussperrung von Hörfunkreportern?, ZUM 2006, 802–809

–, Sport und Medien – Die Auflösung einer ursprünglichen Interessengemeinschaft?, MP 2000, 491–498

–, Die Sicherung der freien Berichterstattung von Sportveranstaltungen und anderen öffentlichen Ereignissen, MP 1998, 98–105

Bröcker, Klaus T. / Neun, Andreas, Fußballweltmeisterschaft zwingend im Free-TV?, ZUM 1998, 766–779

Bronett, Georg-Klaus de, Kommentar zum europäischen Kartellverfahrensrecht – VO 1/2003, 2. Aufl., Carl Heymanns, Köln 2012 (zit.: de Bronett, KartellVfR)

Brox, Hans, Fragen der rechtsgeschäftlichen Privatautonomie, JZ 1966, 761–767

Brunetti, Aymo / Kisunko, Gregory / Weder, Beatrice, Institutions in Transition – Reliability of Rules and Economic Performance in Former Socialist Countries, World Bank Policy Research Working Paper No. 1809, World Bank, Washington, August 1997

–, Economic Growth with 'Incredible' Rules – Evidence from a World Wide Private Sector Survey, World Bank Policy Research Working Paper No. 1760, World Bank, Washington, April 1997

Buchholtz, Anne, Gibt es einen Fernsehzuschauermarkt im Sinne des Gesetzes gegen Wettbewerbsbeschränkungen?, ZUM 1998, 108–115

Budzinski, Oliver, The Institutional Framework for Doing Sports Business: Principles of EU Competition Policy in Sports Markets, Papers from the Markets and Competition Group 2011–0124, abrufbar unter: http://ssrn.com/abstract=1746948 (zuletzt aufgerufen am 11.8.2014)

Bullinger, Winfried / Bretzel, Markus / Schmalfuß, Jörg (Hrsg.), Urheberrechte in Museen und Archiven, Nomos, Baden-Baden 2010

Bullinger, Winfried / Jani, Ole, Fußballübertragung in der virtuellen Welt – Lizenz erforderlich oder nicht?, ZUM 2008, 897–904

Bunte, Hermann-Josef, Kartellrecht mit neuem Vergaberecht, 2. Aufl., Beck, München 2008

–, Die 6. GWB-Novelle – Das neue Gesetz gegen Wettbewerbsbeschränkungen, DB 1998, 1748–1754

Burley, Stephen C.G., Passing Off and Character Merchandising: Should England Lean Towards Australia?, [1991] 7 EIPR 227–230

Bygrave, Lee A., The Data Difficulty in Database Protection, University of Oslo Faculty of Law Legal Studies Research Paper Series No. 2012–18, verfügbar unter: http://ssrn.com/abstract=2088018 (zuletzt aufgerufen am 11.8.2014)

Caillaud, Bernard / Jullien, Bruno, Chicken & Egg: Competition Among Intermediation Service Providers, June 2002, verfügbar unter: http://www.enpc.fr/ceras/caillaud/cadrea.htm (zuletzt aufgerufen am 11.8.2014)

Canaris, Claus-Wilhelm, Schutzgesetze – Verkehrspflichten – Schutzpflichten in: Claus-Wilhelm Canaris, Uwe Diederichsen (Hrsg.): Festschrift für Karl Larenz zum 80. Geburtstag am 23. April 1983, Beck, München 1983, S. 27–110

Carbó Valverde, Santiago / Chakravorti, Sujit / Rodríguez Fernández, Francisco, Regulating Two-Sided Markets – An Empirical Investigation, European Central Bank Working Paper Series No. 1137, December 2009

Carrier, Michael A., Unravelling the Patent-Antitrust Paradox, U. Penns. L. Rev. 2002, 761–854

Carruth, Alan / Dickerson, Andy / Henley, Andrew, What Do We Know about Investment Under Uncertainty?, Journal of Economic Surveys 2000, 119–153

Carter, E. Jane, Market Definition in the Broadcasting Sector, WC 2001, 93–124

Casper, Matthias, Die wettbewerbsrechtliche Begründung von Zwangslizenzen, ZHR 166 (2002), 685–707

Castendyk, Oliver / Dommering, Egbert / Scheuer, Alexander (Hrsg.), European Media Law, Wolters Kluwer, Alphen aan den Rijn 2008

Cave, Martin / Crandall, Robert W., Sports Rights and the Broadcast Industry, 111 [2001] TEJ F4-F26

Chakravorti, Sujit / Roson, Roberto, Platform Competition in Two-Sided Markets: The Case of Payment Networks, Federal Reserve Bank of Chicago Working Paper No. 2004–09, July 2004

Cherkeh, Rainer / Urdze, Gunars, Der Ligabetreiber als Datenbankhersteller i.S.v. § 87a Abs. 2 UrhG, CaS 2009, 127–132

Chong, Seung / Maniatis, Spyros M., The Teenage Mutant Hero Turtles Case: 'Zapping' English Law on Character Merchandising Past the 'Embryonic' Stage, [1991] 7 EIPR 253–257

Christiansen, Arndt, Der „more economic approach“ in der EU-Fusionskontrolle – eine kritische Würdigung, Deutsche Bank Research (Hrsg.), Research Notes 21, Working Paper Series, Deutsche Bank Research, Frankfurt am Main 2006

–, Die „Ökonomisierung“ der EU-Fusionskontrolle: Mehr Kosten als Nutzen?, WuW 2005, 285–293

Christiansen, Arndt / Kerber, Wolfgang, Competition Policy with Optimally Differentiated Rules Instead of "Per Se Rules" vs. "Rule of Reason", JCLE 2006, 215–244

Christiansen, Olaf, Gemeinsame Beschaffung und Wettbewerb – Einkaufskooperationen im EG-Kartellrecht, Peter Lang, Frankfurt am Main 2003

Christmann, Sabine, „Murphy“: Zwischen Revolution und Einzelfallentscheidung, ZUM 2012, 187–189

–, Sonderfragen zur territorialen Rechtevergabe und territorialen Adressierung bei Pay-TV am Beispiel Film und Sport, ZUM 2006, 23–32

Clerk, John Frederic / Lindsell, William Harry Barber, Clerk & Lindsell on Torts, 18th ed., Sweet & Maxwell, London 2000

Clover, Sarah, Confused signals – broadcasting and Premiership football, Ent. L.R. 2007, 126–129

Coelln, Christian von, Die Hörfunkberichterstattung aus dem Stadion, AfP-Sonderheft 2007, 55–64

–, Anmerkung zu BGH Kartellsenat, Urteil vom 08.11.2005 – KZR37/03, jurisPR-ITR 1/2006, Anm. 5

–, Ausgleich zwischen Sportvermarktung und freier Sportinformation – das Recht auf Kurzberichterstattung, SpuRt 2001, 221–225

Cole, Mark D., Der Fußball auf der Liste und im Free-TV – noch immer ein Entscheidungsprivileg der Mitgliedstaaten, EuZW 2011, 425–528

Coleman, Alison, Breach of Confidence – The Law Commission Report (No. 110), [1982] 3 EIPR 73–78

Conde Gallego, Beatriz, Die Anwendung des kartellrechtlichen Missbrauchsverbots auf „unerlässliche" Immaterialgüterrechte im Lichte der *IMS Health-* und *Standard-Spundfass-*Urteile, GRUR Int 2006, 16–28

Coors, Corinna, Der Einfluss von Sportagenturen auf den Fernsehrechtemarkt, AfP 2006, 216–219

Copinger and Skone James on Copyright, Commentary, Sweet & Maxwell, London, Stand: 1.9.2004

Cordery, Brian / Watts, Justin, Character Merchandising – All Shook Up (Court of Appeal re-mix), [1999] Ent. L.R. 155–157

Cording, Sebastian / Bagger, Tim, TV-Rechtevermarktung droht Bosman-Urteil, Sponsors – Wissen fürs Sportbusiness, Heft 5/2011, 66–67

Cornish, W.R., Unlauterer Wettbewerb und Verbraucherschutz in England, GRUR Int 1973, 679–686

Craufurd Smith, Rachael, Getting the Measure of Public Services: Community Competition Rules and Public Service Broadcasting, in: The Yearbook of Media and Entertainment Law 1997/98, Clarendon, Oxford 1997, 147–175

Crone, Hans Caspar von der / Groner, Roger, Marktmacht- und Zusammenschlusskontrolle im Medien- und Filmbereich, in: Rolf H. Weber (Hrsg.): Symposium Schluep – Querbezüge zwischen Kommunikations- und Wettbewerbsrecht, Schulthess, Zürich 1998, S. 45–71

Danckert, Lukas, Fernsehrechte im deutschen Fußball – Grundlagen, Chancen und Grenzen ihrer Vermarktung aus kartellrechtlicher Sicht, Lorenz-von-Stein-Institut für Verwaltungswissenschaften, Kiel 2010

Dasch, Norbert, Die Einwilligung zum Eingriff in das Recht am eigenen Bild, Beck, München 1990

Dauses, Manfred A. (Hrsg.), Handbuch des EU-Wirtschaftsrechts, Loseblatt, Stand: Februar 2014, Beck, München (zit.: *Bearbeiter* in: Dauses)

Davison, Mark J. / Hugenholtz, P. Bernt, Football fixtures, horse races and spin-offs: the ECJ domesticates the database right, [2005] EIPR 113–118

Demsetz, Harold, Why Regulate Utilities?, JLE 1968, 55–65

Derclaye, Estelle, Databases Sui Generis Right: Should we Adopt the Spin Off Theory?, [2004] EIPR 402–413

–, Abuses of Dominant Position and Intellectual Property Rights: A Suggestion to Reconcile the Community Courts Case Law, WC 2003, 685–705

Desbordes, Michel, The Relationship between Sport and Television: The Case of TF1 and the 2002 Football World Cup, in: Claude Jeanrenaud, Stefan Késenne (eds.): The Economics of Sport and the Media, Edward Elgar, Northampton, Mass. 2006, 126–147

Deselaers, Wolfgang, Sportverbände und Europäisches Kartellrecht, WuW 1998, 946–955

Dieckmann, Albrecht, Zur Mitwirkung der Lizenzfußballspieler bei der Vergabe von Fernsehrechten, UFITA 127/1995 35–60

Diesbach, Martin, Pay-TV oder Free-TV – Zur Zulässigkeit der verschlüsselten Exklusivübertragung sportlicher Großereignisse, Nomos, Baden-Baden 1998

Diesbach, Martin / Bormann, Sandra Sophia / Vollrath, Benjamin, „Public Viewing“ als Problem des Urheber- und Wettbewerbsrechts – Zu den Beschränkungen öffentlicher Vorführungen von Live-Übertragungen der Fußballweltmeisterschaft 2006, ZUM 2006, 265–274

Dietl, Helmut / Hasan, Tariq, Pay-TV versus Free-TV: A Model of Sports Broadcasting Rights Sales, EEJ 33 [2007] 405–428

Dietrich, Marcel, Sportregeln und Kartellrecht, CaS 2004, 249–261

Dietrich, Nils, Eine Villa in Kenia – Zur deutschen Rechtsprechung zum Bildnisschutz, ZUM 2014, 661–666

–, Caroline und die Medien, AfP 2013, 277–284

Dittl, Stephan, Unentgeltliche Kurzberichterstattung über Sportveranstaltungen im Fernsehen aus zivil-, verfassungs- und europarechtlicher Sicht, Nomos, Baden-Baden 2013

–, Die Umsetzung der Free-TV-Schutzliste der TV-Richtlinie in den EU-Mitgliedstaaten, AfP 2001, 98–101

Dixit, Avinash K. / Pindyck, Robert S., Investment under Uncertainty, Pinceton University Press, Princeton 1994

Doepner, Ulf / Spieth, Wolf Friedrich, Verfassungsrechtliche Aspekte der sogenannten freien Kurzberichterstattung über öffentliche Veranstaltungen und Ereignisse, AfP 1989, 240–433

Dörr, Dieter, The Tension between Ensuring and Protecting Personal Reputation and Cherishing Free Speech: Comparative Perspectives – An Overview of the Constitutional Court's position under consideration of Art. 10 ECHR, in: Dieter Dörr, Udo Fink, Russell Weaver, Tobias Keber (eds.): Brandeis meets Gutenberg – German-American Conversations on Law, 1991–2011, Peter Lang, Frankfurt am Main 2012, 35–44

Dörr, Dieter, Die Medienberichterstattung und das Persönlichkeitsrecht des Fußballspielers, in: Württembergischer Fussballverband e.V. (Hrsg.): Das Persönlichkeitsrecht des Fußballspielers: Tagungsband des WFV-Sportrechtsseminars vom 26. - 28. September 2008 in Wangen/Allgäu, Nomos, Baden-Baden 2010, S. 135–152

–, Onlinetätigkeit von Rundfunkveranstaltern, in: Walter Berka, Christoph Grabenwarter, Michael Holoubek (Hrsg.): Medien im Web, Manzsche Verlags- und Universitätsbuchhandlung, Wien 2009, S. 37–47

–, Recht der Rundfunkwerbung, Ausloben von Preisen, Sponsoring, in: Walther von La Roche / Axel Buchholz (Hrsg.): Radio-Journalismus – Ein Handbuch für Ausbildung und Praxis im Hörfunk, 8. Aufl., List, Berlin 2004, S. 426–431

–, Die Stellung der Rundfunkanstalten im Europarecht und im nationalen Verfassungsrecht, in: Öffentlich-rechtliche Rundfunkanstalten und Vergaberecht, Hrsg.: Forum Vergabe e.V., SDV, Dresden 2003, S. 13–27

–, Der Einfluss der Judikatur des Bundesverfassungsgerichts auf das Medienrecht, VerwArch 2001, 149–183

–, Der Breitensport und die Fernsehberichterstattung, in: Deutscher Sportbund (Hrsg.): 6. Bundeskonferenz Breitensport 06./07. Oktober 2000, Leipzig, DSB, Frankfurt am Main 2000, S. 11–22

–, Sport im Fernsehen – Die Funktionen des öffentlich-rechtlichen Rundfunks bei der Sportberichterstattung, Peter Lang, Frankfurt am Main 2000

–, Die Spartenkanäle von ARD/ZDF und das Europarecht – Rechtsgutachten im Auftrag der Arbeitsgemeinschaft der öffentlich-rechtlichen Rundfunkanstalten der Bundesrepublik Deutschland (ARD) und des Zweiten Deutschen Fernsehens (ZDF), Beck, München 1999

–, Sportrechte, in: Abele, Hanns / Riva, Antonio (Hrsg.): Digitalisierung und Globalisierung: Chancen und Risiken für den Rundfunk, Verlag für Berlin-Brandenburg, Potsdam 1999, S. 70–75

–, „Multimedia" und der Rundfunkbegriff, in: Armin Dittmann, Frank Fechner, Gerald G. Sander (Hrsg.): Der Runkfunkbegriff im Wandel der Medien – Symposion zum 65. Geburtstag von Professor Dr. iur. Dr. h.c. Thomas Oppermann, Duncker & Humblot, Berlin 1997, S. 121–128

–, Europäische Medienordnung und -politik, in: Hans-Bredow-Institut (Hrsg.): Internationales Handbuch für Hörfunk und Fernsehen 96/97, 23. Aufl., Nomos, Baden-Baden 1996, S. A 35–52

–, Das für die Medienkonzentration maßgebliche Verfahrensrecht, in: Die Sicherung der Meinungsvielfalt – Berichte, Gutachten und Vorschläge zur

Fortentwicklung des Rechts der Medienkonzentrationskontrolle vom Herbst 1994, Hrsg.: Die Landesmedienanstalten, Vistas, Berlin 1995, S. 331–433

Dörr, Dieter, Europäische Perspektiven der dualen Rundfunkordnung, ZUM 1995, 264–266

–, Die Entwicklung des Medienrechts, NJW 1995, 2263–2271

–, Konzentrationstendenzen im Bereich des Rundfunks und ihre Rechtsprobleme, ZUM 1993, 10–17

Dörr, Dieter / Aernecke, Eva, A Never Ending Story: Caroline v. Germany, in: Dieter Dörr, Russell L. Weaver (eds.): The Right to Privacy in the Light of Media Convergence - Perspectives from Three Continents, De Gruyter, Berlin 2012, 114–124

Dörr, Dieter / Haus, Florian C., Das Wettbewerbsrecht des EGV, JuS 2001, 313–319

Dörr, Dieter / Kreile, Johannes / Cole, Mark D. (Hrsg.), Handbuch Medienrecht - Recht der elektronischen Massenmedien, 2. Aufl., Verlag Recht und Wirtschaft, Frankfurt am Main 2011

Dörr, Dieter / Mailänder, K. Peter, Freiheit und Schranken der Hörfunkberichterstattung über den Spitzensport - Rechtsgutachtliche Stellungnahmen aus verfassungsrechtlicher, europarechtlicher sowie zivilrechtlicher und wettbewerbsrechtlicher Sicht, Nomos, Baden-Baden 2003

Dörr, Dieter / Schwartmann, Rolf, Medienrecht, 4. Aufl., C.F. Müller, Heidelberg 2012

Dörr, Dieter / Zorn, Nicole, Die Entwicklung des Medienrechts, NJW 2001, 2837–2854

Drauz, Götz, A View from Inside the Merger Task Force: Comments on „Reforming European Merger Review: Targeting Problem Areas in Policy Outcomes", JICT 2002, 391–399

Dreesen, Sabine, Die Produktion von Sport für die Medien in: Thomas Schierl (Hrsg.): Handbuch Medien, Kommunikation und Sport, Hofmann-Verlag, Schorndorf 2007, S. 81–92

Dreher, Meinrad, Die Zukunft der Missbrauchsaufsicht in einem ökonomisierten Kartellrecht, WuW 2008, 23–27

–, Der Rang des Wettbewerbs im europäischen Gemeinschaftsrecht, WuW 1998, 656–666

Dreher, Meinrad / Adam, Michael, The more economic approach to Art. 82 EC and the legal process, ZWeR 2006, 259–277

Dreier, Horst (Hrsg.), Grundgesetz – Kommentar, 3. Aufl., Mohr Siebeck, Tübingen 2013 (zit.: *Bearbeiter* in: Dreier, GG)

Dreier, Thomas, Lässt sich das Spiel in der Nachspielzeit noch drehen? – Zum Zusammenwirken von „Hartplatzhelden.de“ und „Preußische Gärten und Parkanlagen“, in: Anke Schierholz, Ferdinand Melichar (Hrsg.): Kunst, Recht und Geld – Festschrift für Gerhard Pfennig zum 65. Geburtstag, Beck, München 2012, S. 15–28

Dreier, Thomas / Hugenholtz, P. Bernt, Concise European Copyright Law, Kluwer Law International, Alphen aan den Rijn 2006

Dreier, Thomas / Schulze, Gernot, Urheberrechtsgesetz, Urheberrechtswahrnehmungsgesetz, Kunsturhebergesetz – Kommentar, 4. Aufl., Beck, München 2013 (zit.: *Bearbeiter* in: Dreier/Schulze, UrhR)

Drexl, Josef, Is there a ‘more economic approach’ to Intellectual Property and Competition Law?, in: Josef Drexl (ed.): Research Handbook on Intellectual Property and Competition Law, Edward Elgar, Cheltenham 2008, 27–53

–, Intellectual Property and Antitrust Law – IMS Health and Trinko – Antitrust Placebo for Consumers Instead of Sound Economics in Refusal-to-Deal Cases, IIC 2004, 788–808

Drexl, Josef / Conde Gallego, Beatriz / Enchelmaier, Stefan / Leistner, Matthias / Mackenrodt, Mark-Oliver, Comments of the Max Planck Institute for Intellectual Property, Competition and Tax Law on the Directorate-General Competition Discussion Paper of December 2005 on the Application of Art. 82 of the EC Treaty to Exclusionary Abuses, IIC 2006, 558–572

Duvinage, Peter, Die Verwertung der fernsehmäßigen Sportrechte von Verbänden, Ligen und Vereinen durch Sportrechteagenturen war gestern – Eigenvermarktung ist heute!, in: Albert Galli, Vera-Carina Elter, Rainer Gömmel, Wolfgang Holzhäuser, Wilfried Straub (Hrsg.): Sportmanagement, 2. Aufl., Vahlen, München 2012, S. 565–586

–, Der Sport im Fernsehen. Die Sicht der Rechteagenturen, in: Horst-Manfred Schellhaaß (Hrsg.): Sport und Medien – Rundfunkfreiheit, Wettbewerb und wirtschaftliche Verwertungsinteressen, Schriften zur Rundfunkökonomie, Bd. 8, Vistas, Berlin 2000, S. 67–80

Dworkin, Gerald / Taylor, Richard D., Blacksone’s Guide to the Copyright, Designs and Patents Act 1988, Blackstone, London 1989

Eberl, Peter, Following an in-depth investigation the Commission approved the creation of the Sony/BMG music recording joint venture on 19 July 2004, European Commission Competition Policy Newsletter 3/2004, 7–10

Eberle, Carl-Eugen, Neue Verbreitungswege, neue Angebote – die Sicht des öffentlich-rechtlichen Rundfunks, ZUM 2007, 439–443

–, Das Europäische Recht und die Medien am Beispiel des Rundfunkrechts, AfP 1993, 422–429

Eder, Jens, Aufmerksamkeit ist keine Selbstverständlichkeit – Eine Diskurskritik und ein Klärungsvorschlag, in: Knut Hickethier, Joan Kristin Bleicher (Hrsg.): Aufmerksamkeit, Medien und Ökonomie – Beiträge zur Medienästhetik und Mediengeschichte, Lit Verlag, Münster 2002, S. 15–47

Ehmann, Timo, Monopole für Sportverbände durch ergänzenden Leistungsschutz?, GRUR Int 2009, 659–664

–, Datenbankurheberrecht, Datenbankherstellerrecht und die Gemeinschaft der Rechtsinhaber, GRUR 2008, 474–478

Eichel, Benjamin, Der Sport im Recht der Europäischen Union – Rechtliche Wirkungen der Unionskompetenz aus Art. 165 AEUV für die Regelungsbefugnisse von Mitgliedstaaten und Sportverbänden, Nomos, Baden-Baden 2013

Eilmansberger, Thomas, Immaterialgüterrechtliche und kartellrechtliche Aspekte des Handels mit gebrauchter Software, GRUR 2009, 1123–1128

–, How to Distinguish Good from Bad Competition under Article 82 EC: In Search of Clearer and More Coherent Standards for Anti-Competitive Abuses, CMLR 42 (2005) 129–177

–, Abschlusszwang und Essential Facility Doktrin nach Art. 82 EG, EWS 2003, 12–23

–, Der Umgang marktbeherrschender Unternehmen mit Immaterialgüterrechten im Lichte des Art. 86 EWGV, EuZW 1992, 625–634

Ekey, Friedrich L., Heidelberger Kommentar zum Wettbewerbsrecht, 2. Aufl., C.F. Müller, Heidelberg 2005 (zit.: Ekey-*Bearbeiter*)

Elmenhorst, Lucas, Anmerkung zu BGH Urt. v. 1.3.2013 – V ZR 14/12 – Preußische Gärten und Parkanlagen II, GRUR 2013, 626–628

–, Keine Eigentumsverletzung trotz Verwertung ungenehmigter Filmaufnahmen, GRUR-Prax 2013, 94

Elmslie, Mark / Lewis, Margaret, Passing Off and Image Marketing in the UK, [1992] 8 EIPR 270–275

Elter, Vera-Carina, Verwertung medialer Rechte der Fußballunternehmen – Vermarktung und Refinanzierung im Sport, Erich Schmidt Verlag, Berlin 2003

Elter, Vera-Carina, Mediale Rechte im Sport, in: Albert Galli, Rainer Gömmel, Wolfgang Holzhäuser, Wilfried Straub (Hrsg.): Sportmanagement - Grundlagen der unternehmerischen Führung im Sport aus Betriebswirtschaftslehre, Steuern und Recht für den Sportmanager, Vahlen, München 2002, S. 253–301 (zit.: Elter in: Galli e.a. 1. Aufl.)

Emmerich, Volker, Kartellrecht, 12. Aufl., Beck, München 2012 (zit.: Emmerich, Kartellrecht)

–, Unlauterer Wettbewerb, 9. Aufl., Beck, München 2012 (zit.: Emmerich, Unlauterer Wettbewerb)

–, Unlauterer Wettbewerb, 8. Aufl., Beck, München 2009 (zit.: Emmerich, Unlauterer Wettbewerb, 8. Aufl.)

–, Anmerkung zu EuGH Urt. v. 18.7.2006 C-519/04 - Meca-Medina/Majcen, JuS 2006, 1123

–, Kartellrecht, 9. Aufl., Beck, München 2001 (zit.: Emmerich, Kartellrecht, 9. Aufl.)

–, Die fünfte GWB-Novelle, AG 1989, 261–270

Encyclopaedia of Forms and Precedents, Commentary, Butterworths, London, Stand: Februar 2008

Enderle, Gregor, Rechtehandel und -verwertung im Sport in: Thomas Schierl (Hrsg.), Handbuch Medien, Kommunikation und Sport, Hofmann-Verlag, Schorndorf 2007, S. 230–242

–, Vermarktung von Fernsehübertragungsrechten im professionellen Ligasport - Sportöknomische und wettbewerbsstrategische Aspekte, Vistas, Berlin 2000

Engel, Christoph, Medienordnungsrecht, Nomos, Baden-Baden 1996

Engel, Christoph / Lüdemann, Jörn, Die technische Seite der Verbreitung öffentlich-rechtlichen Rundfunks in digitalisierten Kabelnetzen, ZUM 2008, 904–916

Engels, Stefan / Jürgens, Uwe, Auswirkungen der EGMR-Entscheidung zum Privatsphärenschutz - Möglichkeiten und Grenzen der Umsetzung des „Caroline"-Urteils im deutschen Recht, NJW 2007, 2517–2522

Engels, Stefan / Salomon, Thomas H., Vom Lauterkeitsrecht zum Verbraucherschutz: UWG-Reform 2003, WRP 2004, 32–44

Enneccerus, Ludwig (Begr.) / Nipperdey, Hans Carl (Bearb.), Lehrbuch des Bürgerlichen Rechts, 1. Band: Allgemeiner Teil des Bürgerlichen Rechts, 1. Halbband: Allgemeine Lehren, Personen, Rechtsobjekte, 15. Aufl., J.C.B. Mohr (Paul Siebeck), Tübingen 1959

Enser, John, The Commission's Decision in the Eurovision Case: A Triumph of Pragmatism over Principle?, [1993] 6 Ent. L.R. 193–196

Enßlin, Holger, Die Rechtssache BskyB vor dem EuGH: Fällt das Territorialitätsprinzip?, ZUM 2011, 714–719

Erdmann, Willi, Die zeitliche Begrenzung des ergänzenden wettbewerbsrechtlichen Leistungsschutzes, in: Jürgen F. Baur, Rainer Jacobs, Manfred Lieb, Peter-Christian Müller-Graff (Hrsg.): Festschrift für Ralf Vieregge zum 70. Geburtstag am 6. November 1995, De Gruyter, Berlin 1995, S. 197–216

Erman, Walter (Begr.), Bürgerliches Gesetzbuch – Handkommentar, Hrsg.: Harm Peter Westermann, Barbara Grunewald, Georg Maier-Reimer, 14. Aufl. Otto Schmidt, Köln 2014 (zit.: Erman-*Bearbeiter*)

Ernst, Stefan, Kein Schadensersatzanspruch eines Landwirts gegen werbemäßige Verwendung von Fotos seiner Kuh, jurisPR-WettbR 9/2010, Anm. 4

–, Anmerkungen zum Urteil des Landgerichts Stuttgart vom 8. Mai 2008, CaS 2008, 289–290

Eucken, Walter, Grundsätze der Wirtschaftspolitik, Hrsg.: Edith Eucken, K. Paul Hensel, Francke Verlag, Bern / J.C.B. Mohr (Paul Siebeck), Tübingen 1952

Eugster, Ernest, Television Programming Across National Boundaries: The EBU and OIRT Experience, Artech House, Dedham 1983

Evans, David S., The Antitrust Economics of Two-Sided Markets, University of Chicago Law School Working Paper, 2002

Evans, David S. / Padilla, A. Jorge, Designing Antitrust Rules for Assessing Unilateral Practices: A neo-Chicago Approach, [2005] 72 U. Chi. L. Rev. 73–98

Evans, David S. / Schmalensee, Richard, The Industrial Organization of Markets with Two-Sided Platforms, Competition Policy International 2007, 151–179

Everling, Ulrich, Zur Wettbewerbskonzeption in der neueren Rechtsprechung des Gerichtshofs der Europäischen Gemeinschaften, WuW 1990, 995–1009

Fabio, Udo Di, Wettbewerbsprinzip und Verfassung, ZWeR 2007, 266–276

Feiler, Thomas, Schluss ist erst, wenn der (Schieds- bzw. BGH-)Richter pfeift, K&R 2011, 342–344

Feldmann, Thorsten / Höppner, Julian, Filmaufnahmen von Amateur-Fußballspielen – Anmerkung zum Urteil des LG Stuttgart vom 8.5.2008 – 41 O 3/08 KfH – „hartplatzhelden.de", K&R 2008, 421–425

Ferrari, Luca, Legal Aspects of Media Rights on Football Events under Italian Law: Ownership, Exploitation and Competition Issues, 2003/3 ISLJ, 4–11

Fezer, Karl-Heinz, Immaterialgüterrechtlicher und lauterkeitsrechtlicher Veranstaltungsschutz (Teil 1), WRP 2012, 1173–1182

–, Immaterialgüterrechtlicher und lauterkeitsrechtlicher Veranstaltungsschutz (Teil 2), WRP 2012, 1321–1329

–, Markenrecht – Kommentar zum Markengesetz, zur Pariser Verbandsübereinkunft und zum Madrider Markenabkommen, 4. Aufl., Beck, München 2009

–, Modernisierung des deutschen Rechts gegen den unlauteren Wettbewerb auf der Grundlage einer Europäisierung des Wettbewerbsrechts, WRP 2001, 989–1022

–, Der wettbewerbsrechtliche Schutz der unternehmerischen Leistung, in: Friedrich-Karl Beier, Alfons Kraft, Gerhard Schricker, Elmar Wadle (Hrsg.): Gewerblicher Rechtsschutz und Urheberrecht in Deutschland – Festschrift zum hundertjährigen Bestehen der Deutschen Vereinigung für gewerblichen Rechtsschutz und Urheberrecht und ihrer Zeitschrift, Bd. II, VCH, Weinheim 1991, S. 939–970

Fietz, Christian, Die Bundesliga in Fernsehen und Internet – Die Zentrale Vermarktung der Übertragungsrechte aus kartellrechtlichem Blickwinkel, VDM Verlag Dr. Müller, Saarbrücken 2007

Fikentscher, Adrian, Die Zulässigkeit von Einkaufsvereinbarungen im Sport aus Sicht des öffentlich-rechtlichen Rundfunks in Europa, ZEuP 2006, 388–399

–, Joint Purchasing of Sports Rights: A Legal Viewpoint, in: Claude Jeanrenaud, Stefan Késenne (eds.): The Economics of Sport and the Media, Edward Elgar, Northampton, Mass. 2006, 71–92

–, Sportübertragungsrechte im Zeitalter der neuen Medien, UFITA 2005, 635–652

–, Gibt es sog. Hörfunkrechte? – Ein Diskussionsbeitrag. Zugleich Besprechung des Urteils LG Hamburg, 26.04.2002, SpuRt 2002, 186–188

–, Nationalmannschaften als Teil des Wirtschaftslebens – Rechtstatsächliche Anmerkungen zur europarechtlichen Privilegierung von Nationalmannschaften, in: Bernhard Großfeld, Rolf Sack, Thomas M. J. Möllers, Josef Drexl, Andreas Heinemann (Hrsg.): Festschrift für Wolfgang Fikentscher zum 70. Geburtstag, Mohr Siebeck, Tübingen 1998, S. 635–653

Filistrucchi, Lapo, A SSNIP Test for Two-Sided Markets: The Case of Media, NET Institute Working Paper #08–34, October 2008

Fischer, Hans Georg, EG-Freizügigkeit und bezahlter Sport – Inhalt und Auswirkungen des Bosman-Urteils des EuGH, SpuRt 1996, 34–38

Fleischer, Holger, Absprachen im Profisport und Art. 85 EGV – eine kartellrechtliche Nachlese zum Bosman-Urteil des Europäischen Gerichtshofs, WuW 1996, 473–485

Fleming, Hazel, Exclusive Rights to Broadcast Sporting Events in Europe, 1999 ECLR 143–148

Flint, Michael / Fitzpatrick, Nicholas / Thorne, Clive, User's Guide to Copyright, 6th ed., Tottel, Haywards Heath 2006

Flöter, Benedikt / Königs, Martin, Verletzung des Rechts am grundstücksinternen Bild der eigenen Sache und Übertragbarkeit der dreifachen Schadensberechnung auf deliktische Schadensersatzansprüche aus Eigentumsverletzung – Zivilrechtliche Untersuchung der Entscheidungen des BGH in der Verbundsache Urteil vom 17. Dezember 2010 – V ZR 44/10 und 45/10 – Preußische Schlösser und Gärten, ZUM 2012, 383–389

Flume, Werner, Rechtsgeschäft und Privatautonomie, in: Ernst von Caemmerer, Ernst Friesenhahn, Richard Lange (Hrsg.): Hundert Jahre deutsches Rechtsleben – Festschrift zum hundertjährigen Bestehen des Deutschen Juristentages 1860–1960, Bd. 1, C.F. Müller, Karlsruhe 1960, S. 135–238

Fock, Soenke, Der unmittelbare wettbewerbsrechtliche Leistungsschutz – Eine Untersuchung deutschen und US-amerikanischen Case-Laws, Carl Heymanns, Köln 2008

Font Galarza, Andrés, The Commission's Assessment of the Eurovision System Pursuant to Article 81 EC, European Commission Competition Policy Newsletter 2/2000, 28–33

Forrest, David / Simmons, Robert / Buraimo, Babatunde, Broadcaster and Audience Demand for Premier League Football, in: Claude Jeanrenaud, Stefan Késenne (eds.): The Economics of Sport and the Media, Edward Elgar, Northampton, Mass. 2006, 93–103

Franck, Georg, Ökonomie der Aufmerksamkeit – Ein Entwurf, Hanser, München 2007

–, Mentaler Kapitalismus – Eine politische Ökonomie des Geistes, Hanser, München 2005

–, Ökonomie der Aufmerksamkeit – Ein Entwurf, Hanser, München 1998

–, Ökonomie der Aufmerksamkeit, Merkur – Deutsche Zeitschrift für europäisches Denken 1993, 748–761

Franke, Einhard, Bildberichterstattung über Demonstrationen und Persönlichkeitsschutz der Polizei, JR 1982, 48–53

Frankfurter Kommentar zum Kartellrecht mit Kommentierung des EG-Kartellrechts, des GWB und einer Darstellung ausländischer Kartellrechtsordnungen, Hrsg.: Wolfgang Jaeger, Juliane Kokott, Petra Pohlmann, Dirk Schroeder, Loseblatt, Otto Schmidt, Köln, Stand: Juni 2014 (zit.: *Bearbeiter* in: FK)

Fraser, David / McMahon, Kathryn, When Too Much Sport is Barely Enough: Broadcasting Regulation and National Identity, 2002 Ent. L. 1–52

Frenz, Walter, Ausdehnung der Essential-facilities-Doktrin auf Immaterialgüterrechte?, WuW 2014, 282–287

Frenz, Walter / Distelrath, Anna-Maria, Dienstleistungsfreiheit und Kartellverbot nach dem Pay TV-Urteil, EWS 2011, 460–464

Frenz, Walter / Götzkes, Vera, Öffentlich-rechtliche Rundfunkanstalten als Beihilfeempfänger, ZUM 2010, 563–567

Frenzel, Eike Michael, Persönlichkeitsschutz und Pressefreiheit: Ein Blick auf Großbritannien – Perspektiven für das Verhältnis von EGMR und BVerfG, AfP 2011, 335–338

Frey, Dieter, Neue kartellrechtliche Spielräume für die Vermarktung der medialen Rechte an der Fußball-Bundesliga, GRUR-Prax 2012, 365–368

–, Anmerkung zu LG Stuttgart Urt. v. 8.5.2008 in der Rs. 41 O 3/08 – Hartplatzhelden, CR 2008, 530–532

–, Die Vergabe der medialen Rechte an der Fußball-Bundesliga – Vom kartellrechtlichen Streitfall zum lizenzrechtlichen Problemfall?, ZUM 2005, 585–595

–, Das Eurovisionssystem der EBU: Kartellrechtlicher Dauerbrenner in Brüssel und Luxemburg – Anmerkung zum Urteil vom 8. Oktober 2002 des Gerichts erster Instanz der Europäischen Gemeinschaften, ZUM 2002, 917–919

–, Das öffentlich-rechtliche Fernsehen im Wettbewerbsrecht der EG, ZUM 1999, 528–542

Friauf, Karl Heinrich / Höfling, Wolfram, Berliner Kommentar zum Grundgesetz, Loseblatt, Erich Schmidt, Berlin, Stand: April 2007 (zit.: Friauf/Höfling-*Bearbeiter*, GG)

Friccius, Enno, Medienrechtliche Probleme der Sportberichterstattung, in: Udo Steiner (Hrsg.): Sport und Medien, C.F. Müller, Heidelberg 1990, S. 1–21

Fritze, Ulrich, Verderben die Juristen die guten Sitten im Wettbewerb? – untersucht am Beispiel der sklavischen Nachahmung –, GRUR 1982, 520–525

Fritzsche, Alexander, Die neuen Regeln über horizontale Kooperation im europäischen Wettbewerbsrecht, EuZW 2011, 208–213

Fritzsche, Jörg, „Notwendige“ Wettbewerbsbeschränkungen im Spannungsfeld von Verbot und Freistellung nach Art. 85 EGV, ZHR 160 (1996), 31–58

Fritzweiler, Jochen / Pfister, Bernhard / Summerer, Thomas, Praxishandbuch Sportrecht, 3. Aufl., Beck, München 2014 (zit.: *Bearbeiter* in: Fritzweiler/Pfister/Summerer)

Fromm, Friedrich Karl / Wilhelm Nordemann (Begr.): Urheberrecht – Kommentar zum Urheberrechtsgesetz, zum Verlagsgesetz und zum Urheberrechtswahrnehmungsgesetz, 11. Aufl., W. Kohlhammer, Stuttgart 2014 (zit.: *Bearbeiter* in: Fromm/Nordemann)

Frömming, Jens / Peters, Butz, Die Einwilligung im Medienrecht, NJW 1996, 958–962

Fuchs, Andreas, Die 7. GWB-Novelle – Grundkonzeption und praktische Konsequenzen, WRP 2005, 1384–1396

Fuhr, Ernst W., Exklusivberichterstattung des Rundfunks im Spannungsverhältnis zwischen Privatautonomie, Kartellrecht und Recht auf freie Berichterstattung, ZUM 1988, 327–332

–, Das Recht des Fernsehens auf freie Berichterstattung über öffentliche Veranstaltungen, in: Franz Burkei, Dirk-Meints Polter: Rechtsfragen im Spektrum des Öffentlichen – Mainzer Festschrift für Hubert Armbruster, Duncker & Humblot, Berlin 1976

Gack, Kathrin, Das Konzept der US-amerikanischen Single-Entity-Theorie im europäischen Kartellrecht, in: Klaus Vieweg (Hrsg.): Akzente des Sportrechts, Duncker & Humblot, Berlin 2012, S. 143–166

Gaertner, Reinhard / Raab, Thomas / Gierschmann, Sibylle / Freytag, Stefan, Rechtliche Fragestellungen im Zusammenhang mit der Fußball-Weltmeisterschaft 2006, K&R 2006, 1–9

Gamm, Otto-Friedrich Frhr. v., Urheberrechtsgesetz – Kommentar, Beck, München 1968

Gannett Center for Media Studies (Hrsg.), Media Economics and Sports Coverage – a conference report, Gannett Center for Media Studies, Columbia University, New York, 1988

Gassner, Ulrich M., Grundzüge des Kartellrechts, Franz Vahlen, München 1999

Geese, Stefan / Zeughardt, Claudia / Gerhard, Heinz, Die Fußball-Weltmeisterschaft 2006 im Fernsehen, MP 9/2006, 454–464

Gentz, Günther, Veranstalterrecht, GRUR 1968, 182–187

Geradin, Damien, Regulatory issues concerning the acquisition of premium content, in: Rolf H. Weber, Simon Osterwalder (Hrsg.): Zugang zu Premium Content, Nomos, Baden-Baden 2006, S. 93–120

–, Access to content by new media platforms: a review of the competition law problems, (2005) E.L. Rev. 68–93

–, Limiting the Scope of Article 82 of the EC Treaty: What can the EU learn from the U.S. Supreme Court's Judgment in *Trinko* in the wake of *Microsoft*, *IMS*, and *Deutsche Telekom*?, CMLR 41 (2004) 1519–1553

Gerauer, Alfred, Der Unterlassungsanspruch des Eigentümers bei gewerblichem Fotografieren, GRUR 1988, 672–674

Glimski, Nina Caroline, Das Veranstalterleistungsschutzrecht, Mohr Siebeck, Tübingen 2010

Glöckner, Jochen, Europäisches Lauterkeitsrecht, Beck, München 2006

Gloy, Wolfgang, Die Entwicklung des Wettbewerbsrechts und seiner Nebengebiete, in: Friedrich-Karl Beier, Alfons Kraft, Gerhard Schricker, Elmar Wadle (Hrsg.): Gewerblicher Rechtsschutz und Urheberrecht in Deutschland – Festschrift zum hundertjährigen Bestehen der Deutschen Vereinigung für gewerblichen Rechtsschutz und Urheberrecht und ihrer Zeitschrift, Band II, VCH, Weinheim 1991

Gloy, Wolfgang / Loschelder, Michael / Erdmann, Willi, Handbuch des Wettbewerbsrechts, 4. Aufl., Beck, München 2010 (zit.: *Bearbeiter* in: Gloy/Loschelder/Erdmann)

Gloy, Wolfgang / Loschelder, Michael, Handbuch des Wettbewerbsrechts, 3. Aufl., Beck, München 2005 (zit.: *Bearbeiter* in: Gloy/Loschelder, 3. Aufl.)

Goldhaber, Michael H., The Attention Economy and the Net – Part I, Telepolis 27.11.1997, abrufbar unter: http://www.heise.de/tp/r4/artikel/6/6097/1.html (zuletzt aufgerufen am 11.8.2014)

–, The Attention Economy and the Net – Part II, Telepolis 12.12.1997, abrufbar unter: http://www.heise.de/tp/r4/artikel/6/6202/1.html (zuletzt aufgerufen am 11.8.2014)

Golz, Robert, Die Zulässigkeit von Luftaufnahmen: Drohnen – auch ein zivilrechtliches Bedrohungsszenario?, IPRB 2014, 11–14

Götting, Horst-Peter, Gewerblicher Rechtsschutz, 9. Aufl., Beck, München 2010

–, Die Regelung der öffentlichen Wiedergabe nach § 87 Abs. 1 Nr. 3 UrhG, ZUM 2005, 185–191

Götting, Horst-Peter / Nordemann, Axel, UWG – Handkommentar, 2. Aufl., Nomos, Baden-Baden 2013 (zit.: *Bearbeiter* in: Götting/Nordemann)

Goyder, Daniel George (Begr.) / Goyder, Joanna / Albors-Llorens, Albertina, Goyder's EC Competition Law, 5th ed., Oxford University Press, Oxford 2009

Grabitz, Eberhard (Begr.) / Hilf, Meinhard / Nettesheim, Martin (Hrsg.), Das Recht der Europäischen Union, Loseblatt, Stand: Januar 2014, Beck, München (zit.: *Bearbeiter* in: Grabitz/Hilf/Nettesheim)

Graf, Ulrich, Rundfunkanstalten im Kartellrecht, Verlag P.C.O., Bayreuth 1991

Grimmer, Christoph / Hasenbein, Philipp, König Fußball – und was für die anderen Sportarten bleibt. Vermarktungsmöglichkeiten und Faktoren für eine erfolgreiche Rechteverwertung, in: Andreas Hebbel-Seeger / Thomas Horky (Hrsg.): Crossmediale Kommunikation und Verwertung von Sportveranstaltungen, Meyer & Meyer, Aachen 2013, S. 73–90

Groeben, Hans von der / Schwarze, Jürgen (Hrsg.), Kommentar zum Vertrag über die Europäische Union und zur Gründung der Europäischen Gemeinschaft, 6. Aufl., Nomos, Baden-Baden 2003 (zit.: *Bearbeiter* in: von der Groeben/Schwarze)

Gröning, Jochem, Anmerkung zu BGH Kartellsenat, Urteil vom 08.11.2005 – KZR37/03, jurisPR-WettbR 9/2006, Anm. 5

Gröpl, Christoph, Fußball im Fernsehen – Zirkusspiele der modernen Art. Anmerkungen zur Übertragung von Fußball-Großereignissen im Fernsehen, SpuRt 2004, 181–185

Grundmann, Birgit, Die öffentlich-rechtlichen Rundfunkanstalten im Wettbewerb, Nomos, Baden-Baden 1990

Grüning, Christine, Die Eigentumsfreiheitsklage gegen Fototgrafieren und die gewerbliche Verwertung dieser Fotografien, Diss., Frankfurt am Main 1980, FB 01 (kein Verlag)

Grützmacher, Malte, Gebrauchtsoftwarehandel mit erzwungener Zustimmung – eine gangbare Alternative? Zugleich Anmerkung zur Entscheidung des LG Mannheim, Urt. v. 22.12.2009 – 2 O 37/09, zur Zustimmungspflicht des Softwareherstellers bei Lizenzübertragung, CR 2010, 141–147

–, Gebrauchtsoftware und Übertragbarkeit von Lizenzen – Zu den Rechtsfragen auch jenseits der Erschöpfungslehre, CR 2007, 549–556

–, Anmerkung zu BGH Urt. v. 21.7.2005 in der Rs. I ZR 290/02 – HIT BILANZ, CR 2006, 14–16

Günther, Wolf G. H., Ungenehmigte Radioberichterstattung von Sportveranstaltungen als unlauterer Wettbewerb?, WRP 2005, 703–709

–, Umfang und zivilrechtliche Begrenzung der Aufnahmerechte an Sportveranstaltungen, insbesondere durch das besondere Persönlichkeitsrecht der Sportler, Ergon Verlag, Würzburg 2003

Gutmann, Rolf Schach, Sport und Europäischer Gerichtshof, SpuRt 1997, 38–40

Haas, Ulrich / Prokop, Clemens, Die Autonomie der Sportverbände und die Rechtsstellung des Athleten, JR 1998, 45–53

Haas, Ulrich / Reimann, Christoph, Das „Fernsehrecht" an Sportveranstaltungen als Abwehrrecht, SpuRt 1999, 182–187

–, Fernsehrecht: Veranstalterrecht oder Persönlichkeitsrecht?, in: Herbert Dierker / Führungs-Akademie Berlin des Deutschen Sportbundes Willi Weyer Akademie (Hrsg.): Vermarktungsrechte im Sport, Frankfurt am Main 1999, S. 31–47

Haberstumpf, Helmut, Handbuch des Urheberrechts, 2. Aufl., Luchterhand, Neuwied 2000

Hahn, Werner / Vesting, Thomas (Hrsg.), Beck'scher Kommentar zum Rundfunkrecht, 3. Aufl., Beck, München 2012 (zit.: *Bearbeiter* in: Hahn/Vesting)

Hain, Karl-E., Regulierung in Zeiten der Konvergenz – Wirtschaftsrechtliche und/oder medienrechtliche Steuerung?, K&R 2006, 325–337

Hamacher, Karl / Efing, Anne, Das WM-Erlebnis auf der Großleinwand – Zur Frage der rechtlichen Zulässigkeit von Public-Viewing-Events bei Beteiligung von Sponsoren, SpuRt 2006, 15–19

Hambach, Wulf / Schöttle, Hendrik, Das Sportwetten-Urteil des Bundesverfassungsgerichts: Konsequenzen und Perspektiven, MR-Int 2006, 3–8

Hammer, Peter J., Antitrust Beyond Competition: Market Failures, Total Welfare, and the Challenge of Intramarket Second-Best Tradeoffs, Mich. L. Rev. 98 [2000] 849–925

Hannamann, Isolde, Kartellverbot und Verhaltenskoordination im Sport, Duncker & Humblot, Berlin 2001

Hannamann, Isolde / Vieweg, Klaus, Soziale und wirtschaftliche Machtpositionen im Sport – Rechtstatsächliche Situationen und (kartell)rechtliche Grenzen, in: Württembergischer Fußballverband e.V. (Hrsg.): Sport, Kommerz und Wettbewerb – Referate; Akademie des Württembergischen Sports „Haus Waltersbühl" in Wangen/Allgäu, 10. bis. 12. Oktober 1997, Württembergischer Fußballverband e.V., Stuttgart 1998, S. 49–83

Harbord, David / Ottaviani, Marco, Anti-Competitive Contracts in the U.K. Pay-TV Market, [2002] ECLR 122–126

Harbord, David / Szymansky, Stefan, Football Trials, [2004] ECLR 117–122

Harrington, Dan, Image Rights – Part Two, Sports Law Administration & Practice 7/2002, 11–14

Harrison, Jackie / Woods, Lorna, European Broadcasting Law and Policy, Cambridge University Press, Cambridge 2007

Harte-Bavendamm, Henning / Henning-Bodewig, Frauke, Gesetz gegen den unlauteren Wettbewerb (UWG), Mit Preisangabenverordnung – Kommentar, 3. Aufl., Beck, München 2013 (zit.: *Bearbeiter* in: Harte-Bavendamm/Henning-Bodewig)

Härting, Niko / Slowioczek, Marie, Fotos im Sport, IPRB 2012, 165–168

Härting, Niko / Strubel, Michael, Was sind eigentlich Fernsehrechte?, IPRB 2010, 109–111

Hartstein, Reinhard / Ring, Wolf-Dieter / Kreile, Johannes / Dörr, Dieter / Stettner, Rupert / Cole, Mark D. / Wagner, Eva, Rundfunkstaatsvertrag – Kommentar, Loseblatt, Hüthig Jehle Rehm, Heidelberg, Stand: Dez 2013

Haß, Peter, Gedanken zur sklavischen Nachahmung, GRUR 1979, 361–367

Hatton, Catriona / Wagner, Christoph / Armengod, Hector, Fair play: how competition authorities have regulated the sale of football media rights in Europe, 2007 ECLR 346–354

Hausmann, Friedrich Ludwig, Der Deutsche Fußball Bund (DFB) – ein Kartell für „Fernsehrechte"?, BB 1994, 1089–1095

Hayek, Friedrich August von, Die Theorie komplexer Phänomene, Hrsg.: Walter Eucken Institut, J.C.B. Mohr (Paul Siebeck), Tübingen 1972

–, Die Verfassung der Freiheit, J.C.B. Mohr (Paul Siebeck), Tübingen 1971

Haynes, Richard, The Fame Game: The Peculiarities of Sport Image Rights in the United Kingdom, in: Raymond Boyle, Peter Flood, Deirdre Kevin (eds.): Sport and the Media – Recent Economic, Legal, and Technological Developments, in: Trends in Communication, Vol. 12 (2004), nos. 2 & 3, 101–116

Heermann, Peter, Ergänzender wettbewerbsrechtlicher Leistungsschutz i.S. von § 4 Nr. 9 UWG zu Gunsten von Sportveranstaltern?, SpuRt 2013, 56–59

–, Kommentar zu EuGH, Urt. v. 22.1.2013 in der Rs. C-283/11 – Sky Österreich/ORF, K&R 2013, 179–182

Heermann, Peter, Leistungsschutzrecht für Sportveranstalter de lege ferenda?, GRUR 2012, 791–799

–, Praktische Konsequenzen aus der FAPL/Karen Murphy-Entscheidung des EuGH für die rechtliche Gestaltung der medialen Vermarktung von Sportveranstaltungen, WRP 2012, 650–660

–, Stellung und Stellenwert des Hausrechts bei der audiovisuellen Verwertung von Sportveranstaltungen (Teil 1), WRP 2012, 17–22

–, Stellung und Stellenwert des Hausrechts bei der audiovisuellen Verwertung von Sportveranstaltungen (Teil 2), WRP 2012, 132–138

–, Territorial begrenzte Lizenzierung von Fernsehrechten im Lichte der Dienstleistungs- und Wettbewerbsfreiheit, WRP 2012, 371–381

–, Kein Leistungsschutz durch die Hintertür, sondern durch das Hausrecht, CaS 2011, 165–167

–, Keine kartellrechtliche Ausnahme für die Zentralvermarktung durch Sportligen aufgrund der Single Entity Defense, WRP 2011, 36–44

–, Leistungsschutzrecht für Sportveranstalter de lege ferenda?, GRUR 2010, 791–799

–, Schutz von Spielplänen im Licht einer Entscheidung des High Court of Justice, CaS 2010, 227–236

–, Anwendung des europäischen Kartellrechts im Bereich des Sports, WuW 2009, 394–407

–, Wem stehen die Verwertungsbefugnisse an Persönlichkeitsrechten von Lizenzfußballspielern zu? – Anmerkungen zum Urteil des Landgerichts Frankfurt a.M. vom 12. Dezember 2008, CaS 2009, 166–169

–, Zentralvermarktung der Bundesliga – Kartellamt im Abseits, NJW 2008, Heft 35, Seite III (Editorial)

–, Aktuelle kartellrechtliche Probleme im Zusammenhang mit Spielertransfers, in: Oliver Arter, Margareta Baddeley (Hrsg.): Sport und Recht, 4. Tagungsband, Stämpfli, Bern 2007, S. 263–296

–, Verbandsautonomie versus Kartellrecht – Zu Voraussetzungen und Reichweite der Anwendbarkeit der Art. 81, 82 EG auf Statuten von Sportverbänden, CaS 2006, 345–364

–, Anmerkung zu EuG, Urteil vom 11. Oktober 2004, Rs. T-313/02 – *Meca-Medina und Majcen*, GPR 2005, 118–119

Heermann, Peter, Professionelle Sportligen auf der Flucht vor dem Kartellrecht – Rechtsvergleichende Beobachtungen zum Umspielen unliebsamer Rechtsvorschriften, RabelsZ 67 (2003), 106–139

–, Sport und europäisches Kartellrecht, SpuRt 2003, 89–95

–, Fußball-Kurzberichterstattung im Abseits?, SpuRt 2001, 188–190

–, Kann der Ligasport die Fesseln des Kartellrechts sprengen? Der „Europapokalheimspiele"-Beschluss: Anmerkungen, Auswirkungen, Ausweichstrategien, SpuRt 1999, 11–15

–, Der Deutsche Fußballbund (DFB) im Spannungsfeld von Kartell- und Konzernrecht, ZHR 161 (1997), 665–714

Heermann, Peter / John, Martin, Lizenzierbarkeit von Spielplänen im deutschen Ligasport, K&R 2011, 753–760

Hefermehl, Wolfgang / Köhler, Helmut / Bornkamm, Joachim, Wettbewerbsrecht – Gesetz gegen den unlauteren Wettbewerb, Preisangabenverordnung, Unterlassungsklagengesetz – kommentiert von Helmut Köhler und Joachim Bornkamm, 25. Aufl., Beck, München 2007 (Begr.: Adolf Baumbach) (zit.: Hefermehl/Köhler/Bornkamm- *Bearbeiter*, WettbewerbsR, 25. Aufl.)

Heinemann, Andreas, Die Relevanz des „more economic approach" für das Recht des geistigen Eigentums, GRUR 2008, 949–954

–, Reduktion von Komplexität durch Suchmaschinen: Ökonomische Grundlagen und kartellrechtliche Vorgaben, in: Anselm Brandi-Dohrn, Mathias Lejeune (Hrsg.): Recht 2.0 – Informationsrecht zwischen virtueller und realer Welt, Otto Schmidt, Köln 2008, S. 13–30

–, The Contestability of IP-Protected Markets, in: Josef Drexl (ed.): Research Handbook on Intellectual Property and Competition Law, Edward Elgar, Cheltenham 2008, 54–79

–, Gefährdung von Rechten des geistigen Eigentums durch Kartellrecht? Der Fall „Microsoft" und die Rechtsprechung des EuGH, GRUR 2006, 705–713

–, Sportübertragungsrechte im europäischen Kartellrecht am Beispiel der Olympischen Spiele, ZEuP 2006, 337–370

–, Compulsory Licences and Product Integration in European Competition Law – Assessment of the European Commission's *Microsoft* Decision, IIC 2005, 63–82

–, Schutzrechte in der Informationsgesellschaft und ihr Verhältnis zum Kartellrecht, in: Peter Behrens (Hrsg.): Stand und Perspektiven des Schutzes

Geistigen Eigentums in Europa – Wissenschaftliches Symposium im Europa-Kolleg Hamburg, Nomos, Baden-Baden 2004, S. 105–128

Heinemann, Andreas, Immaterialgüterschutz in der Wettbewerbsordnung – Eine grundlagenorientierte Untersuchung zum Kartellrecht des geistigen Eigentums, Mohr Siebeck, Tübingen 2002

Heinrich, Michael, Der rechtliche Schutz von Datenbanken, WRP 1997, 275–283

Helle, Jürgen, Anmerkung zu BGH, Urteil vom 25.4.1995 - VI ZR 272/94 (KG Berlin), JZ 2005, 1117–1120

Hellenthal, Christian, Missbrauch der Europäischen Fußball-Union durch Bewilligung?, SpuRt 2002, 93–97

–, Zulässigkeit einer supranationalen Fußball-Europaliga nach den Bestimmungen des europäischen Wettbewerbsrechts, Peter Lang, Frankfurt am Main 2000

Hellmann, Hans-Joachim / Bruder, Stefan, Kartellrechtliche Grundsätze der zentralen Vermarktung von Sportveranstaltungen, EuZW 2006, 359–363

Hellwig, Irene, Rundfunkübertragungsrechte an den Olympischen Spielen im europäischen Kartellrecht – Medienmärkte, gemeinsamer Erwerb durch die European Broadcasting Union und Exklusivvergabe, Schulthess, Zürich 2009

Hellwig, Martin, Wirtschaftspolitik als Rechtsanwendung: Zum Verhältnis von Jurisprudenz und Ökonomie in der Wettbewerbspolitik, Preprints of the Max Planck Institute for Research on Collective Goods Bonn 2007/19

–, Effizienz oder Wettbewerbsfreiheit? Zur normativen Grundlegung der Wettbewerbspolitik, in: Recht und spontane Ordnung – Festschrift für Ernst-Joachim Mestmäcker zum achtzigsten Geburtstag, Nomos, Baden-Baden 2006, S. 231–268

Henisz, Witold J., The Institutional Environment for Economic Growth, Economics and Politics 2000, 1–31

Henning-Bodewig, Frauke, Das neue Gesetz gegen den unlauteren Wettbewerb, GRUR 2004, 713–720

–, Die Kurzberichterstattung über Sportveranstaltungen im französischen Recht, ZUM 1994, 454–461

Herr, Andreas, Übertragungsrechte an Sportveranstaltungen in der Insolvenz – Eine Untersuchung der Rechtslage in Deutschland und Frankreich, Nomos, Baden-Baden 2008

Herrmann, Günter / Lausen, Matthias, Rundfunkrecht, 2. Aufl., Beck, München 2004

Herrmann, Volker / Dehißelles, Sebastian, Das Schutzrecht sui generis an Datenbanken, K&R 2009, 23–26

Hershovitz, Scott, Two Models of Tort (and Takings), 92 Va. L. Rev. 1147–1188

Heß, Burkhard, Voraussetzungen und Grenzen eines autonomen Sportrechts unter besonderer Berücksichtigung des internationalen Spitzensports, in: Burkhard Heß, Wolf-Dieter Dressler: Aktuelle Rechtsfragen des Sports, C.F. Müller, Heidelberg 1999, S. 1–47

–, Hochleistungssportler zwischen internationaler Verbandsmacht und nationaler Gerichtsbarkeit, ZZPInt 1996, 371–393

Hess, Wolfgang, Medienkartellrecht, AfP 2005, 448–452

Hesse, Renata B., Two-Sided Platform Markets and the Application of the Traditional Antitrust Analytical Framework, Competition Policy International 2007, 191–195

Heubeck, Tina, The Collective Selling of Broadcasting Rights in Team Sports, German Working Papers in Law and Economics, Vol. 2004, Paper 13, bepress, Berkeley 2004

Hickethier, Knut, Medien-Aufmerksamkeit – zur Einführung, in: Knut Hickethier, Joan Kristin Bleicher (Hrsg.): Aufmerksamkeit, Medien und Ökonomie – Beiträge zur Medienästhetik und Mediengeschichte, Lit Verlag, Münster 2002, S. 5–13

Hildebrand, Doris, Der „more economic approach“ in der Wettbewerbspolitik, WuW 2005, 513–520

Hilf, Meinhard / Pache, Eckhard, Das Bosman-Urteil des EuGH, NJW 1996, 1169–1177

Hilty, Reto, „Leistungsschutz“ – made in Switzerland? – Klärung eines Missverständnisses und Überlegungen zum allgemeinen Schutz von Investitionen, in: Hans-Jürgen Ahrens, Joachim Bornkamm, Hans Peter Kunz-Hallstein (Hrsg.): Festschrift für Eike Ullmann, juris, Saarbrücken 2006, S. 643–667

Hilty, Reto / Henning-Bodewig, Frauke, Leistungsschutzrechte zugunsten von Sportveranstaltern? – Rechtsgutachten – Boorberg, Stuttgart 2007

Hirsbrunner, Simon / Schädle, Anne, Sicherer Hafen oder Bermudadreieck? – Wohin geht die Reise bei der Neuorientierung der Praxis der Europäischen Kommission gegenüber Missbräuchen marktbeherrschender Unternehmen i.S. des Art. 82 EG?, EuZW 2006, 583–587

Hobe, Stephan / Tietje, Christian, Europäische Grundrechte auch für Profisportler – Anm. zu EuGH NJW 1996, 505, JuS 1996, 486–493

Hodik, Kurt H., Der Rechtsschutz des Theater- und Konzertveranstalters in Deutschland, Österreich und der Schweiz, GRUR Int 1984, 421–425

Hoeren, Thomas, Das neue UWG – der Regierungsentwurf im Überblick, BB 2008, 1182–1192

Hoeren, Thomas, Anmerkung zu BGH Beschluss v. 11.12.1997 in der Rs. KVR 7/96, JR 1998, 332–335

Hoeren, Thomas / Schröder, Eva, Anmerkung zu LG Stuttgart Urt. v. 8.5.2008 in der Rs. 41 O 3/08 – „hartplatzhelden.de", MMR 2008, 553–554

Hoffmann, Ernst-Jürgen, Reichweite und Grenzen des Gesetzes gegen Wettbewerbsbeschränkungen im dualen Rundfunksystem, Roderer, Regensburg 2000

Hoffmann-Riem, Wolfgang, Die Caroline II-Entscheidung des BVerfG – Ein Zwischenschritt bei der Konkretisierung des Kooperationsverhältnisses zwischen den verschiedenen betroffenen Gerichten, NJW 2009, 20–26

Hohmann, Harald, Zentrale TV-Vermarktung von Automobilsport und das EG-Kartellrecht – Zum ersten FIA-Urteil des LG Frankfurt/Main, WRP 1997, 1110–1015

Holzer, Norbert / Matzneller, Peter / Rock, Leyla, Rechtliche Absicherung der ökonomischen Interessen von Sportveranstaltern, berichterstattenden Medien und Sportmedien, AfP 2012, 532–540

Holzke, Frank, Die Gleichstellung drittstaatenangehöriger Berufssportler nach der „Kolpak"-Entscheidung des Europäischen Gerichtshofs, SpuRt 2004, 1–7

Holzmüller, Tobias / Lichtenegger, Moritz, Die Premier-League-Entscheidungen des High Court of Justice: Der Anfang vom Ende des Territorialitätsprinzips bei Sportrechten?, GRUR Int 2009, 195–201

Holznagel, Bernd, Der Zugang zu Premium-Inhalten: Grenzen einer Exklusivvermarktung nach Europäischem Recht, K&R 2005, 385–394

–, Probleme der Rundfunkregulierung im Multimedia-Zeitalter, ZUM 1996, 16–26

Holznagel, Bernd / Dörr, Dieter / Hildebrand, Doris, Elektronische Medien – Entwicklung und Regulierungsbedarf, Vahlen, München 2008

Holznagel, Bernd / Ricke, Thorsten, Anmerkung zu BVerfG Urteil v. 28.3.2006 in der Rs. 1 BvR 1054/01, MMR 2006, 303–304

Hoppmann, Erich, Die Funktionsfähigkeit des Wettbewerbs – Bemerkungen zu Kantzenbachs Erwiderung, Jahrbücher für Nationalökonomie und Statistik 1967 (Bd. 181), 251–264

Hoppmann, Erich, Das Konzept der optimalen Wettbewerbsintensität – Rivalität oder Freiheit des Wettbewerbs: Zum Problem eines wettbewerbspolitisch adäquaten Ansatzes der Wettbewerbstheorie, Jahrbücher für Nationalökonomie und Statistik 1966 (Bd. 179), 286–323

Höppner, Thomas, Die Pflicht interne Produktionsmittel zu vermarkten - zugleich Anmerkung zum EuGH-Urteil IMS, EuZW 2004, 748–752

Horn, Robert, Zur Problematik der Übertragungsrechte für Fußballspiele im Fernsehen, Jura 1989, 17–20

Hossenfelder, Silke / Lutz, Martin, Die neue Durchführungsverordnung zu den Artikeln 81 und 82 EG-Vertrag, WuW 2003, 118–129

Hubmann, Heinrich, Die sklavische Nachahmung, GRUR 1975, 230–239

–, Das Persönlichkeitsrecht, 2. Aufl., Böhlau Verlag, Köln 1967

Hugenholtz, P. Bernt, Program Schedules, Event Data and Telephone Subscriber Listings under the Database Directive – Paper presented at Fordham University School of Law at the Eleventh Annual Conference on International IP Law & Policy, New York, 14–25 April 2003, abrufbar unter: http://www.ivir.nl/publications/hugenholtz/spinofffordham.pdf (zuletzt aufgerufen am: 11.8.2014)

Hullen, Nils, „Hartplatzhelden" und der (un-)mittelbare Leistungsschutz im Amateurfußball, jurisPR-ITR 10/2011, Anm. 3

Hütt, Nina, Zur Frage der Existenz von Hörfunkrechten des Sportveranstalters unter besonderer Berücksichtigung der Fußball-Bundesliga, Peter Lang, Frankfurt am Main 2008

Ibsch, Martin, Die Übernahme der Essential-Facilities-Doktrin aus dem US-amerikanischen Kartellrecht in das europäische Wettbewerbsrecht, Peter Lang, Frankfurt am Main 2007

Immenga, Ulrich, Der „more economic approach" als Wettbewerbspolitik, WuW 2006, 463

–, Ökonomie und Recht in der europäischen Wettbewerbspolitik, ZWeR 2006, 346–365

–, GWB-Novelle – auf rechtem Weg?, BB Die erste Seite 2005, Heft 33

–, Grenzen des Ausgleichs von Strukturnachteilen durch Einkaufskooperationen, in: Otto Friedrich Freiherr von Gamm, Peter Raisch, Klaus Tiedemann (Hrsg.): Strafrecht, Unternehmensrecht, Anwaltsrecht – Festschrift für Gerd Pfeiffer zum Abschied aus dem Amt als Präsident des Bundesgerichtshofes, Carl Heymanns, Köln 1988, S. 659–668

Immenga, Ulrich / Mestmäcker, Ernst-Joachim (Hrsg.): Wettbewerbsrecht, Band 1. EU / Teil 1, 5. Aufl., Beck, München 2012 (zit.: *Bearbeiter* in: Immenga/Mestmäcker EU/1)

–, Wettbewerbsrecht, Band 1. EU / Teil 2, 5. Aufl., Beck, München 2012 (zit.: *Bearbeiter* in: Immenga/Mestmäcker EU/2)

–, Wettbewerbsrecht, Band 2. GWB – Kommentar zum Deutschen Kartellrecht, 4. Aufl., Beck, München 2007 (zit.: *Bearbeiter* in: Immenga/Mestmäcker GWB)

Imping, Andreas, Die arbeitsrechtliche Stellung des Fußballspielers zwischen Verein und Verbänden, Köln 1995

Infantino, Gianni, Meca-Medina: Ein Schritt zurück für das europäische Sportmodell und die Spezifität des Sports? SpuRt 2007, 12–16

Iosifidis, Petros, Public Television in the Digital Era – Technological Challenges and New Strategies for Europe, Palgrave Macmillan, Basingstoke 2012

Iosifidis, Petros / Smith, Paul, The European Television Sports Rights Market: Balancing Culture and Commerce – Paper to be presented at the 'Private Television in Europe' Conference, Brussels, 28–29 April 2011, abrufbar unter http://openaccess.city.ac.uk/1237/1/Brussels%20-%20Iosifidis%20and%20Smith.pdf (zuletzt aufgerufen am 11.8.2014)

Jänich, Volker M., Fußballübertragungsrechte und Kartellrecht – Anmerkungen zu BGH, Beschl. v. 11.12.1997 – KVR 7/96 – Europapokalheimspiele, GRUR 1998, 438–444

Janik, Viktor, Rundfunkregulierung auch im Internet?, K&R 2001, 572–582

Janka, Sebastian / v. Duisburg, Hendrik, Sportligen kämpfen um ihre Spielpläne, Sponsors – Wissen fürs Sportbusiness, Heft 8/2011, 28–29

Janz, Norbert, Rechtsfragen der Vermittlung von Oddset-Wetten in Deutschland, NJW 2003, 1694–1701

Jarass, Hans, Verfassungsmäßigkeit des Rechts auf Kurzberichterstattung, AfP 1993, 455–463

Jessen, Tanja Carolina, Rechtsfragen der Vermarktung von Sportereignissen im deutschen und englischen Recht, Shaker, Aachen 1997

Jestaedt, Thomas / Anweiler, Jochen, Europäische Fusionskontrolle im Medienbereich, EuZW 1997, 549–555

Joliet, René, La licence de marque et le droit européen de la concurrence, RTD 1984, 1–59

Jullien, Bruno, Two-Sided Markets and Electronic Intermediaries, CESifo Working Paper No. 1345, November 2004

Jung, Peter, Die Zwangslizenz als Instrument der Wettbewerbspolitik, ZWeR 2004, 379–411

Kahlenberg, Harald, Zur EG-rechtlichen Zulässigkeit von Ausländerklauseln im Sport, EWS 1994, 423–431

Kahlenberg, Harald / Haellmigk, Christian, Neues Deutsches Kartellgesetz – Stichtag 1.7.2005: Änderung des GWB, BB 2005, 1509–1516

–, Referentenentwurf der 7. GWB-Novelle: Tief greifende Änderungen des deutschen Kartellrechts, BB 2004, 389–397

Kahlert, Heiner, Das „Murphy / Premier League"-Urteil des EuGH – Kein Debakel für Inhaber von Sportübertragungsrechten, CaS 2011, 323–333

Kainer, Isabel, Sportveranstalterrecht – Ein neues Immaterialgüterrecht?, Mohr Siebeck, Tübingen 2014

Kaiser, Ulrich / Wright, Julian, Price Structure in Two-Sided Markets: Evidence from the Magazine Industry?, ZEW Discussion Paper No. 04-80, abrufbar unter: ftp://ftp.zew.de/pub/zew-docs/dp/dp0480.pdf (zuletzt aufgerufen am 11.8.2014)

Kantzenbach, Erhard, Das Konzept der optimalen Wettbewerbsintensität – Eine Erwiderung auf den gleichnamigen Besprechungsaufsatz von Erich Hoppmann, Jahrbücher für Nationalökonomie und Statistik 1967 (Bd. 181), 193–241

Karstens, Eric / Schütte, Jörg, Praxishandbuch Fernsehen – Wie TV-Sender arbeiten, 3. Aufl., Springer 2013

Kaufer, Erich, Das Konzept der optimalen Wettbewerbsintensität – Eine Replik, Jahrbücher für Nationalökonomie und Statistik 1967 (Bd. 181), 242–250

Kaumanns, Ralf / Siegenheim, Veit, Handy-TV – Faktoren einer erfolgreichen Markteinführung, MP 2006, 498–509

Kepper, Christophe de, Die Wettbewerbspolitik der EU und der Sport, in: Klaus Vieweg (Hrsg.): Das Sportereignis – Ökonomische und rechtliche Fragen der Sportübertragungsrechte, Boorberg, Stuttgart 2000, S. 9–21

Keßler, Jürgen, Einkaufskooperationen im Licht des Deutschen und Europäischen Kartellrechts, WuW 2002, 1162–1173

Kiecker, Jürgen, Fuskionskontrolle im Rundfunk, WuW 1990, 128–131

Kienapfel, Philip / Stein, Andreas, The application of Articles 81 and 82 EC in the sport sector, Competition Policy Newsletter Nr. 3 aus 2007, S. 6–14

Kind, Hans Jarle / Nilssen, Tore / Sørgard, Lars, Price Coordination in Two-Sided Markets: Competition in the TV Industry, CESifo Working Paper No. 3004, March 2010

Kipker, Ingo, Die Beziehung von Sport und Medienkonzernen – Eine ökonomische Analyse der deutschen Fußball-Bundesliga, in: Horst M. Schellhaaß (Hrsg.): Sportveranstaltungen zwischen Liga- und Medieninteressen, Verlag Karl Hofmann, Schorndorf 2000, S. 41–62

Kirchner, Christian, Patentrecht und Wettbewerbsbeschränkungen, in: Claus Ott, Hans-Bernd Schäfer (Hrsg.): Ökonomische Analyse der rechtlichen Organisation von Innovationen – Beiträge zum IV. Travemünder Symposium zur ökonomischen Analyse des Rechts (23.-26. März 1994), J.C.B. Mohr (Paul Siebeck), Tübingen 1994, S. 157–187

Kirschenhofer, Matthias, Die Verbreitung von Programmen und Territorialitätsprinzip am Beispiel von Film-, Fernseh- und Sportprogrammen – Rechtsfragen im Bereich Sport, ZUM 2005, 15–19

Kitzberger, Ralf, Die werbliche Nutzung von Bildnissen und Namen von Profisportlern – Zugleich Anmerkung zu OLG Hamburg ZUM-RD 2010, 469, ZUM 2011, 200–206

–, Rechtlicher Schutz für Sportler bei der Nutzung ihres Namens und Bildnisses in der Werbung, SpuRt 2009, 228–231

Klambauer, Christina, Zugang zu Sportübertragungsrechten – Die Entscheidpraxis der Europäischen Kommission, in: Rolf H. Weber, Simon Osterwalder (Hrsg.): Zugang zu Premium Content, Nomos, Baden-Baden 2006, S. 73–91

Klass, Nadine, Die neue Frau an Grönemeyers Seite – ein zeitgeschichtlich relevantes Ereignis?, ZUM 2007, 818–828

Klees, Andreas, Europäisches Kartellverfahrensrecht mit Fusionskontrollverfahren, Carl Heymanns, Köln 2005

Kleinmann, Werner / Bechtold, Rainer, Kommentar zur Fusionskontrolle, 2. Aufl., Verlag Recht und Wirtschaft, Heidelberg 1989

Kling, Michael / Thomas, Stefan, Kartellrecht, Vahlen, München 2007

Klump, Rainer / Reichel, Richard, Institutionelle Unsicherheit und wirtschaftliche Entwicklung, Jahrbücher für Nationalökonomie und Statistik 1994 (Bd. 213), 441–455

Koch, Frank, Handbuch Software- und Datenbank-Recht, Springer, Berlin 2003

Koch, Rainer / Krämer, Dirk, Die Verwertung von Amateurfußballspielen im Internet, SpuRt 2009, 224–228

Kodal, Kurt / Krämer, Helmut, Straßenrecht – systematische Darstellung des Rechts der öffentlichen Straßen, Wege und Plätze in der Bundesrepublik Deutschland, 6. Aufl., Beck, München 1999 (zit.: Bearbeiter in: Kodal/Krämer)

Koenig, Christian / Kühling, Jürgen / Braun, Jens-Daniel, Die Interdependenz von Märkten in der Telekommunikation (Teil 1), CR 2001, 745–752

Kohl, Helmut, Ökonomische Vielfaltskonzepte im Spiegel juristischer Anforderungen, oder: Die Zahnbürste und das Fernsehen, in: Helmut Kohl (Hrsg.): Vielfalt im Rundfunk – Interdisziplinäre und internationale Annäherungen, UVK Medien, Konstanz 1997, S. 63–69

Köhler, Helmut, Anmerkung zu BGH Urt. v. 2.12.2009 – I ZR 152/07 (OLG Stuttgart) Zweckbetrieb, GRUR 2010, 657–658

–, Die UWG-Novelle 2008, WRP 2009, 109–117

–, Das Verhältnis des Wettbewerbsrechts zum Recht des geistigen Eigentums – Zur Notwendigkeit einer Neubestimmung auf Grund der Richtlinie über unlautere Geschäftspraktiken, GRUR 2007, 548–554

–, Das neue UWG, NJW 2004, 2121–2127

–, Der ergänzende Leistungsschutz: Plädoyer für eine gesetzliche Regelung, WRP 1999, 1075–1082

–, Nachfragewettbewerb und Marktbeherrschung, J.C.B. Mohr (Paul Siebeck), Tübingen 1986

–, Wettbewerbsbeschränkungen durch Nachfrager – Eine Untersuchung zu den kartellrechtlichen Grenzen der Kooperation im Einkauf, Beck, München 1977

Köhler, Helmut / Bornkamm, Joachim, Gesetz gegen den unlauteren Wettbewerb, Preisangabenverordnung, Unterlassungsklagengesetz, Dienstleistungs-Informationspflichten-Verordnung – kommentiert von Helmut Köhler und Joachim Bornkamm, 32. Aufl., Beck, München 2014 (Begr.: Adolf Baumbach) (zit.: *Bearbeiter* in: Köhler/Bornkamm, UWG)

Köhler, Helmut / Lettl, Tobias, Das geltende europäische Lauterkeitsrecht, der Vorschlag für eine EG-Richtlinie über unlautere Geschäftspraktiken und die UWG-Reform, WRP 2003, 1019–1057

Kolasky, William J., What is competition? A comparison of U.S. and European perspectives, The Antitrust Bulletin/Spring-Summer 2004, 29–53

Körber, Thomas, Großereignisse und Übertragungsrechte – Sportberichterstattung im Vergleich mit Großbritannien und Spanien, Beck, München 2008

Körber, Thomas, Die erstmalige Anwendung der Verpflichtungszusage gemäß Art. 9 VO 1/2003 und die Zukunft der Zentralvermarktung von Medienrechten an der Fußballbundesliga, WRP 2005, 463–467

Körber, Thomas / Ess, Philipp, Hartplatzhelden und der ergänzende Leistungsschutz im Web 2.0 – Zugleich eine Besprechung von BGH – I ZR 60/09 (Hartplatzhelden.de), WRP 2011, 697–703

Körber, Thomas / Zagouras, Georgios, Übertragungsrechte im Kartellrecht – Zugang zur Übertragung von sportlichen Großereignissen durch die Essential-Facilities-Regelung des § 19 Ab. 4 Nr. 4 GWB, WuW 2004, 1144–1154

Körber, Torsten, Wettbewerb in dynamischen Märkten zwischen Innovationsschutz und Machtmissbrauch, WuW 2007,1209–1218

Körner, Eberhard, Das allgemeine Wettbewerbsrecht des UWG als Auffangtatbestand für fehlgeschlagenen oder abgelaufenen Sonderrechtsschutz, in: Hans-Jürgen Ahrens, Joachim Bornkamm, Hans Peter Kunz-Hallstein (Hrsg.): Festschrift für Eike Ullmann, juris, Saarbrücken 2006, S. 701–715

Kraft, Alfons, Interessenabwägung und gute Sitten im Wettbewerbsrecht, Beck, München 1963

Kraßer, Rudolf / Schricker, Gerhard, Patent- und Urheberrecht an Hochschulen – Die Verwertung von Erfindungen und urheberrechtlich geschützten Werken an Hochschulen wissenschaftlich Tätiger, Nomos, Baden-Baden 1988

Kraus, Markus, Anmerkung zu EuGH Urt. v. 9.11.2004 in der Rs. C-46/02 – Fixtures Marketing, SpuRt 2005, 66–67

Krause, Peter, Hörfunk-Berichterstattung aus Sportstadien – Zivil-, verfassungs- und kartellrechtliche Problematik der „Hörfunkrechte" am Beispiel der Fußball-Bundesliga, Nomos, Baden-Baden 2006

Krebs, Peter / Becker, Maximilian / Dück, Hermann, Das gewerbliche Veranstalterrecht im Wege richterlicher Rechtsfortbildung, GRUR 2011, 391–397

Kreile, Johannes, Ende territorialer Exklusivität – Der EuGH als Totengräber?, ZUM 2012, 177–187

–, Medien ohne Grenzen – Offener Markt: Mögliche Konsequenzen im Bereich Film, ZUM 2011, 719–723

Krekel, Jan F., Zulässige Public-Viewing-Events bei Einbindung von Sponsoren, SpuRt 2006, 59–62

Krogmann, Mario, Sport und Europarecht, Nomos, Baden-Baden 2001

Krogmann, Mario, NEWS LIMITED and Others v AUSTRALIAN RUGBY FOOTBALL LEAGUE LIMITED and Others – Wirksamkeit von Liga-Bindungsvereinbarungen, SpuRt 1998, 51–54

Kroher, Jürgen, Die neuere Entwicklung der Passing off-Klage im englischen Recht, GRUR Int 1982, 92–102

Krone, Gunnar, Der Exklusivvertrag im Spannungsfeld von Berichterstattungs- und Vertragsfreiheit, AfP 1982, 196–204

Kruse, Jörn, Zugang zu Premium Content, in: Rolf H. Weber, Simon Osterwalder (Hrsg.): Zugang zu Premium Content, Nomos, Baden-Baden 2006, S. 7–50

–, Wirtschaftliche Wirkungen einer unentgeltlichen Sport-Kurzberichterstattung im Fernsehen, Nomos, Baden-Baden 1991

Kübler, Friedrich, Das Recht auf freie Kurzberichterstattung, ZUM 1989, 326–330

–, Eigentumsschutz gegen Sachabbildung und Bildreproduktion? Bemerkungen zur „Tegel"-Entscheidung des Bundesgerichtshofs, in: Wolfgang Grunsky, Rolf Stürner, Gerhard Walter, Manfred Wolf (Hrsg.): Festschrift für Fritz Baur, Mohr Siebeck, Tübingen 1981, S. 51–62

–, Massenmedien und öffentliche Veranstaltungen – Das Verhältnis der Berichterstattungsfreiheit zu privaten Abwehr- und Ausschlußrechten, Alfred Metzner Verlag, Frankfurt am Main 1978

Kuczera, Markus, Die Vermarktung von Übertragungsrechten im Fußball nach deutschem Recht und nach europäischem Kartellrecht, Beck, München 2004

Kühnen, Thomas, Der kartellrechtliche Zwangslizenzeinwand und seine Berücksichtigung im Patentverletzungsprozess, in: Erhard Keller, Clemens Plassmann, Andreas von Falck (Hrsg.): Festschrift für Winfried Tilmann zum 65. Geburtstag, Carl Heymanns, Köln 2003, S. 513–525

Kulka, Michael, Anmerkung zu KG Berlin, Urt. v. 8.7.1988 – Globalvertrag, AfP 1989, 466, AfP 1989, 476–480

Kunz, Reinhard, Sportinteresse und Mobile TV – Eine empirische Analyse der Einflussfaktoren des Nutzungsverhaltens, Springer, Wiesbaden 2014

Künzler, Adrian, Effizienz oder Wettbewerbsfreiheit? Zur Frage nach den Aufgaben des Rechts gegen private Wettbewerbsbeschränkungen, Mohr Siebeck, Tübingen 2008

Kur, Annette, Ansätze zur Harmonisierung des Lauterkeitsrechts im Bereich des wettbewerblichen Leistungsschutzes, GRUR Int 1998, 771–781

Kur, Annette, Der wettbewerbliche Leistungsschutz Gedanken zum wettbewerbsrechtlichen Schutz von Formgebungen, bekannten Marken und „Characters“, GRUR 1990, 1–15

Kwok, Kelvin Hiu Fai, A New Approach to Resolving Refusal to License Intellectual Property Rights Disputes, 34 [2011] WCLER 261–285

Laddie, Hugh / Prescott, Peter / Vitoria, Mary, The Modern Law of Copyright, Butterworths, London 1980

Ladeur, Karl-Heinz, Das Medienrecht und die Ökonomie der Aufmerksamkeit – In Sachen Dieter Bohlen, Maxim Biller, Caroline von Monaco u.a., Herbert v. Halem Verlag, Köln 2007

–, Pay-TV und Exklusivverträge über Senderechte für Sportveranstaltungen, SpuRt 1998, 54–61

–, Das Recht der Rundfunkprogrammveranstalter auf „Kurzberichterstattung“ von Spielen der Fußballbundesliga, GRUR 1989, 885–891

Laier, Matthias, Die Berichterstattung über Sportereignisse – Eine rechtsvergleichende Untersuchung zur Existenz und Vermarktung von medialen Verwertungsrechten für den Hörfunk und die neuen Medien, Mohr Siebeck, Tübingen 2007

–, Sportcontent für die Neuen Medien – Kartellrechtliche Fragen des Zugangs und der Vergabe, in: Klaus Vieweg (Hrsg.): Prisma des Sportrechts – Referate der sechsten und siebten interuniversitären Tagung Sportrecht, Duncker & Humblot, Berlin 2006, S. 65–93

Lampert, Thomas / Niejahr, Nina / Kübler, Johanna / Weidenbach, Georg, EG-KartellVO, Praxiskommentar zur Verordnung (EG) Nr. 1/2003, Verlag Recht und Wirtschaft, Heidelberg 2004 (zit.: Lampert e.a., EG-KartellVO Praxiskommentar)

Lange, Knut Werner, Kurzkommentar zu BGH Urteil vom 8.11.2005 – KZR 37/03 (OLG Hamburg), EWiR 2006, 399–400

Langen, Eugen (Begr.) / Bunte, Hermann-Josef (Hrsg.), Kommentar zum deutschen und europäischen Kartellrecht, Band 1 Deutsches Kartellrecht, 12. Aufl., Luchterhand, Köln 2014, (zit.: *Bearbeiter* in: Langen/Bunte, Kartellrecht, Bd. 1)

–, Kommentar zum deutschen und europäischen Kartellrecht, Band 2 Europäisches Kartellrecht, 12. Aufl., Luchterhand, Köln 2014 (zit.: *Bearbeiter* in: Langen/Bunte, Kartellrecht, Bd. 2)

–, Kommentar zum deutschen und europäischen Kartellrecht, Band 1, 9. Aufl., Luchterhand, Neuwied 2001 (zit.: *Bearbeiter* in: Langen/Bunte, Bd. 1, 9.Aufl.)

Larenz, Karl, Lehrbuch des Schuldrechts, 1. Bd.: Allgemeiner Teil, 14. Aufl., Beck, München 1987

Larenz, Karl / Canaris, Claus-Wilhelm, Methodenlehre der Rechtswissenschaft, 3. Aufl., Springer, Berlin 1995

–, Lehrbuch des Schuldrechts, 2. Bd.: Besonderer Teil, 2. Halbbd., 13. Aufl., Beck, München 1994

Lauktien, Annette-Tabea, Der Staatsvertrag zur Fernsehkurzberichterstattung – Rechtliche Möglichkeiten und verfassungsrechtliche Grenzen gesetzgeberischer Regelungen zur Fernsehkurzberichterstattung, Nomos, Baden-Baden 1992

Leder, Dietrich, Die schönste Hauptsache der Welt – 10 Anmerkungen zum Verhältnis von Fernsehen und Fußball, FK 17/2006, 3–8

Lefever, Katrien, New Media and Sport – International Legal Aspects, TMC Asser, Den Haag 2012

Lefever, Katrien / Rompuy, Ben, Ensuring Access to Sports Content: 10 Years of EU Intervention. Time to Celebrate?, [2009] 2 JML 243–268

Lehment, Henrik, Anmerkung zu BGH, Urteil vom 17. 12. 2010 - V ZR 45/10 – Preußische Schlösser und Parkanlagen, GRUR 2011, 327–328

–, Das Fotografieren von Kunstgegenständen, V&R unipress, Göttingen 2008

Lehr, Gernot / Brosius-Gersdorf, Frauke, Kurzberichterstattung über Fußballbundesligaspiele, AfP 2001, 449–457

Leistner, Matthias, Das Murphy-Urteil des EuGH: Viel Lärm um nichts oder Anfang vom Ende des Territorialitätsgrundsatzes imUrheberrecht?, JZ 2011, 1140–1148

–, Gebrauchtsoftware auf dem Weg nach Luxemburg – Der Vorlagebeschluss des BGH in Sachen *Oracle v. UsedSoft*, CR 2011, 209–215

–, Copyright Law in the EC: Status Quo, Recent Case Law and Policy Perspectives, CMLR 46 (2009) 847–884

Lentze, Gregor / Wise, Aaron N., Rechte an einer Sportveranstaltung – dargestellt am Beispiel der amerikanischen National Basketball Association (NBA), SpuRt 1998, 11–15

Lenz, Carl Otto / Borchardt, Klaus-Dieter, EU- und EG-Vertrag – Kommentar zu dem Vertrag über die Europäische Union und zu dem Vertrag zur Gründung der Europäischen Gemeinschaft, 4. Aufl., Bundesanzeiger, Köln 2006

Lenz, Christofer, Das Recht auf Kurzberichterstattung – Bestätigung und Korrektur aus Karlsruhe, NJW 1999, 757–760

Lerche, Peter / Ulmer, Peter, Kurzberichterstattung im Fernsehen – Rechtsgutachten zu Fragen der Informationsbeschaffung für die Kurzberichterstattung von Sendeunternehmen über Veranstaltungen und sonstige Ereignisse von öffentlichem Interesse, Nomos, Baden-Baden 1989

Le Sueur, Andrew / Sunkin, Maurice, Public Law, Longman, London 1997

Lettl, Tobias, Der Schutz der Verbraucher nach der UWG-Reform, GRUR 2004, 449–461

–, Gemeinschaftsrecht und neues UWG, WRP 2004, 1079–1132

Leupold, Henning / Weidenbach, Georg, Neues zum Verhältnis von Art. 81 Abs. 1 und Art. 81 Abs. 3 EG-Vertrag?, WuW 2006, 1003–1011

Lévêque, François, Innovation, Leveraging and Essential Facilities: Interoperability Licensing in the EU Microsoft Case, WC 2005, 71–91

Libertus, Michael, Die Einwilligung als Voraussetzung für die Zulässigkeit von Bildnisaufnahmen und deren Verbreitung, ZUM 2007, 621–628

Libling, D.F., The Concept of Property: Property in Intangibles, Law Quarterly Review, vol. 94 (1978), 103–119

Liegl, Alexander, Aus anderer Sicht: Zentrale Vermarktung von Fernsehrechten im Bereich des Automobilsports, WRP 1998, 244–249

Lober, Andreas, Die IMS-Health-Entscheidung der Europäischen Kommission: Copyright K.O.?, GRUR Int 2002, 7–16

Lochmann, René, Die Einräumung von Fernsehübertragungsrechten an Sportveranstaltungen – Zugleich ein Beitrag zur Einräumung von Nutzungs- und Verwertungsrechten im System des Privatrechts, Mohr Siebeck, Tübingen 2005

Loewenheim, Ulrich / Meessen, Karl M. / Riesenkampff, Alexander (Hrsg.), Kartellrecht, Europäisches und Deutsches Recht, Kommentar, 2. Aufl., Beck, München 2009 (zit.: *Bearbeiter* in: Loewenheim/Meessen/Riesenkampff)

Löffler, Martin (Begr.), Presserecht – Kommentar zu den deutschen Landespressegesetzen mit systematischen Darstellungen zum pressebezogenen Standesrecht, Anzeigenrecht, Werbe- und Wettbewerbsrecht, Vertriebsrecht, Urheber- und Verlagsrecht, Arbeitsrecht, Titelschutz, Jugendmedienschutz und Steuerrecht, Hrsg.: Klaus Sedelmeier, Emanuel Burkhardt, 5. Aufl, Beck, München 2006 (zit.: Löffler-*Bearbeiter*)

Löhr, Dieter, Anmerkung zu BGH Urteil v. 20.9.1974 in der Rs. I ZR 99/73 – Schloß Tegel, WRP 1975, 523–525

Lorenz, Sylvia, Befugnisse aus Grundstückseigentum an sich auf dem Grundstück befindenden Gegenständen, jurisPR-ITR 9/2013, Anm. 4

Luchterhandt, Hans-Friedrich, Die Rechtsprechung zur Sittenwidrigkeit der unmittelbaren Ausnutzung fremder Leistung, GRUR 1969, 581–593

Lyall, Francis, An Introduction to British Law, 2nd ed., Nomos, Baden-Baden 2002

Lyons, Debrett, Elvis All Shook Up by the High Court, [1997] 10 EIPR 613–617

Maaßen, Wolfgang, Panoramafreiheit in den preußischen Schlossgärten, GRUR 2010, 880–886

Mahler, Till, Ist ein neuer Veranstalterbegriff für den professionellen Ligasport notwendig?, SpuRt 2001, 8–11

Mahoney, Paul G., The Common Law and Economic Growth – Hayek Might Be Right, Journal of Legal Studies 2001, 503–525

Mai, Lothar, Die Fußball-Weltmeisterschaft 2006 im Radio, MP 9/2006, 475–477

Mailänder, K. Peter, Freiheit der Hörfunkberichterstattung! Der Torjubel muss hörbar bleiben, ZUM 2003, 820–830

–, Konzentrationskontrolle zur Sicherung von Meinungsvielfalt im privaten Rundfunk – Eine vergleichende Untersuchung der Rechtslage in Deutschland, Frankreich, Italien, Großbritannien, Spanien, Österreich sowie den Niederlanden und im Europäischen Recht, Nomos, Baden-Baden 2000

–, Sport als Wirtschaftsgut – Grenzen seiner Vermarktung im Fernsehen, in: Hans Erich Brandner, Horst Hagen, Rolf Stürner (Hrsg.): Festschrift für Karlmann Geiß zum 65. Geburtstag, Carl Heymanns, Köln 2000, S. 605–624

–, Sport als Wirtschaftsgut, in: Württembergischer Fußballverband e.V. (Hrsg.): Sport, Kommerz und Wettbewerb – Referate, Akademie des Württembergischen Sports „Haus Waltersbühl“ in Wangen/Allgäu, 10. bis. 12. Oktober 1997, Württembergischer Fußballverband, Stuttgart 1998, S. 6–26

Malatos, Andreas, Berufsfußball im europäischen Rechtsvergleich, N.P. Engel, Kehl 1988

Mangoldt, Hermann von, / Klein, Friedrich (Begr.), Christian Starck (Hrsg.), Kommentar zum Grundgesetz, 6. Aufl., Vahlen, München 2010 (zit.: v. Mangoldt/Klein-*Bearbeiter*, GG)

Mantouvalou, Virginia / Collins, Hugh, Private Life and Dismissal: Pay v UK, [2009] 38 Industrial Law Journal 133–138

Markert, Kurt, Die Verweigerung des Zugangs zu „wesentlichen Einrichtungen“ als Problem der kartellrechtlichen Missbrauchsaufsicht, WuW 1995, 560–571

Märten, Judith Janna, Kinder Promintenter im Berichterstattungsinteresse englischer Medien, ZUM 2014, 111–115

Martinek, Michael, Unruhe an der Kartellfront – Die 5. GWB-Novelle gegen Industriemarktfixierung und Ausnahmebereichsexzeß, NJW 1990, 793–800

Maume, Philipp, Der Amateurfußball in den Fängen des Wettbewerbsrechts, MMR 2008, 797–802

Maunz, Theodor (Begr.) / Dürig, Günter (Begr.), Hrsg.: Roman Herzog, Rupert Scholz, Matthias Herdegen, Hans H. Klein, Grundgesetz – Kommentar, Bd. 1, Loseblatt, Beck, München, Stand: Dezember 2013 (zit.: Maunz/Dürig-*Bearbeiter*)

Medicus, Dieter, Bürgerliches Recht, 24. Aufl., Heymanns, Köln 2013

Meister, Johannes, Verfassungsrechtliche Fragen der Entgeltpflichtigkeit von Hörfunkübertragungen aus Fußballstadien, AfP 2003, 307–311

Melichar, Ferdinand, „Hörfunkrechte" an Spielen der Fußballbundesliga?, in: Ulrich Loewenheim (Hrsg.): Urheberrecht im Informationszeitalter – Festschrift für Wilhelm Nordemann zum 70. Geburtstag am 8. Januar 2004, Beck, München 2004, S. 213–226

Meltz, Mark, Hand it Over: Eurovision, Exclusive EU Sports Broadcasting Rights, and the Article 85(3) Exemption, [1999] 23 Boston Coll. Int. & Comparative L. Rev. 105–120

Mennicke, Petra, „Magill" – Von der Unterscheidung zwischen Bestand und Ausübung von Immaterialgüterrechten zur „essential facilities"-Doktrin in der Rechtsprechung des Europäischen Gerichtshofes?, ZHR 160 (1996), 626–659

Mertikopoulou, Victoria, DG Competition's Discussion Paper on the Application of Article 82 EC to Exclusionary Abuses: the Proposed Economic Reform from a Legal Point of View, 2007 ECLR 241–250

Mestmäcker, Ernst-Joachim, Die Interdependenz von Recht und Ökonomie in der Wettbewerbspolitik, in: Monopolkommission (Hrsg.): Zukunftsperspektiven der Wettbewerbspolitik – Colloquium anlässlich des 30-jährigen Bestehens der Monopolkommission am 5. November 2004 in der Humboldt-Universität zu Berlin, Nomos, Baden-Baden 2005, S. 19–35

–, Die Vergabe von Fernsehrechten an internationalen Wettbewerbsspielen deutscher Lizenzligavereine, in: Klaus Vieweg (Hrsg.): Vermaktungsrechte im Sport – Rechtsgutachten, Duncker & Humblot, Berlin 2000, S. 53–94

–, Veranstalterrechte als Fernsehrechte, in: Klaus Peter Berger, Werner F. Ebke, Siegfried Elsing, Bernhard Großfeld, Gunther Kühne (Hrsg.): Festschrift für

Otto Sandrock zum 70. Geburtstag, Verlag Recht und Wirtschaft, Heidelberg 2000, S. 689–700

Mestmäcker, Ernst-Joachim, Versuch einer kartellpolitischen Wende in der EU – Zum Weißbuch der Kommission über die Modernisierung der Vorschriften zur Anwendung der Art. 85 und 86 EGV a. F. (Art. 81 und 82 EGV n. F.), EuZW 1999, 523–529

Mestmäcker, Ernst-Joachim / Bulst, Friedrich Wenzel / Zimmermann, Reinhard, Hamburger Forum für Internationales Sportrecht: Symposium zum Thema „Übertragungsrechte für Sportereignisse im europäischen Wettbewerbsrecht", ZEuP 2006, 335–336

Mestmäcker, Ernst-Joachim / Schweitzer, Heike, Europäisches Wettbewerbsrecht, 2. Aufl., Beck, München 2004

Meyenburg, Michael, Report of the International Reporter Michael Meyenburg from the LIDC Congress in Montreux, Rev. Int. de la Conc. 198.2 (2002), 4–24

Mischitz, Tobias, Die Bedeutung von Nachfragemacht für die Beurteilung von Einkaufskooperationen im EG-Kartellrecht, Peter Lang, Frankfurt am Main 2008

Möhring, Philipp / Nicolini, Käte (Begr.), Urheberrechtsgesetz - Kommentar, Hrsg. von Käte Nicolini u. Hartwig Ahlberg, 2. Aufl., Vahlen, München 2000 (zit.: *Bearbeiter* in: Möhring/Nicolini)

Monopolkommission, Sondergutachten 41: Das allgemeine Wettbewerbsrecht in der siebten GWB-Novelle (Sondergutachten der Monopolkommission gemäß § 44 Abs. 1 Satz 4 GWB), Nomos, Baden-Baden 2004 (zit: Monopolkommission, Sondergutachten 41)

–, Sondergutachten 28: Kartellpolitische Wende in der Europäischen Union? Zum Weißbuch der Kommission vom 28. April 1999 (Sondergutachten der Monopolkommission gemäß § 44 Abs. 1 Satz 4 GWB), Nomos, Baden-Baden 1999 (zit.: Monopolkommission, Sondergutachten 28)

–, Marktöffnung umfassend verwirklichen: Hauptgutachten XII 1996/1997, Nomos, Baden-Baden 1998 (zit.: Monopolkommission, Hauptgutachten XII)

Montag, Frank / Rosenfeld, Andreas, A Solution to the Problems? Regulation 1/2003 and the Modernization of Competition Procedure, ZWeR 2003, 107–135

Möschel, Wernhard, Die 7. GWB-Novelle ante portas, WuW 2003, 571

–, Juristisches versus ökonomisches Verständnis eines Rechts der Wettbewerbsbeschränkungen, in: Erhard Keller, Clemens Plassmann, Andreas von Falck (Hrsg.): Festschrift für Winfried Tilmann zum 65. Geburtstag, Carl Heymanns, Köln 2003, S. 705–719

Möschel, Wernhard, Systemwechsel im Europäischen Wettbewerbsrecht? Zum Weißbuch der EG-Kommission zu den Art. 81 ff. EG-Vertrag, JZ 2000, 61–67

Möschel, Wernhard / Weihs, Antje, Die zentrale Vermarktung von Sportübertragungsrechten und das Kartellrecht, in: Klaus Vieweg (Hrsg.): Das Sportereignis – Ökonomische und rechtliche Fragen der Sportübertragungsrechte, Boorberg, Stuttgart 2000, S. 23–37

Müller, Matthias, Die „Essential Facilities"-Doktrin im Europäischen Kartellrecht, EuZW 1998, 232–237

Müller-Henneberg, Hans (Begr.) / Schwarz, Gustav (Begr.) / Hootz, Christian (Hrsg.), Gemeinschaftskommentar zum GWB und europäischen Kartellrecht, 5. Aufl., 9. Lfg., Carl Heymanns, Köln 2004

Müller-Laube, Hans-Martin, Wettbewerbsrechtlicher Schutz gegen Nachahmung und Nachbildung gewerblicher Erzeugnisse – Entwurf eines dogmatischen Ordnungskonzepts, ZHR 156 (1992), 480–511

Münchener Kommentar zum Bürgerlichen Gesetzbuch, Hrsg.: Franz Jürgen Säcker, Roland Rixecker, Bd. 1 – Allgemeiner Teil – §§ 1–240, 6. Aufl., Beck, München 2012 (zit.: MK-*Bearbeiter*)

–, Hrsg.: Franz Jürgen Säcker, Roland Rixecker, Hartmut Oetker, Bd. 5 – Schuldrecht, Besonderer Teil III – §§ 705–856, 6. Aufl., Beck, München 2013 (zit.: MK-*Bearbeiter*)

–, Hrsg.: Franz Jürgen Säcker, Roland Rixecker, 5. Aufl., Beck, München 2006 (zit.: MK-*Bearbeiter*, 5. Aufl.)

Münchener Kommentar zum Europäischen und Deutschen Wettbewerbsrecht (Kartellrecht), Hrsg.: Günter Hirsch, Frank Montag, Franz Jürgen Säcker, Band 1 Europäisches Wettbewerbsrecht, Beck, München 2007 (zit.: *Bearbeiter* in: MünchKommEU)

Münker, Reiner, Verbandsklagen im sogenannten ergänzenden wettbewerbsrechtlichen Leistungsschutz, in: Hans-Jürgen Ahrens, Joachim Bornkamm, Hans Peter Kunz-Hallstein (Hrsg.): Festschrift für Eike Ullmann, juris, Saarbrücken 2006, S. 781–793

Muresan, Remus, Anmerkungen zum Urteil des EuGEI und zum Beschluss des EuGH i.S. Piau / Europäische Kommission, CaS 2006, 243–259

Müßig, Jan Peter / Scheuer, Alexander, Europäisches Medienrecht und die audiovisuellen Medien: Entwicklung zu sektorübergreifender Regulierung?, Iris plus 2003-4, 2–8

Nasse, R. F., Das Recht des Sportlers am eigenen Bild, SpuRt 1995, 145–148

Naue, Paul Moritz, Immaterielle Gegenstände – insbesondere Immaterialgüterrechte – als wesentliche Einrichtungen nach Art. 102 AEUV, Peter Lang, Frankfurt am Main 2012

Nehl, Hanns-Peter, Neues zum Spannungsverhältnis zwischen Urheberrechtsschutz und Dienstleistungsfreiheit – Kurzbesprechung der Schlussanträge der Generalanwältin Kokott vom 3.2.2011 in den Rechtssachen C-403/08 – Football Association Premier League Ltd u.a./QC Leisure u.a., EuZW 2011, 413–414

Nemeczek, Heinrich, Rechtsübertragungen und Lizenzen beim wettbewerbsrechtlichen Leistungsschutz – Zugleich ein Beitrag gegen den unmittelbaren Leistungsschutz, GRUR 2011, 292–295

–, Die Nachahmung im Fall „hartplatzhelden.de" – Eine Kritik am Schrifttum, IPRB 2010,163–167

–, Gibt es einen unmittelbaren Leistungsschutz im Lauterkeitsrecht?, WRP 2010, 1204–1214

–, Wettbewerbliche Eigenart und die Dichotomie des mittelbaren Leistungsschutzes; WRP 2010, 1315–1321

Nicita, Antonio / Ramello, Giovanni B., Exclusivity and Antitrust in Media Markets: The Case of Pay-TV in Europe, IJEB 2005, 371–387

Nirk, Rudolf, Zur Rechtsfigur des wettbewerbsrechtlichen Leistungsschutzes, GRUR 1993, 257–255

Nirk, Rudolf / Rörig, Ursula, Nicht eingetragenes EG-Geschmacksmuster und ergänzender Leistungsschutz, in: Karlmann Geiss, Klaus-A. Gerstemaier, Rolf M. Winkler, Peter Mailänder (Hrsg.): Festschrift für Karl Peter Mailänder zum 70. Geburtstag am 23.Oktober 2006, De Gruyter, Berlin 2006, S. 161–174

Nitsche, Rainer / Thielert, Julia, Die ökonomische Analyse auf dem Vormarsch – Europäische Reform und deutsche Wettbewerbspolitik, WuW 2004, 250–259

Nolte, Kristina, Der Kampf um Aufmerksamkeit – Wie Medien, Wirtschaft und Politik um eine knappe Ressource ringen, Campus, Frankfurt am Main 2005

Nordmeyer, Arne, Lizenzantiquitätenhandel: Der Handel mit „gebrauchter" Software aus kartellrechtlicher Perspektive, GRUR Int 2010, 489–495

O'Donoghue, Robert / Padilla, A. Jorge, The Law and Economics of Article 82 EC, Hart, Oxford 2006

Oehninger, Thomas, Die zentrale Vergabe von Fußball-Fernsehübertragungsrechten – Eine kartellrechtliche Analyse unter besonderer Berücksichtigung der Rechtslage in Deutschland, der Europäischen Union und den USA, Diss., Zürich 2001

Ohly, Ansgar, Anmerkung zu BGH Urt. v. 28. 10. 2010 – I ZR 60/09 (OLG Stuttgart) Hartplatzhelden.de, GRUR 2011, 439–440

–, Hartplatzhelden.de oder: Wohin mit dem unmittelbaren Leistungsschutz?, GRUR 2010, 487–494

–, Leistungsschutz durch die Hintertür – Anmerkungen zum Urteil des Oberlandesgerichts Stuttgart vom 19. März 2009, CaS 2009, 148–151

–, Bausteine eines europäischen Lauterkeitsrechts, WRP 2008, 177–185

–, Klemmbausteine im Wandel der Zeit – Ein Plädoyer für eine strikte Subsidiarität des UWG-Nachahmungsschutzes, in: Hans-Jürgen Ahrens, Joachim Bornkamm, Hans Peter Kunz-Hallstein (Hrsg.): Festschrift für Eike Ullmann, juris, Saarbrücken 2006, S. 795–812

–, Gibt es einen Numerus clausus der Immaterialgüterrechte?, in: Ansgar Ohly, Theo Bodewig, Thomas Dreier, Horst-Peter Götting, Maximilian Haedicke, Michael Lehmann (Hrsg.): Perspektiven des Geistigen Eigentums und Wettbewerbsrechts – Festschrift für Gerhard Schricker zum 70. Geburtstag, Beck, München 2005, S. 105–121

–, Das neue UWG – Mehr Freiheit für den Wettbewerb?, GRUR 2004, 889–900

–, Die Europäisierung des Designrechts, ZEuP 2004, 296–318

–, Richterrecht und Generalklausel im Recht des unlauteren Wettbewerbs – Ein Methodenvergleich des englischen und deutschen Rechts, Carl Heymanns, Köln 1997

Ohly, Ansgar / Sosnitza, Olaf, Gesetz gegen den unlauteren Wettbewerb mit Preisangabenverordnung – Kommentar, 6. Aufl., Beck, München 2014

Oliveira Ascensao, José de, Der Schutz von Veranstaltungen kraft Gewohnheitsrechts, GRUR Int 1991, 20–25

Ordover, Janusz A., Comments on Evans & Schmalensee's „The Industrial Organisation of Markets with Two-Sided Platforms", Competition Policy International 2007, 181–189

Orth, Jan F., Sportrecht ist Wirtschaftsrecht, KSzW 2013, 211–216

Orth, Mark-E., Gestalten Europäische Kommission und Europäisches Parlament die Zukunft des Europäischen Fußballs?, SpuRt 2007, 49–52

–, Vereinbarkeit der Zentralvermarktung der Fernsehrechte mit europäischem Kartellrecht und dem Kartellrecht der Mitgliedstaaten, in: Jochen Fritzweiler

(Hrsg.): Sport-Marketing und Recht – Vermarktungsrechte, Verträge, Konflikte, Helbing & Lichtenhahn/Beck/Linde, Basel/München/Wien 2003, S. 127–147

Ory, Stephan, Rechtliche Überlegungen aus Anlass des „Handy-TV" nach dem DMB-Standard, ZUM 2007, 7–12

–, Fußballrechte im untechnischen Sinn, AfP 2002, 195–198

Osterwalder, Simon, Übertragungsrechte an Sportveranstaltungen, Stämpfli, Bern 2004

Paal, Boris P., Mediale Verwertung von Sportveranstaltungen und Leistungsschutz, CR 2009, 438–443

Palandt, Otto, Bürgerliches Gesetzbuch, 73. Aufl., Beck, München 2014 (zit.: Palandt-*Bearbeiter*)

Palme, Christoph, Das Bosman-Urteil des EuGH: Ein Schlag gegen die Sportautonomie?, JZ 1996, 238–241

Palme, Christoph / Hepp-Schwab, Hermann / Wilske, Stephan, Freizügigkeit im Profisport – EG-rechtliche Gewährleistungen und prozessuale Durchsetzbarkeit, JZ 1994, 343–349

Palzer, Carmen, Marktdefinition im Bereich der audiovisuellen Medien nach dem Wettbewerbsrecht der Europäischen Gemeinschaft, ZUM 2004, 279–290

Papier, Hans-Jürgen, Verfassungsrechtliche Fragen des Rechts der Kurzberichterstattung, in: Peter Badura, Ruptert Scholz (Hrsg.): Wege und Verfahren des Verfassungslebens – Festschrift für Peter Lerche zum 65. Geburtstag, Beck, München 1993, S. 675–692

–, Rechtsfragen der Rundfunkübertragung öffentlicher Veranstaltungen, AfP 1989, 510–515

Parlasca, Susanne, Medienkonzentration und Medienverflechtung – zur Reichweite des kartellrechtlichen Instrumentariums, WuW 1994, 210–220

Parrish, Richard, The EU's Draft Constitutional Treaty and the Future of EU Sports Policy, 2003/3 ISLJ 2–4

Paul, Thomas, Behinderungsmissbrauch nach Art. 82 EG und der „more economic approach", Carl Heymanns, Köln 2008

Pedriali, Alessandra / Peifer, Karl-Nikolaus, Der Schutz des Veranstalters von Sportereignissen nach italienischem Recht, ZUM 1994, 461–470

Peifer, Karl-Nikolaus, Anmerkung zu EuGH, Urteil vom 04.10.2011 – C-403/08, C-429/08, LMK 2011, 324713

Peifer, Karl-Nikolaus, „Hartplatzhelden.de“ – Das Ende des unmittelbaren Leistungsschutzes?, GRUR-Prax 2011, 181–184

–, Territorialität und Dienstleistungsfreiheit: Der Fall „Karen Murphy“ vor dem EuGH, GRUR-Prax 2011, 435–438

–, Veranstalterschutz und die Grenzen der Vermarktung von Exklusivrechten im Veranstaltungsbereich, AfP 2011, 540–544

–, Das Territorialitätsprinzip im Europäischen Gemeinschaftsrecht vor dem Hintergrund der technischen Entwicklungen, ZUM 2006, 1–8

Petersen, Jens, Medienrecht, 5. Aufl., Beck, München 2010

–, Fußball im Rundfunk- und Medienrecht, Beck, München 2001

Peukert, Alexander, hartplatzhelden.de – Eine Nagelprobe für den wettbewerbsrechtlichen Leistungsschutz, WRP 2010, 316–321

–, Güterzuordnung als Rechtsprinzip, Mohr Siebeck, Tübingen 2008

–, Persönlichkeitsbezogene Immaterialgüterrechte?, ZUM 2000, 710–721

Pfeffer, Joachim / Wegner, Anne Caroline, Neue Bekanntmachungen des Bundeskartellamts zur zwischenbetrieblichen Kooperation: Bagatellbekanntmachung 2007 und Bekanntmachung KMU 2007, BB 2007, 1173–1179

Pfister, Bernhard, „Zweigleisige“ Rechtswidrigkeitsprüfung und Eigentumsschutz, JZ 1976, 156–158

Pichler, Rufus, Anmerkung zu BGH Beschluss vom 11.12.1997 - KVR 7/96 (KG), MMR 1998, 309–313

Pijetlovic, Katarina / Nyman-Metcalf, Katrin, Liberalising the service market for satellite transmission: interplay between intellectual property rights, specificity of sport and TFEU economic provisions in *Murphy* (joined cases C- 403/08 and C-429/08), 2013 ISLJ 82–96

Pindyck, Robert S., Irreversibiltiy, Uncertainty, and Investment, Journal of Economic Literature 1991, 1110–1148

Piper, Henning / Ohly, Ansgar, Gesetz gegen den unlauteren Wettbewerb mit Preisangabenverordnung – Kommentar, 4. Aufl., Beck, München 2006

Pischel, Gerhard, Verfassungsrechtliche und europarechtliche Vorgaben für ein staatliches Glücksspielmonopol – Aktuelle Entwicklungen und Tendenzen, GRUR 2006, 630–636

Podszun, Rupprecht, Fernsehkartellrecht – Die Entscheidungspraxis des Bundeskartellamts, MMR 2007, 761–765

Poll, Günter, Sportübertragungsrechte und „geistiges Eigentum" – Das „Karen Murphy"-Urteil des EuGH vom 4.10.2011 aus urheberrechtlicher Sicht, SpuRt 2012, 5–9

–, Sportübertragungsrechte in der Europäischen Union aus urheberrechtlicher Sicht, in: Martin Schimke (Hrsg.): Sport in der Europäischen Union, C.F. Müller Heidelberg, 1996, S. 13–30

Porter, Hamish, Character Merchandising: Does English Law Recognise a Property Right in Name and Likeness? [1999] Ent. L.R. 180–183

Postel, Dirk, Glücksspiel im europäischen Binnenmarkt nach „Gambelli" und „Placanica" und vor „Winner Wetten", EuR 2007, 317–348

Pundt, Christian, Vom Geben und Nehmen im Kleinen und Großen – Zu Georg Francks Ökonomie der Aufmerksamkeit, in: Knut Hickethier, Joan Kristin Bleicher (Hrsg.): Aufmerksamkeit, Medien und Ökonomie – Beiträge zur Medienästhetik und Mediengeschichte, Lit Verlag, Münster 2002, S. 49–73

Raitz von Frenz, Wolfgang Frhr. / Masch, Christian, Glücksspiele, Sportwetten, Geschicklichkeitsspiele, Lotterien, Unterhaltungsspiele, Spielbanken, Spielhallen und Gewinnspiele in Deutschland – Eine Übersicht zur jüngsten Entwicklung des Spielrechts, ZUM 2006, 189–199

Ranke, Johannes / Roßnagel, Alexander, Dienstleistungsfreiheit, Urheberrecht und Wettbewerbsschutz im Satellitenfernsehen – Auswirkungen des EuGH-Urteils zu territorialen Exklusivitätsvereinbarungen von Lizenzen, MMR 2012, 152–157

Ratjen, Eckhard, Vermarktung und Verletzung von Verwertungsrechten an aufgezeichneten Sportveranstaltungen, V&R unipress, Göttingen 2010

Ratjen, Eckhard / Langer, Eva, Die räumliche Aufspaltung von Filmlizenzen am Beispiel der Vergabe der Medienrechte der Deutschen Fußball Liga – Die schluldrechtliche und dingliche Wirkung von territorialen Nutzungsrechtseinräumungen und ihre Vereinbarkeit mit europäischem Recht, ZUM 2012, 299–306

Raue, Peter / Bensinger, Viola, Umsetzung des sui-generis-Rechts an Datenbanken in den §§ 87a ff. UrhG, MMR 1998, 507–512

Rehbinder, Manfred, Urheberrecht – ein Studienbuch, 16. Aufl., Beck, München 2010 (zit.: Rehbinder, UrhR)

–, Zur Freiheit der Kurzberichterstattung im Rundfunk, ZUM 1989, 337–343

Reichert, Bernhard, Sponsoring und nationales Sportverbandsrecht in: Klaus Vieweg (Hrsg.): Sponsoring im Sport, Boorberg, Stuttgart 1996, S. 31–51

Reimer, Dietrich, Einige Bemerkungen zum Leistungsschutz des § 1 UWG, in: Rainer Klaka (Hrsg.): Festschrift für Senatspräsident Wilhelm Wendel, Süddeutscher Verlag, München 1969, S. 98–114

Reinemann, Susanne, DVB-H, DMB und interaktive Fernbedienung – ist der Rundfunk-(begriff) den neuesten technischen Entwicklungen gewachsen?, ZUM 2006, 523–530

Reinhardt, Rudolf, Der Streit um den Persönlichkeitsschutz nach dem Referentenentwurf des Bundesjustizministeriums, JZ 1959, 41–49

Reinholz, Fabian, Grenzüberschreitende Weiterverwendung von Daten aus geschützter Live-Fußball-Datenbank, K&R 2013, 171–173

–, High Court of Justice London: Spielstatistiken genießen Datenbankschutz, GRUR-Prax 2012, 561

–, Kein Datenbank-Schutz für Fußball-Spielpläne – Anmerkung zu EuGH, Urt. v. 1.3.2012 in der Rs. C-604/10, K&R 2012, 338–340

–, Planspiel: Urheberrechtsschutz für den Bundesligaspielplan?, GRUR-Prax 2011, 438–441

–, Lizenzgebühren für Public Viewing? K&R 2010, 354–368

–, Marketing mit der FIFA WM 2006 – Werbung, Marken, Tickets, Public Viewing, WRP 2005, 1495–1492

RGRK: Das Bürgerliche Gesetzbuch – mit besonderer Berücksichtigung der Rechtsprechung des Reichsgerichts und des Bundesgerichtshofes – Kommentar, hrsg. von Mitgliedern des Bundesgerichtshofs, Bd. 3, Teil 1, 12. Aufl., De Gruyter, Berlin 1979 (zit.: RGRK-*Bearbeiter*)

Riegel, Ralf, Besteht ein Recht der Medien, kostenlos Ausschnitte von Fußballspielen zu übertragen?, ZUM 1988, 527–530

Rißmann, Karin, Kartellverbot und Kooperation zwischen kleinen und mittleren Unternehmen nach der 7. GWB-Novelle, WuW 2006, 881–890

Ritter, Madeline, Wert des Tanzes: Notizen zum Urheberrecht, GRUR-Prax 2012, 572–574

Rittner, Fritz (Begr.) / Dreher, Meinrad / Kulka, Michael, Wettbewerbs- und Kartellrecht – Eine systematische Darstellung des deutschen und europäischen Rechts, 8. Aufl., C.F. Müller, Heidelberg 2014

Robertson, Aidan, The Application of European Competition Law to Sports Broadcasting, WC 2002, 423–433

Rochet, Jean-Charles / Tirole, Jean, Must-Take Cards: Merchant Discounts and Avoided Costs, mimeo, Toulouse School of Economics, November 2008

–, Two-Sided Markets: A Progress Report, RJE 2006, 645–667

–, Platform Competition in Two-Sided Markets, JEEA 2003, 990–1029

–, Cooperation among competitors: some economics of payment card associations, RJE 2002, 549–570

Rodewald, Jörg, Die Bilanzierung von Rechten zur Berichterstattung und Übertragung von Sportereignissen im Fernsehen, BB 1995, 2103–2109

Röhl, Christoph, Schutzrechte an Fußballspielplänen - Endgültige Absage durch den EuGH?, SpuRt 2012, 90–93

–, Schutzrechte im Sport – Zum Schutz der Sportbeteiligten vor einer kommerziellen Ausbeutung in elektronischen Datenbanken, Duncker & Humblot, Berlin 2012

–, Zur Zulässigkeit nicht autorisierter Internet-Übertragungen von Schach-Wettbewerben mittels „digitaler Schachbretter", SpuRt 2011, 147–150

Röller, Lars-Henrik, Der ökonomische Ansatz in der europäischen Wettbewerbspolitik, in: Monopolkommission (Hrsg.): Zukunftsperspektiven der Wettbewerbspolitik - Colloquium anlässlich des 30-jährigen Bestehens der Monopolkommission am 5. November 2004 in der Humboldt-Universität zu Berlin, Nomos, Baden-Baden 2005, S. 37–46

–, Economic Analysis and Competition Policy Enforcement in Europe, in: Peter A. G. van Bergeijk, Erik Kloosterhuis (eds.): Modelling European Mergers - Theory, Competition Policy and Case Studies, Edward Elgar, Cheltenham, 2005, 13–26

Rooney, William H. / Park, David K., The Two-Sided Market Literature Enriches Traditional Antitrust Analysis, Competition Policy International 2007, 211–219

Rosati, Eleonora, The Hargreaves Report and Copyright Licensing: Can National Initiatives Work Per Se? [2011] EIPR 673–676

Roth, Wulf-Henning, Rechtsfragen der Rundfunkübertragung öffentlicher Veranstaltungen - kartellrechtliche Aspekte, AfP 1989, 515–524

Röthel, Anne, Verbände und Gemeinschaftsrecht, ZEuP 2002, 58–77

Rötzer, Florian, Aufmerksamkeit - Der Rohstoff der Informationsgesellschaft, Telepolis 8.1.1996, abrufbar unter: http://www.heise.de/tp/r4/artikel/2/2001/1.html (zuletzt aufgerufen am 11.8.2014)

Ruess, Peter / Slopek, David E.F., Zum unmittelbaren wettbewerbsrechtlichen Leistungsschutz nach hartplatzhelden.de, WRP 2011, 834–842

Ruijsenaars, Heijo Enrico, Wettbewerbsrechtlicher Leistungsschutz für Sportler? – Bemerkungen zur Entscheidung des Hoge Raad „KNVB/NOS“ und des Court of Appeals (Seventh Circuit) „Baltimore Orioles“, GRUR Int 1988, 764–767

Rysman, Marc, The Economics of Two-Sided Markets, JEP 2009, 125–143

Sachs, Michael (Hrsg.), Grundgesetz – Kommentar, 6. Aufl., Beck, München 2011 (zit.: Sachs-*Bearbeiter*)

Sack, Rolf, Die lückenfüllende Funktion der Generalklausel des § 3 UWG, WRP 2005, 531–544

–, Das Einschieben in eine fremde Serie: Sonderfall oder Normalfall des ergänzenden wettbewerbsrechtlichen Leistungsschutzes?, in: Hans-Jürgen Ahrens, Joachim Bornkamm, Wolfgang Gloy, Joachim Starck, Joachim v. Ungern-Sternberg (Hrsg.): Festschrift für Willi Erdmann zum 65. Geburtstag, Carl Heymanns, Köln 2002, S. 697–718

–, Zur Vereinbarkeit wettbewerbsbeschränkender Abreden in Lizenz- und Know-how-Verträgen mit europäischem und deutschem Kartellrecht, WRP 1999, 592–616

–, Nachahmen im Wettbewerb, ZHR 160 (1996), 493–508

–, Das Kopieren von Noten gemeinfreier Werke der Musik nach deutschem Urheber- und Wettbewerbsrecht, in: François Dessemontet (Hrsg.): Mélanges Joseph Voyame – Recueil de travaux offerts à M. Joseph Voyame Pofesseur honoraire à l'Université de Lausanne, Diffusion Payot, Lausanne 1989, S. 225–239

–, Deliktsrechtlicher Verbraucherschutz gegen unlauteren Wettbewerb, NJW 1975, 1303–1308

Säcker, Franz Jürgen / Mohr, Jochen, Die Beurteilung von Einkaufskooperationen gemäß Art. 101 Abs. 1 und Abs. 3 AEUV, WRP 2011,793–808

Sambuc, Thomas, Der unmittelbare Leistungsschutz im UWG. Eine Untersuchung zu den rechtsdogmatischen und rechtstatsächlichen Grundlagen eines ergänzenden Leistungsschutzes auf der Grundlage des § 1 UWG, GRUR 2002, 1044

–, Der UWG-Nachahmungsschutz, Beck, München 1996

Sasse, Helge / Waldhausen, Hans, Musikverwertung im Internet und deren vertragliche Gestaltung – MP 3, Streaming, Webcast, On-demand-Service, etc., ZUM 2000, 837–848.

Satzky, Horst, Nachfragewettbewerb und Nachfragewettbewerbsbeschränkung im Sinne des § 1 GWB, in: Wettbewerbsbeschränkungen in der Nachfrage, FIW Schriftenreihe, H. 116, Carl Heymanns, Köln 1985, S. 73–105

Sauer, Andreas, Kartellrechtliche Fragen der Zentralvermarktung von Fernsehrechten an der Fußball Bundesliga, SpuRt 2004, 93–98

Schabenberger, Andreas / Nemeczek, Heinrich, Mein Schloss, mein Garten, meine Verwertungserlöse? – Konsequenzen aus den BGH-Entscheidungen „Preußische Schlösser und Gärten", GRUR-Prax 2011, 139–142

Schack, Haimo, Urheber- und Urhebervertragsrecht, 6. Aufl., Mohr Siebeck, Tübingen 2013 (zit.: Schack, UrhR)

–, Anmerkung zu BGH Urt. v. 17.12.2010 in der Rs. V ZR 45/10 – Preußische Schlösser und Gärten, JZ 2011, 375–376

–, Kunst und Recht – Bildende Kunst, Architektur, Design und Fotografie im deutschen und internationalen Recht, 2. Aufl., Mohr Siebeck, Tübingen 2009

–, Anmerkung zu Entscheidung der Cour de cassation – Assemblée plénière vom 7. Mai 2004, ZEuP 2006, 150–157

Schellhaaß, Horst M., Die zentrale Vermarktung von Sportübertragungsrechten aus sportöknomischer Sicht, in: Klaus Vieweg (Hrsg.): Das Sportereignis – Ökonomische und rechtliche Fragen der Sportübertragungsrechte, Boorberg, Stuttgart 2000, S. 39–51

– (Hrsg.), Sportveranstaltungen zwischen Liga- und Medieninteressen, Verlag Karl Hofmann, Schorndorf 2000

Scheuer, Alexander / Strothmann, Peter, Sport im Spiegel des europäischen Medienrechts Teil I, Iris plus 2004–04

–, Sport im Spiegel des europäischen Medienrechts Teil II, Iris plus 2004–06

Scheufele, Helmut, Behandlung der „beherrschenden Stellung" von Nachfragern im EWG-Kartellrecht, BB 1973, Beilage 4/1973 zu Heft 9/1973

Schildt, Bernd, Der deliktische Schutz des Rechts am Gewerbebetrieb, WM 1996, 2261–2266

Schimke, Martin, Legal Principles Applicable to the Centralised Marketing of TV Broadcasting Rights in Germany, 2003/3 ISLJ 15–17

–, Sportrecht, Fischer/Heymanns, Frankfurt am Main 1996

–, Sportübertragungsrechte in der Europäischen Union aus kartellrechtlicher Sicht, in: Martin Schimke (Hrsg.): Sport in der Europäischen Union, C.F. Müller, Heidelberg 1996, S. 31–41

Schiwy, Peter / Schütz, Walter J. / Dörr, Dieter, Medienrecht – Lexikon für Praxis und Wissenschaft, 5. Aufl., Carl Heymanns, Köln 2010

Schmid-Petersen, Frauke, Rechtliche Grenzen der Vermarktung von Persönlichkeiten: Computerspiel mit Oliver Kahn – Zugleich Besprechung der Entscheidung des Hanseatischen Oberlandesgerichts vom 13.1.2004 (7 U 41/03), SpuRt 2004, 248–251

–, Fußball im Radio – Können Sportveranstalter „Hörfunkrechte" vermarkten? – zugleich Anmerkung zu der Entscheidung des Hanseatischen Oberlandesgerichtes Hamburg vom 15.3.2003 (5 U 67/02), SpuRt 2003, 234–237

Schmidt, André, Wie ökonomisch ist der „more economic approach"? Einige kritische Anmerkungen aus ordnungsökonomischer Sicht, Freiburger Diskussionspapiere zur Ordnungsökonomik 06/10, Walter Eucken Institut, Freiburg 2006

Schmidt, Ingo, More economic approach: Ein wettbewerbspolitischer Fortschritt?, in: Ingo Brinker, Dieter H. Scheuing, Kurt Stockmann (Hrsg.): Recht und Wettbewerb – Festschrift für Rainer Bechtold zum 65. Geburtstag, Beck, München 2006, S. 409–418

–, More economic approach versus Justitiabilität, WuW 2005, 877

Schmidt, Karsten, Integritätsschutz von Unternehmen nach § 823 BGB – Zum „Recht am eingerichteten und ausgeübten Gewerbebetrieb", JuS 1993, 985–992

Schmidt, Klaus-Eberhard, Gibt es einen Fernsehzuschauermarkt im Sinne des Gesetzes gegen Wettbewerbsbeschränkungen?, ZUM 1997, 472–478

Schmidt, Siegfried J., Aufmerksamkeit: Die Währung der Medien, in: Assmann, Aleida u. Jan (Hrsg.), Aufmerksamkeiten, Fink Verlag, München 2001, S. 183–196

–, Aufmerksamkeit – revisited. Das Mediensystem verstrickt sich in eine mörderische Paradoxie, Telepolis 22.12.2000, abrufbar unter: http://www.heise.de/tp/r4/artikel/4/4543/1.html (zuletzt aufgerufen am 11.8.2014)

Schmidtchen, Dieter, Der „more economic approach" in der Wettbewerbspolitik, WuW 2006, 6–17

–, Fehlurteile über den „more economic approach" in der Wettbewerbspolitik, WuW 2006, 707

–, Effizienz als Leitbild der Wettbewerbspolitik: Für einen „more economic approach", in: Peter Oberender (Hrsg.): Effizienz und Wettbewerb, Duncker & Humblot, Berlin 2005, S. 9–41

Schmieder, Hans-Heinrich, Anmerkung zu BGH, Urteil vom 20. 9. 1974 – I ZR 99/73 – Schloß Tegel, NJW 1975, 1164–1165

Schmieder, Hans-Heinrich, Die Verwandten Schutzrechte – ein Torso?, UFITA 73 (1975), 65–84

–, Der Rechtsschutz des Veranstalters, GRUR 1964, 121–125

Schmittmann, Michael, „Blick nach Brüssel", AfP 2004, 514–515

Schmittmann, Michael / Lehmann, Maik, „Blick nach Brüssel", AfP 1996, 255–260

Schmittmann, Michael / Lewalter, Ivo, Sport-Übertragungsrecht/Staatliche Beihilfe im Rundfunksektor, AfP 2011, 142–145

Schmittmann, Michael / Rifai, Nabiel, Urheberrecht zwischen Binnenmarkt und Territorialität: Paradigmenwechsel bei der Vergabe von grenzüberschreitenden Sendelizenzen?, AfP 2008, 577–580

Schmitz, Henrik, Bonsai-Fernsehen – Technische und rechtliche Fragen beim Handy-TV ungeklärt, epd medien 2006, Nr. 46, S. 3–7

Schneider, Jochen / Spindler, Gerald, Der Kampf um die gebrauchte Software – Revolution im Urheberrecht? Das Urteil des EuGH vom 3.7.2012 – Rs. C-128/11 – „UsedSoft" Gebrauchtsoftware, CR 2012, 489–498

Schnelle, Ulrich, Die Öffnung von leistungsnotwendigen Einrichtungen für Dritte und der Schutz des Eigentums, EuZW 1994, 556–562

Schnelle, Ulrich / Bartosch, Andreas / Hübner, Alexander, Das neue EU-Kartellverfahrensrecht – Auswirkungen der Verordnung (EG) Nr. 1/2003 auf die Kartellrechtspraxis, Boorberg, Stuttgart 2004

Schöler, Florian, Die Reform des Europäischen Kartellverfahrensrechts durch die Verordnung (EG) Nr. 1/2003, Peter Lang, Frankfurt am Main 2004

Scholz, Rupert / Aulehner, Josef, Die „3+2"-Regel und die Transferbestimmungen des Fußballsports im Lichte des europäischen Gemeinschaftsrechts, SpuRt 1996, 44–47

Schrader, Paul T., Begrenzung des ergänzenden wettbewerbsrechtlichen Leistungsschutzes, WRP 2005, 562–564

Schreiber, Peter, Wettbewerbsrechtliche Kennzeichenrechte?, GRUR 2009, 113–118

Schricker, Gerhard, Gratisverteilung von Tageszeitungen und das Gesetz gegen unlauteren Wettbewerb, AfP 2001,101–106

–, Gesetzesverletzung und Sittenverstoß, Beck, München 1970

Schricker, Gerhard / Henning-Bodewig, Frauke, Elemente einer Harmonisierung des Rechts des unlauteren Wettbewerbs in der europäischen Union, WRP 2001, 1367–1407

Schricker, Gerhard (Begr.) / Loewenheim, Ulrich (Hrsg.), Urheberrecht – Kommentar, 4. Aufl., Beck, München 2010 (zit.: *Bearbeiter* in: Schricker/Loewenheim)

Schroeder, Werner, Sportrecht und Europäisches Wettbewerbsrecht, SpuRt 2006, 1–7

–, Anmerkung zum Urteil des EuG in der Rs. T-313/02 vom 30.09.2004 – Meca-Medina und Majcen, SpuRt 2005, 23–24

–, Anmerkung zum Urteil des EuGH vom 15.12.1995 in der Rechtssache C- 415/93 – Bosman, JZ 1996, 254–257

Schröer, Benjamin, Der unmittelbare Leistungsschutz, Mohr Siebeck, Tübingen 2010

Schröter, Helmuth / Jakob, Thinam / Klotz, Robert / Mederer, Wolfgang (Hrsg.), Europäisches Wettbewerbsrecht, Großkommentar, 2. Aufl., Nomos, Baden-Baden 2014 (zit.: *Bearbeiter* in: Schröter/Jakob/Klotz/Mederer)

Schuhmacher, Florian, Marktaufteilung und Urheberrecht im EG-Kartellrecht, GRUR Int 2001, 487–500

Schuilenburg, Katharina Anna, The ECJ Simutenkov case: Is Same Level not Offside after All? Policy Papers on Transnational Economic Law, no. 13, April 2005, 1–8

Schulte, Günther, Kartellrechtliche Fragen der Verbundgruppen – eine Bestandsaufnahme der 6. Kartellnovelle unter Einbeziehung des europäischen Kartellrechts, Deutscher Genossenschafts-Verlag, Wiesbaden 2000

Schulze, Erich (Hrsg.), Rechtsprechung zum Urheberrecht, Beck, München, 1954, Loseblatt

Schumpeter, Joseph A., Kapitalismus, Sozialismus und Demokratie, 4. Aufl., Francke, München 1975

Schünemann, Wolfgang B., Generalklausel und Regelbeispiele, JZ 2005, 271–279

–, „Unlauterkeit" in den Generalklauseln und Interessenabwägung nach neuem UWG, WRP 2004, 925–936

Schürnbrand, Jan, Die Anwendung des Kartellrechts im Bereich des Sports, ZWeR 2005, 396–415

Schwalbe, Ulrich / Zimmer, Daniel, Kartellrecht und Ökonomie: Moderne ökonomische Ansätze in der europäischen und deutschen Zusammenschlusskontrolle, 2. Aufl., Verlag Recht und Wirtschaft, Frankfurt am Main 2011

Schwartmann, Rolf (Hrsg.), Praxishandbuch Medien-, IT- und Urheberrecht, 2. Aufl., C.F. Müller, Heidelberg 2011 (zit.: Bearbeiter in: Schwartmann)

Schwartmann, Rolf, Praxishandbuch Medien-, IT- und Urheberrecht, C.F. Müller, Heidelberg 2008 (zit.: Bearbeiter in: Schwartmann, 1. Aufl.)

Schwarz, Mathias / Hansen, Gerd, Fußball-Weltmeisterschaft und Public Viewing aus urheberrechtlicher Sicht – Was Gastronomen und sonstige Veranstalter wissen sollten, IPRB 2010,114–117

Schwarze, Jürgen, Urheberrechte und deren Verwaltung im Lichte des europäischen Wettbewerbsrechts, ZUM 2003, 15–26

–, Der Schutz des geistigen Eigentums im europäischen Wettbewerbsrecht – Anmerkungen zur jüngsten Entscheidungspraxis, EuZW 2002, 75–81

Schwarze, Jürgen / Hetzel, Philipp, Der Sport im Lichte des europäischen Wettbewerbsrechts, EuR 2005, 581–604

Schwarze, Jürgen / Weitbrecht, Andreas, Grundzüge des europäischen Kartellverfahrensrechts – Die Verordnung (EG) Nr. 1/2003 [2004], Nomos, Baden-Baden 2004

Schweitzer, Michael, Die Freizügigkeit des Berufssportlers in der Europäischen Gemeinschaft, in: Dieter Reuter (Hrsg.): Einbindung des nationalen Sportrechts in internationale Bezüge, C.F. Müller, Heidelberg 1987, S. 71–88

Schwerdtner, Peter, Schutz der Persönlichkeitsrechte des Sportlers, in: Medien, Recht und Sport – Referate bei einem Richter-Seminar, Akademie des Württembergischen Sports „Haus Waltersbühl" in Wangen/Allgäu, 5. bis 7. September 1986, Hrsg.: Württembergischer Fußballverband e.V., Stuttgart 1987, S. 106–119

Scully, Gerald W., Rule and policy spaces and economic progress: Lessons for Third World countries, Public Choice 1997, 311–324

Seehafer, Astrid, Die Verwendung ökonomischer Modelle in der Fusionskontrollverordnung aus juristischer Perspektive, WuW 2009, 728–739

Seiler, David, Fotografierverbote, Eigentumsrecht und Panoramafreiheit – Zugleich Kommentar zu Brandenburgischem OLG, Urt. v. 18.2.2010 – 5 U 12/09, 5 U 13/09 und 5 U 14/09, K&R 2010, 234–237

Seitel, Hans Peter, Sportübertragungen im Fernsehen: Wettbewerbspolitik gegen Exklusivrechte, WuW 1999, 694–704

Sendrowski, Heiko, Zum Schutzrecht „sui generis" an Datenbanken, GRUR 2005, 369–377

Sidler, Oliver, Sport am Bildschirm – ein Menschenrecht?, SpuRt 1997, 176–178

Sidler, Oliver, Exklusivberichterstattung über Sportveranstaltungen im Rundfunk – Unter besonderer Berücksichtigung des Rechts auf Bericht- und Kurzberichterstattung (Art. 7 RTVG), Stämpfli, Bern 1995

Siegfried, Michael, Die Fernsehberichterstattung von Sportveranstaltungen – Die Rechtsbeziehungen zwischen teilnehmendem Sportler, Sportveranstalter und Sportverband, Verlag V. Florentz, München 1990

Siragusa, Mario, Application of Article 86: Tying Arrangements, Refusals to Deal, Discrimination and other Cases of Abuse, in: J. A. Van Damme (ed.): La Réglementation du Comportement des Monopoles et Entreprises Dominantes en Droit Communautaire, Semaine de Bruges 1977, De Tempel, Bruges 1977, 398–433

Smith, Bailey and Gunn on The Modern English Legal System, by S.H. Dailey, J.P.L. Ching, N.W. Taylor, 5th ed., Sweet & Maxwell, London 2007

Söder, Stefan, Persönlichkeitsrechte in der Presse – Pressefreiheit nur noch im Dienst „legitimer Informationsinteressen"?, ZUM 2008, 89–96

Soehring, Jörg / Hoene, Verena, Presserecht – Recherche, Darstellung, Haftung im Recht der Presse, des Rundfunks und der neuen Medien, 5. Aufl., Verlag Dr. Otto Schmidt, Köln 2013

Soergel, Hans Theodor (Begr.), Bürgerliches Gesetzbuch mit Einführungsgesetz und Nebengesetzen, Hrsg.: Wolfgang Siebert, Jürgen F. Baur, 13. Aufl., Kohlhammer, Stuttgart 2000–2005 (zit.: Soergel-*Bearbeiter*)

–, Bürgerliches Gesetzbuch mit Einführungsgesetz und Nebengesetzen, Hrsg.: Wolfgang Siebert, Band 6 Sachenrecht, 12. Aufl., Kohlhammer, Stuttgart 1989 (zit.: Soergel-*Bearbeiter*, 12. Aufl.)

Soldner, André, „Murphy's Law"? Territoriale Exklusivität in der Vermarktung von Fußballübertragungen auf dem Prüfstand des Europarechts, K&R 2011, 760–764

Solmecke, Christian / Nowak, Fabian, Zivile Drohnen – Probleme ihrer Nutzung: Rechtliche Bewertung eines künftigen Milliardenmarkts, MMR 2014, 431–435

Sosnitza, Olaf, Das Koordinatensystem des Rechts des unlauteren Wettbewerbs im Spannungsfeld zwischen Europa und Deutschland – Zum Regierungsentwurf zur Reform des UWG vom 9.5.2003, GRUR 2003, 739–746

Spindler, Gerald, Der Handel mit Gebrauchtsoftware – Erschöpfungsgrundsatz quo vadis?, CR 2008, 69–77

Spoerr, Wolfgang / Luczak, Jan-Marco, Die Digitalisierung der Rundfunkübertragung in Kabelnetzen 2010–2020: Staatliche Handlungsoptionen, ZUM 2010, 553–563

Springer, Ulrich, Die zentrale Vermarktung von Fernsehrechten im Ligasport nach deutschem und europäischem Kartellrecht unter besonderer Berücksichtigung des amerikanischen Antitrust-Rechts, WRP 1998, 477–486

Staudinger, Julius von (Begr.), J. von Staudingers Kommentar zum Bürgerlichen Gesetzbuch mit Einführungsgesetz und Nebengesetzen, Sellier de Gruyter, Berlin (zit.: Staudinger-*Bearbeiter* [Stand])

Stieper, Malte, Anmerkung zu BGH, Urteil vom 1. März 2013 - V ZR 14/12, ZUM 2013, 574–577

–, Möglichkeiten und Grenzen der Remonopolisierung gemeinfreier Werke, GRUR 2012, 1083–1091

–, Anmerkung zu BGH Urt. v. 17.12.2010 in den Rs. V ZR 44/10 und V ZR 45/10 – Preußische Schlösser und Gärten, ZUM 2011, 331–333

–, Dreifache Schadensberechnung nach der Durchsetzungsrichtlinie 2004/48/EG im Immaterialgüter- und im Wettbewerbsrecht, WRP 2010, 624–630

–, Rechtfertigung, Rechtsnatur und Disponibilität der Schranken des Urheberrechts, Mohr Siebeck, Tübingen 2009

–, Das Verhältnis von Immaterialgüterrechtsschutz und Nachahmungsschutz nach neuem UWG, WRP 2006, 291–302

Stober, Rolf, Zum Informationsanspruch der Presse gegenüber Privatpersonen, AfP 1981, 389–395

Stockenhuber, Peter, Europäisches Kartellrecht, Manz, Wien 1999

Stockmann, Kurt, Sportübertragungsrechte und Kartellrecht am Beispiel der Europacup-Spiele, ZIP 1996, 411–418

Stoll, Peter-Tobias / Lüers, Jan-Carl, Stadionverbote: private Gefahrenprävention und öffentliches Recht, DÖV 2014, 222–231

Stone, Peter, Copyright Law in the United Kingdom and the European Community, The Athlone Press, London 1990

Stoner, Chris, Competition Matters – The rules of snooker under scrutiny in English Courts, Sports Law Administration & Practice 7/2002, 8–11

Stopper, Martin, Der Microsoft-Beschluss des EuG, ZWeR 2005, 87–110

–, Zentralvermarktung der Bundesliga-Fernsehübertragungsrechte: Finale mit Elfmeterschießen, SpuRt 2003, 48–51

–, Wer ist Veranstalter und Rechtsträger im Profi-Fußball?, SpuRt 1999, 188–192

–, Ligasport und Kartellrecht, Erich Schmidt Verlag, Berlin 1997

Stopper, Martin / Lentze, Gregor, Handbuch Fußball-Recht – Rechte – Vermarktung – Organisation, Erich Schmidt Verlag, Berlin 2012

Strauß, Ingo, Hörfunkrechte des Sportveranstalters, Duncker & Humblot, Berlin 2006

Street, Thomas Atkins, The Foundations of Legal Liability – A Presentation of the Theory and Development of the Common Law, Vol. 1: Theory and Principles of Tort, Edward Thompson, Long Island 1906

Streinz, Rudolf, Die Rechtsprechung des EuGH nach dem Bosman-Urteil, in: Peter J. Tettinger (Hrsg.): Sport im Schnittfeld von europäischem Gemeinschaftsrecht und nationalem Recht, Bosman – Bilanz und Perspektiven, Boorberg, Stuttgart 2001, S. 27–52

–, EG-Grundfreiheiten und Verbandsautonomie – Zu den Urteilen des EuGH vom 11.4.2000 in den verb. Rs. C-51/96 und C-191/97 – Deliège und vom 13.4.2000 in der Rs. C. 176/96 – Lehtonen, SpuRt 2001, 221–228

–, Die Auswirkungen des EG-Rechts auf den Sport, SpuRt 1998, 1–7

Subiotto, Romano / Graf, Thomas, Analysis of the Principles Applicable to the Review of Exclusive Broadcasting Licences Under EC Competition Law, WC 2003, 589–608

Summerer, Thomas / Blask, Holger, Rechte an Spielplänen und Tabellen von Profiligen am Beispiel der DFL, SpuRt 2005, 50–54

Summerer, Thomas / Wichert, Joachim, Kostenlose Radio-Sendungen über Fußball aus dem Stadion?, SpuRt 2006, 55–59

Taylor, Jonathan, Competition matters, Sports Law Administration & Practice 01–02/1999, 10–12

Teichmann, Christoph, Abschied von der absoluten Person der Zeitgeschichte, NJW 2007, 1917–1920

Temple Lang, John, Anticompetitive Abuses under Article 82 Involving Intellectual Property Rights, in: Claus-Dieter Ehlermann, Isabela Atanasiu (eds.): European Competition Law Annual 2003: What is an Abuse of a Dominant Position?, Hart, Oxford 2006, 589–658

Tettinger, Peter J., Kurzberichterstattung über Sportereignisse im Fernsehen, SpuRt 1998, 109–111

–, Das Recht des Rundfunks auf freie Berichterstattung bei Sportveranstaltungen, ZUM 1986, 497–507

Tetzlaff, Angelika, Sport unter der Kartellupe, WuW 1988, 93–100

Thöny, Walther, Keine Zukunft für Nationalmannschaften?, SpuRt 1999, 177–181

Thyri, Peter, Immaterialgüterrechte und Zugang zur wesentlichen Einrichtung – Der Fall Microsoft im Licht von IMS Health, WuW 2005, 388–399

Toft, Torben, Football: joint selling of media rights, European Commission Competition Policy Newsletter 3/2003, 47–52

Townley, Steve, Sport and TV, (1985) IV IML 99–100

Trafkowski, Armin, Medienkartellrecht – Die Sicherung des Wettbewerbs auf den Märkten der elektronischen Medien, Beck, München 2002

–, Die sachliche Abgrenzung der Märkte im Internet, MMR 1999, 630–636

Tumbrägel, Kai, Die Zentralvermarktung von Sportübertragungsrechten am Beispiel von Fußball und Formel 1 – Eine Untersuchung zur Zulässigkeit der zentralen Vermarktung von Sportübertragungsrechten anhand des deutschen und europäischen Kartellrechts, Cuvillier, Göttingen 2001

Ullmann, Eike, Juris-Praxiskommentar UWG – Gesetz gegen den unlauteren Wettbewerb, 3. Aufl., Saarbrücken 2013 (zit.: *Bearbeiter* in: Ullmann, UWG)

Ullrich, Hanns, Lizenzverträge im europäischen Wettbewerbsrecht: Einordnung und Einzelfragen, MdP 1998, 50–60

Ulmer, Eugen, Anmerkung zu KG Berlin Urt. v. 19.2.1952 in der Rs. 5 U 5/52, in: Erich Schulze (Hrsg.): Rechtsprechung zum Urheberrecht, Beck, München 1954, Loseblatt

Ulmer, Peter, Rule of Reason im Rahmen von Artikel 85 EWGV, RIW 1985, 517–524

Ungerer, Herbert, Die Vermarktung der TV-Sportrechte im EG-Wettbewerbsrecht, Medien und Recht, Heft 3/2004, 206–211

Urek, Thomas, Grenzen der Zulässigkeit von Exklusivvereinbarungen über die Fernsehberichterstattung, Verlag V. Florentz, München 1991

Vallone, Angelo / Dubberke, Andreas, Karlsruhe locuta – causa non finita. Anmerkungen zur Sportwettenentscheidung des Bundesverfassungsgerichts, GewA 2006, 240–242

Van Bael, Ivo / Bellis, Jean-François, Competition Law of the European Community, 5th ed., Kluwer Law International, Den Haag 2010

Vedder, Christoph, Ende der territorialen Exklusivität – Totengräber EuGH? Welche Folgen hat der „Karen-Murphy-Case"?, ZUM 2012, 190–194

Veljanovski, Cento, Markets in Professional Sports: Hendry v. WPSBA and the Importance of Functional Markets, 2002 ECLR 273–280

–, Sports Leagues Do Not Have Market Power? Murdoch's Super League Setback in an Australian Court, 1996 ECLR 268–270

Verheyden, Delphine, Ownership of TV Rights in Professional Football in France, 2003/3 ISLJ 17–18

Verow, Richard / Lawrence, Clive / McCormick, Peter, Sports Business: Law, Practice and Precedents, 2nd ed., Jordans, Bristol 2005

Vieweg, Klaus, Sponsoring und internationale Sportverbände, in: Klaus Vieweg (Hrsg.): Sponsoring im Sport, Boorberg, Stuttgart 1996, S. 53–90

Vieweg, Klaus / Röthel, Anne, Verbandsautonomie und Grundfreiheiten, ZHR 166 (2002), 6–34

Viskorf, Stephan, Informationsschutz im englischen Recht – Darstellung des „Law of Breach of Confidence", Verlag Dr. Kovač, Hamburg 2004

Wachtmeister, Anne-Margrete, Broadcasting of Sports Events and Competition Law, European Commission Competition Policy Newsletter 2/1998, 18–28

Waldhauser, Hermann, Die Fernsehrechte des Sportveranstalters, Duncker & Humblot, Berlin 1999

–, Anmerkung zum Beschluss des BGH vom 11. Dezember 1997 (KVR 7/96) zur Zentralvermarktung der Europacupspiele durch den DFB, ZUM 1998, 129–132

Wanckel, Endress, Anmerkung zu BGH Urt. v. 1.3.2013 in der Rs. V ZR 14/12, NJW 2013, 1812–1813

–, Auf dem Weg zum „Recht am Bild der eigenen Sache"?, NJW 2011, 1779–1781

Wandtke, Artur-Axel / Bullinger, Winfried, Praxiskommentar zum Urheberrecht, 3. Aufl., Beck, München 2009 (zit.: *Bearbeiter* in: Wandtke/Bullinger)

Weatherill, Stephen, Anti-Doping Rules and EC Law, 2005 ECLR 416–421

Weber, Rolf H., Zur Medienrelevanz des neuen Kartellgesetzes, MediaLex 1996, 19–25

Weber, Rolf H. / Osterwalder, Simon, Zugang zu Premium Content: Grenzen einer Exklusivvermarktung nach schweizerischem Medien- und Wettbewerbsrecht, in: Rolf H. Weber, Simon Osterwalder (Hrsg.): Zugang zu Premium Content, Nomos, Baden-Baden 2006, S. 121–157

Weiand, Neil George, Kultur- und Sportsponsoring im deutschen Recht, Duncker & Humblot, Berlin 1993

Weihrauch, Frank, Der unmittelbare Leistungsschutz im UWG – Eine Untersuchung zu den rechtsdogmatischen und rechtstatsächlichen Grundlagen eines ergänzenden Leistungsschutzes auf der Grundlage des § 1 UWG, Berlin Verlag Arno Spitz, Berlin 2001

Weihs, Antje, Zentrale Vermarktung von Sportübertragungsrechten: kartellrechtliche Zulässigkeit nach deutschem und europäischem Recht mit vergleichenden Betrachtungen zum US-amerikanischen und englischen Recht, Duncker & Humblot, Berlin 2004

Weitbrecht, Andreas, Das neue EG-Kartellverfahrensrecht, EuZW 2003, 69–73

Welser, Marcus von, Anmerkung zu EuGH, Urteil vom 4.11.2011 – C-403/08, C-429/08, GRUR-Prax 2011, 453

Weng, Björn, Die zentrale Vermarktung von Fernsehübertragungsrechten durch nationale und internationale Fußballverbände im Lichte neuester Rechtsprechung und Gesetzgebung, Diss., Tübingen 2000

Wenzel, Karl Egbert, Das Recht der Wort- und Bildberichterstattung – Handbuch des Äußerungsrechts, 5. Aufl., Schmidt, Köln 2003 (zit.: Bearbeiter in: Wenzel)

Werhahn, Jürgen, Persönlichkeitsrecht und Zeitgeschichte, UFITA 37 (1964), 22–44

Werkers, Evi / Lefever, Katrien / Valcke, Peggy, One World One Dream? Sports Blogging at the Beijing Olympic Games, 2008/3–4 ISLJ 42–51

Wertenbruch, Johannes, Anmerkung zu BGH, Urteil vom 8.11.2005 – KZR 37/03 (OLG Hamburg), LMK 2006, 175921

–, Gibt es lizenzierbare Hörfunk-Übertragungsrechte des Sportveranstalters?, SpuRt 2001, 185–187

–, Anmerkung zum Urteil des EuGH in der Rechtssache Bosman, EuZW 1996, 91–92

–, Die zentrale Vermarktung von Fußball-Fernsehrechten als Kartell nach § 1 GWB und Art. 85 EGV, ZIP 1996, 1417–1425

Westerholt, Hartwig Graf von, Das Recht des unlauteren Wettbewerbs in den Mitgliedstaaten der Europäischen Wirtschaftsgemeinschaft (Hrsg.: Eugen Ulmer), Band VI – Vereinigtes Königreich von Großbritannien und Nordirland, Beck, München / Carl Heymanns, Köln 1981

–, Die Passing off-Klage im englischen Recht, Carl Heymanns, Köln 1976

Westerholt, Margot von, Übertragung von Sportveranstaltungen im Fernsehen, ZIP 1996, 264–270

Westerloo, Ed van, Sportrechte: Preisskala nach oben offen?, MP 1996, 514–520

Westermann, Harm Peter, Erste praktische Folgen des „Bosman"-Urteils für die Organisation des Berufsfußballs – Zugleich eine Anmerkung zu dem Urteil des EuGH vom 15.12.1995 – C-415/93, DZWir 1996, 82–86

Westermann, Kathrin, Einkaufskooperationen der öffentlichen Hand nach der Feuerlöschzüge-Entscheidung des BGH, ZWeR 2003, 481–498

Wetzel, Florence / Wichert, Joachim, Fußball-Weltmeisterschaft im Free-TV: Ungerechtfertigter Eingriff in wirtschaftliche Grundrechte von Veranstalter und Zwischenhändler?, SpuRt 2001, 228–232

Weyl, E. Glen, The Price Theory of Two-Sided Markets, Harvard University Working Paper, March 2009

Wichering, Uta, Fortschritt durch Nachahmung? Ein Bericht über die gleichnamige Tagung vom 1.3.2013 an der Universität Augsburg, WRP 2013, 700–704

Wiebe, Andreas, Schutzrechtliche Grundlagen der Sportvermarktung, in: Studiengesellschaft für Wirtschaft und Recht (Hrsg.): Sport und Recht, Linde Verlag, Wien 2006, S. 1–20

–, Unmittelbare Leistungsübernahme im neuen Wettbewerbsrecht, in: Ansgar Ohly, Theo Bodewig, Thomas Dreier, Horst-Peter Götting, Maximilian Haedicke, Michael Lehmann (Hrsg.): Perspektiven des Geistigen Eigentums und Wettbewerbsrechts – Festschrift für Gerhard Schricker zum 70. Geburtstag, Beck, München 2005, S. 773–783

Wiedemann, Gerhard, Handbuch des Kartellrechts, 2. Aufl., Beck, München 2008 (zit.: *Bearbeiter* in: Wiedemann, Hdb. KartR)

–, Handbuch des Kartellrechts, Beck, München 1999 (zit.: *Bearbeiter* in: Wiedemann, Hdb. KartR 1. Aufl.)

Wiedemann, Verena, Sportrechte im öffentlich-rechtlichen Rundfunk – Zur Frage der Euroräischen Kommission, ob exklusive Live-Sportrechte bei ARD und ZDF zulässig sind, FK 50/2005, 3–30

Wilbur, Kenneth C., A Two-Sided, Empirical Model of Television Advertising and Viewing Markets, Marketing Science 2008, 356–378

Wildmann, Claudia / Castendyk, Oliver, Fußball im europäischen TV – Informationsfreiheit gegen Verwertungsinteressen, MMR 2012, 75–80

Winter, Michael, Das Fehlen eines Kurzberichterstattungsrechts für Hörfunksender: Ein Manko des geltenden Rundfunkrechts, SpuRt 2004, 98–102

Winter, Michael, Fußball im Radio: Live aus dem Stadion? Zum rechtlichen Rahmen der Hörfunkübertragungen von Bundesligaspielen, ZUM 2003, 531–539

Wintermantel, Tobias, Vermarktung von Medienrechten an Sportveranstaltungen nach dem US-amerikanischen Antitrust-Recht und dem europäischen Wettbewerbsrecht, Peter Lang, Frankfurt am Main 2008

Wirtz, Markus, Anwendbarkeit von § 20 GWB auf selektive Vertriebssysteme nach Inkrafttreten der VO 1/2003 – Anmerkung zum Urteil des OLG München vom 6.12.2001 „Internetvertrieb", WuW 2003, 1039–1044

Wirtz, Markus M. / Holzhäuser, Michael, Die kartellrechtliche Zwangslizenz, WRP 2004, 683–694

Wittneben, Mirko / Soldner, André, Anmelde- und Lizenzpflicht von Public Viewing-Events zur WM 2006, WRP 2006, 675–680

Woldt, Runar, HDTV: Ein Erfolg im zweiten Anlauf? – Das hochauflösende Fernsehen hat noch einige Hürden zu überwinden, MP 2006, 325–242

Wolf, Manfred, Sachenrecht, 23. Aufl., Beck, München 2007

Wolf, Manfred (Begr.) / Wellenhofer, Marina, Sachenrecht, 28. Aufl., Beck, München 2013

Wotton, John, Are Media Markets Analyzed as Two-Sided Markets?, Competition Policy International 2007, 237–246

Wright, Julian, One-sided Logic in Two-Sided Markets, AEI Brookings Joint Center for Regulatory Studies Working Paper 3–10, September 2003

–, The Determinants of Optimal Interchange Fees in Payment Systems, University of Auckland Department of Economics Working Paper No. 220, July 2001

Zäch, Roger, Freedom to Compete and the More Economic Approach – Limits Imposed by Law, IIC 2009, 623–626

Zäch, Roger / Künzler, Adrian, Freedom to Compete or Consumer Welfare: The Goal of Competition Law according to Constitutional Law, in: Roger Zäch, Andreas Heinemann, Andreas Kellerhals (eds.): The Development of Competition Law – Global Perspectives. Third ASCOLA Workshop on Comparative Competition Law, Edward Elgar, Cheltenham 2010, 61–83

–, Traditionelle europäische Wettbewerbspolitik versus „more economic approach", EuZ 2009, 30–37

Zagouras, Georgios, Freie und lizenzpflichtige Sportberichterstattung nach der Hörfunkrechte-Entscheidung des BGH, WuW 2006, 376–385

Zeller, Rüdiger, Die EBU – Union Européenne de Radio-Télévision (UER) – European Broadcasting Union (EBU): Internationale Rundfunkkooperation im Wandel, Nomos, Baden-Baden 1999

Zimmer, Daniel, Der rechtliche Rahmen für die Implementierung moderner ökonomischer Ansätze, WuW 2007, 1198–1209

Zinger, Susanne, Diskriminierungsverbote und Sportautonomie – Eine rechtsvergleichende Untersuchung im deutschen, europäischen und US-amerikanischen Recht, Duncker & Humblot, Berlin 2003

Zota, Volker, Fernseh-Netz – P2P-Technik soll Internet-TV revolutionieren, C't 2007, 76–81

Studien zum deutschen
und europäischen Medienrecht

Herausgegeben von Dieter Dörr und Udo Fink
mit Unterstützung der Dr. Feldbausch Stiftung

Band 1 Peter Charissé: Die Rundfunkveranstaltungsfreiheit und das Zulassungsregime der Rundfunk- und Mediengesetze. Eine verfassungs- und europarechtliche Untersuchung der subjektiv-rechtlichen Stellung privater Rundfunkveranstalter. 1999.

Band 2 Dieter Dörr: Umfang und Grenzen der Rechtsaufsicht über die Deutsche Welle. 2000.

Band 3 Claudia Braml: Das Teleshopping und die Rundfunkfreiheit. Eine verfassungs- und europarechtliche Untersuchung im Hinblick auf den Rundfunkstaatsvertrag, den Mediendienste-Staatsvertrag, das Teledienstegesetz und die EG-Fernsehrichtlinie. 2000.

Band 4 Dieter Dörr, unter Mitarbeit von Mark D. Cole: *Big Brother* und die Menschenwürde. Die Menschenwürde und die Programmfreiheit am Beispiel eines neuen Sendeformats. 2000.

Band 5 Martin Stock: Medienfreiheit in der EU-Grundrechtscharta: Art. 10 EMRK ergänzen und modernisieren! 2000.

Band 6 Wolfgang Lent: Rundfunk-, Medien-, Teledienste. Eine verfassungsrechtliche Untersuchung des Rundfunkbegriffs und der Gewährleistungsbereiche öffentlich-rechtlicher Rundfunkanstalten unter Berücksichtigung einfachrechtlicher Abgrenzungsfragen zwischen Rundfunkstaatsvertrag, Mediendienstestaatsvertrag und Teledienstegesetz. 2001.

Band 7 Torsten Schreier: Das Selbstverwaltungsrecht der öffentlich-rechtlichen Rundfunkanstalten. 2001.

Band 8 Dieter Dörr: Sport im Fernsehen. Die Funktionen des öffentlich-rechtlichen Rundfunks bei der Sportberichterstattung. 2000.

Band 9 Dieter Dörr (Hrsg.): www.otello.de. Klassik nur noch im Internet oder per pay? Symposium aus Anlass des 85. Geburtstages von Professor Dr. Heinz Hübner. 2000.

Band 10 Markus Nauheim: Die Rechtmäßigkeit des Must-Carry-Prinzips im Bereich des digitalisierten Kabelfernsehens in der Bundesrepublik Deutschland. Illustriert anhand des Vierten Rundfunkänderungsstaatsvertrages. 2001.

Band 11 Stefan Sporn: Die Ländermedienanstalt. Zur Zukunft der Aufsicht über den privaten Rundfunk in Deutschland und Europa. 2001.

Band 12 Christian Ebsen: Fensterprogramme im Privatrundfunk als Mittel zur Sicherung von Meinungsvielfalt. 2003.

Band 13 Dieter Dörr / Stephanie Schiedermair: Rundfunk und Datenschutz. Die Stellung des Datenschutzbeauftragten des Norddeutschen Rundfunks. Eine Untersuchung unter besonderer Berücksichtigung der verfassungsrechtlichen und europarechtlichen Vorgaben. 2002.

Band 14 Dieter Dörr (Hrsg.): Rundfunk über Gebühr. Die Finanzierung des öffentlich-rechtlichen Rundfunks im Zeitalter der technischen Konvergenz. 3. Mainzer Mediengespräch. 2003.

Band 15 Dieter Dörr / Stephanie Schiedermair: Die Deutsche Welle. Die Funktion, der Auftrag, die Aufgaben und die Finanzierung heute. 2003.

Band 16 Frauke Blechschmidt: Das Instrumentarium audiovisueller Politik der Europäischen Gemeinschaft aus kompetenzrechtlicher Sicht. 2003.

Band 17 Christine Jury: Die Maßgeblichkeit von Art. 49 EG für nationale rundfunkpolitische Ordnungsentscheidungen unter besonderer Berücksichtigung von Art. 151 EG. Eine Untersuchung am Beispiel öffentlich-rechtlicher Spartenkanäle. 2005.

Band 18 Sabine Groh: Die Bonusregelungen des § 26 Abs. 2 S. 3 des Rundfunkstaatsvertrages. 2005.

Band 19 Sylke Wagner: Das *Websurfen* und der Datenschutz. Ein Rechtsvergleich unter besonderer Berücksichtigung der Zulässigkeit sogenannter *Cookies* und *Web Bugs* am Beispiel des deutschen und U.S.-amerikanischen Rechts. 2006.

Band 20 Stephanie Reese: Der Funktionsauftrag des öffentlich-rechtlichen Rundfunks vor dem Hintergrund der Digitalisierung. Zur Konkretisierung des Funktionsauftrages in § 11 Rundfunkstaatsvertrag. 2006.

Band 21 Henrike Maaß: Der Dokumentarfilm – Bürgerlichrechtliche und urheberrechtliche Grundlagen der Produktion. 2006.

Band 22 Dorit Bosch: Die „Regulierte Selbstregulierung" im Jugendmedienschutz-Staatsvertrag. Eine Bewertung des neuen Aufsichtsmodells anhand verfassungs- und europarechtlicher Vorgaben. 2007.

Band 23 Johannes Gerhard Reitzel: Arbeitsrechtliche Aspekte der Arbeitnehmerähnlichen im Rundfunk. 2007.

Band 24 Ulf Böge / Jürgen Doetz / Dieter Dörr / Rolf Schwartmann: Wieviel Macht verträgt die Vielfalt? Möglichkeiten und Grenzen von Medienfusionen. 2007.

Band 25 Valérie Schüller: Die Auftragsdefinition für den öffentlich-rechtlichen Rundfunk nach dem 7. und 8. Rundfunkänderungsstaatsvertrag. 2007.

Band 26 Simone Naumann: Die arbeitnehmerähnliche Person in Fernsehunternehmen. 2007.

Band 27 Nathalie Hellmuth: ARTE – Europa auf Sendung. Verfassungsrechtliche Rahmenbedingungen für die Beteiligung von ARD und ZDF an supranationalen Gemeinschaftssendern am Beispiel des Europäischen Kulturkanals ARTE. 2007.

Band 28 Dieter Dörr / Stephanie Schiedermair: Ein kohärentes Konzentrationsrecht für die Medienlandschaft in Deutschland. 2007.

Band 29 Dieter Dörr / Simone Sanftenberg / Rolf Schwartmann (Hrsg.): Medienherausforderungen der Zukunft. Seminar zum nationalen und internationalen Medienrecht. Vom 06.–10. Dezember 2006 in Lech am Arlberg (Österreich). 2008.

Band 30 Nina Nicole Hütt: Zur Frage der Existenz von Hörfunkrechten des Sportveranstalters unter besonderer Berücksichtigung der Fußball-Bundesliga. 2008.

Band 31 Hans-Martin Schmidt: Rundfunkgebührenfinanzierung unter dem GATS. 2008.

Band 32 Julia Niebler: Die Stärkung der Regionalfensterprogramme im Privaten Rundfunk als Mittel zur Sicherung der Meinungsvielfalt durch den Achten Rundfunkänderungsstaatsvertrag. 2009.

Band 33 Jörg Michael Voß: Pluraler Rundfunk in Europa – ein duales System für Europa? Rahmenbedingungen für den öffentlich-rechtlichen Rundfunk in einer europäischen dualen Rundfunkordnung. Unter Berücksichtigung der Anforderungen der europäischen Meinungs- und Medienfreiheit. 2008.

Band 34 Nina Knorre: Die Abwicklung des Arbeitsverhältnisses nach erfolgreicher Statusklage im Rundfunk. 2008.

Band 35 Kai Friedrich Zentara: Medienordnung und Öffentlicher Diskurs. Die Pflicht des Staates zur Gewährleistung der Funktionstüchtigkeit des Öffentlichen Diskurses. 2009.

Band 36 Daniel Rudolph: Erhalt von Vielfalt im Pressewesen. Unter besonderer Berücksichtigung des publizistischen Wettbewerbs. 2009.

Band 37 Felix Heimann: Der Pressekodex im Spannungsfeld zwischen Medienrecht und Medienethik. 2009.

Band 38 Christine Scheunert: Europäischer Jugendschutz für das Fernsehen.Bestimmungen eines kohärenten Harmonisierungsgrades unter Berücksichtigung der Jugendschutzsysteme in Großbritannien, den Niederlanden, Deutschland und Polen. 2009.

Band 39 Kristoff M. Ritlewski: Pluralismus als Strukturprinzip im Rundfunk. Anforderungen aus dem Funktionsauftrag und Regelungen zur Sicherung in Deutschland und Polen. 2009.

Band 40 Carola Drechsler: Europäische Förderung audiovisueller Medien zwischen Welthandel und Anspruch auf kulturelle Vielfalt. Unter besonderer Berücksichtigung der Kulturkompetenz der Europäischen Gemeinschaft. 2009.

Band 41 Marco Rau: Der internationale Schutz von Domainnamen und Markenrechten im Internet. Analyse unter Berücksichtigung deutschen Rechts. 2010.

Band 42 Caroline Hahn: Die Aufsicht des öffentlich-rechtlichen Rundfunks. Bestandsaufnahme und Zukunftsperspektiven. 2010.

Band 43 Harald Bretschneider: Bewertung crossmedialer Verflechtungen im Medienkonzentrationsrecht. Eine rechtsvergleichende Untersuchung unter besonderer Berücksichtigung Deutschlands, Großbritanniens sowie der Entwicklung in der EU. 2010.

Band 44 Rolf Schwartmann: Die Beteiligung von Presseunternehmen am Rundfunk. Rechtsgutachten zur Novellierung des § 33 Abs. 3 LMG NRW. 2010.

Band 45 Christopher Wolf: Der Kulturauftrag des öffentlich-rechtlichen Rundfunks in der Rechtsprechung des Bundesverfassungsgerichts. 2010.

Band 46 Dieter Dörr (Hrsg.): Die Medienordnung der Zukunft. Zum 10jährigen Bestehen des Mainzer Medieninstituts. 2011.

Band 47 Laura Johanna Reinlein: Medienfreiheit und Medienvielfalt. Kontrolle crossmedialer Konzentration in Zeiten der Konvergenz. 2011.

Band 48 Eva Ellen Wagner: Abkehr von der geräteabhängigen Rundfunkgebühr. Die Neuordnung der Rundfunkfinanzierung. 2011.

Band 49 Dieter Dörr (Hrsg.): Die Macht der Medien. Medienrechtliches Kolloquium zum 75. Geburtstag von Hartmut Schiedermair. 2011.

Band 50 Christine Seehaus: Das Pornographieverbot im Rundfunk und in den elektronischen Medien. 2011.

Band 51 Eva Aernecke: Der Schutz elektronischer Daten im Verfassungsrecht. Bedrohungen durch neue Ermittlungsmethoden. 2012.

Band 52 Armin Kühne: Haftung von Suchmaschinenbetreibern. 2012.

Band 53 Christian Gehweiler: Immaterialgüterrechtliche Vorbenutzungsrechte. 2012.

Band 54 Philipp Karl Julius Mohr: Legitimationsdefizite bei der Bestimmung der Höhe der Rundfunkgebühr. Eine verfassungsrechtliche Untersuchung zu dem Spannungsverhältnis zwischen Rundfunkfreiheit und Demokratieprinzip. 2012.

Band 55 Giselle Camargos Becker: Massenkommunikation in Brasilien. Regulierung und Praxis. 2013.

Band 56 Cora Brunner: Melodienschutz im Urheberrecht. 2013.

Band 57 Regine Sprenger: Optionen zur Regulierung des publizistischen Wettbewerbs. Eine konzeptionelle Untersuchung des Kartellrechts und des medienspezifischen Konzentrationsrechts in Bezug auf die Verhinderung vorherrschender Meinungsmacht. 2013.

Band 58 Christian Strieder: Der Bestand von Fußballübertragungsrechten in der Insolvenz und deren Ertragssicherung durch Hedging. 2014.

Band 59 Jessica Sänger: Mediale Verwertung von Sportveranstaltungen. Zivilrechtliche Grundlagen der Verwertung und kartellrechtliche Analyse der Einkaufsgemeinschaft der EBU. 2015.

www.peterlang.com

www.ingramcontent.com/pod-product-compliance
Ingram Content Group UK Ltd.
Pitfield, Milton Keynes, MK11 3LW, UK
UKHW021124041026
8980IPUK00026B/268

9 783631 66270